David Downing · Neil Young

Rock-&-Pop-Biographien im Goldmann Verlag
Angela Bowie / Patrick Carr: Einmal und immer wieder.
Mein wildes Leben mit David Bowie (42226)
Frank Zappa / Peter Occhiogrosso:
I am the American Dream (32536)
Dave Bowler / Bryan Dray: Genesis (42246)
Danny Sugerman: Guns N' Roses (41412)
Michael Jackson: Dancing the Dream (42079)
Michael Jackson: Moonwalk – Mein Leben (9659)
Jack Gunn / Jim Jenkins:
Queen – Die autorisierte Geschichte (42083)
Bill Wyman / Ray Coleman: Stone Alone. Die Inside-Geschichte
der Rolling Stones (41390)
Larz Lundgren / Jan-Owe Wikström: Roxette (42572)
Rob McGibbon: Take That.
Die Geschichte einer Supergruppe (42784)
Tina Turner: Ich, Tina. Mein Leben (42488)
Eamon Dunphy: U 2. Die Geschichte eines Welterfolgs (9387)
Diana Ross: Mein Leben (8288)

DAVID DOWNING

NEIL YOUNG

Ein Mann und seine Musik

Aus dem Englischen
von Ariane Böckler

GOLDMANN VERLAG

Die englische Originalausgabe erschien 1994 unter dem Titel
»A Dreamer of Pictures. Neil Young. The Man and His Music«
bei Bloomsbury, London

Für Nancy

Umwelthinweis:
Alle bedruckten Materialien dieses Taschenbuches
sind chlorfrei und umweltschonend.

Der Goldmann Verlag
ist ein Unternehmen der Verlagsgruppe Bertelsmann

Copyright © der Originalausgabe 1994
by David Downing
Copyright © der deutschsprachigen Ausgabe 1995
by Wilhelm Goldmann Verlag, München
Umschlaggestaltung: Design Team, München
Umschlagfoto: Ebet Roberts / Redferns
Satz: Uhl + Massopust, Aalen
Druck: Graphischer Großbetrieb Pößneck GmbH
Verlagsnummer: 42850
SN · Redaktion: Michael Ballauff
Herstellung: Martin Strohkendl
Made in Germany
ISBN 3-442-42850-5

3 5 7 9 10 8 6 4 2

Inhalt

1

»All My Changes Were There«

Neil Young kam am 12. November 1945 im Toronto General Hospital als zweiter Sohn von Scott und Edna Young zur Welt. Seine Eltern hatten sich ungefähr acht Jahre vorher in Winnipeg kennengelernt, der Stadt in der Mitte zwischen den Ozeanen, dem Tor zur kanadischen Prärie.

Die schwarzhaarige, braunäugige Edna, von allen »Rassy« genannt, war die Tochter in Amerika geborener Eltern. Ihre Mutter war französischer Abstammung, ihr Vater ein Plantagenbesitzer alter Schule aus Virginia, der vor dem Ersten Weltkrieg von seinen Arbeitgebern nach Manitoba geschickt worden war und sich dort in die Prärie verliebt hatte. Rassy war der Liebling ihres Vaters und scheint von ihm sowohl die Schwäche für die freie Natur als auch eine Direktheit ohne Rücksicht auf Verluste mitbekommen zu haben.

Scott Youngs Vorfahren waren schon seit mindestens drei Generationen in Kanada ansässig. Hinter dieser vermeintlichen Stabilität verbarg sich ein ausgefallenerer Hintergrund als bei Rassy, da der eine Großvater ein reicher Präriefarmer und der andere ein Erweckungsprediger und Pferdetrainer zugleich gewesen war. Scotts Eltern hatten sich in seiner Jugend getrennt, und das anschließende Leben mit seiner Mutter schien – vorsichtig ausgedrückt – wirtschaftlich eingeschränkt gewesen zu sein. Mit sechzehn verließ er die Schule, bekam seine erste Anstellung als Kassierer bei einem Tabakgroßhändler und fing an, regelmäßig Kurzgeschichten zu schreiben, was er sein ganzes Leben lang tat. Mit achtzehn Jahren arbeitete er als Laufbursche bei der *Winnipeg Free Press* – der erste Schritt zu einer noch recht illustren Karriere als Schriftsteller und Journalist.

7

Als ihr zweiter Sohn Neil zur Welt kam – der erste, Bob, war 1942 geboren worden –, lebten die Youngs in der Brooke Avenue im Norden Torontos. Scott arbeitete als Redaktionsassistent bei der Illustrierten *Maclean's*. Bereits jetzt konnte er durch Veröffentlichungen von Kurzgeschichten das Familieneinkommen aufstocken, und im Lauf der nächsten Jahre nahmen sein Erfolg und sein Ansehen auf diesem Gebiet ständig zu, so daß er beschloß, seine feste Stelle aufzugeben und ausschließlich Geschichten zu schreiben. Da sie nun nicht mehr in Toronto wohnen mußten, verkauften sie 1948 das Haus und mieteten ein Ferienanwesen an den Seen Mittelontarios. Dort begegnete der dreijährige Neil zum ersten Mal dem Tod, als er in einen See fiel und von einem älteren Mädchen, der damals berühmten Kinderhörspiel-Sprecherin Beryl Braithwaite, vor dem Ertrinken gerettet wurde.

Die Youngs mieteten den Winter über ein anderes Haus und kauften schließlich ein großes Backsteingebäude mit Apfelbäumen im Garten in einem kleinen Dorf etwa hundert Kilometer nordöstlich von Toronto. Omemee mit seinem fischreichen Fluß, dem Tümpel zum Schwimmen und der Wassermühle sollte für die nächsten sechs Jahre das Zuhause der Familie sein, und trotz der offenbar stürmischen Beziehung zwischen seinen Eltern gibt es keinen Anlaß für die Vermutung, daß es nicht im großen und ganzen glückliche Jahre für Neil waren. Die »Town in North Ontario« in seinem Song *Helpless* könnte irgendwo sonst liegen mit ihren gelben Monden, blauen Fenstern und »big birds flying across the sky«. Bei jedem, der je diese Gegend bereist hat, wecken diese Zeilen Erinnerungen an die Ruhe und Weite und Schönheit einer weitgehend unberührten Naturlandschaft – etwas Beständiges in einer Welt voller Veränderungen, etwas, an dem man sich festhalten kann.

Die Familie lebte noch nicht ganz zwei Jahre in Omemee, als die weltweite Polio-Epidemie den kleinen Neil zum zweiten Mal mit der eigenen Sterblichkeit konfrontierte. Das Risiko zu sterben oder teilweise gelähmt zu bleiben, war hoch – tatsächlich starb ein anderes Kind im Dorf –, doch er überstand die Krankheit offenbar unversehrt, obwohl eine Schwäche in der linken Körperhälfte womöglich darauf zurückgeht. Die seelischen Narben dürften gravierender gewesen sein: Sechs Tage vollständiger Isolierung unter starken Schmerzen sind für jeden Fünfjährigen ein traumatisches Erlebnis.

Seinem Vater zufolge waren die ersten Worte, die der Junge sprach, als ihn seine Eltern abholten: »Ich bin nicht gestorben, oder?«

Seine Genesung dauerte mehrere Monate, die er zuerst in Omemee und dann in Florida verbrachte, wo die Familie im Winter und Frühling 1952 ein Haus gemietet hatte. Dann hieß es wieder nach Hause zurückkehren, zur Angelrute, zum Schlitten, zu den Schildkröten im Sandkasten, dem Planschen im Fluß und – natürlich – zur Schule. Für einen idealen Schüler fehlte es Neil an der nötigen Ehrerbietung, und seine Lehrer hatten nicht immer Verständnis für seinen Humor.

Daß seine Eltern intelligent und gebildet waren, muß ein Ausgleich für all das gewesen sein, was er in der Schule womöglich verpaßte. Das Haus war voller Lesestoff, und einige der bekanntesten Intellektuellen Kanadas machten Station im Wohnzimmer der Youngs. Sollte Neil sich zu einer Künstlerlaufbahn hingezogen gefühlt haben, so gab es genug Inspiration, doch zugleich muß er wohl bemerkt haben, daß Schreiben nicht gerade die sicherste Lebensform darstellte. Sein Vater war relativ erfolgreich, aber das Verfassen von Kurzgeschichten war ein permanenter Kampf, dem überzogenen Konto einen Schritt voraus zu bleiben. Einige von Neils späteren Entscheidungen über seine Karriere könnten durchaus darauf beruhen, daß er früh erkannte, wie kurz die kommerzielle Lebensdauer eines Künstlers sein kann.

Was die tiefergehende Frage nach der emotionalen Sicherheit angeht, so ist es meist ziemlich schwierig, genau festzustellen, wie man durch die Beziehung der eigenen Eltern geprägt wurde, und erst recht, wie andere Menschen durch ihre Eltern beeinflußt wurden. Scott und Rassy Young müssen ein recht offenherziges Paar gewesen sein, und so darf man wohl vermuten, daß sie, genauso wie sie später ihrer Wut und ihrem Ärger aufeinander freien Lauf ließen, damals offen ihre Liebe zueinander zeigten. Während Bob und Neil am Beispiel ihrer Eltern lernten, daß die wenigsten Dinge sicher und gewiß sind, konnten sie ebenso einen unschätzbaren Einblick in die Liebe gewonnen haben, die eine solche Unsicherheit wert ist.

Als Neil acht Jahre alt war, schrieb sein Vater, der wegen eines Auftrags im Norden war, an Rassy und bat sie um die Scheidung. Nach einer kurzen Trennung kam die Familie in Toronto wieder zusammen, um, wie Scott es nannte, »ein Jahr der Tränen, Vorwürfe, Vereinigungen und erneuten Trennungen« zu erleben.

Sie kauften einen Bungalow in Pickering, direkt östlich von Toronto, entschlossen, das Beste aus diesem zweiten Anfang zu machen. In den folgenden drei Jahren entdeckte Neil seinen Geschäftssinn, verkaufte zuerst wilde Himbeeren am Straßenrand und gründete später mit Hühnern, die er selbst in einem Brutkasten gezüchtet hatte, einen Eierhandel. Im Sommer 1957 verdiente er ungefähr 20 Dollar in der Woche – eine nicht unbedeutende Summe für einen Elfjährigen in der damaligen Zeit.

Außerdem entdeckte er den Rock 'n' Roll. Wie die meisten anderen Familien in Nordamerika hatten auch die Youngs Anfang 1956 mit offenem Mund Elvis Presleys erste Fernsehauftritte verfolgt. Etwas hatte sich geändert – niemand wußte genau, was –, und wie Millionen anderer Jugendlicher hörte auch Neil bald vor dem Einschlafen den lokalen Rocksender im Radio, 1050 CHUM aus Toronto. Elvis war natürlich der King, doch es gab Hunderte anderer neuer Stars, die um die Aufmerksamkeit einer Generation wetteiferten und das gesamte Spektrum der neuen Musik abdeckten, angefangen beim schwärzesten Rhythm 'n' Blues bis hin zum weißesten Country, von den Coasters zu den Everly Brothers und wieder zurück.

Als Scott 1958 bei *Globe and Mail* in Toronto zu arbeiten begann, zog die Familie wieder in die Stadt, und die Hühner mußten weichen. Neil begann, Zeitungen auszutragen, um sein verlorenes Einkommen zu ersetzen, und kam zweifellos in den Genuß eines besseren Radioempfangs. Kurz vor Weihnachten 1958 bekam er von seinen Eltern eine Ukulele aus Plastik und fing an, Akkorde zu üben. Bald folgte ein Banjo, dann eine Gitarre, doch in der Zwischenzeit sollte sein Familienleben eine drastische Wendung zum Schlechteren erfahren.

Der Neubeginn seiner Eltern fand ein jähes Ende, als Scott auf einer seiner zahlreichen Reisen seine nächste Frau, Astrid, kennen- und liebenlernte. Der Bruch war weder kurz noch schmerzlos, und Scott zufolge durchlitten alle Beteiligten »ein Jahr oder mehr ... schlimme Bitterkeit«, bevor die endgültige Trennung ausgesprochen wurde. Scott ging mit den beiden Jungen in ein Restaurant, um ihnen zu erklären, was geschehen war, und nachher auf der Straße muß Neil seinem Vater mitfühlend auf die Schulter geklopft haben. Eines beherrschen Jungen an der Schwelle zur Pubertät wirklich gut: ihre Gefühle zu vertuschen.

Nicht lange nach dieser Trennungsszene packte Rassy die beiden Jungen und ihre Habseligkeiten in einen kleinen Ford, sagte Toronto und Scott Lebewohl und machte sich auf den Weg nach Winnipeg, wo sie ein weiteres Mal neu anfangen wollte. Unterwegs versprach sie dem vierzehnjährigen Neil, daß er soviel Gitarre spielen dürfe, wie er wolle, wenn er nur aufhörte, an den Nägeln zu kauen.

Bob, der inzwischen schon siebzehn war, kehrte bald zu seinen Freunden und seinem Vater nach Toronto zurück, doch Rassy und ihr zweiter Sohn sollten während der nächsten vier Jahre zusammen in Winnipeg leben, wo Neil weiterhin die Schule besuchte und zu einem professionellen Musiker mit unsicheren Aussichten avancierte.

Die beiden bezogen eine Wohnung in Fort Rouge, einem Arbeiterviertel von Winnipeg. Obwohl Rassy sich offenkundig immer noch nicht mit dem Ende ihrer Ehe abgefunden hatte – was sie in mancher Hinsicht nie tun sollte –, wurde sie in Winnipeg wesentlich herzlicher empfangen als ihr Sohn. Sie kam nach Hause zu ihrer Familie und zu alten Freunden, und Scotts Unterhaltszahlungen sorgten dafür, daß sie nicht verhungern würde. Die Gesellschaft von Winnipeg ermöglichte ihr das sportliche Leben in der freien Natur, das sie liebte, und schon bald war sie Mitglied des Curling- und des Golfclubs. Als erfreuliche Dreingabe wurde sie außerdem in die Raterunde der lokalen Fernsehshows *Any Questions?* gebeten. Rassy mochte Scott verloren haben, aber nun hatte sie neue Gelegenheiten zu glänzen, und sie war nicht der Typ Frau, der herumsitzt und Trübsal bläst.

Für ihren Sohn muß es zumindest am Anfang wesentlich schwerer gewesen sein. Nachdem sämtliche Freunde, die er je gehabt hatte, nun über 1500 Kilometer weit weg waren, kam er in die neunte Klasse einer weiteren neuen Schule – Earl Grey Junior High – und trug das doppelte Stigma seiner geschiedenen Eltern sowie seines eigensinnigen Kopfes. Da Winnipeg eine von Nordamerikas konservativeren Städten ist und heranwachsende Jungen die angepaßteste Spezies der Welt sind, litt er wahrscheinlich unter beidem. Und als sich erst sein fehlendes Interesse an Mannschaftssport herumgesprochen hatte, war vermutlich die letzte Chance zur Integration geschwunden.

In seinem autobiographischen Song *Don't Be Denied* erzählt Young davon, wie er schikaniert wird, nur weil er anders ist. Doch diese anfängliche Unbeliebtheit scheint nicht lange angehalten zu haben. Zwei Eigenschaften müssen ihn gerettet haben: einmal sein Humor, manchmal boshaft, oft bitter und meist gegen Autoritätspersonen gerichtet, dann sein mittlerweile starkes Interesse an Popmusik, die ihrerseits gute Aussichten darauf hatte, neben Sport und Pickeln die dritte große Obsession der Jugend zu werden. Ein paar Sportbegeisterte mögen ihn zwar immer noch als sonderbaren Schwächling aus zweifelhaftem Hause abgetan haben, doch die meisten seiner Schulkameraden, ob Mädchen oder Jungen, scheinen gern mit Neil zusammengewesen zu sein.

Rasch baute er seine erste Gruppe auf. Er schloß einen elektrischen Tonabnehmer an seine verläßliche Gitarre an und gründete mit seinen Schulfreunden John Daniel, David Gregg und Jim Atkin die Jades. Sie spezialisierten sich darauf, Versionen von Instrumentalhits wie *Walk Don't Run* von den Ventures und *Fried Eggs* von den Fireballs zu spielen, schoben aber – mit Daniel am Mikrophon – auch ein paar Gesangsstücke ein. Daniel spielte auch Leadgitarre; Young, der immer noch eifrig auf seinem Instrument übte, spielte Rhythmus. Nachdem sie mehrere Wochen geprobt hatten, hatten sie ihren ersten und einzigen Auftritt bei einer Tanzveranstaltung in der Kantine des Earl Grey Community Club.

Offenbar waren sie gar nicht übel, doch das Leben der Band fand ein vorzeitiges Ende, als John Daniel eines Tages feststellte, daß er zur gleichen Zeit Musik und Hockey spielen wollte und von Young dazu gezwungen wurde, sich ein für allemal zwischen beidem zu entscheiden. Er wählte Hockey. »Es gab in meinem Leben wirklich nichts Wichtigeres, als Musik zu machen«, sagte Young später, »und man mußte es wirklich wollen und die Musik an die erste Stelle in seinem Leben setzen.« Daniel sollte nicht Youngs letzter Partner sein, der sich mit dieser bestimmten Entschlossenheit oder einem solchen Ultimatum konfrontiert sah.

Winnipeg war damals ein fruchtbarer Boden für jemanden, der es sich in den Kopf gesetzt hatte, Musik für Teenager zu machen. Der Community Club, wo die Jades aufgetreten waren, war einer von mehreren Clubs, die als vielseitige Treffpunkte und Freizeitstätten eingerichtet worden waren – zum Ausgleich für Winnipegs lange Winter. Dort gab es Eislaufplätze zum Schlittschuhlaufen und Eishockeyspielen, Cafés, wo Jugendliche zusammensitzen konnten, und Versammlungsräume, in denen die regelmäßigen Tanzveranstaltungen stattfanden. Für letztere wurde ständiger Nachschub an Musik benötigt. Dafür sorgten zunächst jugendliche Discjockeys, unter ihnen auch Young selbst, der einfach mit einem Stapel sorgsam gehüteter Singles unter dem Arm auftauchte. Doch je weiter die Sechziger ins Land zogen, desto größer wurde die Nachfrage nach Live-Musik, und die Zahl der lokalen Bands, die dieses Bedürfnis gerne befriedigen wollten, wuchs.

Eine von ihnen waren die Esquires, zu denen Young im Frühling 1961 stieß, nur um rasch wieder entlassen zu werden, da er nicht gut genug Gitarre spielte. Damals eilten seine Träume seinem Können noch voraus, doch sein Entschluß stand fest. Rassy hatte ihm gerade erst eine gebrauchte elektrische Gitarre geschenkt, und er scheint die meisten Stunden, die ihm die Schule ließ – das waren nicht sehr viele –, mit Üben verbracht zu haben.

Manchmal spielte er allein, manchmal mit Ken Koblun, einem anderen Schulkameraden, der sich für Musik begeisterte. Überdies teilten die beiden einen ungewöhnlichen familiären Hintergrund (Koblun hatte Pflegeeltern), den schlaksigen, hohen Wuchs und das Gefühl, in einer Welt, die nach dem Bilde angepaßter Athleten geschaffen war, Außenseiter zu sein. Ihre Freundschaft überlebte den Wechsel auf verschiedene Schulen im Sommer 1961 und war die Grundlage, auf der die Stardusters etwa gegen Ende des Jahres entstanden. Die Band spielte im Februar 1962 bei einer Tanzveranstaltung in Youngs Kelvin Highschool, fiel danach aber der Vergessenheit anheim.

Young wünschte sich vermutlich, das gleiche geschähe auch mit seiner Schule. Abgesehen von Englisch scheint er für kein Fach Interesse gehabt zu haben, und dementsprechend wurden auch seine Zeugnisse immer schlechter. Im Sommer 1962 schaffte er die zehnte Klasse nicht, was seine Mutter zur Verzweiflung brachte und seinen abwesenden Vater verärgerte.

In diesem Sommer bezogen Rassy und Neil einen Teil eines hübschen Hauses in der Grosvenor Avenue in Crescentwood, einem besseren Viertel. Young versprach, in der Schule besser zu werden, und verspürte anfangs wie andere vor ihm stets leise Gewissensbisse, wenn er anstelle eines Buches seine Gitarre in die Hand nahm. Im Herbst dieses Jahres gründeten er und Ken Koblun mit vier Freunden eine weitere Band, die Classics. Mit Young an der Leadgitarre, Koblun am Baß, einem Pianisten, einem Schlagzeuger, einem Rhythmusgitarristen und einem Sänger spielten die Classics eine Auswahl der damaligen Hits – und das recht schlecht. »Wir taten uns schwer, Auftritte zu bekommen, weil wir nicht gut genug waren«, erinnerte sich Young Jahre danach. Nach sechs Konzerten waren sie Geschichte.

Eine neue Band war bereits im Entstehen. Young und Koblun hatten einen Schlagzeuger (Jack Harper) kennengelernt, der wiederum einen Gitarristen (Allan Bates) kannte, und in den Weihnachtsferien 1962 übten die vier gemeinsam in Harpers Keller. Sie fanden, daß sie sich gut anhörten, und Young dachte sich einen Namen für sie aus – die Squires. Sie hatten vor, sich wie Youngs frühere Gruppe fast ausschließlich auf Instrumentalstücke zu konzentrieren, doch Young hatte mit den Squires Größeres vor, als lediglich die Hits anderer Gruppen nachzuäffen. Im Lauf des vorhergegangenen Jahres hatte er begonnen, selbst Instrumentalstücke zu komponieren – vorrangig im Stil des Musikers, der für ihn und seine Freunde gerade das Idol war.

Der Gitarrist, der bei den jugendlichen Aspiranten von Winnipeg die größte Verehrung genoß, war weder Chuck Berry noch James Burton oder Scotty Moore, sondern – im Hinblick auf die koloniale Vergangenheit Kanadas ganz passend – ein Engländer mit Hornbrille namens Hank B. Marvin. Als Leadgitarrist von Cliff Richards Begleitband, den Shadows, spielte Marvin einen tremololastigen Stil, der das lyrische Potential der elektrischen Gitarre betonte. Die Instrumentalaufnahmen der Shadows – ohne Richard – waren höchst melodisch. Wo Zeitgenossen wie Duane Eddy, Link Wray oder die Ventures lediglich ruhelose Energie ausdrückten, beschworen die Shadows geheimnisvolle Gefühle herauf und ließen Welten entstehen, die anders waren als die industriell geprägte Umgebung, in der die meisten ihrer Zuhörer lebten. In Großbritannien befanden sie sich mitten in einer langen Serie von Superhits, die 1960 mit *Apache* begonnen hatte und mit so fantastischen Ausschnitten der Vorstadtromantik wie *Wonderful Land*, *Atlantis* und *Kontiki* weiterging. In den USA waren sie praktisch unbekannt, aber in Winnipeg, im Herzen Kanadas, hätte man sie als Götter willkommen geheißen.

Neil und die Squires waren jedenfalls leidenschaftliche Jünger. Der erste professionelle Auftritt ihrer zweieinhalbjährigen Karriere fand am 1. Februar 1963 im Riverview Community Club statt. Zu diesem Zeitpunkt war Jack Harper bereits ausgestiegen – ein weiteres Opfer des merkwürdig hartnäckigen Glaubens an die Wichtigkeit von Schule und Sport – und durch Ken Smyth ersetzt worden.

Problematischer war es, die unzureichende Ausrüstung der Gruppe aufzustocken. Sowohl Young als auch Koblun brauchten neue Instrumente, und die selbstgebastelten Verstärker der Squires waren nicht stark genug, um die größeren Hallen zu beschallen, in denen sie nun spielen sollten. Young hatte ziemliches Glück und konnte eine gebrauchte, orangefarbene Gretsch von jemandem übernehmen, der sie nicht weiter abbezahlen konnte, doch der neue Verstärker, den sie benötigten, würde um die 600 Dollar kosten. Er bat seinen Vater in einem Brief um Unterstützung, die dieser ihm auch zusagte, wenn sich seine Zeugnisse verbesserten.

Seine Mutter zeigte sich zugänglicher. Sie war da, sie konnte sehen, wieviel die Musik ihrem Sohn bedeutete, und sie hatte vermutlich schon fast alle Hoffnung auf bessere Zeugnisse verloren. Sie wurde Zeugin von Neils Entschlossenheit, und sie glaubte an sein Talent. »Für mich«, erzählte sie später, »hatte seine Musik schon immer eine Art verlorenen und tieftraurigen Unterton... Manchmal fragte ich mich, warum seine Augen fast freudig aufleuchteten, wenn er eine Eigenkomposition spielte, die so traurig war, daß mir die Tränen in die Augen schossen.«

Sie kaufte ihnen nicht nur einen neuen Verstärker von ihren Ersparnissen, sondern avancierte auch zur inoffiziellen Buchungsagentur und allgemeinen Beschützerin der Squires. Alle, die versuchten, der Band Ärger zu machen, waren es nun schüchterne Schulbeamte, sich beschwerende Nachbarn, Vermieter oder kleinlaute Polizisten, mußten feststellen, daß sie ihr, was Mut und Charme anging, nicht das Wasser reichen konnten.

So behütet baute die Band nach und nach eine Anhängerschaft unter Winnipegs kommunalen Clubs auf. Ein DJ eines lokalen Radiosenders besorgte ihnen einen Vorspieltermin im Aufnahmestudio des Senders. Der Toningenieur war von ihnen beeindruckt, und so wurden sie ein weiteres Mal ins Studio gebeten, um zwei von Young verfaßte Instrumentalstücke erst zu proben und dann am 23. Juli 1963 einzuspielen: *The Sultan* und *Aurora*. Ende September kam die Single regional bei V Records heraus und wurde – logischerweise – in dem Radiosender, aus dem sie stammte, häufig gespielt.

Aus der Perspektive der neunziger Jahre kann man sich nur schwer vorstellen, wie die Platte 1963 wirkte, oder herausfinden, ob die Zuhörer sie nur als ein weiteres Instrumentalstück traditioneller

Machart empfanden oder von dem Unterschied überrascht wurden. Heute fällt es einem leichter, die Songs als die Zwischenstationen zu hören, die sie waren. Auf einer Ebene klingen sie wie eine Neuauflage der Shadows – melodische Gitarrenstücke mit Titeln, die das Rätselhafte beschwören. Doch auf einer anderen Ebene kann man eine fast überschäumende Leidenschaft beim Spiel heraushören. Die Musik der Squires ist überhaupt nicht distanziert, nicht cool zurückgelehnt. Sowohl in *The Sultan* wie auch in *Aurora* sind bereits ureigene Anklänge an die spätere Reise »von Hank zu Hendrix« hörbar.

Als er im Sommer 1963 mit Freunden am Falcon Lake Urlaub machte, war der siebzehnjährige Young im großen und ganzen ein durchschnittlicher nordamerikanischer Teenager seiner Zeit. Er hatte ein gutes Verhältnis zu seiner Mutter, das ebenso harmonisch wie liebevoll war, und das einzige offenkundige Nebenprodukt von Rassys häufiger, dem Fernsehen oder dem Sport zuzuschreibender Abwesenheit scheint gewesen zu sein, daß Neil die gesunde Fähigkeit entwickelte, für sich selbst zu sorgen. Seinen Vater sah er nicht oft, und die wenigen Treffen scheinen etwas peinlich gewesen zu sein, doch die emotionale Bindung war weder abgerissen noch verblaßt. Die Youngs scheinen die Probleme einer zerbrochenen Familie besser verkraftet zu haben als die meisten anderen.

In jenem Sommer lernte Neil am Strand des Falcon Lake seine erste richtige Liebe kennen: Pam Smith. Später sollte sie sich an sein »wunderbares Lachen« erinnern, das er aber nicht allzuoft zeigte, an seine Liebe zur Natur und eine Intensität, die in ihrem Bekanntenkreis selten war. Wenn es eine Eigenschaft gab, die Young damals hervorstechen ließ, so war es eine ungewöhnlich starke Entschlossenheit. Er wußte, wie seine Zukunft aussehen sollte. Bereits jetzt war Musik sein Leben und die Gitarre fast immer in Reichweite. In der Schule tat er nur das Allernötigste.

Eine Bedrohung, die über allem schwebte und deren Kenntnis vielleicht Youngs Intensität mitverursachte, war die Tatsache, daß er an Epilepsie litt. Bislang hatte er keinen größeren Anfall gehabt, doch waren bereits im Lauf der vergangenen Jahre mehrere Symptome aufgetreten, und er vergaß nicht, Pam Smith in jenem Sommer zu sagen, was im Notfall zu tun war. Für einen jungen Mann mit seinem Ehrgeiz dürfte dies keine leichte Last gewesen sein.

Dennoch konnte er das für seine weitere Laufbahn nicht berücksichtigen. Die Squires traten weiterhin in Winnipeg auf und dehnten ihren Operationsradius über den vertrauten Kreis der sauberen kommunalen Clubs hinaus auf weniger zuträgliche Lokalitäten wie den Cellar in der Innenstadt aus. Gegen Ende 1963 hatten sie ihre ersten Auftritte außerhalb der Stadt, in den kleineren Orten Portage la Prairie und Dauphin. Für letzteren Auftritt bekamen sie die fürstliche Summe von 125 Dollar. Die Squires mochten zwar nicht schnell zu etwas kommen, aber etwas erreichten sie doch.

Der Sound der Squires sollte allerdings mitsamt einem Großteil des nordamerikanischen Rock 'n' Roll auf dem Abstellgleis landen. Das gesamte Vorjahr über hatte Großbritannien unter einer musikalischen Revolution gestanden, als eine Unmenge von Gruppen – allen voran die Beatles – sich der geläufigen (überwiegend amerikanischen) Rockmusik bemächtigt, ihr einen Riesenschuß schwarzen Rhythm 'n' Blues verabreicht und dann mit ihrem ureigenen Witz und ihrer Energie durchsetzt hatten. Anfang 1964 ergab sich Amerika schließlich dem Schock des Neuen, und von Neufundland bis San Diego hörte man kaum etwas anderes als Bands, die sich dem erfolgreichen Trend anschlossen. In Winnipeg versuchte jeder, der »in« sein wollte, Songs wie *Do You Want To Know A Secret?* zu schreiben und *She Loves You* zu spielen.

Die Squires machten da keine Ausnahme, und weil sie keinen von Natur aus begabten Sänger hatten, sprang Young ein. Sein erster öffentlicher Gesangsauftritt, bei dem er *Money* und *It Won't Be Long* vortrug, fand in der Schulcafeteria statt. »Man hat mir gesagt, ich könne nicht singen«, räumte er später ein, »aber ich ließ einfach nicht locker.« Genau wie auf seiner Gitarre übte und übte er.

Außerdem hörte er sehr viel Musik, und zwar nicht nur britische Gruppen. Eine andere, diesmal amerikanische Musikrichtung war ebenfalls im Kommen – urbaner Folk. Der Erfolg, den Peter, Paul and Mary im Sommer 1963 mit dem Song *Blowin' In The Wind* des damals praktisch unbekannten Bob Dylan in den Top Ten feierten, war nur die Spitze des Eisbergs. Die geburtenstarken Nachkriegsjahrgänge, in materiellem Überfluß und geistiger Verkommenheit aufgewachsen, drängten nun in Massen an die Universitäten und hungerten nach politischen Veränderungen und einer Kultur, die dieses Bedürfnis widerspiegelte. Überall in Amerika schossen Folk-Clubs aus dem Boden oder klopften sich den Staub ab, um der neuen Nachfrage gerecht zu werden.

Einer davon war das 4-D in Winnipeg, wo Young 1964 zu einer Art Stammmusiker wurde und zahlreichen Stars der kanadischen Folk-Szene begegnete, darunter die Newcomer Joni Mitchell und Jesse Colin Young. Die Rock 'n' Roll- und die Folk-Szene besaßen 1963–64 kaum Berührungspunkte, und man darf wohl annehmen, daß Young damals einfach beide Richtungen mochte, ohne das Bedürfnis zu verspüren, sie zu einer zu verweben. Das sollte sich erst und fast zufällig im Lauf der nächsten anderthalb Jahre einstellen. Im Moment waren er und die Squires damit zufrieden, einen Fuß in jedem Lager zu haben. Sie spielten in den kommunalen Clubs für Geld und im 4-D für Essen.

Die musikalische Gespaltenheit der Gruppe trat deutlicher zutage, als sie im April 1964 weitere Aufnahmen machen konnten. Mindestens drei der Stücke, die sie in den Studios von Radio CKRC aufzeichneten, stammten von Young, aber das war auch schon alles, was sie gemeinsam hatten. *Ain't It The Truth*, das fast ein Vierteljahrhundert später von den Bluenotes zu neuem Leben erweckt werden sollte (eine Live-Fassung ist auf *Lucky Thirteen* zu finden), war eine großspurige Rhythm 'n' Blues-Nummer für aufgeheizte junge Männer. *I Wonder*, ein Versuch, sich dem Sound der britischen Gruppen anzunähern, war irgendwo zwischen den Searchers und den Dave Clark Five angesiedelt und sollte später zweimal wieder auftauchen, einmal als *Don't Pity Me Babe* auf dem Demo für Elektra von 1965 und dann als *Don't Cry No Tears* auf *Zuma*. *Mustang* war ein Möchtegern-Shadows-Instrumentalstück. Bislang konnte man Young noch keine besondere Originalität nachsagen.

Ein weiteres Instrumentalstück, das als Fortsetzung von *The Sultan* gedacht war, wurde nie aufgenommen. Der Song war offensichtlich durch die Ermordung Präsident Kennedys inspiriert worden, wobei Young mit dem Titel *White Flower* das Symbol des Friedens mit dem Rhythmus des Pop verband. Damit zeigte er zumindest ein gewisses Bewußtsein dafür, was in der großen weiten Welt außerhalb Winnipegs vor sich ging, wo sämtliche Kulturen und Musikrichtungen auf Kollisionskurs zu sein schienen.

Daß sie allzu viele Musikrichtungen verfolgten – oder keine einheitliche Richtung hatten –, war inzwischen vermutlich zu einem der Streitfaktoren geworden, die die Gruppe im Sommer 1964 spalteten. Anderthalb Jahre waren sie zusammengewesen; sie hatten den von 1962 bis 1963 populären Instrumentalsound und anschließend den britischen Pop von 1964 gemeistert. Sie hatten Spaß gehabt und hatten ihn noch, doch es war schwer zu glauben, daß eine tragfähige Zukunft darin steckte.

Das scheinen zumindest Allan Bates und Ken Smyth in jenem Sommer entschieden zu haben, als sie Youngs Bitte abschlugen, bei einem bestimmten Auftritt mitzuspielen. Young war empört darüber, daß die beiden sich eine Gelegenheit, ihre Musikerkarriere voranzutreiben, entgehen ließen. Er und Ken Koblun hatten, die elterliche Einwilligung vorausgesetzt, bereits beschlossen, von der Schule abzugehen und auf den großen Durchbruch zu hoffen, und sie wollten Partner, die genauso entschlossen waren wie sie selbst. Bates und Smyth mußten gehen, und die Suche nach Ersatz begann.

Was die Schule anging, so waren Youngs Eltern nicht besonders erfreut über Neils Entscheidung, aufzuhören, aber Scott war weit weg, und Rassy fügte sich ins Unvermeidliche. Vielleicht konnten Schweine ja doch fliegen, und ihr Sohn würde ein Star werden. Bis Oktober hatte er nicht nur die Schule verlassen, sondern war auch stolzer Besitzer eines Transportmittels für die Band – eines 1948er Buick-Leichenwagens, den er Mortimer Hearst oder kurz Mort taufte. Seine erste Langstrecke führte ihn nach Fort William, 650 Kilometer östlich am Lake Superior gelegen, wo Young ein einwöchiges Engagement im Flamingo Club ergattert hatte.

Winnipeg, so hatte er entschieden, hatte ihm alles gegeben, was es zu bieten hatte. Nicht zum letzten Mal in seiner Karriere fühlte Young sich von den Erwartungen anderer an seine Musik in die Enge getrieben. Wußten die Leute erst einmal, was sie von ihm erwarten konnten, so dachte er, könnte man sie nie wieder dazu bringen, etwas anderes zu akzeptieren, und wenn Winnipeg glaubte, die Squires komplett durchschaut zu haben, dann würde Young die Band nach Fort William bringen, dessen ehrenwerte Einwohner keine solchen vorgefaßten Meinungen überwinden mußten.

Mitte Oktober kamen sie an, inzwischen ein Trio, das sich mit einem neuen Namen schmückte: Neil Young and the Squires. Was Ken

Koblun davon hielt, ist nicht bekannt; vielleicht fand er, daß Young als Komponist, Sänger und Leadgitarrist die Namensnennung verdient hatte.

Der dritte im Bunde war Bill Edmundson, der neue Schlagzeuger. Dem potentiellen vierten, Jeff Wuckert, der den ganzen September hindurch bei ihnen Klavier gespielt hatte, hatten die Eltern nicht erlaubt, mitzufahren, und die Zeit war zu knapp, um sich nach Ersatz umzusehen. Offenbar schadete das nichts: Die drei spielten im Flamingo Club passabel genug, um dort im November ein weiteres zweiwöchiges Engagement zu bekommen sowie ein paar zusätzliche Auftritte in einem Abklatsch des 4-D in Fort William.

Die Musik, die sie auf dieser Reise spielten, war stärker vom Blues beeinflußt als zuvor, zum Teil als Folge von Jeff Wuckerts jüngster Beteiligung, aber auch weil Young mehr an dieser Musikrichtung und an mehr Lärm interessiert war. Ein wildgewordener *Farmer John* gehörte damals ebenso zu ihren Standards wie Nummern aus der Feder von Young, zum Beispiel *Hello Lonely Woman* und *Find Another Shoulder*, die man bis zu den Tourneen der Bluenotes zwischen 1987 und '88 nicht mehr zu Gehör bekam. Obwohl es übertrieben wäre, zu behaupten, daß er in dieser Zeit seinen persönlichen Stil auf der E-Gitarre fand, besteht doch kein Zweifel daran, daß Young seine Grenzen erweiterte. Mittlerweile besaß er ausreichendes technisches Können, um seinen eigenen Ausdruck zu finden.

Dennoch gab er die weichere Seite nicht auf. *Sugar Mountain* – einen weicheren Song gibt es nicht – verfaßte Young auf dieser Reise in seinem Hotelzimmer in Fort William, angeblich aus dem deprimierenden Anlaß seines neunzehnten Geburtstags. Und als er von einem weiteren beeindruckten Radio-DJ, Ray Dee, gebeten wurde, für ihn eine Aufnahme zu machen, wählte Young *I'll Love You Forever*, ein Stück, das er über seine erste Begegnung mit Pam Smith am Strand von Falcon Lake geschrieben hatte, sowie einige weitere, ebenso melodische Songs. Es mochte Spaß machen, bei *Farmer John* voll aufzudrehen, doch zu diesem Zeitpunkt wurde Young klar, daß er sich auf Platten als Original verkaufen mußte und nicht als Wiederkäuer der Songs anderer Leute. Diese Songs waren aber offenbar nicht originell genug: Keine der kanadischen Plattenfirmen, denen Ray Dee sie zusandte, war interessiert.

Unterdessen war die Band nach Winnipeg zurückgekehrt, nachdem sie bei ihrem zweimonatigen Aufenthalt in Fort William über tausend Dollar verdient hatte. Ein Vermögen war das zwar nicht, aber auch kein so schlechter Anfang für eine Profilaufbahn. Young hatte neuen Mut gefaßt, war entschlossener denn je und befand, daß der Rest der Band dies auch sein sollte. Koblun erfüllte die Anforderungen, aber Edmundson, der sich mehr für Liebe und Ehe als für seine Zukunft als Musiker interessierte, nicht. Er mußte gehen, und während der nächsten Monate im tiefsten kanadischen Winter bestanden die Squires aus Young, Koblun und demjenigen, den sie gerade dazu überreden konnten, mitzumachen. Ein junger Gitarrist, Doug Campbell, beeindruckte Young ungemein, doch als der Frühling kam und damit die Zeit, sich wieder nach Osten in Richtung Fort William auf den Weg zu machen, zeigte er sich widerspenstig. Ein weiteres Mal reisten die Squires als Trio ab, dieses Mal mit Bob Clark am Schlagzeug.

An einem Sonntagabend kamen sie in der Stadt am See an und hatten nur noch ein paar Minuten bis zu ihrem Auftritt, der eine Lücke zwischen zwei Sets von der Company füllen sollte, einem umherreisenden Ableger der Folkgruppe Au Go Go Singers. Der inoffizielle Leader der Company, ein junger blonder Südstaatler namens Stephen Stills, war unter jenen, die von den Kulissen aus zusahen, wie Young und seine Band ihren neuesten Stil vorstellten: Folksongs mit Rock-Instrumentierung.

Folk-Rock oder einfach *Rock*, wie er dann genannt wurde, erforderte weiter nichts, als den schweren Baß- und Schlagzeugrhythmus des Rock 'n' Roll unter die einfachen Wechsel und die textuelle Komplexität des Folk zu legen. Diese Verbindung zwischen einer Musikform, die bewegte, und einer Musikform, die als Vehikel für außermusikalische Intelligenz diente, war genau das Genre, dessen Zeit gekommen war. Warum sollten die Leute sich schließlich entweder mit Bauchmusik oder mit Kopfmusik zufriedengeben, wenn sie ebenso Musik für Bauch und Kopf haben konnten?

Anfang 1965 hatte sich die Entwicklung überall durchgesetzt. Lennon verpackte erkenntnisreiche Texte in Popmusik; Dylan schloß auf dem Newport Folk Festival seine Gitarre an einen elektrischen Verstärker an. Gene Clark und Roger McGuinn schrieben Pop-Songs im Stil von Dylan und Folk-Songs im Stil der Beatles und stellten fest, daß sie sich allesamt wie Byrds-Songs anhörten. Und im abgelegenen Fort William brachte Neil Young die Musikrichtungen zusammen, die er liebte, indem er klassische Folk-Songs wie *Tom Dooley, Oh Susannah* und *Cottonfields* rockig arrangierte.

Stephen Stills hatte nicht gerade eine beständige Kindheit und Jugend. Seine Familie stammte aus Südillinois, er selbst war in Dallas geboren, und bevor er in die Pubertät kam, hatte er schon in New Orleans, Florida und der mittelamerikanischen Republik Costa Rica gelebt. Sein Vater, ein Bauunternehmer, war offenbar eine Art geborener Nomade.

Wie all diese Umzüge den kleinen Stephen geprägt haben, ist schwer zu sagen. Einerseits bekam er dadurch zweifellos einen weiteren Horizont als die meisten anderen weißen amerikanischen Jungen, andererseits mag es aber auch bedeutet haben, daß er nur schwer enge Freundschaften schließen konnte und sich allzusehr auf sein eigenes Urteil verlassen mußte.

Sein erstes von vielen Musikinstrumenten war ein Schlagzeug, und genau wie Young scheint er sich schon als Teenager dem Leben in der Musik verschrieben haben. Mit etwa siebzehn verließ er die Schule und begann mit seinem Freund Chris Farns, in einem Club in New Orleans namens Bayou Room zu singen. Als er schließlich wegen Trunkenheit – ein früher Hinweis darauf, daß seinem Talent keine ebenso stark ausgeprägte Selbstbeherrschung zur Seite stand – hinausgeworfen wurde, erwog Stills, ein College zu besuchen, landete aber 1964 irgendwie im Greenwich Village in New York. Dort schlug er sich durch, indem er in Lokalen spielte, wo die Künstler den Hut herumgehen ließen.

Für einen jungen Musiker war dies der ideale Ort und die ideale Zeit. Die neuen Lovin' Spoonful und die Paul Butterfield Blues Band fanden starke Beachtung, und überall gab es junge Sänger, die hofften, im Schlepptau von Dylans Erfolg nach oben zu kommen. Stills spielte in einem Trio mit dem späteren Monkee Peter Torkelson und mit John Hopkins, arbeitete dann erneut im Duo mit Chris Farns, bevor er mit einigen neuen Gesichtern die New Choctawguins formierte. Farns ging, und die Band mutierte zu den Au Go Go Singers, zu denen nun auch Richie Furay zählte. Überrollt vom Lauf des musikalischen Fortschritts hatte sich diese Folk-Formation im Frühling 1965 aufgelöst; ein paar ihrer vorherigen Mitglieder gründeten eine kleinere Gruppe, die Company. Deren Entscheidung, durch Kanadas Cafés zu touren, scheint in erster Linie darin begründet gewesen zu sein, daß sie nichts Besseres zu tun hatten.

Da saß Stills nun – in einem Café, tausend Meilen von der Zivilisation entfernt, und lauschte einer Gruppe, von der er noch nie gehört hatte und die offenbar den Folk-Rock erfunden hatte. Zu sagen, daß er beeindruckt war, wäre untertrieben.

Die Hochachtung beruhte auf Gegenseitigkeit. Young gefiel Stills' Gitarrenspiel, und von seiner Stimme war er begeistert. Nachdem sie sich an diesem ersten Abend miteinander bekannt gemacht hatten, verbrachten die beiden jungen Männer viel Zeit zusammen, sprachen über Musik und, wie Stills es ausdrückt, »düsten in seinem Leichenwagen herum, tranken das gute, starke kanadische Bier, waren jung und amüsierten uns.« Young wußte immer ziemlich schnell, ob er jemanden mochte, und vermutlich entdeckten die beiden ineinander verwandte Seelen. Sicher barg ihre jeweilige Vergangenheit einige Gemeinsamkeiten – ein finanziell gesichertes, aber nomadenhaftes Familienleben, ständige Neuanfänge bei Freundschaften mit gleichaltrigen Jungen, eine besessene Hingabe an die Musik und eine angeborene Intensität. Die Unterschiede zwischen den Musikern sollten erst später zum Vorschein kommen, wenn die beiden in Konkurrenzsituationen aufeinanderstießen. Im Moment, da sie zwanglos und angeheitert durch Fort William und seine Umgebung am Nordufer des Lake Superior zogen, gab es wenig Grund für Zwistigkeiten, sondern nur die gemeinsame Musik und die Hoffnungen auf die Zukunft.

Vermutlich planten sie nicht konkret, sich wieder zu treffen, doch scheinen beide die Möglichkeiten und das musikalische Potential gespürt zu haben. Zunächst war nur vage davon die Rede, daß Young nach New York kommen und Stills ihm eine Arbeitserlaubnis für die USA besorgen würde. Wie Reisende, die Adressen austauschen, merkten sie sich für die Zukunft etwas vor, das in die Tat umgesetzt werden konnte oder nicht.

* * *

Während Stills und die Company zum nächsten Auftrittsort auf ihrer Route weiterreisten, blieben Young und die Squires noch zwei Monate in Fort William, spielten dort im 4-D-Café zu ihren angestammten Zeiten und traten bei dem einen oder anderen Schul- oder Kirchenball auf. Es machte Spaß, verlor aber im Lauf der Wochen mehr und mehr an Reiz. Finanziell kamen sie bestenfalls auf plus/minus Null.

Alles fand schlagartig und zufällig ein Ende. Nach einem Sonntagnachmittagsauftritt im 4-D verkündete Terry Erikson, der in den vergangenen Monaten fast zu einem festen Bandmitglied avanciert war, er hätte für die folgende Woche ein Engagement in Sudbury, Ontario, etwa 1000 Kilometer weiter östlich, angeboten bekommen. Alles, was ihm noch fehlte, war eine Band. Was hielten die anderen davon?

Koblun hatte sich für diesen Tag bereits verabschiedet, aber Young, Erikson und drei andere ungebundene Musiker beschlossen spontan, sich im Mort auf den Weg zu machen. 650 Kilometer und 36 Stunden später stand der Leichenwagen außer Gefecht in einer Werkstatt in Blind River, die fünf Reisenden saßen mitten in der Einöde fest und hatten als einziges Transportmittel nur noch Eriksons Motorrad. Die anderen drei machten sich auf, nach Westen zurückzutrampen, während Young und Erikson vergeblich auf die Reparatur des Leichenwagens warteten. Schließlich fuhren sie nach North Bay, wo sie sich Hilfe von Eriksons Vater erhofften. Als diese ausblieb, war es das nächstliegende, die letzten 300 Kilometer Richtung Süden nach Toronto zu fahren, wo sie nicht nur Youngs Vater vorfinden würden, sondern auch das künstlerische und wirtschaftliche Zentrum der kanadischen Musikszene.

Scott nahm sie auf, womit er trotz aller Distanziertheit gegenüber Neil eine Toleranz bewies, die viele Väter nicht aufgebracht hätten, und die zwei jungen Männer begannen die Musikszene zu erkunden. In der Woche ihrer Ankunft standen die Byrds mit *Mr. Tambourine Man* auf Platz eins der *Billboard*-Charts – der Folk-Rock war eindeutig im Kommen. Eine Woche später wurden sie von den Rolling Stones verdrängt, deren *Satisfaction* der Beweis dafür war, daß man den Folk auch wieder herausnehmen konnte, ohne die neue Ausdrucksform zu opfern. Nur noch ein paar Wochen, und Dylans *Like A Rolling Stone* sollte den dritten Grundstein für das legen, worauf der größte Teil der Musik des folgenden Jahrzehnts beruhen würde.

Zwei von den Squires, so schien es Young und Erikson selbst, waren zur rechten Zeit am rechten Ort angekommen. Martin Onrot, ein junger Manager, dessen Name Young genannt worden war, teilte ihre Begeisterung. Die anderen Bandmitglieder wurden herbeizitiert und reisten auch pflichtschuldigst an, wobei sie sich bitter darüber beklagten, daß man sie zuvor in Fort William hatte sitzenlassen. Dann machten sich die vier mit einem neuen Namen, den sich Martin Onrot ausgedacht hatte, ans Werk: Four to Go.

Die gesamte anfängliche Begeisterung löste sich schnell in Luft auf. Vielleicht von den frühen Byrds beeinflußt, war Onrot der Überzeugung, daß Folk-Harmonien über einem Rock-Beat der Trend der Zukunft seien, und sein Beharren darauf, daß alle singen mußten, führte bald zu Bob Clarkes Ausstieg. Nur wenig später brachten die vergeblichen Versuche, ein erstes Engagement in der Großstadt zu bekommen, Terry Erikson dazu, es ihm gleichzutun. Man fand Ersatz, und Four to Go kämpften tapfer weiter, während Young einen strengen Stundenplan für die täglichen Proben aufrechterhielt und Onrot einen Clubbesitzer suchte, der bereit war, sich auf etwas einzulassen, das ein wenig anders war. Da er kein Einkommen hatte, mußte Young zuerst seinen Vater anpumpen und schließlich mehrere Wochen lang in Coles Buchhandlung arbeiten.

Unterdessen machte Toronto seinem konservativen Ruf alle Ehre, und Onrot fand keine Interessenten. Die Musikszene hier war im Unterschied zu Winnipeg oder Fort William groß genug für Sub-Szenen, und trotz aller Anzeichen für Veränderung in den Charts waren Torontos Musiklokale streng nach Genres getrennt: die derberen Rock 'n' Roll-Clubs mit überwiegend männlichem Publikum in der Yonge Street und die Cafés im Folk-Viertel von Yorkville. Ronnie Hawkins und Joni Mitchell gingen nicht gemeinsam aus.

Ende Oktober war der Glaube an eine gemeinsame Zukunft bei den Four to Go schließlich geschwunden. Koblun fand leichter allein Arbeit als Young, doch das war kaum erstaunlich: Ihm machte es nichts aus, als freischaffender Bassist bei den Myriaden von Folk-Gruppen einzuspringen, während Young immer noch der nächste große Knüller werden wollte. Er brachte den größten Teil des Monates November mit Komponieren und Kopfzerbrechen zu.

Ein kurzer Aufschwung war das Engagement in einem Skiort in Vermont, und die wiedervereinigte Band reiste mit mehr Begeisterung gen Osten, als die Sache hergab. Nach ihrem ersten Auftritt, bei dem es ein Betrunkener fertigbrachte, eine von Youngs Saiten zu zerreißen, machte ihnen der Geschäftsführer klar, daß sie nicht die Musik spielten, die er haben wollte. Was Young betraf, so beruhte der Unmut ganz auf Gegenseitigkeit, und er ging. Anstatt die Reise insgesamt als Fehlschlag abzubuchen, beschlossen er und Koblun, auf der Heimfahrt einen Umweg über New York zu machen. Koblun wollte dort ein Mädchen besuchen, und Young hatte noch die Adresse, die Stills ihm im April gegeben hatte. Doch erneut hatte er Pech: In dem Appartement wohnte zwar nach wie vor ein Musiker, aber nicht mehr Stills.

Richie Furay war in einer Kleinstadt in Ohio aufgewachsen. Seine erste Gitarre hatte er mit acht Jahren bekommen, dann aber rasch das Interesse daran verloren. Das College und der jüngste Folk-Boom hatten seine Begeisterung wieder erwachen lassen, und so gründete Furay, inspiriert von seinen Lieblingsplatten des Kingston Trios, mit zwei Kommilitonen ein Folk-Trio. Nachdem er zwei Jahre bei College-Veranstaltungen gespielt hatte, gaben sie 1964 während einer Studienfahrt ihr Debüt in einem Club in New York und schlugen sich so gut, daß sie für zwei Wochen im Sommer engagiert wurden.

Bei diesen Konzerten lernte Furay Stills kennen, der ebenfalls ein folkähnliches Ensemble leitete, und die beiden beschlossen, die beiden Gruppen zu einer zu verschmelzen. Während ihres halbjährigen Bestehens machten die Au Go Go Singers eine Platte, traten in einer Off-Broadway-Show auf und gingen auf Tournee, bevor die üblichen künstlerischen und finanziellen Enttäuschungen zu einer freundschaftlichen Trennung führten. Zu Beginn des Frühlings 1965, als Stills die Kanada-Tournee der Company leitete, zog Furay vorübergehend nach Massachusetts, um sich dort den Lebensunterhalt zu verdienen. Als Stills im Sommer zurückkam und – vielleicht bereits mit Young im Hinterkopf – eine erneute Zusammenarbeit vorschlug, lehnte Furay ab. Stills beschloß, sein Glück in Kalifornien zu versuchen, aber Furay wohnte weiterhin unter der New Yorker Adresse, die Young in Fort William erhalten hatte, und auf ihn traf der Kanadier schließlich in jenem Herbst.

Genau wie Stills und Young verstanden sich auch Furay und Young gut miteinander und tauschten Musik und Geschichten aus. Für Furay war Young »ein echt interessanter Typ«, und ihm gefiel sein Song *Nowadays Clancy Can't Even Sing* so gut, daß er ihn sich von Young beibringen ließ. Was Young anging, so hatte er eine weitere Vormerkung für die Zukunft gemacht, obwohl ihm das diesmal vermutlich nicht bewußt war.

Obwohl Furays Anerkennung Young guttat, war er wohl doch in erster Linie betrübt darüber, daß er Stills verpaßt hatte. Vielleicht war dies einer der Gründe für seine Entscheidung, zurück in Toronto seine geliebte Gretsch gegen eine zwölfsaitige akustische Gitarre einzutauschen. Womöglich war es aber auch schlicht ein Akt der Verzweiflung. Mit der neuen Gitarre gelang es ihm, einige Auftritte in den Cafés von Yorkville zu ergattern, und er schloß ein paar Freundschaften, ohne jedoch irgend jemanden besonders zu beeinflussen. Eine Kritik, in der seine Songs als »total klischeehaft« bezeichnet wurden, muß schmerzlich gewesen sein.

Aber, wie Leonhard Cohen einmal bemerkte: »Sogar Schmähung ist mit Regenbögen vergiftet.« Irgend jemand – nicht einmal Young weiß noch, wer – ermöglichte es ihm, bei Elektra in New York ein paar Demos seiner Songs aufzunehmen. Er wurde nicht gerade mit einem roten Teppich empfangen: Man führte ihn lediglich ins Tonbandarchiv, wo ein einziges Mikrophon für ihn bereitstand, in das er singen und spielen konnte. Er spielte sieben Songs, die er alle selbst verfaßt hatte.

Von diesem Band sind zahlreiche Raubkopien in Umlauf. Es liefert einen interessanten, wenn auch ausgesprochen einseitigen Einblick in Youngs damaliges Schaffen als Komponist und Interpret. Infolge der Situation klingt es wie Folk, und es besteht kein Zweifel daran, daß Young bis dahin mit einer elektrischen Band am innovativsten war. Hier zeigt er sich kompetent auf der akustischen Gitarre und versucht nicht, irgend etwas darüber hinaus zu beweisen. Youngs Stimme klingt leichter, körperloser als später, doch ist ihre klagende Qualität, die sich mit besseren Texten noch als ungemein wirkungsvoll erweisen sollte, unanfechtbar.

Die Songs tragen jede Menge Einflüsse zur Schau: *Sugar Mountain* hört sich an, als stammt es aus der Frühzeit von Tom Paxton, während *Run Around Babe* wie maßgeschneidert für Donovan erscheint. *When It Falls It Falls All Over You* hätte auf *The Paul Simon Songbook* nicht deplaziert gewirkt. *Don't Pity Me Babe* hat die ursprüngliche Melodie von *I Wonder* mit neuem Text und einem Rhythmus, der stark an *Feel A Whole Lot Better* von den Byrds erinnert.

Wie alle populären jungen Barden der damaligen Zeit stopfte auch Young seine Songs mit poetischen Bildern voll und lief ständig Gefahr, ihren Ernst zu untergraben, indem er sich zu offenkundig schlau zeigte. In diesen Stücken findet sich herzlich wenig konkrete Selbstdarstellung; der Sänger ist viel zu sehr damit beschäftigt, die Welt nach seinen Wünschen umzugestalten. In *Run Around Babe* ist er dabei, den Verstand zu verlieren, hat aber ach so viel Verständnis dafür, warum ihn seine Freundin auf diese Weise hat sitzenlassen. *I Ain't Got The Blues* beginnt mit bitterer Selbstanklage, doch die Arroganz, die unter der Oberfläche lauert, bricht am Ende durch – »I ain't got the blues but something more true.« Alle Songs enthalten die gleiche starke, männlich pubertäre Mischung aus Arroganz, Unsicherheit und Absurdität, und doch ist Young nie glaubwürdiger als in *Don't Pity Me Babe*, wenn er versichert: »I know I'm all right, oh yeah, I'm all right.«

Ein Stück, und zwar *Nowadays Clancy Can't Even Sing*, sticht eindeutig heraus. Ein leicht gälischer Touch in Melodie und Rhythmus heben die Musik von der üblichen Bardenkost ab, und der Text kommt, auch wenn er langatmig und alles andere als klar ist, eindeutig ebensosehr aus dem Herzen wie aus dem Kopf. Der Song kreist um zwei Erkenntnisse: daß Young selbst sein schlimmster Feind ist, da eine Seite seines Charakters andauernd der anderen in die Quere kommt; und daß solche Probleme bedeutungslos werden, wenn man sie mit denen Clancys vergleicht, der »nicht einmal singen kann«. Clancy war in Wirklichkeit jemand, den Young von der Kelvin High School kannte und der an multipler Sklerose litt, doch auch ohne solches Insiderwissen nimmt man die emotionale Kraft dieses Liedes wahr. Hier trat endlich ein origineller Songschreiber auf den Plan.

* * *

Zurück in Toronto, in der Hoffnung, daß diese Aufnahme zu etwas führen würde, begegnete Young einer anderen verwandten Seele. Bruce Palmer hatte mit zehn Jahren in einem Plattengeschäft zum ersten Mal eine Gitarre in der Hand gehalten und sich dabei gut gefühlt. Als Orchesterleiter unterstützte sein Vater diesen Hang zur Musik, auch wenn er später vielleicht mit der Musikrichtung, die sein Sohn sich ausgesucht hatte, nicht einverstanden war.

Palmer wählte den Baß aus Neigung, da ihm das jugendliche Image des damals noch seltenen Elektrobasses gefiel. Im Gegensatz zu vielen anderen Bassisten seiner Generation, die sich das Instrument nur angeeignet hatten, weil es die letzte Leerstelle in einer Band füllte, besaß er ein echtes Gefühl für die Baßgitarre.

Obwohl erst neunzehn, war er bereits Mitglied einer guten Torontoer Band gewesen, Jack London and the Sparrow, und spielte nun bei den Mynah Birds — so genannt, weil ihr Geldgeber sowohl einen Laden für solche Vögel besaß als auch einen nach ihnen getauften Club. Als Palmer dem schlaksigen Young, er trug seinen Verstärker auf dem Kopf, zum ersten Mal auf der Yorkville Avenue begegnete, hatten die Mynah Birds gerade ihren Leadgitarristen verloren. Palmer muß von Young und seinem Gitarrenspiel angetan gewesen sein; nicht viele Musiker mit akustischen zwölfsaitigen Gitarren bekommen den Job des Leadgitarristen in einer Rhythm 'n' Blues-Band angeboten.

Young ließ sich natürlich nicht zweimal bitten. Es war Musik, und es war bezahlte Arbeit. Er mochte Palmer und freundete sich mit Ricky Matthews, dem Leadsänger der Band, an, der darauf versessen zu sein schien, der schwarze Mick Jagger zu werden. Die Mynah Birds hatten bereits eine Single herausgebracht, besaßen einen einflußreichen Gönner in Einzelhandelsunternehmer John Eaton und waren auf den großen Durchbruch aus.

Wie es das Schicksal wollte, sollten sie nur sechs Wochen lang zusammensein, doch für Young erwies sich diese kurze Etappe als recht wertvoll. Musikalisch konnte er der Band nie seinen individuellen Stempel aufdrücken, doch es war eine weitere Chance, Rhythm 'n' Blues-Material zu spielen, und dieses Mal auf einer verstärkten, akustischen zwölfsaitigen Gitarre.

Wichtiger war vielleicht, daß zum ersten Mal seit langer Zeit Young nicht der Verantwortliche war; er war nur eine Art Geselle, der überwiegend mit dem Material anderer Leute arbeitete. Wie gut er mit einer so untergeordneten Rolle auf lange Sicht zurechtgekommen wäre, ist fraglich, doch für ein paar Wochen, nach einigen frustrierenden Monaten, muß es angenehm gewesen sein, zurückzutreten und die Belastung einem anderen zu überlassen.

Toronto im allgemeinen und die Mynah Birds im besonderen boten Young noch etwas Neues. »Ricky machte mich mit Amphetamin bekannt, und das hat mein Leben verändert«, sagte er später. »Als ich in Toronto ankam, traf ich dort auf eine ganz neue Kultur. Zuvor hatte ich noch nie so etwas gemacht.« Die wenigen Auftritte der Mynah Birds waren ebenso der drogenbedingten Mätzchen der Band wie der Musik wegen bemerkenswert.

Schlecht können sie nicht gewesen sein, denn es ist kaum anzunehmen, daß eine erfolgreiche, überwiegend schwarze Firma wie Motown, selbst wenn John Eaton seine Beziehungen spielen ließ, bereit gewesen wäre, einer nur mittelmäßigen, überwiegend weißen Band einen Plattenvertrag anzubieten. Angesichts 25 000 Dollar Vorschuß und seinem Siebenjahresvertrag vom Umfang eines Telefonbuchs, den er zu unterschreiben hatte, muß Young geglaubt haben, er hätte nun endlich einen Fuß in der Tür zum großen Erfolg. Die Aufnahmesessions in Detroit Ende Februar 1965 liefen gut und wurden noch besser, als sich die überaus professionellen Musikexperten bei Motown an die Arbeit machten, um das Beste aus dem einzigartigen Sound der Mynah Birds herauszuholen.

Und dann sickerte plötzlich durch, daß Ricky Matthews sich unerlaubt von der US Navy entfernt hatte. 1965 war der Vietnamkrieg gerade mit der ersten Bombardierung des Nordens in seine zweite Phase eingetreten, und sich dem Wehrdienst zu entziehen oder zu desertieren, war in den USA nicht gerne gesehen. Ricky kam in Haft, Motown zog im Studio die Stecker heraus, und die Band mußte entdecken, daß ihr Manager die 25 000 Dollar dazu verwendet hatte, sich eine Überdosis einzuverleiben. Verloren machten sie sich auf den Rückweg nach Toronto, wobei Young noch nicht ahnte, welchen Gefallen ihm Motown damit getan hatte, ihn aus dem Vertrag zu entlassen.

Jahre später, nachdem er seine zweite Chance, ein Motown-Star zu werden, genutzt hatte, behauptete Ricky Matthews – mittlerweile Rick James –, daß er und Young einen letzten trüben Nachmittag in Detroit zusammen verbracht und einander versprochen hätten, eines Tages wieder zusammenzuarbeiten. »Ich war dem Typ echt nahegekommen«, erzählte Matthews und fügte hinzu, daß Young »nie besonders gesund war – er kriegte manchmal schlimme epileptische Anfälle –, aber er hatte unheimlich Mumm«.

Das winterliche Toronto war nicht gerade die ideale Umgebung für einen Mann, der weder über eine gute Gesundheit noch über Geld verfügte, und Young begann langsam, an der Hoffnung auf einen beruflichen Durchbruch in Kanada zu verzweifeln. Palmer war genauso ernüchtert und willens, es anderswo zu versuchen, und zwar südlich der Grenze. Der große kanadische Traum war, aus Kanada herauszukommen. Unten im Süden gab es größere Ansammlungen Gleichgesinnter und bessere Aussichten darauf, genügend Zuhörer für Ungewohntes zu finden.

Sie entschieden sich gegen New York; vielleicht weil sie – wie sich später herausstellen sollte, zutreffenderweise – spürten, daß in den nächsten Jahren Kalifornien das wichtigste Zentrum für Neuerungen in der Rockmusik sein würde, oder vielleicht, weil sie in Toronto in den Schnee starrten und sich nach Sonne sehnten. Vielleicht hatten sie auch einfach Lust darauf, mit einem Leichenwagen quer über den Kontinent zu fahren.

Problemlos war das nicht. Sie konnten nicht einfach über die Grenze fahren und sich Arbeit als Musiker suchen. Wenn sie in den USA arbeiten wollten, brauchten sie eine Green Card, und die bekamen sie nur, wenn sie bereits dort registriert waren. Dieser Haken ließ sich nur auf illegalen Wegen umgehen. Das zweite Hauptproblem war der Mangel an Geld und einem Transportmittel. Allerdings besaßen sie die Anlage der Mynah Birds, die eigentlich John Eaton gehörte. Die versetzten sie, und Young erstand bei einem Gebrauchtwagenhändler einen Pontiac-Leichenwagen Baujahr 1953. Ein anderer junger Mann und drei (manche erinnern sich auch nur an zwei) Mädchen schlossen sich ihnen an. Gitarren und Drogen wurden eingeladen, und Mitte März 1966 machte sich der Leichenwagen auf den Weg ins gelobte Land. Sie reisten bei Sault Sainte Marie in die USA ein, wobei sie behaupteten, auf ihrem Heimweg nach Winnipeg zu sein und die Abkürzung am Südufer des Lake Superior entlang nehmen zu wollen. In sicherer Entfernung zur Grenze bogen sie nach Süden in Richtung St. Louis ab, und einen oder zwei Tage später fuhren sie auf der Route 66 gen Westen, in den Fußstapfen der Rolling Stones. Young ärgerte sich mehr und mehr über die Unfähigkeit der anderen, den Leichenwagen mit der ihm gebührenden Sorgfalt zu fahren und fürchtete, ein zweites Blind River im fremden Land zu erleben. Deshalb fuhr er zu viele Stunden nacheinander selbst und nahm womöglich zu viele künstliche Aufputschmittel ein.

In Albuquerque, New Mexico, rächte sich sein Körper. Er brach mit einer Art nervösen Erschöpfung zusammen und lag mehrere Tage flach. Als er sich soweit erholt hatte, daß er weiterfahren konnte, hatten Abtrünnige die Gruppe auf drei reduziert: Young, Palmer und eines der Mädchen. Am 1. April 1966 erreichten sie Los Angeles, die Stadt der gefallenen Engel.

2

Before The Goldrush

Nachdem er Richie Furay nicht dazu hatte überreden können, mit ihm zusammen in New York eine Folk-Rock-Band zu gründen, beschloß Stephen Stills, sich nach Westen aufzumachen. Bei einem Zwischenstopp in New Orleans holte er seine Mutter und seine Schwester ab – die Ehe seiner Eltern war soeben in die Brüche gegangen – und kam irgendwann im Herbst 1965 in San Francisco an, wo er sich mitten in etwas wiederfand, das verdächtig nach einer Kulturrevolution aussah. Zwei Jahre bevor der »Sommer der Liebe« von 1967 die Szene in San Francisco berühmt machte – und zugleich zum Tode verurteilte –, schienen sich die Zeiten tatsächlich zu wandeln.

Stills lernte Mitglieder zweier neuer und innovativer Gruppen kennen, Jefferson Airplane und Grateful Dead, und scheint sich in die Leadsängerin einer anderen verliebt zu haben, in Grace Slick von Great Society. Da er sich nicht traute, sie zu fragen, ob sie mit ihm zusammenarbeiten würde, und er mehrere Songs zu verkaufen hatte, fuhr er hinunter nach Los Angeles, wo es noch Leute gab, die so altmodisch waren, daß sie Stücke aufnahmen, die sie nicht selbst verfaßt hatten.

Hier hatte er auf der Stelle Glück und verkaufte *Sit Down I Think I Love You* an einen Musikverlag. Mehr als ein Jahr später kamen die Mojo Men mit seinem Song in die Top Forty, und Buffalo Springfield brachte eine Fassung davon auf ihrem ersten Album unter. In der Zwischenzeit konnte sich Stills zumindest ernähren.

Er machte Demobänder von anderen Songs, freundete sich mit seinem zukünftigen Manager Barry Friedman an, versuchte, mit Van Dyke Parks zusammenzuarbeiten und spielte mit dem Folkie Ron

Long in einem kurzlebigen Duo namens Buffalo Fish. Sein Freund Peter Torkelson kam aus New York herüber und erweiterte die Fish zum Trio. Im September erfuhr Stills von Vorspielterminen für eine neue Pop-Gruppe, die mit überdrehten Possen, liebenswerter Musik und Wuschelkopf-Surrealismus den Fernsehzuschauern dreißigminütige Billighäppchen von Pseudo-Beatles-Filmen bieten sollten.

Er war unter den 433 getesteten Musikern, die kein Monkee wurden. Was alles gegen ihn sprach, wäre Erklärung genug für den Fehlschlag; im Laufe der Jahre wurden wechselweise beginnende Kahlheit, eine Zahnlücke und der Unwillen, Stücke von anderen Leuten zu singen, genannt.

Die Ablehnung mag durch den Erfolg seines Freundes versüßt worden sein. Nachdem er seinen Namen in Tork geändert hatte – vermutlich war das Studio der Meinung, daß Teenager nicht mit so vielen Silben ringen wollten –, wurde Peter Torkelson zu einem der vier Monkees ernannt und verbrachte den Großteil des nächsten Jahrzehnts damit, sich für diese Ehre zu entschuldigen. Stills war vermutlich gerade noch davongekommen, obwohl er dies damals sicher anders empfand. Seine ununterbrochene Suche nach geneigten Musikerkollegen schien sich in keiner Weise auszuzahlen. So vergingen Wochen und Monate.

Dann bekam er einen Brief von Richie Furay aus Massachusetts, der ihn auf dem Umweg über seinen Vater in El Salvador und seine Mutter in San Francisco erreichte. Furay hatte seinen täglichen Job bei Pratt and Whitney mittlerweile so satt, daß er einen Umzug nach Westen erwog, und in seinem Brief fragte er Stills nach den Aussichten in L. A. »Komm rüber«, forderte Stills ihn auf. »Ich habe eine Band, und das einzige, was noch fehlt, bist du.«

Das war weniger eine Übertreibung als eine faustdicke Lüge. Die gnädigste Auslegung, die man noch gelten lassen konnte, war, daß zwei Musiker einer Gruppe näher kamen als einer. Doch zumindest war Furay jemand, mit dem Stills zusammenarbeiten konnte und der seinerseits dazu bereit war, sich mit dem schwierigen Stills einzulassen.

Als Stills hinsichtlich der Zusammensetzung der »Band« die Karten auf den Tisch gelegt hatte – »es war frustrierend, aber typisch«, meinte Furay später –, setzten sich die beiden in Barry Friedmans Haus zusammen und studierten Songs ein. Einer davon war Youngs

Nowadays Clancy Can't Even Sing, den Furay im vorherigen Herbst von seinem Verfasser gelernt hatte.

Unterdessen ging die Suche nach weiteren Musikern weiter. Stills versuchte erneut, Young zu erreichen, und rief unter seiner Nummer in Toronto an, erreichte aber lediglich Ken Koblun, der damals in einer Folk-Band namens Three's a Crowd spielte. *Komm rüber, hat* Stills den Kanadier vermutlich aufgefordert, *ich habe eine Band, und alles, was noch fehlt, bist du.* Koblun wollte gern wieder Folk-Rock spielen und war für Hoffnung nicht weniger empfänglich als Furay, deshalb stieg er ins nächste Flugzeug. Doch im Gegensatz zu dem Amerikaner hatte er eine Gruppe, zu der er zurückkehren konnte, und nachdem er eine sonnige Woche lang darauf gewartet hatte, daß etwas passierte, investierte er sein letztes Geld in ein Taxi zum Flughafen, wo auf Versprechen des Managers von Three's a Crowd ein Ticket nach Toronto auf ihn wartete. Es war Mitte März 1966. Noch entmutigter als zuvor machten sich Stills und Furay wieder daran, für ihre nichtexistente Band zu proben.

Die Hilfe war näher, als sie dachten. Young und Palmer kamen am 1. April in L. A. an und machten sich auf die Suche nach Stills, dem einzigen Menschen, den sie in der Riesenstadt kannten. Sie klapperten Clubs und Cafés ab, doch niemand schien von ihm gehört zu haben. Billige Unterkünfte und abgelegene Parkplätze waren gleich schwer zu finden, und die Polizei von L. A. hatte es nicht gern, wenn sie im Leichenwagen übernachteten. Da ihnen das Geld ausging, vermieteten sie das Auto an junge Leute als Transportmittel von einem Veranstaltungsort zum nächsten – eine Art öffentlicher Verkehrsverbund für Hippies, der aus einem einzigen Fahrzeug bestand.

Die beiden Männer, gerade erst dem Teenageralter entwachsen, waren weit weg von zu Hause, und obwohl die Solidarität unter Jugendlichen 1966 vermutlich ausgeprägter war als jemals danach, hat sich Los Angeles nie als nachsichtiger Ort erwiesen, wenn einem das Geld ausgeht. Sicher hätten sie sich von ihren Eltern Unterstützung schicken lassen können, doch welcher Zwanzigjährige, der auszieht, um die große, weite Welt zu entdecken, möchte das schon? Gegen Ende ihrer ersten Woche in L. A. müssen Young und Palmer deprimiert, besorgt, ja vielleicht sogar leicht panisch gewesen sein. Das gelobte Land drohte an, sein Gelöbnis zu brechen.

Sie beschlossen, es in San Francisco zu versuchen, erlitten aber sofort einen weiteren Rückschlag – in Form eines riesigen Staus auf dem Sunset Strip. Doch wie es der Zufall wollte, saßen dort auch Stills und Furay fest. Stills berichtet, daß sie schlicht und einfach hinter einem Leichenwagen standen, und als sie dessen aus Ontario stammendes Kennzeichen bemerkten, wurde ihnen klar, wer darin saß. Furays Bericht ist in seiner Ausführlichkeit zufriedenstellender: »Wir saßen mit einem weißen Lieferwagen im Stau auf dem Sunset Boulevard fest. Ich drehte mich zur Seite, um eine Fliege von meinem Arm zu verjagen, schaute auf die andere Spur hinüber und sah diesen schwarzen Leichenwagen mit den Kennzeichen aus Ontario in die andere Richtung fahren. Dann schaute Stephen hinüber und meinte: ›Wetten, daß ich weiß, wer das ist?‹«

Furay machte eine Kehrtwendung, ordnete sich hinter dem Leichenwagen ein und hupte wild. Überrascht entdeckten Young und Palmer plötzlich im Rückspiegel genau das Gesicht, nach dem sie gesucht hatten. Beide Autos bogen auf den Parkplatz eines Supermarktes ab, und vier Fünftel der zukünftigen Buffalo Springfield stiegen aus. Stills muß geglaubt haben zu träumen – Young *und* ein Bassist. Endlich eine Band.

Furay behauptet, daß sie Young und Palmer dazu hätten überreden müssen, mit in Barry Friedmans Haus zu kommen und sich sein und Stills' Arrangement von *Clancy* anzuhören. Das klingt ungefähr so glaubwürdig wie ein Schneesturm in Hollywood. Young hatte eine Woche lang nach Stills gesucht; es ist kaum anzunehmen, daß man ihn überreden mußte, und erst recht nicht, wenn er gebeten wurde, sich ein Arrangement eines seiner eigenen Songs anzuhören.

»Ich war verdammt froh, *überhaupt* jemanden zu treffen, den ich kannte«, meinte Young später. »Und es schien uns äußerst logisch, eine Band zu gründen.« Sie fuhren zu Barry Friedmans Haus, kifften und betranken sich und fingen an zu spielen. Stills, Furay und Young waren bereits recht angetan vom jeweiligen Stil der anderen, und Palmers Art, Baß zu spielen, gefiel Stills spontan. Die ganzen Monate des Wünschens und Hoffens hatten auf höchst zufällige Weise Früchte getragen.

Barry Friedman fand in der Fountain Street ein Haus für sie, in dem sie wohnen und üben konnten; jetzt brauchten sie nur noch einen Schlagzeuger. Von denen, die frei waren, bevorzugte Stills offensichtlich Billy Mundi, doch der nahm einen anderen Job an, und so fiel die Wahl auf Youngs Favoriten, den Kanadier Dewey Martin. Er war ein paar Jahre älter als die anderen und besaß wesentlich mehr Berufserfahrung, da er bereits auf Sessions in Nashville mit Helden aus Youngs Jugend gespielt hatte, darunter Patsy Cline, Roy Orbison und Carl Perkins. Auch er hatte der Rastlosigkeit der Ära nachgegeben und war nach Westen gezogen, wo er in Seattle eine eigene Band gegründet hatte, die den erhabenen Namen Sir Walter Raleigh and the Coupons trug. Gegen Ende 1965 war er nach L. A. gekommen, wo er sporadisch für die Dillards trommeln konnte, einer Bluegrass-Gruppe, die sich zaghaft in Richtung Country-Rock bewegte, den sie zusammen mit dem Ex-Byrd Gene Clark durchsetzen sollte. Der Weg zu Neuerungen ist meist uneben, im April hatten sich die Dillards vorübergehend zurückgezogen und formierten sich in den schlagzeugerlosen Gefilden des reinen Bluegrass neu. Dewey Martin stand für anderweitige Engagements zur Verfügung.

In den nächsten fünf Tagen lernten sich die fünf – vorübergehend unter dem Namen The Herd – sowohl persönlich als auch musikalisch kennen. Für Young war das nach seiner Flucht vor dem kanadischen Winter die Erfüllung sämtlicher Träume. Sie hatten ein Haus, bekamen von Friedman jeden Tag einen Dollar für Essen, und niemand verlangte etwas anderes von ihnen, als Musik zu machen. Bereits jetzt war ihnen allen klar, daß sie einen Glücksgriff getan und etwas Besonderes entdeckt hatten. »Wir wußten sofort, daß wir die richtige Kombination gefunden hatten«, sagte Young später. »Zeit bedeutete gar nichts; wir waren bereit.«

Kurz darauf fiel einem von ihnen das Herstellerschild an einer Dampfwalze auf, die vor Barry Friedmans Haus auf der Straße stand: »Buffalo-Springfield Roller Co., Toledo, Ohio.« Damit hatten sie ihren Namen und wenige Tage später ihren ersten Auftritt.

Als er die neue Band sah und hörte, war Barry Friedman ziemlich beeindruckt. Vielleicht hatte er schon nicht mehr darauf gehofft, daß Stills jemals musikalische Partner finden würde, doch hatte er stets gewußt, daß in ihm Talent steckte, das nur darauf wartete, sich äußern zu dürfen. Die Zeit war nun reif. Er nahm Kontakt zu einem Freund auf, der überdies der Road Manager der Byrds war, und erzählte ihm, daß Buffalo Springfield genau die Band sei, die er als Anheizer auf der bevorstehenden kurzen Südkalifornien-Tournee der Byrds brauchen würde.

Das Schicksal machte für die neue Gruppe Überstunden. Stills, Furay und Young waren allesamt Musiker, die unabhängig voneinander das Bedürfnis empfunden hatten, die Rhythmen des Rock 'n' Roll mit der Empfindsamkeit des zeitgenössischen urbanen Folk zu vereinen, die Beatles und Dylan zugleich zu sein. Und hier waren sie nun, im Vorprogramm der Band, die diese musikalische Verbindung kommerziell erfolgreich gemacht hatte und deren Publikum für das, was Buffalo Springfield zu bieten hatten, nicht besser hätte sein können.

Der erste Auftritt fand am 15. April auf den Orange County Fair Grounds in San Bernardino statt. Die Springfield bekamen keine hohe Gage – jeder 25 Dollar pro Konzert –, doch sie hätten garantiert auch gratis gespielt. Tag für Tag stopften sie ihre Anlage in den Leichenwagen, fuhren zum Hauptsitz der Byrds auf dem Sunset Boulevard, von wo aus sie mit einem riesigen, imposanten Lincoln zum Auftrittsort befördert wurden. Für den Heimweg nahmen sie wieder den Leichenwagen.

Young erfreute sich immer noch an seinem Fahrzeug: »Sechs Leute konnten sich vorne und hinten zudröhnen, und wegen der Vorhänge konnte kein Mensch reinschauen. Die Heizung war toll. Und das Trittbrett... das Trittbrett war der Knalleffekt. Du machst die Seitentür auf, und das Trittbrett springt heraus Richtung Gehsteig. Kann man sich was Cooleres vorstellen? Eine sagenhafte Art, zum Auftritt zu erscheinen.«

Kurz danach sah sich der Leichenwagen jedoch seinem Erzeuger gegenüber. Als die Band eines Tages einstieg, um sich auf den Heimweg zu machen, fiel die Antriebswelle einfach ab und auf die Straße. Sie luden ihre Instrumente wieder aus und ließen Mort II dort liegen, wo er zusammengebrochen war. Nachdem sie den kaputten Leichenwagen gefunden hatte, überprüfte die Polizei von L. A. das Nummernschild, rief in Kanada an und übermittelte so Neils Vater die erste Kunde von der Kalifornienreise seines Sohnes.

Es scheint sowohl unter den Beteiligten wie auch unter den Zuschauern völlige Einigkeit darüber zu bestehen, daß Buffalo Springfield von Anfang an überzeugten. Sie waren sogar so gut, daß McGuinn und Hillman von den Byrds nach der Tournee überlegten, ob sie ihnen anbieten sollten, sie zu managen. Vernunft oder Trägheit behielten die Oberhand, aber Hillman empfahl sie dem Manager des Whiskey A Go Go Club auf dem Sunset Strip in Hollywood, damals einer der wichtigsten Auftrittsorte für die florierende Rockszene in L. A. Da er

Hillmans Urteilskraft vertraute, bot er den Springfield ein sechswöchiges Engagement von Frühling bis Sommeranfang 1966 an.

Dort im Whiskey machte sich die Band ihren Namen. Was sie dort spielten, wurde nie aufgenommen, doch schenkt man Berichten derer, die die Musik gemacht und derer, die sie gehört haben, Glauben, so waren Buffalo Springfield eine herausragendere Gruppe, als ihre Aufnahmen vermuten lassen. Auf den Platten klingen ihr Sound und ihr Drive wie eine Kreuzung zwischen Byrds und Beatles, doch live waren sie funkier und härter, eher wie eine Mischung aus den Byrds und den Rolling Stones.

Alle drei Hauptpersonen scheinen sich darin einig gewesen zu sein, daß diese ersten paar Wochen die beste Phase im zweijährigen Bestehen der Band waren. Dafür gab es mehrere Gründe. Sie machten etwas Neues und Aufregendes, getrieben vom Adrenalin, und sie taten es gemeinsam. »Jeder freute sich an den anderen«, sagte Furay später, »wir waren voneinander *abhängig*. Wir hatten unsere Melodien, wir hatten unsere Sehnsucht, und die Auftritte waren magisch.« Auch wenn sie sich womöglich nur von Hot dogs und Erdnußbutter-Sandwiches ernährt haben, spielten sie doch jeden Abend für die Avantgarde-Szene Hollywoods.

Sie machten sich gut auf der Bühne, jeder von ihnen schuf sich ein unverwechselbares optisches Image. Bruce Palmer, der groß und mager war und häufig eine Mönchskapuze trug, stolzierte so übertrieben unbeteiligt, daß es eines John Entwistle würdig gewesen wäre, über die Bühne. Dewey Martin setzte auf Carnaby-Street-Extravaganz mit leuchtenden Farben und Halstüchern. Richie Furay, von Anfang an der Mittelpunkt der Bühne, trug Paisley-Sakkos im Stil der Beatles, zeigte sein reizendes, uramerikanisches Lächeln und brachte mit seiner Ballerina-Variante des Entengangs von Chuck Berry, die er mit einwärts gewandten Füßen darbot, die Mädchen zum Kreischen. Rechts und links von ihm hatten Stills und Young ihre lange Haßliebe begonnen, zwei verfeindete Figuren aus derselben Epoche der amerikanischen Geschichte. Stills gab den manischen blonden Cowboy, mitunter in Südstaaten-Uniform, während Young zum düsteren Indianer geworden war. Von seiner ersten Gage hatte er sich eine Fransenjacke gekauft, und kurz darauf stieß er in einem Geschäft am Santa Monica Boulevard auf ein Kriegshemd der Komantschen. Das hatte er erstanden und noch zwei weitere bestellt.

Freilich mußten sie mehr tun als nur gut aussehen. In einer Groß-stadt, die fast aus den Nähten platzte von jungen Bands, die drei Akkorde spielen konnten und glaubten, etwas zu sagen zu haben, waren Buffalo Springfield gezwungen, in puncto Musik etwas zu bieten. Auf ihren Instrumenten waren sie alle kompetent – Martin, Stills und Palmer wahrscheinlich wesentlich mehr als nur das –, und in Stills und Furay besaßen sie zwei gute, einprägsame Stimmen. Sowohl Young als auch Stills schrieben Songs, die zwar gemessen an ihren späteren Maßstäben recht nichtssagend waren, aber immer noch eine Stufe besser als die der Mehrzahl ihrer Konkurrenten. Darüber hinaus hatten sie die doppelte Leadgitarre, das »Gitarrenduell«, ein Marken-zeichen der Auftritte von Stills und Young, und das war etwas Neues und ungemein Aufregendes.

In dieser Phase scheinen die musikalischen Rollen innerhalb der Band nicht nur klar definiert, sondern auch allgemein anerkannt gewesen zu sein. Furay war der wichtigste Sänger, Young der wichtig-ste Leadgitarrist, und Stills arrangierte die Songs der einzelnen zu Songs der Gruppe. Stills' eigene Definition seiner Rolle ist bezeich-nend und unheilschwanger zugleich: »Ich bestimme nicht direkt, was festgehalten wird«, sagte er, »aber ich bringe alles zum Laufen, stelle die Arrangements auf die Beine.« Diese unklare Rolle ist in einer glücklichen Band ganz normal, birgt aber in einer Gruppe von jungen Männern, die mehr und mehr von paranoidem Mißtrauen gegen die Motive der anderen erfüllt sind, viele Probleme.

Dieser Wandel sollte sich aber erst später einstellen. Im Moment übertraf die Band sämtliche Erwartungen ihrer Mitglieder. Stills zu-folge war die erste Woche im Whiskey »absolut unglaublich«. Er war nicht der einzige, der so dachte. Ende der Woche hatte es sich herum-gesprochen. Jede Plattenfirma schien sie unter Vertrag nehmen zu wollen, jeder Manager wollte sie betreuen, jeder Drogenhändler bot ihnen Kostproben an, und eine verblüffende Zahl von Mädchen wollte mit ihnen ins Bett gehen. Auch wenn all dies danach aussieht, als wären eine Reihe von Träumen wahr geworden, war es doch kaum eine Lebensform, die Selbsterkenntnis, Freundschaft oder Erfüllung förderlich war.

Von sexhungrigen Frauen belagert zu werden ist eine Erfahrung, die der Verfasser selbst noch nicht machen konnte, doch für jemanden aus einer so konventionellen Mittelstandsfamilie wie Young muß es völlig verwirrend gewesen sein. Wie ließ sich ein solcher Lebensstil mit der Suche nach wahrer Liebe vereinbaren, von der er in seinen Songs sprach? Wie konnte er Frauen respektieren, wenn sich ihm so viele einzig und allein aus dem Grund, daß er ein Rockmusiker mit einem anziehenden Image war, an den Hals warfen? Und wie dachte er über sich selbst? Bestimmt bereitete ein solches Leben oft Spaß, doch für jemanden wie Young muß es ein beunruhigender Spaß gewesen sein. Er betrat eine Welt, in der es nicht leicht war, den eigenen Gefühlen zu vertrauen und noch wesentlich schwieriger, sich um die der anderen zu kümmern.

Die Plattenfirmen waren ebenso hungrig wie die Mädchen. Dunhill bot 5000 Dollar, Warner Brothers das Doppelte. Der Manager der Gruppe, Dick Davis, wußte nicht, wie er weiter verfahren sollte und fragte Charlie Greene um Rat, den ehemaligen Manager von Sonny und Cher, mittlerweile Produzent bei Atco, der Tochterfirma von Atlantic. Er und sein Partner Brian Stone waren von den Songs der Gruppe beeindruckt und stellten sie, nachdem sie sich die Rechte auf die gedruckten Noten gesichert hatten, Ahmet Ertegün vor, dem Präsidenten von Atlantic. Auch ihm gefiel, was er zu hören bekam. »Ich war sofort von Buffalo Springfield begeistert«, sagte er später, »von der Art, wie Stephen und Neil sich aneinander abreagierten.«

Die Gruppe unterschrieb bei Atco für einen Vorschuß von 22 000 Dollar. Plötzlich schien das große Geld greifbar nahe. Und bei den ganzen Schiebereien war Barry Friedman, der alles erst möglich gemacht hatte, von Stone und Greene ausgebootet worden.

Heute, fast dreißig Jahre später, ist es schwer, sich Neil Young oder Stephen Stills ohne einen Pfennig in der Tasche vorzustellen. Doch 1966 – trotz Kriegshemden der Komantschen – lebten sie nicht gerade in Saus und Braus. Zu Beginn ihres Engagements im Whiskey teilte sich Young in einer heruntergekommenen Pension ein Zimmer mit einem Hepatitiskranken. Ihre Gage betrug pro Mann und Woche 120 Dollar. Sicher, keiner aus der Band stammte aus auch nur annähernd materiell eingeschränkten Verhältnissen, aber sie arbeiteten in einer Branche, wo die große Mehrheit der Mitbewerber nie auch nur in die Nähe eines Hits kam, und die wenigen Erfolgreichen waren es bestenfalls ein paar Monate lang. Nun, da ihr Appetit durch die Aussicht auf beträchtliche Geldsummen geweckt war, regte sich die Versuchung, einander am Trog beiseite zu stoßen.

Ein Zankapfel waren vermutlich die Tantiemen für die Songschreiber – wer brachte seine Stücke auf dem ersten Album unter? June Nelson, die mit Stone und Greene zusammenarbeitete, war dabei, als sie ihren ersten Plattenvertrag unterschrieben. Keiner von ihnen wußte ausreichend darüber Bescheid, was sie da taten. Nachdem ihnen gesagt wurde, daß sie aus rechtlichen Gründen einen Bandleader brauchten, meldete sich Stills freiwillig, und Young fügte sich. Nelson zufolge begannen dann »die größeren Streitigkeiten darüber, wessen Material aufgenommen wurde. Stills wußte, je mehr Songs er auf dem Album hatte, desto mehr Geld würde er bekommen. Schließlich erkannten alle, wie wichtig das im Hinblick aufs Geld war. Also forderte Neil: ›Nehmen wir doch auch ein paar von meinen Songs dazu, Steve.‹«

Außerdem gab es Probleme mit den Managern. Die Gruppe ging davon aus, daß Greene und Stone Friedman auszahlen würden, doch bald stellte sich heraus, daß sie die Rechnung selbst begleichen mußten. Die neuen Manager stellten ihnen zwar mit Vergnügen Autos und Unterkünfte zur Verfügung, aber Bargeld aus ihnen herauszubekommen, erwies sich als wesentlich schwieriger. »Wir hatten ständig Schulden«, sagte Young. »Nie kamen wir aus den roten Zahlen heraus. Sie zahlten uns einen Vorschuß, und wenn dann von anderswo eine Vorauszahlung einging, steckten sie sie ein. Unterm Strich stimmte einiges nicht, wenigstens konnten wir die Berechnung nicht nachvollziehen.«

Zu den Belastungen durch Sex und Geld gesellte sich das heimtückische Joch der Epoche. Ruhm ist seit jeher für manche Menschen eine schwere Bürde gewesen, doch in den sechziger Jahren bekam das Problem eine andere Dimension. Die Beatles hatten die Ära mit einem kollektiven Geist beglückt, der nicht zum romantischen Image des Einzelgängers aus den fünfziger Jahren paßte. Dylans Verachtung für seinen eigenen Ruhm sowie für den anderer brachte auch das aus der Mode. Wohin sich die neuen Berühmtheiten der Rock-Szene in den ausgehenden sechziger Jahren auch wandten, warteten Schuldgefühle oder Verrat auf sie. Persönlicher Ruhm war nichts mehr, in dem man sich sonnen durfte.

Buffalo Springfield existierten seit nicht einmal zwei Monaten, als all diese Belastungen ihren Tribut zu fordern begannen – besonders von den weniger gefestigten Mitgliedern Stills, Palmer und Young.

Young stand am meisten unter Druck. Während seines ersten Monats in L. A. hatte er sein erstes *Grand mal*, den ersten schweren epileptischen Anfall. Bruce Palmer war damals bei ihm. »Wir standen gemeinsam in einer Menschenmenge um einen Vertreter herum, der einen Vegematic oder irgendein anderes Gerät zum Gemüsezerkleinern vorführte, und als ich mich umdrehte, um etwas zu Neil zu sagen, stand er nicht mehr neben mir. Dann sah ich, daß er sich in Krämpfen auf dem Boden wand. Ich hatte entsetzliche Angst.«

Die hatte Young zweifellos auch. Er bekam Medikamente verordnet, doch waren die Nebenwirkungen so unangenehm, daß er sie häufig nicht nahm und sich mit dem Glauben tröstete, die beste Methode, zukünftige Anfälle zu vermeiden, bestünde darin, ausgeglichen zu bleiben.

Immer wenn Young später über seine Epilepsie sprach, äußerte er sich mit abgeklärtem Fatalismus über seinen Zustand. Es sei eben ein Teil von ihm, erzählte er 1975 Cameron Crowe, »ein Teil meines Kopfes, ein Teil dessen, was sich da drinnen abspielt...« Personen, die miterlebt haben, wie jemand einen Anfall hat, sahen die körperlichen Krämpfe, doch der Geist des Kranken war anderswo, und das war auch das Beängstigende daran, »zu merken, daß man sich absolut wohl fühlt in dieser... *Leere*. Und dieser Schock bringt einen in die Realität zurück. Es ist eine sehr verwirrende Erfahrung.«

Diese Einsicht muß er sich hart erarbeitet haben. Auf jeden Fall ist es unwahrscheinlich, daß jemand von seinem ersten schweren Anfall sowie von der Angst, daß es jederzeit und an jedem beliebigen Ort wieder geschehen könnte, nicht bis ins Mark erschrocken ist. Jemandem, der bereits durch ein Übermaß an Drogen, Sex und Ruhm durcheinander war, hatte das Damoklesschwert der Epilepsie über seinem Kopf gerade noch gefehlt.

Im Sommer 1966 gaben Buffalo Springfield eine Reihe von Konzerten mit Johnny Rivers, spielten einmal mit den Turtles am Redondo Beach und – der prestigeträchtigste Auftritt von allen – als Vorgruppe der Rolling Stones im Hollywood Bowl. Trotz des wachsenden Drucks scheinen die fünf Individuen als Gruppe in ihrer Musik nach wie vor über das gewisse magische Etwas verfügt zu haben. Und bislang hatten sie noch nicht die extrem frustrierende Erfahrung gemacht, daran zu scheitern, diese Magie auf Vinyl zu pressen, eine Enttäuschung, die Stills zufolge »die Band praktisch zerstören« sollte.

Die Aufnahmen für das Debüt-Album begannen im Sommer, und die meisten Songs wurden an einem einzigen Tag eingespielt, dem 18. Juli. Young hatte zwei Gesangsstücke auf der Platte, und voller Begeisterung nahm er das Band mit dem ersten, *Burned*, an diesem Abend zum Ergötzen seiner Nachbarn mit in sein Appartement.

Ende Juli kam die erste Single der Gruppe heraus. Ursprünglich sollte Stills' *Go and Say Goodbye* die A-Seite und Youngs *Nowadays Clancy Can't Even Sing* die B-Seite sein, doch im letzten Moment beschloß die Plattenfirma, es umgekehrt zu machen. Das ärgerte Stills, zum Teil zweifellos deshalb, weil es ihm wie eine persönliche Degradierung vorkam, aber auch, weil er es – ganz zu Recht – für eine unkluge Entscheidung hielt. *Clancy* war ein wesentlich besseres Stück, aber es war nicht so eingängig, viel zu lang und enthielt das Wort *damn*, auf das die meisten amerikanischen Radiosender mit drei Pieptönen und Ausblenden reagierten.

Als Young etwas später im selben Sommer mit einem Freund eine Spritztour unternahm, wurde er von einem Polizisten gestoppt. Da er keinen Führerschein hatte, brachte man ihn auf eine Polizeistation, wo ihn ein anderer Polizist, der sich offenbar an Youngs langen Haaren und seiner Kleidung störte, ein Tier nannte. Young zahlte mit gleicher Münze zurück und wurde böse zusammengeschlagen. Brian Stone, der mit der erforderlichen Kaution herbeikam, wurde ebenfalls verprügelt und inhaftiert.

Zu dieser Zeit machte entweder Youngs Befinden keinen allzu guten Eindruck oder er hatte einen weiteren Anfall, denn die Polizisten beschlossen, es könnte eventuell klüger sein, ihn zur Untersuchung in ein nahegelegenes neuropsychiatrisches Krankenhaus zu bringen. Womöglich riet dort ein Arzt Young, niemals einen LSD-Trip zu nehmen, da er dabei Gefahr liefe, nie wieder zurückzukommen.

Dieser ganze Zwischenfall wird seiner Ausgeglichenheit kaum förderlich gewesen sein, und man bekommt alles in allem den Eindruck, daß sein Leben in Südkalifornien langsam etwas in seiner Psyche zur Auflösung brachte. Er wandte sich brieflich und telefonisch an Pam, seine Exfreundin in Winnipeg, und klagte über Druck aus allen Richtungen. Sie empfand seine Gedanken als »unzusammenhängend« und vermutete, daß er irgendwelche Drogen nahm. Als ihn in jenem September die Zeitschrift *Teenset* darum bat, das Mädchen seiner

Träume zu beschreiben, lieferte er eine minutiöse Beschreibung von Pam. Manchmal muß Young sich gefragt haben, ob er bei der Reise nach Westen zur Erfüllung seiner musikalischen Träume die romantischen Träume hatte zurücklassen müssen.

Doch da war immer noch die Musik. Nach Abschluß der Aufnahmen wartete die Gruppe darauf, daß Greene und Stone das Album produzierten. Als sie es endlich zu hören bekamen, waren sie entsetzt. In Stills' Worten klang es, »als hätte man der Band ihr Innerstes herausgerissen«. Die Stereoeffekte waren praktisch unhörbar.

Die Band flehte Atlantic an, das Album noch einmal einspielen zu dürfen, doch die Plattenfirma lehnte ab. »Zunächst abgelehnt«, heißt es bei dem Autor Johnny Rogan, aber die Unterlagen der Atlantic dokumentieren, daß in Wirklichkeit nur ein Song – *Do I Have To Come Right Out And Say It?* – neu aufgenommen wurde. Da dies am selben Tag – dem 5. Dezember – geschah, an dem die Band auch *For What It's Worth* einspielte, ist wohl anzunehmen, daß sie eine Stunde freier Studiozeit verwendeten, um den in ihren Augen entstandenen Schaden zu lindern.

Unterdessen hielt sich ihr hervorragender Ruf als Live-Band. Ein dreitägiges Engagement Mitte November im Fillmore war ein Riesenerfolg und nährte große Hoffnungen für das folgende Jahr. So vielen Menschen schien ihre Musik zu gefallen – so vielen Menschen, auf deren Urteilskraft sie vertrauten –, daß sie glaubten, der Erfolg warte gleich hinter der nächsten Straßenecke auf sie.

In einer Hinsicht tat er das auch. Stills hatte die heftigen Krawalle im November auf dem Sunset Strip mit angesehen, als die Polizei von L. A., die den Auftrag hatte, den Boulevard von »unerwünschten Personen« zu räumen, dies auf alle unter 25 (sie selbst ausgenommen) ausdehnte. Diese Ereignisse und die Abscheu, die sie hervorriefen, waren ein enormer Schock für viele der Mittelstands-Jugendlichen, die davon betroffen waren.

Außerdem gaben diese Vorgänge den Anstoß zu zwei großartigen Songs. Das verzweifelte *Safe in My Garden* von John Phillips, von den Mamas und Papas selten schön gesungen, verkündete das unbestreitbare Ende der Love-and-Peace-Bewegung, bevor die meisten Menschen überhaupt deren Anfang mitbekommen hatten. *For What It's Worth* von Stephen Stills hatte einen ebenso gelungenen Text – durch Intelligenz gedämpfte Wut, die deshalb um so stärker wirkte – und ein

45

ausdrucksvolleres Arrangement. Der Song, von Palmers Baß langsam und unbarmherzig vorangetrieben, ließ aber der Leadgitarre genug Raum, erhaben widerzuhallen.

Es klang anders, es klang eingängig, es klang, um im Jargon der Zeit zu bleiben, definitiv »angesagt«. Wie das erste Album, *Buffalo Springfield*, im Februar 1967 veröffentlicht, kletterte der Song rasch die Charts hinauf und kam bis auf den siebten Platz. Als man daranging, eine zweite Auflage des Albums zu pressen, wurde *For What It's Worth* anstelle des ursprünglichen Spitzentitels *Baby Don't Scold Me* eingefügt.

Bei Erscheinen des Albums ließen die Neuheit der Stimmen, die Frische seines Klangs und die wenigen wirklich originellen Momente den sehr imitierten Charakter des größten Teils von *Buffalo Springfield* weitgehend verblassen. Die Songs aus der Feder von Stills auf dem Original-Album klangen moderner als die Youngs, dies jedoch nur, weil Stills in seinen Kompositionen die damals aktuelle und gefragte Verschmelzung von britischem Beat und verschiedenen Richtungen kalifornischen Folk-Rocks direkter nachäffte.

Von Youngs fünf Songs steckt in *Nowadays Clancy Can't Even Sing* das Beste aus allen Welten. Das Arrangement von Stills und Furay macht aus einem guten Song eine Perle. Die drei ersten Songs auf der zweiten Seite greifen alle auf die Zeit vor den Beatles zurück, die einzelnen Einflüsse lassen sich leicht ausmachen: die Everly Brothers in *Flying On The Ground Is Wrong*, Neil Sedaka in *Burned* und Ricky Nelson in *Do I Have To Come Right Out And Say It?* Angesichts des klagenden Tons seiner Stimme ist es erstaunlich, daß Young sich dafür entschied – oder dazu bestimmt wurde –, den schnellsten der drei zu singen. Furay bekam die anderen beiden, zum einen, weil Young das Zutrauen zu seiner eigenen Stimme fehlte, zum anderen aber auch als Entschädigung dafür, daß keine von Furays Kompositionen in das Album aufgenommen worden waren.

Der Text von *Burned* ist nichts Besonderes, doch die anderen zwei Songs dokumentieren Youngs wachsendes Können im Umgang mit Worten. Die Schlußverse von *Flying On The Ground Is Wrong* – »City lights at a country fair / Never shine but always glare / If I'm bright enough to see you / You're just too dark to care« – rufen hübsche Bilder hervor und spielen (wenn auch vergeblich) auf eine tiefere Bedeutung an. *Do I Have to Come Right Out And Say It?*

spricht von der Angst, sich der Perfektion zu verpflichten und wird mit einer unübertrefflich prägnanten Beschreibung dieses Dilemmas abgerundet: »A part of me is scared – the part of me I shared once before.«

Allerdings ist es gerade *Out Of My Mind*, der unattraktivste der fünf Songs von Young, der die meisten Hinweise auf seine zukünftige musikalische Entwicklung bietet. Der Gitarrenpart sollte zehn Jahre später in *Like A Hurricane* wieder auftauchen, und das Thema des Textes – das wahre Ich wird durch Erfolg und Ruhm bedroht – wurde immer wieder verwertet. Das ist auf jeden Fall Musik der Post-Beatles-Ära: Youngs Gitarrensolo ist geschmeidig und flüssig, nicht strikt an den Beat gebunden, während der gesungene Refrain einen Kontrapunkt zur Melodie setzt wie ein Echo im verwirrten Geist des Sängers.

Out Of My Mind, Clancy und der Neuzugang *For What It's Worth* waren alles, was auf *Buffalo Springfield* an Originellem geboten wurde; die anderen neun Songs waren wenig mehr als der Beleg dafür, wie gut die Band den neuen Mainstream beherrschte. Seinerzeit war es sicherlich ein gutes Album, aber nicht einmal perfekte Produktion hätte es zu einem großartigen gemacht.

Zu Frühlingsanfang, als sich *Buffalo Springfield* kontinuierlich, aber gewiß nicht sprunghaft verkaufte, konnte sich die Band ein zehntägiges Engagement im Vorprogramm von Otis Redding im Ondine's Club in Manhattan sichern. Manche Quellen behaupten, daß sie während dieses Aufenthalts auch Youngs *Mr. Soul* im New Yorker Studio von Atlantic einspielten (andere meinen, daß es zu einer anderen Gelegenheit früher im Jahr aufgenommen wurde).

Dieser Song verdient besondere Beachtung: Nur selten wird ein Rockmusiker seinen Sturz aus der seelischen Unversehrtheit mit solch eiskalter Präzision beschrieben haben. Der Protagonist von *Mr. Soul* lebt in einem permanenten Nervenzusammenbruch. Der Druck seitens der Öffentlichkeit sowie von Kollegen mag seinen Teil dazu beigetragen haben, aber er versucht nicht, die Schuld dafür jemand anderem als sich selbst anzulasten: »She said, ›You're strange but don't change‹, and I let her.« Er hat seiner eigenen Vergötterung Vorschub geleistet, ein Leben gewählt, das seinen Verstand außer Kontrolle geraten läßt. Er ist der kranke Clown, der die Welt um sich herum mit Hilfe des »trick of disaster« demoliert.

Die Musik bleibt, was bei Young selten ist, hinter dem Text zurück.

Das *Satisfaction*-Riff war eindeutig geklaut, und falls das ironisch gemeint war, so ging dies beim Abmischen verloren. Während der Gesang auf *Out Of My Mind* übertrieben dramatisch wirkt, ist die gesamte Interpretation von *Mr. Soul* – vokal und instrumental – schlicht unzureichend, um die im Text ausgedrückten starken Gefühle zu vermitteln.

Damals scheint Young ebensooft von Sinnen wie bei Sinnen gewesen zu sein. Als die Band Greene und Stone in New York massiv zur Rede stellte, konnte Young den zermürbten Greene mit etwas Valium versorgen. Es ist nicht weiter erstaunlich, daß er welches zur Hand hatte.

Auf derselben Reise sollte es noch schlimmer kommen. Bruce Palmer wurde wegen Besitzes von Marihuana festgenommen, und die Band, die ihren Verpflichtungen an der Westküste nachkommen mußte, hatte keine andere Wahl, als ihn der liebevollen Fürsorge der New Yorker Polizei zu überlassen. Nach kurzer Haftzeit machte man ihm den Prozeß und schob ihn nach Kanada ab. Mit einem einzigen bösartigen Schlag hatte die Band sowohl ihren Bassisten als auch einen nicht greifbaren Faktor in der menschlichen Gleichung verloren, die sie arbeitsfähig machte.

Zurück in L. A. suchten sie sich Aushilfsbassisten. Dick Davis begleitete sie pantomimisch in der Fernsehsendung *Hollywood Palace*, einer der Bassisten von Love sprang bei mehreren Auftritten in L. A. ein, und schließlich konnten sie Ken Koblun dazu überreden, die Lücke zu füllen. Keiner der letztgenannten konnte das liefern, was Palmer musikalisch geleistet hatte, nämlich das grundlegende Rhythm 'n' Blues-Element in Buffalo Springfields wirkungsvoller Mischung aus Folk-, Rock- und Country-Formen. Stills nannte es »ein Motown-Feeling im Stil von Bill Wyman, das unter allem liegt.« Im Prinzip sorgte Palmer für ein rhythmisches Gegengewicht zu Furays und Youngs Hang zu melodischer Artigkeit.

Palmer hatte außerdem eine ausschlaggebende Rolle in der inneren menschlichen Dynamik der Gruppe gespielt. Für Stills war Palmers Beziehung zu ihm und zu Young der »Dreh- und Angelpunkt« der Band, und in gewissem Sinne brauchten die drei – die allesamt durch die Erfahrungen des vergangenen Jahres schwer ausgeflippt waren – einander, um eine Art funktionales Gleichgewicht aufrechtzuerhalten. Nachdem Palmer abgetreten war, begannen Stills und Young, ihren Wahnsinn gegeneinander zu richten.

Sie waren weiter auf Achse. Ein paar Monate lang fuhren sie kreuz und quer durch die Staaten und spielten, meist als zweite oder dritte auf dem Plakat angekündigt, vor eher wenig begeistertem Publikum. Entweder wirkte der Zauber Hollywoods im mittleren Westen nicht, oder die Band hatte ihren Zenit wirklich schon überschritten.

Sie kehrten nach L. A. zurück, um mit der Arbeit an ihrem zweiten Album zu beginnen. Dieses Mal übernahm der Chef von Atlantic, Ahmet Ertegün, die Aufgaben des Produzenten höchstpersönlich. Als Titel war *Stampede* vorgesehen. Ungefähr ein halbes Dutzend Songs wurden im Frühsommer eingespielt. Es scheinen keine Aufzeichnungen darüber zu bestehen, welche dies genau waren, und die Erinnerungen der Beteiligten sind nebulös und widersprüchlich.

Unter Youngs Beiträgen findet sich das herrlich paranoide *Down To The Wire* – später auch auf *Decade* enthalten – und mindestens zwei weitere: *There Goes My Babe* und *One More Sign*. Die beiden letzteren waren akustische Liebeslieder, das erste nicht besonders ausgefallen, das zweite aber ein besonders reizvolles Beispiel für Youngs Spezialität, Liebe als eine Form der Verletzlichkeit zu beschreiben.

In Verbindung mit *Stampede* werden meist drei Songs von Stills genannt: *Uno Mundo, Pretty Girl Why* (beide sind auf dem nach Auflösung der Band erschienenen Buffalo-Springfield-Album *Last Time Around* enthalten) und *So You Got a Lover*, ein gelungener akustischer Song. Sechs weitere Stücke – *My Kind of Love, (Come On) Here, My Angel, Neighbour Don't You Worry, Nobody's Fool* und *Down Down Down* sollten vielleicht auch mit aufgenommen werden. Die ersten drei von ihnen stammten von 1966 und waren bereits für das erste Album als nicht gut genug befunden worden. Das letztgenannte war eventuell ein erster Vorläufer für den zweiten Teil von Youngs *Country Girl* der schließlich auf *Déjà Vu* erschien.

Von *One More Sign* und *So You Got a Lover* abgesehen, scheint keines dieser Stücke besonders stark gewesen zu sein, und ebensowenig findet sich die Brise frischen Windes, der *Buffalo Springfield Again* kennzeichnen sollte. Bestenfalls läßt sich ein Schritt zurück vom Folk zum Rock ausmachen. Das Cover – auf dem Stills, Young, Furay und

49

Martin auf einem Gehsteig im Wilden Westen teils kauern und teils stehen, während eine unidentifizierbare fünfte Person mit gebeugtem Kopf vor ihnen sitzt – war gewiß schön, doch sämtliche musikalischen Dokumente legen nahe, daß *Stampede* alles andere als der verlorene Klassiker der späteren Legendenbildung war.

Daß sie es nicht schafften, das Album fertigzustellen, stärkte nicht gerade die Moral der Gruppe. Ken Koblun stieg plötzlich aus, und Jim Fielder wurde der vierte Bassist in ebenso vielen Monaten. Kurz nach Beginn der folgenden Tournee im mittleren Westen kam Stills zu dem Schluß, daß Fielder nicht zum Sound der Gruppe paßte, und es kam ein schwelender Disput darüber in Gang, ob man ihn behalten oder feuern sollte. Vielleicht hatte Stills recht, aber es könnte genausogut sein, daß Fielder lediglich als letzter einer Reihe notwendiger Sünden-böcke für eine Gruppe herhalten mußte, die sich in permanenter emotionaler Auflösung befand. Die Belastungen und Anstrengungen des Tourens und das Bemühen, sich in einem Leben, dem es massiv an Gradlinigkeit oder Aufrichtigkeit fehlte, ein Gefühl für die Realität zu bewahren, schienen ihnen immer mehr abzuverlangen – speziell Stills und Young.

Die musikalische Arbeitsteilung, die einem offenen Machtkampf zuvorgekommen war, löste sich gleichfalls auf. Young war nicht mehr bereit, Stills die gesamten Arrangements zu überlassen, erst recht nicht, wenn es um Youngs eigene Songs ging. Später berichtete er Cameron Crowe: »Ich hatte einfach zuviel Energie und einen so starken kreativen Ausstoß, daß ich, wenn ich etwas aufschreiben wollte, einfach das Gefühl hatte: ›Das ist mein verdammter Trip, und ich muß mir nicht den von irgend jemand anders reinziehen.‹ Ich tat ja, was sie wollten, mit *ihrem* Zeug, aber ich brauchte einfach mehr Raum für mein eigenes. Und das war ein permanentes Problem für mich.«

Im gleichen Maße, wie Young auf sein Territorium vorstieß, beeilte sich Stills, das von Young zu okkupieren, indem er mehr und mehr Leadgitarre spielte. Wie beide später zugeben sollten, benahmen sie sich wie kleine Jungs. In einer Hinsicht war das kaum erstaunlich: Als Teil einer nichthierarchischen Gruppe Musik zu machen, ist in der modernen westlichen Kultur nahezu einzigartig; denn für fast alles andere, was Jungen oder junge Männer gemeinsam tun, gibt es fest-gelegte Strukturen und Regelsysteme, vorgeschriebene Methoden, wie bestimmte Dinge zu tun sind. Doch das galt nicht für Stills und Young – sie hatten keine Möglichkeit, ihr Verhältnis zueinander zu formalisieren, keine unparteiischen Berufungsgerichte. Sie mußten die Musik gemeinsam kontrollieren und sich dann Tag für Tag, ja sogar von Note zu Note darüber einigen, wie alles abzulaufen hatte. Zieht man in Betracht, wie schwer es den Menschen im Lauf der Jahrtausende gefallen ist, die Kontrolle zu teilen, so ist nur allzu verständlich, daß die beiden jungen Männer unter solch ungünstigen Voraussetzungen versagten.

Das hatte natürlich auch seine witzigen Seiten. Als Palmer eines Abends auf der Bühne seinen Baß verzückt viel zu laut spielte, stand mit einem Mal Stills vor ihm und brüllte ihn an, worauf Palmer ihm eine Ohrfeige verpaßte. Stills lief dunkelrot an und schubste den Bassisten brutal nach hinten, quer über Martins Schlagzeug. Es war die reine Pubertätsposse. Dewey Martin erinnert sich an einen anderen Abend, an dem Stills und Young, nachdem sie sich auf der Bühne ausdauernd duelliert hatten, nach hinten in die Garderobe kamen und »anfingen, mit den Gitarren aufeinander loszugehen. Es war, als ob sich zwei alte Damen mit ihren Handtaschen verprügelten.«

Young reagierte auf diese Konflikte in einer Form, die bald zu seinem Markenzeichen werden sollte: Er entfernte sich vom Schlachtfeld. Er und Stills erschienen oft zu spät im Studio, vorzugsweise, wenn alle anderen bereits wieder gegangen waren. Dadurch hatte Furay Zeit, einige seiner eigenen Songs aufzunehmen und sich so zumindest teilweise dafür zu entschädigen, daß er es mit den beiden anderen aushalten mußte.

Auf der Bühne waren sie aber weiterhin gezwungen, gleichzeitig anwesend zu sein. Bruce Palmer gelang es in jenem Sommer, heimlich wieder in die USA einzureisen, doch da war es schon zu spät. Das Verhältnis zwischen Young und Stills, die sich anscheinend gegenseitig als Blitzableiter für alles andere, das ihnen gegen den Strich ging, benutzten, ließ sich nicht mehr einrenken. Young kam nur noch sporadisch zu den Auftritten, was zumindest einmal dazu führte, daß die ganze Gruppe gekündigt wurde. Rasch spitzte sich alles zu.

Das war an sich bereits abträglich genug, erwies sich aber angesichts der unleugbaren musikalischen Fortschitte, die die Band trotz dieser menschlichen Konflikte machte, als doppelt unheilvoll. Am 6. Juni gingen sie alle ins Studio, um Youngs *Mr. Soul* (zum zweiten

Mal) und *Bluebird*, den Song von Stills, der mehr als alle anderen die Dynamik von Buffalo Springfield auf Platte einfangen sollte, aufzuzeichnen.

Auch ihr Renommee wuchs. Sie sollten in der *Johnny Carson Show* in New York auftreten und hofften, anschließend in die *Ed Sullivan Show* eingeladen zu werden. Sie waren für das Monterey Pop Festival engagiert, das angesichts der Qualität sämtlicher auftretenden Musiker – die Creme des kalifornischen Rock plus Hendrix und die Who – ihrem Ruf auf jeden Fall förderlich sein würde. Langsam sammelte sich das Geld; Stills zufolge spielten sie sogar so gut wie in ihren besten Phasen.

Genau zu dieser Zeit, am Vorabend einer geplanten Reise nach New York, berief Young eine Versammlung der Band ein und verkündete, daß er aussteigen werde. Später behauptete er, daß »ich den Anschein bekam, ich wäre nicht ganz bei Trost«, daß Johnny Carson und Monterey sich mit seiner Vorstellung davon, was die Band eigentlich tun sollte, nicht vertrugen. Stills empfand das als »pure Selbstzerstörung«, war aber auch bereit, einzuräumen, daß sie sich mittlerweile alle wie Verrückte aufführten. »Genau an diesem Punkt mußte Neil gehen, genau zu der Zeit, als es am gravierendsten war. Er befand, daß es das alles nicht wert war, vermutlich wußte er auch, daß Bruce es nicht durchstehen würde, und wahrscheinlich hielt er mich für genauso wahnsinnig wie sich selbst.«

Die Springfield machten ohne Young weiter. Doug Hastings, der Leadgitarrist der Daily Flash, sollte ihn ersetzen. Der Auftritt in der *Johnny Carson Show* war abgesagt worden, aber Monterey konnte der Gruppe immer noch die Schubkraft verschaffen, die sie brauchte. Stills und David Crosby von den Byrds hatten sich während des Vorjahres angefreundet, da sie ihr gemeinsames Lied darüber, wie entsetzlich das Leben in ihren jeweiligen Bands war, teilen konnten. Sie steckten in verblüffend ähnlichen Situationen: Mit dem Ausscheiden Bruce Palmers beziehungsweise Gene Clarks hatten die beiden Bands ihr personifiziertes Rückgrat verloren, wodurch das Konfliktpotential zwischen Stills und Young sowie zwischen Crosby und McGuinn freigesetzt wurde.

Crosby probte und spielte in Monterey mit den Springfield, was McGuinn und Hillman erboste, die dieses Verhalten unprofessionell fanden. Die Zusammenarbeit zwischen Stills und Crosby war nicht nur ein Fingerzeig für die Zukunft – das Festival war ein Meilenstein für Buffalo Springfield. Engagements kamen herein, darunter eine recht lukrative Tournee im Vorprogramm der Monkees. Außerdem mußten sie immer noch ein zweites Album fertigstellen – mit oder ohne Young.

Der hatte unterdessen ein paar Monate damit zugebracht, sein seelisches Gleichgewicht wiederzufinden und fühlte sich nun eher dazu imstande, mit den Belastungen des Lebens innerhalb der Gruppe, die er verlassen hatte, zurechtzukommen. Die Frage war nur, ob er zu ihnen zurückkehren sollte. Die berechnete Antwort lautete Ja, und Young ist schon immer berechnend gewesen. Zum einen wußte er aus bitterer Erfahrung, daß es zwar einfach war, eine Band zusammenzustellen, aber sehr schwer, eine gute daraus zu machen. Zum anderen mußte es leichter sein, mit den bereits bekannten Domänen umzugehen als mit Domänen, die ihm noch fremd waren. Da er für einen eigenen Plattenvertrag immer noch nicht arriviert genug war, hatte er keine andere Wahl, als mit anderen Musikern auf gleichberechtigter Basis zusammenzuarbeiten. Positiv zu vermerken war allerdings, daß – unabhängig davon, was er über Stills dachte oder für ihn empfand –, zwischen den beiden ein musikalisches Band bestand, das eine magische Wirkung entfalten konnte, und das wußte er.

Aber würden sie ihn wieder aufnehmen? Er begann, die Fühler nach einem Wiedereinstieg auszustrecken, indem er im Büro des Managers auftauchte und die anderen vor eine schwierige Entscheidung stellte. Sie hatten ihre jüngsten Erfolge ohne Young errungen, also weshalb, so fragten sie sich wohl selbst, sollten sie erneut mit jemandem, der so unzuverlässig und so darauf bedacht war, die Band hinter seinen eigenen Interessen hintanzustellen, alles aufs Spiel setzen?

Für Stills war die Antwort die gleiche wie für Young. Er wußte, daß sie zusammen etwas Besonderes besaßen und daß das neue Album, wenn es mit den besten Songs beider bestückt war, besser werden würde, als wenn es nur seine eigenen enthielte. Und zu guter Letzt wußte jeder, daß Young ein nicht wegzudenkender Bestandteil von Buffalo Springfield war. Außerdem war es toll, mit ihm zusammenzusein, wenn er ausgeglichen war. Und vielleicht konnten sie diesmal wirklich die Welt erobern...

Die Zündschnur unter der Karriere der Springfield mochte knistern, doch es blieb immer noch genug Zeit, um vor dem großen Knall einen Klassiker fertigzustellen. Im September 1967 wurde Doug Hastings gefeuert, Young kam wieder an Bord, und Anfang des folgenden Monats spielten sie in L. A. den größten Teil ihres zweiten Albums vor.

Buffalo Springfield Again ist abwechslungsreicher als sein Vorgänger, zum einen, weil die Bandmitglieder die Hälfte der Produktionszeit ihre eigenen Wege gingen, zum anderen, weil sie sich in der Zwischenzeit alle so schnell weiterentwickelt hatten – und nicht unbedingt in die gleiche musikalische Richtung.

Der ursprüngliche Sound der Band – die ernsthafte, energische Mischung aus britischem Beat und Spielarten des Folk-Rock – erreicht in Stills' Stücken *Bluebird* und *Rock 'n' Roll Woman* eine prachtvolle Apotheose und läßt den Rest des Albums offen für Experimente. Es gibt Country-Pop in Furays *A Child's Claim To Fame*, Hard-Rock in *Hung Upside Down*, den deplazierten (und noch seltsam eindrucksvollen) im Soul-Stil von Stax gehaltenen Titel *Good Time Boy*, das bluesige *Everydays* und das intime *Sad Memory*. Auf den letzten beiden könnte Youngs Leadgitarre – im einen Fall ein anhaltendes Wimmern, im anderen ein Echo aus der Ferne – erst am Ende der Aufzeichnung hinzugefügt worden sein.

Seine eigenen drei Beiträge lassen allesamt aufhorchen. *Mr. Soul* trägt seine Einflüsse – Dylan und die Stones – allzu offenherzig zur Schau, aber der Text ist ein Meisterwerk an Reimfindung und sparsamer Ausdrucksweise. »I was raised by the praise of a fan who said I upset her« sagt wirklich alles.

Expecting to Fly und *Broken Arrow* sind verblüffend originell. Das erstere, zusammen mit Jack Nitzche, dem zeitweiligen Assistenten von Phil Spector, arrangiert, paßt die Wall-If-Sound-Ideologie dem Typ der ätherischen Ballade an, die vor den Beatles unvorstellbar gewesen wäre. Der Text ist nicht gerade ausgefallen – und manchmal gnädigerweise nicht zu verstehen –, doch geht es in diesem Song in erster Linie um die Stimmung. Während die anschwellenden Saitenklänge von Lautsprecher zu Lautsprecher wechseln, sich die Violinen entfalten und die massierten akustischen Gitarren den vielschichtigen Gesang heranführen, rührt die warme Melancholie den Zuhörer zunehmend.

Broken Arrow ist wieder anders, eine sechsminütige Reise zu verschiedenen Schauplätzen und Musikrichtungen. Die grundlegende

Vers-Refrain-Struktur wird dreimal umgekehrt, aber nicht einfach wiederholt: Es gibt eine konstante Entwicklung vom militärischen Rhythmus des ersten Verses zum nahezu feierlichen Schreiten des dritten, als würde der Song selbst von der Jugend zum Alter übergehen, wie ein sprudelnder Bach, der zu einem breiten Fluß wird. Während dieses Verlaufs kredenzt Young dem Zuhörer das Getöse kreischender Fans, Geräusche von einem Rummelplatz und einer Orgel, einen anschwellenden Trommelwirbel, Jazz auf dem Klavier und einen verklingenden Herzschlag. Außerdem, was bei ihm selten ist, gibt es einen Wechsel zwischen ¼- und ¾-Takt zu hören.

In den drei Versen geht es um das Leben in einer Band, einen von der elterlichen Heuchelei zermürbten Teenager und eine Hochzeitsparade aus dem Bilderbuch. In jeder Vignette bleiben die Figuren in einer Blase der Isolation gefangen: die Band hinter den Fenstern ihrer Limousine; der Junge im Korridor der Ignoranz; König und Königin, wie sie des Friedens wegen heiraten und nicht ans Morgengrauen denken. Im Refrain präsentiert jeder von ihnen dem Indianer am Flußufer einen zerbrochenen Pfeil, Young zufolge »das indianische Zeichen für Frieden«. »Nach einem verlorenen Krieg... bedeutet ein zerbrochener Pfeil meist, daß jemand viel verloren hat.« Genau das trifft für die Figuren aus dem Song zu: Sie können nur um den Preis ihrer Seele Frieden finden.

Broken Arrow war ein passender Höhepunkt für ein Album, das vor musikalischen Ideen aus allen Nähten platzte – vielleicht waren es sogar zu viele für eine Gruppe, die bereits vor persönlichen Problemen aus allen Nähten platzte. Aber als sie im Herbst 1967 aus dem Studio kamen und sich ein paar Wochen später das fertige Produkt anhörten, müssen die fünf Mitglieder von Buffalo Springfield zweifellos geahnt haben, daß sie eines der langlebigsten Alben der sechziger Jahre geschaffen hatten.

Überdies lebten sie nicht in der Angst, ihren einzigen musikalischen Trumpf ausgespielt zu haben. Jeder von ihnen schien voller neuer Ideen zu stecken. Auf *Buffalo Springfield Again* war Young mit dem Einsatz der neuen Möglichkeiten der Mehrspuraufzeichnung am weitesten gegangen, obwohl er sich rückblickend hinsichtlich ihrer Nützlichkeit am skeptischsten zeigen sollte. Ein Vierteljahrhundert später sagte er: »Ich war sogar damals schon der Meinung, daß es falsch war, wie in den Sechzigern Platten produziert wurden. Ich wußte aber

nicht, was daran nicht stimmte. Es klang einfach nicht richtig. Ich
meine, die Springfield-Platten sind schrecklich, wenn man sie damit
vergleicht, wie die Band klingt.«

Stills war genauso fasziniert von den Möglichkeiten der Elektronik,
war aber vorsichtig mit der Verwendung neuer Geräte und Instrumente, bevor er genau wußte, was er tat. Er gab sich hinsichtlich der
Experimentierfreude von Plattenfirmen und Tontechnikern keinen
falschen Illusionen hin. Wie üblich ging es dabei nur ums Geld. Es war
»manchmal direkt zum Aus-der-Haut-Fahren, aber der einzige Weg,
solchen Beschränkungen zu entkommen, ist, Millionen und Abermil-
lionen von Platten zu verkaufen – dann hören sie einem verdammt
noch mal zu«. Zugleich befürchtete er, daß »die alte Beatles-Masche
nicht mehr lange zieht«. Etwas anderes würde an ihre Stelle treten,
aber er hatte keine Ahnung, was, und nebenbei bemerkte er sehnsüchtig, wie teuer Light-Shows waren.

Bruce Palmer wußte, in welche Richtung sich der Rock in seinen
Wunschträumen weiterentwickeln würde: zu »populären Symphо-
nien – ein paar Gitarren, Flöten und Gesang, ohne Text...«. Die
Beatles hatten allen ein Beispiel gegeben und genügend Türen geöff-
net, um musikalischen Entdeckern auf Jahre hinaus genug zu tun zu
geben. Richie Furay dagegen war unterwegs in die andere Richtung,
hin zu der Einfachheit – manche nannten es regressive Einfachheit –
des Country-Rock.

In einer idealen Welt wären die Möglichkeiten für ein fruchtbares
Zusammenspiel dieser musikalischen Ideen endlos gewesen. Anfang
1968 schien die wahrscheinlichste Zukunftsaussicht für Buffalo
Springfield kollektiver Harakiri zu sein.

Die unübersehbare Qualität des zweiten Albums und der Erfolg,
den es zu versprechen schien, muß das Gerangel um die größten
Stücke vom gemeinsamen Kuchen ausgelöst haben. Richie Furay
und – was noch fragwürdiger war – Dewey Martin forderten nun
mehr Raum für ihre Kompositionen. Bruce Palmer wollte unbedingt
Ragas spielen. Stills und Young, die schon heftig miteinander um
genügend Platz kämpften, sahen sich plötzlich so verdrängt, daß jeder
von ihnen nur noch zwei Songs für das nächste Album in Betracht zog.
Angesichts des Tempos, in dem beide laufend Songs ausstießen, war
dies ebenso bedauernswert wie lächerlich.

Die letzten paar Monate des Bestehens der Gruppe waren erbärmlich im Vergleich zum Underground-Triumph ihres letzten Albums. Sie verfügten nun über genug Ruhm und eine große Anhängerschaft. um darüber den Verstand zu verlieren, aber nicht genug, um einen unbestimmbaren, vermutlich imaginären Ort zu erreichen, wo alles großartig wäre und sie einander nicht andauernd an die Gurgel gehen mußten.

Alles lief weiter wie gewöhnlich. Im Januar 1968 wurde Bruce Palmer wieder geschnappt und nach kurzem Aufenthalt in einer Strafanstalt in San Diego erneut abgeschoben. Jim Messina übernahm den Baß und fand Gnade vor Youngs strengen Augen, sonst wäre er später im Jahr wohl nicht dazu engagiert worden, ihn auf seinem ersten Solo-Album zu unterstützen.

Die Band verschliß einen Manager nach dem anderen, warf Dick Davis hinaus, stellte für ein paar Wochen Elliot Roberts an und übernahm schließlich den Manager der Beach Boys, Nick Grillo, als sie auf deren Tournee im Vorprogramm spielte. Während dieser Zeit bekam Young bei einem Auftritt in Florida einen Anfall, doch glücklicherweise war seine Mutter zur Stelle und stand ihm bei. »Niemand sonst wußte, was zu tun war«, schrieb sie seinem Vater.

Das sprach nicht gerade für den Rest der Band. Als Richie Furay seinerzeit von der Illustrierten *Teenset* interviewt wurde, gab er unfreiwillig mehr preis, als er selbst oder der Reporter beabsichtigt hatte. Auf die Frage nach Stills gab er zu, daß er nach drei Jahren in dessen nächster Nähe immer noch nicht wußte, was in seinem Partner vorging. Dann wurde ihm wohl klar, daß sich das nicht allzu gut machte. und er bat um Bedenkzeit. Später in dem Interview platzte er plötzlich heraus: »Stephen ist unverfroren, Neil gerissen und Bruce schweigsam, aber tödlich.« Darum gebeten, das weiter auszuführen, erklärte er, Stills würde einfach sagen, was er wollte, ohne Rücksicht darauf, ob es einem paßte, und daß Young »seine Methoden hatte, alles so hinzukriegen, wie er es haben wollte«. Zum Abschluß des Interviews seufzte Furay: »Mann, ich bin aus Yellow Springs in Ohio, und ich habe keine Ahnung, wie ich hier gelandet bin!«

Am 20. März wurden Young, Furay, Messina und Eric Clapton im Topanga Canyon wegen Besitzes von Marihuana festgenommen. Rogan zufolge saßen sie wochenlang in Haft, doch aufgrund der Tatsache, daß Clapton am folgenden Abend mit Cream auf der Bühne stand, erscheint das unglaubhaft. Youngs Vater berichtete, daß die

Anklage schließlich fallengelassen wurde. Wie es sich im einzelnen auch zugetragen haben mag, so scheint der Zwischenfall doch eine Art stilles Signal für die Auflösung der Band gewesen zu sein. Sie erfüllten ihre noch ausstehenden Verpflichtungen – als letztes ein Konzert in Long Beach am 5. Mai – und gingen dann ihre eigenen Wege.

Im selben Sommer wurde nach der Trennung der Band noch ein letztes Album veröffentlicht, *Last Time Around*, doch für Fans von Young war es etwas enttäuschend, da es nur zwei seiner Songs und einen mit Furay verfaßten, einen von ihm gesungenen Titel und ganz wenig elektrisches Gitarrenspiel enthielt.

Das Gemeinschaftswerk *It's So Hard To Wait* zeigt keine offenkundigen Einflüsse Youngs, weder direkt noch im Geiste, doch die beiden anderen Songs zählen zu seinen besten. Auf *I Am A Child* legt sich die Mundharmonika über akustische Gitarrenklänge im Country-Stil, dazu singt Young herrlich schüchtern, und der Text beschwört die Unschuld der Kindheit herauf, ohne in Sentimentalität abzurutschen. *On The Way Home* ist musikalisch komplexer und integriert Elemente von weißem Rock, Motown und Country. Furay singt hervorragend, doch gibt es keinen Zweifel daran, daß dies Youngs Song ist und er darin dem Rest der Band berichtet, wie es ist, ein Teil von ihr zu sein. »I went insane«, heißt es da, »like a smoke-ring day when the wind blows.« Aber er hat diesen Wahnsinn überwunden und ist auf der anderen Seite geläutert wieder herausgekommen, hat die endgültige Lektion gelernt: »Though we rush ahead to save our time, we are only what we feel.«

Mit diesen beiden Songs hat Young die Langatmigkeit und das metaphorische Übermaß seiner früheren Arbeiten hinter sich gelassen und benutzt nun eine schlichte Bildersprache und den direkten Ausdruck. Dieser Feinschliff seines Könnens als Songwriter war ein gutes Zeichen für seine neue Solo-Karriere.

Eine seiner ersten Entscheidungen als Solo-Künstler war, Elliot Roberts darum zu bitten, ihn zu managen. Sie waren sich Ende des vergangenen Jahres zum ersten Mal begegnet, als Young zufällig im selben Studio arbeitete wie seine alte Freundin Joni Mitchell, die bereits von Roberts vertreten wurde. Sie machte gerade mit ihrem Freund und Produzenten David Crosby ihr erstes Album, und als sie entdeckte, daß Young auch im Haus war, schlug sie vor, über den Flur zu gehen und ihn zu begrüßen. Crosby zögerte – »Der Typ ist seltsam« –, aber Mitchell bestand darauf, daß Roberts mit ihr kam. Sie glaubte, Youngs Humor würde ihm gefallen.

Das traf zu, außerdem war er von Young bei weitem nicht so eingeschüchtert, wie er erwartet hatte. »Ich hatte diese ganzen Geschichten gehört – Neil hatte die Band zweimal verlassen... Alle behandelten ihn wie ein rohes Ei. Sag ein falsches Wort, und weg ist er. Das habe ich ständig gehört. Also, ich konnte besser mit Neil umgehen als mit Stephen. Andauernd erzählte ich herum, was Neil wieder Witziges gesagt hatte. ›Neil?‹ fragten dann immer alle.«

Roberts' kurze Phase mit den Springfield war vermutlich weder leicht noch vorteilhaft gewesen, aber er hätte sich wohl kaum die Gelegenheit entgehen lassen, Young zu managen. Daß er Joni Mitchell vertrat, zeigt bereits seinen Blick für Talent, und mit Young im selben Stall muß Roberts gespürt haben, daß er einen Fuß im Rock-Markt der Zukunft hatte.

Er besorgte Young auf der Stelle einen Auftritt als Gaststar mit Dave Van Ronk in einem Nachtclub in Pasadena. »Wir haben die ganze Nacht durchgemacht«, erinnerte sich Roberts später, »weil wir so froh waren, daß er nicht ausgebuht wurde.« Young wußte, daß manchen Leuten seine Stimme gefiel, doch bezweifelte er, daß es genug waren. Außerdem machte er sich Sorgen um seine Songs. Man schrieb 1968, und die ganze Hoffnung, die in der Luft lag, glänzte in seinen Texten durch Abwesenheit.

Trotzdem scheint er ohne weiteres einen Solo-Plattenvertrag bekommen zu haben. Er wählte ein Warner-Ableger Reprise, vor allem um von seinen ehemaligen Partnern loszukommen. Mehr als zehn Jahre später sollte er – als wäre es das Selbstverständlichste der Welt – wiederholen, daß er »kein Mitglied der Springfield sein und auch nicht mit anderen Mitgliedern der Springfield auf demselben Plattenlabel konkurrieren wollte«. Es war, als stünde er noch mit ihnen auf der Bühne.

Mit dem Vorschuß von Reprise zahlte er ein schönes Holzhaus im Topanga Canyon an. Während er auf den Vertragsabschluß wartete, freundete er sich mit einem Mann in seinem Alter an, der in seinem Leben und seiner Karriere eine wichtige Rolle spielen sollte.

David Briggs hatte sein Zuhause in Wyoming mit fünfzehn verlassen, sich die folgenden Jahre mit allen möglichen Jobs durchgeschlagen und schließlich als Plattenproduzent seinen Weg ins Musikgeschäft gefunden. Als er eines Tages den Topanga Canyon entlangfuhr, nahm er einen langhaarigen Anhalter mit, ohne zu wissen, daß es Neil Young war. Letzterer war ebenso überrascht, als er feststellte, daß Briggs' Haus in längst vergangenen Tagen einmal den Springfield Unterschlupf geboten hatte.

Die beiden Männer verstanden sich auf Anhieb, eine dauerhafte Freundschaft begann. Sie konnten recht reizbar sein, und vielleicht machte es das gegenseitige Erkennen dieser Eigenschaft beiden leichter, den anderen so zu akzeptieren, wie er war. Auf jeden Fall tauschten sie ihre musikalischen Ideen, und schon bald arbeitete Briggs intensiv an der Planung und Vorbereitung für Youngs erstes Solo-Album mit. Er suchte mit ihm die Studios auf, um ihre unterschiedliche Akustik zu testen, und brachte Freunde mit, die ihn beim Musizieren unterstützen sollten.

In dieser Zeit hatte Young keine professionellen Auftritte. Er spielte die Leadgitarre auf einem Song der Monkees *(You And I)* und wurde bei einem anderen *(As We Go Along)* zusammen mit Ry Cooder und Danny Kortchmar genannt, hielt sich aber sonst von Studiosessions fern. Er scheint die Gelegenheit genossen zu haben, dem Rampenlicht zu entfliehen und sich die festen emotionalen Bindungen zu suchen, die er nach den Verletzungen der vergangenen Jahre brauchte. Ein Fixpunkt wurde der Topanga Canyon selbst, ein anderer das vierstökkige Redwood-Haus, auf dessen Renovierung er einen großen Teil des Jahres verwendete. Und zu guter Letzt, aber um so wichtiger, lernte er in dem nahegelegenen Restaurant Canyon Kitchen Susan Acevedo kennen, die dort Geschäftsführerin war. Sie hatte eine siebenjährige Tocher, Tia, und schon bald führte Young ein Familienleben, wie er es seit der Trennung seiner Eltern nicht mehr gekannt hatte. Im Dezember desselben Jahres heirateten sie.

»Auf einmal stand ich richtig drauf, zu Hause zu sein«, erzählte Young der Zeitschrift *Fusion.* »Ich habe auch ein anderes Leben, das nichts mit Rock 'n' Roll zu tun hat, verstehen Sie ... und das ist, glaube ich, ein Grund dafür, warum ich vielleicht ein bißchen anders bin als die meisten Leute, die 24 Stunden am Tag Rock 'n' Roll leben.«

Die häusliche Atmosphäre wurde in einem Artikel, den Marci McDonald für den *Toronto Star* schrieb, gut eingefangen. Youngs

»unglaubliches Haus auf Stelzen hoch auf der Anhöhe des Canyons« war »angefüllt mit den Dingen, die ihn glücklich machten«: spanisch-amerikanische Antiquitäten, Fellteppiche, Kunsthandwerk, ein Aufnahmestudio, reinrassige Katzen und ein Hund, »eine fröhliche Blondine names Susan, deren Haar bis zur Taille herabfließt« und ihre »ebenso fröhliche, sieben Jahre alte Tochter Tia«.

Das klingt sogar nach den Maßstäben der Jahre 1968/69 ausgesprochen fragwürdig – als wären Susan und Tia nur Objekte auf einer Liste von Kunstgegenständen. Zumindest fiel McDonald auf, daß Susan ein funktionierendes Objekt war, das Essen auf den Tisch stellte, Kerzen anzündete und sich dann zu Neils Füßen kuschelte, »während ihr Haar im Kerzenlicht schimmerte«.

Draußen kümmerten sich Ziegen darum, die Vegetation im Zaum zu halten, und eine Garage beherbergte das erste Stück von Youngs Oldtimer-Sammlung: einen 1940er Lincoln. Das alles klingt nach einem Paradies für männliche Hippies, abgelichtet in dem kurzen Moment zwischen sexueller Revolution und Frauenbefreiung. Ein paar Jahre später sollten es Männer mit Youngs Intelligenz und Sensibilität schwerer haben, beides miteinander zu vereinbaren. Als McDonald ihren Artikel mit den Worten schloß, daß »es sogar in der Geborgenheit des Topanga Canyon Kojoten gibt«, wußte sie nicht, *wie* recht sie hatte.

Neil Young war seinem Urheber zufolge »in jeder Hinsicht ein erstes Album. Ich wollte mir selbst beweisen, daß ich es konnte. Und ich konnte es dank der erstaunlichen modernen Geräte.« Überdies ist es ein äußerst gelungenes musikalisches Werk, das sich über die Jahre hinweg wesentlich besser gehalten hat als die meisten seiner Zeitgenossen.

Abgesehen von der inneren Qualität liegt der offenkundigste Grund für seine Langlebigkeit in der schlichten Stärke seiner Melodien und den fast juwelenähnlichen Fassungen, in die Young sie setzte. Das einzige musikalisch herausfallende Stück auf *Neil Young* ist das akustische Epos *Last Trip To Tulsa*, das, ganz ans Ende der Platte gequetscht, fast neben ihr zu stehen scheint. Den Großteil des Albums füllte Young mit einer Sammlung melodischer Balladen, die im Stil denen des ersten Buffalo-Springfield-Albums ähneln, und produzierte sie mit sämtlichem tontechnischen Können, das er in der Zwischenzeit erworben hatte. Das Ergebnis ist eine Reihe von Songs und Stimmungen, die ineinander zu fließen schienen wie verschiedene Schattierungen dicker, kräftiger Farben auf einer Leinwand.

Trotz der optimistischen Wirkung des ersten, rein instrumentalen Titels *Emperor Of Wyoming*, ist die Gesamtstimmung alles andere als heiter. Der einzige aggressive Song blickt in die Gedanken von jemandem – vielleicht Stephen Stills, vielleicht Young selbst –, dem es schwerfällt, offen auf jemanden zuzugehen, während sich *The Old Laughing Lady*, versehen mit allen Schikanen wie geisterhaftes Klavier, Streicher und Gospelrefrain, durch den Fluß des Alkoholismus schleppt. *Here We Are In The Years* wirft das Netz weiter aus und steigert sich zu einer musikalisch recht wirkungsvollen Verurteilung von ökologischem Vandalismus.

Zwischen den Songs, die ihr wachsames Auge auf die Welt richten, liefert Young vier Skizzen romantischer Beklemmung. *What Did You Do To My Life?* ist nicht viel mehr als eine Eintagsfliege, aber das Byrds-artige *If I Could Have Her Tonight*, das dunkle, wallende *I've Been Waiting For You* und das schmerzliche *I've Loved Her Song* sind drei der gelungensten Stücke, die er je eingespielt hat. »But if she came to me, would she be kind?« fragt er im ersten Song, bevor er im zweiten seine Hoffnungen auf »a woman with the feeling of losing once or twice« setzt. Hier war eine zeitgemäße Stimme, eine Stimme für »Beziehungen« anstelle von Liebesaffären und für sämtliche Zweifel einer Generation, die an der Kluft zwischen alten Sehnsüchten und neuen Erwartungen stand.

Das abschließende *Last Trip To Tulsa* vermittelt, obwohl es wie ein Fremdkörper neben dem Rest des Albums steht, eine eigenständige, rohe Kraft sowohl in der apokalyptischen Bedrohung im akustischen Gitarrenpart als auch in der bizarren Bilderwelt des Texts. Es mag sich durchaus eine Geschichte – oder sogar mehrere – darin verbergen, doch herrscht der Eindruck grassierender Paranoia vor. In einer Strophe erzählt Young davon, wie er an eine Tankstelle fährt, sich aber nicht traut, Benzin zu verlangen – »The servicemen were yellow, the gasoline was green / Although I knew I couldn't, I thought I was gonna scream« –, in einer anderen wacht er auf und bemerkt, wie ein Indianer seine Kleider anprobiert.

Ungefähr ein Jahr später sagte Young, er würde *Last Trip To Tulsa* als »einen Fehler« betrachten, doch läßt sich rückblickend erkennen, daß dieses Stück in all seiner unbeholfenen Rauheit deutlicher auf seine Zukunft hinweist als die anderen Songs auf *Neil Young*. Im selben Interview beschrieb er auch die Entstehung von *I've Been Waiting For You*, wie das Stück aus verschiedenen Aufnahmen aus mehreren Städten zusammengesetzt wurde, und wie zeitraubend es war, auf diese Weise ein Album zu machen. So wollte er nicht wieder arbeiten; bei zukünftigen Aufnahmen sollte eine spontane Live-Atmosphäre stets sein oberstes Ziel sein. Etwas dazuzumischen war eine Sache, zu spielen eine andere, doch nie sollte beides wieder zusammenkommen.

Jeder Künstler, der sein erstes Solowerk herausbringt, hat das Bedürfnis, wohlwollend aufgenommen zu werden. Deshalb muß es für Young, der viel Mühe auf seinen Erstling verwendet hatte und mit seiner Leistung zufrieden war, ein schwerer Schlag gewesen sein, als er entdeckte, wie sehr der endgültige Mix mißglückt war.

Zum Teil war es sein eigener Fehler, er hatte eine unerprobte neue Methode verwendet, mit der man Stereoplatten im Radio wie eine Monoaufnahme konzentrieren konnte. Wie bei vielen solcher technischen Neuerungen wurde der angestrebte Fortschritt von den Nebenwirkungen – in diesem Fall ein Verflachen des Klangs auf dem Plattenspieler – zunichte gemacht. Youngs Leadgesang versank so tief im Nebel, daß kaum mehr etwas zu verstehen war.

Im Jahr nach Erscheinen des Albums überredete Young Warner, in den USA eine neu abgemischte Fassung auf den Markt zu bringen, aber ob er sich wirklich die Mühe machte, vor der Veröffentlichung alles neu mixen zu lassen, ist nicht bekannt. Wahrscheinlich war er sich unsicher, ob er es tun sollte und ob er sich das als Neuling bei Warner erlauben konnte. Ein Reporter von einer Lokalzeitung aus L. A. erlebte ihn als »nervös wegen des Albums, so nervös, als wäre er zum ersten Mal in einem Studio. Während des Interviews sorgt er sich um eine Single, um die Reihenfolge der Songs auf dem Album und den Mix – das Verhältnis zwischen Instrumenten und Gesang. Er spielt es vor und ist abwechselnd stolz und besorgt. Er wünscht sich, sein Bestes gegeben zu haben und glaubt zuerst, ihm sei es gelungen, dann wieder nicht, dann doch und so weiter.«

Zunächst mangelte es ihm entweder an Einfluß oder an Konzentrationsfähigkeit, um es neu zu mixen, und im Januar 1969 wurde *Neil Young* fristgerecht veröffentlicht. Im gleichen Monat ging er auf eine kurze, akustische Solo-Tournee, um für das Album zu werben. Er trat unter anderem im Bitter End in New York, im Riverboat in Toronto und im Le Hibou in Ottawa auf. Es war keine besonders erfreuliche Erfahrung. Das Publikum war spärlich und meist nur mäßig begeistert, und bei der Einreise nach Kanada mußte Young die erniedrigende Prozedur einer Leibesvisitation über sich ergehen lassen. Roberts und Young machten Witze darüber, daß das Plakat im Bitter End größer war als die Zuschauerschar, doch der mangelnde Enthusiasmus seitens des Publikums wird das Selbstvertrauen wohl kaum gestärkt haben. Young hatte die Engagements auch nur deshalb bekommen, weil Roberts den Clubs seinen anderen Schützling, die zugkräftigere Joni Mitchell, versprochen hatte.

Während sich sein erstes Solo-Album schleppend verkaufte und das Publikum nicht besonders scharf auf seine Live-Auftritte zu sein schien, muß Young mit der Überlegung, was er nun tun sollte, nach L. A. zurückgekehrt sein. Glücklicherweise mußte er nicht lange grübeln.

Ein paar Jahre vorher hatten sich Billy Talbot und Danny Whitten, zwei Exilanten von der Ostküste, in L. A. in einem Club namens Peppermint West kennengelernt. Einige Wochen später begannen sie auf einer Party gemeinsam mit Lou Molina, einem Freund von Billy, zu singen. Sie waren gut, nahmen die Sache ernst und schafften es sogar, mit Liberty einen Plattenvertrag abzuschließen. Sie forderten Lous Cousin Ralph, der sich in Florida die Zeit vertrieben hatte, auf, sich ihnen anzuschließen. Unter dem Namen Danny and the Memories nahmen sie eine Single auf, die die Westküste allerdings nicht gerade in Begeisterungsstürme ausbrechen ließ.

Psychedelische Musik wurde gerade zum großen Renner, und so änderten sie ihren Gruppennamen zu Psyrcle. Zuerst waren sie auf vokal-akustische Klänge spezialisiert, doch als sie einen frühen Auftritt der Byrds sahen, wandelte sich ihre Einstellung. Sie beschlossen, daß es an der Zeit war, elektrische Instrumente zu lernen. Whitten konnte bereits ein wenig Gitarre spielen, Ralph übernahm das Schlagzeug, und Billy Talbot wählte den Baß. Lou war zu dieser Zeit schon verschwunden, und Ben Rocco, der als Leadgitarrist vorgesehen war, wollte lieber heiraten. Als Ersatz sprangen George und Leon Whitsell ein, zwei Brüder aus San Francisco. Zuletzt stieß noch Bobby Notkoff hinzu, der elektische Gitarre spielte und den Talbot durch eine Freundin kennengelernt hatte.

Sie änderten ihren Namen erneut, diesmal zu The Rockets, und sie begannen, in Südkalifornien aufzutreten. Sie bekamen nicht so viele Engagements, wie sie gerne gehabt hätte, zogen aber doch genug Aufmerksamkeit auf sich, um einen weiteren Plattenvertrag zu ergattern. Das daraus entstehende Album *The Rockets* wurde von Barry Goldberg produziert und im März 1968 auf White Whale veröffentlicht. Ein spezieller Freund der Band war nicht nur begeistert, sondern ließ sich davon auch inspirieren. Wie Billy Talbot Jahre später bemerkte: »Man braucht sich bloß *Let Me Go* auf dem Album der Rockets anzuhören, und schon hat man den Ursprung von *Down By The River*.«

Ein Mädchen namens Autumn hatte Young während der Aufnahmen für das erste Album der Springfield mit den zukünftigen Rockets bekannt gemacht, und seitdem war er ein häufiger Gast im Haus von Talbot und Whitten im Laurel Canyon. Er mochte sie, spielte gern mit ihnen, und zweifellos sah er in ihnen eine Zuflucht vor den immer wieder aufflackernden Stürmen bei Buffalo Springfield. Besonders hat er sich anscheinend zu Danny Whitten hingezogen gefühlt, in dessen fast quälender Sensibilität er vielleicht seine eigene erkannte. Jahre später sollte Elliot Roberts über Whitten sagen: »Er war die personifizierte Empfindsamkeit. Ein ganz starker Typ, aber wenn man ein falsches Wort sagte, empfand er es wie einen Schlag ins Gesicht. Wir mochten Danny alle. Er war sichtlich begabt, und Neil war sofort von ihm begeistert.«

Als die Springfield Anfang 1968 kurz vor ihrer Auflösung standen, sahen die Rockets Young öfter, häufig in Begleitung von Robin Lane, einer Folksängerin und gemeinsamen Freundin. Sie spielten zusammen akustische Gitarre und sangen im Haus von Whitten und Talbot, wobei Whitten Young ständig zu singen ermutigte. Anfang 1969 bekamen die Rockets (auf vier zusammengeschrumpft, da die Whitsells im Vorjahr nach San Francisco zurückgekehrt waren) ein festes Engagement als Hausband in dem Club, wo sich die Springfield ihren Namen gemacht hatten – dem Whiskey A Go Go auf dem Sunset Strip. Zurück von seiner Promotion-Tour hörte Young sie dort und spielte zumindest einmal mit.

Während dieser Wochen vollzog sich eine gravierende Wandlung in

Youngs musikalischer Entwicklung oder in seiner Auffassung davon. Es war weniger eine blitzartige Erleuchtung als vielmehr eine Häufung von Umständen: seine Unzufriedenheit mit dem ersten Solo-Album und der scheinbar endlosen Aufnahmeprozedur; das ewige Versagen der Springfield, ihren Live-Sound auf Platten einzufangen; und eine Annäherung zwischen der Musik, die er gern hörte, und der, die er gern spielte.

Young beschloß ein für allemal, daß er nicht wie die Beatles sein wollte. Sollte er in einer Band spielen – und er scheint nie ernsthaft erwogen zu haben, den Rest seiner Laufbahn allein mit einer akustischen Gitarre zu verbringen –, dann würde diese Band wie eine Live-Band spielen und aufnehmen, Fehler begehen, ungeschliffen klingen, sich *menschlich* anhören. Sie würden zumindest in Youngs Augen den Rolling Stones wesentlich näher stehen als den Beatles – mit einem gravierenden Unterschied: In seiner Band gäbe es nur einen Songschreiber, nur einen Leader.

Die Rockets waren dafür wie geschaffen. Sie waren nicht die Sorte Musiker, die die Welt allein und im Sturm eroberten, und man darf wohl vermuten, daß sie das auch nicht gewollt hätten. Weder das Talent noch die kommerzielle Ausbeute sollte gleich verteilt sein – Young würde alles kontrollieren. Es wäre *seine* Band.

Doch waren sie gut genug? Es gab nur eine Methode, das herauszufinden. Während er mit Grippe in seinem Haus im Topanga Canyon lag, schrieb Young eine Reihe »seltsamer Songs« – *Down By The River* und *Cowgirl In The Sand*. Als er wieder gesund war, lud er Whitten, Talbot und Ralph Molina zu einer Aufnahmesession in sein Studio ein. Schon bald sollten die drei unter dem Namen Crazy Horse bekannt sein.

Von sämtlichen Alben Youngs hat *Everybody Knows This Is Nowhere* vermutlich den sichersten Platz im Herzen seiner Fans. Dafür lassen sich verschiedene Gründe nennen, der offenkundigste ist, daß es schlicht und einfach eines der phantastischsten Alben in der Geschichte der Rockmusik ist.

Das ist leichter gesagt als belegt. Im Gegensatz zu seinem ersten Solo-Album sollte sich *Everybody Knows This Is Nowhere* als deutlicher Fingerzeig für die weitere Richtung seiner Karriere erweisen, da hier alle drei Hauptströmungen vorgestellt werden, auf die er immer wieder zurückgriff: gitarrenlastiger Hardrock mit ausgedehnten instrumentalen Improvisationen, Country-Rock und akustischer Folk Aber trotz seiner vordergründigen Vielfalt besaß dieses Album eine Geschlossenheit – oder ein Ganzes, das mehr war als die Summe seiner Teile –, mit der wenig andere konkurrieren konnten.

Auf jeden Fall hat es eine emotionale Einheit, die über die verschiedenen Richtungen hinausgeht, birgt eine Sehnsucht, die – obwohl sie sich in der Melancholie wohl zu fühlen scheint – ihre Erlösung in der Aufrichtigkeit und schlichten Direktheit des Ausdrucks findet. Dies spiegelt sich auch in der Musik, die gleichfalls einfach und direkt ist, egal ob die Gitarren nun akustisch oder elektrisch verstärkt gespielt werden. Die Wechsel sind einfache Folk-Wechsel, was einen Kritiker dazu veranlaßte, Youngs elektrische Stücke mit dem ungemein passenden Etikett »Garagenfolk« zu belegen. Mit dieser Musik schaffte Young das, was in jedem künstlerischen Medium als das Schwierigste betrachtet wird – eine Einfachheit, die die Komplexität nicht leugnet.

Besonders aufschlußreich ist der Titelsong, von dem auch eine Aufnahme existiert, die für das erste Album vorgesehen war. Die Version für *Neil Young* mit ihrem sehnsüchtigen Gesangspart, den gekonnt übereinander geschichteten Gitarren, den Streichern und dem Flötensolo klingt hübsch, aber müde. Auf *Everybody Knows* wird daraus nackter, in die Beine gehender Rock, ohne ein Körnchen der Aussage des Songs zu opfern. Young hatte erkannt, daß emotionale Aufrichtigkeit nicht unbedingt mit Säuselklängen einhergehen muß.

Er sagte, er hätte den Anfang von *Cinnamon Girl* für ein Mädchen geschrieben, das er auf der Straße sah, doch die – wenngleich poetischen – Worte, »A dreamer of picture, I run in the night / You see us together chasing the moonlight« können nicht mit der absteigenden Baßlinie, der Byrds-artigen, lauten Gitarre nach der Überleitung und dem plötzlichen Ausbruch der Leadgitarre nach der freudigen Erkenntnis »your baby loves to dance« mithalten. Das ist Rock 'n' Roll im Stil der ausklingenden sechziger Jahre.

The Losing End ist ebenso geradlinig, nur die Stimmung ist düster statt freudig und der Rhythmus ein resigniertes Country-Stampfen. Das Gitarrensolo wird gar mit den Worten »All right, cousin, hit!« eingeleitet.

Die beiden langen Balladen sind ganz anders. *Round And Round* wirkt fast hypnotisch, zum Teil deshalb, weil bei seiner Aufzeichnung Young, Whitten und die Sängerin Robin Lane vor den Mikrophonen vor und zurück schaukelten. Der Text ist nicht tiefschürfend, beschreibt aber eine gängige Erfahrung – den vergeblichen Versuch, eine gescheiterte Beziehung am Leben zu erhalten. Aufschlußreich ist die Direktheit, die Intimität des Themas wird durch die Intimität der Interpretation mehr als ergänzt. *Running Dry* ist weniger wirkungsvoll – neben *Round and Round* scheinen sowohl Text als auch Interpretation etwas schwülstig – doch wird das durch Bobby Notkoffs fast traumatisches Geigensolo nahezu ausgeglichen.

Jede Seite des Albums endet mit einem – nach damaligen Maßstäben – extrem langen Song. In dem zehn Minuten langen *Down By The River* erschießt er seine Liebste metaphorisch. »Es passiert darin kein wirklicher Mord«, behauptete Young; der Song drehe sich hauptsächlich um das Beenden einer Beziehung. Der Text läßt jedoch auch andere Interpretationsmöglichkeiten zu. Die Zeilen »This much madness is too much sorrow / It's impossible to make it today« sind hinsichtlich einer Beziehung verständlich, aber 1969 paßten sie ebensogut auf die politische Situation. Das gleiche gilt für die erste Zeile: »Be on my side, I'll be on your side.«

Das elfminütige *Cowgirl In The Sand* war seinem ironischen Verfasser zufolge eine Impression von spanischen Stränden, die er nie gesehen hatte. Seine drei Heldinnen – »cowgirl in the sand«, »Ruby in the dust« und »woman of my dreams« – pflegen alle den gleichen freizügigen Lebensstil. »When so many love you, is it the same?« fragt Young im Refrain und spricht damit die Befürchtung aus, daß größere sexuelle Freiheit Segen und Fluch zu gleichen Teilen bedeutet. Leider läßt die folgende Zeile – »It's the woman in you that makes you want to play this game« – sogar für 1969 einiges zu wünschen übrig.

Doch obwohl beide Songs einen interessanten Text haben, dienten sie doch in erster Linie als Gerüst für die ausgedehnten Instrumentalpassagen von Youngs elektrischer Gitarre, und diesen vor allem verdankt das Album seine anhaltende Attraktivität. 1969 waren Improvisationen in der Rockmusik die alleinige Domäne von Gitarristen wie Clapton, Hendrix und Allman, die alle technisch versiert waren und deren Musik überwiegend auf dem Blues basierte. Und obwohl Young ein erfahrener Leadgitarrist war, fiel er nicht in diese Kategorie. Überdies wollte er nicht die Art von Leadgitarre spielen, die normalerweise den traditionellen Gitarrenhelden auszeichnete – schnell und pompös. Er spielte langsam und voller Leidenschaft, und die ganze ausgeklügelte Technik konnte ihm gestohlen bleiben.

All das machte ihn zu etwas Besonderem. Youngs Gitarrenspiel auf *Down By The River* bringt viele Rockfans näher an klassische Musik oder Jazz heran, als sie sonst je kämen, weil er sein Instrument weniger dazu einsetzt, dessen musikalische Möglichkeiten auszuloten, sondern zum direkten Ausdruck seiner Gefühle. Young malt auf diesen ausgedehnten Stücken Gehörlandschaften in Primärfarben und ermuntert seine Zuhörer, ihre Empfindsamkeit zu schärfen und ihrer eigenen Geschichten zu lauschen. Der von Crazy Horse vorgegebene Beat ändert sich nie – zumindest nicht mit Absicht – und liefert dem Zuhörer den gleichen festen Boden, den auch die Leadgitarre benötigt. Auf einer Ebene ist das leichte Musik, doch kann sie – wie das simpelste Computerspiel – dem Zuhörer alle Schwierigkeitsgrade bieten.

Everybody Knows This Is Nowhere war der Baukasten für Youngs Karriere. In den folgenden Jahren schliff er die einzelnen Teile präziser zu, doch nie sollte er ihnen die Rauheit nehmen. Ob er mit dieser Musik allerdings zum Star werden würde, stand auf einem anderen Blatt.

3

Pelzmäntel und Perserteppiche

Im Sommer 1968, als Young sich im Topanga Canyon einrichtete, fand sein früherer Partner Stephen Stills im nahegelegenen Laurel Canyon das scheinbare musikalische Paradies. Nach dem Dahinscheiden der Springfield hatte er sich immer öfter mit David Crosby getroffen, der gleichfalls ohne Beschäftigung war, nachdem er im vergangenen Herbst, mitten während der Aufnahmen für *The Notorious Byrd Brothers*, von den Byrds gefeuert worden war. Eines Abends lief den beiden in L. A. Graham Nash von den Hollies über den Weg, und sie stellten fest, daß ihre drei Stimmen zusammen einen fast magischen Klang besaßen. Erst sechs Monate später verließ Nash die Hollies, und die drei verbrachten den Dezember damit, in einer Mietwohnung in der Moscow Road im Londoner Stadtteil Bayswater etwas auf die Beine zu stellen. Apple lehnte sie ab, aber Atlantic erwies sich Stills gegenüber als loyal. Zurück in den USA spielten sie im Februar *Crosby, Stills and Nash* ein.

Es scheint für alle drei eine glückliche Zeit gewesen zu sein. Nash erfreute sich der kreativen Freiheit, die ihm – wie er fand – die Hollies verweigert hatten, Crosby arbeitete endlich mit Musikern, die ebensosehr an Musik wie an Geld oder Ruhm interessiert zu sein schienen, und Stills genoß die musikalische Kontrolle, die ihm bei Buffalo Springfield zunehmend abgesprochen worden war. »Sie ließen mich einfach machen«, sagte er später. »Es gab keine Egos. Alle waren erstaunlich kooperativ«, fügte er sehnsüchtig hinzu.

Das Album wurde im Juli veröffentlicht und meist gut kritisiert. Zwanzig Jahre und viele Imitate später ist schwer nachvollziehbar, wie frisch und neu es damals klang. Die Kombination der Stimmen war und ist freilich Geschmackssache. Der Autor würde Crosbys Stimme lieber flankiert von denen McGuinns und Gene Clarks hören. Stills' Stimme allein und die von Nash, wenn überhaupt, nur in den tieferen Lagen. Doch ist es für die Zwecke dieses Buches wichtig zu begreifen, was die drei zu etwas Besonderem machte und – vor allem – für wie besonders sie sich selbst hielten.

Art Garfunkel, dessen Stimme in ähnlicher Weise zur Süße neigt, kam zu einer sehr aufschlußreichen Analyse der Stimmen von Nash, Stills und speziell von Crosby: »Da ist einmal der phantastische Graham, der in den oberen Lagen so ungemein anpassungsfähig ist und über eine perfekte Schärfe verfügt und sich aufgrund seiner Erfahrung mit den Hollies ideal für Kombinationen eignet. Dann kommt Stephen, dessen Stimme wirklich Persönlichkeit hat, und dann David, der ihrem Klang eine Art samtigen Zement beimischt ... Der Mann in der Mitte sorgt dafür, daß der Akkord zustande kommt, aber das merkt man nicht ... David atmet beim Singen so weich wie ein Zen-Buddhist. Sein Gesang wirkt, als käme er direkt aus dem Herzen, und er liebt Rock 'n' Roll. Das hört man.«

Ihr Freund John Sebastian empfand die Mischung als eine »magische, wie aus einer anderen Welt stammenden Harmonie, anders als alles, was ich je gehört habe«. Der Tontechniker Bill Halverson konnte kaum fassen, wie dicht sie sich anhörten; Ahmet Ertegün und Phil Spector, die zu einer ersten Hörprobe von *Suite: Judy Blue Eyes* eingeladen waren, waren »hin und weg«.

Es lag nicht allein an ihrem technischen Können als Sänger. Joni Mitchell bemerkte »die gewaltige Menge an Zuneigung und Begeisterung, die zwischen ihnen hin- und herschwang«. Es war beinahe, als wären sie ineinander verliebt, und die Wärme dieses Gefühls übertrug sich auf ihre Musik und ergoß sich über ihr Publikum.

Außerdem war es nicht der Gesang allein. Sowohl Stills als auch Crosby waren gute Gitarristen, und vor allem Stills machte große Fortschritte bei seinem Bemühen, im Studio neue Klänge zu erzeugen. Selten zuvor hatten sich akustische Gitarren auf Platte so klangvoll angehört wie auf *Crosby, Stills and Nash*, während der volltönende Baß von Stills während seiner Zusammenarbeit mit Judy Collins entwickelt worden war.

Die drei hatten einen neuen Sound entdeckt und waren sich dessen sehr wohl bewußt. Crosby fand, daß sie »etwas dermaßen Besonderes

aufgetan hatten, Mann. Das konnte man einfach nicht überhören.«
Nashs Begeisterung ging noch weiter: »Die ersten Aufnahmesessions
erreichten Ebenen unglaublicher Verbundenheit. Wenn du jemanden
triffst, mit dem du dich psychisch verbunden fühlst, hast du echt
Glück. Wenn du *zwei* solche Leute findest und mit ihnen im selben
Raum bist, ist es *unheimlich*.« »Wir haben zusammengearbeitet und
uns trotzdem gegenseitig Platz gelassen«, sagte Stills. »Ich habe seitdem nie wieder solchen Rückhalt gefunden.«

Angesichts all dieser positiven Vorgaben fragt man sich, weshalb sie
überhaupt auf die Idee kamen, Young zu fragen, ob er sich ihnen
anschließen wolle.

Es gab gute musikalische Gründe, jemanden dazuzunehmen. Zuerst
einmal brauchten sie Verstärkung, wenn sie mit ihrer Musik an die
Öffentlichkeit gingen. Stills wollte auf keinen Fall, daß sie die neuen
Simon and Garfunkel würden – stets vorausgesetzt, daß einer von
ihnen auch nur halb so gute Texte wie Paul Simon schreiben konnte –,
doch für eine elektrische Band brauchten sie mindestens noch einen
weiteren Gitarristen oder einen Keyboarder, am besten jemanden, der
beides vereinte.

Ihre erste Wahl fiel auf Stevie Winwood, der sich damals zwischen
zwei Etappen der einzigen und enorm lukrativen USA-Tournee von
Blind Faith befand. Stills und der CS & N-Schlagzeuger Dallas Taylor
fuhren nach England und stapften durch knietiefen Matsch zu Win-
woods Landhaus, nur um festzustellen, daß gerade dieses spezielle
Mitglied der ersten Supergruppe des Rock 'n' Roll bereits genug von
solchen Vereinigungen hatte. Dann versuchten sie es bei Mark Nafta-
lin von der Paul Butterfield Blues Band. Der sagte zwar nicht nein,
aber ja sagte er auch nicht.

In den USA hatte sich unterdessen Ahmet Ertegün den Kopf zerbro-
chen. Er war schon seit jeher ein Anhänger der Kombination Stills-
Young gewesen, und überdies war er nicht einer der erfolgreichsten
Musikunternehmer Amerikas – und Direktor von Atlantic – geworden, indem er das Potential von Gruppierungen wie Crosby, Stills,
Nash and Young übersah. Vier Komponisten und vier Stimmen,
Sensibilität und Politik, Akustik und Elektrik – könnten das nicht die
lange erwarteten amerikanischen Beatles sein, eine richtige Band mit
richtigen Persönlichkeiten?

Ob Ertegün je zu einem solchen Schluß kam und auf dessen Verwirklichung hinarbeitete, wird man vermutlich nie erfahren. Doch als die Idee erst einmal in Umlauf gekommen war, müssen wohl alle Beteiligten – die vier Musiker, ihre Manager, ihre Freunde – geahnt haben, welche Durchschlagskraft eine solche Formation haben würde, und zwar in kommerzieller und künstlerischer wie auch in politischer Hinsicht.

Crosby, Stills und Nash würden für den großen Sprung ein wenig Unterstützung benötigen. Sie mußten einerseits das verständliche Zögern aufgrund der Freude über das, was sie bereits erreicht hatten, überwinden und andererseits die Angst, daß Young – oder zumindest die Kombination Stills–Young – sich erneut als zersetzende Kraft erweisen würde. Doch allmählich ließen sie sich überzeugen oder überzeugten sich selbst davon, daß die Sache es wert war. Sie konnten es bewältigen. Sie würden mit Young fertig werden und mit sich selbst. Es mangelte ihnen nicht an Zutrauen zu ihrem Talent und der Kraft ihrer Ausstrahlung im Geist der damaligen Zeit. Die Liebe kommt schließlich zu uns allen, und warum sollten ausgerechnet sie es zulassen, daß eine geringfügige persönliche Unstimmigkeit einer so neuen und verheißungsvollen Bestimmung im Weg stand?

Die Prozedur, durch die man Young schließlich dazu brachte, sich ihnen anzuschließen, scheint in Form eines rituellen Liebeswerbens vonstatten gegangen zu sein. Ahmet Ertegün berichtet, daß er David Geffen und Elliot Roberts – die das Management von CS&N zwischen sich aufgeteilt hatten – eines Abends im Juni 1969 zum Essen einlud. »Nach dem Essen legte ich Platten von Neil Young auf und erzählte ihnen, daß ich, auch wenn es mich freute, Stephen Stills mit Graham und David vereint zu sehen, doch sehr betrübt darüber war, daß Neil Young nicht mehr mit Stephen zusammen war. Zwischen ihnen hatte es eine gewisse Magie gegeben, als sie zusammen bei Buffalo Springfield spielten, und an jenem Abend sagten sie: ›Wissen Sie, wir sollten mit Neil reden‹«.

Der nächste Schritt bestand allerdings darin, Stills zu überzeugen. So wurde ein weiteres Essen arrangiert, dieses Mal für Stills und Geffen, und wieder lag Young auf dem Plattenteller und sang unter anderem *I Am A Child*, woraufhin Ertegün laut zu überlegen begann, ob Young nicht Crosby, Stills and Nash beitreten sollte. »Neil Young hat etwas, das dazu passen würde«, sagte er – und meinte wohl nicht die ungebrochene Fähigkeit des erwachsenen Mannes, ein Kind zu sein.

Stills war angeblich dagegen, gab den Vorschlag aber trotzdem an seine beiden Partner weiter. Vielleicht war Crosby der nächste, der zum Essen eingeladen wurde, da Nash sich am hartnäckigsten widersetzte: »Ich war zuerst dagegen, daß Neil zu uns kam. Ich fühlte mich ein bißchen bedroht, da wir drei etwas aus CS&N gemacht hatten, das Album, das Image, den *Sound*, und ich hatte Angst, das würde sich ändern.« Doch er scheint bereits zu diesem Zeitpunkt in der Minderheit gewesen zu sein. Stills wurde beauftragt, an Young heranzutreten, und wurde von seinem alten Partner herzlich aufgenommen. Young erzählte ihm, der Gesang auf *Crosby, Stills and Nash* hätte ihn umgeworfen. Stills berichtet, wie sie »davon sprachen, daß wir *Brüder* sind und nun ein bißchen älter geworden sind und darüber, wie wir zusammen in einer Band spielen könnten«.

Es scheint kaum glaubhaft, daß Young nicht entweder von Elliot Roberts oder von Ertegün selbst auf diesen Besuch vorbereitet wurde. Auf jeden Fall verlor er nicht die Fassung, als Stills ihm vorschlug, der Gruppe als eine Art ruhmreiche Stütze beizutreten, als jemand, der sämtliche musikalischen Funktionen erfüllte, die Stills für nötig erachtete, sich aber sonst im Hintergrund hielt und tat, was man ihm sagte. Young wollte jedoch nicht nur seinen Namen auf den Ankündigungen sehen – weshalb die Gruppe Crosby, Stills, Nash *and* Young heißen müßte –, sondern beabsichtigte auch, seinen Teil beim Verfassen und Arrangieren von Songs beizusteuern. Wenn Stills ihn haben wollte, würde er seine musikalische Herrschaft über die Gruppe aufgeben müssen. Stills' Einwand »Ach, komm schon, es weiß doch eh jeder, wer du bist, Mann« war zumindest etwas unaufrichtig.

Kurz darauf suchten Crosby, Stills und Nash Young gemeinsam zu Hause auf. Er spielte ihnen *Helpless* vor und, wie Crosby berichtet, »als er fertig war, baten *wir* ihn darum, uns *seiner* Band anschließen zu dürfen«.

Warum erklärte sich Young dazu bereit, bei ihnen einzusteigen? Sah er CS&N als ein Mittel, seinen Namen bekannt zu machen und Berge von Geld zu scheffeln? Oder, um die gleichen Erwartungen ein wenig anders darzustellen, erhoffte er sich, daß die neue Band ihm ein Publikum für seine Musik liefern würde, das er allein oder mit Crazy Horse nicht so leicht und rasch erreichen konnte? Auf jeden Fall spielt die Debatte darüber, ob sein Name hinten an den Gruppennamen angehängt werden würde – eine Entscheidung, die Young zufolge etwa einen Monat dauerte – eine Rolle: Es hatte wenig Sinn, vor einem größeren Publikum zu spielen, wenn die Zuhörer nicht wußten, wer zum Teufel man war.

Überdies steht fest, daß er oft große kreative Befriedigung aus dem Zusammenspiel mit Stills zog, Crosby zutiefst respektierte und ihre dreistimmigen Harmonien tatsächlich als Ohrenschmaus empfand. Die Art von Musik, die CSN & Y spielen sollten, lag Young keineswegs fern; es war zwar nicht die einzige Art Musik, die er gern spielte, aber sie zählte auf jeden Fall dazu. Außerdem gab es immer noch seine Solo-Aktivitäten. Und Crazy Horse.

Die Schattenseite des Ganzen muß ihm ebenso klar gewesen sein. Er würde wieder in einer Band sein und mit drei anderen Egos in der verrückten Tournee-Atmosphäre konkurrieren. Und einer von ihnen war Stills, von dem er *wußte*, daß er in solchen Situationen ungefähr so stabil war wie ein neurotischer Springteufel. Und mit denselben drei Egos würde er dann wieder im Studio stehen und über Arrangements und alles andere streiten, worüber man streiten konnte.

Doch dieses Mal, so muß Young gehofft haben, würde es anders kommen, und zwar aus genau einem Grund: Er *wollte* mit diesen Typen spielen, aber er *mußte* nicht unbedingt. Er besaß mit Crazy Horse seine eigene Begleitband, und er hatte nicht die leiseste Absicht, sie aufzugeben. Die totale Kontrolle in diesem Bereich könnte sich mit einem eingeschränkten Verantwortungsgefühl im anderen Bereich ergänzen. Bei CSN & Y »mußte ich nicht im Vordergrund stehen«, sagte er später. »Ich konnte mich zurückhalten. Ich mußte mich nicht die ganze Zeit vordrängen.« Er war zwar ein Egoist, aber wer von den anderen drei konnte schon behaupten, aus reiner Nächstenliebe mit den anderen zusammenzuspielen? Young machte zumindest kein Geheimnis daraus, wie er die Vereinbarung sah. Bevor er sich Crosby, Stills and Nash anschloß, machte er »beiden Seiten« – also ihnen und Crazy Horse – »klar, daß ich mir selbst gehöre«.

Er hatte die Gelegenheit, das Beste aus beiden Welten zu bekommen, und er griff danach. Er gab zu, daß ein Teil seiner Musik »für Crazy Horse technisch zu anspruchsvoll« war und CSN & Y ihm dafür ein Ventil bot. Jedoch bestand kein Zweifel daran, mit welcher

Band er lieber spielte und welche ihm wichtiger war. Er verglich CSN & Y mit den Beatles und Crazy Horse mit den Rolling Stones und fügte hinzu, daß letztere seine Lieblingsgruppe war. Mit Crazy Horse konnte er »Platten machen, die nicht zwangsläufig Hits werden, aber die man sich noch lange anhören wird«. Da aber zumindest im Moment wenig Hoffnung darauf bestand, daß sich die Musik von Crazy Horse selbst trug, hatte er keine andere Wahl, als sie mit dem Geld, das er anderswo verdiente, zu unterstützen und zu akzeptieren, daß »CSN & Y Crazy Horse trägt«.

Young hätte kaum deutlicher werden können. Für die anderen drei Hauptfiguren war CSN & Y etwas rundum Besonderes, der Mittelpunkt ihrer Musik und ihres Lebens. Für Young war es eine Gelegenheit, eine Methode, um ein Publikum zu erreichen und einen – nicht einmal den wichtigsten – Teil seiner musikalischen Persönlichkeit auszudrücken.

Der Fehler steckte von Anfang an im System.

Als Young endlich eingestiegen war, machten sie sich auf die Suche nach einem Bassisten. Stills' erste Wahl war Kenny Passarelli, doch die anderen hielten ihn für zu jung. Dann schlug Stills Bruce Palmer vor – zum einen, weil er, wie Crosby berichtet, dessen Art, Baß zu spielen, gut fand, und zum anderen, weil er ihm weiterhelfen wollte. Zweifellos war Young mit der Wahl seines alten Freundes einverstanden.

Palmer hielt sich nur ein paar Wochen, während der Proben im Haus von Peter Tork und der Aufnahmen von vier Songs, darunter *Horses Through A Rainstorm* (verfaßt von Graham Nash und dem englischen Rockmusiker Terry Reid) und eine Neufassung von *Helplessly Hoping*, die beide über 20 Jahre später auf der *CSN-CD-Box* auftauchen sollten. Er scheint weder auf Crosby noch auf Nash Eindruck gemacht zu haben. Ersterer fand ihn »labil«, letzterer »stürmte davon«, als der Bassist einen falschen Ton spielte. Palmer selbst, der einräumte, »außer Übung« zu sein, war ebensowenig angetan und konnte »nicht viel Freude in der Art, wie sie spielten, entdecken; es war kühl und distanziert. Sie waren kalt, berechnend und manchmal ausfällig.«

Er wurde durch Greg Reeves ersetzt, einen neunzehnjährigen Studiomusiker von Motown, der ihnen von Ricky Matthews empfohlen worden war. Er war gut und hatte vermutlich mehr Ehrfurcht vor den Hauptfiguren der Band als Palmer. Vier überdimensionale Egos waren für jede Band genug.

CSN & Y hatten ihren ersten Auftritt am 16. August 1969 im Chicago Auditorium und den zweiten ein paar Tage später beim Woodstock Festival. Crosby, Stills and Nash betraten die Bühne um drei Uhr morgens in der zweiten Nacht des Festivals und spielten als Trio, was zum festen Ablauf jedes CSN & Y-Auftritts werden sollte, *Suite: Judy Blue Eyes*, bevor sie »einen Freund von uns: Neil Young« vorstellten.

Youngs Empfindungen im Hinblick auf Woodstock als ambivalent zu bezeichnen, hieße seine Begeisterung übertrieben darstellen. In den Worten des späteren *Hitch-Hiker* hatte er kein Bedürfnis danach, »zu sehen oder gesehen zu werden«. Daß er 1979 meinte, »Ich habe den Film gesehen, und ich kam nicht vor, also war ich dort vielleicht nicht besonders gut, ich weiß nicht«, war äußerst fragwürdig: Der elektrisch verstärkte Teil des Auftritts von CSN & Y begann erst, nachdem Young klargestellt hatte, daß er nicht gefilmt zu werden wünschte. Nash staunte: »Ich habe nie begriffen, warum Neil nicht dazugehören wollte«, sagte er und fügte mit kaum glaubhafter Naivität hinzu: »Es schien, als wollte er nicht mit uns *in Verbindung gebracht* werden.«

Zweifellos war Young skeptisch, was Festivals anging. Die Klangqualität war meist jämmerlich und reduzierte die Musik zu einer Rechtfertigung dafür, ein in seinen Augen weitgehend künstliches kollektives Ethos zur Schau zu stellen. Seine liebste Erinnerung an Woodstock war persönlicher Natur. Bei ihrer Ankunft mußte die Band feststellen, daß der Helikopterlandeplatz mehrere Kilometer von der Bühne entfernt lag und man keinen Fahrdienst organisiert hatte. Young entdeckte einen leeren Lieferwagen, stieg ein und fuhr damit heran, während sein Gitarristenkollege Jimi Hendrix wie eine psychedelische Kühlerfigur auf der Motorhaube hockte. Später stellte Young das Erlebnis, »mit Hendrix einen Lieferwagen zu klauen«, als »einen der Höhepunkte meines Lebens« dar.

Woodstock schadete der Band als Ganzes natürlich in keiner Weise. Im *Rolling Stones* schrieb Greil Marcus eine überschwengliche Kritik und nannte sie »eine der optisch aufregendsten Bands, die ich je gesehen habe«. »Crosby sieht inzwischen wirklich aus wie Buffalo Bill ... Stills mit seinem Pagenkopf und dem mexikanischen Umhang ... Nash wie einer dieser seit der Kindheit unterernährten englischen Jungen ... Neil Young wirkte erneut wie auf einem Foto aus Agees Buch *Preisen will ich die großen Männer*, ein Barbar aus der Wüste, mit gewaltigen Knochen, an denen kaum Fleisch hängt, seine Erscheinung bestimmt von diesen merkwürdig bohrenden Augen, die sogar noch Wärme ausstrahlen, wenn sie voller Angst sind ...« In Woodstock spielten viele Bands, doch Marcus zufolge gehörte diese spezielle Nacht CSN & Y. Ihr Auftritt war »ein unheimlich strahlender Beweis für die Erhabenheit von Musik«.

Direkt nach dem Festival spielten sie an fünf ausverkauften Abenden im Greek Theater in L. A., das bis dato kein Veranstaltungsort gewesen war, den man mit irgendeiner Art von Radikalismus in Verbindung hätte bringen können. Ein kurzer Abstecher nach England für ein Gratiskonzert im Hydepark war geplant und wurde dann plötzlich abgesagt, bevor für Ende des Monats eine Reihe von Auftritten im New Yorker Fillmore East angekündigt wurde.

Diese Konzerte und die Ereignisse um sie herum vermitteln ein umfassendes Bild von der Band in ihrer zweifelhaften Blütezeit. Bill Graham, der Chef des Fillmore, rief seine Angestellten zusammen, erzählte ihnen, daß CSN & Y die amerikanischen Beatles seien und er wolle, daß es »etwas ganz Besonderes« würde.

Das wollte die Band auch, die sich nicht zu fein war, Forderungen zu stellen. Jonathan Kaplan berichtet: »Jeder mußte jeden Abend spezielle Gerichte aus verschiedenen Ländern in die Garderobe geliefert bekommen. Und so speiste Stephen jüdisch, Graham italienisch, David chinesisch und Neil japanisch. Am nächsten Abend wollten sie alles anders. Sie aßen die Sachen sowieso nie. Aber einer wollte nur Coors haben und ein anderer ausschließlich Budweiser. Wenn nicht das richtige da war, verschwanden sie einfach.«

Nach den Vertragsbedingungen wurde ein Perserteppich auf der Bühne benötigt. Man trieb ohne weiteres einen auf und reinigte ihn zu jedermanns Zufriedenheit, doch aus irgendeinem Grund blieb er nicht ruhig liegen. »Sie ließen mich andauernd den Teppich wieder in die Mitte schieben«, erinnerte sich ein Angestellter des Fillmore später. »Ich weiß noch, wie sie sagten, ›das ist *nicht* die Mitte der Bühne‹, und ich mußte den Teppich fünf Zentimeter in diese Richtung schieben. Und dann mußte ich ihn wieder fünf Zentimeter in *jene* Richtung schieben.«

In dieser Phase gab es keine Probleme auf der Bühne, die der Gruppe hätten gefährlich werden können – mit einer gewichtigen Ausnahme. An dem Abend, als Bob Dylan vorbeikam, um sie zu sehen, fragte Stills die anderen, ob er einen Song zu Ehren des Meisters singen dürfe, und die anderen waren einverstanden. Dann sang er *drei* Songs zusätzlich. Da Stills' Solo das letzte von vieren war, konnte es ihm keiner der anderen heimzahlen. Das war vermutlich neue Nahrung für Nashs Wut, und in der Pause ging er auf Stills los. »Ich weiß noch, wie er mit einer Dose Budweiser vor mir stand. Und während wir redeten, wurde Stephen so wütend, daß er die Dose in der Hand *zerquetschte* und ihm das ganze Bier über den Arm schäumte.«

Es sah ganz danach aus, als würde die Band sich an Ort und Stelle auflösen, aber Elliot Roberts konnte sie überreden, wenigstens diesen Auftritt zu Ende zu bringen. Und nachdem sie eine Dreiviertelstunde damit zugebracht hatten, Schuljungen auf dem Spielplatz äußerst glaubwürdig zu imitieren, kehrten die vier auf die Bühne zurück und spielten das, was als ihr bester elektrisch verstärkter Set aller Zeiten gilt.

Damals konnten sie in musikalischer Hinsicht so gut wie nichts falsch machen. Nach Ende des letzten Auftritts weigerte sich das Publikum zu gehen, und Bill Graham mußte sich dazu herablassen, 100-Dollar-Scheine unter der Garderobentür durchzuschieben, um sie zurückzulocken. Young verlangte andauernd mehr, bis er fand, daß sein Bündel dick genug war, um es ins Publikum zu werfen. Nash riet ihm, sich diese Idee aus dem Kopf zu schlagen: Das hier war New York, und er würde einen Aufruhr anzetteln.

Dann brach die Tragödie über sie herein. Am 30. September kam Crosbys geliebte Lebenspartnerin Christine Hinton bei einem Autounfall ums Leben. Die Band ging zwei Wochen lang getrennte Wege, und Nash begleitete den verzweifelten Crosby hinaus auf die offene See, während Young seine Verbindung mit Crazy Horse erneuerte und ein Konzert im Santa Monica Civic Auditorium gab.

Crosby kehrte zurück, entschlossen, seinen Schmerz in der Musik zu vergraben. Die Band bekam ein ausgedehntes Engagement im Winterland in San Francisco und reiste dann auf der Carry-On-Tournee quer durch die USA. Sie spielten einen Set in Altamont, blieben aber nicht länger. Im Gegensatz zu ihren Musikerkollegen hatten CSN & Y klugerweise im selben Moment, als sie den Hubschrauber verließen, bemerkt, wieviel Gewalt dort in der Luft lag. Sie spielten und machten sich dann buchstäblich aus dem Staub.

Was war so wichtig an dieser Band? Warum konnte man sie in einem Atemzug mit den Beatles nennen? Teilweise war das sicher Wunschdenken. Amerika brauchte seine eigenen Beatles, eine Band, die eine amerikanisch geprägte Welt und eine amerikanisch geprägte Jugendkultur widerspiegeln konnte. Zwei Amerikaner, ein Engländer und ein Kanadier waren dafür einfach die ideale Mischung. Den Baß spielte sogar ein Afro-Amerikaner.

Und in einem anderen ausschlaggebenden Punkt repräsentierten CSN & Y tatsächlich mehr als nur Musik. Die Auflösung der Beatles hatte die Auflösung der Gegenkultur und ihrer Hoffnungen reflektiert, aber ein kurzes Jahr lang schafften es CSN & Y, den Anschein wiederherzustellen und Hoffnungen auszudrücken, die, obwohl vergebens, doch sehr real waren. Es spielte keine Rolle, daß der Blick getrübt, vereinfacht, ja geradezu naiv war. Es war immer noch eine der vernünftigsten möglichen Reaktionen auf einen bösartigen Krieg, angezettelt von einem bösartigen System, einer von Rassismus und Gier gespaltenen Gesellschaft.

CSN & Y verfügten über genug musikalische Substanz, um als Ersatz-Beatles dienen zu können – eine damals einzigartige Gewandtheit sowohl im akustischen als auch im elektrischen Bereich. Sie vereinten den Kitzel einer neuen Band mit der Tradition aus dem Besten der Rockgeschichte: kalifornischem Folk-Rock und englischem Beat. Auf der Bühne stellten sie unverwechselbare Charaktere dar. Sogar ihre Liebesgeschichten ähnelten einer gutgemachten Seifenoper – obwohl sich manchmal alles nur darum drehte, wer mit Joni Mitchell schlief.

Und sie hatten einen Wunschtraum, der sich allerdings auf dem schmalen Grat zwischen dem Einfachen und dem Einfältigen bewegte. Im Grunde war alles nur eine Frage der Aufrichtigkeit, sowohl in der Politik als auch in persönlichen Beziehungen. Im letzteren Fall ging es lediglich darum, seine eigenen Gefühle wahrzunehmen und zu lernen, sie in der jeweils geeigneten Weise auszudrücken. Im ersteren war es wichtig, Klartext zu reden: gegen den Krieg, gegen Rassismus, gegen die Ignoranz und die Gier, die ein solches Verhalten nicht nur möglich, sondern notwendig machten. Die herrschenden Mächte waren nicht die einzigen Angriffsziele. Alle mußten auch ihr eigenes Gewissen erforschen. Wenn die Transparente nichts anderes zu bieten hatten als ein »Hoch auf unsere Seite«, so war es Zeit umzudenken.

Young war ein unabdingbarer Bestandteil der Gruppe, weil er stärker als die anderen die Zweifel widerspiegelte. Ohne den von ihm beigesteuerten Ballast wäre die Band bald am Rande ideologischer Hohlheit getaumelt. Young rundete alles ab: *Helpless* machte *Carry On* akzeptabel. Er ermöglichte ihnen zumindest ansatzweise, die Gesellschaft, so wie sie damals war, zu reflektieren; noch immer voller gerechter Wut und Hoffnung, aber inzwischen mit der zusätzlichen Bürde von Zweifel und Resignation beladen.

Auf der Bühne waren sie auf jeden Fall magisch. Ich habe sie Anfang 1970 in der Albert Hall erlebt und empfand sie als die beste Band, die ich je gesehen hatte. Die Musik an sich – insbesondere der elektrisch verstärkte Set – war gar nicht so phantastisch. Schließlich wurde das Live-Album *Four Way Street* aus ihren wohl besten Darbietungen zusammengestellt, und auch die grenzten manchmal an Schlamperei. Es machte nichts aus. Crosby und Nash bezogen mit ihrem versteinerten Lächeln jeden mit ein; Stills' manische Energie und Youngs grüblerische Intensität lieferten das Gegengewicht. Es war mehr als Musik. Ein häufig zitiertes Klischee lautete, daß diese Band überall, wo sie hinkam, ein Mini-Woodstock erzeugte, doch diese Einschätzung wurde ihnen nicht ganz gerecht. Wo sie auch hinkamen, schufen sie in einer Welt, die der Vereinzelung immer stärker Vorschub leistete, ein Gemeinschaftsgefühl; weckten in einer Welt, wo Eigeninteressen mehr und mehr zum Maßstab der Moral wurden, den Wunsch zu teilen; und vermittelten in einer Welt, die auf dem schnellsten Weg in die Hölle zu rasen schien, das Gefühl, nicht allein zu sein – und all das war eine ganze Menge wert.

Gemeinschaft und Aufrichtigkeit: Sie mußten sich an ihren eigenen Ansprüchen messen lassen. Zu hohe Ansprüche eigentlich für jede Gruppe von Männern, die die Jugend noch nicht lange hinter sich gelassen haben, und erst recht für *dieses* Quartett. Dazu kam der stets eingebaute Widerspruch: Leute, die reich und berühmt werden, indem sie Gemeinschaft propagieren, sind schon bald weit entfernt von der Gemeinschaft, für die sie zu sprechen glauben. Die Verquickung wird unaufrichtig.

Mitte September mußte die Band zwischen einem lukrativen, verkaufsfördernden Auftritt in der Fernsehsendung *Hollywood Palace* und einem Gratiskonzert vor einem relativ kleinen Publikum auf dem Folk-Festival von Big Sur wählen. In Übereinstimmung mit dem Zeitgeist und um auch das in ihren Augen Richtige zu tun, entschieden sie sich für letzteres.

So weit, so politisch korrekt.

Als Bühnengarderobe wählten Crosby, Stills und Nash die wuchtigen Fuchspelzmäntel, die sie für das Aufklappfoto ihres Albums getragen hatten. Sie waren warm und sahen gut und teuer aus. An letzterem nahm ein Zuschauer Anstoß, der bereits genug getrunken hatte, um seine Meinung lautstark kundzutun. Wie konnten sie solch protzigen Reichtum zur Schau tragen – diese Mäntel und die herrlichen Gitarren – und es immer noch wagen zu glauben, sie sprächen für das einfache Volk?

Es war eine gute Frage, und Stills' Antwort von der Bühne sagt wesentlich mehr über die ausgehenden sechziger Jahre, als der Film *Woodstock* je ausdrücken konnte. »Wie der Typ sagte«, begann er verständnisvoll, »schauen wir uns diese Pelzmäntel, die tollen Gitarren und die tollen Autos an und sagen uns: ›He, Mann, was mach ich eigentlich?‹, wißt ihr, und wenn dann jemand aufsteht und so ausrastet, trifft einen das schon und man hockt wieder in der gleichen alten Falle, und der Typ sitzt mit in derselben Falle, nämlich daß man über etwas *wütend* wird. Und das bringt's nicht, versteht ihr, mich haben einige Leute da rausgeliebt, und ich hab Glück gehabt. Wir müssen das einfach alles sein lassen. Weil alles so sein wird, wie es eben wird.«

Nicht wütend werden? Das von einem Mann, der seine Solo-Parts bei den Konzerten von CSN & Y mit einem musikalischen Gedicht namens *America's Children* zu beenden pflegte, das voll von gerechter Empörung steckte, der das zornige *Word Game* über Südafrika geschrieben hatte, der bereitwillig an Stücken wie *Almost Cut My Hair* und *Ohio* mitarbeitete, zwei der zornigsten Songs der Epoche? Warum war es in Ordnung, darin wütend zu sein, aber nicht über ein paar Rock-Stars, die mit ihrem Reichtum protzten?

Das ist natürlich hart gegenüber Stills. Wie sonst hätte er auf die Anschuldigung reagieren sollen? Indem er einen Eid schwor, seinen Wohlstand nie wieder öffentlich zur Schau zu stellen? Oder indem er alles verschenkte? Keiner von den Jungs war ein Heiliger, doch scheinen sie härter darum gerungen zu haben als die meisten. Wenn sie miteinander stritten, führten sie die Songtexte des anderen an und warfen einander vor, dem, was sie predigten, nicht gerecht zu werden. Aber die Widersprüche im Kern ihrer Position als Stars waren unlösbar.

Sex war kein einfacheres Thema als Geld. Jeder der vier hatte – nicht zuletzt durch die eigenen Songtexte – in der Öffentlichkeit wohlbekannte Liebesgeschichten. Wie konnte einer von ihnen oder sie alle das mit Jonathan Kaplans Erinnerung an einen Besuch von CSN & Y im Fillmore in Einklang bringen? »Ich werde keine Namen nennen, aber zu einer Zeit, als ich und die meisten anderen Menschen ganz genau wußten, in welche Stellung Frauen in einer von Männern beherrschten Gesellschaft gedrängt wurden, stand Rock 'n' Roll, was den Umgang mit Frauen anging, vielleicht noch eine Stufe unter Fußball.«

Wer hätte gedacht, daß es noch eine Stufe unter Fußball gibt?

* * *

Die Aufnahmen für das erste Album der Band, *Déjà Vu*, begannen im Oktober, setzten sich bis in den November sporadisch fort und wurden im Januar 1970 weitergeführt. Alles in allem wurden für seine Produktion achthundert Stunden im Studio aufgewendet.

Vor allem die ersten Sessions waren traurige Begegnungen. Crosby litt entsetzlich unter dem Verlust Christines, Nash stand kurz vor der Trennung von Joni Mitchell, Stills trauerte immer noch Judy Collins nach, und Youngs Ehe mit Susan war dem Zerfall nahe. Außerdem schienen die vier auch nicht besonders gut miteinander auszukommen. Der Tontechniker Bill Halverson bemerkte, daß sie kaum je alle gemeinsam im Studio waren und »im Gegensatz zum ersten CSN-Album keine angenehme Atmosphäre herrschte«.

Young zeigte sich am wenigsten kooperativ und schien in Halversons Augen »überhaupt nicht zur Gruppe zu gehören«. Von den sieben Songs hatte er keinen einzigen verfaßt und spielte nur auf zweien mit: *Almost Cut My Hair* und *Woodstock*. Deshalb trat er begreiflicherweise dafür ein, den Aufnahmeprozeß so spontan wie möglich zu gestalten, was sich auf *Almost Cut My Hair* auch durchsetzte und Crosbys grandios überhöhten Song zum aufregendsten Stück des Albums machte.

Was *Woodstock* angeht, so behauptet Young, daß Stills' ursprünglicher Live-Gesang im Studio herrlich ausdrucksvoll kam, aber die anderen darauf bestanden hätten, diesen Part durch eine »perfektere« sterilere Version zu ersetzen. »Das war ziemlich typisch für die ganze Geschichte«, sagte er Jahre danach. »Bei den meisten Sachen waren sie dermaßen darauf erpicht, sie perfekt hinzukriegen, daß sie im Grunde besser waren, bevor sie anfingen, daran herumzudoktern.« Rückblickend räumte sogar Stills ein, daß Young »recht haben könnte«.

Everybody I Love You, der Song, den Young gemeinsam mit Stills verfaßt hatte – eigentlich waren es eher zwei aneinander gehängte Songs als eine echte Gemeinschaftsproduktion –, klingt, als sei er schichtweise aufgenommen worden, aber auf den Stücken, für die er allein verantwortlich war – *Helpless* und *Country Girl* – konnte Young durchsetzen, daß sie praktisch live aufgezeichnet wurden und lediglich der Harmoniegesang später hinzugefügt wurde.

Dies waren nicht die beiden einzigen Songs von Young, die für *Déjà Vu* in die engere Wahl kamen. Das nichtssagende *Sea of Madness*, das auch auf dem Woodstock-Album zu hören ist, wurde wie die vielversprechenderen Balladen *Everybody's Alone* und *Birds* und vermutlich *Wonderin'* erneut im Studio probiert. Eine CSN & Y-Version von *Wonderin'* wäre schön gewesen, aber Young plante, den Song in sein nächstes Solo-Album aufzunehmen.

* * *

Der *Rolling Stone* erwies *Déjà Vu* die Ehre zweier Besprechungen, eine in traditioneller Form, die andere als allegorische Erzählung von J. R. Young. In letzterer fühlt sich ein Häuflein fröhlicher Hippies aus der Gegenkultur vom Warten auf das lange versprochene Album gestreßt. In ihre Drogenträume platzt ein Fremder. Er ist aus härterem, revolutionärerem Holz geschnitzt und überschüttet ihre radikalen Ambitionen mit Spott. Musik und Drogen sind nicht die richtigen Mittel, um das System zu stürzen, sagt er: »Auch *Déjà Vu* ist nicht die Antwort – es ist das Problem.« Das frohe Häuflein läßt sich überzeugen und beschließt, das Plattengeschäft am Ort in die Luft zu sprengen. Als sie von ihrer erfolgreichen Mission zurückkehren, finden sie den Fremden total zugedröhnt vor, selig dem neu veröffentlichten *Déjà Vu* lauschend. »Aber, aber, aber...«, stottern sie. »Ich weiß, ich weiß«, säuselt der Fremde, »aber es klingt *so gut*.«

84

Das sagt alles über das Album. Schon in der Mitte des ersten Songs *Carry On*, als Crosby, Stills und Nash in perfekter Harmonie abheben und »love is coming, love is coming to us all« singen, glaubt man ihnen bereits.

Der Inhalt steht auf einem anderen Blatt. Vier der zehn Songs – *Carry On, Teach Your Children, Déjà Vu* und *Our House* – sind im Grunde CS & N-Titel, und auf keinem von ihnen reicht der Text über den Hippie-Kindergarten hinaus. In ihrer idealistischen Selbstgefälligkeit hebt sich Stills' akustisches Solo 4 + 20 fast allzusehr ab. Der herrlich untertriebene Verzweiflungsseufzer übersteht sogar die Plazierung hinter dem scheußlichen *Our House*.

Die anderen fünf Songs sind echte Gruppenproduktionen. *Woodstock* hätte durch Stills' rauheren Gesang vielleicht gewonnen, aber das ist zweifelhaft. Die vorliegende Fassung läuft ständig Gefahr, hinter Joni Mitchells nicht gerade interessanter Melodie zurückzubleiben. Vielleicht liegt es auch an der überzogenen Hoffnung im Text – Bomber werden zu Schmetterlingen! Dieser Song zeigt Crosby, Stills und Nash von ihrer sterilsten Seite. Er ist perfekt *gemacht*.

Everybody I Love You schlägt in dieselbe Kerbe, hat aber nicht den rettenden Beistand eines richtigen Texts. Dagegen zeigt *Almost Cut My Hair* die Band in Bestform. Viele hielten den Text für seicht, aber »die Freak-Flagge flattern« zu lassen war damals durchaus eine Art von Erklärung, die in manchen Gegenden nicht ganz ungefährlich war. Wie *Long Time Gone* war dieser Song angeblich von der Ermordung Robert Kennedys inspiriert, und der zentrale Satz »I feel like I owe it to someone« referiert auf die innerhalb der Gegenkultur verbreitete Kampfbereitschaft, während die sechziger Jahre in einem Chaos von Mord und Verrat endeten. Aber schließlich ist es die Musik, die den Song ausmacht, insbesondere der instrumentale Teil, in dem Stills und Young mit treibenden Läufen auf ihren Leadgitarren einen Berg erklimmen und Crosbys jubelnder Jauchzer das Ganze abrundet. Diese dreißig Sekunden fangen den härteren Live-Sound der Band besser ein als alles auf dem später erschienenen *Four Way Street*.

Die zwei Stücke von Young sind ganz anders. Bei den Aufnahmen zu *Country Girl* schnappte jemand auf, wie er zu Greg Reeves sagte, daß »wir mit einem Gespür für Einfachheit hinhören müssen. Überleg dir, wie wir es größer machen können, indem wir es vereinfachen.« Leider gelang es ihm lediglich, den Song größer zu machen, und das

Endprodukt fällt zwischen zwei Stühle: vollgepackt wie eine Phil-Spector-Platte, aber – abgesehen von dem einen Moment, in dem Nashs Stimme in Richtung Mars entschwebt – ohne die dazugehörige Erhabenheit. Youngs damalige Solo-Interpretationen des Songs besaßen eine schlichte Kraft, die dieser Version fehlt.

Helpless könnte allerdings kaum besser interpretiert werden. Als einer von Youngs wichtigsten Songs profitiert er ungemein von den durch Crosby inspirierten »Ooohs« und dem bluesigen Klavierspiel von Stills. Der Text blickt zurück auf Omemee und die Kindheit, auf eine Vergangenheit, die nie wieder erlebt werden kann, auf die Verwobenheit von Landschaft und Unschuld, die im Zentrum von Youngs Sicht seiner selbst und der Welt zu stehen scheint. »All my changes were there«, doch »the chains are tied across the door«, und es kann keine Rückkehr zu seinen Ursprüngen geben, keine Auflösung dessen, wer er ist und immer sein wird.

Ein solcher Fatalismus war fast ein Schlag ins Gesicht gegen alles, wofür Crosby, Stills and Nash standen, und es ist nicht erstaunlich, daß viele Stills' späteren Song *We Are Not Helpless* als Entgegnung begriffen. Die Welt von *Helpless* ist eine Welt, die sich – wenn überhaupt – langsam wandelt, eine Welt, in der die Menschen höheren Gewalten ausgeliefert sind. Wie ein Bettler in der Kirche des Reichen enthüllte das Stück die Anmaßung der Umstehenden. In seinem Licht erschienen die politischen Ansprüche des Albums seicht und kurzlebig.

Déjà Vu mag als ein musikalisches Manifest für die neue Epoche begrüßt worden sein, aber die beiden einzigen Momente ungeschminkten Gefühls auf dem Album sind *4 + 20* von Stills und *Helpless* von Young, beides zutiefst persönliche Songs, die sich mehr mit den Gefängnissen im Inneren als mit denen draußen befassen.

Als das Album Ende Januar 1970 endlich fertig war, schlugen die Bandmitglieder eigene Wege ein. Stills ging zurück nach England, Crosby und Nash fuhren wieder aufs Meer hinaus, und Young ging erneut auf Tournee, diesmal mit Crazy Horse. Die Tour war ein Erfolg, zweifellos auch deshalb, weil Young durch die Zusammenarbeit mit CSN & Y an Bekanntheit gewonnen hatte. Zu dieser Zeit, einen Monat vor der Veröffentlichung, waren bereits über zwei Millionen Vorbestellungen für *Déjà Vu* eingegangen.

Young und Crazy Horse spielten vorrangig Stücke von *Everybody Knows This Is Nowhere* und reicherten den Set mit ein paar neuen Songs an, zum Beispiel *Wonderin'* und *Winterlong*. Der Auftritt im Fillmore East am 6. März, der auf zahlreichen Raubpressungen dokumentiert ist, zeigte Young und Whitten in phänomenaler Form. Diese faszinierenden Darbietungen unterscheiden sich deutlich von jenen auf *Four Way Street* von CSN & Y, das nur drei Monate später aufgenommen wurde. Young und Crazy Horse scheinen mit aller Kraft am Werk zu sein und erzeugen als Band Spannung und Dramatik, während man bei CSN & Y den Eindruck hat, daß sie sich ihrem Talent und ihrem Engagement zum Trotz darauf zurückgezogen haben, den Leuten zu geben, was sie erwarten.

Young wurde in dieser Zeit mehrmals interviewt, und das daraus ableitbare Bild seiner seelischen Verfassung ist – für Youngs Verhältnisse – ziemlich klar. Als er Anfang März mit Elliot Blinder vom *Rolling Stone* sprach, dachte er bereits über die Grenzen seiner Zeit und seiner Energie nach. Nachdem er nun den größten Teil zweier Tourneen hinter sich hatte und eine dritte bevorstand, fragte er sich, wie lange er das noch verkraften konnte. Das gleiche galt für Plattenaufnahmen. Ein Album war in Arbeit, aber wer wußte schon, wann es ein weiteres geben würde, »irgendeines, mit irgend jemandem«? Er erwog, eventuell »eine Weile Pause zu machen...«

Daß er in zwei Bands spielte, hätte seine musikalischen Probleme lösen können, doch es schonte seinen Seelenzustand nicht gerade. Es war, »als lebte man zwei verschiedene Leben«, sagte er. »Die Leute, die mich sehen und dann herkommen und wegen Crosby, Stills and Nash mit mir reden wollen, sind seltsam im Vergleich mit denen, die ich über Crazy Horse kenne, und dann sind da noch meine Bekannten, die mit beidem nichts zu tun haben, die auf einem ganz anderen Trip sind, und wenn der Tag erst einmal gelaufen ist, bin ich restlos durchgedreht.«

Der Erfolg mit CSN & Y hatte ihm nicht geholfen. Alles schien so extrem – der Applaus, die Reaktionen und die damit verbundenen Geldsummen. Es war »schwer, damit klarzukommen, nach dem, was ich zuvor gemacht habe«.

Unterwegs gab es nur wenig Privatsphäre und zu Hause auch nicht mehr viel mehr, seit der Ruhm aus einem Haus eine kleine Touristenattraktion gemacht hatte. In den letzten Monaten des Jahres 1969 hatten er und Susan ein neues Hobby entdeckt: Sie drehten mit einer neu gekauften Beaulieux Super-8-Filme. Einerseits diente dieses neue Interesse als Ausgleich zu den Belastungen der Musik und verschaffte den beiden eine gemeinsame Beschäftigung, doch zugleich war es Ausdruck für Youngs künstlerischen Ehrgeiz. Zur Zeit zeigten sie ihre Werke noch im Gemeindehaus von Topanga Canyon, aber später...

Youngs intellektuelle Interessen in dieser Phase lassen sich schwer feststellen. Er war in Häusern voller Bücher aufgewachsen – sein Vater war Schriftsteller, seine Mutter Mitglied einer Quiz-Rate-runde –, doch die letzten fünf Jahren hatte er in kalifornischen Musi-kerkreisen verbracht, und er scheint deren selektiven Umgang mit Kultur übernommen zu haben. Als er in New York von Robert Greenfield interviewt wurde, las er Schlagzeilen aus dem *National Enquirer* vor: »DROGENSUCHT BEDROHT DIESEN SOMMER AUCH IHRE KINDER« ... »GIFTPLANET – ERDE HAT NUR NOCH ZEHN JAHRE ZU LEBEN« ... »BESUCHER VON ANDE-REN PLANETEN WAREN IN PRÄHISTORISCHEN ZEITEN HIER«. Das sei spannender als die *Village Voice*, sagte er – »womit ich nichts gegen die *Voice* gesagt haben will«. Young war sich be-wußt, daß seine Fans es lieber sähen, wenn er die progressive *Voice* interessanter fände, aber das tat er nicht. Die Geheimnisse von Stone-henge, Statuen in Peru, ein Wandgemälde von einer Rakete in einer ägyptischen Pyramide – all das war wesentlich faszinierender. »Du kannst darüber nicht nachdenken... du kannst es nicht...«, sagte er und lächelte staunend.

Der Bericht von seiner Unterhaltung mit einem Mitglied von RAW (Right-A-Wrong) ist noch bezeichnender. Der Aktivist war während eines Interviews in Youngs Garderobe aufgetaucht, um die Unter-stützung des Rock-Stars für eine Kampagne zur Legalisierung von Marihuana zu gewinnen, aber das Gespräch drehte sich schon bald um Umweltschutz und -verschmutzung, wobei Young die optimisti-sche Meinung vertrat, weitere fünf Jahre Druck durch die Öffentlich-keit würden ausreichen, um einen Wandel im Verhalten von Wirt-schaft und Regierung zu erzwingen. Dem Mann von RAW erschien diese Einschätzung pessimistisch, aber Young belehrte ihn: »Man kann diese großen Firmen nicht einfach dazu bringen, daß sie schlie-ßen und alles anders machen, deshalb...«

»Innerhalb von vier oder fünf Jahren«, unterbrach ihn der Aktivist vehement, »könnte es eine ganz brutale Revolution geben, Mann, die jedes Rad zum Stillstand bringt!«

»Ist mir schon klar«, sagte Young. »Allerdings hoffe ich das nicht, denn wenn das passiert, bin ich in Big Sur [lacht]... bin ich mit meinen Gewehren in Big Sur.«

Es wäre amüsant, seinen Gesichtsausdruck zu sehen, als er das sagte. Eine Mischung aus Ernst, Ärger und Spaß an boshaften Scherzen vielleicht. Nachdem er zweifelsohne die hochgezogenen Augenbrauen des Aktivisten wie auch des Interviewers bemerkt hatte – er war ein Star, also würden sie höflich bleiben –, fuhr Young fort: »Ja, ich besorge mir eine große Kanone, wenn sie eine Revolution machen. Dann setze ich mich mit meinen dicken Einnahmen aufs Dach meines Studios und, äh, denke über meine Zukunft nach...«

An diesem Punkt legte der Interviewer eine bedeutungsschwangere Pause ein, bevor er das Gespräch wieder auf Musik brachte.

Es war eine aufschlußreiche Unterhaltung. Young äußerte sich nicht halb im Scherz, halb im Ernst, er verpackte den Ernst in eine witzige Form. Das Wort »sie« in »Wenn sie eine Revolution machen« war bewußt gewählt. Young war in seiner Garderobe ein Star egal, wie absurd die Welt regiert wurde – und er wußte, daß sie von Schurken und Idioten beherrscht war –, er würde unter keinen Umständen vorgeben, ein Revolutionär zu sein.

Zwischen den Tourneen und einzelnen Auftritten verfaßte Young ein neues Solo-Album und nahm im Geiste bereits die Arrangements vor. Seine Erklärung, die Platten, die er mit Crazy Horse machte, sollten von Dauer sein und wären Kunst, die er durch die mehr auf Unterhaltung angelegte Musik von CSN & Y finanzierte, hatte sowohl bei anderen wie auch bei sich selbst Erwartungen geweckt. Nachdem er die New-Age-Philosophie bezüglich Liebe und Politik von CSN & Y drei Monate lang miterlebt hatte, beschloß er, ein Album zu produzieren, das musikalisch da lag, wo der Pop zu Country überging.

Unter den Songs, die offenbar zur Wahl standen, waren Youngs Eigenkompositionen *All The Things I Gotta Do Girl, I Believe In You, Winterlong* und ein beliebtes traditionelles Stück, das er auf der High School gelernt hatte: *It Might Have Been*. Die beiden letzteren hatte er auch auf der Wintertournee mit Crazy Horse im elektrischen Teil gespielt.

Dazu kamen neun weitere Songs, deren Titel später scheinbar grundlos auf dem Textblatt zu *After The Goldrush* aufgelistet waren. *Birds* und Don Gibsons düsterer Klassiker *Oh Lonesome Me* erschienen auf *Goldrush*, während *Sea of Madness* bereits auf *Woodstock* enthalten war. *Sugar Mountain* tauchte auf unzähligen Singles als B-Seite auf, und man konnte ihm in manchen Phasen von Youngs Karriere kaum entgehen. *Wonderin'* sollte mehr als zehn Jahre später auf *Everybody's Rockin'* erscheinen, seiner sehnsuchtsvollen Schönheit jedoch zum größten Teil beraubt.

Dance, Dance, Dance und *Everybody's Alone* wurden beide zu Klassikern der Schwarzpressung. Ersteres war ein überarbeitetes traditionelles Stück, dem späteren *Love Is A Rose* ziemlich ähnlich, letzteres eine melancholische Ballade mit einer ansprechenden Melodie, die nach Freiheit verlangte, sich nach Bindungen sehnte und ein nahezu verzweifeltes Bewußtsein des eigenen Außenseitertums ausdrückte. Rogan zufolge gehörte sowohl *Big Waves* als auch *I Need Your Love To Get By* zum Repertoire der Tournee von 1970 (vermutlich mit Crazy Horse), aber falls dem so war, scheint wohl gerade niemand mit einem Kassettenrecorder in der Nähe gewesen zu sein.

Möglicherweise war die spätere Liste dieser neun Songs auf dem Textblatt von *Goldrush* als Hinweis darauf gedacht, wie das Album ursprünglich konzipiert war. Wenn dies zutrifft, so war es nur von Vorteil, daß er davon abwich, denn die meisten der Songs, die er dann aufnahm, waren wesentlich stärker.

Die Songs auszuwählen war erst der Anfang. Ihre Interpretation war der nächste Schritt, und in dieser Frage war Young anscheinend entweder durch Unsicherheit oder widersprüchliche Wünsche belastet. Einerseits sagte er, er wolle »Platten von der Qualität produzieren, wie man sie in den späten fünfziger und den sechziger Jahren gemacht hatte, wie Platten von den Everly Brothers oder Roy Orbison... Die wurden in einem Durchgang gemacht.« Diese Platten waren vor allem in Nashville aufgenommen worden, doch der Ort spielte keine Rolle: Sie klangen aufgrund der Spontaneität so gut, weil alle zugleich spielten.

Es war offenkundig, worauf er hinauswollte. Die Platten derer, die er erwähnt hatte, und die von anderen wie Ricky Nelson und des jungen Elvis waren schlicht, klar und offen. Sie besaßen sogar emotionale Direktheit, obwohl die besagten Künstler oft Texte interpretierten, die andere geschrieben hatten. Wenn er diese Schlichtheit und Direktheit seinen persönlichen, tiefgründigen Texten einhauchen könnte, muß Young gedacht haben, wäre er auf dem richtigen Weg.

Doch fühlte er sich auch in eine andere Richtung gezogen. Jack Nitzche hatte Young 1967 dabei geholfen, *Expecting To Fly* und 1968 *The Old Laughing Lady* zu arrangieren. Wie die Everlys oder Orbison war er ein Meister des Pop, doch sämtliche Ähnlichkeiten zwischen ihnen beschränkten sich auf die Betonung einer einfachen Melodie. *'Til I Kissed You* von den Everlys verhielt sich zu dem von Nitzche arrangierten *Da Doo Ron Ron* von den Crystals wie Wasser zu Schlamm. Das eine war voller Licht und Weite und klang, als hätte man es mit einem einzigen Versuch live eingespielt, während das andere mit aufeinandergehäuften Klavieren protzte und mehr produziert als interpretiert klang.

Young fühlte sich mehr zu Licht und Weite hingezogen, aber nicht ausschließlich. Im Frühling 1970 machten er und Crazy Horse eine Aufnahme von *Winterlong*, die Nitzche arrangierte. »Wenn man genau hinhört«, erklärte Young einem Interviewer, »kann man echt die Crystals hören.«

Am 4. Mai 1970 organisierten etwa 500 Studenten an der Kent State University in Ohio eine Protestveranstaltung gegen die anhaltende Einmischung der US-Streitkräfte in Vietnam und Kambodscha. Die National Guard wurde alarmiert, Steine flogen, die Soldaten eröffneten das Feuer, töteten vier Menschen und verletzten zahlreiche weitere.

Young und Crosby hielten sich während dieser Ereignisse in Pescadero auf, einer kleinen kalifornischen Stadt an der Küste, nicht weit von Youngs Ranch. Wie Crosby berichtet, sah er Young auf das berühmte Zeitungsfoto starren, auf dem ein Student fassungslos neben der Leiche eines anderen kniet, reichte ihm seine Gitarre und sah ihm zu, wie er den Song schrieb. Er trommelte den Rest der Band zusammen und bat sie, für denselben Abend ein Studio zu mieten. »Ich schaffte Neil zum Flughafen«, erzählt Crosby weiter, als hätte die Mühe, den Song zu schreiben, Young zum Invaliden gemacht. »Wir stiegen ins Flugzeug und flogen runter.«

Sie nahmen *Ohio* zusammen mit *Find The Coast Of Freedom* auf, einem schwachen Stück, das Stills erfolglos für den Film *Easy Rider* eingereicht hatte, und gaben die Bänder Ahmet Ertegün, der noch in derselben Nacht mit ihnen zum Hauptsitz von Atlantic Records nach New York flog. Fast einmalig in der Geschichte des Rock kam eine Protestplatte innerhalb von zehn Tagen nach dem Ereignis, das sie anprangerte, heraus. Und Crosby zufolge »zeigte sie mit dem Finger genau in die Richtung der Schuld: auf Nixon und die Kriegstreiber. In diesem Moment hatten wir Macht. Damals beeinflußten wir die Welt.«

Wirklich? Hatte *Ohio* tatsächlich dauerhaften Einfluß? Viele Radiostationen weigerten sich, den Song zu spielen, und Vizepräsident Agnew ließ sich von der Platte zu der Äußerung hinreißen, Rockmusik sei antiamerikanisch, aber man konnte sie trotzdem in jedem Plattengeschäft kaufen – und wen interessierte schon, was Spiro Agnew von irgend etwas hielt?

In mancher Hinsicht brachte *Ohio* die Impotenz des Rock besser zum Ausdruck als jede andere Platte davor oder danach. Das Stück zielte in der Tat in die richtige Richtung, indem es den amerikanischen Präsidenten einen Mörder nannte. In den drei ausgesprochen prägnanten, vielsagenden Zeilen »What if you knew her / And found her dead on the ground / How can you run when you know?« stellte Young *die* Frage, nicht nur bezüglich der Ereignisse in Kent State oder bezüglich Indochinas, sondern auch bezüglich der Politik des Westens insgesamt. Es ist genau die Frage, die jedem aus dieser Generation, der sowohl ein Gewissen als auch eine Ahnung davon hat, wie diese Welt wirklich regiert wird, nachging und noch heute nachgeht.

Musik und Interpretation passen hervorragend zum Text. Der Baß grollt vor Zorn, Gesang und Gitarren jaulen leidenschaftlich; allein der Schluß, wenn Crosby schreit »How many? How many more?«, und Youngs Leadgesang sich wie eine Sonne über dem Schlachtfeld erhebt, war schon den Preis wert.

Es war die beste Platte von CSN & Y. Sie sagte alles, was es zu sagen gab, und sie sagte es voller Kraft.

Und vielleicht dachten ein paar Amerikaner einmal genauer über das Leben, die Freiheit und das Streben nach Glück auf Kosten anderer Menschen nach. Doch der Mörder Nixon blieb im Amt und sollte sogar zwei Jahre später wiedergewählt werden. In der Zwischenzeit wurden amerikanische Bodentruppen abgezogen, und der aktive Widerstand gegen den Krieg schwand dahin.

CSN & Y gingen wieder auf Tournee und gaben ihr erstes Konzert am 29. Mai in Boston. Die Risse wurden bereits breiter, wie man der Anwesenheit eines neuen Bassisten entnehmen konnte. Greg Reeves war im April gefeuert worden, weil er Forderungen stellte, die ihm nicht zustanden – etwa Platz für seine eigenen Kompositionen im Repertoire –, und Calvin »Fuzzy« Samuels war an seine Stelle getreten.

Dieses Mal gab es offenbar kein Halten mehr. Die Kameradschaft, durch die das Kleeblatt ursprünglich verbunden war, hatte sich in der Hitze des Erfolgs in Luft aufgelöst, und alle Beteiligten gaben dem Hang, sich in Szene zu setzen, nach. Ob Stills versuchte, alles aufrechtzuerhalten, indem er die Kontrolle übernahm, oder einfach Ärger heraufbeschwor, weil er zu dominant war, ist schwer zu sagen. Wie die Henne und das Ei schienen Stills und Verdruß damals untrennbar verschmolzen. Während er der Meinung war, daß er »nur versuchte, sich professionell zu verhalten«, erlebte Nash ihn als »monströse Herrschergewalt«.

Stills war keineswegs der einzig Schuldige. Das selige Lächeln, mit dem Crosby und Nash ihr Publikum beglückten, entsprang nicht nur ihren sonnigen Gemütern: Mitunter schienen die beiden allein die gesamte Drogenindustrie zu ernähren.

Im Gegensatz zur ersten Tournee nahmen die vier die Probleme der Band diesmal häufig mit auf die Bühne. Wie immer war der elektrisch verstärkte Set problematischer, zum Teil sicher deshalb, weil er mehr Möglichkeiten bot, Macho-Posen einzunehmen und die anderen mit dem Lautstärkerregler wegzupusten.

Stills gab Young die Schuld: »*Southern Man* war von den Genrebildern das beste und eigentlich das einzig verläßliche. Es war langsam, und man hatte genug Freiraum für Patzer ... doch die traurige Wahrheit war, daß es Neils Stück war, und deshalb paßte er besser auf. In Stücken von mir oder von David oder Graham bekamen wir nie ein derartig gutes Zusammenspiel zustande.«

Viele der Leute im Umfeld der Band – Manager, Roadies, Freunde – benahmen sich ebenso pubertär wie die Hauptpersonen. Sie brüllten wie Baseball-Trainer aus den Kulissen, spornten ihre jeweiligen Lieblinge an und lauerten wie Zuschauer beim Autorennen auf die Zusammenstöße. Es funktionierte. Stills und Young gingen mehr und mehr dazu über, den Gesang des anderen mit ihren elektrischen Gitarren abzuschneiden. Und, so erzählt Ron Stone, nachdem sie sich auf der Bühne musikalisch bekämpft hatten, »gingen sie in die Garderobe und versuchten, sich gegenseitig umzubringen«.

Stills war nicht Youngs einziger Gegner. Als er sich in Denver über Dallas Taylors Schlagzeugspiel aufregte, stolzierte er einfach von der Bühne. Taylor zufolge »dachte Neil, ich würde seine Songs mit Absicht ruinieren«. Er stritt den Vorwurf glaubhaft ab, doch schien sich niemand über die *Vorstellung* zu wundern, daß jemand die Songs eines anderen mit Absicht ruinierte. Taylor mußte allerdings gehen. »Ich stand vor der Tür zur Garderobe, als ich Neil sagen hörte: ›Entweder Dallas geht oder ich.‹«

Dallas ging, doch die Band lag bereits in den letzten Zügen. Nur wenig später, in Chicago, zerbrach die Formation. »Wir konnten auf einer rationalen Ebene nicht aufeinander eingehen«, versuchte Nash es später zu erklären, »und wenn wir das nicht können, können wir auch nicht zusammen spielen.« Stills sah es anders: »Bei einem erstaunlichen Treffen sah ich Neil, David, Graham, Elliot und Gott weiß wem noch dabei zu, wie sie eine Unze Gras rauchten und ein 7-Millionen-Dollar-Jahr in die Luft bliesen, und das alles angeblich, weil ich eine Show abzog... Da und dort, an diesem Tag verloren wir alle unsere Lässigkeit. Wir verloren alles.«

Kurz darauf erlebte er eine weitere Kränkung, als Nash Rita Coolidge, der Frau, in die Stills sich gerade verliebt hatte, auf den Leib rückte. Crosby verewigte die ganze böse Geschichte in dem Stück *Cowboy Movie*, und die Band – beträchtlich reicher, doch nicht nennenswert klüger – zog sich zerstritten zurück.

Für Young wurden aufgelöste Bands langsam Routine. Im Mai, in den Wochen bevor er mit CSN & Y auf Tournee gehen sollte, beeilte er sich, sein Solo-Album fertigzustellen, als Danny Whitten plötzlich, fast von einem Tag auf den anderen, heroinsüchtig wurde. »Es gab keinen Grund dafür«, sagte Billy Talbot später. »Damals fingen die Leute auf einmal an zu schießen. Er hat nie was geschnupft. Er setzte sich einfach einen Schuß Speed, am nächsten Tag ein bißchen Heroin, und schon war er ein Junkie.«

Und damit absolut unzuverlässig. Young, der zwischen Schock und

Wut schwankte, löste Crazy Horse am 24. Mai auf, als das Album halb fertig war. Dann schickte er dringende Hilferufe an Stills und Greg Reeves. Sein Vater dachte, daß »er vielleicht die ganze Band gefeuert hatte, um Whitten durch einen Schock von seinem Weg ins Verderben zurückzuholen«. Wenn dem so war, so klappte es jedenfalls nicht. Young stellte Ralph Molina wieder als Schlagzeuger ein und erledigte noch, soviel er konnte, bevor er mit CSN & Y auf Tournee ging.

Nach dieser Tournee oder auch währenddessen erinnerte er sich an einen jungen Mann, der im Vorjahr in Washington die Garderobe von Crazy Horse gestürmt und ihnen dort vorgespielt hatte. Nils Lofgren hatte sie, wie er selbst erzählt, »umgehauen. Ich fing einfach an, über meine Songs und meine Musik zu sprechen – etwa eine halbe Stunde lang. Die Energie, die ich ihnen vermittelte, war so intensiv – kein Vergleich zu dem, wie es ihnen in L. A. erging. Dann drückte mir Neil eine Gitarre in die Hand, und sie saßen einfach da und hörten zu...«

Young bat ihn, zu kommen und auf den restlichen Sessions für das Album mitzuspielen. »Klar, aber warum nicht Whitten?« fragte Lofgren. Er wollte, daß Nils Klavier spielte, nicht Gitarre, sagte Young und wich damit der Frage geschickt aus. Lofgren wandte ein, daß er nicht Klavier spielen könnte. Young wußte es besser, und nachdem sie ein paar Tage und Nächte im Haus eines Freundes geprobt hatten, stimmte Lofgren seinem neuen Mentor zu. »Er wußte, daß ich Akkordeon spielte, und der Anschlag ist für die rechte Hand derselbe, also mußte ich nur noch meiner linken Hand auf die Sprünge helfen. Er verlangte einen schlichten, einfachen Stil – und es klappte.«

Als alle versammelt waren, begannen die Musiker, in einem professionellen Studio Aufnahmen zu machen. Aber entweder war der Zeitplan nicht flexibel genug, oder etwas anderes stimmte nicht. Young lieh sich ein Mischpult, und sie kehrten alle in sein Studio im Keller zurück.

Schließlich wurden Talbot und der in Ungnade gefallene Whitten wieder herbeigebeten, um im Hintergrund zu singen und auf ein paar Stücken zu spielen. Auch Jack Nitzche gesellte sich zu ihnen, spielte aber nur auf *When You Dance I Can Really Love* mit. Er war zumindest zu dieser Zeit nicht gerade der Typ von Mann, den man sich als Leumundszeugen wünschen würde. Lofgren zufolge »betrank sich Jack ständig und redete in einem fort. Im einen Moment saß er da und plapperte ohne Ende darüber, wie sehr ihm Neils Musik gefiel, im nächsten Moment schrie und brüllte er ihn an, warf ihm Schimpfworte an den Kopf und weigerte sich zu spielen.«

Welche Songs genau Young *wann* einspielte, läßt sich nicht rekonstruieren. Das ursprünglich gedachte »zum Country übergehende Pop-Album« wurde entweder irgendwann fallengelassen oder entwickelte sich, was wahrscheinlicher ist, im Lauf der Monate zu etwas anderem. Young hat – wie der Plattenhülle zu entnehmen ist – stets behauptet, daß *After The Goldrush* auf eine Drehbuchidee seines Freundes, des Schauspielers Dean Stockwell, zurückging. Die Geschichte folgt drei Personen – einer davon ein trübsinniger Musiker – durch den Tag, an dem eine Flutwelle den Topanga Canyon verschluckt.

Wenn man sich *Goldrush* anhört, fällte es einem schwer, etwas zu finden, das in irgendeinem Zusammenhang mit dieser Geschichte stünde. *Don't Let It Bring You Down* (das, wie Young sagt, von einem Aufenthalt in London handelt) und der Titelsong sind beide ziemlich apokalyptisch, aber das ist auch schon alles. Plausibler ist die Annahme, daß mehrere Songs die Abkehr vom ursprünglichen Kontext überlebten und *After The Goldrush* entweder verschiedene Themen anspricht oder überhaupt keines.

Lofgren stellte fest, daß Young einen Kreativitätsschub hatte und die Songs »nur so aus ihm heraussprudelten«. David Briggs erinnert sich, wie Young »oben im Wohnzimmer saß und an einem Song arbeitete, dann gingen wir alle zusammen in den Keller und stellten die Bänder an, und los ging's«. Für das gesamte Album brauchten sie nur wenige Tage – eigentlich zu wenige. Obwohl es ihm gefiel, machte sich Young anfangs Sorgen, daß eine Platte, die so schnell produziert worden war, nicht besonders gut sein konnte. »Er war sich nicht sicher, ob genug darin steckte«, sagte Lofgren.

Mit der Zeit zeigte sich, daß er sich irrte – zumindest was die Leute anging, die Platten kauften.

After The Goldrush war ohne Zweifel Youngs Eintrittskarte zum großen Durchbruch, doch warum das Album dermaßen gut ankam, bleibt eine offene Frage. War es so gefragt, weil es seiner Zeit einen emotional befriedigenden Spiegel vorhielt? Und wenn ja, wie gut hat es sich gehalten?

Buffalo Springfield. Von links nach rechts: Richie Furay, Dewey Martin, Bruce Palmer, Stephen Stills, Neil Young.

Zumindest dem Namen nach eine Band: Young, Crosby, Stills, Taylor und Nash.

Blick in die Dunkelheit. CSN & Y in Woodstock, August 1969.

Tonight's The Night, 1973.

Unterwegs mit CSN & Y, 1974.

Am Strand von Zuma, 1975. Von links nach rechts: Ralph Molina, Billy Talbot, Frank Sampedro, Young.

The Last Waltz, 1976, mit Joni Mitchell.

Mit Rick Danko und Robbie Robertson von der Band.

Like a hurricane … auf Tournee mit Crazy Horse, 1976.

Young und Roadies auf der Rust-Never-Sleeps-Tournee, 1978.

Mit Nils Lofgren auf der Trans-Tournee, 1982.

Transformer Man's Dad.

Die Antwort auf die erste Frage muß »ja« lauten. *Goldrush* liefert eine emotionale Momentaufnahme einer Generation (oder zumindest ihrer wohlhabenden Trendsetter), die beginnt, sich mit der Erkenntnis anzufreunden, daß die Sechziger mehr Erwartungen aufgebaut hatten, als sie erfüllen konnten. Ein geschärfteres Bewußtsein dafür, wie die Welt funktionierte, hatte nicht dazu geführt, daß sich daran auch nur geringfügig etwas änderte; freizügigere Haltungen gegenüber Sex und Liebe standen beklommen neben der alten Sehnsucht nach Dauerhaftem. Langsam wurde offensichtlich, daß der Hunger nach Veränderung – ebenso verständlich wie lobenswert – auch eine Unfähigkeit widerspiegelte, in der bestehenden Welt zurechtzukommen. Die Beschränkungen auf einen Liebespartner schienen restriktiv, aber bekam man nach fünf oder sechs nicht das Gefühl, daß etwas auf der Strecke geblieben war? Die Dinge, die einem so einfach und unkompliziert vorgekommen waren, sahen nun nach harter Arbeit aus.

After The Goldrush war ein Testament des Kampfes, voller Entschlossenheit und Verständnis und einer Spur Selbstmitleid. Liest man die Texte genau durch, so findet man kein Übermaß an Melancholie, aber Youngs Stimme verleiht den Songs eine solche Färbung, und da dieser Kampf um Aufrichtigkeit und eine Liebe, die tiefer ging als auf der Leinwand, so gerechtfertigt war, konnte man die Melancholie zumindest zum Teil genießen. Genau diese Verschmelzung des Strebens nach Höherem einerseits mit einem genüßlichen Suhlen andererseits gab dem Album seine zeitkritische Kraft. Die Zeiten wandelten sich durchaus, aber nicht so schnell und nicht so umfassend. *After The Goldrush* bekräftigte, wie notwendig es war, sich weiter zu bemühen. Es bot jenen, die sich selbst dabei ertappten, daß sie den neuen Idealen nicht genügten, Trost und eine verständnisvolle Stütze.

All das hätte dem Album ein recht begrenztes Haltbarkeitsdatum beschert, hätte es nicht noch andere Faktoren vorweisen können. Der offenkundigste ist die grundlegende Stärke der Songs. Wie auf dem ersten Album stapeln sich schlichte, schöne Akkordfolgen und Melodien zum Mitsummen. Im Gegensatz zu jenen auf dem ersten Album wurden sie aber nicht bei der Produktion halb verschüttet; alles klingt bodenständig und klar, jedes Instrument ist zu hören. Die akustische Gitarre dominiert, steht aber selten allein; das Album klingt nach Folk, allerdings Folk mit ausgeprägtem Beat; in mancher Hinsicht das definitive *akustische* Folk-Rock-Album. Das Klavier, abwechselnd von Nils Lofgren, Jack Nitzche und Young selbst gespielt, ist stärker vertreten als auf den anderen Platten Youngs aus den sechziger und siebziger Jahren und sorgt für Abwechslung ohne Durcheinander. Youngs Stimme bringt in Kombination mit der sparsamen Instrumentierung die schmerzliche Aufrichtigkeit, das »Echte« im Innersten der Songs zum Ausdruck.

Eine zweite Quelle der Vitalität des Albums ist – paradoxerweise, bei seinem melancholischen Ruf – die Bandbreite an Gefühlen, denen Young in den verschiedenen Songs freien Lauf läßt. Da finden sich Verzweiflung, Wut und Trauer, aber auch Hoffnung, Einsicht und freudige Lichtblicke, die die Düsternis aufhellen. *Till! The Morning Comes* greift trotz seines bruchstückhaften Texts, der Zorn und Drohungen einschließt, musikalisch in erhebender Weise nach dem Sonnenschein, und die Erkenntnis des Sängers in *When You Dance I Can Really Love* fängt das erfreute Staunen ein, wenn wir feststellen, daß wir doch mehr sind, als wir dachten.

Dem steht als Extrem *Don't Let It Bring You Down* gegenüber, eine qualvolle Reise durch die Nacht in irgendeiner Großstadt. Der Titelsong *After The Goldrush* ist eine ebensolche Höllenfahrt durch die Zeit. Der Vers »I was thinking about what a friend had said / I was hoping it was a lie« zeigt plastisch, wie weit unser Selbstbild von dem entfernt ist, wie andere uns sehen, und liefert eine Erklärung für Youngs Beliebtheit: Diese Fähigkeit, allgemeine Anliegen zu formulieren und wirkungsvoll darzustellen, ist nicht weit verbreitet.

Der Zeitgeist mag allgegenwärtig sein – in Zeilen wie »Finding that what you once thought was real is gone and changing«, die auf die Kultur ebenso passen wie auf Beziehungen –, aber jenseits eines gewissen Anstrichs von grassierender Entfremdung findet sich nur eine leise Anspielung auf Politik: das musikalisch eindringliche und ideologisch stark vereinfachende *Southern Man*. Aufschlußreich für seine eigene Zukunft, bringt Young, Bürger des multikulturellen L. A., in diesem Stück Rassismus allein mit den weit entfernten Südstaaten in Verbindung, und dies noch dazu in einer Weise, die eher auf die Vergangenheit als auf die Gegenwart referiert. Fürs erste war die Musik mit Lofgrens Klavier, das wie Kettengerassel klingt, und Youngs Gitarre, die wild den Mond anjault, gut genug, um solche Schwächen zu verdecken. In einer Passage spielt er immer wieder dieselbe Note wie ein Killer, der eine Kugel nach der anderen in einen bereits Toten jagt.

Auf dem Album gibt es zwei wundervolle Liebeslieder: *Birds* und *I Believe In You*. Beide haben herrliche Melodien und waren zu der Zeit, als das Album herauskam, thematisch ausgefallen – und sind es in gewissem Maße immer noch. In *Birds* will der Protagonist jemanden trösten, den er abgewiesen hat – »Tomorrow, see the things that never come today« –, während er in *I Believe In You* eine Geliebte dazu bringen möchte, durch den Glauben an die Tiefe seiner Gefühle ihre Zweifel zu überwinden. Mit diesen beiden Songs beweist Young eine weitere seltene Fähigkeit: über Liebe zu schreiben, und zwar von Herzen und in einer Weise, mit der er weder seine eigene Intelligenz noch die seiner Zuhörer beleidigt.

Von den anderen Songs ist das von Don Gibson verfaßte *Oh Lonesome Me* erwähnenswert. Young sprach einmal davon, daß er das Stück mit Crosby, Stills and Nash nicht hätte spielen können, aber es ist schwer einzusehen, warum nicht: Wie bei *Helpless* scheint der Refrain für ihre Harmonien geradezu maßgeschneidert. Der wahre Grund, den Young wahrscheinlich eher intuitiv empfand als durchdacht hatte, war, daß sie den Song nicht hätten spielen *wollen*. Er stammte von jemand anderem, war Country-Musik und schon alt. Er brachte nichts eigenes zum Ausdruck, war nicht radikal und nicht »in«.

Crosby, Stills and Nash versuchten immer noch, Dylan und die Beatles zu verschmelzen. Ihre musikalischen Wurzeln schienen nicht weiter zurückzureichen als bis 1964. Youngs Wurzeln gingen eindeutig tiefer, und darin lag die wichtigste Quelle für die Stärke des Albums. Obwohl er ohne weiteres den Einflüssen von Dylan und den Beatles Platz einräumte, ganz zu schweigen von den Rolling Stones, huldigte Young auch gern Roy Orbison, Hank Williams und den Crystals. *When You Dance I Can Really Love* war nackter Spector, *Oh Lonesome Me* klang wie kantige Everly Brothers, und *Birds* griff sowohl Orbisons Gefühlsbetontheit als auch seine Worte wieder auf. Insgesamt war *After The Goldrush* ein großartiges Pop-Album.

Als CSN&Y im Juni in San Francisco spielten, erzählte einer der Road Manager Young von einer 50 Hektar großen Ranch etwa 65 Kilometer südlich der Stadt in den Ausläufern der Santa Cruz Mountains. Young fuhr hin, um sie sich anzusehen, verliebte sich auf der Stelle in das Land und beschloß nach einigen weiteren Besuchen mit Susan, die Ranch zu kaufen.

Der Kaufpreis betrug 340 000 Dollar. Young zahlte bar, was eher emotional als finanziell nachvollziehbar war. Da er sich nicht sicher war, wie seine Zukunft aussehen würde – wer konnte schon vorhersagen, wie lange er als Rock-Star erfolgreich bleiben würde –, zog er es vor, den größten Teil seines Vermögens in diesen Besitz zu stecken. So konnte man es ihm nie mehr wegnehmen.

Vermutlich brauchte er etwas, woran er sich festhalten konnte. Susan und ihm gelang es nicht, seine Karriere mit ihrer Ehe zu vereinbaren. Oft war er ohne sie unterwegs, und sie, ihrerseits eine starke, selbständige Persönlichkeit, füllte ihr Leben – und das gemeinsame Haus – mit Freunden. Wenn Young nach Hause kam und sich zurückziehen wollte, fand er dort eine Gruppe von Leuten vor, die er kaum kannte, und äußerte vermutlich seinen Unwillen gegenüber dieser Situation. Angesichts der Umstände war er aus seiner Sicht im Recht und sie aus ihrer.

Sie hatte ihn auf der Tournee mit Crazy Horse begleitet, doch stand damals anscheinend bereits mehr zwischen ihnen, als sie noch verband. In jenem Sommer beschlossen sie, sich endgültig zu trennen, und Young zog in ein Hotel, während er darauf wartete, daß der Kauf der Ranch komplett abgewickelt war. Das Haus im Topanga Canyon wurde später verkauft – Young hatte die endlose Reihe von Spontanbesuchern und gaffenden Fans satt.

Alles in allem muß es eine schwierige Phase für ihn gewesen sein, und sein beruflicher Erfolg fand nur wenig Entsprechung in seinem Privatleben. Das Ende seiner Ehe »verletzte ihn zutiefst«, berichtet sein Bruder Bob. In jenem Sommer hielt er sich sogar eine Zeitlang in Omemee auf und kehrte damit, vielleicht auf der Suche nach etwas, das er schon verloren fürchtete, zu seinen Wurzeln zurück.

Der Erfolg war eindeutig ein zweischneidiges Schwert. Auf der einen Seite stand eine Ranch in den Hügeln, auf der anderen eine gescheiterte Ehe.

After The Goldrush erschien im September. Dem *Rolling Stone* gelang ein eleganter Verriß aus der Feder von Langdon Winner, nach dessen Urteil »sich keiner der Songs hier von der gleichförmig langweiligen Oberfläche abhebt...« Er war nicht allein. Offenbar fühlten sich viele Kritiker dazu berufen, ihre Messer an Young zu wetzen. Es war damals Mode, über jeden herzufallen, der versuchte, auch nur annähernd ernsthaft zu klingen. Ken Emerson nannte einige der Songs pathetisch und empfand Youngs Fähigkeit, »solche Klischees mit dermaßen fester Überzeugung zu äußern... weniger als Gabe, sondern als ein Indiz für mangelnden Charakter«. Und weiter: »Wenn man an diesen Songs Gefallen finden soll, dann nur als manierierte Parodien.«

Das muß eine Überraschung für alle gewesen sein, die sich aufmachten und das Album kauften – denn das taten die Leute massenweise. In jenem Herbst ertönte *After The Goldrush* neben *Sweet Baby James* von James Taylor aus jeder Ecke der angloamerikanischen Welt.

Young hatte es eindeutig geschafft, und diesen Erfolg hatte er seinem eigenen Talent zu verdanken. CSN&Y hatten ihm eine Platform gegeben, aber *Goldrush* war ein ebenso starkes Album wie *Déjà Vu*, wenn nicht sogar stärker. Und neben all jenen, die Young durch CSN&Y entdeckt hatten, standen zahlreiche andere – unter ihnen der Autor –, die seine Arbeit mit Buffalo Springfield und seine beiden ersten Solo-Alben geliebt hatten und in erster Linie wegen Youngs Mitwirken auf CSN&Y-Konzerte gegangen waren.

Es hätte eine tolle Zeit für ihn sein können. Alles, wofür er die letzten zehn Jahre gearbeitet hatte, trug Früchte. Er hatte sich danach gesehnt, ein erfolgreicher Musiker zu sein, und nun legte er eine Drittelmillion Dollar für eine Ranch hin, die er einzig und allein mit seiner Musik verdient hatte. Die Genugtuung muß überwältigend gewesen sein.

Allerdings muß Young sich in manchen Phasen seines Lebens mit mehr Rechtfertigung als die meisten von uns gefragt haben »Warum ich?«. Während *Goldrush* in jenem Herbst seinen Stern in den Himmel katapultierte, überlastete er seine Wirbelsäule, als er eine Platte aus poliertem Walnußholz hob, und sollte die nächsten zwei Jahre zumindest teilweise außer Gefecht gesetzt sein.

Es war nicht das erste Mal, daß er Probleme mit dem Rücken hatte, doch nun war er so besorgt, daß er einen Spezialisten konsultierte. Einige Tage vor dem Termin sah er den Film *Diary Of A Mad Housewife*, war begeistert von Carrie Snodgress in der Titelrolle und schaffte es, über einen Freund ihre Telefonnummer zu bekommen. Sie war bereit, sich mit ihm zu treffen, und so verabredeten sie sich für einen Zeitpunkt nach seinem Arztbesuch.

Die medizinische Diagnose war schlimmer als erwartet. Der Spezialist erklärte Young, er hätte einen Bandscheibenvorfall und sollte gar nicht auf den Beinen sein, sondern im Streckverband liegen. Neil rief Carrie an, um die Verabredung abzusagen, doch sie kam trotzdem und besuchte ihn in der Klinik. Es war der Anfang einer wundervollen Freundschaft. Ein paar Monate lang lag Young immer wieder im Krankenhaus, verwendete aber zumindest einen Teil seiner Zeit für die Konzeption seines nächsten Albums, einer Live-Doppel-LP. Außerdem war er fest entschlossen, so schnell wie möglich wieder auf Tournee zu gehen, obwohl er wegen seines Rückenleidens nur im Sitzen und nur akustische Gitarre spielen konnte. Er hätte es damals auch kaum anders gewollt. Eine weitere Tournee mit CSN&Y kam nicht in Frage, und sein Verhältnis zu Crazy Horse war auch nicht gerade bestens. Für den Moment war er, was die Musik anging, allein und wahrscheinlich froh darüber.

Elliot Roberts organisierte die Tournee so, wie Young sie haben wollte, überwiegend in kleinen Clubs und Hallen. Sie begann am 30. November in Washington, wo er drei Abende im Cellar Door Club spielte, dann ging es für zwei Konzerte am 4. und 5. Dezember in die Carnegie Hall nach New York.

Die beiden letzten Termine waren für Young wie ein wahr gewordener Traum, nicht nur wegen des Ansturms auf die Karten – das erste Konzert war in 25 Minuten ausverkauft –, der an sich schon enorm befriedigend war. Viel gewichtiger war das Prestige des Veranstaltungsortes: In der Carnegie Hall traten *Künstler* auf. »In der Carnegie Hall mußt du gut sein«, erklärte er seinem Bruder. »Wieviel Geld du dort verdienst, ist egal. Ich würde es umsonst tun – überhaupt in der Carnegie Hall zu spielen, ist das Wichtige.« Die ganze Familie war dort, um ihn zu sehen, allerdings nicht zusammen: Rassy und Scott kamen an verschiedenen Abenden.

Er spielte noch einen Abend im Fillmore East und fuhr dann über Weihnachten nach Hause. Die Tournee wurde im Januar wiederaufgenommen und führte quer durch Nordamerika – mit ausverkauften Hallen in Winnipeg und Toronto, was besonders erfreulich war – und endete am 1. Februar 1971 in der Royce Hall in L.A. Drei Wochen später flog Young nach London, um live in einer Sondersendung im Fernsehen aufzutreten und in der Royal Festival Hall zu spielen.

Er hatte die Tournee ungemein genossen: Sie war »richtig persönlich ... praktisch in direktem Kontakt mit dem Publikum«. Interessant an seinen Konzerten war, daß er eine Reihe elektrischer Titel akustisch vortrug, eine Gewohnheit, die er bei CSN&Y angenommen hatte und weiter beibehalten sollte. *Down By The River*, *The Loner*, *Ohio* und *Southern Man* erhielten allesamt diese Behandlung.

Überdies stellte er einige neue Songs vor, darunter sieben der zehn, die sein nächstes Album *Harvest* ausmachen sollten. (Obwohl dessen Fertigstellung und Veröffentlichung noch über ein Jahr auf sich warten ließ, waren lediglich *Are You Ready For The Country?*, *Alabama* und *Words* noch nicht geschrieben beziehungsweise vorgestellt worden.) Außerdem spielte er zum ersten Mal die drei Balladen, die später auf der Live-LP *Time Fades Away* erschienen sind.

Es gab nur wenige Mißtöne. Im Januar verlor er in der Boston Music Hall die Beherrschung und teilte dem Publikum mit, er sei »heute abend nicht genug drauf, um irgendwelchen Scheiß zu ertragen«, und daß er einfach gehen würde, wenn sie zuviel Lärm machten. Im Vormonat hatte er sich in der Carnegie Hall über zugerufene Wünsche geärgert und den Schuldigen klargemacht, daß »ich den Auftritt hier nicht auf die leichte Schulter nehme und finde, ihr solltet genug Vertrauen zu mir haben, um zu wissen, daß ich vorausplane und all die Songs spiele, von denen ich dachte, daß ihr sie hören wollt«.

Noch schwerwiegender war, daß er dem Publikum erzählte, den nächsten Song würde er wenige Wochen später in einer Sondersendung mit Johnny Cash spielen. Das veranlaßte jemanden zu dem Zwischenruf: »Warum? Warum mit Cash, Mann?«

Young ließ sich nicht zu einer Antwort herab, aber die Frage war symptomatisch für etwas, das ihn die ganzen nächsten Jahre verfolgen sollte: das Gefühl, im Gefängnis der Erwartungen seiner Zuhörer festzusitzen.

4

Harvest of Souls

Man stelle sich vor: Youngs Wagen fährt vor dem Haus am Londoner Grosvenor Square vor, wo für ihn ein Luxusappartement angemietet wurde, und der livrierte Portier teilt dem Sänger großspurig mit, daß seine neuen Nachbarn König Hussein, Raquel Welch und Michael Caine sind. Young verlangt, in ein anderes Haus gebracht zu werden.

Diese Geschichte stand in einer der wöchentlich erscheinenden britischen Musikzeitschriften und mag sogar wahr gewesen sein. Natürlich wurde den Lesern nicht verraten, was dann geschah. Hat man Young davon überzeugen können, daß es schwierig werden dürfte, so kurzfristig eine andere Wohnung zu finden? Es ist kaum anzunehmen, daß er am Themseufer unter einer Zeitung geschlafen hat.

Das Bild, das dieser Vorfall von ihm zeichnet – ein Mensch, dem Berühmtheit entweder auf die Nerven geht oder peinlich ist –, traf wohl zu. Doch war es alles andere als vollständig, wie sein beinahe kindlicher Stolz angesichts des Empfangs durch das London Symphony Orchestra verdeutlicht. Er hatte es engagiert, damit es auf zwei seiner Songs für das nächste Album den orchestralen Hintergrund lieferte, und sie waren, wie er seinem Vater erzählte, »ganz begeistert. Sie behandelten mich wie jemand Besonderen.« Der Erfolg war für ihn immer noch neu genug, um ihn zu erstaunen, ganz zu schweigen von den üblichen Rockstaralüren. Wer auch immer damals in London seine Nachbarn waren, sie haben jedenfalls nicht viel Schlaf bekommen: Young wurde gebeten, seine Unterkunft zu räumen, da er zu später Stunde zuviel Lärm machte.

Er kehrte rechtzeitig zur Ankündigung seiner Plattenfirma, die Veröffentlichung des Live-Albums stehe unmittelbar bevor, nach Amerika zurück. Die Liste der Songs, die der Musikpresse übermittelt wurde, enthielt sechs vorher unveröffentlichte Stücke: *Old Man, Dance Dance Dance, See The Sky About To Rain, The Needle And The Damage Done, Bad Fog Of Loneliness* und *Wonderin'*. Zwei von Youngs Kompositionen für Buffalo Springfield – *Nowadays Clancy Can't Even Sing* und *Flying On The Ground Is Wrong* – sollten ebenfalls erstmals mit ihm als Sänger auf Platte gepreßt werden.

Die Wochen vergingen. Kein Album erschien. Schließlich hieß es, ein völlig anderes Album, nämlich *Harvest*, würde bald veröffentlicht. Doch auch das kam nicht heraus, und Youngs Fans mußten sich mit *Four Way Street* begnügen, einem Live-Doppel-Album, aus den Konzerten von CSN&Y in New York, L.A. und Chicago im Frühsommer 1970 zusammengestellt.

Four Way Street war eine große Enttäuschung. CSN&Y war es ebensowenig wie Buffalo Springfield gelungen, die Qualität ihrer Live-Auftritte auf Platte zu bannen, obwohl es zu diesem Zeitpunkt – gegen Ende der zweiten Tournee – bereits weniger Qualität einzufangen gab. Vor allem der elektrische Teil hat offensichtlich unter den verschlechterten Beziehungen zwischen den Hauptpersonen gelitten. *Pre-Road Downs* war von vornherein zu lahm, und die Studioversion von *Ohio* war in keiner Weise ausgebaut worden. Tief in den langatmigen Improvisationen im Rahmen von *Carry On* und *Southern Man* sind Hinweise darauf verborgen, wie aufregend Stills' und Youngs Zusammenspiel auf den Gitarren sein konnte. Nur Crosbys *Long Time Gone* übertrifft die Studiofassung, was in erster Linie der hemmungslosen Leidenschaft des Gesangs zu verdanken ist.

Die akustische Platte ist besser, aber nicht viel. Die Interpretation von Youngs *On The Way Home* ist katastrophal und macht aus dem schönen Stück ein plattes Klagelied. Er liefert dafür jedoch das zweite Glanzstück des Albums: eine Version von *Don't Let It Bring You Down*, die eine Statue zum Erschauern bringen könnte. Youngs scherzhafte, gesprochene Ankündigung – »Und nun ein neuer Song, der euch garantiert alle völlig fertigmachen wird ... er heißt *Don't Let It Bring You Down* ... er geht ganz langsam los und verläuft dann komplett im Sand« – wiegt die Zuhörer in falscher Sicherheit. Die herzzerreißende Interpretation führt die verschiedenen Schlaglichter auf eine Zivilisation, die an allen Ecken und Enden zerbröckelt, in einem Ausblick von fast völliger Hoffnungslosigkeit zusammen. Daneben kann die akustische Version von *Cowgirl In The Sand* nur wenig mehr bieten als angenehm leichte Entspannung.

Four Way Street erschien im Frühling 1971, ungefähr zu der Zeit, als Young und Carrie Snodgress zusammen auf die Broken Arrow Ranch zogen. Abgesehen von den Beschränkungen durch seine angegriffene Wirbelsäule, deretwegen er nur vier Stunden am Tag auf den Beinen sein durfte, scheint er doch recht froh und zufrieden gewesen zu sein.

Sein Rückgrat setzte noch dreimal aus, bevor er im August 1971 operiert wurde, und seine Genesung zog sich über den ganzen folgenden Winter und Frühling hin. Da man ihm gesagt hatte, Schwimmen und Bergaufgehen würde die Regeneration seiner Rückenmuskulatur unterstützen, ließ er sich auf einer Anhöhe einen Swimmingpool bauen. Wie das Haus im Topanga Canyon war der Pool symptomatisch für Youngs Geschmack und den damals aktuellen Stil: dunkle Innenwände, gepflasterte Wege und ein Badehaus aus verwittertem Holz. Wie sein Vater stolz feststellte, war es kein typisch kalifornischer Pool.

In dieser Phase, die fast das gesamte Jahr 1971 und einen großen Teil von 1972 ausmachte, konnte er kaum eine Gitarre halten, nicht einmal, wenn er ein speziell angefertigtes Stützkorsett trug. Länger auf einer Bühne zu stehen, war praktisch ausgeschlossen, und so kam eine Tournee mit einer Band nicht in Frage. Young selbst sagte, er konnte »rein körperlich nicht elektrische Gitarre spielen«.

Er hatte viel – vermutlich zuviel – Zeit, in der er über alles, was ihm geglückt und was fehlgeschlagen war, nachdenken konnte. In späteren Jahren behauptete er stets, sein Gesundheitszustand hätte nicht nur seine musikalischen Möglichkeiten beeinträchtigt, sondern auch die Phantasie, die er in den gesamten kreativen Prozeß einbrachte. Zu Cameron Crow sagte er: »Meine ganze Schaffenskraft lag brach.«

Musikalisch hatte er bereits mehr Wege beschritten als die meisten seiner Zeitgenossen. Er war unerläßlicher Bestandteil mehr oder weniger gleichberechtigt aufgebauter Bands, unbestrittener Leader und kreativer Kopf von anderen und selbständiger Solo-Künstler gewesen. Für sich selbst hatte er schon drei klar trennbare Stilrichtungen entwickelt. Die erste, mit der er auf *Buffalo Springfield Again* debütierte, war massiv von den Beatles, den Beach Boys und – über Jack Nitzche – von Phil Spector beeinflußt. Dieser Stil war studiogeprägt, dramatisch und führte – obwohl er textlich wie musikalisch komplex *klang* – im Grunde nur den Pop der frühen Sechziger in den späten Sechzigern fort. Für sein erstes Solo-Album vereinfachte Young alles ein wenig, aber die Philosophie seines Musizierens blieb weitgehend die gleiche: Er produzierte eine Darbietung, anstatt einfach etwas vorzutragen. Diese erste Richtung hatte er mittlerweile aufgegeben, scheinbar für immer. CSN&Ys Perfektionismus im Studio, der Youngs Begeisterung für diesen Ansatz wieder hätte entfachen können, hat anscheinend genau die entgegengesetzte Wirkung gehabt und sein Mißfallen bestärkt.

Die zweite Richtung, die er mit Crazy Horse auf *Everybody Knows This Is Nowhere* entwickelte, war rauher und bodenständiger. Sie wurde von zwei elektrischen Gitarren bestimmt – wobei ein Musiker meist Lead- und Rhythmusgitarre und der andere Rhythmus und Lead spielte –, die über einer simplen, wuchtigen rhythmischen Grundlage einen musikalischen Dialog führten. Die Strukturen der Songs waren offen und ließen zwischen den Versen und/oder Refrains Improvisationen zu.

Die dritte Richtung, die neben Variationen der zweiten auf *Goldrush* vorkam (*Southern Man* war Garagenfolk plus Klavier, *When You Dance I Can Really Love* Garagenfolk à la Spector), war eine überwiegend akustische Musik, die in den Texten über das eigene Leben sprach. Indem er die im Pop vorherrschende Melodie mit der im Folk dominanten Ernsthaftigkeit kombinierte, hatte er eine sehr wirkungsvolle Mixtur gebraut: Die Zuhörer konnten mitsummen, ohne um ihre persönliche Integrität fürchten zu müssen.

Die meisten Kritiker erwarteten – und die meisten Konsumenten, die *After The Goldrush* liebten, verlangten es zweifellos –, daß Young die dritte erfolgreiche Richtung auf seinem bevorstehenden vierten Album wieder aufwärmte. Wenn weder das erste noch das zweite Solo-Album der große Knüller war, das dritte aber schon, dann wiederholt man eben Album Nummer drei, oder? So lief es jedenfalls in der Pop-Industrie seit jeher.

In Youngs Fall schien dies angesichts seiner damaligen Lebensumstände nur um so selbstverständlicher. Die erste Stilrichtung hatte er aufgegeben, und es war schwer, wenn nicht unmöglich, sich vorzustellen, wie er die zweite mit dem Rücken im Korsett und ohne Danny Whitten weiterführen sollte. Der Rücken würde mit der Zeit sicher heilen, doch was Whitten anging, bestanden größere Zweifel, da er keinerlei Anzeichen zeigte, aus den Gefilden, in die die Droge ihn gebracht hatte, wieder zurückzukehren. Wenn Young immer noch der Leader der amerikanischen Rolling Stones sein wollte, würde er sich vermutlich neue Partner suchen müssen.

Zunächst sah es danach aus, als hätte er keine andere Wahl, als die dritte Richtung zu verfolgen, und es ist fraglich, ob er etwas anderes vorhatte, als der Anfang Februar 1971 in Nashville ankam, um die Fernsehshow mit Johnny Cash aufzuzeichnen. Die neuen Songs, die er mitbrachte – *Heart of Gold, Old Man* und *Bad Fog Of Loneliness* – hätten von Melodie und Text her alle auf *After The Goldrush* gepaßt, und als Young beschloß, sich in Nashville für ein paar Stunden ein Studio zu mieten, könnte er durchaus diesen Klang im Sinn gehabt haben. Wie dem auch sei, eins führte zum andern, und so fand er sich mit einer neuen, vierten Stilrichtung wieder und zwei neuen Mitarbeitern, die beide noch 23 Jahre später an seiner Seite sein sollten.

Die Country-Musik war in der musikalischen Mixtur namens Rock 'n' Roll ein nicht wegzudenkendes Element. Elvis Presleys erste Singles waren peinlichst zwischen countrylastigem Rhythm 'n' Blues und Rhythm 'n' Blues-lastigem Country verteilt, während spätere Interpreten wie die Everly Brothers mehr dem Country zu verdanken hatten als dem Rhythm'n'Blues.

Country-Musik war weiße Musik, die Volksmusik des weißen Südens, und deshalb war sie auch – und ist es weitgehend heute noch – tief durchdrungen von Konservatismus, vor allem in den Bereichen Sexualität, Politik und Religion. Es muß offen gesagt werden, daß in der Country-Musik sowohl die Zuhörerschaft wie auch die Interpreten aus einer massiv rassistischen Kultur stammten und diese widerspiegelten.

Doch durfte man damals etwas anderes nicht übersehen: Konfrontiert mit den schwindenden Hoffnungen auf eine neue Gesellschaft, die so viele Rockmusiker in ihrer Musik beschworen hatten, blieb vielen von ihnen kaum eine andere Wahl, als sich neue Gründe für Optimismus und eine neue geistige Heimat zu suchen, die noch nicht den Makel politischen Versagens trug. Da die meisten von ihnen Stadtmenschen waren und soziale Probleme mit der Großstadt assoziierten, schien das Land tatsächlichen Abstand von diesen Problemen zu bieten und ein Ort zu sein, wo man neu anfangen konnte.

Eine Countryphrase oder zwei unter Rockrhythmen zu mischen war eine — etwas lächerliche — Methode, um diese Verlagerung der kulturellen Prioritäten zu signalisieren, doch die Country-Musik besaß wesentlich mehr Substanz. Während im Lauf der siebziger Jahre die Hoffnung auf einen Wandel zum Besseren langsam, aber unausweichlich zur Angst vor einer Wende zum Schlechteren wurde, zeigte sich die Country-Musik bestens dafür gerüstet, Trost und Verständnis zu bieten. Sie mochte einer konservativen und rassistischen Kultur entspringen, doch sie hatte stets alte Wahrheiten und moralische Grundsätze gegenüber den physischen und emotionalen Erschütterungen des »Fortschritts« hochgehalten.

Für jeden liberal gesinnten Menschen war die Country-Musik ein zweischneidiges Schwert. Sie war zwar das ideale Medium für Themen wie moralische Unsicherheit und korrumpierte Unschuld, schleppte jedoch den Ballast einer Kultur mit sich, die erst ein Jahrhundert von der Sklaverei entfernt war, sowie eine Art zu denken, die von Psychopathen in Kapuzen in ihren Bann geschlagen war.

Young hatte sicher alles andere im Kopf, als er in Nashville ankam. James Taylor und Linda Ronstadt waren wegen derselben Show dort, und er dachte sich, »wenn wir schon all diese Leute hier haben, sollten wir vielleicht ein paar Sachen aufnehmen«. Also wurden die Quadrophonic Studios gemietet und Musiker gesucht.

Einer, der davon hörte, war Tim Drummond. Er war ungefähr fünf Jahre älter als Young und hatte Anfang der sechziger Jahre mit Conway Twitty gespielt, bevor er als einziger Weißer in die Band von James Brown aufgenommen wurde. Das ständige Touren hatte seinen Tribut gefordert, und so hatte er sich in Nashville als Studiomusiker niedergelassen. Als er eines Tages im Februar 1971 die schneebedeckte Straße entlangging, erzählte ihm ein Freund, daß Neil Young drüben in den Quadrophonic Studios weilte und einen Bassisten suchte.

Drummond ging hin und bekam den Job. Sie arbeiteten vermutlich gerade an *Heart Of Gold*, und Young fand, daß die Besetzung, bestehend aus schlichter akustischer Gitarre, Schlagzeug und Baß, nicht genügte. Es war alles ein bißchen eindimensional, »ziemlich dumpf«. Er »wollte mehr Farbe hören« und fragte Drummond, ob er jemanden kenne, der Pedal Steel spielte. Glücklicherweise — draußen schneite es immer noch heftig – kannte Drummond einen Musiker namens Ben Keith, der nur zwei Straßen weiter wohnte.

Keith nahm den Anruf entgegen und kam unverzüglich ins Studio. »Ich hatte keine Ahnung, wer sie alle waren. Ich fand, daß der Typ in der Ecke phänomenal Gitarre spielte. Wer das sei? James Taylor, hieß es. Und wer, fragte ich, ist der Typ dort drüben? Das ist Neil Young.« Er packte seine Hawaiigitarre aus, stöpselte sie ein und begann, sie mit Hilfe einer Mundharmonika zu stimmen, indem er »wuchtige, breite, lange Töne« spielte. Young wies Keith an, dasselbe auf der Pedal Steel zu spielen, einfach diese klagenden Töne unter jeden Akkord und eine Folge kürzerer Töne unter die Wechsel am Ende jedes Refrains zu legen.

Sie verfuhren in etwa genauso mit *Old Man* und schließlich mit den meisten anderen Stücken auf dem Album. Das Ergebnis war ein neuer, leichter, ziemlich countrylastiger Klang, der mehr zum Leben auf einer Ranch paßte und eher eine streckenweise mythische amerikanische Vergangenheit und Gegenwart beschwor als irgendwelche übriggebliebene Träume von einer besseren urbanen Zukunft.

Die Band wurde auf den Namen The Stray Gastors getauft, und das Album sollte wie seine beiden Vorgänger nach dem zweiten Stück benannt werden, also *Harvest*. Die dunkle, paranoide Gestalt, die man auf *After The Goldrush* durch die Stadt hatte huschen sehen, sollte sich auf dem Cover des neuen Albums in einen von Sonnenlicht umfluteten Mann im karierten Hemd verwandeln, den man jedoch nur aus der Ferne sah, in der spiegelnden Oberfläche eines polierten Türknaufs aus Messing.

Obwohl *Harvest* das bestverkaufte Album Youngs werden und bleiben sollte, erhielt es nie besonders gute Kritiken, und sogar Young selbst zollte ihm in späteren Jahren nur wenig Lob, wenn er es im einen Moment sein »schönstes« Album nannte und im nächsten feststellte, wie wenig ein Adjektiv wie »schön« aussage. Zweifellos war die geringe Begeisterung bei den Kritikern eine direkte Folge des kommerziellen Erfolgs, doch war das nicht alles. Bei der Veröffentlichung des Albums behauptete John Mendelsohn in einer recht fundierten Besprechung, daß Young auf *Harvest* »die meisten der abgedroschensten Klischees im Stil der Superstars aus L. A. anführt und dabei zu kaschieren versucht, daß er unfähig ist, eine gute Imitation seiner früheren Persönlichkeit zu liefern«.

Über zwanzig Jahre später kommt einem das Album weder so gut vor, wie die Verkaufszahlen vermuten lassen, noch so schwach, wie die Kritiken ihm nachsagen. Es birgt Youngs ersten komplett mißlungenen Song (das unbeschreiblich plumpe *There's A World*), enthält aber andererseits mehrere Stücke, die auch heute noch zu Recht beliebt sind, und sogar ein oder zwei wahre Geniestreiche. Unterm Strich fängt das Album den damaligen Zeitgeist ein und bietet durchgängig hörbare Musik.

Die ersten beiden Stücke geben die Stimmung vor. Eine herrlich lange Einleitung zieht die Zuhörer in *Out On The Weekend* förmlich hinein; das Schlagzeug ist erstaunlich klar abgemischt, die Pedal Steel so rein wie das Blau des Himmels, die Mundharmonika klingt so erdig, als könnte man sie mit Händen greifen. Dazu kommt Youngs sehnsüchtige Stimme: Er ist unterwegs, denkt aber zurück, steckt voller Freude, die er nicht leben kann, und treibt in einer träumerischen Traurigkeit. Der Song *Harvest* bietet eine andere Melodie, eine andere rhythmische Gangart, sogar noch mehr unverständliche Worte und die gleiche zurückgedrängte Beklemmung. Beide Stücke laden zur Identifikation mit einzelnen Zeilen, nicht ganzen Geschichten ein; wie Träume scheinen sie voll mit Bekanntem zu sein, aber keinen Sinn zu ergeben.

Young hat diese beiden Songs nur selten wieder zu neuem Leben erweckt, anders als *Heart Of Gold*, *Old Man* und *The Needle And The Damage Done*, die alle während der letzten zwanzig Jahre in regelmäßigen Abständen bei seinen Live-Auftritten vorkamen. *Heart Of Gold* mit seiner prägnanten Melodie, dem sehnsuchtsvollen Arrangement und einem Text, der ein Thema von allgemeinem Interesse bis an den Rand des Stupiden treibt, kam in den Singles-Charts auf Platz eins, was Young vermutlich sehr gewundert hat. Würden junge Hunde zu Musik gemacht, klängen sie wahrscheinlich genauso.

Old Man bietet textlich etwas mehr und hat eine ebenso eingängige Melodie. Obwohl weder dieser Song noch *Heart Of Gold* die Tiefe von Youngs besten Arbeiten aufweist, sind doch beide ein Beweis für die Kraft des Einfachen, die in ihrem Verfasser steckt. *The Needle And The Damage Done* ist allerdings deutlich besser. Mit einer nur zwei Minuten langen, schlichten akustischen Melodie erzählt es seine Geschichte der Sucht mit eiskalter Direktheit. Es gibt weder Schuld noch Scham, nur Reue und Trauer. In Anbetracht dessen, daß das Stück live in der Royce Hall der UCLA aufgenommen wurde, klingt Youngs ausdrucksvoller Gesangspart glänzend kontrolliert.

Am Ende dieses Stücks schneidet der erste Akkord des letzten Songs *Words* den Applaus ab wie eine mit einem Knall zuschlagende Tür. Es ist ja nur ein Konzert, noch ein Song. »The king started laughing and talking in rhyme, singing words, words...« Die Gitarre nimmt die Geschichte auf, eine langsame Prozession von Stakkatotönen, zornig, aber resigniert. *Words* ist mit Sicherheit eine klare Aussage darüber, wie Young sich als Rockstar fühlte.

A Man Needs A Maid stand in ähnlichem Verhältnis zu seinem Privatleben. Der Titel erweckt einen ziemlich falschen Eindruck: Das Stück ist alles andere als eine Beweihräucherung des männlichen Chauvinismus, sondern vielmehr ein Eingeständnis männlicher Unzulänglichkeit. Er möchte eine »Maid«, weil er dann die Regeln kennt; in wirklichen Beziehungen ist es nie so einfach. Young singt in einer offensichtlichen Anspielung auf Carrie, die weitreichende Interpretationen zuläßt: »I fell in love with the actress / She was playing a part that I could understand.« Ein Mann braucht eine »Maid«, aber das sagt mehr über den Mann aus, als er gern zugeben möchte. Gleichzeitig strebt der Mann nach wie vor eine echte Beziehung unter Gleichgestellten an. »To live a love, you gotta be ›part of‹... when will I see you again?«

Der Song stellt Fragen, die 1972 relevant waren und es heute noch sind. Youngs Live-Interpretationen des Stücks aus dieser Zeit, bei denen er allein am Klavier sitzt, besaßen eine Kraft, die in seinem akustischen Repertoire einmalig war. Mit seiner Erkenntnis, daß eine solche Rauheit auf *Harvest* aus dem Rahmen fallen würde und orchestraler Verhüllung bedürfte, gab er selbst einen äußerst vielsagenden Kommentar zu den Grenzen des Albums.

1972 war eindeutig ein Jahr der Bestandsaufnahme. Als *Harvest* im März herauskam, war Young immer noch weitgehend an die Ranch gefesselt. Auch wenn die Notwendigkeit, seiner Wirbelsäule während der Heilung Ruhe zu gönnen, bereits Grund genug für diese Zurückgezogenheit war, liegt nahe, daß er auch sonst kaum das Bedürfnis verspürt haben wird, sich wieder der Welt zuzuwenden.

Im Gespräch mit Cameron Crowe sagte er 1975, daß er damals das Gefühl hatte, irgend etwas stürbe – ohne genauer zu benennen, was.

Bei einer anderen Unterhaltung vier Jahre später ließ er durchblicken, daß sein Gefühl, mit der Außenwelt in Verbindung zu stehen, geschwunden war. Er hatte erreicht, was er sich für seine Karriere vorgenommen hatte, hatte die »world on a string«, um einen Song aus dem nächsten Jahr zu zitieren – doch wie es darin hieß, »it doesn't mean a thing... it's only real in the way I feel from day to day«. Je mehr ihm die Außenwelt gab, was er zu begehren glaubte, desto stärker äußerte die Innenwelt Zweifel am Wert des Ganzen.

Heart Of Gold mochte die Nummer eins in den Singles-Charts sein, aber wie er Jahre später sagte: »Mir wurde klar, daß ich noch einen weiten Weg vor mir hatte, es würde nicht befriedigend sein, bloß herumzusitzen und mich in dem Ruhm eines Hits zu sonnen. In Wirklichkeit ist es eine ziemlich oberflächliche Erfahrung. Es ist sogar eine ausgesprochen leere Erfahrung. Es ist überhaupt nicht konkret, außer daß es dem Ego schmeichelt, und das ist ein extrem zermürbendes Gefühl.« Er hatte den Eindruck, daß sich um ihn eine Wand aufbaute, die ihn und seine Musik einengte. Zwischen 1972 und 1973 bemühte er sich langsam, aber beständig und in immer bewußterer Weise darum, diesen Prozeß umzukehren und die Wand einzureißen.

Das bedeutet nicht, daß Young die nächsten anderthalb Jahre damit zugebracht hätte, unentschlossen herumzuhocken und über seinen Seelenzustand zu lamentieren, sondern besagt lediglich, daß er sich im Hinblick auf seine Zukunft als Musiker drohender Fallen und der Notwendigkeit, ihnen auszuweichen, nur allzu bewußt war. Unterdessen ging das nach den meisten Maßstäben recht komfortable Alltagsleben weiter. Er und Carrie hatten einander, und sie warteten die ersten acht Monate des Jahres 1972 auf ihr erstes Kind. Am 8. September wurde ihr Sohn Zeke geboren.

Nachdem sich *Harvest* besser verkaufte als sämtliche früheren Alben, würde es in absehbarer Zeit keine Geldprobleme geben. Wenn Young zum Trekking nach Nepal reiste, sich eine hochseetüchtige Yacht kaufen oder eine mehrere hundert Meter umspannende Stereoanlage bauen wollte, so konnte er das tun. Und letzteres tat er auch. Graham Nash erinnert sich, wie er einmal von Young zu einer Ruderpartie auf dessen kleinem See eingeladen wurde und glaubte, sein Gastgeber wolle unter vier Augen mit ihm reden. Weit gefehlt. Mitten auf dem See hob Young den Arm, und nur Sekunden später dröhnte einer seiner Songs in voller Lautstärke aus zwei Richtungen über den

See. Er hatte die Scheune und das Haus als Schallräume für zwei leistungsfähige Lautsprecher genutzt. Als sein Freund Elliot Mazer am Ufer erschien, um zu fragen, wie der Klang käme, brüllte Young zurück: »Mehr Scheune!«

Auch sein Interesse am Filmen nahm einen beträchtlichen Teil seiner Zeit und vermutlich seines Vermögens in Anspruch. Er hatte schon seit mindestens 1971 an einem speziellen Projekt gearbeitet, das als *Journey Through The Past* auf der Leinwand erscheinen sollte. Es ist schwer einzuschätzen, wie klar Youngs Vorstellungen von seinen eigenen Filmplänen waren, zum Teil auch deshalb, weil das Endprodukt sich wesentlich leichter als das beschreiben läßt, was es nicht ist, als das, was es ist. Der Film erhebt nicht den Anspruch, eine Geschichte zu erzählen, weder in fiktiver noch in autobiographischer Hinsicht. Auch war er nicht als Musikfilm konzipiert, obwohl er Konzertausschnitte und einen umfangreichen Soundtrack enthält. Beides kam lediglich aufgrund des Vertrags mit Warner hinzu, die sich nur unter der Bedingung bereit erklärt hatten, den Film mitzufinanzieren, daß sie eine Platte damit verkaufen konnten.

Young stellte den Film irgendwann im Sommer 1972 fertig. Was auch immer sie erwartet hatten – Warner war nicht zufrieden mit dem, was sie bekamen, und beschlossen, die Premiere aufs nächste Jahr zu verschieben (wo sie einen kompletten Rückzieher machten). Sie blieben aber weiter daran interessiert, ein Doppelalbum mit der Filmmusik zu veröffentlichen, obwohl sie nur ein neues Stück enthielt und keine filmische Rechtfertigung hatte. Das war eine unverzeihliche Dummheit, da das Album nur Youngs Ruf schädigen und zugleich Warners zukünftige Profite schmälern konnte. Warum Young sich darauf einließ, ist noch schwerer zu ergründen. Man muß wohl vermuten, daß er sich rechtlich in der Falle sah oder den Kopf mit anderen Dingen voll hatte.

Musik zählte in diesem Jahr wahrscheinlich nicht dazu. Seinen einzigen Live-Auftritt hatte Young am 16. Juli auf dem Mariposa Folk-Festival in Ontario, wo er nur vier altbekannte Songs spielte: *Helpless, Heart Of Gold, Harvest* und *Sugar Mountain*.

Man kann es zwar nicht mit letzter Gewißheit sagen, doch scheint 1972 auch, was das Schreiben neuer Songs angeht, ein mageres Jahr gewesen zu sein. Nur ein Stück ist in den zehn Monaten vor den Proben für die Tournee im November entstanden, nämlich *War Song*, das sich allgemein um das fortgesetzte Engagement der Amerikaner in Vietnam dreht und speziell auf McGoverns Kandidatur bei den Präsidentschaftswahlen von 1972 eingeht. »There's a man says he can put an end to war« lautet der Refrain, und es steht außer Zweifel, daß der Song die besten Absichten verfolgt. Leider gibt es sonst nicht viel Gutes über ihn zu sagen: Der Text ist im besten Fall banal, im schlimmsten plump. »They shot George Wallace down / He'll never walk around« hätte es schwer gehabt, sich auch nur für *Eve Of Destruction* zu qualifizieren.

Musikalisch war der Song noch einfallsloser – eine Art hartnäckiger Trott –, aber das Arrangement nahm den Sound vorweg, den Young in die Time-Fades-Away-Tournee und das dazugehörige Album einbringen sollte: eine Kreuzung aus seinem countrylastigen Stil und der Richtung, die er mit Crazy Horse verfolgte. Der Dialog, den er einst mit Whitten geführt hatte, wurde nun zwischen seiner zornigen elektrischen Gitarre und Ben Keiths traurig-tragischer Pedal Steel wiederaufgenommen.

Als seine Wirbelsäule im Herbst 1972 wieder in Ordnung zu sein schien, beschloß Young, erneut auf Tournee zu gehen. Von seinem kurzen Auftritt in Mariposa im Sommer abgesehen, hatte er sich nun über anderthalb Jahre den Blicken der Öffentlichkeit entzogen. Nun war es Zeit, die Ernte einzubringen, und das in mehr als einer Hinsicht.

Die geplante Tournee war enorm umfangreich, als wollte Young verlorene Zeit wieder aufholen. Er sollte drei Monate unterwegs sein und 65 Städte besuchen, von denen die letzten sieben in Großbritannien lagen. Die Musiker, die er sich als Begleitband aussuchte, waren eine merkwürdige Mischung aus den Stray Gators und Crazy Horse, und später sollten sogar noch Mitglieder von CSN&Y dazustoßen. Eine Rhythmusgruppe aus Nashville, bestehend aus Kenny Buttrey und Tim Drummond, wurde durch Ben Keith an der Pedal Steel und Jack Nitzche am Klavier ergänzt. Die Entscheidung, sich letzteren mit seiner unberechenbaren Art aufzuhalsen, mag nicht zu Youngs klügsten zählen, aber sie scheint nahezu genial im Vergleich dazu, wen er als zweiten Gitarristen und Begleitsänger wählte. Danny Whitten war mittlerweile seit zwei Jahren drogenabhängig und machte es seiner eigenen Band Crazy Horse trotz ihres hervorragenden ersten Albums unmöglich, auf Tournee zu gehen.

Während Young im Herbst 1972 alle zum Proben auf seine Ranch holte, hieß es, Whitten kämpfe hart darum, von den Drogen loszukommen, und die Entscheidung, ihn dazuzubitten mag durchaus in der Hoffnung gefällt worden sein, diesen Prozeß zu unterstützen. Trotzdem war es keine reine Wohltätigkeit: Young hatte vermutlich von der Zusammenarbeit mit Whitten mehr profitiert als von anderen, Stills eingeschlossen, und für die bevorstehende Tournee brauchte er an Gitarre und Gesang ganz dringend Begleitung von der Qualität, wie sie Whitten vor seiner Drogensucht liefern konnte.

Die Gerüchte von der Genesung seines Freundes stellten sich leider als etwas übertrieben heraus. Whitten war zwar vom Heroin losgekommen, nahm aber zum Ausgleich Unmengen anderer Drogen, die ihn ebenso arbeitsunfähig machten. Als Mitte November die Proben begannen, konnte er weder spielen, was verlangt war, noch sein Versagen in vollem Umfang erkennen. Von einem Stück ins andere zu verfallen, ohne es zu merken, war keine akzeptable musikalische Ebene. Der betrübte Young tat das einzig Mögliche: Er warf ihn hinaus. Whitten wurde mit einem Flugticket und fünfzig Dollar zum Flughafen gebracht: Zurück in L. A., legte er das Geld in einer Dosis reinen Heroins an. Er starb noch in derselben Nacht.

Young war natürlich wie vor den Kopf geschlagen – und vielleicht mehr als das. Er hatte Whitten als Mensch sehr gern gehabt, und sein Tod ließ ihn lange trauern. Doch anscheinend erlebte Young Whittens Tod als Symptom für einen größeren Verlust, der eine Trauer ausgelöst hatte, die sich, auch wenn sie nicht so persönlich und bedrückend war, noch schwerer zerstreuen ließ. 1985 erzählte er Adam Sweeting, daß Whittens Tod für ihn »für vieles stand, was damals ablief. Es war, als müßte man für die Freiheit der Sechziger, die freie Liebe, die Drogen und alles bezahlen... es war der Preis. Hier hast du die Rechnung...« Als Sweeting ihn fragte, ob er sich schuldig fühlte, weil er andere in so selbstzerstörerischem Verhalten ermutigt hatte, bejahte Young: »Ich fühlte mich nicht sehr schuldig, aber ein bißchen schon.«

In dieser seelischen Verfassung setzte Young die Vorbereitungen für die Tournee fort und beschloß aus Gründen, die begreiflich, aber nicht unbedingt vernünftig waren, Whitten nicht zu ersetzen. Nur wenige Wochen später erschien das Soundtrack-Album *Journey Through The Past*, und die Kritiken waren nicht gerade dazu angetan, ihn aufzuheitern. Der Film wurde immer noch unter Verschluß gehalten, das

Album war kaum mehr als eine Sammlung von Youngs Ausschußprodukten mit ein paar Kuriositäten – Passagen aus Händels *Messias* und
Let's Go Away For Awhile von den Beach Boys – als Gratisdreingaben. Das einzige neue Stück *Soldier* zählte zu Youngs schlechtesten:
ein Nichts von einer Melodie vereint mit einem Text, der nur einen
Hauch besser war als der von *There's A World*.

Im Schlepptau von *Harvest*, das trotz seiner musikalischen Schwächen immerhin ein neuer Anfang gewesen war, nahm sich *Journey
Through The Past* wie eine einzige unverschämte Geldschneiderei aus:
die gleichen alten Songs, oft schlechter gespielt als zuvor, zum Preis
eines Doppel-Albums. Das ganze Paket hinterließ einen schalen Geschmack und machte den Erfolg der bevorstehenden Tournee um so
unerläßlicher.

Zunächst gab es keinen Grund, an diesem Erfolg zu zweifeln.
Sämtliche riesigen Arenen waren sofort ausverkauft, als sei die Nachfrage nach Young während seiner langen Abwesenheit ständig gestiegen. Die Besucher der ersten Konzerte gingen mehr als zufrieden nach
Hause, nachdem sie in den Genuß eines akustischen Sets gekommen
waren, der viele der Songs enthielt, die *Goldrush* und *Harvest* so
beliebt gemacht hatten, und einen elektrischen Set erlebt hatten, den
ein Kritiker »unbeschreiblichen, wahnsinnig lauten, überragenden
Rock 'n' Roll« nannte.

Es sollte nicht von Dauer sein. Youngs Kehle war von Anfang an in
schlechtem Zustand gewesen, und ohne gesangliche Unterstützung,
die ihm einen Teil der Last abnehmen konnte, wurde es immer schlimmer. Im letzten Drittel der Tournee hatte er seine Stimme nicht mehr
unter Kontrolle, was dazu führte, daß sein Gesang häufig nicht viel
mehr war als eine Reihe heiserer Schreie.

Der anfängliche Erfolg der Tournee forderte auch seinen Tribut von
der Solidarität innerhalb der Truppe. Angesichts des ganzen Geldes,
das in greifbare Nähe gerückt zu sein schien, verlangten alle mehr,
sowohl die Roadies als auch die Band. Young, der es gewohnt war,
diese Leute als seine Freunde zu betrachten, scheint nicht gewußt zu
haben, wie er darauf reagieren sollte. Nachdem schon der schwarze
Schatten von Danny Whittens Tod über der Tournee schwebte – und
jedesmal mitten auf der Bühne stand, wenn *The Needle And The
Damage Done* oder *Don't Be Denied* gespielt wurde – und Young auf
ein Jahr zurückblickte, in dem er besorgt die Kosten seines Erfolgs

erwogen hatte, mußte er nun mit ansehen, wie Menschen, die er gut zu kennen glaubte, aufgrund der Gier nach ein paar Dollar mehr unangenehm wurden.

»Das brachte ihn gegen alles auf«, sagte Elliot Roberts. Der schlechte Zustand seines Rachens war Grund genug, nicht zu sprechen; das Gefühl, verraten worden zu sein, machte ihn noch unnahbarer und paranoider. Sogar die Musik hatte nachgelassen: Aufgrund irgendeiner perversen Laune des Schicksals war die Band bei den Soundchecks stets in der Lage, das zu spielen, was Young wollte, aber nicht während der Konzerte selbst.

Er erfüllte die Geldforderungen, und die Tournee ging weiter – allerdings ohne Kenny Buttrey, für den die ganze Erfahrung zu anstrengend geworden war, und weitgehend ohne die kameradschaftliche Stimmung, mit der alles begonnen hatte. Young begann, viel zu trinken, und die Auftritte wurden holperiger, mitunter aber auch ungeschminkter und fesselnder. Das Publikum war ihm während des akustischen Teils zu laut und während des elektrischen zu ruhig. Er fing an, seine Zuhörer anzubrüllen, sie sollten aufwachen.

Die Tournee brauchte unbedingt einen Schuß gute Laune, um am Leben zu bleiben, und so rief Young auf dem Weg nach Westen ein paar alte Freunde an. Im März stieß Linda Ronstadt dazu, und Crosby und Nash – zu denen Young im Oktober des Vorjahres auf die Bühne gestiegen war – schlossen sich für die letzten drei Wochen an. Sie spielten Rhythmusgitarre und lieferten die so dringend benötigte stimmliche und moralische Unterstützung.

Die beiden Männer hatten allerdings ihre eigenen Probleme: Crosbys Mutter lag im Sterben, und Nashs Freundin war soeben von ihrem Bruder umgebracht worden. Es war die Gelegenheit für das Kleeblatt, sich daran zu erinnern, warum sie einander mochten und brauchten, und da keine Zweifel daran bestanden, wer das Heft in der Hand hatte, gab es für sie keinen Anlaß, erneut festzustellen, warum sie es oft als so unmöglich empfunden hatten, zusammenzuarbeiten. Stills, der sich laut darüber wunderte, warum er nicht angerufen wurde, zeigte sich damit extrem unaufrichtig. Er war noch nie der geborene Hintergrundmann gewesen.

Crosby fand in Jack Nitzche schnell den Bösewicht, aber einem einzigen die Schuld für die Probleme der Time-Fades-Away-Tournee anzulasten, war, als würde man einen einzigen amerikanischen General für den Krieg in Vietnam verantwortlich machen. Niemand war ohne Schuld. Gier, Arroganz und mangelnde Selbsterkenntnis hatten gemeinsam dazu beigetragen, daß die Tournee für alle Beteiligten zu einer unbefriedigenden Erfahrung wurde.

Sie endete abrupt und auf eine Weise, die zu den vorherigen Problemen paßte. »Es war im Oakland Coliseum«, erzählte Young ein Jahr später seinem Publikum im Bottom Line in New York. »Ich sang gerade vor mich hin ›Southern Man, better keep your head, don't forget what the good book said‹, und ein Typ in der ersten Reihe, er war nicht weiter von mir weg, als ihr es jetzt seid, sprang auf und rief: ›Ja, toll, weiter so!‹, und ich spürte wirklich, daß er gut drauf war. Und auf einmal marschiert dieser schwarze Bulle auf ihn zu, und ihr hättet sehen müssen, wie er ihn anschaute, er zermalmte ihn einfach. Da zog ich den Stecker meiner Gitarre raus, legte sie auf den Boden, stieg ins Auto und fuhr heim…« Später erzählte er Ray Coleman: »Es war, als sähe ich mich selbst im Fernsehen und jemand hätte den Stecker aus der Steckdose gezogen, an der ich spielte, aber ich konnte nicht glauben, was ich gerade gesehen hatte. Ich war wie abgeschnitten. Dann bin ich dort abgehauen und hab mich gefragt: ›Was soll das?‹«

Im selben Interview blickte er nicht ganz objektiv auf die ganze Tournee zurück. Sein Ego war durch die riesigen Zuschauermengen verwöhnt worden, aber es war schwer, mit 20 000 Menschen eine sinnvolle Kommunikation aufzubauen. Er wollte die Menschen sehen, für die er spielte. In Zukunft würde er sich wieder mit kleineren Scharen begnügen, für ein tiefergehendes Erlebnis. Im Hinblick auf die Last des Erfolgs und deren Bewältigung erklärte er Coleman: »Ich bin immer noch unterwegs, suche mir meinen Weg nach Gefühl. Ich bin immer noch nicht am anderen Ende rausgekommen, und tot bin ich auch noch nicht. Ich muß weiterleben, ich selbst sein, echt.«

Es ist fraglich, ob die Ranch für Young noch immer ein sorgenfreier Zufluchtsort vor den mit seiner Karriere als Musiker einhergehenden Problemen war. Die Beziehung zu Carrie, die sich während der seinem Rückenleiden geschuldeten Abgeschiedenheit offenbar gut entwickelt hatte, zeigte bald, nachdem er wieder ins Berufsleben zurückgekehrt war, Zeichen der Belastung.

Ebensowenig fand er Trost durch einen etwaigen Filmerfolg. Nachdem ihn Warner im Stich gelassen hatte, hatte Young schließlich einen anderen Verleih aufgetan. Eine Unmenge Zeit verstrich, bis er alle Genehmigungen für das ganze Bild- und Musikmaterial bekam. Nervös wartete er dann auf die Premiere, die schließlich am 18. April 1973 im Rahmen des Filmfestivals von Dallas stattfand.

Journey Through The Past war achtzig Minuten lang und hatte 350000 Dollar an Produktionskosten verschlungen. Die Hauptfigur wird durchgängig als »der Absolvent« bezeichnet und wandert im Film durch das Amerikabild des Regisseurs. Dabei wird er zusammengeschlagen und in der Wüste ausgesetzt, schaut einem Junkie beim Spritzen zu und hält den Zuschauern unter einer Autobahnbrücke fröhlich eine Vorlesung über Umweltschutz: »Also, Leute, versteht ihr, die alten Autos wieder herrichten, statt neue zu bauen.« Die meist unsichtbaren Schurken sind die Standardbösewichter der Sechziger: Großindustrie, Militär und Kirche. Es hat den Anschein, als sei Young über letztere erboster als die meisten seiner Zeitgenossen. Die berittenen Kapuzenmänner, die am Strand entlang auf die Kamera zukommen, waren bereits vom Cover des Soundtrack-Albums bekannt; im Film fungieren sie als immer wiederkehrender Traum oder Alptraum, optisch eindrucksvoll, aber ohne Sinnzusammenhang.

Das gleiche läßt sich von der gesamten Produktion sagen. Sie steckt voller guten Ideen und interessanter Bilder, ist mitunter – erstaunlich für diejenigen, die Young mittlerweile als grübelnden Griesgram betrachteten – ungemein witzig, aber ihr fehlt, von Youngs inneren Überlegungen abgesehen, ein roter Faden. Doch genau das hatte er beabsichtigt. So machte er gern Musik, und so wollte er auch Filme machen – spontan, im Vorbeigehen, ohne die Zwangsjacke eines Drehbuchs. Wenn auch die Stärken eines solchen Ansatzes in *Journey Through The Past* in gewissem Maße durchschimmern, fallen doch die Schwächen mehr ins Auge.

Young selbst sagte: »Ich habe nur ein Gefühl erzeugt. Es ist schwer zu sagen, was der Film bedeutet.« Doch der Urheber eines Films sollte eine genauere Vorstellung von seinem Werk haben. Filme sind keine Songs, und die Art von Kreativität, die drei Minuten füllt, reicht nicht unbedingt für achtzig Minuten aus.

Manche Kritiker ließen Milde walten und wollten den Film als Beleg für Youngs Schaffenskraft verstehen anstatt als etwas an sich Bedeutsames. Es war, so fanden sie, ein guter Erstversuch. Andere waren weniger zuvorkommend, aber Young tat sich selbst keinen Gefallen, wenn er wirklich – was er behauptete – glaubte, daß die negative Reaktion die Methode der Filmleute war, ihn auf Distanz zu halten. Es klang vernünftiger, als er sagte: »Er war nicht zur Unterhaltung gedacht. Ich gebe zu, daß ich ihn für mich selbst gemacht habe.«

Ebensoviel Glück wie Talent hatte ihm dazu verholfen, daß seine Musik die Musik war, die auch viele andere hören wollten. Leider galt Entsprechendes nicht für seine Filme.

Sein zweites kreatives Produkt in diesem Jahr war ein Live-Album, das überwiegend auf der soeben zurückliegenden Tournee aufgezeichnet worden war. Young sollte später behaupten, »der einzige Trost« an *Time Fades Away* wäre, »daß es wirklich widerspiegelte, wo ich damals stand«, doch obwohl es wahrlich kein gutes Album war, sprach noch einiges andere dafür.

Der erste Titel erzählt bereits ein Drittel der Geschichte. Von einem munteren Klavier unterlegt, liefert Young mit rauher und müder Stimme eine aus den Fugen geratene Wochenschau über Junkies, Präsidenten und »riding subways through a haze«. Im Refrain ermahnt ein Vater seinen Sohn ernsthaft, um acht nach Hause zu kommen – kaum eine angemessene Reaktion auf die in den Strophen beschriebenen Gefahren. Sollte Young hier zu erläutern versuchen, daß zuviel Disziplin in jungen Jahren zu einem Mangel an Disziplin im späteren Leben führt, so stellt er das reichlich ungeschickt an.

Zwei weitere Songs schlagen in diese zornige, anklagende Kerbe: *Yonder Stands The Sinner* und *The Last Dance*. Der erste, dem es irgendwie gelingt, gleichzeitig spöttisch zu sein und sich selbst auf den Arm zu nehmen, Selbsthaß und Selbstgerechtigkeit zu äußern, bietet einen noch komischeren Gesangspart und eines der wenigen Gitarrensoli auf dem Album. Der letztere, fast genau zehn Minuten lang, hat einen grotesken, nahezu beleidigenden Text, in dem Young seine Zuhörer im Stil von Peter Fonda bedrängt, ihre öden Büroexistenzen aufzugeben, um dann, *wann* sie wollen, das zu tun, *was* sie wollen. Das Stück wird durch die Musik gerettet, da Ben Keiths Pedal Steel im Zusammenspiel mit Youngs Gitarre eine großartige Wirkung erzielt. Gerade der Gegensatz zwischen der aggressiven Wut der Gitarre und der passiven Traurigkeit der Pedal Steel verleiht dem ganzen Album Farbe und Persönlichkeit.

Weiter finden sich drei Balladen, von denen zwei – *Journey Through The Past* und *The Bridge* – ziemlich unfertig wirken. Ersteres Stück, das wenigstens noch eine gute Melodie aufweist, spricht vom Verlust seiner kanadischen Wurzeln und Freunde im Bezug zu seiner neuen Heimat. *The Bridge*, inspiriert von Hart Cranes gleichnamigem Gedicht, ist ein weiteres Exemplar von Youngs »Langstreckensongs« für diejenigen, die die Welt haben wollten, und zwar sofort. Beide sind nett, aber keiner ist besonders bemerkenswert.

Den Kern des Albums bilden drei Songs. *L. A.*, vier Jahre zuvor geschrieben, drückt Youngs Haßliebe zu dieser Stadt in einzigartiger Form aus, indem er ein erwartetes Erdbeben reserviert begrüßt. Seine Leadgitarre kocht wütend vor sich hin, während Ben Keiths Pedal Steel anmutiges Jammern durch die zukünftige Landschaft, den »Ozean voller Bäume«, streichen läßt.

Love In Mind ist lediglich hundert Sekunden lang, wirkt aber im Gegensatz zu den anderen Songs auf dem Album voll ausgereift. »Ich habe ständig von unterwegs dieses Mädchen angerufen«, erzählte er dem Publikum in der Londoner Royal Festival Hall. Er war in sie verliebt, obwohl sie sich nie persönlich begegnet waren. »Ich telefonierte andauernd mit ihr, meistens spät in der Nacht wegen des Zeitunterschieds. Und wenn ich dann morgens aufwachte, fühlte ich mich sehr wohl.«

Der Song verbreitet das Gefühl von Frieden und erhebt sich über religiöse Heuchelei und die kulturell bedingte Unterdrückung natürlicher Gefühle, bis er dort ankommt, wo seine »love still shines«. »I've got nothing to lose I can't get back again«, singt er, und angeblich geht es um das Risiko, sich selbst in der Liebe hinzugeben, obwohl die Zeile sich genauso auf den vom Ruhm angerichteten Schaden übertragen läßt.

Das autobiographische *Don't Be Denied* ist, auch wenn es musikalisch nichts Neues bietet, mit Abstand der beste Song auf dem Album. Im Schatten von Danny Whittens Tod geschrieben, wird er vier Strophen lang immer intensiver, wobei das wuchtige Gitarrenriff jede einzelne mit einem Knall abschließt wie die mit Ketten verschlossene Tür zur Vergangenheit in *Helpless*. Youngs Stimme reibt sich mit erschütternder Eindringlichkeit an der Geschichte und wiederholt andauernd die einzige Zeile des Refrains: »Don't be denied« – wie ein hart erkämpftes Mantra. Laß dich nicht abweisen, weder von einer zerrütteten Familie noch von Schlägertypen in der Schule, noch von unmöglichen Träumen. Laß dich nicht von Reichtum und Ruhm abweisen oder davon, »to be a millionaire in a businessman's eyes«. Letztendlich ist doch allein wichtig, sich selbst treu zu bleiben. Wie in *Love In Mind* geht es in *Don't Be Denied* darum, im Dreck zu wühlen, um herauszufinden, wer man wirklich ist und was wirklich von Belang ist.

Inzwischen hatte Young erkannt, was ihm im Weg stand. Anderthalb Jahre nach *Harvest* waren Reiz und Begeisterung geschwunden und mit ihnen jegliche dauerhafte Selbstzufriedenheit. Die in *A Man Needs A Maid* und *Words* ausgedrückten Zweifel hatten sich vervielfältigt; das Land hatte – weit davon entfernt, eine Antwort zu liefern – die Probleme nur in eine hübschere Umgebung verlegt. *Alabama* war innen wie außen. Falls es je Hoffnung gab, daß sich die Welt geradebiegen ließe, so war sie nun geschwunden.

Time Fades Away dokumentiert den notwendigen Bruch mit seiner Vergangenheit, vergleichbar einem Wandel im musikalischen Geschmack. Es mag zum großen Teil ein glanzloses Werk mit einem manchmal quälend gereizten oder ärgerlichen Tonfall sein, aber nur wenige Alben haben Selbstzweifel, Schuld und Reue mit so hartnäckiger Entschlossenheit erforscht. Young selbst berichtete Jahre später davon, ein paar Leute hätten ihm erzählt, wie sehr ihnen das Album gefiel. Laut eigener Aussage konnte er »sie nur anstarren«, und er fügte lachend hinzu, daß »mir das nicht viele gesagt haben«.

Nach der Time-Fades-Away-Tournee hatte Young vermutlich nicht gerade das Bedürfnis, noch mehr Zeit in der Gesellschaft der Stray Gators zu verbringen, und da Crazy Horse infolge von Whittens Tod nur noch eine Rhythmusgruppe war, schien es eher unwahrscheinlich, daß er in absehbarer Zeit wieder mit ihnen zusammenarbeiten würde. Im Frühling kamen die Gerüchte einer Wiedervereinigung von Buffalo Springfield auf. Die anderen waren dazu bereit, akzeptierten jedoch, wie Furay es ausdrückte, daß »Neil es nicht nötig hat«. Außerdem schien er offensichtlich nicht zu wollen.

Eine Wiedervereinigung mit Crosby, Stills und Nash lag eher im Bereich des Vorstellbaren. Young war Crosby und Nash zweifellos dankbar für die kürzlich geleistete Unterstützung, und er und Stills beflügelten sich wie stets gegenseitig in ihrer Musik. Und, erstaunlich genug, stellte sich heraus, daß sie alle vier in der ersten Junihälfte Urlaub auf Hawaii machen wollten. Nash berichtete: »Es war also ein glückliches Zusammentreffen, und wir hatten alle gute Songs im Gepäck, die wir gewissermaßen für CSN&Y aufgespart hatten.«

Auf den Inseln probten sie auf Crosbys Boot und in dem Haus, das Nash auf Maui gemietet hatte. Young hatte ein neues Stück mit einer eingängigen, sogar flotten Melodie geschrieben, die den Text, in dem es um Verlust und Verrat ging, überdeckte. Sein Name war wie für ein Album geschaffen, und so wählten sie *Human Highway* zum vorläufigen Titelsong für die neueste Produktion in CSN&Ys bittersüßer Geschichte.

Unter den anderen Songs, die in Betracht gezogen wurden, waren *Time After Time* und *Homeward Through The Haze* von Crosby; *Wind On The Water, Prison Song, And So It Goes* und *Another Sleep Song* von Nash; *You'll Never Be the Same, My Angel, See The Changes* und *As I Come Of Age* von Stills und *Hawaiian Sunrise, Sailboat Song* (später unter dem Titel *Through My Sails* bekannt), *New Mama* und *Mellow My Mind* von Young.

Sie hatten sogar schon ein Foto für das Cover, aufgenommen von Nash, auf dem die vier in Freizeitkluft zwischen Palmen, Meer und Himmel posieren. Die Manager bei Atlantic hörten vermutlich schon aus der Ferne Millionen von Registrierkassen klingeln.

Doch es war nur ein Echo. Tim Drummond und Johnny Barbata wurden auf Youngs Ranch beordert, doch als sich die vier Hauptfiguren dort wieder eingefunden hatten, war die Stimmung umgeschlagen. Wie ein reizbarer Haufen, der einen nicht zu fassenden Flüchtigen jagt, schafften sie es zwar, Fassungen von *See The Changes, Human Highway, And So It Goes* und *Prison Song* einzuspielen, doch dann begannen die Streitigkeiten. Sollten sie zuerst auf Tournee gehen, sich einspielen und dann das Album fertigmachen? Oder sollten sie erst das Album fertigstellen und dann losziehen? Natürlich endete es damit, daß sie keines von beidem taten. Jeder war wütend auf alle anderen, konstruktive Kritik wurde unmöglich, und wie es Nash schneidend zusammenfaßt, »wurde alles zu einem Haufen Scheiße«.

Da sich das alles auf Youngs Ranch abspielte, ließ sich der zweite Hauptsatz der Rock-Dynamik – »In einem Zustand potentieller Anarchie greift Stills nach der Führung, und Young verschwindet« – nur schwer anwenden, aber möglich war es doch. Wie sein Vater erzählt, war Young auf dem Weg zu einer Session – vermutlich in einer anderen Ecke seiner Ranch –, als plötzlich David Briggs auftauchte, der während der vergangenen Jahre in Kanada festgesessen hatte und schon vermißt wurde. Laß uns nach L. A. fahren und Rock 'n' Roll spielen, schlug Young vor, und das machten sie. Was Crosby, Stills und Nash davon hielten, läßt sich nur vermuten.

Es wäre eine tolle Szene für den Schluß eines Dokumentardramas gewesen. Vielleicht hätte Young seine filmischen Ambitionen mehr auf die Richtlinien von Dozenten für kreatives Schreiben stützen und sich an das halten sollen, was er kannte. Hätte er während des jüngsten CSN&Y-Wirrwarrs die Kamera draufgehalten, wäre womöglich ein phantastischer Film herausgekommen.

Obwohl Young vermutlich ziemlich bestürzt darüber war, daß es CSN&Y ein weiteres Mal nicht geschafft hatten, sich wie erwachsene Menschen zu benehmen, hatte er andere, deprimierendere Probleme. Da war zum einen die kühle Aufnahme seines Films, und zum anderen wurde das Zusammenleben mit Carrie immer schwieriger. Der Nachgeschmack der Time-Fades-Away-Tournee lag ihm vermutlich immer noch auf der Zunge. Und nach wie vor warf die Art, wie Danny Whitten umgekommen war, einen Schatten auf Youngs Leben und seine Musik.

Als er in L. A. ankam, mußte er feststellen, daß Bruce Berry, Roadie und Freund von CSN&Y, Danny Whitten in einen frühen Tod nachgefolgt war. Ob Young sich in irgendeiner Form für seinen Tod verantwortlich fühlte, konnte außer ihm selbst niemand wissen, doch legen einige Elemente seiner Bühnenshow auf der Tonight's-The-Night-Tournee nahe, daß er zumindest einen Zusammenhang spürte. Auf jeden Fall hat Berrys Ableben bestimmt den Schmerz über Whittens Tod wieder wachgerufen.

Youngs erste Reaktion bestand darin, seine Gefühle durch die Methode auszudrücken, die er am besten beherrschte. Wie ein Blinder, der nach dem Vertrauten greift, versammelte er Nils Lofgren, Ben Keith und die Überreste von Crazy Horse und versuchte, Klartext zu reden. Unter dem Namen Santa Monica Flyers traten Young und die Band am 11. und 12. August mit Joni Mitchell und den Eagles im Corral Club im Topanga Canyon auf und spielten dann gemeinsam im Proberaum von Studio Instrumental Rentals, das Bruces Bruder Ken gehörte, weiter. Als er fand, daß sie soweit waren, mietete Young ein mobiles Aufnahmestudio in einem Lastwagen.

Da nun der Rumpf von Crazy Horse zum ersten Mal seit Whittens Tod versammelt und Berrys Bruder mit von der Partie war, hielten sie für die beiden Opfer eine irische Totenwache ab. Sie spielten ihnen, so Young, auf ihrem Weg ein Ständchen. Sie tranken eine Menge – Young vorwiegend Tequila – und rauchten viel. Ihr Ziel war, »bis ganz an die Grenzen zu kommen«, wo sie spät in der Nacht meist auch anlangten. Das konnte zwar heißen, daß es ihnen schwerfiel, als Musiker zu agieren (wie das Album zeigen sollte, bedeutete es oft nichts anderes als das), aber dafür wären sie eben »ganz offen«, und das war wichtiger. Gefühl und Inspiration hatten sie im Überfluß. »Wir wußten, wie wir es machten, war es anders«, sagte Young später. Alles passierte live, »alle sangen und spielten gleichzeitig. Die Songs, die wir im SIR einspielten, wurden nicht mehr neu abgemischt. Genauso haben es die alten Bluesleute gemacht. Es war wirklich echt.« Obwohl er sonst stets berechnend war, schien Young dieses Mal alles laufen lassen zu wollen.

In einer Nacht spielten sie fünf Songs ein – *Tonight's The Night*, *World On A String*, *Mellow My Mind*, *Speakin' Out* und *Tired Eyes* –, einen nach dem anderen und unter betrunkenem Geschwafel zwischen den Songs, während das Band weiterlief. *Roll Another Number For The Road*, *Albuquerque*, *New Mama* und eine zweite Version von *Tonigh's The Night* wurden in anderen Nächten aufgenommen.

Neun Songs über Drogen und Musik, Liebe und Tod. Für die Beteiligten war dies eine Art Teufelsaustreibung – das ist schließlich genau der Zweck von Totenwachen. Ob dieses chaotische Ausschütten von Gefühlen sich in etwas verwandeln ließ, woran eine Plattenfirma interessiert sein könnte, war eine andere Frage.

Young machte sich an die Arbeit. Er hatte eigentlich nicht einmal genug Material für ein Album zusammen, jedenfalls nicht mehr als dreißig Minuten. Irgendwoher mußte er noch mehr Songs bekommen, die außerdem den Zweck erfüllen sollten, den schonungslosen Schmerz der bereits vorliegenden neun zu durchbrechen. Das hielt Young für unerläßlich, wenn das Album für seine Mitmenschen und für Manager von Plattenfirmen halbwegs hörbar sein sollte. Er »mußte die Färbung verändern, damit es nicht so düster war, daß es die Leute aus der Ruhe brachte«.

Zur Auflockerung wählte er *Look Out Joe*, eine Ballade über Krieg und Drogen, an der Whitten kurzzeitig mitgearbeitet hatte, bevor er im November des Vorjahres gefeuert worden war, *C'mon Baby Let's Go Downtown*, ein Stück über Drogenhandel, das auf der Crazy-Horse-Tournee von 1970 mit Whitten als Leadsänger live aufgezeichnet worden war, und *Borrowed Tune*, das beschreibt, wie Ruhm und Reichtum an einem zehren. Wenn das die bittere Pille versüßen sollte, war Vietnam ein Kinderspiel.

Die SIR-Aufnahmen mußten neu abgemischt werden, da die Sänger die Hälfte der Zeit dermaßen geschwankt hatten, daß sie an den Mikrophonen vorbeisangen. Außerdem mußte das ganze betrunkene und bekiffte Geschwätz herausgeschnitten werden. Rückblickend sollte Young sogar diese korrigierenden Eingriffe bedauern, doch angesichts der Umstände – *Journey Through The Past* war durchgefallen, und *Time Fades Away* hatte kein besseres Schicksal zu erwarten – blieb ihm vermutlich keine andere Wahl.

Die Geschichte des Lebens und Sterbens von Bruce Berry, wie sie in den beiden Versionen des Titelsongs erzählt wird, bildet Anfang und Ende von *Tonight's The Night*. Im einen Moment hatte der Roadie noch Lieder gesungen und auf Youngs Gitarre geklimpert, »real as the day was long«, im nächsten Moment war er tot wie Danny Whitten, »out on the mainline«. In den zehn Songs dazwischen versucht Young, sein eigenes Verhältnis und das anderer gegenüber einem Geschäft, einer Lebensform und einer breiten Kultur zu bestimmen, die eine solche Selbstzerstörung begünstigt. Die uneinheitliche Musik holpert durchgängig und bricht vor Erschöpfung fast zusammen.

Speakin' Out beginnt mit einem Energieausbruch von Klavier und Gitarre, wirkt aber völlig ausgepumpt, noch bevor die erste Strophe zur Hälfte vorüber ist. Young hofft, daß die Liebe ihn durchbringen wird, daß er aber das »Notizbuch« hinter den Augen seiner Partnerin erwähnt, spricht nicht gerade von großem Vertrauen in seinen eigenen Optimismus. Ruhm und Reichtum sind offenbar keine Hilfe, wie der brüchige Gesang und dessen einleuchtende Botschaft im nächsten Stück mehr als deutlich machen. Die »world on a string doesn't mean a thing« – so einfach ist das.

Und es macht so einsam. In *Borrowed Tune*, mit schmerzhafter Intensität nur zu Klavierbegleitung gesungen, sieht er sich allein,

127

eingeschlossen, weit weg von anderen. »I'm climbing this ladder«, singt er, »hoping it matters.« Die Stimme und das zentrale Bild eines zugefrorenen Sees legen nahe, daß dem nicht so sein wird. Es ist ein friedliches Land, aber »shaking hands grab at the sky«. Kein Frieden ist wie der Wahnsinn, scheint der Song zu sagen, aber im Wahnsinn liegt überhaupt kein Frieden.

Das Album steigt aus der Verzweiflung empor und in die Drogeneuphorie von *C'mon Baby Let's Go Downtown*; toller Rock 'n' Roll mit einem Nachklang: Der verstorbene Danny Whitten singt »sure enough, they'll be selling stuff when the moon begins to rise«. In diesem Kontext wirkt seine Interpretation wie ein Messerstich, und danach bleibt Young nur noch eine einzige Zuflucht: der Kater in *Mellow My Mind* – und der am schmerzlichsten falsch gesungene Gesangspart auf dem ganzen Album.

Die zweite Seite jongliert mit den gleichen Themen. In *Roll Another Number For The Road* stellt Young die Hoffnungen von Woodstock der Wirklichkeit gegenüber und räumt ein, daß er »been standing on the sound of some open-hearted people going down«. Jeder, der an dem Spiel teilnimmt, trägt eine gewisse Verantwortung dafür, wie es gespielt wird, und dafür, daß es überhaupt gespielt wird. In *Albuquerque* sehnt er sich danach, allein zu sein, unabhängig von der Szene, die ihm vertraut ist, aber er weiß, daß das unmöglich ist, daß sein Verlangen, irgendwo zu sein, wo man ihn nicht kennt, sich innerhalb der Regeln dieses Spiels kaum verwirklichen läßt.

New Mama, in dem er die Geburt seines Sohnes feiert, schafft es beinahe, die Wolken zu vertreiben, doch im Kontext des Albums kann eine Zeile wie »I'm living in a dreamland« nur zweideutig erscheinen. *Look Out Joe* und *Tired Eyes*, zwei Stücke, in denen Young seinen Blick nach außen wendet, bieten ein wenig Entspannung von der Selbstzerfleischung, doch nur vorübergehend. »He tried to do his best, but he could not«, klagt der Sänger, und die Zeile ist das Requiem für Danny, für Bruce, für Freunde und Kollegen, für alle, die sie haben sterben lassen, für den ganzen gottverdammten Zirkus. Und damit wären wir wieder dort, wo wir angefangen haben: »Tonight's the night...«

T. S. Eliot war der Meinung, die Menschheit könnte nicht allzuviel Wirklichkeit ertragen, aber siebzig Jahre nach *Das wüste Land* wäre ein glücklicher Zufall nicht schlecht. *Tonight's The Night* hat kathartische Wirkung, da das Album die Wirklichkeit bis auf die blanken Knochen bloßlegt, und zwar nicht mittels blindwütig tobender Gefühle oder der Macht der Vernunft, sondern indem es sich an die Stelle im Inneren richtet, wo Denken und Fühlen ununterscheidbar werden. Die Musik ist ebenso voller menschlicher Fehler wie die Leben, die sie feiert und beklagt. Und an einem guten Tag kann das Gefühl für das, was echt ist, selbst zur Therapie werden.

Die Plattenfirma fand schrecklich, was sie zu hören bekam, und weigerte sich, eine Veröffentlichung des Albums überhaupt in Erwägung zu ziehen, aber schließlich konnte niemand Young daran hindern, damit auf Tournee zu gehen. Elliot Roberts kann nicht allzu scharf darauf gewesen sein, speziell diese Tournee ins Rollen zu bringen, und Youngs Vater zufolge suchte er die kleinsten und unbedeutendsten Hallen aus, die er finden konnte, doch wenn das stimmt, so wurde er bezüglich der Londoner Royal Festival Hall kraß fehlinformiert.

Der Abend des 20. September war sowohl der Beginn der Tournee als auch die Eröffnung des ersten Auftrittsortes, des Roxy-Theaters in L. A. Die Eigentümer, die Rockmagnaten Lou Adler und David Geffen, hatten sich wahrscheinlich zufrieden in die Hände gerieben, als sie sich Neil Young für den ersten Abend des Roxy sichern konnten; allerdings konnten sie sich nicht lang an ihrem Triumph erfreuen. Die kaum beleuchtete Bühnendekoration bestand aus einer mottenzerfressenen Palme, einem Holzindianer und einem Konzertflügel, von dem eine Reihe Stiefel herunterhing. Der Boden war mit Radkappen übersät.

Die Band spielte neun neue Songs von den SIR-Sessions und bot als großzügige Zugabe noch *Cowgirl In The Sand*. Weder *Heart of Gold* noch *Helpless* – keine würdevolle Trauer, die den Schmerz hätte verhüllen können. Im Gegenteil: Young schien eher darauf aus zu sein, ihn zu ersäufen. Sein eigener Getränkekonsum stieg langsam ins Ungeheuerliche, und eines Abends beschloß er, sein Vergnügen zu teilen, indem er dem ganzen Publikum eine Runde Drinks anbot. Adler und Geffen waren nicht erfreut.

Für jeden Song, der wirklich von innen kommt, gilt, daß eines Tages das Gefühl geschwunden ist, das ihn ursprünglich inspiriert hat, und es wieder hervorzurufen, ist eine Frage der Interpretation, nicht nur der einfachen Selbstdarstellung.

Das betrifft auch das Gesamtkonzept von *Tonight's The Night*. Ursprünglich ein Erguß von Kummer, Wut und anderen stark emotionalen Reaktionen auf spezielle Ereignisse sowie auf einen ganzen Lebensstil, wurde es langsam zu einer Art von Theater. Später sollte Young behaupten, er hätte sich neben sich selbst gestellt, um das Album zu machen. »Jeder Song wurde aufgeführt«, erzählte er Bud Scoppa. »Ich schrieb die Songs, die die Situationen beschrieben, und dann wurde ich zur Verlängerung dieser Situationen und führte sie auf. Es war, als wäre ich Schauspieler und hätte ein Drehbuch für mich geschrieben, anstatt mich persönlich einzubringen. Natürlich steckt eine Menge persönlichen Ausdrucks darin, aber er äußert sich verdreht, und dadurch erscheint er viel expliziter und direkter.«

Das scheint ein Widerspruch in sich zu sein, weist aber auf die schmale Schwelle zwischen Selbstdarstellung und Verstellung hin. Als die Tournee gegen Ende Oktober wiederaufgenommen und planmäßig fortgesetzt wurde, stand Young oft auf beiden Seiten dieser Schwelle zugleich, indem er sowohl *eine* Geschichte als auch *seine* Geschichte erzählte.

Die nächste Station war Kanada mit drei Auftritten in Universitäten in Ontario. Die schäbige Palme, der falsche Mond, die Glitzerstiefel und die Radkappen waren mit von der Partie. Young, mit dunkler Brille, enorm langen Haaren, Koteletten und Bart, erzählte dem Publikum stolz, alles wäre noch billiger, als es aussah.

Die Band überquerte den Atlantik. In Bristol spielten sie drei Fassungen von *Tonight's The Night*, und bei jeder legten sie eine weitere Schicht der Verstellung ab. In Glasgow mußte ein Fan »anderthalb Stunden lang grauenvollen Lärm erdulden«; in Newcastle stellte er fest, daß Young alles im Griff zu haben schien und keine nennenswerten Probleme mehr hatte, die hohen Töne zu erreichen. In der Londoner Royal Festival Hall sang Young vor einem völlig verblüfften Publikum acht neue Songs und verkündete dann, er würde nun einen spielen, den sie schon kannten. Er entpuppte sich als *Tonight's The Night*, mit dem die Band eine Dreiviertelstunde vorher angefangen hatte.

Einer der besten Berichte über die Tournee wurde von Young selbst veröffentlicht und – auf niederländisch – *Tonight's The Night* beigefügt, als das Album eineinhalb Jahre danach endlich erschien. Der Text stammte von Constant Meijers, der Young angeboten hatte, ihm im Tausch gegen eine Eintrittskarte und ein paar Flaschen von seinem Lieblings-Tequila – José Cuervo Gold Brand – aus Holland mitzubringen. Das Angebot wurde akzeptiert und Meijers am Flughafen abgeholt, wo er sein Ticket und das Versprechen bekam, er könnte nach dem Konzert mit Young sprechen.

Nach dem Konzert sollte Meijers sich wundern: »Was zum Teufel ist mit Neil passiert? Wohin ist der ganze Zauber verflogen?« Die Klangqualität, die Koordination der Band, Youngs Klavierspiel und Gesang – alles war entsetzlich. Young kippte Weingläser voller Tequila in einem Zug und »faselte minutenlang über alles mögliche«.

So schien es zumindest. In Wirklichkeit kam in Youngs vermeintlichem Gefasel vieles zum Ausdruck. »Für ein Bandmitglied empfinde ich besondere Zuneigung. Er kam eines Tages und klopfte an meine Kellertür in Washington, D.C., wo der Präsident der USA lebt... Klagt den Präsidenten an und... eh... Was für eine Situation! WAS FÜR EINE SITUATION, Ladies und Gentlemen! Wo ist meine Zigarre? Ich werde Sie einige Jahre nicht mehr sehen, also kann ich tun, was ich will! Ha, ha, ha.«

Soviel zu den Erwartungen des Publikums. Einige der Songs waren Danny Whitten gewidmet, der in *The Needle And The Damage Done* an Youngs »cellar door« geklopft hatte. Doch ein Tod wie der Whittens war kein isoliertes Ereignis, keine Ausnahme. Auf jeden Fall nicht in dieser Kultur.

»Du kaufst morgens auf der Straße eine Zeitung«, murmelte Young, »und du schlägst sie gleich auf der zweiten Seite auf, weil du die erste nicht lesen kannst... Fotos von den ganzen Leuten... jetzt bin ich in der Wüste... dort sind die Amerikaner. Denken wir heute abend mal an die Wüste. In der Wüste ist ein Löwe; manche Leute stehen auf der einen Seite des Löwen und manche auf der anderen. Alle wissen, wovon ich rede, also kann jeder seine eigenen Schlüsse ziehen. Wir werden jetzt ein Stück spielen, Ladies und Gentlemen, um uns selbst aufzuheitern. Es war ja nicht sehr schön in der Wüste, oder? Mir hat es dort jedenfalls nicht besonders gefallen.«

Ein paar Songs später gab er zu: »Nixon liebt mich, ich bin gut für die Wirtschaft. Versteht ihr, was ich damit meine? Was kann ich noch sagen? Vier Tote in Ohio?«

Das Publikum klatschte Beifall. »Ich will für so etwas keinen Beifall, obwohl ich glaube, ich weiß, was ihr meint. Es ist seltsam. Seht es mal von meinem Standpunkt. Ihr müßt nicht, aber ihr könnt es versuchen. Nehmt einmal Miami Beach. Dort gibt es alle möglichen Leute. Und sie stehen echt früh auf, Ladies und Gentlemen.« Dann ging er weg vom Mikrophon, ganz nach vorn an den Bühnenrand und brüllte ins Publikum: »Ich versichere euch, die Leute stehen um sechs Uhr morgens auf. Ehrlich, Ladies und Gentlemen!«

Das macht den Eindruck massiver Orientierungslosigkeit, als würde sich Young einerseits ungemein amüsieren und andererseits schwere Qualen leiden. Es ist eine Show, und es ist keine Show. Alles, was er je gemacht hat, steht hier zur Debatte, aber im großen Zusammenhang gesehen, spielt es keine wichtige Rolle.

Meijers traf ihn dann hinterher wie verabredet in der Garderobe und fand, daß er »aussah wie ein geschlagener Hund, verlassen auf einem Stuhl mit eingezogenem Kopf«. Bei ihm waren Nils Lofgren und David Briggs, die ihm einzureden versuchten, es wäre ein gutes Konzert gewesen. »Ich war schockiert, daß sie keine Zugabe verlangt haben«, sagte Young. Und es war ihm offensichtlich ernst damit. Nachdem er dem Publikum dadurch, daß er den Leuten nicht gegeben hatte, was sie entweder wollten oder erwarteten, in sein kollektives Gesicht geschlagen hatte, war er nun verblüfft und schockiert darüber, daß es nicht nach mehr verlangt hatte.

In Boston, der letzten Station des kurzen amerikanischen Teils der Tournee, hatte er einen Zusammenstoß mit einem launischen Mikrophon. Nachdem er sich ausgiebig über ein brummendes Geräusch beklagt hatte, schleuderte er es quer über die Bühne und stürmte davon, um kurz darauf zurückzukommen und sich zu entschuldigen. »Ich weiß, daß es kindisch von mir war, so davonzurasen.« Auf mehreren Auftritten uferten seine gemurmelten Monologe zu einem imaginären Gespräch zwischen Young und Bruce Berry aus, in dem letzterem, der anscheinend bei CSN&Y gefeuert worden war, weil er Crosbys Gitarre »verloren« hatte – man verdächtigte ihn, sie zur Finanzierung seiner Drogensucht verkauft zu haben –, die Bitte um Wiederaufnahme verweigert wird.

Es war eine Show, und es war zugleich echt. Es mußte echt sein, sonst hätte es nicht auf diese karthartische Weise funktioniert. Young fand, er sei aus sich selbst »herausgeschlüpft«, und in späteren Jahren

schien er behaupten zu wollen, es sei alles im voraus geplant gewesen. Wahrscheinlicher ist allerdings, daß ihn das Bedürfnis, sich
allem zu stellen, was ihm in den vorangegangenen Jahren widerfah-
ren war, und mit den negativen Seiten seines Erfolgs zurechtzukommen – darunter auch Dinge, die ihn selbst betrafen und auf die er
nicht gerade stolz war –, fast automatisch zu einer Art kontrollierter
Befreiung geführt hatte. Als Musiker hatte er als Mittel für diese
Befreiung die Musik gewählt, und das Projekt *Tonight's The Night* –
angefangen vom Verfassen der Original-Songs bis hin zu deren Darbietung in einem theatralischen Kontext – hatte sich zu einem künstlerischen Produkt und einer langen Therapiesitzung zugleich gefügt.

Dabei waren, wie er ganz richtig bemerkte, sowohl seine Zuhörer
wie auch er selbst angeregt worden. Wer auf den Konzerten gewesen
war, »hatte seine Gedanken total auf den Kopf gestellt gesehen, und
das ist mehr, als man von den meisten Konzerten sagen kann«. Zukünftige Stars der britischen Punk-Explosion sollten die Konzerte in
ihrem Land später als wichtige Einflüsse nennen. Young sagte selbst:
»Für mich war es wirklich gesund. Ich war viel zu lange dieselbe
Person.« Endlich hatte er die Gelegenheit gefunden, »alles auszu-
löschen« und konnte »reinen Tisch machen«.

Ein Zeichen für die gelungene Austreibung einiger Dämonen war
Youngs Reaktion auf die Ablehnung von *Tonight's The Night* durch
die Plattenfirma. »Ich würde sagen, es war ein turbulenter Tag«,
erzählte er zehn Jahre später Adam Sweeting. »Sie konnten nicht
fassen, wie schlampig und roh es war, sie konnten nicht fassen, daß
ich es wirklich herausbringen wollte.« Doch anstatt wütend oder
traurig zu werden, begann er einfach, am nächsten Album zu arbeiten. Wie üblich hatte ihn die Zeit unterwegs inspiriert, und zum
ersten Mal seit 1970 sprudelten die Ideen für neue Songs nur so aus
ihm heraus. Ein weiteres Indiz für einen Bruch mit der Vergangenheit
war, daß unter den Musikern, die er für die Aufnahmen auswählte,
mit Ausnahme von Ben Keith keiner von den Santa Monica Flyers
war.

Viele der neuen Songs handelten wie die auf *Tonight's The Night*
von seinem Verhältnis zum Ruhm, zur Musik, zu seiner Vergangenheit und der Welt insgesamt, aber nicht von seiner Beziehung zu
Carrie. Er schrieb zwar auch Songs über dieses Thema, doch tauch-

ten die meisten davon erst im folgenden Sommer und auf dem übernächsten Album auf.

Die beiden hatten jedenfalls nicht viel voneinander. Young hatte in jenem Sommer und Herbst eindeutig keine Lust, nach Hause zu fahren, was sowohl seine Halbschwester Astrid wie auch er selbst in den Kommentaren, die er im Mai des darauffolgenden Jahres auf der Bühne abgab, bezeugen. »Ich bin zwei Monate nicht mehr zu Hause gewesen... habe versucht, alles auf die Reihe zu kriegen«, erzählte er dem Publikum im Bottom Line in einer langen gesprochenen Einführung zu *Motion Pictures*.

Die Feststellung, daß ihr Sohn Zeke an leichter zerebraler Kinderlähmung litt, mag das Paar in jenem Winter kurzfristig wieder zusammengebracht haben, aber das Ende zeichnete sich bereits ab. Carries ursprüngliche Entscheidung, ihre Karriere der Liebe zu opfern, mag noch sinnvoll gewesen sein, als sie und Young auf der Ranch zusammenlebten, doch nun, da er kaum jemals zu Hause war, begann sie, sich wieder ein unabhängiges Leben aufzubauen. In den Worten von Youngs unveröffentlichtem Song *Homefires* waren sie zu »young lovers who live separate lives« geworden.

Die Teilnahme David Crosbys bei Youngs jüngsten Studioaufnahmen war ein weiteres Zeichen dafür, daß das Fiasko vom Sommer des Vorjahres die Beziehungen zwischen den Hauptpersonen von CSN&Y nicht unwiderruflich zerstört hatte. Bereits mitten in Youngs Tonight's-the-Night-Karneval hatte eine kleine Wiedervereinigung stattgefunden, als er sich auf der Bühne des Winterland in San Francisco einer um Crosby und Nash bereicherten Formation von Stills' Band Manassas anschloß. Zwei Monate später spielte er in derselben Stadt erneut mit Crosby und Nash. Und Anfang 1974 kamen Gerüchte über eine große Wiedervereinigungstournee im folgenden Sommer auf.

Die verschiedenen Spielzüge, die notwendig waren, um alle unter einen Hut zu brigen, nahmen fast die gesamten drei ersten Monate des Jahres in Anspruch, aber es bestand kein Zweifel daran, daß alle prinzipiell interessiert waren. Crosby, Stills und Nash waren in den vergangenen Jahren nicht ohne Erfolg geblieben – alle drei hatten brauchbare Solo-Alben produziert –, doch fehlte ihrem Schaffen eindeutig der Mittelpunkt. Elliot Roberts begrüßte die Tournee sehr, vermutlich weil er sie als ideale Gelegenheit für Young sah, beim Mainstream-Publikum seine Glaubwürdigkeit wiederherzustellen. Young mußte ebenso gedacht und es darüber hinaus noch als Möglichkeit erachtet haben, ein weiteres Mal mit der Vergangenheit abzurechnen.

Keine Gruppe scheint ein schlechteres Erinnerungsvermögen zu haben als CSN&Y – ihre Karriere könnte Eingang in eine Studie über Gedächtnisverlust infolge des Genusses von Marihuana finden. Nash erzählte einem Interviewer, daß sie zuerst auf Tournee gehen und dann eine Platte machen würden, da all ihre früheren Probleme im Studio angesiedelt waren.

Außerdem wurde beschlossen, nur in Veranstaltungsorten zu spielen, wo mindestens 30 000 Zuhörer Platz fanden. Youngs Bedenken gegenüber großen Arenen, die er nach der Time-Fades-Away-Tournee so prägnant vorgebracht hatte, wurden geflissentlich beiseite gefegt. Nach der Tournee nahmen Crosby und Nash – vor allem ersterer – Youngs früheren Standpunkt wieder auf, jedoch steht fest, daß sie alle vier genau wußten, wo sie auftreten würden, als sie sich für den Sommer 1974 verpflichteten.

Einer der gewählten Auftrittsorte – der Ontario Speedway in Südkalifornien – faßte 200 000 Zuschauer. Es sollte die erste große Tournee von einem Stadion zum nächsten werden, und man erwartete, daß sich die Bruttoeinnahmen aus dem Verkauf von Eintrittskarten, T-Shirts, Programmen und Nebenprodukten schließlich auf ungefähr 10 Millionen Dollar belaufen würden.

Bevor er sich ein weiteres Mal in die Löwengrube von CSN&Y stürzte, machte Young im Frühling 1974 einen interessanten Ankauf und gab zwei beachtenswerte Konzerte. Das Kaufobjekt war ein Bus, den er sich als Wohnmobil für Tourneen umbauen ließ. Die Dächer und Fenster zweier alter Studebakers wurden als Ausguckposten auf das Dach des Busses geschweißt, das Innere wurde mit handgefertigten Holzeinbauten in Schlafzimmer, Wohnraum und Küchenbereich unterteilt. Am Heck wurde der legendäre Name »Buffalo Springfield« angebracht.

Der erste Auftritt am 26. März war ein zweiteiliges Benefizkonzert mit den Eagles im Cuesta College in San Luis Obispo. Es erbrachte insgesamt 11 500 Dollar für den Ausbau eines Arbeits- und Kulturzentrums für die amerikanischen Ureinwohner. Zusätzlich schenkte Young der betreffenden Organisation, den Friends of Red Wind, noch zwei Büffel.

Der zweite Auftritt fand am 16. Mai im Bottom Line in New York statt. Dieses vielfach als Schwarzpressung verbreitete Konzert umfaßte elf Songs, von denen lediglich *Helpless* zuvor auf Platte erschienen war. Weitere sechs Songs boten ein gemischtes Programm: das vertraute *Dance Dance Dance*, das aus dem 16. Jahrhundert stammende Volkslied *Greensleeves*, *Roll Another Number For The Road* aus dem auf Eis liegenden Album *Tonight's The Night*, eine akustische Version von *Long May You Run* (die anscheinend sowohl Young als auch das Publikum äußerst lustig fanden) und zwei enthüllende Songs über Youngs Liebesleben.

Der erste dieser beiden wurde als *Citizen Kane Junior Blues* angekündigt, war seitdem aber als *Pushed It Over The End* bekannt. Der Song nimmt die Feministin beiseite und fragt sie, ob sie nicht findet, daß sie ein bißchen übertreibt. Findest du nicht, daß die ideologische Überzeugung mit dir durchgeht? Siehst du nicht, was du den Männern antust?

Zu Beginn der siebziger Jahre gab es ebenso wie heute Leute, die Ideen über Menschen stellten und die sich – in den Worten des Songs – eine Idee schnappten und »pushed it over the end«. Und verkürzt gesagt, machte die Emanzipation der Frauen all jenen Probleme, die mit einem bestimmten System von Erwartungen an die Geschlechterrollen aufgewachsen waren. Darauf wies Young in seinem Song auf nicht unerfreuliche Weise hin. Millie, die Heldin des Stücks, mag sich »ten men in her garage« halten, aber »she works hard«. Und die männliche Hauptfigur kehrt immer wieder zu ihr zurück.

Trotzdem ist *Pushed It Over The End* unbestreitbar sexistisch. Die ersten Zeilen »Good-looking Millie's got a gun in her hand / But she don't know how to use it« beharren stur auf dem männlichen Anspruch auf ein Machtmonopol. Millie weiß nicht, wie sie mit ihrer Macht umgehen soll, weil sie eine Frau ist. Und weil sie eine so lockere Person ist, fallen all diese armen Männer auf sie herein. Young versucht nicht, eine Lösung anzubieten: Wie üblich genügt es ihm, einfach zu sagen, was er empfindet.

Ein dermaßen chauvinistischer Song ist – vor allem zwanzig Jahre später – schwer zu entschuldigen, aber andererseits fällt es ebenso schwer, jemand anders zu nennen, der den künstlerischen Mut aufgebracht hätte, ein so schwieriges Thema aus dem Grund aufzugreifen, weil es ihn beschäftigte.

Das zweite Stück, *Pardon My Heart*, gehörte zu einer Reihe von Songs, über die Young einmal gesagt hatte, sie seien zu verräterisch, um sie zu veröffentlichen. Im Gegensatz zu den anderen, von denen viele auf der CSN&Y-Tournee gespielt wurden, sollte dieser schließlich 1975 auf *Zuma* trotzdem offiziell in die Welt gesetzt werden.

Die restlichen vier Songs des Konzerts im Bottom Line stammten von der kurz darauf erscheinenden Platte *On The Beach*: *Revolution Blues*, *On The Beach*, *Motion Pictures* und *Ambulance Blues*. Während seines Auftritts machte Young zwischen den einzelnen Stücken wiederholt Witze darüber, wie deprimierend sie alle seien, und hatte damit nicht ganz unrecht.

Als es im Spätsommer erschien, wurde das Album *On The Beach* nach der enttäuschenden vorherigen Veröffentlichung *Time Fades Away* als Rückkehr zur alten Form gefeiert. Die Kritiker sahen in ihm ein verzweifeltes Grübeln über Youngs Psyche einerseits und Nixons Amerika andererseits. Ian MacDonald vom *New Musical Express* stellte allerdings eine bedeutungsschwere Behauptung auf, die Rogan später in seiner Biographie aufrechterhielt. MacDonald zufolge war *On The Beach* Youngs Gegenstück zu Lennons erstem »Urschrei«-Solo-Album, eine kathartische Absage an die persönliche und künstlerische Vergangenheit seines Urhebers, der Sturm vor der Ruhe.

Freilich hatte MacDonald das unveröffentlichte *Tonight's The Night* nicht gehört, sonst hätte er darüber vielleicht noch einmal nachgedacht. Spätere Kritiker hätten es allerdings wirklich besser wissen müssen. *Tonight's The Night* war der qualvolle, ekstatische Durchbruch, während *On The Beach* mehr einem Anfall von postkoitaler Traurigkeit ähnelte. Wenn etwas auf dem Album durch Abwesenheit glänzt, dann Leidenschaft.

On The Beach ist wahrscheinlich Youngs kopflastigstes Album. Es ist manchmal geistreich, manchmal in ärgerlichem Maße rätselhaft und meist eher interessant als faszinierend. *See The Sky About To Rain*, der älteste Song auf dem Album, hat einen Charme, der den meisten andern abgeht, teilt aber den allgemein vorherrschenden Fatalismus. *Vampire Blues* ist eine unaufdringliche ökologische Anklage. *Motion Pictures*, das Young, nachdem er bereits mehrere Monate nicht mehr zu Hause gewesen war, in einem Motel schrieb, kommt im Rahmen des Albums einem Liebeslied noch am nächsten. Eher eine bekiffte Träumerei als ein Song, läuft es ständig Gefahr, völlig zu verklingen.

Das ganze Album hindurch klingt die Musik gedämpft bis an den Rand der Schläfrigkeit, als hätte Young die Musiker tagelang ohne Pause spielen lassen. Dies fällt nirgends mehr auf als in dem relativ schnellen *Revolution Blues*, seiner Phantasie über bewaffnete Gangster, die à la Charles Manson über die mit Stars vollgestopften Canyons von L. A. herfallen, um Leute wie ihn umzubringen. Die musikalischen Zutaten sind alle vorhanden, doch irgend etwas nicht Benennbares fehlt: Der Song hat keinen Biß, keine echte Wut. Möglicherweise bemühte sich Young um einen Anklang unterdrückter Gewalt in der Musik, doch falls dem so ist, gelang ihm lediglich das Unterdrückte. Das ist nicht der Fehler des Stücks. Spätere, akustische Live-Versionen von *Revolution Blues* sollten den Elan besitzen, der der Fassung auf *On The Beach* so eindeutig fehlt.

Der Text ist eine von Youngs schwerer verdaulichen Arbeiten. Er war Charles Manson verschiedentlich bei gesellschaftlichen Anlässen begegnet und hatte sich von seiner Persönlichkeit in unerklärlicher Weise angezogen gefühlt. In späteren Jahren erinnerte er sich daran, wie Manson »ein Lied sang, es einfach beim Singen erfand, drei oder vier Minuten lang, und nie wiederholte er ein Wort, alles hing klar zusammen, und das Zuhören wühlte einen auf«.

Als Young seine »Hommage« schrieb, saß Manson im Gefängnis, doch die Mischung aus Genialität und Bösem, die Young in ihm spürte, gab es nicht nur draußen in der Welt, sondern sie steckte in jedem. Dylan hatte einst einer entsetzten Gruppe toleranter Amerikaner erzählt, er hätte im angeblichen Kennedy-Attentäter Lee Harvey Oswald etwas von sich selbst wiedergefunden, und Young scheint das gleiche gegenüber Charles Manson empfunden zu haben. Eine einfache Unterteilung der Welt in Gut und Böse war nicht mehr möglich, falls es das je gewesen war. In diesem Leben mochte er ein Star in L. A. sein, doch er mußte seine Vorstellungskraft nicht über Gebühr bemühen, um sich selbst als Mitglied einer Bande zu sehen, die von den Bergen herunterkam und Menschen wie ihn umbrachte.

Die anderen vier Songs – *Walk On*, *For The Turnstiles*, *On The*

Beach und *Ambulance Blues* – sind Gedanken über die Kosten des Ruhms und verwandte Themen. Das Stück *Walk On*, dessen gezwungene Munterkeit den Ton des ganzen Albums bestimmt, ist in seiner Weigerung, sich ablenken zu lassen, äußerst prägnant: »Some get stoned / Some get strange / Sooner or later it all gets real / Walk on.« *For The Turnstiles* liefert eine verhülltere Analyse der Freuden und der Vergänglichkeit des Ruhms, doch am Ende bleibt die Botschaft die gleiche: Die Erkenntnis, daß Forscher als steinerne Denkmäler für große Aufmärsche enden, ist – auch wenn es erniedrigend ist – kein Grund, das Forschen aufzugeben.

Das Stück *On The Beach* teilt wie das gesamte Album den Titel mit Nevil Shutes Roman über den globalen nuklearen Selbstmord. Auch wenn dies Zufall sein sollte, läßt es sich bei einem Album, das so voller apokalyptischer Anspielungen steckt, nur schwerlich ignorieren. Das gleichnamige Stück kommt mehr von innen und wirkt nicht so gekünstelt wie die meisten anderen auf der Platte. Der langsame Blues, von einer plätschernden Rhythmusgitarre angetrieben, bietet einen markanten Baß und eine einfallsreiche Schlagzeugbegleitung. Der Text ist ein Katalog der Zweifel über seine bisherigen Fortschritte. Der Erfolg hat, anstatt seine ursprünglichen Erwartungen zu erfüllen – »I'm living here out on the beach / But those seagulls are still out of reach« – nur zu neuen Problemen geführt, wie »needing a crowd of people«, die er nicht tagtäglich sehen will, oder am Ende allein am Mikrophon zu stehen. Der einzige Ausweg besteht darin, die Stadt zu verlassen, aber er klingt nicht überzeugt davon, daß das wesentlich besser wäre. Inzwischen hat die Eintönigkeit seiner Musik zu einem Leben wie in einer luxuriösen Tretmühle geführt.

Ambulance Blues, das MacDonald für Youngs bislang gelungenstes Stück hielt, ist geradliniger Folk mit einem – wie Young Jahre später zugeben sollte – unbewußt aus Bert Janschs *Needle Of Death* kopierten Gitarrenpart. Der Text ist eine ausgedehnte Reise durch Youngs Vergangenheit mit mehreren Anspielungen auf die Zeit in Toronto: die bekannten Straßen, der Folkclub Riverboat, ja sogar Toronto selbst in seiner abgekürzten Form »TO«. Trotzdem versucht Young hier nicht, nur platte Autobiographie zu schreiben. Die Zuhörer bekommen seine Geschichte als Kontext angeboten, und es bleibt ihnen überlassen, einzelne Zeilen oder Strophen nach ihrem Gutdünken zu interpretieren. Als das Album erschien, hielten die meisten den unverbesserlichen Lügner aus der letzten Strophe, der »a different story for every set of eyes« hatte, für Richard Nixon, doch ist nicht bewiesen, daß das Youngs Absicht war. Dasselbe könnte man von dem »Kidnapping-Vers sagen, von dem viele dachten, er bezöge sich auf den damals aktuellen Fall der Entführung Patty Hearsts durch die Symbionistische Befreiungsfront.

Es spielt eigentlich auch keine Rolle. Ich habe die Zeilen »All along the Navajo trail/Burn-outs stub their toes on garbage pails« stets als Kommentar zu dem Schaden begriffen, den die »Zivilisation« in einem Land angerichtet hat, das einst die Heimstätte eines anderen Volkes war, aber wer weiß schon genau, an was Young dabei gedacht hat? Der Ausdruck »you're just pissing in the wind« war von Elliot Roberts angeblich gegen CSN&Y gerichtet gewesen, doch was er heißen sollte, wurde nie ganz klar. Wollte er ihnen damit sagen, sie sollten aufhören, mit ihrer Egozentrik ihrem Talent im Weg zu stehen? Oder war es eine Art politisches Statement, ein Hinweis darauf, daß dieses ganze Gerede davon, die Liebe würde zu uns allen kommen, nicht nur blödsinnig war, sondern auch zum Gegenteil des gewünschten Erfolges führte? Wiederum – wer weiß?

»I guess I'll call it sickness gone« scheint dagegen ein unmißverständlicher Hinweis darauf zu sein, daß Young gerade eine depressive Phase hinter sich gelassen hat. »An ambulance can only goe so fast« ist schlicht und einfach eine der großartigsten Zeilen der Rock-Geschichte, eine Platitüde, die jedes Zen-Meisters würdig wäre und auf Youngs Karriere ebenso übertragbar ist wie auf die neue Zeit oder eben einen Krankenwagen.

Das Cover schließlich deutet mehr als alles andere auf Youngs wiedergewonnene Unbeschwertheit hin. Es wirkt wie eine Satire auf Joni Mitchells Aufklappfoto in *For The Roses*. Auf ihrem Cover steht sie blond und nackt auf einem Felsen, schaut hinaus über das glitzernde Wasser, die Verkörperung der schönen Zukunft, wohingegen Young auf seinem Cover vollständig bekleidet dasteht und in den grauen Himmel blickt, neben ihm ein vergrabener Cadillac, und Zeitungen, auf denen Nixons Schande prangt, verschmutzen den ihn ungebenden Sand.

Er wußte nach wie vor besser als die meisten, was um ihn herum vorging, aber seinen Humor hatte er nicht eingebüßt. Er sollte ihn noch brauchen. Die Proben für die To-End-All-Tours-Tournee von

CSN&Y – von Crosby die *Doom-Tour* getauft – begannen Ende Mai auf der Broken-Arrow-Ranch. Young hatte in einem Redwood-Hain in der Nähe seines Studios eine zwölf Meter breite Bühne bauen lassen. Russ Kunkel (Schlagzeug), Tim Drummond (Baß) und Joe Lala (Percussion) waren mit von der Partie, und so machten sich die sieben daran, wie Stills es ausdrückte, »eine Form zu schaffen, von der wir losfliegen und auf der wir wieder landen konnten«. Das gelang ihnen durchaus. Gegen viele Aspekte der Tournee regte sich Kritik, aber die Qualität der von der Band gespielten Musik betraf das selten.

Zunächst lief alles glatt. Das Eröffnungskonzert am 9. Juli in Seattle war ein triumphales Comeback. Vor Begeisterung völlig selbstvergessen, spielten sie vier Stunden lang, was Crosbys Stimme dermaßen überanstrengte, daß er am nächsten Abend nicht singen konnte. Nash räumte ein, er wäre skeptisch gewesen, doch damit sei es vorbei. Stills und Young ließen einander Raum zum Spielen und dachten mehr ans »Wir« als ans »Ich«.

Drummond bestätigte den allgemeinen Eindruck von Young. Er war »wie verwandelt... jetzt echt einer von den Jungs... viel offener als früher«. Er sah sogar anders aus. Das lange Haar, der Bart und die äußere Erscheinung eines zerstreuten Professors waren verschwunden und hatten langen Koteletten, einer Spiegelbrille und den alten geflickten Jeans Platz gemacht. Drummond glaubte, daß Young »nicht mehr unter Streß stand«; wenn dies zutraf, so mochte es zum Teil daran liegen, daß er aus bitterer Erfahrung gelernt hatte, sich von dem ganzen Wahnsinn fernzuhalten. Während Crosby und die Manager sowie Nash und Stills in Jets reisten, tuckerten Young, sein Sohn und ein paar Freunde vergnügt im Bus die amerikanischen Highways entlang.

Auch die Auswahl der Songs für die Auftritte ist bemerkenswert, da Titel von *Tonight's The Night* sowie *On The Beach* (das im ersten Monat der Tournee erschien) durch Abwesenheit glänzten. Statt dessen mischte er ein paar alte Glanzstücke – vor allem solche, die mit CSN&Y zusammenhingen, wie *Helpless* und *Ohio* – mit überwiegend neuen Liebesliedern wie *Traces*, *Love-Art Blues*, *Pushed It Over The End* und *Homefires*.

Dagegen boten die anderen drei Hauptfiguren wenig Neues, was Young offenbar sowohl ärgerte als auch betrübte. Er sollte es später im Hinblick auf sich und die Band den »Todesstoß« nennen, was ein wenig übertrieben scheint, doch steht außer Zweifel, daß die anderen drei in keiner Weise bereit dazu waren, ihren wiederentdeckten Erfolg aufs Spiel zu setzen, indem sie Neuland betraten. Youngs *Revolution Blues*, eines der wenigen Stücke aus *On The Beach*, die sie auf der Tournee spielten, war ein Beispiel dafür. Crosby spielte es überhaupt nicht gern, da es Young zufolge, »so sehr die dunkle Seite repräsentierte. Sie wollten alle das Licht ausmachen, die Leute in gute Stimmung bringen, sie glücklich machen und all das, und dieser Song war wie eine Warze auf einem perfekten Körper.«

Es gab noch andere, größere Warzen. Von Anfang an wurde der Band vorgeworfen, sie toure ausschließlich des Geldes wegen. Für andere Bands hätte dies ein Kompliment sein können, aber für Leute wie CSN&Y, die eine Vergangenheit als Radikale hatten, war es ein Vorwurf, den man nicht schlucken konnte, ohne wenigstens ein bißchen die Hände zu ringen. Sowohl Crosby als auch Nash gaben allen anderen die Schuld daran, daß man sie an Veranstaltungsorten, wo sie spielten, weder hören noch sehen konnte, und vergaßen dabei, daß sie der ganzen Abmachung zugestimmt hatten. Young stellte philosophische Überlegungen an, daß das Ganze »eine einzige Geldmacherei« sei, »genau das Gegenteil von dem..., was sich all diese Menschen in ihrem Idealismus gern vorstellen, wenn sie auf unsere Konzerte kommen«. Einem Journalisten erzählte er, was für ein Kick es war, »mit 60 000 Personen richtig privat in Kontakt zu kommen«, nachdem er im Vorjahr geklagt hatte, wie unmöglich es sei, mit 20 000 vernünftig zu kommunizieren.

Stills klang zumindest ehrlich, als er Cameron Crowe erzählte: »Eine [Tournee] haben wir wegen der Kunst und der Musik gemacht, eine wegen der Miezen. Die ist jetzt wegen der Kohle.« Aber war das wirklich aufrichtig? Crosby zufolge war Stills' wahres Motiv Selbstbeweihräucherung. Ihn reizte es, in riesigen Hallen und Arenen zu spielen, Joni Mitchell, die Beach Boys oder The Band als Vorgruppe zu haben und die größte Gruppe der Welt zu sein.

Die ganzen alten Widersprüche bestanden weiter. Sie waren eine Band fürs Volk, die das Volk von ihrem weit entfernten Aussichtspunkt kaum hören konnte, eine Band fürs Volk, die sich ihre Auftritte nicht nur mit Millionen Dollars entlohnen ließ, sondern die zwischen den einzelnen Konzerten, auf denen sie von vier Studenten sang, die vor vier Jahren in Ohio umgekommen waren, wie ein Hofstaat residierte. In jedem Hotelzimmer lagen extra angefertigte Kissenbezüge bereit, die das von Joni Mitchell entworfene Tournee-Logo im fünffarbigen Seidensiebdruck trugen. Das Logo war auch auf den Teaktabletts in den Speiseräumen in Holz gebrannt. Auf der Gehaltsliste standen Prostituierte – vermutlich ohne Joni Mitchells Logo – als sexuelle Appetithäppchen, und rund um die Uhr standen in einer Suite sämtliche andere Notwendigkeiten für das Leben unterwegs bereit: Champagner, Garnelen auf Eis und Kokain.

Die meisten dieser Leckereien mögen, wie manche behaupten, eher vom Gefolge der Band als von der Band selbst konsumiert worden sein, doch die Verantwortung für diese Gratisbeigaben mußten die tragen, die letztlich die Fäden in der Hand hielten. Diese Korruption – es gibt kein anderes Wort für ein derartiges Auseinanderklaffen von vorgegebenen Idealen und tatsächlichem Verhalten – mußte unweigerlich die Beziehungen zwischen den Hauptpersonen sowie die musikalischen Darbietungen angreifen. Der Promoter Bill Graham, der die Tournee organisierte, nannte sie »diese vier *Nervensägen* ... Das einzige, was ich von ihnen zu hören bekam, war: ›*Ich* rede nicht mit ihm. Er redet nicht mit mir. In der zweiten Hälfte spiele *ich* zuerst das Klaviersolo. Aber er hat *zwei* Solos! Ich habe nur *ein* Solo. Da spiele ich mit meiner akustischen Gitarre nicht mit.‹«

Was die musikalischen Probleme anging, so waren die meisten Leute glücklicherweise zu weit entfernt, um sie wahrzunehmen. Crosby erzählt, wie Young und Stills »den Konkurrenzkampf an den Gitarren begannen, indem sie einfach aufdrehten. Wir haben sie einmal gemessen, und sie kamen auf 135 Dezibel. Dann konnten Nash und ich natürlich nicht mehr zweistimmig singen. Es war ätzend.« Stills warf erneut anderen vor, Young und ihn aufzustacheln, machte sich aber nicht die Mühe zu erklären, wer daran schuld war, daß sie beide das mit sich machen ließen. Außerdem fügte er hinzu, daß »Crosbys zwölfsaitige Alembic das lauteste Scheißding war, das man je *gehört* hat. Die halbe Zeit mußten Neil und ich aufdrehen, damit man uns über diesen Mistkerl zwischen uns hinaus hören konnte.«

Und so endete ein weiteres Kapitel in der ruhmreichen Geschichte von CSN&Y.

Es gab allerdings noch eine Fußnote: das geplante Album. Young äußerte später, daß es nicht gemacht wurde, weil es nicht gemacht wurde, und daß jeder, der etwas anderes unterstellte, einfach nicht begriff, warum die vier sich eine solche Gelegenheit, bares Geld zu drucken, hätten entgehen lassen sollen.

Darin mag ein Körnchen Wahrheit stecken, aber es darf nicht übersehen werden, daß es wesentlich einfacher ist, ein Vermögen zu verschmähen, wenn man gerade eines gemacht hat. Die Tournee hatte Einnahmen in Millionenhöhe erbracht, und *So Far*, ein »Best Of«-Album, das aus nur zwei Alben und einer Single zusammengestellt worden war, war jüngst auf Platz eins in den US-Charts gerückt. Der Fairneß halber könnte man davon ausgehen, daß CSN&Ys kollektiver finanzieller Appetit fürs erste gestillt war.

Doch die traurige, tieferliegende Wahrheit war, daß sie es ein weiteres Mal nicht geschafft hatten, einander lange genug zu ertragen, um etwas *Gemeinsames* zu produzieren. Der Wunsch war dagewesen, aber nicht der Wille, es zu Ende zu führen. Im Dezember war es ihnen gelungen, Crosbys *Homeward Through The Haze* und Nashs *Wind On The Water* im Record Plant in Sausalito aufzunehmen, aber das war es auch schon. Wie Elliot Roberts' Assistent Leslie Morris erzählt, saßen sie eines Tages im Januar »auf dem Fußboden, stritten wie Kinder und vergeudeten teure Studiozeit«. Der Streit hatte sich angeblich zwischen Stills und Nash entsponnen und drehte sich um eine einzige Note eines Akkords. Jemand schlug vor, in Nashs Haus umzuziehen, woraufhin alle hinausgingen. Crosby sagte später, daß er »genau in diesem Moment spürte, wie das Pendel umschwang. Neil sagt noch: ›Also, bis morgen dann.‹ Aber er kam nie wieder.«

Wer könnte ihm einen Vorwurf machen? Nash behauptete später, daß Young die Tournee von 1974, ebenso seine weitere Zusammenarbeit mit Crosby, Stills und Nash als Sprungbrett für seine eigene Karriere benutzt hätte. Und wennschon? Als die vier Anfang 1975 nach Sausalito kamen, hatte Young seine von ihm selbst so bezeichnete »finstere Phase« überwunden; es mochte ihm Spaß machen, mit Crosby, Stills und Nash zusammenzuspielen, aber er brauchte sie nicht. In mancher Hinsicht mußte er sie eher hinter sich lassen.

In den Monaten nach der Tournee erfuhr auch sein Privatleben eine Umwälzung. Nach dem Auftritt im Wembley-Stadion im September war er mit Mazzeo und David Cline – zwei Freunden aus San Mateo County, die mit ihm im Bus gefahren waren – nach Holland gereist und hatte mit ihnen begeistert über seine Zukunftspläne gesprochen, zu denen ein »Wasser-Album« zählte, das den Titel *Mediterranean* tragen sollte.

Jemand machte den Vorschlag, quer durch Afrika zu fahren, und Young schien die Idee zu gefallen. Doch andererseits wurde ihm – nicht zuletzt auf Anregung seiner Freunde – klar, daß er herausfinden mußte, ob in seiner Beziehung zu Carrie noch Leben steckte. Er flog zurück nach Amerika auf die Ranch für einen letzten, vergeblichen Versuch. Gegen Ende des Jahres zog Carrie mit Zeke aus.

Auch Young hatte die Ranch verlassen, nachdem er mit Clines Hilfe festgestellt hatte, daß ihn viele in seiner Umgebung ausnahmen. »Es hingen einfach zu viele verdammte Leute um mich herum, die mich gar nicht richtig kannten. Sie waren Parasiten, ob sie das nun sein wollten oder nicht. Sie lebten von mir, nahmen mein Geld, um Dinge zu kaufen, und benutzten mein Telefon. Allgemeines Aussaugen. Es verletzte mich sehr, als ich zu diesem Schluß kam. Ich wollte nicht glauben, daß ich ausgenutzt wurde. Ich wollte nicht Chef sein müssen...«

Die ganze Ranch war ein finanzielles Katastrophengebiet. Young engagierte Cline, alles in Ordnung zu bringen, und zog in ein neues Haus, das er am Zuma Beach von L. A. erstanden hatte. Einst im Besitz von Scott Fitzgerald wurde dieses schöne Haus zum Fixpunkt in Youngs die nächsten Jahre über weitgehend frauenlosem Leben. Er verspürte keine Reue gegenüber seiner Musik während der vergangenen Jahre; im Gegenteil – es war »radikale Arbeit«, und er war zu Recht stolz darauf.

Fürs erste hatten sich die Wolken verzogen. Er hatte die problematische jüngste Vergangenheit hinter sich gelassen, die Ranch abgestoßen und sich von der Verantwortung für eine Liebes- und Lebensgefährtin befreit. Er besaß Geld und Talent im Überfluß.

Die nächsten Jahre sollten erstaunlich produktiv werden.

5

Die nie gesehene Heimat

In den Monaten direkt vor und nach dem jüngsten CSN&Y-Fiasko war Young damit beschäftigt, ein weiteres Solo-Album zusammenzustellen. *On The Beach* war zwar erst im vorherigen Sommer erschienen, doch hatte es mit seinem niedergeschlagenen, resignierten Tonfall und dem gesellschaftsbezogenen Themenkreis bereits jetzt den Anstrich eines Überbleibsels aus vergangenen Tagen. Das neue Album mit dem vorläufigen Titel *Homegrown* war zwar nicht munterer, aber wesentlich melodischer und vermutlich Youngs zugänglichstes Album seit *Harvest*. Die Texte waren direkt bis undurchsichtig allegorisch, hatten jedoch ein einheitliches Thema: *Homegrown* war im Grunde ein Requiem für seine Beziehung zu Carrie.

Unter den zur Verfügung stehenden Songs waren *Pardon My Heart* und *Pushed It Over The End* von seinem Auftritt im Bottom Line Ende 1974 sowie sämtliche Songs, die ihre Uraufführung auf der Tournee mit CSN&Y erlebt hatten: *Homefires, Love-Art Blues, Traces, Hawaiian Sunrise, Star Of Bethlehem* und *The Old Homestead*. Drei weitere, wenig bekannte Stücke – *Try, Separate Ways* und *Vacancy* – sollten zunächst mit aufgenommen werden, tatsächlich veröffentlicht wurden dann *Love Is A Rose, Little Wing, Deep Forbidden Lake, Human Highway* und *White Line*.

Unter den Songs, die nie offiziell erschienen, besaßen *Homefires, Traces* und *Love-Art Blues* die interessantesten Texte. In *Homefires* gesteht der Sänger, daß er sich immer noch ein Leben wünscht, in dem Heim und Familie im Mittelpunkt stehen, räumt aber ein, daß seine gegenwärtige Partnerin nicht mehr diejenige ist, mit der er das alles teilen möchte. *Traces* ist verschlüsselter, indem es auf der einen Seite behauptet, wie einfach es sei, wahre Liebe zu finden, und auf der anderen die Vergänglichkeit von allem hervorhebt. In *Love-Art Blues* nimmt Young zumindest einen Teil der Schuld auf sich und beklagt die Notwendigkeit, zwischen Musik und Liebe zu wählen, wobei er aber einsieht, daß er letztere verloren hat, weil er erstere vorzog. Die Melodien der drei Songs sind typisch Young: scheinbar mühelos, vage Erinnerungen wachrufend und übertrieben gefällig.

Später sagte er, daß ihm das ganze Album angst machte, da es »ein bißchen zu persönlich« war. Die Songs waren »*zu* wirklich«; es war ihm »zu peinlich, sie zu veröffentlichen«. Warum es peinlicher sein sollte, sie auf Platte zu pressen, als sie im Konzert zu singen – wo sowieso die unvermeidlichen Schwarzpresser ihre Aufnahmen machten –, ist schwer nachzuvollziehen. Auf jeden Fall *hatte* er vor, zumindest einige von ihnen zu veröffentlichen, bis ein merkwürdiger Zufall ihn umdenken ließ.

Das Band, auf dem sich die in neuer Reihenfolge angeordneten Songs von *Tonight's The Night* befanden, war nicht das ganze Jahr in einem Keller verstaubt. Im Gegenteil – es lag offen im Haus herum. »Es war wie ein Witz«, erzählte Young. »Als er zweieinhalb Jahre alt war, spielte mein Sohn mit den Master Tapes. Er stand morgens auf, schaltete das Band an und spulte immer wieder vor und zurück.«

Irgendwie war eine Kopie dieses Bandes auf die Rückseite des Bandes mit den Songs für *Homegrown* geraten, das Young eines Abends im Frühling 1975 in seinem Haus in Zuma einigen ausgewählten Freunden vorspielte. Die Gruppe erlebte *Homegrown* als deprimierend, und die plötzliche, unvermittelte Attacke von *Tonight's The Night* wirkte wie die sprichwörtliche kalte Dusche enorm erfrischend auf die Zuhörer.

Als er die beiden Alben direkt nacheinander hörte und die Reaktionen seiner Gäste beobachtete, begann Young laut eigener Aussage »die Schwächen in *Homegrown* zu erkennen«. Die Songs auf *Tonight's The Night* besaßen mehr Schwung und mehr Gefühl, und trotz ihrer ähnlich deprimierten Thematik wirkte die Musik richtiggehend inspiriert. Er beschloß, *Tonight's The Night* anstelle von *Homegrown* zu veröffentlichen.

Das wirft eine auf der Hand liegende Frage auf. Young räumte ein, daß die Veröffentlichung von *Tonight's The Night* »fast ein Experiment« war. Er rechnete mit schlechten Kritiken. Warum war Reprise nun damit einverstanden, es herauszubringen? Das Album war jetzt nicht melodischer oder kommerzieller als ein Jahr zuvor.

Vielleicht rechnete die Plattenfirma damit, daß Youngs Intermezzo mit CSN&Y im vergangenen Sommer seine abnehmende Popularität ausreichend angeheizt hatte, um jedes Album verkäuflich zu machen. Vielleicht machte aber auch Young diesmal etwas mehr Druck oder versprach ihnen fürs nächste Mal etwas wesentlich Gängigeres.

Die Veröffentlichung von *Tonight's The Night* im Juni 1975 wurde von einer Präsentationsparty sowie dem Phänomen begleitet, daß Young für Interviews zur Verfügung stand. Er behauptete, daß es das erste seiner Alben sei, für das er eine Party geben und sich interviewen lassen konnte, aber eine so seltene Anwandlung von Zugänglichkeit muß ebenso einer wohlwollenderen Stimmung zugeschrieben werden.

In seinen Augen war er kein »Teenager-Idol« mehr und konnte tun und lassen, was er wollte. *Tonight's The Night* zeigte ebenso wie die Tournee mit CSN&Y, wie offen und wie unberechenbar er war. Er spürte, daß er dem Gefängnis der Erwartungen anderer entkommen war oder zumindest gelernt hatte, rechtzeitig die Flucht zu ergreifen. Er räumte ein, inzwischen besessen davon zu sein, keine formvollendeten Platten zu machen, merkte jedoch an, die größere Gefahr hätte für ihn darin bestanden, zu einem zweiten John Denver zu werden. Zwei Jahre später erzählte er John Rockwell: »Ich stand oben auf der Klippe. Ich hätte futsch sein können.« Für die Alben, die er nach *Harvest* gemacht hatte, brauchte er keine Entschuldigung. Er stellte fest, daß sie »einen gewissen Reiz« hatten und daß er »eine Menge schlechte Kritiken für sie« hatte einstecken müssen, aber das gehörte zum Spiel. Wenn er sie nicht für »berechtigt« gehalten hätte, hätte er sie nicht veröffentlicht.

Der relative Mißerfolg von *Journey Through The Past* hatte seine Begeisterung fürs Filmemachen weder gedämpft noch sein Selbstvertrauen so nennenswert beschädigt, daß er keine weiteren Filme mehr hätte drehen können. Er hatte sämtliche Gerätschaften, die er brauchte, und eine Menge bereits abgedrehtes Material im Kasten. Filmen war weithin »mehr als nur ein Hobby«, es war »eine Obsession«.

Allerdings hatte er keine speziellen Pläne. Sein Dasein schien sogar glücklich von solchen Dingen verschont zu bleiben. Er gab zu, sich durch das Leben ohne feste Beziehung so frei und offen zu fühlen wie schon lange nicht mehr. Zum ersten Mal hatte er eine Beziehung beendet und nicht das Bedürfnis danach verspürt, sich die nächste zu suchen. Das Leben als Single in Zuma war wesentlich geselliger als das »Eheleben« auf der Ranch. Er »ging aus und redete mit einer Menge Leute«.

In musikalischer Hinsicht fühlte er sich – wie viele andere seinerzeit – durch Dylans Rückkehr zur alten Form, dokumentiert durch die Tournee mit der Band 1974 und das Anfang 1975 erschienene Album *Blood On The Tracks*, ebenso ermutigt wie inspiriert. Young fand, Dylan habe bewiesen, daß »ein großer Künstler mit seinem Volk leben kann«. Daß Dylan nach mehreren Jahren, in denen er in erster Linie Alben für sein Privatvergnügen produziert hatte, plötzlich wieder auf der Bildfläche erschien, muß Young wie ein besonders günstiges Omen vorgekommen sein. Offenbar konnten die alten Barden überleben. Young führte immer gern Muhammad Ali als Vorbild an – er »kommt jedesmal so stark wieder, gerade wenn man gedacht hat, er hätte alles verloren, was er ursprünglich besaß«; das gleiche hätte man von Dylan behaupten können. »Ein Künstler wie ich ist wie ein Rennpferd«, erklärte Young Ray Coleman, »außer daß ich kein Heu fresse.«

Er schien von Selbstvertrauen überzuschäumen. Mit dem Erscheinen eines Albums wie *Tonight's The Night* ging das Gefühl einher, etwas erreicht zu haben. Rückblickend stellt sich heraus, daß das Album als eines seiner besten eingestuft wurde, doch zur Zeit seiner Veröffentlichung muß es als riskant erachtet worden sein – und das war es auch tatsächlich. Aber Young wußte, wenn er solchen Risiken auswiche, würde ihm das langfristig noch gefährlicher werden. In seiner Branche mußte er künstlerisch wachsen, nicht nur, um bei Sinnen zu bleiben, sondern auch, um als kommerzieller Faktor zu überleben.

Eine zweite Quelle für sein Selbstvertrauen lag in den Songs, die er im Lauf der anderthalb Jahre seit der Tonight's-The-Night-Tournee geschrieben hatte. Zum einen waren es viele, und zum anderen spürte er, daß er Neuland betrat: Er schien von seinen eigenen Songs begeistert zu sein. Einige von ihnen waren »lange, instrumentale Gitarrengeschichten«, und viele drehten sich indirekt um die Azteken und die Inkas. Zeitreisen zwischen und innerhalb der Songs gehörten dazu; in einem Stück traten Marlon Brando, John Erlichman und Pocahontas als Gaststars auf. Es war, »als wäre man in einer anderen Kultur...

eine Art verlorene Seele, die von einer historischen Szene zur nächsten umschaltet und versucht, sich selbst zu finden, Mann, mitten in diesem Irrgarten. Ich habe es alles aufgeschrieben, und die Songs sind einstudiert. Morgen fangen wir mit den Aufnahmen an.«

Mit wem wollte er die Aufnahmen machen? Hier lag der dritte Grund für Youngs Selbstvertrauen. Fünf Jahre war es nun schon her, daß Danny Whittens Abstieg in die Sucht es Crazy Horse unmöglich gemacht hatte, Young die Basis für seine elektrische Gitarre zu bieten. Nun endlich hatten sie und er Ersatz gefunden.

Billy Talbot, der Bassist von Crazy Horse, hatte Frank »Poncho« Sampedro 1974 über einen gemeinsamen Freund kennengelernt. Sie hatten zusammen Urlaub in Mexiko gemacht, dort ein paar billige Gitarren erstanden und zusammen gespielt. Obwohl Sampedro, der zu der Zeit ungefähr 24 Jahre alt war, seit der High School nicht mehr in einer Band gespielt hatte, fand Talbot, er hätte ein gutes Gefühl für freie Improvisationen und die Rhythmusgitarre. Zurück in den Staaten ergab sich bald die Gelegenheit, herauszufinden, wie gut er wirklich war. »Wir kamen zu meinem Haus, und Ralph [Molina] war da. Wir hatten das Schlagzeug aufgebaut, George Whitsell wohnte gerade bei seiner alten Lady, und so setzten George, Ralph, Frank und ich und wer sonst noch vorbeikam – John Blanton, Van Dyke Parks und so weiter – uns zusammen und spielten. Schließlich zerstritt sich George mit den meisten seiner alten Freunde, und Ralph, Frank und ich blieben übrig und spielten zusammen weiter.«

Als Young Crazy Horse aufforderte, nach Chicago zu kommen (vermutlich im November oder Dezember 1974) und auf einigen der Stücke zu spielen, die für *Homegrown* vorgesehen waren, fragte Talbot, ob er Sampedro mitbringen könne. Young war einverstanden und offensichtlich beeindruckt. Zu Beginn des neuen Jahres, nachdem das CSN&Y-Projekt gescheitert war, tauchte er für ein paar Jam-Sessions in Talbots Haus am Silver Lake auf und blieb eine Woche, während der er einige von den Songs schrieb, die auf *Zuma* erscheinen sollten. Crazy Horse war wiedergeboren.

Ungefähr zur selben Zeit und fast wie durch Hexerei entdeckte Young die schwarze Les-Paul-Gitarre wieder, die er auf *Everybody Knows This Is Nowhere* gespielt hatte und die seit Jahren verschollen war.

Die Band begann mit den Aufnahmen für das neue Album im Haus von David Briggs in Zuma Beach. Als sie gerade ein neues Gitarren-epos namens *Cortez The Killer* einspielten, brannte einer der beiden Stromkreise des Hauses durch, und die Bänder blieben stehen. Selbstvergessen spielte die Band weiter, und so ging während des Stromausfalls eine gesamte Strophe verloren. Erst nach einer scheinbar perfekten Aufnahmesession erfuhr Young von dem Verlust. Er fragte, um welche Strophe es sich handelte, und meinte dann, daß ihm die sowieso nie gefallen hätte.

Zuma erwies sich aus zwei offenkundigen Gründen als Youngs zugänglichstes Album seit *Harvest*: Die Songs kreisen alle um ein allgemeines Thema – das Auftauchen aus einer beendeten Beziehung –, und die musikalischen Richtungen umfassen sein gesamtes Repertoire von treibendem elektrischen Rock über munteren Country bis hin zu rein akustischem Folk.

Die Texte auf *Zuma* scheinen sorgfältiger und gediegener ausgearbeitet zu sein als die der vorhergehenden Alben. Die Metaphorik wirkt gelegentlich bleiern, aber es gibt mehr einfallsreiche Zeilen und fein ziselierte Reime, und das gesamte Album ist thematisch besser aufgebaut als bei Young üblich – vom Namen abgesehen eigentlich ein Konzeptalbum. Da jeder Song das Grundthema aus einem anderen Blickwinkel beleuchtet, kann jeder vor den anderen bestehen, und es ergibt sich ein Ganzes, das die Summe der Einzelteile bei weitem übertrifft.

Das erste Stück, *Don't Cry No Tears*, mit seiner Winnipeg-Nostalgie in Melodie und Text legt den Ton fest: Es ist vorbei, und er kann nichts daran ändern. Er weiß, es hat keinen Sinn, einer verflossenen Beziehung nachzutrauern. Die Stimmung des Songs geht über die schlichte Akzeptanz dieser Tatsache hinaus und nähert sich einem Gefühl von Befreiung. Doch das ist nur ein Teil der Geschichte. In *Stupid Girl* klagt er an, in *Pardon My Heart* stellt er Fragen, in *Looking For A Love* hofft er, daß er es nächstes Mal klüger anstellt. In *Barstool Blues* hofft er auf etwas »to burn off all the fog and let the sun through to the snow«, nimmt einen weiteren metaphorischen Schluck von seinem Getränk, was es auch für eines sein mag, und denkt mit Bitternis an einen Freund, der »trusted in a woman« und »died a thousand deaths«.

In jedem dieser Songs passen Text und Musik perfekt zusammen.

151

Der akustische Schmerz in *Pardon My Heart* geht über in den sehnsüchtigen Pop von *Looking For A Love*, dann folgt das metallische Klirren von *Barstool Blues*. Auf *Stupid Girl* ertönt seine Stimme sehr wirkungsvoll auf zwei Spuren, im Vordergrund kalt und sachlich, im Hintergrund die leidende innere Stimme.

Obwohl *Zuma* ein Hardrock-Album ist, läßt Young seine Leadgitarre nur auf zwei Stücken richtig losgehen. Lou Reed fand, der Gitarrenpart auf *Danger Bird* sei der beste, den er je gehört hätte, und wenn das auch übertrieben sein mag, so ist er auf jeden Fall beachtlich. Young spielt beinahe in Zeitlupe, er zerrt und zieht an den Tönen und erzeugt eine giftige Intensität. »Though these wings have turned to stone«, singt er, »I can fly, fly, fly away«, und obwohl man das Gewicht der verdammten Dinger spürt, weiß man doch tief im Innersten, daß es dieser schwerfällige Moloch schaffen wird, sich in die Lüfte zu schwingen.

Cortez The Killer ist vordergründig mehr lyrisch als dramatisch und kommt auf jeden Fall in die engere Wahl für Youngs besten Song. Musikalisch besteht er aus einer einfachen Strophe, die ständig wiederholt wird. Der Klang schwillt langsam an und verdichtet sich, wobei die Gitarre während der ersten drei Minuten im Vordergrund steht und der Gesang im größten Teil der restlichen vier. Die Geschichte, die der Song erzählt, handelt von Cortez' Ankunft in der Neuen Welt, von der zugleich wilden und fortschrittlichen, dem Untergang geweihten aztekischen Kultur, die er dort vorfand. Young versucht nicht, Geschichtsunterricht zu erteilen. Er ist nicht an der realen Vergangenheit interessiert, nur an ihrer Umsetzung in die unterschiedlichen Wahrheiten von Mythos und Legende.

»Ich glaube, der Romantik jagt man stets hinterher«, sagte Young über *Cortez The Killer*, und in diesem Zusammenhang läßt sich die Kraft des Songs erkennen. Das plötzliche Umschalten von einer Kultur, die am Rande der Zerstörung steht, zur Liebe im Hier und Jetzt – »And I know she's living there / And she loves me to this day / I still can't remember when or how I lost my way« – ist weder eine Laune noch Zufall. Wie Cortez, der ins aztekische Eden tanzt, ist Young – wie wir alle – als Forscher und Zerstörer in das Leben eines anderen eingedrungen, vom Neuen und anderen zugleich verzaubert und erzürnt.

Der letzte Song des Albums – *Through My Sails*, der *Sailboat Song* aus den fruchtlosen CSN&Y-Sessions – spricht das gleiche Thema an und läßt Young weiterziehen, weg von den grellen Lichtern der Großstadt, hinaus in ein ozeanisches Paradies. Obwohl er verwirrt und desillusioniert ist, lernt er immer noch, und während der Wind durch seine Segel streicht, steuert er den nächsten menschlichen Hafen an.

Ursprünglich war für Herbst 1975 eine Tournee mit Crazy Horse geplant, aber sie wurde auf Anfang 1976 verschoben, weil sich Young einer Halsoperation unterziehen mußte. Diese wurde im Oktober erfolgreich durchgeführt, und Ende November stand er wieder auf der Bühne. Am 22. gab er mit Stills ein Gastspiel in der Stanford University, und am 23. trat er mit Dylan auf dem Benefizkonzert für SNACK (Students Need Athletics, Culture and Kicks) auf.

Dylan war vor diesem Auftritt bereits einen Monat lang auf einer ungewöhnlichen Tournee gewesen. Die Rolling Thunder Revue hatte im tiefsten Massachusetts begonnen, wo Dylan kleine Hallen und Clubs angemietet hatte, in denen er dann unangekündigt mit einer wechselnden Formation berühmter Freunde auftauchte. Das gefiel Young offenbar. Als *Zuma* erschienen war, bereiteten sich Crazy Horse und er auf die im neuen Jahr anstehende Tournee vor, indem sie in Städten wie Cotati und Marshall in Nordkalifornien ein paar unangekündigte Konzerte gaben. Young rief einfach einen Club an, fragte nach dem Besitzer und bot diesem an, die regulär gebuchte Band auszuzahlen, wenn er und Crazy Horse statt dessen spielen durften.

Ihr Programm setzte sich in erster Linie aus Songs von *Zuma* und *Crazy Moon* von Crazy Horse zusammen. Der dreijährige Zeke Young eröffnete manchmal am Schlagzeug, bevor er im Wohnmobil schlafen gelegt wurde. Neils Vater erinnert sich an einen Abend, an dem er mit Freunden auf dem Parkplatz Bier trank, bereit, das Kind zu trösten, falls es aufwachen sollte, und der Musik der Band zuhörte, die die Wände der Kneipe »zum Wackeln brachte«.

Nach ihrem Auftritt stellten sich die Musiker einfach zu den anderen Gästen an die Bar. Für Young muß Rolling Zuma ein großer Kontrast zu den Konzerten gewesen sein, wo er vor 400 000 »wogenden Händen, die nach dem Himmel greifen«, spielte; es ähnelte eher den lange vergangenen alten Zeiten in Kanada mit den Squires.

Im selben Zeitraum, kurz vor Weihnachten 1975, engagierte sich Young in der Kommunalpolitik. Ein ortsansässiger Großrancher na-

mens Monte Stern versuchte bereits seit geraumer Zeit, die Planungs-
genehmigung für eine Reihe von Freiluftkonzerten zu erhalten. Einer
der zahlreichen Nachbarn, die von dem Vorhaben entsetzt waren, war
Young. Die Broken-Arrow-Ranch war nach wie vor sein Refugium,
und er hatte nicht das geringste Bedürfnis, sie von Autogrammjägern
und Voyeuren überrennen zu lassen.

Das war eine verständliche Reaktion, wenn auch nicht gerade eine
moralisch korrekte Haltung für jemanden, der seine Karriere zumindest zum Teil durch Auftritte bei solchen Konzerten vorangetrieben
hatte. Sein Widerstand machte ihn jedoch in der Umgegend beliebt, da
eben jenes Wissen über Open-air-Festivals seinen Einwänden eine
Autorität verlieh, die der durchschnittliche Farmer nicht erreichen
konnte. Als er auf einer Versammlung der Planungskommission von
San Mateo auftauchte, erläuterte Young den anwesenden Zuständigen, daß die geplanten Konzerte nicht sicher wären: Die örtlichen
Straßen seien zu eng für ein Eingreifen bei Feuer oder medizinischen
Notfällen.

Einer der Anwälte der Veranstalter sagte, daß es ihm von nun an
schwerfallen würde, sich *Sugar Mountain* anzuhören, aber dem Rest
der ortsansässigen Bevölkerung fiel ein Stein vom Herzen. Ein paar
Jahre danach wurde Young sogar ein Sitz im Vorstand der historischen Gesellschaft von San Mateo County angetragen. Er wohnte
einer Versammlung als Beobachter bei und lehnte dann höflich ab.

Nachdem er sich im Februar länger in Miami aufgehalten und mit
Stephen Stills in den Criteria Studios Aufnahmen gemacht hatte,
begann Young die geplante Tournee mit Crazy Horse. Sie umfaßte
sieben Auftritte in vier japanischen Großstädten, zehn Konzerte auf
dem europäischen Kontinent und fünf in Großbritannien, vier davon
im Hammersmith Odeon in London.

Es war Youngs erster Aufenthalt in Japan, und es erstaunte ihn, daß
viele Zuhörer sogar seine Art, sich zu kleiden, kopiert hatten, bis hin
zu den geflickten Jeans. Eine derartige Imitation war in westlichen
Ländern begreiflich; aber »unter Menschen eines anderen Kulturkrei-
ses, deren gesamter Hintergrund sich so vom westlichen unterscheidet«, fand er es »nur noch verblüffend«.

Ebenso schwierig war es, aus Europa schlau zu werden. Die Hallen
zogen vorüber wie im Nebel, die Leute hinter der Bühne sprachen

jeden Abend eine andere Sprache, und alle hielten sie für verrückt (was sie natürlich auch waren). In Großbritannien teilten sie wenigstens in etwa die Sprache und die kulturellen Bezugspunkte. Young hätte die Schilderung verstanden, in der ein Kritiker ihn als »komplett abgehalfterten, verwirrten James Stewart« beschrieb, »der mit großen Augen daherspaziert, während ihm immer wieder die Konzentration entgleitet«.

Zumindest schien nicht die Gefahr zu bestehen, daß ihm die Musik entglitt. Auf dieser Tournee erklommen Young und Crazy Horse Höhen, die sie danach kaum mehr erreichen sollten – jedenfalls nicht vor der Smell-The-Horse-Tournee von 1991. Billy Talbot nannte es »eine idyllische Zeit. Neil *sprühte* nur so. Wir hatten wieder eine Band. Wenn ich uns spielen hörte, wußte ich, daß niemand sonst so spielen konnte.«

Ein erstaunlicher Aspekt des Programms, das sich zwischen dem ersten Konzert in Nagoya und dem letzten in Glasgow nicht wesentlich änderte, war, mit wie vielen Kapiteln seiner Musikerkarriere Young mittlerweile auf gutem Fuß zu stehen schien; als eigenständige Phasen wie auch als Teile eines zusammenhängenden Ganzen. *On The Way Home* stammte aus Buffalo Springfield-/CSN&Y-Tagen, während sein erstes Solo-Album das erste Stück des akustischen Sets, *The Old Laughing Lady*, und – nur in Hamburg – eine elektrische Version von *Last Trip To Tulsa* lieferte. Von *Everybody Knows This Is Nowhere*, *After The Goldrush* und *Harvest* kamen je ein paar elektrische und akustische Songs, unter anderem eine Version für Solo-Klavier von *A Man Needs A Maid*, in der die ganze unverblümte Traurigkeit zum Ausdruck kam, die der Plattenfassung fehlte. *Mellow My Mind* von *Tonight's The Night* erhielt seine korrekte Form, und im elektrischen Teil war das jüngst veröffentlichte Album *Zuma* meist mit *Don't Cry No Tears*, *Driveback* und *Cortez The Killer* vertreten.

Dazu kamen die neuen Songs. *Too Far Gone*, ein weiteres Stück darüber, verheizt zu werden, und das schlicht ergreifende *Country Home* erschienen beide später auf *Freedom* beziehungsweise *Ragged Glory* mit etwas weniger massivem Arrangement. *Let It Shine* und *Midnight On The Bay* könnten durchaus schon im Februar mit Stills eingespielt worden sein und sollten kurz danach auf der Stills-Young-Gemeinschaftsproduktion *Long May You Run* auftauchen.

Die Ballade *Day And Night We Walk These Aisles* beginnt mit einer simplen Parallele zwischen Filmen und Beziehungen – »Day and night we walk these aisles in the same old movie show / And look to someone to feel for a while« –, rettet sich aber vor der puren, romantischen Melancholie, indem der Protagonist darauf besteht, von seinem Leid erlöst zu werden – »Don't make me wait / Stab something through me...«

Die drei verbleibenden Stücke zählen zu Youngs besten und zeigen einen Künstler auf dem Gipfel seines Könnens. Das sich aufschwingende *Like A Hurricane*, das im nächsten Jahr auf *American Stars'n Bars* veröffentlicht werden sollte, bildete den Höhepunkt der meisten Konzerte auf der Tournee. Ein riesiger Ventilator auf einer Seite der Bühne gab einen Vorgeschmack auf die Requisiten der Rust-Never-Sleeps-Tournee von 1978 und ließ Youngs mehr als schulterlanges Haar in der Horizontalen schweben.

Auch *Stringman* sollte bald erscheinen, doch mußte die Öffentlichkeit noch siebzehn Jahre warten, bis Young den Song für sein *Unplugged*-Konzert und -Album wieder aus der Versenkung holte. Angeblich über Stephen Stills, ist der Song ein inniges Plädoyer für jeden mit »a head where chaos reigns« und einem Herzen, das sich damit nicht abfinden kann.

Der letzte Song, wechselweise *Don't Say You Win, Don't Say You Lose* oder *No One Seems To Know* genannt, ist ein aussichtsreicher Kandidat für Youngs bestes unveröffentlichtes Stück. Die ersten Zeilen sagen bereits alles: »Once I was in love / Now it seems that time is better spent in searching than in finding«. In der Liebe kann man weder gewinnen noch verlieren; das Leben mit einem Partner erzeugt wie das Leben als Single neue emotionale Probleme für sämtliche alten, die es löst. Solo auf dem Klavier gespielt, besaß der Song eine hübsche, federnde Melodie; die traurige, aber starke Stimme fand sich allmählich damit ab, was es heißt, ein Mensch zu sein. »When you're down you gather strength to leave the ground / When you're high it makes you weak and you fall back down...«

Trotz oder gerade wegen seiner jüngst erwachten Freude über die Wiedergeburt von Crazy Horse fand Young 1975 oft die Zeit, mit Stephen Stills auf der Bühne zu stehen. Im Juli ergab es sich einmal im Greek Theater und ein andermal in Berkeley. Dazu kam der bereits erwähnte Auftritt im November in Stanford, und an Silvester spielten die beiden alten Partner zusammen ohne Gage in einem Nachtclub in L. A.

Bei einem Konzert spielten die beiden zu zweit akustische Versionen von *Long May You Run, Human Highway, Everybody's Talkin'* und *Do For The Others* und ließen dann mehrere elektrische Nummern mit Stills' fester Band folgen. Bei einer anderen Gelegenheit war Youngs Hals so rauh, daß er nicht singen konnte, sondern Stills quasi als Hintergrundmann dienen mußte. Stills gab zu, daß er diese Erfahrung genossen hatte. »Neil Young unterstützt mich besser als jeder andere auf der Welt. Er begreift, worauf ich hinauswill. Neil erlaubt mir, mein Innerstes zu erforschen.« Stills sang ein paar von Youngs Songs – *The Loner, On The Beach* und *New Mama* – und versprach dem Publikum, auf jedem seiner zukünftigen Alben wäre einer davon zu finden. Außerdem hatte er noch einen Vorschlag: »Ich will unbedingt ein Album mit Neil machen«, sagte er. »Wir würden die ganze Branche das Fürchten lehren.«

Aus Gründen, die im dunklen liegen, erklärte sich Young mit diesem Vorhaben einverstanden. Nash vermutete später, daß der größte Anreiz seine Zuneigung zu Stills war, dessen Berufsleben ebenso wie sein Privatleben ins Trudeln zu geraten schien. Der Text von *Stringman*, seinerzeit erstmals veröffentlicht, scheint jedenfalls Youngs Zuneigung zu seinem alten Partner zu bestätigen, und es ist kaum anzunehmen, daß er dachte, er bräuchte ein solches Gemeinschaftsalbum, um seine eigene Karriere zu fördern.

Die beiden begannen im Februar 1976 in den Criteria Studios in Miami mit den Aufnahmen und schafften es, fünf oder sechs Stücke einzuspielen, bevor Young mit Crazy Horse nach Japan abreisen mußte. In dieser Phase lief alles gut, ja sogar so gut, daß sich Young auf Stills' Bitte, im Sommer mit ihm auf Tournee zu gehen, dazu bereit erklärte, die mit Crazy Horse geplante Amerika-Tournee aufzuschieben.

Offensichtlich hatten sie Spaß daran, zusammen Gitarre zu spielen. Stills bestand darauf, daß sie sich gegenseitig verbesserten und zitierte beifällig Robbie Robertsons Theorie, daß – sich selbst überlassen – Young immer zu langsam spielte und Stills zu schnell. Doch es ging um mehr als nur um das richtige Tempo. »Immer wenn wir zusammen spielen«, sagte Stills im April, »bringe ich Neil ein bißchen mehr bei, geschliffen zu spielen. Und er bringt mir ein bißchen mehr bei, echt zu sein.«

In welchem Maße sich ihr gegenseitiger Respekt in echte Zusammenarbeit ummünzen ließ, war etwas völlig anderes. Sie kamen zwar miteinander aus, doch die Band war Stills' Band. Jeder hatte seine eigenen Songs und erwartete, daß der andere bei diesen tat, was man ihm sagte. Sie schrieben kein Stück gemeinsam, und auf der Platte zeigen sich kaum Anzeichen für tatsächliche musikalische Interaktion. Im Grunde wechselten sie sich nur dabei ab, für den jeweils anderen den Star-Hintergrundmusiker abzugeben. Das war keine besondere Überraschung: So war es im Studio stets gewesen, seit Young im Sommer 1967 erstmals bei Buffalo Springfield ausgestiegen war.

Zunächst schien sie das alles nicht zu stören, am wenigsten Stills. Als Young zu seiner Tournee mit Crazy Horse aufbrach, lief alles wie am Schnürchen. Dann geschah etwas Seltsames. Young kam in Japan auf die Idee, Graham Nash anzurufen und erzählte ihm – Nash zufolge –, daß er und Stills in Miami ein Album eingespielt hätten, mit »tollen Stücken und tollem Leadgesang«, dem aber noch »das gewisse Etwas« fehlte, nämlich, wie Nash sogleich unterstellte, er und Crosby.

Warum Young – scheinbar von allein – darauf verfiel, die beiden anderen zu beteiligen, ist schwer herauszufinden. Es könnte auch sein, so meinte Nash, daß er dachte, Crosby und Nash würden sein Projekt mit Stills aufbessern. Möglich wäre auch, daß Young die Belastung und Anspannung einer alleinigen Zusammenarbeit mit Stills zu spüren begann und sich nach den Tagen zurücksehnte, als er sich unter vieren im Hintergrund halten konnte. Was immer die Gründe waren – es sollte sich als tragischer Fehler erweisen.

Crosby und Nash hatten, seit Anfang 1975 zum zweiten Mal nichts aus einem weiteren CSN&Y-Album geworden war, nicht auf der faulen Haut gelegen. Unter Verwendung vieler der Songs, die sie für das dann aufgegebene Projekt reserviert hatten, hatten die beiden *Wind In The Water* eingespielt, ein Album, dessen Songs und musikalisches Können sich mit dem Besten, was jeder von ihnen in seiner wechselhaften Vergangenheit geleistet hatte, messen konnte. Überdies hatte es sich besser verkauft als alles, was Stills oder Young in den letzten drei Jahren auf den Markt gebracht hatten. Sie waren gerade damit beschäftigt, das Nachfolgealbum *Whistling Down The Wire* einzuspielen, als sie Youngs Anruf aus Tokio erreichte.

Sie wären vielleicht besser beraten gewesen, ihn zu ignorieren. Doch, wie Nash erklärt, »sagte er, daß er diese tollen Sachen hätte, und David und ich sind ja nicht blöd«. Young tauchte schließlich mit einem Band von dem, was er und Stills bereits aufgenommen hatten, bei Nash zu Hause in San Francisco auf und spielte es ihm und Crosby vor. Sie müssen recht beeindruckt gewesen sein, da sie sich gleich am nächsten Morgen nach Miami aufmachten.

Die vier arbeiteten ein paar Wochen zusammen, und Crosby und Nash verschönerten die Songs, die Stills und Young bereits eingespielt hatten, während Stills und Young bei Neuaufnahmen von Songs einstiegen, an denen Crosby und Stills in Kalifornien gearbeitet hatten. In dieser Phase waren Crosby und Nash anscheinend bereit, die beiden Alben zusammenzulegen – warum sonst hätten sie *Taken At All* und *Mutiny*, die beide schließlich auf *Whistling Down The Wire* erschienen sind, neu einspielen sollen? Aber selbst wenn dies der Fall war, ist dennoch schwer zu verstehen, warum sie darauf bestanden, nach Kalifornien zurückzukehren, um dieses Album fertigzustellen, bevor sie jenes mit Stills und Young abgeschlossen hatten. Nash zufolge hatten sie in Miami nur sieben Songs zustande gebracht und brauchten noch welche von Crosby. »Deshalb wollten wir das ganze Zeug, das wir geschrieben hatten, in Miami fertigmachen, dann unser eigenes Album abmischen und darauf hoffen, daß David ein paar Songs schreibt, wieder nach Miami fahren, diese Songs einspielen und das Album abschließen.«

Also reisten Crosby und Nash ab und ließen Stills und Young mit einem halben Album, dem Versprechen, zu irgendeinem unbestimmten Zeitpunkt wiederzukommen, sowie der vagen Hoffnung, daß Crosby mit doppelter Geschwindigkeit noch ein paar Songs schriebe, zurück. Dies kann für Stills und Young kaum erfreulich gewesen sein, vor allem weil Crosby noch nie, zu keinem Zeitpunkt seiner Karriere, ein besonders produktiver Songschreiber gewesen war. Was sollten sie also tun?

Anscheinend war zumindest Stills der Meinung, daß sie das CSN&Y-Projekt sausenlassen und sich wieder auf ihr ursprüngliches Vorhaben konzentrieren sollten. Er nannte mehrere Gründe: zum einen führte er den Zwang an, das Album rasch fertigzustellen – »Wir mußten damit weiterkommen ... wir konnten nicht warten« –, zum anderen beharrte er auf einer Art existentieller Notwendigkeit in seiner Beziehung zu Young – »diesmal mußten wir es einfach allein machen... ohne Richie Furay, ohne David und Graham, ohne irgend jemanden zwischen uns«.

Bereits einer dieser Gründe hätte ausgereicht, aber Stills tat sich selbst keinen Gefallen, als er und sein Manager durchblicken ließen, daß es alles Crosbys und Nashs Fehler war – sie waren nicht »scharf genug« gewesen. Stills behauptete überdies, daß der nächste logische Schritt, um beide Projekte auseinanderzudividieren – das Löschen der Stimmen von Crosby und Nash aus den für das Stills-Young-Album bestimmten Songs –, Youngs Idee gewesen sei. Das mochte ja sein, aber dieser Schritt war wohl kaum vermeidbar, nachdem die grundlegende Entscheidung, das CSN&Y-Album aufzugeben, gefallen war. Kopien der Versionen mit allen vieren wurden zur Sicherheit aufbewahrt, obwohl man das angesichts der Heftigkeit von Nashs Reaktion nicht hätte glauben sollen.

Er und wohl auch Crosby betrachteten es als musikalischen Vandalismus. »Scheiß auf sie«, erklärte Nash unverblümt gegenüber dem *Crawdaddy*. »Sie sind nicht aus den richtigen Gründen dabei. Sie machen es bloß fürs Geld... Ich werde nicht mehr mit ihnen arbeiten. Daß sie verflucht noch mal unsere Stimmen gelöscht haben, hatte nichts mehr mit Musik zu tun. Es ging ihnen darum, rechtzeitig zu ihrer Tournee ein Album vorweisen zu können.« Sowohl mit Stills' als auch Youngs Karriere ginge es bergab, behauptete Nash in einem anderen Interview, und sie seien beide verzweifelt.

Möglicherweise lag in Stills' Verhalten ein Element der Verzweiflung. Als er Crosby und Nash von dannen ziehen sah, mag er begreiflicherweise befürchtet haben, daß nicht nur das CSN&Y-Projekt zusammenbrechen würde, sondern mit ihm auch das von ihm und Young. Vor die Wahl gestellt, Crosby und Nash zu beleidigen oder Young zu verlieren, entschied er sich für ersteres.

Sollte dies stimmen, so traf auch Crosby und Nash ein Teil der Schuld. War denn ihre übereilte Rückreise nach San Francisco rein musikalisch begründet gewesen? Hätte ihr Album nicht warten können? Vielleicht gab es gewichtige Gründe dafür, daß es keinen Aufschub duldete – Gründe, die nichts mit Geld zu tun hatten. Den außenstehenden Beobachter berührt allerdings sonderbar, wie wenig Kommunikation offensichtlich zwischen vier Musikern stattfand, deren gemeinsame Musik genau diese Tugend beschworen hatte. Wie

üblich war die größte Sorge von allen vieren, von den anderen über-
vorteilt zu werden, sei es nun einzeln oder gemeinsam.

Die Tournee von Stills und Young startete am 23. Juni und steuerte
mit Clarkston, Michigan, den ersten der speziell ausgewählten, mittel-
großen Veranstaltungsorte an. Anfangs kam die Musik etwas holpe-
rig, doch das besserte sich rasch, als es soweit war, daß Stills fand:
»Wir waren uns nahe genug und konnten richtig loslegen.«

Die Reihenfolge der Stücke ähnelte der auf der Wiedervereinigungstournee von 1974, und so folgte auf einen elektrischen je ein akustischer Solo-Set, dann ein gemeinsamer akustischer Teil und ein weiterer elektrischer Set. Stills wollte angeblich am gleichen Repertoire
festhalten, zumindest so lange, bis sie und die Band sich ihrer Sache
völlig sicher wären, doch Young wollte wie üblich alles etwas sponta-
ner gestalten und neues Material einbringen, wenn und wann ihm
danach war.

Auf dem Weg durch den Nordosten der USA verschlechterte sich
die Stimmung zusehends. Young behauptet, ihm hätte es Spaß gemacht, er hätte jedoch bemerkt, daß Stills infolge verschiedener Faktoren mehr und mehr aus der Bahn geworfen wurde. Die Kritiker, die
zum ersten Mal Gelegenheit erhielten, Young und Stills nebeneinan-
der zu erleben, beurteilten die Konzerte begreiflicherweise mehr als
Wettkämpfe denn als musikalische Gemeinschaftsproduktionen und
erkannten sämtliche Siege Young zu. Für Stills, der sich vermutlich
stets bemüht hat, Young als ebenbürtig zu betrachten, muß dies
zutiefst verletzend gewesen sein.

Er konnte das kaum Young anlasten, der unter anderem, um ihm
einen Gefallen zu tun, in die Tournee eingewilligt hatte. Wie unter
Zwang scheint Stills nach Sündenböcken gesucht zu haben. Young
zufolge »fing Stephen an, sich einzubilden, daß andere Leute auf der
Tournee etwas gegen ihn hätten und versuchten, ihn vor dem Publikum schlecht dastehen zu lassen. Es wurde ziemlich persönlich. Stephen machte ein paar Sachen auf der Bühne, Leute anbrüllen und so,
mit denen ich einfach nichts zu tun haben wollte. Ich habe mich nach
dem Konzert in Charlotte entschlossen zu gehen. Er hat auf der Bühne
herumgebrüllt, und hinterher gab es einen Riesenstreit. Nicht zwischen Stephen und mir, sondern zwischen Stephen und anderen.«

Wie Young sich aus dem Staub machte, war typisch, eine ärgerliche

Mischung aus Egoismus und Übermut. Angeblich fuhren er und Elliot Roberts mit dem Bus zum nächsten Auftrittsort, als Young nach rechts abbiegen wollte. Roberts erklärte ihm, sie müßten links abbiegen, um dorthin zu gelangen, doch Young bestand darauf, trotzdem nach rechts zu fahren. Dann schickte er jedem Bandmitglied ein Telegramm. Das an Stills lautete: »Lieber Stephen, komisch, daß manche Dinge, die spontan beginnen, genauso enden. Laß es dir gutgehen, Neil.«

Als offizieller Grund für Youngs Ausstieg wurde damals angegeben, sein Hals bräuchte Erholung, und Stills war mehr oder weniger geneigt, diese Erklärung zu schlucken. Vielleicht war er sogar erleichtert. Auf jeden Fall beeilte er sich, mit Crosby und Nash wieder ins reine zu kommen, und zu Beginn des folgenden Jahres trafen sie sich, um ihr erstes Album zu dritt seit ihrem Debüt 1969 einzuspielen. Sie kamen erneut in Miami zusammen, und eines Abends tauchte gegen Ende der Session draußen in den Büschen ein hochgewachsener Mann auf. Es war Neil Young, der pinkeln gegangen war, bevor er hereinkam, um sie zu begrüßen.

»Es war toll«, sagte Nash. »Wir nehmen eben nie etwas lange übel.« Oder, hätte eine boshafte Stimme hinzufügen können, werden jemals aus unseren Fehlern klug.

Das Stills-Young-Album, das das ganze Theater ausgelöst hatte, kam im selben Sommer heraus und war kein großer Erfolg. Das von Crosby und Nash in Kalifornien zunächst auf Eis gelegte Album verkaufte sich weit besser, was nicht am vermeintlich schlechten Geschmack des Publikums lag: *Long May You Run* fehlt es an der Spannung einer echten Zusammenarbeit und an guten Songs.

Der Titelsong ist das einzig wirklich erwähnenswerte Stück. Offenbar eine Hommage an Youngs ersten Leichenwagen – das Datum, an dem Mort den Weg alles Irdischen ging, wurde von 1965 auf 1962 geändert –, gelingt es dem Song, das spezielle Gefühl einzufangen, das Menschen in einer wechselhaften Welt für dauerhafte Dinge empfinden. In einer Strophe scheint Young sogar einen Seitenhieb gegen die Vergänglichkeit des Pop – die Beach Boys und ihre »empty ocean road« – auszuteilen, obwohl diese Interpretation womöglich nur meine eigenen Vorurteile widerspiegelt.

Seine anderen vier Songs reichen von dem einigermaßen charmanten *Midnight On The Bay* bis zu dem absolut gräßlichen *Let It Shine*, auf dem sowohl er wie auch Stills ständig kurz vor dem Umkippen stehen. *Ocean Girl* ist nur wegen Stills' Wah-Wah-Gitarre bemerkenswert, *Fontainebleau* ein genießbarer Schwulst über das gute Leben in Florida. Young gibt zu: »The reason I'm so scared of it / Is I stayed there once and I almost fit«, und sein Gitarrenspiel drückt seine Wut über diese Erkenntnis deutlich aus.

Stills behauptete später, Young hätte alle seine Songs für *Long May You Run* direkt bei den Aufnahmen geschrieben, »als wollte er nichts Wertvolles verschleudern«, und von *Long May You Run* abgesehen mag das auch gestimmt haben. Aber sie waren immer noch eine Spur besser als die vier von Stills, die sämtlich wie einfallslose Neuauflagen seiner früheren Arbeiten wirken.

Die kurze Tournee von Crazy Horse mit ihren zwölf Stationen, die Stills zuliebe aufgeschoben worden war, begann schließlich Anfang November. Sechs Tage nach ihrem Ende wurde Young von der Band als einer der Stargäste auf ihrem Abschiedskonzert The Last Waltz im Winterland in San Francisco ausgewählt. Es war ein Aufgebot, wie es pro Generation nur einmal vorkommt, mit dem Besten, was diese Generation an Musikern hervorgebracht hatte: Dylan, Van Morrison, Eric Clapton, The Band, Joni Mitchell und Young – alle gemeinsam auf der Bühne.

Young hatte die Begleitung, die er an diesem Abend bekam, voll und ganz verdient, aber es muß trotzdem ein stolzer Augenblick gewesen sein, vorausschauend wie rückblickend. Er traf erschöpft ein, nahm erfreut ein wenig Kokain entgegen, das ihm auf dem Weg zur Bühne angeboten wurde, und setzte für den Rest des Abends ein breites, albernes Grinsen auf, während ihm ein Brösel Koks aus der Nase hing.

Im selben Monat quälte sich Young mit den Entscheidungen für sein nächstes Album. *Decade*, eine aus drei Platten bestehende Retrospektive seiner Karriere, stand kurz vor der Veröffentlichung, aber Young war nicht davon überzeugt, daß dies der richtige Zeitpunkt dafür war. Es war »noch nicht Zeit, um Rückschau zu halten«, erklärte er Cameron Crowe zwischen zwei Auftritten auf der Crazy-Horse-Tournee und rief, nachdem er eine Entscheidung getroffen hatte, Elliot Roberts an, um ihm diese mitzuteilen.

Roberts gab sie an Warner weiter, die prompt zwei leitende Mitarbeiter zu Young schickten. Er spielte ihnen den größten Teil eines neuen Albums mit dem Arbeitstitel *Chrome Dreams* vor, woraufhin sie sich damit einverstanden erklärten, *Decade* noch ein Jahr auf Eis zu legen. Den Winter über beschäftigte sich Young ausgiebig mit dem neuen Album und verwarf dann die Hälfte des Materials zugunsten anderer, noch neuerer Songs.

Anfang der neunziger Jahre erschien in Deutschland eine Raubpressung von *Chrome Dream* mit dem Datum 16. März 1977. Sie enthält die gesamte B-Seite von *American Stars'n Bars* – *Star Of Bethlehem, Will To Love, Like A Hurricane* und *Homegrown* –, wenn auch in anderer Reihenfolge. Die Fassungen von *Look Out For My Love* und *Captain Kennedy*, die auf *Comes A Time* beziehungsweise *Hawks and Doves* erscheinen sollten, sind ebenso darauf wie *Pocahontas* von *Rust Never Sleeps*, allerdings ohne die darüber gemischten Gesangsparts. Auch die anderen fünf Songs sollten später veröffentlicht werden, jedoch in anderen Versionen und vor allem in radikal gewandelter Form.

Das erste, *Too Far Gone* (später auf *Freedom* veröffentlicht), wird dort als akustisches Duett mit Young an der Gitarre und Frank Sampedro an der Mandoline dargeboten. Wie die Live-Versionen während der Crazy-Horse-Tournee vom Vorjahr fängt auch diese Fassung die bittere Verzweiflung des Songs besser ein als spätere Aufnahmen.

Powderfinger, das E-Gitarren-Glanzstück von *Rust Never Sleeps* von 1979 taucht hier in einer akustischen Fassung auf, die dem Song eine unheimliche Ausstrahlung verleiht, die stark in Richtung der Interpretation der Cowboy Junkies auf deren 1989er Album *The Caution Horses* geht.

Hold Back The Tears besteht lediglich aus Young und seiner Gitarre und ist intensiver und echter als die countryeske Version auf *American Stars'n Bars*. Außerdem hat sie eine Strophe mehr – »I call her name out in the night / I feel for someone but still something isn't right / Ah, those streets I hesitate to use / Look better when life brings on the blues« –, die nahelegt, daß der Protagonist mit dem Gedanken spielt, sich Prostituierten zuzuwenden.

Sedan Delivery erscheint dort mit der halben Geschwindigkeit der schließlich veröffentlichten Version (auf *Rust Never Sleeps*) und vermittelt wie der Song davor mehr Intensität als seine spätere Fassung.

Auch dieses Stück weist eine Strophe mehr auf und ist Youngs Beschreibung seines Lebens in dieser Zeit, »often getting loose in bars«.

Die Version von *Stringman* unterscheidet sich nicht sehr von der, die siebzehn Jahre später auf *Unplugged* erschien. Sie war vermutlich live auf einem der Konzerte im März 1976 im Hammersmith Odeon aufgenommen und der dünne E-Gitarrenpart hinterher dazugemischt worden.

Alles in allem hätte dies bestimmt ein wunderbares Album ergeben, aber Young war nicht zufrieden damit. Vielleicht war es für seine damalige Verfassung zu matt, oder er hatte vorübergehend den Gefallen an einigen der Songs verloren. Was auch die Gründe gewesen sein mögen, der Charakter des Albums wandelte sich, und der Titel wurde geändert, um dies widerzuspiegeln. *American Stars'n Bars* sollte von amerikanischen Volkshelden und Volksgeschichte handeln, und Sozialkritik von der Sorte, wie man sie in amerikanischen Bars zu hören bekam, dazu liefern. Leider ging die notwendige Forschung für die zweite Seite auf Kosten der ersten: »drunk on his ass in bars«, behauptet Young, den historischen Teil vergessen zu haben.

Es ist nicht bekannt, welche Songs Young ursprünglich auf *American Stars'n Bars* unterbringen wollte. *Pocahontas* und der nachgeborene Protagonist von *Powderfinger* sowie *Captain Kennedy* hätten allesamt »American Stars« sein können, während der Sänger von *Too Far Gone* offenbar durch einige Bars gezogen war. Jedoch erschien nicht einer dieser vier Songs tatsächlich auf dem Album. Obwohl der neue Titel beibehalten wurde, glänzten sowohl Stars wie auch Bars durch Abwesenheit. An ihrer Stelle lieferte Young ein Sammelsurium aus noch ungebrauchten Melodien und fünf Portionen countrylastigen Pops.

Der erste Eindruck von *American Stars'n Bars* ist der eines völlig unausgeglichenen Albums, dessen zwei Seiten sich in Stil und Qualität drastisch unterscheiden. Die Seite mit den Country-Songs, die Young zusammen mit Crazy Horse und den Bullets – Linda Ronstadt und ihre Freundin Nicolette Larson – interpretiert, steckt voller Energie und Enthusiasmus, doch die Songs sind gnadenlos simpel, und Texte und Melodien klingen oft, als hätte man sie einmal zu oft wiederverwertet.

The Old Country Waltz ist eine nette, sentimentale Geschichte über verlorene Liebe, *Saddle Up The Palomino* ein flottes, einigermaßen geistreiches Stück über ehebrecherische Gelüste, *Hey Babe* eine hübsche Eintagsfliege. Das schonungslose *Hold Back The Tears* von der Raubpressung *Chrome Dreams* wurde seiner Persönlichkeit entkleidet und zu Standard-Country-Kost umgemünzt – der Beweis dafür, daß Young ein zweiter Randy Travis hätte werden können, falls dieser gesucht gewesen wäre.

Bite The Bullet mit seiner »walking love machine« und dem Wunsch »to hear her scream« ist bestenfalls geschmacklos und pubertär, schlimmstenfalls geradezu widerlich. Alle fünf Songs liegen auf der glatten, oberflächlichen Linie der Country-Musik und lassen, obwohl sie sehr gekonnt arrangiert und interpretiert sind, jeglichen Biß vermissen. Warum Young sich dazu entschloß, eine Albumseite mit solcher Musik anzufüllen, ist schwer zu ergründen, vor allem wenn er dadurch auf so zweifelhaftes textliches Gebiet gerät wie in *Bite The Bullet*.

Die erste Seite ist gewiß keine gute Werbung für die zweite, aber welcher Fan von Young hätte sich wohl zuerst etwas anderes angehört als *Like A Hurricane*? Auf diesen Song, der 1976 auf seinen Tourneen wirklich hervorgestochen war, hatten alle gewartet. »Once I thought I saw you«, beginnt er, und Young spielt zunächst im Stil des *Great Gatsby* auf eine perfekte, unerreichbare Geliebte an, bevor er eine Kehrtwendung vollzieht. Anscheinend ist die Liebe, nicht die Geliebte, jenseits seiner Reichweite. »You could have been anyone to me«, singt er; es hätte nichts geändert – er wäre trotzdem von Liebe überwältigt gewesen. Mit seiner schönen, sehnsuchtsvollen Melodie, die nicht einmal die spätere Fassung mit Harmonium auf *Unplugged* ganz ruinieren konnte, hätte *Like A Hurricane* an sich ein phantastischer akustischer Song sein können; statt dessen dient er als Grundlage für den lyrischsten E-Gitarrenpart, den Young je aufgenommen hatte.

Was den Song für dermaßen viele Menschen so genußvoll und beziehungsreich macht, läßt sich kaum genau festlegen. Manche sehen beim Hören der ausgedehnten Instrumentalpassagen einen Wirbelsturm vor ihrem geistigen Auge, doch würde dies Gewalt und Geschwindigkeit nahelegen, was weniger im Vordergrund steht. Als er zu Werbezwecken von Mary Turner interviewt wurde, hatte Young folgendes über den Song zu sagen: »Ich spiele nie schnell. Der Baßlauf besteht aus nur vier Noten und geht dann weiter runter. Billy spielt ab und zu ein paar Noten extra, und der Schlagzeugrhythmus ist durchgehend derselbe. Es ist wie eine Trance, in die wir geraten . . . Manchmal klingt es, als spielten wir schnell, aber das tun wir nicht. Alles beginnt einfach, im Kreis herumzuschwimmen und emporzusteigen, und das geht über den Punkt hinaus, an dem man schnell oder langsam oder sonstwie spielt – zu unserem Glück, denn wir können nicht schnell spielen.«

Mich lassen die auf der elektrischen Gitarre gespielten Passagen in *Like A Hurricane* stets an eine bestimmte Landschaft denken, eine weite flache Welt aus Seen und Schilf, wo große Vögel am Himmel entlangfliegen und in der dämmrigen Luft krächzende Geräusche von sich geben. Ich habe keine vernünftige Erklärung dafür. Die Gitarre klingt stellenweise wie ein schreiender Vogel, aber ich halte es für wahrscheinlicher, daß das Gefühl von Schönheit und Verlassenheit, das Young in die Musik eingewoben hat, eine solche Landschaft in meiner Vorstellung hervorruft.

Die anderen drei Stücke auf der zweiten Seite unterscheiden sich stark von *Like a Hurricane* wie auch voneinander. *Star Of Bethlehem* besitzt eine anmutige Melodie und liefert eine scheinbar rückhaltlos realistische Sichtweise der Liebe – »All your dreams and your lovers won't protect you . . . They'll leave you stripped of all that they can get to . . .« –, bis die letzte Strophe das schlichteste Bild der ewigen Hoffnung beschwört: eine leuchtende Glühbirne hinten im Flur. »Maybe the star of Bethlehem wasn't a star at all«, schließt Young geheimnisvoll und verbindet die Suche nach Gott mit der nach Liebe, beide offenkundig aussichtslos, aber ebenso schwer aufzugeben.

Vom gleichen Thema inspiriert ist *Will to Love*, sieben Minuten akustisches Geplänkel vor einem Hintergrund im Feuer krachender Holzscheite. Der Text benutzt eine ausgedehnte (manche würden sie auch übertrieben ausgedehnt nennen) Metapher, in der die instinktgeleitete Reise eines Lachses den Fluß hinauf die ebenso unumgängliche Suche des Menschen nach künstlerischer Wahrheit und romantischer Liebe repräsentiert. Dies ist einer von Youngs deutlicher am Bewußtseinsstrom orientierten Songs, und er spiegelt die parallelen Realitäten von Individualismus und Isolation wider. Mit seinen auf den Fisch bezogenen Formulierungen wie »fins aching from the strain« und »belly scraping on the rocks« ruft *Will To Love* häufig extreme Reaktionen hervor. Manche finden es zum Brüllen komisch, andere wirklich tiefgründig.

Homegrown, der letzte Song auf dem Album ist glücklicherweise keines von beidem. Zweifellos ein Leckerbissen für all jene geistlosen Konzertbesucher, die in Freudenschreie ausbrechen, wenn Drogen in einem Songtext vorkommen, ist sein vorlauter, ungehobelter Country-Rock ein äußerst unangemessener Abschluß für den ansonsten triumphalen Fortschritt auf der zweiten Seite.

Doch vielleicht ist er kein so unpassender Abschluß für das Album insgesamt. 1977 machte *Stars'n Bars* einen richtungslosen Eindruck, als werkelte Young planlos vor sich hin und wartete darauf, daß ihn etwas packte, entweder in seinem Leben oder in seiner Musik oder in beidem. Damit repräsentierte es einen großen Teil der Rockszene, der in den sechziger Jahren angefangen hatte und mittlerweile erkennen ließ, daß ihm Energie und Ideen ausgingen.

Zu dieser Zeit schien Youngs Lebensstil eine beneidenswerte Mischung aus Kreativität und Sorglosigkeit gewesen zu sein. Während den meisten Menschen mit viel Zeit das Geld fehlt und den meisten, die Geld haben, die Zeit, verfügte er über beides im Überfluß.

Eines seiner liebsten Steckenpferde war die Erweiterung seiner Oldtimer-Sammlung. 1977 besaß er etwa zehn, darunter zwei der Cadillacs für sieben Fahrgäste, von denen General Motors 1940 lediglich zehn hergestellt hatte. Einer von ihnen hatte einem südamerikanischen Diktator gehört und war entsprechend mit kugelsicheren Scheiben ausgestattet. Zuerst brachte Young seine Autos in einer passenden Scheune auf der Ranch unter, aber dann wurde die Sammlung zu groß, und er fand ein Lager in der Nähe. Die »Autoscheune« wurde zur »Eisenbahnscheune« und beherbergte Youngs Modellbahnimperium.

Dazu kamen die Boote. Während er im Februar 1975 mit Stills in Miami Aufnahmen machte, hatte Young Gefallen daran gefunden, öfter in den Coconut Grove zu gehen, einen Club, den viele begeisterte Segler besuchten. Sein bereits vorhandenes Interesse wurde angefacht, und er beschloß, sich ein eigenes Boot zu kaufen, eine Vollholz-Yacht von 1920, die er neu auf den Namen *Evening Coconut* taufte. Immer, wenn er in diesem Sommer die Zeit fand, gingen Young und sein Freund Mazzeo auf Floridas Binnengewässern segeln.

Die *Evening Coconut* mit ihrem morschen Rumpf und ihrer unzuverlässigen Maschine war weder eine sichere Geldanlage noch ein treuer Diener, und in einer der häufigen Phasen, in denen sie außer Betrieb war, ließ sich Young dazu überreden, einen möglichen Ersatz zu besichtigen, einen alten dänischen Frachter, der zur Jacht umgebaut worden und irgendwie in Grenada gelandet war. Young ließ das Boot holen, stellte fest, daß es in miserablem Zustand war, verliebte sich trotzdem und beschloß, es wie zu seinen Glanzzeiten wieder herzurichten. Diese Aufgabe, bei der das Boot bis auf den Rumpf zerlegt werden mußte, beschäftigte ihn, einige Freunde und mehrere Kontingente angestellter Helfer einen Großteil der nächsten zwei Jahre. Dabei lernte er das Boot genau kennen – und vermutlich auch sich selbst ein bißchen besser. Später taufte er es nach seinem Großvater mütterlicherseits auf den Namen *W. N. Ragland*.

Der sorglose Lebensstil schlug sich auch in seiner Musik nieder. Im Sommer 1977 spielte sein Freund Jeff Blackburn in einer Band zusammen mit dem ehemaligen Bassisten von Moby Grape, Bob Mosley, dem Schlagzeuger Johnny C. Craviotto und einem unbekannten Leadgitarristen. Letzterer verschwand während eines Besuchs von Young, und die daraus resultierende Versuchung war einfach zu groß. Unter Youngs Bedingung, nur innerhalb der Stadtgrenze von Santa Cruz zu spielen, trat die Band – mittlerweile von Mazzeo gemanagt und auf The Ducks umgetauft – gegen einen Prozentsatz an den abendlichen Einnahmen in den Bars der Stadt auf.

Der Name der Gruppe entsprang einer in der Umgebung geläufigen Legende. Einige Jahre zuvor war ein Surfer mit dem unglaubwürdigen Namen Pussinger durch eine Schar Enten gerast, hatte dabei sieben getötet und war postwendend zu sieben Tagen Gefängnis verurteilt worden – ein Tag pro Ente. Allerdings hatte eine alte und weise Ente namens Master Mallard dieses Beispiel für das Walten der menschlichen Justiz als zu milde erachtet und der Stadt einen Fluch auferlegt. Dieser Fluch konnte nur aufgehoben werden, wenn sich die gesamte Bevölkerung unter einem Dach versammelte und wie Enten quakte. Deshalb begann jedes Konzert der Ducks mit massivem Entenquaken seitens des Publikums.

Das Programm der Band bestand aus gradlinigem Rock 'n' Roll. Einige der Songs stammten von Young (unter anderem das nie veröffentlichte Instrumentalstück *Windward Passage*), aber die Band war nicht besonders wählerisch. Ihr waren alle Songs recht, die die uramerikanische Männer-Dreifaltigkeit aus Alkohol, Sex und Unterwegs-sein feierten.

Young genoß es, ohne die Bürde der Erwartungen des Publikums zu spielen. Er erkannte zwar, daß die anderen Bandmitglieder nicht ebenso gute Gelegenheiten zur Befriedigung ihrer musikalischen Ambitionen gehabt hatten wie er, aber so war es eben. »Klar wollen sie losziehen und etwas auf die Beine stellen«, sagte er, »aber ich will nur jetzt im Moment ein bißchen Musik machen und nicht losziehen und etwas auf die Beine stellen. Ich habe seit acht Jahren nicht mehr in der Stadt gelebt. Vier Jahre bin ich auf meiner Ranch geblieben, und dann habe ich angefangen herumzureisen und bin nie irgendwo richtig seßhaft geworden. Daß ich nach Santa Cruz gezogen bin, kommt mir vor, als träte ich wieder in die Zivilisation ein. Mir gefällt diese Stadt. Wenn die Lage hier lässig bleibt, können wir das noch den ganzen Sommer machen.«

Doch das blieb sie natürlich nicht. Es sprach sich herum, und Horden von Leuten kamen von auswärts. Ein Reporter des *Rolling Stone* tauchte auf, ja sogar Talentsucher von Plattenfirmen. In das Haus, das die Band gemeinsam bewohnte, wurde eingebrochen. Wie er bereits angekündigt hatte, stieg Young aus. Wenn die anderen Ducks nun dasaßen und sich ausmalten, was hätte sein können, dann hatten sie nicht richtig zugehört.

Einem inzwischen vertrauten Muster folgend, ließ Young auf diese Orgie des gradlinigen Rock 'n' Roll das genaue Gegenteil folgen: akustischen Folk. Sein neues Album sollte folklastige Musik im Stil von *Harvest* bieten und nicht weniger zugänglich als jenes werden.

Während seines Intermezzos mit den Ducks war er bei einem akustischen Benefizkonzert im Santa Cruz Civic Auditorium zu Crosby und Nash auf die Bühne gestiegen und hatte das noch unveröffentlichte *Human Highway* sowie *New Mama, Sugar Mountain* und *Only Love Can Break Your Heart* gespielt. Letzteres Stück, so erklärte er den Zuhörern, hatte er ursprünglich für Nash geschrieben. »Es sollte eigentlich für Crosby sein«, sagte Young, »aber er war einfach zu glücklich.«

Zu Herbstbeginn fuhr er mit seinem Sohn Zeke, der gerade fünf geworden war, im Bus quer durchs Land. Sie scheinen keiner festen Reiseroute gefolgt zu sein, und wahrscheinlich schrieb Young während der langen Stunden auf der Straße einige Songs. Als er und Zeke in Nashville ankamen, spürte Young, daß er ein Album beisammenhatte. Er schickte nach den Musikern, die den Kern seiner Folk- und Country-Musik bilden sollten: Tim Drummond, Ben Keith, Karl Himmel, Spooner Oldham und Rufus Thibodeaux. Dieses Mal holte Young, nachdem er beschlossen hatte, den Klang noch mehr auszuweiten, weitere dreißig Musiker dazu, darunter acht akustische Gitarristen und eine sechzehnköpfige Streichersektion. Diese Truppe, von Young Gone With The Wind Orchestra getauft, verlieh dem Album mit dem Arbeitstitel *Give To The Wind* seinen satten, warmen Klang. Nicolette Larson wurde als zusätzliche Sängerin engagiert.

Zwischen den Aufnahmen gab das Ensemble an Youngs Geburtstag, dem 12. November, ein Konzert vor 125 000 Zuhörern. Anlaß war eine Benefizveranstaltung für Kinderkrankenhäuser in der Umgebung von Miami Beach. Musikalisch interessant war der Auftritt aufgrund einer ersten und fürderhin seltenen Darbietung von *Lady Wingshot*, einem Song, der auf die sexuell geprägte Schwärmerei eines Jungen für eine Zirkusartistin anspielt. Als Zugabe spielte Young eine Kurzfassung von Lynyrd Skynyrds *Sweet Home Alabama*, das Ronnie Van Zant als Reaktion auf Youngs *Southern Man* geschrieben hatte. Die beiden Männer hatten einander damals ihre gegenseitige Bewunderung ausgedrückt, doch nun war Van Zant tot. Er war zwei Wochen vorher zusammen mit drei anderen Mitgliedern der Tournee von Lynyrd Skynyrd bei einem Flugzeugabsturz ums Leben gekommen Young widmete den Song »ein paar Freunden im Himmel«.

Im Oktober 1977 erschien schließlich Youngs drei Platten umfassende Retrospektive *Decade*. Wer eine willkürlich zusammengewürfelte Auswahl erwartet hatte, wurde angenehm überrascht: Das Album enthält sämtliche Klassiker aus all seinen verschiedenen Stilrichtungen sowie fünf bislang unveröffentlichte Stücke.

Campaigner hatte er geschrieben, nachdem er Präsident Nixon verhärmt aus dem Krankenhaus hatte kommen sehen, in dem seine schwerkranke Frau lag. »Even Richard Nixon has got soul«, heißt es im Refrain des Songs. Der Mann, den Young in *Ohio* einen Mörder genannt hatte und der unbestritten einen blutigen Krieg aufrechterhielt, ist offenbar auch ein Mensch. Die Welt ist nicht annähernd so klar in Gut und Böse aufgeteilt, wie die sechziger Jahre uns alle glauben machen wollten. Das erschwert das Handeln, entbindet uns aber nicht von dessen Notwendigkeit. Die erste Strophe des Stücks – »I am a lonely visitor / I came too late to cause a stir / Though I campaign all my life towards that goal« – ist zugleich seine letzte.

Youngs Erwachsenwerden ist ein häufiges Thema: Der jugendliche Verfasser von *Down To The Wire* aus der Zeit von *Stampede* mit seinen paranoiden Ängsten vor bestrickenden Frauen hat nur noch wenig mit dem wissenden Liebhaber in *Love Is A Rose* zu tun. Das letztere enthält, obwohl es musikalisch dürftig ist, eine prägnante Äußerung über die Gefahr, Liebe als Besitz zu begreifen: »Love is a rose but you'd better not pick it / It only grows when it's on the vine / A handful of thorns and you'll know you missed it / You lose your love when you say the word ›mine‹.«

Winterlong war mittlerweile fast zehn Jahre alt, obwohl diese Aufnahme vermutlich von 1974 stammt. Der Einfluß Phil Spectors ist allerdings immer noch hörbar, und Youngs Stimme erreicht hier ihren sehnsuchtsvollen Höhepunkt, genauso wie auf dem äußerst geheimnisvollen *Deep Forbidden Lake*. Dieses Stück mit seiner schneidenden Violine, der Pedal Steel und dem bildhaften, aber undurchsichtigen Text klingt wie *Harvest* mit einer Extraportion Melancholie.

Auf dem Cover brachte Young kleine Wortbilder zu jedem Stück unter, die die Entstehungsgeschichte eines Songs dokumentieren oder ihn in einen weiteren Kontext stellen. Über das Album insgesamt sagte er: »Ich glaube, es erzählt eine Geschichte. Das könnte die Platte sein, die meinen Einfluß auf die Musikwelt in den letzten zehn Jahren definiert.«

Comes a Time war von den Alben, die Young in den letzten fünf Jahren gemacht hatte, das erste, das auf Anhieb leicht anzuhören war. Der Musik fehlte jegliches hohle Getöse, und die Texte wiesen – zumindest beim ersten Hören – keinerlei bedrohlichen Unterton auf.

Der Zusammenklang geballter akustischer Gitarren, mitunter durch warme Streicherwogen unterstützt, ist beruhigend und erzeugt eine heitere Atmosphäre, die von Youngs diesmal melodischer als sonst klingender Stimme, die durch Nicolette Larsons Hintergrundgesang noch weiter versüßt wird, in keiner Weise geschmälert wird. Die musikalische Einheit setzt sich in den Texten fort. Fünf der Songs – *Look Out For My Love, Lotta Love, Peace Of Mind, Already One* und *Field Of Opportunity* – befassen sich in unterschiedlichen Variationen mit der Pflege von Beziehungen. Einige von ihnen heben die Verletzlichkeit ihres Protagonisten hervor, alle bestätigen, daß es harte Arbeit ist, aber es steht außer Zweifel, daß er letztlich bereit ist, sich ein weiteres Mal darauf einzulassen. Manche der Songs haben etwas weniger zu bieten, doch tut das diesem so stringent klingenden Album keinen Abbruch: Jedes Stück beleuchtet einen Aspekt des größeren Bildes.

Die beiden »Familien«-Songs *Comes A Time* und *Already One* verdienen besondere Erwähnung. Selten wurde neues Leben freudiger willkommen geheißen als im ersten und der Platz des Kindes in einer zerbrochenen Beziehung wirkungsvoller dargestellt als im zweiten. »We're already one – our little son won't let us forget«, beharrt der Refrain; ihr Sohn erinnert die Partner stets an ihre Beziehung zueinander, an die unergründliche Neigung der Liebe, sich zu verflüchtigen, und an die Erfordernis, es beim nächsten Mal besser zu machen.

Dort wie in einigen anderen Songs auf dem Album schimmert ein dunklerer Unterton durch die beschauliche Oberfläche. Der Zeitreise-Text von *Goin' Back* wandert zurück bis zum Schöpfungsmoment und beschwört vergangene Welten nomadischer Schlichtheit herauf. Doch es besteht keine Aussicht darauf, die Uhr zurückzudrehen, und nur an den Rändern der modernen Welt, hoch oben auf einem Berg oder in den Abgründen einer Stadt kann solche Unschuld noch auf ihr Gedeihen hoffen. In *Look Out For My Love* geht die Musik vom Akustischen zum Elektrischen über, der Text beendet sein inneres Grübeln und liefert eine paranoide Momentaufnahme der realen Welt, während *Human Highway* trotz seiner unbeschwerten Melodie und seines trockenen Humors ständig fordert: »Take my eyes away from what they've seen.« Youngs gewohnte Mischung aus Angst und Grauen fehlt auf diesem Album nicht etwa, sie ist lediglich gedämpft und unterschwellig spürbar.

Die letzten beiden Stücke stehen außerhalb der allgemeinen Strömung. *Motorcycle Mama* wird von Nicolette Larson mehr gekreischt als gesungen und bringt es beinahe fertig, die im Verlauf der vorangegangenen dreißig Minuten sorgfältig aufgebaute Stimmung zu zerstören. *Four Strong Winds*, ein Song von Ian Tyson, mit dem das Album schließt, ist so schön, wie sein Vorgänger scheußlich ist. Seit den Tagen von 4-D, eines von Youngs Lieblingsstücken, bietet er es makellos dar.

Die akustischen Gitarren zirpen, die Pedal Steel jault, und Youngs Stimme hat nie verführerischer geklagt.

Youngs musikalische Beziehung zu Nicolette Larson löste mehr aus: Als Cameron Crowe den Sänger zu Hause in Zuma besuchte, fand er die beiden in unförmigen Pullovern vor. Sie benahmen sich wie »Pa und Ma Kettle« und sangen vor einem offenen Kaminfeuer zum Band von *Comes A Time*. Die Affäre war jedoch nur von kurzer Dauer. Die Pläne, zumindest einen Teil der Weihnachtsferien entweder bei ihren Eltern in Kansas City oder bei seinem Vater in Toronto zu verbringen, ließen sie plötzlich fallen. Statt dessen zogen sie sich auf die Ranch zurück, ohne genau zu wissen, woran sie miteinander waren.

Kurz vor Weihnachten besuchten sie zusammen mit Tim Mulligan ihre Nachbarin Pegi Morton. Young hatte sie schon vor fast drei Jahren kennengelernt, und sie waren ein paarmal zusammen ausgegangen, bevor sie beschlossen, daß zumindest für den Moment Freundschaft günstiger sei als eine Affäre. Wie Young es ausdrückte, »hatten beide noch ein großes Stück Weges zurückzulegen«.

Nun waren sie bereit, eine tiefere, dauerhaftere Verbindung einzugehen, und speziell dieser Besuch im Dezember 1977 scheint den Moment der Erkenntnis ausgelöst zu haben. Ein paar Tage später war Nicolette in Youngs Haus in Zuma umgezogen, während er und Pegi sich auf der Ranch aufhielten und die ersten zaghaften Schritte unternahmen, aus einer Freundschaft eine Liebesbeziehung zu machen.

In den nächsten Monaten verbrachte das Paar viel Zeit zusammen, und Young ergriff wieder Besitz von seiner Ranch. An den Wochenenden war Zeke häufig da und lieferte seinem Vater die perfekte Entschuldigung dafür, sich seinem Faible für Modelleisenbahnen hinzugeben. Eine bereits sehr große Anlage breitete sich in der ehemaligen »Autoscheune« weiter aus.

Im Februar fuhren er und Pegi nach Florida, um die Fortschritte an dem neuen Boot zu begutachten, und sechs Monate später verbrachten sie ihre Flitterwochen auf der *W. N. Ragland*, deren Jungfernfahrt zu den Bahamas führte. 1978 wurde für Young zu einem Jahr der Abschlüsse und Anfänge.

Comes A Time ging verzögert an den Start. Irgendwann zwischen Aufnahme und Pressung war das Originalband beschädigt worden, allerdings nicht so schwer, daß der Makel beim beiläufigen Zuhören aufgefallen wäre. Young dachte sich anfangs, daß irgend etwas nicht stimmte, aber da er nicht herausfand, was, glaubte er, er bilde es sich nur ein und gab sein Okay für die Produktion. Als er sich eine Woche später eine Kopie vom Originalband anhörte, wurde ihm klar, daß einige der höheren Frequenzen verschwunden waren. Er rief bei Reprise an, berichtete ihnen, was geschehen war, und atmete zweifellos einmal tief durch, bevor er sich bereit erklärte, für die bereits entstandenen Kosten von 200 000 Dollar aufzukommen. »Ich werfe nicht gern mit Geld um mich«, sagte er zu seinem Vater, »aber ich wollte dieses Album nicht in schlechter Qualität weltweit in Umlauf bringen.«

Die fehlerhaften Pressungen wurden in das Lagerhaus gebracht, in dem sich ein Teil seiner wachsenden Oldtimer-Sammlung befand, und durch jede Kiste eine Gewehrsalve gefeuert, um zu verhindern, daß sie jemals verkauft werden konnten. Rogan zufolge änderte Young außerdem die Reihenfolge der Titel, um es Reprise unmöglich zu machen, ihn zu hintergehen.

Als *Comes A Time* Ende des Jahres erschien, sagte Young: »Es kommt mitten aus einer sentimentalen Phase... Wenn ich es im Radio höre, klingt es angenehm... Aber ich bin jetzt woanders. Ich spiele jetzt Rock 'n' Roll.« Da war er nicht der einzige. In der ersten Hälfte des Jahres 1978 hatte ein Wandel in der amerikanischen Musik eingesetzt, als die ersten Ausläufer der britischen Punk-Explosion, der sogenannten New Wave, an Amerikas Küsten anlangten.

Young waren erste Vorahnungen von diesem Wandel 1976 während des europäischen Teils seiner Tournee mit Crazy Horse gekommen. In der Luft lag eine neue Musik und eine neue Einstellung. Genauer gesagt lebten alte Einstellungen neu auf. »Die Kids hatten genug von den Rockstars, den Luxuslimousinen und dem Mißbrauch von Privilegien durch die Stars«, meinte Young, und ihre Musik spiegelte diese und andere Ärgernisse auf äußerst direkte Weise wider. Alles, was er über die Punk-Bewegung hörte, alles, was er über sie in Zeitschriften las oder im Fernsehen sah, verstärkte Youngs Überzeugung, daß er das nicht ignorieren durfte.

Die Tatsache, daß seine Musikerkollegen aus den Sechzigern gegen die Anziehungskraft des Punk immun zu sein schienen, hielt er für bedeutsam. »Wenn ich meine Zeitgenossen sagen hörte, ›Mein Gott, was zum Teufel ist denn *das*... Das wird in drei Monaten wieder vorbei sein‹, war das in meinen Augen ein sicheres Zeichen dafür, daß sie weg vom Fenster sein würden, wenn sie nicht aufpaßten. Und viele von ihnen sind heute auch von der Bildfläche verschwunden. Die Leute werden nicht zurückkommen, um sich ein und dasselbe immer wieder anzusehen. Es muß sich etwas ändern.«

Es war kein Fortschritt, den Punk offerierte, sondern eine Wiederbelebung, eine Rückkehr zu den Grundlagen auf der Suche nach neuer Energie. Punk erschloß kein Neuland, er beackerte nur den alten Boden mit frischer Kraft. Das Spiel hieß, wie Young sehr wohl wußte, nach wie vor Rock 'n' Roll. Punk war lediglich »die neueste Ausprägung... Es war Buffalo Springfield noch mal von vorn, es war die Doors noch mal von vorn«.

Diese Wiederbelebung kam für Young wie gerufen. Während seine Zeitgenossen Jahre damit zugebracht hatten, an ihrem Sound zu feilen und dabei, wie Young es ausdrückte, »den übertrieben produzierten Schrott in Scheiben, der sich seit so vielen Jahren aus L. A. ergießt«, erzeugten, hatte er ebensoviel Mühe darauf verwendet, seine Musik aufzurauhen. Punk war für ihn ein neuer musikalischer Fixpunkt, ein Beweis dafür, daß er die ganze Zeit recht gehabt hatte.

Außerdem entsprach er Youngs Charakter. Punk war konservativ, ja sogar reaktionär in seiner Haltung gegenüber den musikalischen Grundlagen des Rock 'n' Roll und der Art und Weise, wie er aufgezeichnet wurde. Überdies war er extrem radikal. Die Etablierten, gegen die er rebellierte, ob sie nun aus dem musikalischen oder dem politischen Lager stammten, repräsentierten den oberflächlichen Fortschritt der im Feuer der Sechziger entstanden und in den Siebzigern aufgrund von Erfolg oder Angst versteinert war. Jimmy Carter ist gleich Crosby, Stills and Nash; die Labour-Regierung der ausgehenden Siebziger ist gleich Elton John.

Der Rock wurde steif in den Gelenken und schwach im Kopf. Es war Zeit für eine erneute Umgestaltung, und Young wollte unter den Gestaltern sein, nicht unter denen, die gestaltet wurden.

Darüber hinaus hatte er mit der Arbeit an einem weiteren Film begonnen, *Human Highway*, den der *Rolling Stone* einen »modernen Western im Stil eines Dokumentarfilms« nannte. Dean Stockwell, bekannt aus *After The Goldrush*, war als Koautor und Koregisseur beteiligt, und zwei ziemlich bekannte Schauspieler – Dennis Hopper und Sally Kirkland – hatten Rollen übernommen.

In diesem Stadium schien der allgemeine Charakter des Films deprimierend vertraut. Er sollte Konzertausschnitte sowie überwiegend im Freien gedrehte, spielfilmartige Passagen umfassen. Young würde wieder in die Kamera sprechen, sowohl auf der Bühne als auch auf der Straße. Vielleicht auch unter Autobahnen. Ein Angriff auf seinen Tourneebus war eine Idee, deren Zeit gekommen und wieder verstrichen war, vermutlich an einem bekifften Nachmittag. Die Erwartungen stiegen nicht gerade durch die Neuigkeit, daß derselbe Produzent und Chefkameramann, der bereits bei *Journey Through The Past* mitgearbeitet hatte, auch bei *Human Highway* mit von der Partie sein sollte.

Doch auch neue Elemente waren vorgesehen. Im Zuge seines Interesses an New Wave war Young auf die Gruppe Devo gestoßen, eine amerikanische Band, die behauptete, ihre Musik basiere auf dem Geräusch, das Dinge beim Zerfallen verursachen. Er bat sie, einen Konzertausschnitt für *Human Highway* beizusteuern und Songs von ihm wie etwa *After The Goldrush* zu spielen – komplett mit maßgeschneidertem Text: »I was sitting in a burning basement when a pinhead knocked on the door... evolution is on the run in 1984« – und das damals noch unveröffentlichte *Out Of The Blue* vor einer mit Sicherheitsnadeln geschmückten Zuhörerschaft im San Franciscoer Punk-Club Mabuhay Gardens. Young selbst stolperte während des Konzerts über die Bühne und wurde als Grandpa Granola vorgestellt.

Als Young ein paar Tage danach die Muster durchsah, fielen ihm zum ersten Mal die Hintergrundsänger von Devo auf. Sie wiederholten andauernd die Zeile »Rust never sleeps«. Er rief die Band an und bekam zu hören, daß zwei von ihnen den Slogan vor Jahren kreiert hatten, als sie an einer Werbung für Rustoleum arbeiteten. Der Spruch schlug eine kreative Seite in Young an, da er äußerst prägnant den endlosen Kampf jedes Künstlers zusammenfaßte, sich nicht selbst in bestimmten Stilrichtungen und Haltungen oder in den Windungen der Vergangenheit zu verlieren. Young brauchte fünf Monate, bis ihm einfiel, wie er dieses Bedürfnis nach persönlicher Erneuerung in einer Bühnenshow umsetzen konnte. In der Zwischenzeit unternahm er, was er selbst seine Welttournee 1978 nannte: eine Reihe von zehn Konzerten an fünf Abenden im Boarding-House-Theater in San Francisco, das 292 Sitzplätze hatte.

Auf diesen Konzerten, von denen zumindest einige für *Human*

Highway aufgenommen wurden, trug er ein speziell angefertigtes Mikrophon, das es ihm gestattete, sich beim Singen frei auf der Bühne zu bewegen. Das Publikum bekam überwiegend unveröffentlichte Songs zu hören, einige von der Raubpressung *Chrome Dreams*, andere aus dem kurz vor der Veröffentlichung stehenden Album *Comes A Time* und weitere aus dem späteren *Rust Never Sleeps*. Tatsächlich waren die meisten seiner besten Songs der nächsten fünf Jahre damals bereits fertig: *Out Of The Blue, Thrasher, Pocahontas, Ride My Llama, Powderfinger, Sail Away* und *Sedan Delivery* von *Rust Never Sleeps*, sogar *Shots*, für das noch weit in der Zukunft liegende *Re·ac·tor*. Alle wurden dort in einer akustischen Solo-Version dargeboten.

Doch auf seiner nächsten Tournee wollte Young unter keinen Umständen den Folkie spielen, auch nicht mit einem Mikrophon, das es ihm erlaubte, auf der Bühne herumzuspazieren wie ein verrückter Holzfäller. Er wollte eine Lanze für den Rock 'n' Roll brechen, für seine Geschichte und anhaltende Lebenskraft. Dafür brauchte er Crazy Horse und eine Idee.

Die hatte er während seiner Flitterwochen auf dem Meer. Er hielt sie auf einem Zettel fest und fand, daß sie gerade genug Zeit hatten, um die Kulissen und die Kostüme anzufertigen und zu proben, bevor die Tournee am 18. September beginnen sollte.

Das schwierigste war vermutlich, seiner angestammten Tourneemannschaft das Konzept nahezubringen. Sie sollten vollständig in Kapuzen gehüllt sein, »sich für ein paar Stunden von sich selbst verabschieden und mit Feuereifer ans Werk gehen«. Er hätte Verständnis dafür, sagte Young der versammelten Crew, falls manche von ihnen unter diesen Umständen keine Lust hätten mitzureisen, aber unterwegs würde er keine Aussteiger dulden. »Er ist der einzige Typ, für den ich diese verfluchte Kapuze tragen würde«, gestand ein Roadie und fügte hinzu: »Er ist auch der einzige, der so etwas überhaupt *verlangen* würde.«

Die Bühnenshow von *Rust Never Sleeps*, die Young auch zu einem Film verarbeiten wollte (bei dem er selbst unter dem Pseudonym Bernard Shakey Regie führen würde), begann damit, daß Hendrix' *Star-Spangled Banner* ertönte und kleine Gestalten in Kapuzen – den »Jawas« aus *Krieg der Sterne* sehr ähnlich – auf der dunklen Bühne herumsausten, deren Augen in der Finsternis aufleuchteten. Zu *A Day In The Life* von den Beatles rang ein Grüppchen Kapuzenträger mit einem Mikrophon, das zweimal so hoch war wie ein Mensch. War die Bühne so vorbereitet, erschien Young, der sich zuerst sitzend, dann kniend auf einem der grotesk überdimensionalen Verstärker nicht größer als ein Kind ausnahm. Er spielte Sugar Mountain auf seiner zwölfsaitigen Gitarre und stieg dann mit einer riesigen Mundharmonika die Treppen herab, um *I Am a Child* anzustimmen.

Young erklärte es folgendermaßen: »Er ist ein kleines Kind, deshalb ist alles überlebensgroß – die ganzen Geräte sind so riesig. Also schläft er oben auf diesem großen Verstärker, wacht auf und singt ein paar akustische Songs über die Kindheit. Dann kommt er vom Verstärker herunter und beginnt herumzulaufen, sammelt mehr Wissen an und denkt über weltlichere Dinge nach.«

Young schloß den akustischen Teil ab, brachte sich auf der Bühne selbst zu Bett und wurde von den emsigen Jawas weggefahren. Danach kam der elektrische Set mit einem tanzenden Bischof, einer Erklärung von »Rust-O-Vision« – »Hat Ihre Band zu rosten begonnen? Nach neun Jahren der Forschung in der Rostentwicklung sind wir zu dem Schluß gekommen, daß alle Bands rosten« – und Ankündigungen aus Woodstock. Letztere dienten dazu, dem Kind eine Vorstellung von der Rockgeschichte zu vermitteln und die majestätische elektrische Musik, die Young und Crazy Horse spielten, in einen größeren Zusammenhang zu stellen.

Manche Kritiker fanden, die theatralischen Elemente stünden der Musik im Weg. John Rockwell, ein bekannter Fan von Young, räumte ein, daß sie gut gemacht waren, beurteilte sie aber auch als »ein bißchen platt und egozentrisch«. Das ist ein ziemlich hartes Urteil. Schließlich waren die meisten Einlagen in erster Linie illustrierender Natur; sie nahmen der Musik nichts, machten das Ganze aber farbiger. Vor allem die eifrigen Jawas wirkten leicht bedrohlich, fast rührend und ausgesprochen grotesk zugleich. Sie waren im besten Sinne des Wortes *unterhaltsam*.

Wie üblich bei Young schimmerte sein Humor um so stärker durch, je ernster er wurde. Voller Begeisterung erklärte er die neue Technik der »Rust-O-Vision«: »Sie ermöglicht es dem Publikum zu sehen... bestimmten Leuten im Publikum wohlgemerkt, nicht jeder kann das sehen... aber alle sollten die Brille aufsetzen und es probieren... Ihr müßt die richtige Einstellung haben, um Rostpartikel zu sehen... Es ist eine sehr hochentwickelte Technik. Nur wenige verstehen sie richtig, aber ihr setzt diese Brillen auf, und an bestimmten Punkten, vor allem in den älteren Songs, könnt ihr es sehen, und ihr merkt, wenn die Band zu stümpern beginnt . . . Wenn ihr die Brillen aufhabt, während ich spiele, und wenn ihr richtig eingestellt seid, dann könnt ihr den Rost überall auf der ganzen Bühne auf den Boden fallen und das Kabel meiner Gitarre entlanglaufen sehen . . .«

Während der Tournee hatte er einen anderen Einfall, den er Cameron Crowe anvertraute. Anstatt herauszukommen und darauf zu warten, daß alle still wären, bevor er zu spielen anfinge, würde er sich als Popcornverkäufer verkleiden und seine Ware lautstark im Publikum anpreisen. Dann erfolgte eine Ankündigung, daß Neil Young nicht herauskäme, bevor alles ruhig und der Popcornverkäufer verschwunden wäre. Dieser würde dann weiterbrüllen, bis das Publikum richtig wütend auf ihn wäre, woraufhin er ihnen seine wahre Identität enthüllen würde.

Das war ein typisches Beispiel für Youngs Humor, von der Idee bis zum dicken Ende.

Abschlüsse und Anfänge. Am 23. Oktober fiel Youngs Strandhaus in Zuma einem Waldbrand zum Opfer und brannte bis auf den gemauerten Kamin ab. Im Monat darauf brachte Pegi einen Sohn, Ben, zur Welt.

Rust Never Sleeps beginnt mit dem akustischen *My My, Hey Hey (Out of the Blue)* und endet mit dessen elektrischer Fassung *Hey Hey, My My (Into the Black)*. Im Schatten von Elvis Presleys Tod verfaßt und in Gedanken an Johnny Rotten, die Offenbarung des Punk, charakterisiert der Song den Rock 'n' Roll als eine Musik und eine Haltung, die durch eine Art Menschenopfer am Leben erhalten wird: durch die Bereitschaft ihrer Vertreter, lieber auszubrennen, anstatt zu verlöschen.

Natürlich hätte auch ein Azteke, der an die reine Lehre glaubte, eventuell gezögert, seinen eigenen Kopf auf den Block zu legen. Young ließ sich selbst allerdings drei Wahlmöglichkeiten offen: Er konnte verlöschen, vor den Augen des Publikums ausbrennen oder sich dem Rock 'n' Roll würdig erweisen, indem er ein großartiges Album vorlegte.

Nicht alle Titel können mithalten. Auf der akustischen Seite gilt dies für *Ride My Llama*, ein surrealistisches Fragment, musikalisch dünn, aber nett, während *Sail Away* langweiliger Ausschuß aus *Comes A Time* ist. Auf der elektrischen Seite sind *Welfare Mothers* und *Sedan Delivery* in mancher Hinsicht enttäuschend. Das erstere ist zwar recht geistreich, besitzt aber nicht die kinetische Energie, die es in späteren Jahren noch dazugewinnen sollte. Der Wechsel zwischen langsamen und schnellen Passagen im letzten nervt über die ganze Länge, weil die ewigen Wiederholungen des wild dreschenden Beats schlicht langweilig werden.

Die anderen drei Titel sind allerdings gut genug, um dem Album einen Platz im Himmel zu sichern. *Thrasher* ist der persönlichste Song auf dem Album, da er der Innenwelt ebensoviel Aufmerksamkeit einräumt wie der Außenwelt. Er ist jedoch weder einfach noch direkt und stützt sich wie die meisten Songs des Albums mehr auf einen Strom suggestiver, traumartiger Bilder als auf intime Geständnisse. Mit seinen beziehungsreichen Metaphern und den nachdenklichen Zeilen ist *Thrasher* nahezu allumfassend: Es verwebt die persönliche mit der sozialen Geschichte, wühlt in Mysterien und legt die Seele bloß, benennt Hypotheken aus der Vergangenheit und sucht nach dem geschwundenen Glauben, äußert sogar Todesahnungen. *Thrasher* ist auf nichts anderes als Young, seine zwölfsaitige Gitarre und seine Mundharmonika gebaut, aber es umarmt eine ganze Welt.

Young sagte, er hätte *Pocahontas* geschrieben, nachdem er gesehen hatte, wie Sasheen Littlefeather Marlon Brandos Oscar für *Der Pate* entgegennahm, und eine Betroffenheit aufgrund früheren Unrechts ist zweifellos im Text des Songs enthalten. Doch Young interessiert sich wesentlich mehr für das Leben der nord- und südamerikanischen Ureinwohner als Beispiel für ein Leben vor dem Abstieg in die Zivilisation. Die »Heimat, die wir nie gesehen haben«, werden wir auch nie zu Gesicht bekommen: Es ist das Amerika vor der Besiedelung durch die Europäer, das Amerika, das durch diese Besiedelung nur zerstört werden konnte. Doch diese Unerreichbarkeit macht die Heimat nicht weniger wirklich, und in der Tat wird die emotionale Anziehungskraft paradiesischer Unschuld um so größer, je korrupter die Kultur wird. Also stillen wir diese Sehnsucht mit »an Indian rug and a pipe to share« und der Phantasie, mit Pocahontas zu schlafen.

Die Hauptfiguren von *Powderfinger* besetzen einen undefinierten Platz in der wirklichen Geschichte und nehmen gleichzeitig einen Platz im Reich des Mythos ein. Der Held beobachtet ein waffentragendes

Boot, das den Fluß hinauf auf ihn zufährt, und versucht zu entscheiden, was er tun soll, »when the first shot hits the dock«. Er erwidert das Feuer, wird getötet und singt einen postumen Vers, in dem er seinen »so jungen« Tod betrauert sowie eine Welt, die von »the powder and the finger« versklavt ist. Er ist Amerikaner und zugleich jeder andere Mensch. Es ist ein Moment der amerikanischen Geschichte und ebenso andere Moment an einem anderen Ort. Die Musik liefert die perfekte Ergänzung, traurig wie die Notlage des jungen Mannes und unerbittlich wie der Fluß. Youngs kurze Gitarrensoli sind ebenso elegisch wie ihre längeren Vettern in *Like A Hurricane*.

Sechs Monate nach der Veröffentlichung von *Rust Never Sleeps* brachte Young ein Doppelalbum mit Live-Aufnahmen von der Rust-Never-Sleeps-Tournee heraus. *Live Rust* enthielt nicht einen einzigen neuen Song, wofür Young einige Kritik einstecken mußte. Er entgegnete zutreffend, daß jeder, der keine Neufassungen der alten Songs haben wollte, sämtliche neuen Songs auf *Rust Never Sleeps* bekommen konnte, wäre aber besser beraten gewesen, wenn er sich auf zwei simplere Argumente verlegt hätte. Erstens waren die Leute, wenn sie etwas nicht haben wollten, in keiner Weise verpflichtet, es zu kaufen, und zweitens war *Live Rust* ein Album, das es seinerseits wert war, es zu besitzen, insbesondere wegen seiner Variationen der elektrischen Titel.

Vermutlich fühlte er sich in seinem Beruf sicher genug, um die Kritiker zu ignorieren. Tournee und Album hatten seiner Karriere wieder Aufwind verschafft, ein Ziel, das er, begonnen mit der CSN&Y-Tournee von 1974 und mit einer Reihe exzellenter Alben fortgesetzt, angesteuert hatte. Von den Interpreten und Songschreibern, die in den sechziger Jahren bekannt geworden waren, war er als dauerhaft kreative Kraft im Mainstream der amerikanischen Rockmusik praktisch als einziger übriggeblieben. Hendrix war tot, Dylan war religiös geworden, Paul Simon hatte sich selbst ins Abseits manövriert, Lennon war abgetaucht, und CS&N und die Stones hatten sich einer Mischung aus Selbstgefälligkeit und anderen gefährlichen Gewohnheiten ergeben. Neue Kandidaten wie Springsteen konnten mit Youngs Bandbreite auf dem akustischen wie dem elektrischen Terrain noch nicht annähernd konkurrieren.

Es war keine große Überraschung, als die *Village Voice* Young zu ihrem Künstler der siebziger Jahre wählte. In diesen zehn Jahren hatte er (*Decade* und *Live Rust* nicht gerechnet) neun Solo-Alben herausgebracht, jedes anders als die anderen und jedes von einer Intelligenz durchdrungen, die oft unbequem, aber stets lebendig war. Niemand sonst konnte für den nämlichen Zeitraum das gleiche von sich behaupten.

Begreiflicherweise war er, als sich das Jahrzehnt seinem Ende zuneigte, voller Selbstvertrauen – um nicht von Arroganz zu sprechen. Über eine eventuelle Wiedervereinigung von CSN&Y befragt, gab er lediglich zurück: »Wen juckt's?« Es sei besser für die Fans, »es so in Erinnerung zu behalten, wie es war«, anstatt sich zurückzusehnen. Deshalb »kämpft auch Muhammad Ali nicht mehr«. Was seine Fans anging, so freute er sich, wenn ihnen gefiel, was er machte, aber er würde garantiert nichts lediglich aus dem Grund tun, um ihnen zu gefallen. Ja, er gab sogar zu: »Manchmal belaste ich die Leute ganz gern mit dem, was ich tue. Ich glaube, es ist gut für sie.«

Dieses enorme Selbstvertrauen übertrug sich auf seine Filmprojekte. *Human Highway* war anscheinend fertig, und man faßte vorsichtig eine Veröffentlichung im Frühling 1979 ins Auge. Ob nun fertiggestellt oder nicht – *Human Highway* wurde vom *Rust-Never-Sleeps*-Film verdrängt und sein Erscheinen auf unbestimmte Zeit hinausgeschoben. Young wollte weitere Filme drehen, und zwar ohne seinen Ansatzpunkt zu verändern. Drehbücher schrieb er ebenso ungern, wie er sie las. In beiden Fällen, so behauptete er, käme er kaum über die zweite Seite hinaus. »Ich hänge immer noch der Lehre an, es sich spontan auszudenken«, sagte er, »und auch beim Drehen so zu verfahren. Man braucht vielleicht eine Liste... mit den Konturen der Personen. So würde ich es machen. Viele haben es auf diese Art gemacht und sind dabei unglaublich böse aufgelaufen. Aber ich würde es trotzdem so machen.«

Was er auch tat, er tat das, weil er es tun wollte. Young wollte sich amüsieren und nahm sich selbst nicht so ernst. Diese Lebenseinstellung teilten auch die Punk-Bands (The Clash oder Paul Weller hatte Young offenbar noch nicht kennengelernt), und genau deshalb wurden die alten Bands immer lascher – sie hatten keinen Spaß. Sein Rat an seine Zeitgenossen lautete: »Einfach versuchen, es sich gutgehen zu lassen; nicht darauf aus sein, seine Taten als richtig hochzuhalten und dahinterstehen zu wollen. Das wäre, glaube ich, nicht das Richtige...«

Meinte er ernst, daß er sich nicht ernst nehmen wollte? Vielleicht. Er schien durcheinander. »Die Leute wollen, daß ein Star auffällt, und sie erwarten etwas... auf das man nicht eingehen muß wie auf einen Menschen. Das Menschliche... Stars sollen wohl etwas anderes repräsentieren – eine Art Superqualität von... es ist toll... und wenn es einmal nicht toll ist, wollen die Leute nichts davon wissen, weil das ihre Illusionen nicht befriedigt. Sie wollen etwas Überlebensgroßes... daher kam das auch – es ist besser, auszubrennen, als zu verlöschen oder zu rosten... weil es einen größeren Lichtstrahl am Himmel gibt.«

Was wollte er damit sagen? Daß Musikern, die ihre Menschlichkeit zum Ausdruck brachten, nur ein kurzer Augenblick im Rampenlicht vergönnt sein würde? Er selbst hatte soeben das Gegenteil bewiesen, indem er zum Künstler eines *Jahrzehnts* gewählt worden war, weil er auf seinen Platten und auf der Bühne er *selbst* war, und es dadurch Millionen anderen Menschen ermöglichte, ihre eigenen Gefühle und ihre eigene Persönlichkeit intensiver zu erleben und besser zu verstehen. Die Menschen in den Siebzigern liebten an Neil Young gerade, daß er *nicht* überlebensgroß war.

Unter diesem Aspekt betrachtet war *Rust Never Sleeps* nicht nur das Ende einer großen Epoche, sondern auch der Anfang einer unbedeutenderen. Youngs Bitte an seine Roadies, »sich für ein paar Stunden von sich selbst zu verabschieden«, ließ sich auch auf ihn übertragen, bloß daß es sich in seinem Fall eher um Jahre handelte als um Stunden. Der Wunsch, »überlebensgroß« zu sein, ursprünglich eine Reaktion darauf, beinahe fünfzehn Jahre lang in der Öffentlichkeit er selbst gewesen zu sein, brachte eine wachsende Bereitschaft mit sich, sein wahres Ich in maßgeschneiderten Rollen zu verbergen.

Diese unbedeutendere Phase hätte ebenso kurzlebig sein können wie die meisten vorangegangenen Phasen in Youngs Laufbahn, wenn sonst alles beim alten geblieben wäre. Doch dem war nicht so. Als man 1979 entdeckte, daß sein Sohn Ben an schwerer zerebraler Kinderlähmung litt, sollte dies nicht nur das Leben Youngs und seiner Familie von Grund auf umwälzen, sondern auch seine bereits bestehende Neigung, sich selbst aus seiner Musik herauszunehmen, zu einer emotionalen Notwendigkeit machen.

6

Musik aus einer anderen Welt

Ben Young war im November 1978 einen Monat zu früh zur Welt gekommen. Im Gesicht hatte er schwere Quetschungen, seine Augen waren geschwollen, und er schrie viel. Praktisch von Anfang an war Pegi davon überzeugt, daß etwas nicht stimmte, und nichts konnte sie davon abbringen, egal wie oft die Menschen um sie herum ihr sagten, nein, er ist gesund, mach dir keine Sorgen. Nach zwei Monaten verhielt er sich noch immer nicht so, wie es zwei Monate alte Babys normalerweise tun, und außerdem schien er nie zu lächeln. Es wurde immer deutlicher, daß er häufig Schmerzen hatte.

Vermutlich ziemlich beklommen brachten die Youngs ihr Baby zur Untersuchung ins Stanford Hospital im nahegelegenen Palo Alto. Mit dem ganzen Feingefühl, für das hochbezahlte Mediziner so bekannt sind, besprachen zwei Ärzte vor, aber nicht mit den wartenden Eltern ihre Diagnose. Ben hatte zerebrale Kinderlähmung. Er litt an spastischer Lähmung, Tetraplegie, und würde nie sprechen können.

»Es war einfach zuviel, um es fassen zu können«, erinnerte sich Young zehn Jahre später. »Pegi ist am Boden zerstört; wir sind beide entsetzt. Ich konnte es nicht glauben. Es waren zwei verschiedene Mütter. Es konnte doch nicht zweimal passiert sein. Irgendwie schafften wir es hinaus zum Auto. Ich weiß noch, wie ich zum Himmel emporsah und nach einem Zeichen suchte und mich fragte: Was zum Teufel ist da los? Warum sind die Kinder davon betroffen? Woran zum Teufel liegt es? Was habe ich getan? Irgend etwas muß mit *mir* nicht stimmen.«

Doch mit ihm war alles in Ordnung, sagten ihm die Ärzte. Es war einfach nur ein schrecklicher Zufall. Unter hunderttausend Kindern.

die in den USA geboren werden, leiden sieben an zerebraler Kinderlähmung, und zwei davon waren die von Young.

Als sie den Schock verarbeitet hatten, begannen die Youngs zu ergründen, was man tun konnte, um Ben zu helfen. Im Herbst 1979 gab ihnen ein Freund einen Artikel aus dem *National Enquirer* über eine Organisation mit Sitz in Philadelphia – die Institutes for Achievement of Human Potential, die Eltern dabei unterstützte, ihren Kindern bei der Überwindung zumindest eines Teils ihrer Behinderung zu helfen. Soweit sie es beurteilen konnten, erforderte das Engagement die Selbstaufgabe der Eltern, und dieser Eindruck wurde bestätigt, als sie sich mit Freunden von David Cline trafen, die so etwas bereits auf sich genommen hatten.

Das Kind würde zwölf Stunden am Tag aktive Beaufsichtigung brauchen, sieben Tage die Woche. Zum Programm des Instituts gehörte, in Pegis Worten, »das Kind zum Krabbeln zu drillen, ihm Worte und Zahlen und einfache Kenntnisse beizubringen, alle möglichen Übungen zu machen, um alle Fähigkeiten zu entwickeln, die Geist und Körper *haben*, und es mehrmals am Tag mit Geschichten zu belohnen, während es sich vor der nächsten Aufgabe ausruht.«

Wenigstens sie sollte bald Gelegenheit bekommen, den gesamten Prozeß aktiv mitzuerleben. Während Anfang 1980 die ganze Familie ein paar Monate lang in L. A. war – Young arbeitete an *Human Highway* –, half Pegi einem anderen Paar mit einem behinderten Kind, das sich für das Programm angemeldet hatte. Als man dort vom Interesse der Youngs erfuhr, sandte das Institut ihnen Informationsmaterial und Anmeldeformulare zu. Obwohl sie sich immer noch nicht sicher waren, ob sie es schaffen würden, waren Neil und Pegi bereits in der engeren Wahl derer, die aufgenommen werden sollten.

Genau in diesem Zeitraum, also im Frühling 1980, litt Pegi auf einmal regelmäßig unter entsetzlichen Kopfschmerzen. Sie erfuhr, daß sie eine arteriovenöse Fehlbildung hätte und am Gehirn operiert werden müsse, da sonst ein plötzlicher Tod die Folge sein könnte. Doch auch die Operation brachte nur eine fünfzigprozentige Aussicht auf vollständige Heilung.

Sie muß vor Schreck erstarrt sein, und Young wird kaum wohler zumute gewesen sein. Er muß sich gefragt haben, was er davon hatte, Künstler des Jahrzehnts und Multimillionär zu sein, wenn seine Frau in Lebensgefahr schwebte und sein zweiter Sohn genauso wie der erste mit einer seltenen und grausamen Behinderung zur Welt gekommen war. Die Tage zwischen Pegis Diagnose und ihrer hundertprozentigen erfolgreichen Operation Anfang Mai müssen für sie beide schrecklich gewesen sein.

Im Juni und Juli erholte sie sich, dann reiste die ganze Familie für zwei Monate auf der *W. N. Ragland* in den Pazifik und besuchte einige der Gesellschaftsinseln – Tahiti, Moorea und Huahine. Als sie Ende September zurückkamen, fuhren sie direkt nach Philadelphia, wo Neil und Pegi mit anderen Eltern in ähnlicher Lage am Institut einen einwöchigen Kurs, zehn Stunden pro Tag, absolvierten.

Ihre Zweifel, ob sie es tun *konnten*, mochten noch bestehen, aber die Zweifel, ob sie es tun *wollten*, waren geschwunden. Pegi zufolge machte es den Unterschied, das »Drill«-System in Aktion zu erleben und den zugrundeliegenden Prozeß zu begreifen. »Hat man erst einmal verstanden, *warum* man es tut, nämlich seinem Kind eine Chance im Leben zu geben, die es sonst nicht hätte, dann wird alles glasklar. Es war ausgeschlossen, nach Hause zu gehen und es nicht zu versuchen.«

Auch ihr Mann ließ sich dafür einnehmen: Es war »das erste Mal, daß ich etwas gehört habe, das mir vernünftig vorkommt«, sagte er, »daß alle ihr Äußerstes geben, um das Kind dazu zu bringen, sich körperlich und geistig anzustrengen.«

Ben wurde Anfang Oktober 1980 in das Programm aufgenommen. In den nächsten anderthalb Jahren war es für beide Elternteile fast der einzige Faktor in ihrem Leben. Young sagte Jahre danach: »Ich hatte mich entschlossen. Ich wollte mich um Pegi kümmern und um die Kinder. Ich machte dermaßen dicht, daß meine Seele komplett eingeschlossen war. Ich kam nicht einmal auf die Idee, daß ich, um Musik zu machen, eine Seele brauchte. Ich sperrte meine Musik aus.«

Hawks And Doves, das in diesem Jahr der extremen emotionalen Belastung eingespielt und veröffentlicht wurde, besteht aus zwei musikalisch klar getrennten Seiten; die eine nachdenklich akustisch, die andere großmäuliger Country-Rock. Die erste Seite umfaßt vier Songs: *Little Wing*, ein hübsches, aber unzusammenhängendes Fragment, das ursprünglich für *Homogrown* vorgesehen war; *The Old Homestead*, ebenfalls um 1974 geschrieben; das scheinbar neue *Lost In Space* und *Captain Kennedy*, ein Überbleibsel aus dem *Chrome-Dreams*-Projekt. Es wurde behauptet, *The Old Homestead* sei eine verschlüsselte

Geschichte von CSN&Y, aber falls dies zutrifft, so wurde das Stück durch Youngs Versäumnis, ihm eine Anleitung beizugeben, mit der man den Code hätte knacken können, zu einem seiner überflüssigen Werke. Sein einziger Zweck besteht darin, die tiefe Enttäuschung zu verstärken, die diese Seite des Albums beherrscht. *Lost In Space* ist, obwohl unbestreitbar ansprechend, ebenso ärgerlich. Sind »infinity board« und »magic pen« Kürzel für Werte der Sechziger? Was sind die »unkown dangers on the ocean floor«? Vielleicht handelt es sich um das Geschwafel eines leidenden Mannes, aber der emotionale Rohstoff ist nicht mit genug Kunstverstand bearbeitet worden. Die einzige Kunst, die hier tatsächlich zum Tragen kommt, scheint die Kunst der Verheimlichung zu sein.

Captain Kennedy erzählt, auch wenn es nicht gerade klar verständlich ist, wenigstens eine Geschichte. Der Protagonist des Songs ist der Sohn des guten Captains, der uns an Bord des Schiffs auf dem Weg in den Krieg begegnet. Während sie beide die einfachen Freuden des Lebens – Segel im Wind und Wasser auf Holz – genießen, sorgt sich der Vater, daß dem Sohn vielleicht das nötige geistige Rüstzeug fehlt, um gegebenenfalls seine Mitmenschen zu töten. Die letzte, mit der ersten identischen Strophe entläßt den Hörer mit dem kraftvollen Bild einer Menschheit, die in der Welt zu Hause, aber von sich selbst entfremdet ist.

Die zweite Seite des Albums könnte kaum verschiedener von der ersten sein. Young hatte seine persönlichen Gefühle im Zaum gehalten und fünf Songs über Leben und Politik in Amerika geschrieben. Die Texte sind klar und aggressiv; die Musik – Country-Rock mit Rufus Thibodeaux' exponierter Geige – ist ebenso kämpferisch und, nach einiger Zeit, ärgerlich eintönig. Ein ungerichteter Groll hat, vielleicht verständlich, Eingang in den allgemeinen Ton gefunden.

Staying' Power und *Coastline* bestätigen beide die Kraft einer Beziehung, vermutlich der zwischen Young und Pegi, und machen Zusagen für die Zukunft, die wohl, auch wenn sie nicht konkret benannt werden, ebensosehr in den Problemen ihres Sohnes wie auch in ihrer Liebe begründet lagen. Zehn Jahre später sollte Young behaupten, daß es auf diesem Album ums Überleben ginge, darum, »am Ball zu bleiben, komme, was wolle«. Dieses Gefühl wird in beiden Stücken mit fast brutaler Intensität vermittelt.

Union Man dagegen ist eine zweiminütige Satire über Gewerkschaften in der Musikindustrie. Das Stück hat die eingängigste Melodie auf dem Album, was vielleicht erklärt, warum Young sie auf *Comin' Apart At Every Nail* noch einmal verwendet hat. In letzterem Song ist der Text allerdings nicht so witzig, da er einen Zwiespalt benennt. Young behauptet, »this country sure looks good to me«, und sieht gleichzeitig, »it's comin' apart at every nail«. In der ersten Strophe beklagt er die Lage der kleinen Leute in Amerika, arbeitslos und eingeklemmt zwischen »the government and the mob«, während er in der zweiten über den Abbau der amerikanischen Verteidigungsanlagen jammert.

Diese populistische Gleichung zwischen organisierter Politik und organisiertem Verbrechen war als Zeichen für das, was noch kommen sollte, schon schlimm genug, aber die Aussage, höhere Militärausgaben wären den Interessen der arbeitenden Bevölkerung förderlich, aus dem Mund eines Künstlers, der sich angeblich einer besseren Welt verpflichtet fühlte, war geradezu unfaßbar. Doch alle, die noch glauben wollten, daß das alles Sarkasmus oder Satire war – der gute alte Neil macht nur Spaß –, muß der letzte Song, *Hawks And Doves*, umgehauen haben.

In diesem Stück zieht Young sämtliche patriotischen Register. Angefangen damit, daß seine Frau in der Lage ist, »to dance another free day« bis hin zum endlosen Refrain, der »U-S-A« skandiert, während er gegen einen ungenannten Feind wettert. »Dont't push too hard, my friend« klingt eher wie eine Drohung – noch dazu sehr von oben herab – als eine freundschaftliche Warnung. »If you hate us, you don't know what you're saying« ist nichts anderes als das Kneipengeschwätz jedes x-beliebigen Ausländerfeindes. *Hawks And Doves* ist ein häßliches Stück, das in jenen engstirnigen Gefilden das Licht der Welt erblickt hat, die die meisten von uns hin und wieder besuchen.

Es ist ein passendes Ende für ein Album, dem es textlich und musikalisch an Überlegung fehlt. Für sämtliche Fans von Young, die nichts von seinen privaten Problemen wußten und die einen würdigen Studio-Nachfolger für das herausragende *Rust Never Sleeps* erwartet hatten, war das *Hawks And Doves* eine herbe Enttäuschung.

Überdies war Young gebeten worden, den Soundtrack für den Film *Where The Buffalo Roam* zusammenzustellen, eine »Komödie«, die auf dem Leben des Szene-Journalisten Hunter S. Thompson basierte. Das Album beinhaltete dann Musik von Hendrix, Dylan, den Four

Tops, den Temptations und Creedence Clearwater Revival – ein guter Querschnitt von Youngs Favoriten im Mainstream-Rock. Dazu kam ein Meisterkurs in möglichen Arrangements für *Home On The Range*, in dessen Verlauf Young auf den alten Klassiker eine Bläserband, elektrisch verzerrte Gitarren und sogar A-Cappella-Gesang stülpte. Letztere Kollision, muß man zugeben, wirkt seltsam anrührend.

Währenddessen war die Familie Young komplett von dem Programm in Anspruch genommen. Zuerst trugen Pegi und Neil die Bürde weitgehend alleine, aber nach ein paar Monaten begannen sie, mehr freiwillige Helfer einzubeziehen und stellten einen Schichtplan auf. Drei Personen waren unter Leitung von Pegi oder Neil von sechs Uhr morgens bis sechs Uhr abends permanent »im Dienst«. Hinzu kam die Vorbereitung an den Abenden: Karten mit Wörtern, Bildern und Zahlen für das Gehirntraining am nächsten Tag anfertigen.

Das Wohnzimmer war umgeräumt worden, um für Bens Krabbelübungen die nötigen freien Flächen auf dem Fußboden zu schaffen. Außerdem stand dort eine schräg geneigte Leiter, an der er üben konnte, wie man Füße und Hände zum Greifen einsetzt, und um das Gleichgewicht zu halten. Jede Stunde mußte er zwei Minuten lang eine Plastikmaske tragen, die die normale Atmung erschwerte und ihn dazu anhielt, tiefer Luft zu holen.

Das Programm lief tagein, tagaus, Woche für Woche. Die Belastung muß für die ganze Familie ungeheuer gewesen sein. Offenbar war Ben die Hauptperson und derjenige, der am meisten litt, aber dies ist ein Buch über einen Mann und seine Musik, und so müssen die Auswirkungen, die das Programm auf Young und seine Arbeit hatte, betrachtet werden.

Der erste durchgreifende Wandel war, daß Young, der sich bisher stets freinehmen konnte, wann immer er wollte, zeitweise auch monatelang, dieses Ventil nicht mehr zur Verfügung hatte. Jetzt waren ein paar Stunden das äußerste, worauf er hoffen konnte, und diese verbrachte er im allgemeinen mit Arbeit an dem Film *Human Highway* oder im Aufnahmestudio auf der Ranch. Früher hatte er mit Vorliebe nachts Aufnahmen gemacht, doch nun konnte das Studio nur noch nachmittags zwischen zwei und sechs Uhr benutzt werden. Und natürlich war es völlig aussichtslos, mit seiner Musik auf Tournee zu gehen.

Durch all das muß Young sich enorm eingeschränkt gefühlt haben Mehr noch: Zum ersten Mal seit sehr langer Zeit, zumindest seit er 1968 den Vertrag mit Reprise unterzeichnet hatte, war er nicht mehr Herr über sein eigenes Schicksal. Er hatte nicht das Kommando, er saß nicht allein am Steuer. Er gab anderen Vorrang vor sich selbst, etwas wozu sich viele Männer und nicht wenige Frauen nie überwinden können.

Soweit dergleichen überhaupt meßbar ist, hat all das sicher einen besseren Menschen aus ihm gemacht. Außerdem schien es ihn und Pegi enger zusammenzuschweißen. Traurig war nur, daß Ben offenbar geringere Fortschritte machte, als sie sich erhofft hatten. Geistig schien er gut auf das Training anzusprechen, aber körperlich ließ sich keine merkliche Verbesserung erkennen.

Angesichts dieser mangelhaften Ergebnisse stellten sich erneut Zweifel ein. War es das alles wert, fragten sie sich, was sie sich selbst antaten, was sie ihm antaten? Später sollte Young sich sehr bitter äußern und es »ein fast nazimäßiges Programm« nennen, das durch Schuldgefühle kontrolliert wurde. »Du manipulierst den Kleinen durch eine Krabbelübung. Er krabbelt die Flure entlang, er quält sich entsetzlich bei dem Versuch zu krabbeln. Aber er *kann* nicht krabbeln, und diese Leute haben uns gesagt, daß es unser Fehler sei und wir das Programm nicht richtig befolgten, wenn er es nicht schafft.« Ben weinte fast den ganzen Tag, so hart war es für ihn, aber sie machten weiter. »Man bekommt eine Gehirnwäsche verpaßt, so daß man glaubt, das einzige, was man tun kann, um sein Kind zu retten, ist das Programm, und sie schüchtern einen dermaßen ein, daß man denkt, wenn sie anrufen und man ist nicht zu Hause, dann fliegt man aus dem Programm. Aus. Ende. Ihr habt es eurem Kind verdorben. Wir haben achtzehn Monate durchgehalten. Achtzehn Monate nicht ausgehen. Achtzehn Monate nichts tun.« In einem anderen Interview sagte er, daß es »das Schwierigste war, was ich je gemacht habe«.

In diesen achtzehn Monaten wurde *Re·ac·tor* – ausschließlich auf der Ranch – produziert. Ungefähr zur selben Zeit behauptete Young, die Musik sei massiv, ja sogar direkt von dem Programm beeinflußt. Letzteres war »treibend, unerbittlich, eintönig... sehr stark, sehr stark motiviert«, und so, meinte er, war auch die Platte.

Auch wenn dies vielleicht auf einer oberflächlichen Ebene stimmte, traf es doch nie so den Kern wie seine Kommentare in späteren Jahren.

Dann verglich er Musik mit Therapie und behauptete, er hätte die erstere stets so eingesetzt wie manche Leute die letztere, nämlich die Methode, »Teile von sich selbst hervorzuholen«. Doch während der alptraumhaften Jahre von Pegis Krankheit und Bens Programm hatte er schlicht und einfach seine Gefühle abgeschottet und »Dinge gemacht, die mehr an der Oberfläche lagen, weil es sicherer war«.

* * *

Re·ac·tor war Youngs erstes Album seit *Comes A Time*, das nicht klar in zwei Hälften geteilt war, und es markierte eine vorzeitige Wiedervereinigung mit Crazy Horse. Für Fans des Stils von *Everybody Knows This Is Nowhere* schienen die Zeichen recht vielversprechend.

Aber auch ausgesprochen irreführend. *Re·ac·tor* bringt lärmenden Gitarrenrock, aber damit enden die Parallelen auch schon. Man findet wenig Leidenschaft, wenig Gefühl, es sei denn, eine allgemeine, mürrische Ruhelosigkeit zählt als Gefühl. Und wo *Hawks And Doves* noch aktiv, sogar aggressiv beschwingt ist, zeigt sich *Re·ac·tor* trotz seiner oberflächlichen, gerechten Wut passiv und verzweifelnd.

Auf drei der acht Songs – *T-Bone, Get Back On It* und *Rapid Transit* – hat Young offenbar textlich das Handtuch geworfen. *T-Bone*, das in einem Arbeitsgang geschrieben und eingespielt wurde, präsentiert die zwei unsterblichen Zeilen »Got mashed potatoes / Ain't got no T-Bone«, die bis zum Erbrechen wiederholt werden, und in den beiden anderen Songs steckt wenig mehr an Ideen. Drei weitere – *Opera Star, Surfer Joe And Moe The Sleaze* und *Motor City* – haben zwar erkennbare Themen, doch werden diese nur angerissen. *Opera Star* stellt fest, »some things stay the way they are«, *Surfer Joe* empfiehlt »women and booze« als Allheilmittel. Auf beiden Songs klingt Young eher wie ein Säufer als ein Weiser. Sein patriotischer Eifer taucht in *Motor City* wieder auf, in dem Young die Anzahl von »Datsuns in this town« beklagt. Sein Army-Jeep läuft immer noch einwandfrei, obwohl er keine Digitaluhr hat. Nur das Bodenständige ist gut, und das Amerikanisch-Bodenständige ist das beste. Warum es akzeptabel sein soll, daß Amerikaner kanadische Musik kaufen, aber nicht, daß sie japanische Autos kaufen, wird nicht erläutert.

Get Back On It ist eine schlichte, rollende Blues-Nummer, aber die anderen fünf Songs sind allesamt gitarrenlastiger Hardrock. Obwohl

Alter Egos: der Leader der dem Untergang geweihten Shocking Pinks ...

... und Shaky Deal.

Farm Aid: Ankündigung der Veranstaltung mit Willie Nelson ...

... und der Auftritt beim ersten Konzert, September 1985.

Mandela Day, 16. April 1988.

Mit Pegi.

Mit Crazy Horse auf der Smell-The-Horse-Tournee, 1991.

Mit Booker T And The MGs, Finsbury Park 1993.

Schnitt!

Blowin' in the wind ... Die Smell-The-Horse-Tournee 1991.

Crazy Horse hinter ihm steht, läßt Young an der Leadgitarre nicht locker und hackt drauflos wie ein manischer Rhythmusgitarrist. Die Abwesenheit des lyrischen Elements in seinem Spiel ist vermutlich beabsichtigt, aber der daraus resultierende Klang – harsch, metallisch, industriell – betont lediglich die Leere der Texte.

So weit, so schlicht. Allerdings bietet *Re·ac·tor* im Gegensatz zu *Hawks And Doves* einen guten Song und eine außergewöhnliche Neubearbeitung eines alten. *Southern Pacific* mit seinem Eisenbahnrhythmus ist der gute. Young verwebt seine Liebe zu Eisenbahnen und sein Gefühl für verlorengegangene Dinge – darunter vielleicht ein idealisiertes Amerika – mit der Geschichte eines alten Arbeiters, der keinen Job mehr hat und dem nichts mehr übrig bleibt als »to roll down the long decline«. Dieser Version fehlt allerdings die Energie, die spätere Fassungen mit den International Harvesters entwickelten.

Das letzte und beste Stück auf dem Album ist *Shots*, von akustisch auf elektrisch umgearbeitet und dabei zu etwas Außergewöhnlichem verwandelt. Die Reihenfolge der Strophen wurden gegenüber 1978 verändert, und jene mit dem romantisch ergebenen Schwur »And so, if you give your heart to me / I promise to you, whatever we do / That I will always be true« wurde von der Düsternis des Rests ausgelöscht.

Wenn *Southern Pacific* das gemütliche Zockeln eines Zuges abbildet, so prescht *Shots* heran wie ein Apokalyptischer Reiter, angetrieben von Molinas galoppierenden Trommeln, umringt von verzerrten Tönen, Gitarren wie Kreissägen und kreischenden Rückkoppelungen. Youngs zitternder Gesang spielt Bilder des Verfalls und der Verzweiflung hinaus in die schreckliche Nacht, Bilder vom Leben, das von unkontrollierbaren Lüsten und Ängsten beherrscht wird. Das ist nicht Amerika, das »an allen Ecken und Enden auseinanderfällt«, sondern die Fleischmaske der Zivilisation, die unter seinen Händen zerbrökkelt.

Shots mag die einzige künstlerische Daseinsberechtigung für *Re·ac·tor* liefern, aber das gesamte Jahrzehnt hindurch sollten andere Gitarristen und Bands darum kämpfen, auch nur ein Viertel der erschrekkenden Intensität aufzubringen, die Young in diese siebeneinhalb Minuten gepackt hatte.

Es ist Young anscheinend leichter gefallen, in den freien Stunden und Minuten, die ihm das Programm gestattete, an seinem Film *Human*

Highway zu arbeiten als an seiner Musik, wahrscheinlich deshalb, weil der Film im Grunde fertig war und nur noch Kleinigkeiten fehlten, bevor er der Öffentlichkeit präsentiert werden konnte. Seine Premiere erlebte er schließlich am 16. August 1982 und wurde von der amerikanischen Fachzeitschrift *Variety* sofort verrissen. Es folgte eine Reihe von Voraufführungen, aber es gelang Young ebensowenig, einen Verleih zu bekommen wie zuvor für *Journey Through The Past*.

Der Film spielt in der nahen Zukunft in einer Kleinstadt, die neben einem Kernkraftwerk liegt. Young spielt Lionel, einen Automechaniker, der zu Beginn einen Schlag auf den Kopf bekommt und dann in einen Traum abdriftet, in dem er ein Rockstar ist. Es gibt nicht besonders viel Handlung, und obwohl es Young als Co-Regisseur gelingt, seinen trockenen schwarzen Humor und seine Liebe zu B-Movies aus den Fünfzigern unterzubringen, erzeugt er auch damit nie wirkliche Komik oder Spannung. Lionel war nicht nur »eine Art Laurel und Hardy in Personalunion«, sondern auch jene andere Seite von Young, die das Publikum in seinen Augen nicht zu schätzen wußte.

Human Highway war eine leichte Verbesserung gegenüber *Journey Through The Past*. Außerdem war der Film weder mit einem Soundtrack-Album noch mit hohen Erwartungen belastet. Man konnte Young nicht vorwerfen, keinen kommerziell erfolgreichen Film gedreht zu haben, denn das war gar nicht seine Absicht gewesen, auch nicht, sein Ego vorgeführt zu haben, wie es Dylan in *Renaldo And Clara* getan hatte. Doch konnte man ihm anlasten, daß er eigentlich überhaupt keine klaren Absichten verfolgt hatte. Die Gründe, die er nannte, warum er den Film gedreht hatte, waren kaum dazu angetan, einen Überblick zu geben.

Als erstes wollte er so gut er konnte vermitteln, was ihm im Kopf herumging, »und so war der Film eine gute Methode, um eine Weile von der Musik wegzukommen, damit die Musik unverbraucht blieb«. Außerdem wollte er von sich selbst wegkommen: »Es macht mir Spaß, in eine andere Figur zu schlüpfen, weil ich dann nicht mehr Neil Young bin, und das ist sehr erfrischend.« Young hat wie jeder das Recht, nach Lust und Laune mit anderen Medien oder anderen Persönlichkeiten zu experimentieren, aber einen Film zu machen, nur weil es keine Musik war, und eine Figur zu erschaffen, nur weil sie nicht er selbst war, ist kein besonders positiver oder befähigender Ansatz. Sein dritter Grund – »Ich muß ein paar Sachen machen, die ich schon lange machen wollte« – sagt schon alles. *Human Highway* steckt voller zum Teil hervorragender Ideen. Was ihnen allerdings fehlt, ist ein zusammenhängender Kontext.

Die Art und Weise, wie der Film gedreht wurde, war genauso bedeutsam für das Ergebnis wie Youngs Gründe, ihn überhaupt zu machen. Er war, so sagte er, »von Punks, Kiffern und ehemaligen Alkoholikern ganz spontan an Ort und Stelle ersonnen worden. Er zeigt die Menschen, die den Film gemacht haben. Wir hatten einen Handlungsstrang und ein Storyboard... mit kleinen Begebenheiten, die verschiedenen Figuren zustoßen sollten, und jeden Abend setzten mein Co-Regisseur Dean Stockwell und ich uns zusammen und planten, was wir am nächsten Tag tun wollten, dann schrieben wir mit Russ Tamblyn die Dialoge und verteilten am nächsten Morgen die Rollen.«

Sie improvisierten ihn also mehr oder weniger und opferten Struktur und schlüssige Entwicklung der Ideen auf dem Altar der Spontaneität. Ein Bild war tausend Argumente wert. Handwerk war out, Kunst in. In der Musik funktionierte es für ihn, also warum nicht auch im Film?

Die Antwort war die altbekannte – Salvador Dali konnte die surreale Welt zum Leben erwecken, weil er gelernt hatte, die wirkliche zu zeichnen. Young hatte von vornherein keinerlei Erfahrung mit Filmen. Er versuchte, Filme so zu machen, wie er elektrische Gitarre spielte, doch beherrschte er die Grundakkorde nicht, und ihm stand keine filmtechnische Crazy-Horse-Band zur Seite, die ihm die Basis lieferte, von der er abheben und auf der er wieder landen konnte. So hatten die Filme zwar hübsche Momente und hübsche Bilder, aber sie ergaben nie mehr als die Summe ihrer Teile.

Nach *Human Highway* begann Young offenbar seine Grenzen auf diesem Gebiet wahrzunehmen. Im Oktober 1982 gab er zu, daß sogar der Film *Rust Never Sleeps* wenig Geld eingespielt hatte und »Film etwas ist, das mir nicht ohne weiteres zufliegt«. »Ich habe zu malen versucht«, fügte er hinzu, »aber das kann ich nicht. Ich weiß, daß ich kein großartiger Filmemacher bin, aber es macht mir eine Menge Spaß, es auszuprobieren.«

Das trifft den Nagel wirklich auf den Kopf. Keiner von Youngs Filmen war herausragend, aber es war auch keiner langweilig, und das ist mehr, als man vom Werk vieler professioneller Regisseure sagen kann. Als ihn im März 1985 ein australischer Reporter fragte, ob er vorhätte, noch mehr Filme zu drehen, antwortete er: »Tja, es rennt mir offenbar niemand die Tür ein, um mich dazu zu bringen, weitere Filme zu drehen. Wenn mir danach ist und ich das Geld dafür auftreibe, mache ich es vielleicht wieder.«

Re·ac·tor verkaufte sich schlecht, was zu Youngs Entscheidung beigetragen haben könnte, sich von Reprise zu trennen. Er behauptete, er und die Plattenfirma hätten nach dreizehn Jahren einfach genug voneinander und daß er »die Veränderung brauchte«.

Außerdem hatten er und Pegi Anfang 1982 beschlossen, das Programm des Instituts abzubrechen. Spätestens seit den letzten Monaten des Jahres 1981 hatten sie begonnen, ihre eigenen Bedürfnisse gegenüber denen Bens abzuwägen und sich gefragt, ob sie selbstsüchtig seien und wieviel Fortschritt bei Ben wieviel Zerrüttung ihres eigenen Lebens rechtfertigte. Es war unmöglich, diese Gleichung selbst zu lösen. Einerseits wußten sie, wie Young es ausdrückte, daß sie »es nicht mehr aushielten«. Und andererseits – wie konnten sie weniger tun?

Im Februar besuchten sie ein Seminar der National Academy for Child Development (NACD), einer Organisation, deren Vorsitz ein Neffe des Mannes führte, der das Institut in Philadelphia gegründet hatte, und fanden viele Zweifel und Hoffnungen in dem gespiegelt, was sie zu hören bekamen. »Sie sagten uns: ›Hören Sie, Sie brauchen das nur vier Stunden am Tag zu machen. Sie müssen Ihr Leben weiterführen‹«, erzählte Young 1989. Sie wechselten in dieses weniger strenge Programm, das sich stärker auf Bens potentielle geistige Fortschritte und vor allem auf seine Kommunikationsfähigkeit konzentrierte. Pegi begann, als ehrenamtliche Ausbilderin in einem NACD-Zentrum vor Ort zu arbeiten, und achtzehn Monate später wurden sie und Neil von der Academy zu deren Eltern des Jahres ernannt. In der Zwischenzeit ging Young mit einer neuen Musikrichtung wieder auf Tournee. 1982 war Youngs Vorliebe für Rost-Metaphern der Neigung gewichen, über Dinosaurier zu sprechen. Er nannte sich gern selbst einen, aber nur was seine Langlebigkeit anging. Die wahren Dinosaurier waren seine Zeitgenossen, die an der Vergangenheit klebten und außerstande waren, sich anzupassen. Sie glaubten, das Publikum wolle immer und ewig dasselbe alte, wiedergekäute Zeug, vergaßen dabei aber, durch was sie es ganz zu Anfang eigentlich geschafft hatten – indem sie etwas Neues boten. Youngs eigene Vergangenheit – die späten Sechziger und frühen Siebziger – war ›wie Perry Como«. Nähme er diesen Kram immer noch ernst, wäre er dort, »wo Crosby, Stills and Nash heute stehen«. Nein, er war entschlossen, für Abwechslung zu sorgen und der Meute einen Schritt voraus zu bleiben. »Wenn du nicht experimentierst«, so bekräftigte er Ende 1982, »bist du tot! Ich könnte nicht immer wieder dasselbe von mir geben . . . Das ist reine Zeitverschwendung.«

Ein starkes Element in dieser Mischung bildete der anhaltende Überdruß über die Wahrnehmung seiner Person in der Öffentlichkeit. »Ich bin jahrelang Neil Young gewesen«, erzählte er einem Reporter, den das in keiner Weise erstaunte. Diesen Wunsch, jemand anders zu sein – egal wer, so schien es mitunter –, äußerte er in mehreren Interviews, die er in diesem Jahr gab, nachdem er aus der Abgeschlossenheit des Programms wieder aufgetaucht war.

Auf jeden Fall war Youngs Bereitschaft, Risiken einzugehen, in einer Welt und in einer Branche, wo so viele es vorzogen, auf Nummer Sicher zu gehen, nur zu begrüßen. Welche Richtung würde er diesmal einschlagen? Es gab mehrere Gründe für den High-Tech-Weg, also eine entscheidende Hinwendung zur neuen Computertechnologie. Ein Grund war nahezu pervers. Man kann sich unschwer vorstellen, wie Young bei der Vorstellung feixte, seine unerschütterlichen Fans mit einem solch radikalen Imagewandel zu verwirren: Der unverfälschte Hippie-Onkel begeistert sich für glitzernde Maschinen von abstoßender Präzision.

Für den Mann hinter dem Image bedeutete das keine solche Umkehr. Im Gegensatz zu dem verbreiteten Bild von ihm war Young schon immer vom wachsenden Einfluß der Computertechnologie – sowohl auf das Leben im allgemeinen als auch auf seine eigene Branche im besonderen – fasziniert gewesen. Überdies hatte er sich seit jeher für neue Musik interessiert, und für jemanden, der behauptete, sich nie darum bemüht zu haben, mit neuen Entwicklungen Schritt zu halten, war er stets auffallend gut darüber informiert, was sich in den Grenzbereichen der Musikindustrie abspielte. Ein Beispiel war 1981 der Durchbruch von Kraftwerk auf dem amerikanischen Markt mit ihrer Platte *Computer World* gewesen. Young war davon ebenso beeindruckt wie von den offenkundigen Möglichkeiten, die jedem anderen zur Verfügung standen, der Kraftwerks Experimentierfreude teilte.

Im Spätsommer 1981, als er mit einigen Gesangspassagen von *Re·ac·tor* alles andere als zufrieden war, zog Young los und kaufte sich einen Teil aus dieser schönen neuen Welt: einen Vocoder. Das war ein kleines Gerät, das Klänge digitalisierte und es ihm ermöglichte, jede beliebige Stimme zu »vocodieren« (in den Computer einzugeben) – seine eigene, die von Bing Crosby, die von Lou Reed oder von sonst jemandem. Dann konnte er mit dieser Stimme auf vier Oktaven spielen; er konnte jede Note anschlagen und deren Schwingung und Klangfarbe abstimmen. Er konnte seine eigene Stimme im Baß und die von Bing Crosby im Falsett einsetzen. Mit einem Vocoder konnte sogar Lou Reed den richtigen Ton treffen.

Mit der aufgestockten Studioeinrichtung, die er sich wegen der Beschränkungen durch das Programm angeschafft hatte, nahm Young im selben Herbst zwei Songs auf, die er über das Thema einer computerisierten Welt für vocodierten Gesang geschrieben hatte: *Sample And Hold* und *Computer Cowboy*. Die Möglichkeiten dieser neuen Musik schienen ihn zugleich zu begeistern und anzuregen. »Ich habe Maschinen schon immer geliebt«, sagte er später im selben Jahr. »Ich habe das Gefühl, daß ich mit all den neuen digitalen und computergesteuerten Geräten, die ich jetzt in die Finger bekomme, Dinge tun kann, die ich zuvor nie tun konnte... Ich weiß, daß das erst der Anfang für mich ist.«

Wie jeder andere auch war er vom perfekten Timing computerbasierter Musik beeindruckt, aber im Gegensatz zu vielen anderen betrachtete er das nicht zugleich als Nachteil. Diese Perfektion hatte etwas seltsam Faszinierendes, nahezu Überirdisches an sich. Sie war nicht seelenlos; im Gegenteil, die »Manipulation« von Maschinen konnte »sehr seelenvoll« sein, und unter diesem Aspekt wählte er auch einen neuen Song, *Transformer Man*, als seinen besten seit zehn Jahren aus. Er räumte ein, daß er sich »in einem sehr primitiven Entwicklungsstadium mit diesem ganzen Zeug« befand, bezeugte aber seine Ehrfurcht vor dessen Möglichkeiten. Er sah darin nicht die Gefahr, den menschlichen Geist zu übergehen, sondern lediglich einen anderen Kanal dafür, ihn auszudrücken. Schließlich, so beharrte er gegenüber den vielen Zweiflern, »sind es immer noch meine Melodien, meine Formulierungen, mein Gefühl. Es nimmt mir nur eine

Einschränkung ab – warum sollte ich 1982 mit meiner eigenen Stimme singen *müssen*, wenn ich sie in verschiedene Richtungen erweitern kann?«

Man bekommt einen Begriff von der Bandbreite der Möglichkeiten, die er vor sich sah, wenn man seine Ideen für ein Video betrachtet, das das Album *Trans* begleiten sollte. Passend zu jeder vocodierten Stimme wurden Figuren erschaffen, darunter eine namens Tabulon mit einer Tastatur als Gesicht, auf die er immer wieder eindrosch. Dieses Bild, witzig, visionär und unendlich traurig zugleich, liefert einen Anhaltspunkt für den dritten Grund für Youngs Schwenk in diese musikalische Richtung: seine Beziehung zu seinem jüngeren Sohn.

Trans, so sollte er später sagen, »handelt von Kommunikation, davon, nicht durchzudringen. Es ist wie bei meinem Sohn. Ihr versteht die Worte auf *Trans* nicht, und ich verstehe die Worte meines Sohnes nicht.« In all den Songs, die er nun in kurzer Folge schrieb, als hätte er es ungemein eilig, seine innersten Empfindungen auszudrücken, fanden sich Anspielungen auf das mittels eines Computers gelebte Leben. »Auf *Trans* geht es um diese roboterähnlichen Leute, die in einem Krankenhaus arbeiten, und sie alle versuchen nur das *eine*, nämlich diesem kleinen Baby beizubringen, auf einen Knopf zu drücken... *Trans* ist der Anfang meiner Sucht nach Kommunikation mit einem schwerbehinderten, zum Sprechen nicht fähigen Menschen.«

Oberflächlich betrachtet kann man sich kaum ein Thema mit einer größeren emotionalen Bandbreite für ein Album vorstellen oder jemanden, der es besser hätte umsetzen können als Young, dessen guter Ruf zum Großteil auf seiner Fähigkeit beruhte, grundlegende Gefühle wie Trauer, Schmerz und Hoffnung auszudrücken, ohne dabei in Sentimentalität abzugleiten. Aber im nachhinein wird klar, daß er nicht in der richtigen Verfassung war, ein dieser Thematik würdiges Album zu machen. Seine feste Überzeugung, daß es sich dabei um einen Teil seines Lebens handelte, zu dem niemand Zugang hatte, mochte fehl am Platze erscheinen – es ist nicht erforderlich, Behinderung aus erster Hand miterlebt zu haben, um von dem Kampf, sie zu akzeptieren oder zu überwinden, berührt zu sein –, aber sie diente dazu, das tiefe und nachvollziehbare Gefühl, daß es einige Dinge gab, die er nicht mit dem Publikum teilen wollte, rational zu erklären. Er *wollte* nicht, daß diese Songs eine klare und direkte Aussage hatten.

Wie er sagte, war es schon schwer genug, darüber zu sprechen, geschweige denn, es auf einem Album darzulegen. Und wenn er seine Gedanken und Gefühle in der Öffentlichkeit verbreitete, mußte er dabei auch auf die Gefühle seiner Kinder Rücksicht nehmen.

Und so begann er, wie er zugab, »mich hinter Attitüden zu verbergen und nur kleine Hinweise auf das auszustreuen, was mir wirklich im Kopf herumging«. Der Wunsch, seine tieferen Gefühle auszudrücken, trat hinter eine Kombination anderer Faktoren zurück: dem Wunsch, sie zu unterdrücken, der bereits bestehenden Neigung, sich selbst mit Rollen zu maskieren (»aufzuhören, Neil Young zu sein«), und dem Verstecken seiner wahren Stimme in computerisierten Gesangsparts. Auf diese Weise ging viel von der potentiellen Kraft seiner Musik und seines Themas verloren. Young konnte es nicht zulassen, sich direkt zu äußern, aber nichts sonst – nichts *darunter* – konnte richtig funktionieren. Er konnte behaupten, er hätte »die Last auf *Trans* abgeladen... die ganze verdammte Geschichte genau dort erzählt«, aber er mußte außerdem zugeben, daß »es so gut verhüllt war, daß nur ich wußte, was es bedeutete«.

1992 ging er noch weiter und nannte *Trans* »den Anfang einer anderen Ära, in der ich undurchschaubar war und niemand verstehen konnte, was ich sagte. In dieser Ära stimmte andauernd etwas nicht. Ständig stand etwas zwischen mir und dem, was ich zu sagen versuchte. Der unsichtbare Schild.«

Der Übergang zu einem weniger strengen Programm für Ben gab Young die Gelegenheit, mit seiner neuen Musik auf Tournee zu gehen, und als er im Frühling 1982 auf Hawaii Urlaub machte, stellte er mit Blick auf die Tournee und ein Album eine Band zusammen. Die Auserwählten waren eine unbekannte Mischung bekannter Gesichter: Ben Keith, Ralph Molina, Joe Lala, Nils Lofgren und Bruce Palmer. Die beiden anderen Mitglieder von Crazy Horse – Billy Talbot und Frank Sampedro – sollten auf einigen Stücken auf dem Album mit von der Partie sein, aber nicht auf der Tournee.

Young hatte seit der Tonight's-The-Night-Tournee vor fast zehn Jahren nicht mehr mit Lofgren zusammengespielt. Diese Tatsache war deshalb nicht ganz nebensächlich, weil die Trans-Tournee Youngs theaterhafteste werden und Lofgren dabei eine wichtige Rolle spielen sollte.

Young und Bruce Palmer hatten sogar noch länger nicht zusammengespielt, nämlich seit Palmers kurzem Gastspiel bei CSN&Y im Sommer 1969. In den Jahren dazwischen hatte sich Palmer mit den Tantiemen von Buffalo Springfield über Wasser gehalten, in einer Sikh-Sekte gelebt, nur noch Sitar gespielt und Probleme mit dem Alkohol bekommen. Dann hatte die Langeweile eingesetzt, und zu Beginn des Jahres hatte er sich darangemacht, seine früheren Partner von Buffalo Springfield davon zu überzeugen, daß eine Wiedervereinigung angesagt wäre Erstaunlicherweise waren die anderen alle einverstanden. Wie allerdings zu erwarten war, waren seitdem zwei vereinbarte Termine abgesagt worden, zuerst um Young, dann um Stills einen Gefallen zu tun. Vielleicht als eine Art Entschädigung hatte Young Palmer anschließend gebeten, nach Hawaii zu kommen.

Die freundliche Geste, wenn es denn eine war, wäre beinahe nach hinten losgegangen. Die Band nahm auf Hawaii acht oder neun Stücke auf, von denen vier auf *Trans* erscheinen sollten und von denen eines, nämlich *Island In The Sun*, nach Meinung von Ben Keith ein unveröffentlichter Klassiker war und blieb. Als sie zu ein paar Auftritten aufs Festland zurückkehrten, um sich einzuspielen, wurde Palmer gefeuert, anscheinend wegen alkoholbedingter Unzuverlässigkeit. Sein Glück war, daß sich die einzigen Ersatzleute, die Young auftreiben konnte, musikalisch als unzulänglich erwiesen. Palmer wurde unter der Bedingung, daß er die Finger vom Sprit ließ, wieder aufgenommen.

Das Album wurde noch im Sommer fertiggestellt, sollte aber nicht vor Ende des Jahres herauskommen. *Trans* umfaßt neun Stücke, auf fünfen setzt Young den Vocoder ein, um seine Stimme elektronisch zu verzerren, so daß sie für jeden Uneingeweihten unkenntlich ist. Jeder dieser Songs behandelt ein Thema, das zu der computerisierten Aufmachung paßt. *Computer Age, We R In Control* und *Sample And Hold* erforschen allesamt — weder mit blindem Optimismus noch ebensolchem Pessimismus — Methoden, wie Menschen und Computer zukünftig miteinander umgehen könnten. Der Protagonist von *Computer Cowboy* ist, in Youngs Worten, »ein Geächteter des einundzwanzigsten Jahrhunderts«. Der Cowboypart mit numerierten Rindern auf mit Flutlicht beleuchteten Weiden ist nur Fassade. Seinem Vater erklärte Young: »Spät in der Nacht steigt er in das Netz, raubt Daten aus Speichersystemen und hinterläßt sein Pseudonym, Syscrusher, mit dem er die Informationen überschreibt, die er geklaut hat.« Das vocodierte »Come a ky ky yippee yi ay« beweist, daß Young seinen Humor nicht eingebüßt hatte.

Der *Transformer Man* ist Ben, der immer noch übt, »to direct the action with a push of the button«, und einen Blick hat, der Young jeden Morgen »elektrisiert«. Wer nicht mit Young oder der Behinderung seines Sohnes vertraut war, konnte das nicht herausfinden. Das Stück läßt sich als die Geschichte eines jungen Frankenstein interpretieren oder einfach als irgendein undurchschaubares Science-fiction-Fragment. Weiß man aber erst einmal, worum es geht, ist der Song tatsächlich wie verwandelt. Der computergenerierte Herzschlag klingt äußerst einsam, während die vocodierten Stimmen aus irgendeinem unvorstellbaren Äther hervorzuschwimmen scheinen, unendlich traurig und fremd.

In diesem Licht gewinnen auch die anderen Songs an emotionaler Resonanz. So klingt zum Beispiel die vocodierte Stimme auf *Computer Age* entschieden geisterhaft, als säße sie in einer anderen Dimension fest.

Die Neufassung von *Mr. Soul*, zum letzten Mal vor fünfzehn Jahren mit Buffalo Springfield aufgenommen, steht zwischen den computerisierten Songs und den anderen. Youngs normale Stimme singt ein Duett mit ihrer vocodierten Cousine und verleiht dabei seiner Ode an die verwirrenden Auswirkungen des Ruhms eine fatalistische Färbung. *Little Thing Called Love* und *Hold On To Your Love*, die jeweils am Anfang der beiden Seiten stehen, sind beide mit normaler Stimme gesungen, wobei letzteres sie mit wirbelnden Synthesizern umgibt. Über keinen der beiden Texte läßt sich Lobendes äußern, aber das erstere ist eingängig und mit seiner fröhlich neben dem akustischen Geklimper entlangtänzelnden E-Gitarre auf jeden Fall mitreißender als der größte Teil von *Re·ac·tor*.

Wenn schon das muntere *Little Thing Called Love* den Zuhörer schlecht auf den Rest von *Trans* einstimmt, so dienen die anderen Songs kaum als geeignetes Entree für das abschließende, achtminütige *Like A Inca*. Der Song basiert auf einem ständig wiederholten, aus acht Noten bestehenden Synthesizer-Riff über einem flotten Beat und einer Leadgitarre, die ausdauernd vor sich hin brodelt, ohne überzukochen. Es finden sich sowohl Anklänge an den lateinamerikanischen Rhythmus, den Young für die Live-Versionen von *Cortez The Killer* verwendet hatte, als auch an die Akkordfolge in Dylans *All Along the Watchtower*.

Der Text teilt überdies den apokalyptischen Hang der beiden Songs, in denen der Rest der Welt dazu verdammt ist, schon bald Atlantis in den sprichwörtlichen Untergang zu folgen. Die nukleare Auslöschung steht bevor, und Young ist verständlicherweise zornig darüber: »Why should we care about a little button / Being pushed by someone we don't even know?« Er hat zwei Vorschläge: sich in die mystische Vergangenheit der Azteken und Inkas zurückzuziehen und eine scheinbar widersprüchliche Entschlossenheit, die Dinge so zu sehen, wie sie wirklich sind, und entsprechend zu handeln – »If you want to get high build a strong foundation / Sink those pylons deep and reach for the sky«.

Das ist weniger eine Zeitreise als vielmehr Zeitverzerrung, doch obwohl ein rationaler Faden fehlt, ist der Song in einer seltsamen Weise schlüssig. Wenn er in den letzten Zeilen singt, »I feel sad but I feel happy as I'm coming back to home / There's a bridge across the river that I have to cross alone / Like a skipping rolling stone, like an Inca«, steckt darin ein Gefühl der Befreiung, das, auch wenn es sich zum Teil rein musikalisch erklären läßt, zugleich von dem untrüglichen Gefühl herrührt, daß man etwas gelernt und akzeptiert hat, daß irgendwo in dem Song eine steile Stufe auf der langen Treppe des Lebens erfolgreich erklommen wurde.

Wie der Rest von *Trans* ist auch *Like An Inca* anders, herausfordernd, und es strotzt vor Ideen, die entweder halb gedacht oder halb verborgen oder beides sind. Young, der Dschungelforscher, mag weit von zu Hause weg gewesen sein – nach den Briefen zu urteilen, die er schrieb –, vielleicht sogar ein wenig verrückt im Kopf, aber er war trotz allem dort draußen und beäugte vermutlich sein eigenes Spiegelbild mit dem gleichen halb erkennenden Blick wie der des trampenden Hippies auf dem Cover des Albums, der verwirrt über den Highway auf den Roboter starrt, der versucht, in die andere Richtung mitgenommen zu werden.

Die einzige Tournee der sogenannten Transband, Youngs erste seit vier Jahren, begann am 31. August in der französischen Stadt Annecy und endete sieben Wochen später, am 17. Oktober, in der Berliner Deutschlandhalle. Young nannte als Grund dafür, daß er Europa den

USA vorzog, seine Schuld gegenüber den dortigen Fans wegen des Ausbleibens der Rust-Never-Sleeps-Tournee, aber er mag ebenso vermutet haben, daß die Art von Show, die er bot, beim europäischen Publikum besser ankommen würde. Schließlich war die Computermusik auf diesem Kontinent entstanden, und amerikanische Zuhörer waren sowieso eher konservativ.

Es mußten zwangsläufig einige negative Vergleiche zu Youngs letztem Besuch – der herausragenden Tournee mit Crazy Horse 1976 – gezogen werden, aber im allgemeinen wurde anerkannt, daß es sich nun um eine andere Art von Show handelte: eher eine »Präsentation« als eine Selbstdarstellung.

Ein Grund, der den Kritikern den Wind aus den Segeln nahm, war zweifellos, daß Young den Kamikaze-Stil der Tonight's-The-Night-Tournee nicht wiederholte. Die neue, computerisierte Musik wurde nicht »am Stück« serviert, sondern in einem Set verteilt, der so gestaltet war, daß er die meisten seiner Fans zufriedenstellte. Elektrische Klassiker wie *Hurricane* und *Southern Man* standen neben alten akustischen Perlen wie *Old Man* und *Comes A Time*. Was Young inzwischen von seinen beiden jüngsten Alben – *Hawks And Doves* und *Re·ac·tor* – hielt, läßt sich daran ablesen, daß kein Song von beiden auf der ganzen Tournee gespielt wurde.

Auch seine äußere Erscheinung war bemerkenswert. Sowohl der langhaarige, irre Holzfäller der Tournee von 1976 als auch der kurzhaarige Farmer im Karohemd von der Rust-Never-Sleeps-Show waren verschwunden und hatten einem Mann Platz gemacht, der aussah wie »der Moderator einer Mafia-Spielshow«: hellgrünes Jackett, schwarzes Hemd, weiße Krawatte und Sonnenbrille. Diese seltsame Aufmachung nahm sich an der Seite von Nils Lofgrens Zigeuner-Stirnband, das in alle Richtungen flatterte, wenn er über die Bühne wirbelte wie ein Derwisch unter Aufputschmitteln, noch merkwürdiger aus.

Während der Tournee gab es Klagen darüber, daß Young zu laut spielte; ein Vorwurf lautete, seine Gitarre überdecke die von Lofgren. Trotzdem scheinen die beiden Männer gut zusammengearbeitet zu haben. In mehreren der Songs von *Trans* vollführten die zwei, beide mit Vocodern und Sonnenbrillen ausgerüstet, seltsame Gesten und woben mit den Armen Muster in die Luft, während sie computerisierte Gesangspassagen austauschten. Als Lofgren gefragt wurde, ob diese Bewegungen einstudiert oder improvisiert seien, lachte er nur. »Neil und ich haben uns so schrill aufgeführt, das hätte man nicht einstudieren können, verstehen Sie? Man stellt sich nicht vor den Spiegel und macht so ausgeflipptes Zeug!«

Aber er war der erste, der bestätigte, daß die Theatereffekte ankamen und dem Publikum den Zugang zum Pathos der Songs ermöglichten – insbesondere zu *Transformer Man* –, was die Musik allein nicht halb so gut hätte leisten können. Wie Lofgren es ausdrückte: »Es brachte uns in diese seltsame Lage, und es schien, als wäre man ein Schauspieler in einer anderen Rolle, als wäre man jemand anders. Es war toll, es machte uns beide einfach zu Figuren, die durch Musik lebendig wurden.«

Vier der neuen Songs, die auf der Tournee vorgestellt wurden, sollten weder auf *Trans* noch – bis jetzt – auf irgendeiner späteren Veröffentlichung erscheinen. *If You Got Love* hätte es beinahe geschafft und war sogar auf einigen Werbeexemplaren von *Trans* enthalten, bevor es von der offiziellen Platte entfernt wurde. Als nette Eintagsfliege mit nichtssagendem Text wurde es auch nicht gerade vermißt.

Love Hotel wurde nur ein einziges Mal, in Birmingham, gespielt, und nicht einmal da schien die Band zu wissen, was sie tat. Der Text benutzt die Metapher der Liebe als Hotel: »Don't get stranded by the lift.« Der Song klingt überarrangiert. *Soul Of A Woman* ist dagegen fast unterarrangiert. Es birgt einen von Youngs gelungeneren paradoxen Versen – »You can't help nobody if you can't help yourself / Nobody's gonna help you better than somebody else« –, aber das musikalische Umfeld ist fade: Es ist die Art rollender Piano-Blues-Nummer, die Tausende vor ihm schon gespielt haben, und das meist besser.

After Berlin wurde auch nur einmal gespielt, als Abschiedsgruß an die Tournee auf der Bühne der Deutschlandhalle, aber es gehört zu Youngs besseren unveröffentlichten Stücken. (Später kam es auf Video heraus, aber – bislang – nie auf Platte.) Ein zirkulierendes Gitarrenmotiv über Synthesizer-Akkorden liefert die Basis für alternierende Verse und Einsprengsel mit der Leadgitarre. Die Melodie ist fast improvisiert; die Worte sind täuschend einfach und fungieren als Latten in einem Zaun: Sie ziehen die Blicke auf die Lücken dazwischen. Der Song dünstet ein Gefühl von Angst aus, Angst vor Entfernungen, Angst davor, aus Vergangenheit und Zukunft zugleich ausgeschlossen zu werden, Angst vor einem mysteriösen »letzten Tag«. Die endlose Wiederholung der Phrase »Help me« ist ein ernstgemeinter Hilfeschrei, besänftigt aber auch.

Für Young muß die Tournee eine gemischte Erfahrung gewesen sein. Es gab hin und wieder »Buh«-Rufe, wenn sich Fans, die die alten Hits hören wollten, zwei Irren gegenübersahen, die auf der Bühne Pirouetten drehten und mit Piepsstimmen sangen, aber insgesamt war der Empfang so herzlich, wie es sich ein Dinosaurier nur wünschen konnte. Zumindest hatte er nach vier Jahren ohne Tournee das Eis gebrochen. Danach sollte er wieder regelmäßig touren – manchmal, wie es schien, fast ununterbrochen –, und das nicht nur der Musik und des Ruhmes wegen. Außerdem mußte er sich nach den traumatischen Erlebnissen, die er durchlitten hatte, wieder selbst finden. »Ich mußte spielen und spielen und spielen – ohne Pause«, sagte er 1989. »Ich fühlte mich abgeschnitten... Live zu spielen holte mich wieder zurück. Nur so konnte ich es schaffen.«

Nun, da er wieder in die Welt zurückgekehrt war, mußte sich Young allen möglichen Fragen über die Lage der Nation – seiner eigenen und die anderer – stellen. Seine politische Einstellung, so glaubten viele, war ihren Grundwerten treu geblieben: radikal, pazifistisch, zumindest leicht linkslastig und kulturkritisch. Er war schließlich »einer von uns«.

Aber war er das wirklich? War er es je gewesen? Ein Großteil dieser Vermutungen war seit jeher reine Projektion seitens des Publikums gewesen und hatte im Lauf der letzten Jahre mit Hilfe einer starken Dosis Wunschdenken zugenommen. *Hawks And Doves* hatte nicht so geklungen, wie der gute alte Neil klingen sollte, und so mußte es sich bestenfalls um Sarkasmus, schlimmstenfalls um Ironie handeln. Youngs tatsächliche Gespaltenheit war schwer zu akzeptieren, vor allem in bezug auf Themen, bei denen seine Zuhörerschaft zu vorgefaßten Meinungen neigte.

Unglücklicherweise ließ sich Youngs »Abfall« von dieser behaglichen Einigkeit nur so lange ignorieren, wie er den Anstand besaß, es nicht zu laut herauszuschreien. Doch je weiter die achtziger Jahre ins Land zogen, um so stärker – nicht geringer – wurde seine Bereitschaft, einige der Überzeugungen der linken Gegenkultur in Frage zu stellen.

Häufig, so würde ich meinen, tat er dies aus Unwissenheit, manches Mal auch aus einem Gefühl weißer, überlegener Männlichkeit heraus, die offenbar einen sehr realen Teil seiner Persönlichkeit ausmachte. Manchmal traf er auch den Nagel auf den Kopf, indem er seine Intelligenz und Phantasie dazu einsetzte, Licht auf Angelegenheiten zu werfen, die allzulange von ideologischem Nebel verhüllt waren.

Freilich wollte jeder von ihm hören, daß er Ronald Reagan verurteilte, den alten Kämpen der Rechten, der inzwischen Präsident geworden war. Young zog es vor, seinen Vorgänger Jimmy Carter anzugreifen, und zwar für den in seinen Augen gravierenden Fehler, eine Schwächung der amerikanischen Militärmacht in Kauf zu nehmen, und insbesondere dafür, daß er den Panama-Kanal lediglich aufgrund von Schuldgefühlen zurückgegeben hatte. Reagan dagegen, mit seinem von Young so genannten »originellen Konzept, die Zuständigkeit der Regierung sowie staatliche Programme einzuschränken, so daß die Gemeinden ihre eigenen Programme, zum Beispiel bei der Kinderbetreuung, aufstellen konnten«, sprach das damalige Interesse des Künstlers an Familienangelegenheiten stärker an. »Ich fand die Richtung gut. Ich dachte, sie würde die Menschen zusammenbringen«, sagte er später.

1982 ließ er sich zu der Aussage hinreißen, seiner Meinung nach hätten sich die Dinge seit Reagans Wahlsieg zum Besseren gewandelt, und das amerikanische Volk würde »bald wieder stolz darauf sein dazuzugehören, und zwar in gewaltigstem Maße«. Was ihn selbst anging, so erzählte er einem französischen Reporter lachend, er sei »amerikanischer als die meisten Amerikaner! Ein richtiges Kapitalistenschwein!«

Young verachtete die Leute, die ihre Musik einem guten Zweck zur Verfügung stellten, und fand, daß die damals gängigen Anti-Atomkraft-Festivals »ein verzweifelter Versuch sind, in die Sechziger zurückzukehren«. Er würde seine Musik nicht dafür einsetzen, »für irgend so ein Anliegen Geld aufzubringen«; er würde sich nicht »umsonst an die Welt« verkaufen, was immer das auch heißen sollte. Wie schon Crosby vor ihm, hielt er die Musik für dauerhaft, während politische Themen kamen und gingen, aber im Gegensatz zu Crosby war er nicht bereit, die Kernenergie von vornherein zu verurteilen. »Wir haben sie nicht unter Kontrolle«, räumte er ein, »und wir wissen nicht, wohin mit dem Abfall. Aber wie sollen wir zu anderen Planeten gelangen? Wir brauchen die Kernkraft, um herauszufinden, was dort draußen ist, und eine andere Energiequelle zu entdecken.« In einem anderen Interview erklärte er, »sich heute der Kernenergie zu verweigern ist so, als hätte man seinerzeit das Pferd dem Auto vorgezogen«.

Solche Ansichten kamen, auch wenn sie nicht *per se* im Widerspruch zu einer linken oder gar umweltbewußten Sichtweise standen, bei Youngs üblicher Gefolgschaft nicht gut an. Zählte man nun noch seine Unterstützung für Reagan hinzu, egal wie einseitig oder engstirnig diese sein mochte, so mußte sich Young vorwerfen lassen, er habe die Ideale der Generation, zu der er in den Augen der Öffentlichkeit gehörte, aufgegeben.

Falls dies zutraf, so zeigte Young keinerlei Reue. Ende 1982 hätte er ohne weiteres entgegnen können: »Das ist noch gar nichts.«

Zurück aus Europa, beschloß Young, sich von der Transband zu trennen, und bestritt Anfang 1983 eine Solo-Tournee durch die USA. In den ersten drei Vierteln der Konzerte erlebte man ihn allein an der Gitarre oder am Klavier; im letzten Viertel wurde neue Technologie herangezogen, um die Transband zu ersetzen.

Was den ersten Teil der Show interessant machte, war das von Young ausgesuchte Material. Zum einen kamen nur wenige neue Songs vor, doch wurden die Zuhörer dafür reich durch Youngs Neuinterpretationen alter Lieblingsstücke entschädigt. Er präsentierte *Revolution Blues* und *Ohio* in eindrucksvollen Versionen, wobei das erstere noch stärker von dämonischer Energie besessen war als die elektrische Fassung auf *On The Beach*. Auch *The Old Laughing Lady* und *Don't Let It Bring You Down* kamen vor. Es war, als griffe Young – vielleicht mit Absicht, vielleicht unbewußt – auf jene Songs zurück, die sich mit den Krankheiten der modernen Gesellschaft befaßten. Sogar in dem einzigen herausragenden neuen Song, dem traurigen, nahezu fatalistischen *Are There Any More Real Cowboys?*, ließ Young seine Wut durchblicken.

Trotz seiner jüngsten politischen Kommentare klang er nicht wie jemand, der in den Status quo verliebt war.

Aber das Gefühl von Verdammnis und Dunkelheit beherrschte die Konzerte nicht vollständig. In den Pausen vermittelte eine riesige Videoleinwand eine Kostprobe von Youngs Humor in Form einer Figur namens Dan Clear, eines weltmännischen Nachrichtensprechers und Interviewers, der von dem Schauspieler Newell Alexander gespielt wurde. Dan gab dem Publikum nützliche Informationen – zum Beispiel, wo sich der nächste Atomschutzbunker befand – und brachte exklusive Backstage-Interviews mit den Leuten, die an der Show mitarbeiteten, einschließlich Young. »Ich habe stark angefangen, ein paar Probleme gehabt, aber alles gut zum Abschluß gebracht«, teilte ihm der Star während der Pause in L.A. mit.

Das letzte Viertel der Konzerte war Stücken aus *Trans* gewidmet, und hier setzte Young Playback und Videomaterial ein, um mit Hilfe des Computers mit sich selbst mehrstimmig zu singen. Ohne die Band, allein auf der Bühne, wo ihm nur sein eigenes Abbild Gesellschaft leistete, gab Young den ausgefallenen Songs wie *Transformer Man* noch mehr Inbrunst.

Insgesamt lieferte die Tournee den schlagenden Beweis dafür, daß ein Künstler – um Youngs eigene Worte, die er 1974 über Dylan geäußert hatte, zu verwenden – »mit seinem Volk leben« konnte. Er brachte nicht nur etwas Neues und anderes auf die Bühne, sondern zeigte auch eine phantasievolle Aufarbeitung seiner Vergangenheit. Auf dieser Tournee scheint Young sich seiner eigenen musikalischen Geschichte noch stärker als sonst bewußt gewesen zu sein: Die verschiedenen Songs, Phasen und Anliegen durften interagieren und dabei neue Bedeutungen sowie neue Schattierungen annehmen.

Ende Februar wurde die Tournee um weitere fünf Wochen verlängert, was angesichts von Youngs Gesundheitszustand vielleicht unklug war. Zu Beginn der Tournee hatte er auf der Bühne einen Schwindelanfall erlitten und sich anschließend einen besonders hartnäckigen Grippevirus eingefangen. Im weiteren Verlauf der Tournee, während sich die verschiedenen Medikamente, darunter auch Steroide, in seinem Körper ansammelten, fühlte er sich zunehmend schlechter.

Der Abend des 4. März machte da keine Ausnahme, aber Young weigerte sich, noch mehr Medikamente einzunehmen, bevor er in Louisville, Kentucky, auf die Bühne ging, obwohl er unter einer Kombination aus Schüttelfrost und Schweißausbrüchen litt. Am Ende eines glanzlosen Auftritts von 75 Minuten stolperte er fast von der Bühne, prallte gegen einen Bühnenhelfer, murmelte: »Irgendwas stimmt echt nicht mit mir« und brach zusammen.

Seinem Vater beschrieb er die Szene später so: »Ich weiß noch, wie ich mit dem Gesicht nach unten auf dem Boden lag und ganz deutlich den Teppich sah. Ich hatte die Augen offen und schaute direkt in den Teppich hinein. Ich konnte mich nicht bewegen. Dann kam es mir so vor, als sähe ich die ganze Szene, wie ich auf dem Boden liege, der Arzt sich über mich beugt und Pegi ihre Hand auf meinen Rücken gelegt hat und mir sagt, ich solle bei Bewußtsein bleiben, dableiben, es würde alles gut werden. Währenddessen war ich da oben, oben an der Decke, und sah zu.«

Als die wie immer mitfühlenden Fans auf den Abbruch des Konzerts damit reagierten, daß sie Klappstühle auf die Bühne schleuderten, erschien der Leichenbeschauer (!) von Jefferson County. Er erklärte Young für erschöpft, gab ihm Gatorade und chemische Präparate, die seinen Blutzuckerspiegel erhöhen sollten, und riet ihm, sich völlige Ruhe zu gönnen. Etwa eine Stunde nach seinem Zusammenbruch war Young in der Lage, zu seinem Bus zu gehen. Er hatte eine Behandlung mit Halcyon-Pillen verschrieben bekommen, von denen er jeden Abend eine nehmen sollte – aber bereits die erste erwies sich als eine zuviel. Er schlief vierzehn Stunden lang und hatte entsetzliche Alpträume, die während der ganzen folgenden Woche immer wiederkehrten. »Als ich wieder auf der Ranch war, fühlte ich mich noch tagelang völlig fertig und ging ganz komisch ... Es dauerte ungefähr drei Wochen, bis ich wieder auf dem Damm war, bis ich wieder so weit war, daß ich klar denken konnte.«

Nachdem er sich erholt hatte, machte er sich daran, seine neueste Platte fertigzustellen, die als Nachfolgealbum von *Trans* gedacht war. Letzteres war einigermaßen gut angekommen – es sollte die nächsten sieben Jahre sein letztes Album in den Top Forty bleiben –, aber er hatte nicht die Absicht, diese Richtung weiter zu verfolgen. In den vergangenen sechs Monaten war seine 1982 geäußerte Ansicht, daß er erst begonnen hatte, an der Oberfläche der Möglichkeiten von Computertechnik zu kratzen, seiner immerwährenden Vorliebe gewichen, mittendrin umzusatteln.

Das neue Album stellte eine Rückkehr zum Folk dar. Arbeitstitel war *Old Ways*, aber es läßt sich nicht mehr feststellen, wie viele der Songs, die 1985 auf dem Album dieses Namens auftauchten, schon dazugehörten. *Are There Any More Real Cowboys?* und *My Boy* waren auf jeden Fall schon geschrieben und öffentlich gespielt worden, aber es gibt keinen Hinweis darauf, daß die anderen sieben Kompositionen Youngs auf dem späteren *Old Ways* damals bereits existierten. Das alte *Dance Dance Dance* und *Soul Of A Woman* waren auf der Solo-Tournee gespielt worden und kamen sicher in die engere Wahl. Ebenso *The Ways Of Love*, das schließlich auf *Freedom* erschien. *Depression Blues*, das später auf *Lucky Thirteen* herauskam, war bereits so früh im Jahr 1983 geschrieben worden, daß es auch in Frage kam.

Wenn auch die Auswahl der Songs unbekannt blieb, so war der Stil, in dem sie dargeboten wurden, nie ein Geheimnis. Dieses *Old Ways* war im Grunde eine Neubearbeitung von *Harvest*. Young hatte Musiker beschäftigt, die entweder auf *Harvest* oder *Comes A Time* dabeigewesen waren, ebenso wie der Produzent Elliot Mazer. Und wie der größte Teil von *Harvest* war es bei mehreren Sessions in Nashville aufgezeichnet worden.

Young war von den Ergebnissen sehr angetan – »Total hin und weg von der Platte«, wie er 1988 James Henke erzählte. Er schickte der Plattenfirma ein Band mit acht Songs und wartete auf eine Reaktion. Sie blieb aus. Schließlich rief er an. »Sie sagten: ›Also, offen gestanden, Neil, diese Platte macht uns eine Heidenangst. Wir glauben nicht, daß es günstig ist, wenn Sie in dieser Richtung weitermachen.‹« Es war nicht Youngs erstes Problem mit Geffen Records und sollte auch nicht sein letztes sein.

Er hatte nach dem relativen Mißerfolg von *Re·ac·tor*, seiner letzten Platte bei Reprise, bei Geffen unterschrieben, doch scheint von Anfang an keine geistige Übereinstimmung zustande gekommen zu sein. Young zufolge wollte die Firma das erste Album, das er ihnen angeboten hatte, eine Sammlung mit dem Arbeitstitel *Island In The Sun*, nicht veröffentlichen. Darunter waren zwei Songs gewesen, die später auf *Trans* herauskamen (*Little Thing Called Love* und *Hold On To Your Love*), das in letzter Minute aus *Trans* herausgenommene *If You Got Love* und der bislang unveröffentlichte Titelsong *Island In The Sun*.

Wenn der Inhalt der Texte der ersten drei Songs repräsentativ für das Ganze war, dann war die Ablehnung durch die Plattenfirma vielleicht ein unerkannter Segen. Allerdings war darin nicht der Grund ihrer Abneigung gegen *Island In The Sun* zu suchen. Young zufolge war es Firmenpolitik, sich musikalischen Moden anzupassen: »Es ging gerade mit dem Techno-Pop los, und sie hatten Peter Gabriel und waren total auf diesem Trip ... Sie betrachteten mich nicht als Künstler, sondern als ein Produkt, und dieses Produkt paßte nicht in ihre Marketing-Strategie...«

Damals beschloß Young, sich im Zweifelsfall für Geffen und seine Plattenfirma zu entscheiden, und eine Zeitlang schien dieses Vertrauen auch gerechtfertigt. Sie waren dazu bereit, *Trans* zu veröffentlichen, das sich, auch wenn es kaum »typisch für Neil Young« – um eine spätere Formulierung zu gebrauchen – war, ohne weiteres als ein Produkt des Avantgarde-Rock verkaufen ließ. Das galt jedoch nicht für das erste *Old Ways*. Da kam wieder der alte Hippie mit der Gitarre, und Geffen fand, daß Young damit falsch lag. Young zufolge wurden einige Aufnahmetermine ohne vernünftigen Grund abgesagt, was laut seiner Aussage in den Jahren mit Warner Brothers nie passiert war.

Da er mehr und mehr das Gefühl bekam, gegängelt zu werden, beschloß Young, sich zu wehren. Wenn sie Rock 'n' Roll wollten, sollten sie ihn haben. Ganz unverfälscht. 1989 berichtete er der *Village Voice*: »Beinahe aus Rache gab ich ihnen *Everybody's Rockin'*.« Die Tatsache, daß er von dem Album begeistert und sogar bereits halb in die neue Shocking-Pinks-Figur eingetaucht war, schien ein glücklicher Zufall zu sein. Er konnte Geffen ein Schnippchen schlagen und sich dabei noch amüsieren.

Jahre danach sollte Young behaupten, *Everybody's Rockin'* sei eine seiner besten Platten. »Diese Platte und *Tonight's The Night* gehören zu meinen Lieblingsplatten, und sie sind einander in meinen Augen sehr ähnlich, außer daß die eine ungemein leicht und die andere ungemein schwer ist ...«

Oder, anders ausgedrückt, die eine ist ungemein voll und die andere... eben leer. *Everybody's Rockin'* umfaßt zehn Portionen einfallslosen Rockabilly mit zwei am Rande witzigen Texten und einer gefälligen Melodie in nicht einmal dreißig Minuten Spieldauer. Das Cover mit Fotos vom geschniegelten Neil im weißen Anzug, in pinkfarbenes Licht getaucht, reizt kurz zum Lachen, aber diese Musik wurde von anderen schon oft und vor langer Zeit besser interpretiert.

Die interessanten Texte gehören zu *Payola Blues* – einer Hymne an den Fünfziger-Jahre-DJ Alan Freed mit einem witzigen »cash-a-wad-a-wad-a«-Refrain – und *Kinda Fonda Wanda*, in dem Young, nachdem er zugegeben hat, daß er »screwed Runaround Sue«, berichtet,

»she wasn't as good as Wanda«. Die gefällige Melodie gehört zu *Wonderin'*, einem von Youngs unveröffentlichten Songs aus den Sechzigern. Obwohl er kaum verbessert wurde, paßt er zum Rockabilly-Stil und klingt mit seiner hübschen Gitarrenmelodie flott genug, daß er ein Hit der Fünfziger hätte sein können.

Leider ist das mehr, als man von den anderen neun Stücken behaupten kann. Jeder, der diese Art Musik mag, hatte bereits mehr als genug zur Wahl, gesungen und gespielt von Leuten, deren Herz an diesem Genre hing und die sich die Mühe gemacht hatten, dessen Beschränkungen in kreativer Weise zu nutzen. Young scheinen sie dagegen behindert zu haben. Allzu viele Sorgen weisen dieselbe Gangart und Ausstrahlung auf, und seine Stimme paßt nicht zu diesem Stil. Die Gelegenheit, sich an ein paar Gitarrensoli im Stil von James Burton zu versuchen, wurde einfach verschenkt. Statt dessen hämmert er unbeschwert auf dem Klavier herum, während Ben Keith die Pflichten an der Gitarre mit nahezu vollständiger Anonymität wahrnimmt.

Zweifellos boten die Musik und der Charakter des Albums Young eine nützliche Maskierung und eine gute Basis für einen Teil eines Live-Auftritts. Womöglich hatte er Spaß, *Everybody's Rockin'* einzuspielen – und noch mehr Spaß, es in Geffens Briefkasten zu werfen. Aber all das ergibt keinen ausreichenden künstlerischen Grund, das Album herauszubringen. Eine Zeile aus *Payola Blues* – »I never hear my record on the radio« – klingt fast zu ironisch, um in bezug auf *Everybody's Rockin'* wahr zu sein. Es war Youngs erste – und bis heute letzte – langweilige Platte.

Die Shocking-Pinks-Tournee, die sich im Sommer 1983 kreuz und quer durch Amerika zog, setzte dort ein, wo die Winter-Tournee aufgehört hatte. Dan Clear erteilte immer noch nützliche Ratschläge von der Videoleinwand, indem er den Leuten empfahl, bei einem Atomangriff den Kopf einzuziehen. Vor jedem Konzert erzählte er dem wartenden Publikum, sie gingen nun in Youngs Garderobe, wo dem Sänger sein drahtloses Mikrophon angepaßt werde. Dann erschien Young gemeinsam mit dem Roadie auf der Leinwand, der ihm endlose Schlingen von Verlängerungskabel um den Hals wand.

Aber dieses Mal hatte Young eine Band dabei, noch dazu eine große. Tim Drummond am Baß, Ben Keith an einer Reihe von Instrumenten und Karl Himmel am Schlagzeug waren allesamt alte Kämpen von Young. Dazu gesellte sich ein Trio von Komponisten und Studiomusikern aus Nashville: Anthony Crawford, Larry Byrom und Rick Palombi, von Young Redwood Boys getauft, die den Hintergrundgesang liefern sollten. Drummond und Keith hatten außerdem ihren Anwalt mitgebracht, allerdings nicht aus juristischen Gründen: Craig Hayes hatte Spaß daran, ins Horn zu blasen, zu singen und in den Videosequenzen einen Gangster zu mimen. Alles in allem waren in der Band mehr musikalische Tausendsassas versammelt als in den meisten anderen von Youngs Formationen.

Die ersten zwei Drittel eines Auftritts waren konventionell angelegt: Young interpretierte sowohl sein akustisches als auch sein elektrisches Repertoire neu und streute gelegentlich einen neuen Song im Folk-Country-Stil ein. Dann, nach der Ankündigung, daß er gern die Jahre zurückdrehen würde, sang er vor einem Videobildschirm, der das laufende Jahr 1983 zeigte, *Sugar Mountain*. Am Ende des Stücks wies er mit seiner Gitarre auf den Bildschirm, und während er hinter der Bühne verschwand und die Zahlen langsam rückwärts liefen, fing die Crew an, die Bühne umzubauen und altmodische Instrumente und Mikrophone aufzustellen. Als die Zahlen bei 1957 angekommen waren, tauchte Youngs neueste Inkarnation wieder auf, nämlich der geschniegelte Frontmann der Rockabilly-Band aus den Fünfzigern The Shocking Pinks.

In weißem Anzug, schwarzem Hemd und pinkfarbener Krawatte hämmerte Young wie verrückt auf dem Klavier herum, während Tim Drummond Stehbaß spielte und Ben Keith versuchte, so cool auszusehen wie Scotty Moore oder Hank Marvin. Ein männlicher Chor sang im Hintergrund, und die Pinkettes schwangen die Beine dazu. (Eingeweihte stellten fest, daß sich unter den letzteren häufig die Frau des Stars befand.)

Die Show endete damit, daß die Band von der Bühne ging und auf dem Videobildschirm wieder auftauchte, wo sie in einen Cadillac-Oldtimer stieg. Dann lehnte sich Young aus dem Fenster und knurrte wie Elvis: »So einfach von euch weggehn macht kein' Spaß. Ich will noch 'n Song spielen.«

Das Repertoire der Band erweiterte sich im Lauf der Tournee, und Young spielte mehr Gitarre als auf *Everybody's Rockin'*. Für viele überraschend, räumte er den Bläsern eine gewichtigere Rolle in seiner Musik ein als je zuvor und beteiligte Ben Keith (Altsaxophon), Craig

Hayes (Baritonsaxophon) und Larry Byrom (Trompete). Damit waren die Shocking Pinks live ihrem einzigen Album mehr als einen Schritt voraus und boten musikalisch fast eine Kreuzung zwischen dem Klang der Platte und dem der späteren Bluenotes. Den Beweis dafür liefert die Live-Aufnahme eines neuen Songs, *Don't Take Your Love Away From Me*, der schließlich auf die Zusammenstellung Lucky Thirteen von 1993 kam. Auf diesem Stück besitzt die Musik der Band eine fast majestätische Tiefe, während Young glühende Gitarrenläufe über Bläserwogen und perlende Trommeln legt.

Die Shocking Pinks hatten sogar eine Geschichte, die in dem Song *Get Gone* dokumentiert ist, von dem sich auch eine Live-Version auf *Lucky Thirteen* findet. Es war die alte Leier: Hoffnung, mehr Vergnügen als Geld, zuwenig Erfolg und zu viele Drogen. Die letzte gemeinsame Handlung der fiktiven Band besteht traurigerweise darin, daß sie ein Flugzeug »mit ein bißchen wenig Treibstoff« besteigen.

Natürlich bot das kurze Leben der Shocking Pinks Young eine weitere Figur, hinter der er sich verbergen, eine weitere parallele Existenz, die er annehmen konnte. »Ich bin *weit* in diesen Typen hineingekrochen«, sagte er später. »Ich war ein paar Monate lang dieser Typ. Er war dort draußen.«

Während Young »dort draußen« war, hatte Geffen eine Firma zu leiten, und *Everybody's Rockin'* war in kommerzieller Hinsicht etwa so sinnvoll, wie Buddhist zu werden. Young konnte Geffens Sichtweise nachvollziehen – »er wollte eine Million Dollar verdienen, und ich war in einer anderen Welt« –, aber dieses Verständnis hatte seine Grenzen. Young zufolge hatte die Firma *Everybody's Rockin'* begraben. Sie taten weniger als gar nichts. Sie befanden: »Diese Platte wird keine Aufmerksamkeit erregen. Wir werden so wenig Exemplare wie möglich davon pressen und überhaupt nichts tun.«

Zweifellos hat er sich beschwert, vielleicht auch Geffen ein weiteres Mal angeboten, das erste *Old Ways* herauszubringen. Geffens Reaktion war ebenso grotesk wie unerwartet. »Da kam ein Kerl und hämmerte an meine Tür«, erinnerte sich Young später, »und knallte mir dieses Ding ins Gesicht.«

»Dieses Ding« war eine Anklageschrift. Young wurde auf drei Millionen Dollar verklagt, weil er nicht »kommerziell« war und weil er Alben ablieferte, die nicht »typisch für Neil Young« waren. Als er den ersten Schock überwunden hatte, muß es ihm schwergefallen sein, nicht Tränen zu lachen. Endlich war sein größter Ehrgeiz wahr geworden: Er war nicht mehr er selbst.

Jegliche Euphorie schwand vermutlich so rasch wie das anfängliche Erstaunen. Die Vorstellung, ihn zu verklagen, weil er nicht er selbst war, schien lächerlich, aber Geffen behauptete überdies, Young hätte Vorauszahlungen angenommen, ohne einen richtigen Vertrag zu unterzeichnen. Welchen Sinn der Fall auch immer haben mochte – welcher Mensch im Vollbesitz seiner geistigen Kräfte läßt sich schon gern auf einen ausgedehnten Rechtsstreit mit einem Großunternehmen ein, noch dazu dann, wenn dieses Unternehmen einem vorschreiben kann, welche Musik in Zukunft veröffentlicht wird?

Damals hatte Young noch andere Gründe zur Besorgnis, teils beruflicher, teils privater Natur. Die Shocking-Pinks-Tournee war, auch wenn sie einen Meilenstein in Youngs musikalischer Entwicklung darstellte, kein uneingeschränkter Erfolg gewesen. Den Zuhörern hatten die witzigen Schnörkel bei den Auftritten gefallen, aber die Musik, vor allem das neue Rockabilly-Material, war nicht nur zustimmend aufgenommen worden. Womöglich hatte Young nicht genug Zutrauen zu diesem Stil, um ihn weiter zu verfolgen, zumindest nicht in absehbarer Zeit.

Doch welche anderen Richtungen standen ihm offen? Er hatte sich gerade erst von der Computermusik abgewandt, und Geffen hatte deutlich gemacht, daß sie den akustischen Hippie nicht mehr wollten. Eine Möglichkeit war eine Wiedervereinigung mit Crazy Horse, und genau das versuchte Young trotz des nicht einmal annähernd zufriedenstellenden Resultats ihrer letzten Zusammenarbeit auf *Re·ac·tor*. Die Band probte in privatem Rahmen und trat dann am 6. und 7. Februar 1984 im Catalyst in Santa Cruz auf.

Diese Konzerte, seitdem häufig als Raubpressungen in Umlauf gebracht, umfaßten die unvermeidlichen Klassiker – *Cortez The Killer*, *Cinnamon Girl*, *Powderfinger* – und einige neue Songs, die fast alle erst mehr als zwei Jahre später veröffentlicht wurden. Versionen von *Touch The Night*, *Violent Side* und *I've Got A Problem* sollten schließlich auf dem ohne Crazy Horse eingespielten Album *Landing On Water* erscheinen, während *So Tired*, *We're Gonna Rock Forever*, *Your Love* und *Stand By Me* unveröffentlicht blieben.

Die Stimmung dieser letzten vier Stücke war gedämpft und leicht bedrohlich, als blickte der Protagonist durch ein regenüberströmtes Fenster auf das Leben. »Für immer rocken« klingt eher nach einer lebenslangen Haftstrafe als nach dauerhafter Freude. Der Mann, der fleht, »bleib bei mir«, weiß ebensogut, daß er »fallen« muß, daß »auf den Straßen Blut fließt« und er »unfertig« ist. Auf diesem Stück singt Billy Talbot, vielleicht weil Young sich von dem Text distanzieren wollte. Die Musik erschien als häßlichere Variante ihres bekannten Sounds, zwar mit Kraft und Rhythmus, aber ohne die lyrische Stimmung, die sonst den mächtigen Kontrapunkt setzte.

Young war so zufrieden, daß er mit der Band ins Studio ging. Dort klappte jedoch nichts mehr. Er holte ein paar »technisch versierte« Musiker zur Unterstützung, doch die Mischung funktionierte nicht, und Crazy Horse war verschnupft. Die Sessions wurden eingestellt, nachdem sie in mehrwöchiger Arbeit noch nicht einmal ein einziges Stück eingespielt hatten.

Daß es ihm nicht gelungen war, mit seinen treuen alten Gefährten gute Musik zu machen, muß Young zusätzlich belastet haben. Seine Hauptsorge galt allerdings seit geraumer Zeit Pegis Schwangerschaft. Verständlicherweise war es ihnen beiden nicht leichtgefallen, das Risiko einzugehen, eventuell noch ein behindertes Kind in die Welt zu setzen, aber Young hatte sich erneut untersuchen lassen, und ihm war ein weiteres Mal versichert worden, es sei reiner Zufall, daß seine beiden Kinder zerebrale Kinderlähmung hatten. Trotzdem muß die lange Wartezeit zwischen Empfängnis und Geburt für beide Elternteile zermürbend gewesen sein. Doch es hat sich mehr als gelohnt. Am 15. Mai 1984 kam Youngs »wunderhübsches kleines Mädchen« Amber Jean zur Welt.

Geffen konnte Young zwar davon abhalten, Platten zu machen, aber ihn nicht daran hindern, auf Tournee zu gehen. In späteren Jahren sagte Young, daß die Weigerung der Plattenfirma, das Folk-Country-Album *Old Ways* zu akzeptieren, ihn nur um so entschlossener machte, ein solches Album zu machen. Je hartnäckiger sie sich weigerten, desto mehr Country wurde es.

Es gab noch andere triftige Gründe dafür, daß sich Young in den nächsten anderthalb Jahren in die Country-Musik versenkte. Er empfand den Rock der Achtziger als zunehmend substanzlos, »stärker mit Mode und Äußerlichkeiten beschäftigt« und weniger am normalen

Leben von Menschen über einundzwanzig interessiert. Für einen Mann, der auf die Vierzig zuging, war dies keine rein ästhetische Frage; es kam beinahe einer beruflichen Todesstrafe gleich. Es mochte ja besser sein, auszubrennen als zu verlöschen, aber Young war noch lange nicht bereit abzutreten. Wie konnte ein Rockmusiker mit Anstand alt werden, fragte er sich laut in Interviews. Er verspürte immer noch den Drang danach, oben auf der Bühne »herumzuhüpfen« und Rock ’n’ Roll zu spielen, aber er konnte nicht übersehen, wie jung seine Zuhörer waren, und es hatte den Anschein, als versuchte er etwas zu sein, das er nicht war.

Das von vielen Rockmusikern in den Sechzigern und frühen Siebzigern wahrgenommene Gemeinschaftsgefühl schien ebenfalls verschwunden zu sein in der Manager-frißt-Agent-Welt dort draußen, wo Kunst mit einem großen Dollarzeichen geschrieben wurde. Country-Musik war auch nicht gerade Heimarbeit, aber in Youngs Augen hatten sich ihre Vertreter und ihr Publikum ein Gemeinschaftsgefühl bewahrt. »Ich sehe die Country-Musik, ich sehe Menschen, die sich umeinander kümmern«, sagte er 1985 zu Adam Sweeting. »Da gibt es 75jährige, die auf Tournee gehen. Dafür bin ich auf die Welt gekommen, verstehen Sie. Deshalb will ich dafür sorgen, daß um mich herum Leute sind, die sich um mich kümmern. Weil ich noch lange mitmischen will.«

Auch die Zuhörer gefielen ihm. In dem Sommer, als er mit den International Harvesters unterwegs war, spielte er auf zahlreichen Jahrmärkten, ganztägigen Veranstaltungen für Familien, Wettbewerben und Picknicks, wo alle Leute bis zum Konzert am Abend blieben. Young, der die vergangenen fünf Jahre vollständig von den Freuden und Leiden seiner eigenen Familie in Anspruch genommen war, müssen solche Veranstaltungen nicht nur in seinen persönlichen Prioritäten, sondern auch in seinem gesamten Wertesystem bestärkt haben. An dieses Amerika konnte er glauben, an ein Amerika, das offensichtlich weit von »Mode und Äußerlichkeiten« entfernt war, ein Amerika, in dem das Familienleben im Mittelpunkt stand, wo »Gemeinschaft« mehr bedeutete als nur das Wunschdenken von Soziologen, und wo noch einfache Wahrheiten galten. Diese Welt lebte noch mit dem Rhythmus der Natur in Einklang, in ihr hielt die Anbetung Gottes zumindest nominell noch gegen die Anbetung des Dollars stand. Es war überdies eine Welt, die keine städtischen Probleme kannte, eine Welt, die intellektueller Vielschichtigkeit mißtraute, die den Individualismus hochhielt und zugleich die Individualität fürchtete. Ihre Vorurteile waren überwiegend weiß, männlich und heterosexuell geprägt.

In Youngs Kopf hatte diese Welt stets mit einer anderen, humaneren, femineren und toleranteren Welt koexistiert, und ein Großteil seiner künstlerischen Schärfe war der Wechselwirkung zwischen beiden zuzuschreiben. Für ihn wäre es fatal, die eine auf Kosten der anderen vollständig anzunehmen.

In den zwei Jahren, während der er mit den International Harvesters tourte, schrieb und spielte Young eine Reihe von Songs, die bis heute nicht offiziell erschienen sind. *Silver And Gold* und *Amber Jean* sind schlichte Lobgesänge auf seine Frau und seine Tochter, aber *Razor Love* ist eine seiner rätselhafteren Kompositionen. Es beginnt, »I got to bet that your old man / Became fascinated with his own plans«, aber die Identität des »old man« wird nie geklärt.

Good Phone ist eine gelungene Eintagsfliege, während für *Grey Riders*, in dem eine geisterhafte Reiterkarawane vorüberzieht, lediglich seine intensive Atmosphäre spricht. Übernatürliche Kräfte – diesmal in Gestalt des Teufels – kommen auch in *Hillbilly Band* vor, aber hier bricht der Text auf und legt den Young darunter frei: »I'm mad as hell at something that I don't understand / Thank God I'm on the road tonight with this old hillbilly band.«

Keiner dieser Songs ist schlecht, aber das einzig denkwürdige unveröffentlichte Stück aus dieser Phase ist *Interstate*. Seine Melodie sollte später teilweise für *Harvest Moon* ausgeschlachtet werden, aber das Arrangement der Harvesters mit einer Orgel im Stil von *Hurricane* und einem Solo auf der spanischen Gitarre ist bewegender und origineller und unterstützt Youngs immer wiederkehrendes Thema Heimweh.

Sein Aufgehen in der Country-Szene mag Youngs politischen Rechtsruck beschleunigt haben, aber er tendierte zweifellos bereits von sich aus in diese Richtung.

Daß er von ähnlich gesinnten Leuten umgeben war, löste vielleicht nur die letzten Hemmungen davor auf, offen seine Meinung zu sagen. Auf jeden Fall büßte er zwischen 1984 und '85 zumindest einen Teil der gesunden Ambivalenz ein, die seine Aussagen in den vergangenen Jahren ausgezeichnet hatte.

Seine verblüffendste Kehrtwendung betraf das Thema Frieden. Natürlich beharrte er weiterhin darauf, ebenso wie Reagan und Thatcher und das Pentagon, daß Frieden das eigentliche Ziel sei, doch mittlerweile hatte er sich ganz unerwartet die althergebrachte Behauptung der Rechten zu eigen gemacht, ein starkes Amerika sei Vorbedingung für jeden dauerhaften Frieden.

Er hatte genug von Amerikanern, die sich für die Fehler der Vergangenheit schuldig fühlten: »Wissen Sie, man kann nicht andauernd alles bedauern, was man getan hat.« Vietnam und Afghanistan stellten für ihn polare Gegensätze dar: Während Amerikas Eingreifen in Vietnam gutgemeint war und schiefging, war das Eingreifen der Sowjetunion in Afghanistan lediglich ein »willkürliches Umbringen von Menschen«. Dies ist nicht der Ort, um das Für und Wider der beiden imperialistischen Abenteuer zu erwägen; es soll die Aussage genügen, daß Young damit nichts so sehr herausstellte wie seine eigene Unwissenheit. Seine Kommentare zu Reagans Aufrüstungen waren schlicht und einfach unkundig. Wie sich in den neunziger Jahren herausstellen sollte, war die Sowjetunion zu keinem Zeitpunkt den USA militärisch überlegen gewesen, wie es Young und zahlreiche Sprecher des Pentagons während der Achtziger so gerne behaupteten.

Doch darum ging es gar nicht. Selbst wenn die Sowjetunion im Rüstungswettlauf vorn gelegen hätte, selbst wenn die sowjetischen Kampfhandlungen in den siebziger und frühen achtziger Jahren keine amerikanischen Entsprechungen gehabt hätten: Konnte der Bau von mehr und mehr Waffen, auch für den Weltraum, für einen Mann mit Youngs Einsichtsfähigkeit und Vergangenheit eine angemessene Antwort bedeuten?

Er nannte es hart durchgreifen – der bekannte Macho-Ausdruck. Er räumte ein, daß er 1967 alles anders gesehen hätte, aber nun war er älter und hatte Familie. Es mochte – und das war es auch – »brutal gestört« sein, Milliarden für Waffen auszugeben, und Young stimmte »im idealistischen Sinne« mit jedem überein, der sagte, Amerika sollte das nicht tun. »In praktischer Hinsicht«, fand er allerdings, sollte es das doch.

Amerika sollte sich um sich selbst kümmern, was bedeutete, daß es stark sein mußte, und das wiederum hieß, Milliarden für Waffen auszugeben.

Als er gefragt wurde, ob das nicht eine Einzelkämpfer-Philosophie sei, war Young sich wohl nicht ganz sicher. »Irgendwie schon«, sagte er Sweeting, »aber... ich glaube, es heißt eher, daß jeder für seinen Bruder kämpft und nicht für sich selbst. So sehe ich es jedenfalls. Ich finde es wirklich wichtig, stark zu sein.«

Das war weder Realismus noch Ambivalenz. Es war entweder schlichte Verwirrung oder böse Absicht.

In einer Welt, die erpicht darauf zu sein scheint, sich selbst zugrunde zu richten, muß sicherlich jede intelligente Antwort ein bewahrendes Element enthalten. Im ausgehenden 20. Jahrhundert haben die Menschen immer weniger Kontrolle über viele der Kräfte, die ihr Leben beeinflussen, und wir brauchen ebenso wie unsere physikalische Umwelt Schutz vor dem seelenlosen Zusammenwirken der technologischen Neuerungen und der Triebkräfte des Marktes.

Schwierig ist allerdings die Frage, was wir bewahren sollen und wie und wo und wann wir nachdrücklich um Wandel kämpfen sollen. Nur wenige würden die Bedeutung der Familie in der Gemeinschaft bestreiten, aber viele wenden sich gegen das Lob der Familienwerte, wenn es lediglich als Deckmantel dient, um den Abbau von sozialen Leistungen zu verschleiern.

Das sind keine einfachen Themen, und man sollte nicht allzu streng mit Young ins Gericht gehen, daß er nicht besser über die Welt Bescheid weiß als andere Leute. Aber seine Idealisierung der Country-Gemeinde und die Übernahme der nationalistischen Werte, die mit der ländlichen Romantik Hand in Hand zu gehen schienen, hätten mehr kreative Kraft geborgen, wenn sie nicht gleichzeitig andere Welten geleugnet hätten, die weniger vom Glück begünstigt sind als das ländliche Amerika. Schließlich sollte »jeder für seinen Bruder« mehr bedeuten als »jeder für seinen amerikanischen Farmerkollegen«.

Irgendwann zwischen September 1984 und März 1985 wurden Youngs Probleme mit Geffen gütlich gelöst. Young zufolge kamen die zwei Parteien überein, daß »ich weiterhin nach eigenem Gutdünken Platten machen würde und sie sie weiterhin veröffentlichen würden«. Endlich konnte er sein Country-Album einspielen und herausbringen.

Für jeden, der Young im Jahr davor über Politik hatte reden hören, muß *Old Ways* eine Überraschung gewesen sein. Weit davon entfernt, eine dröhnende Verherrlichung der Country-Gemeinde und ihrer Werte – geschweige denn ein Hinterwäldlermanifest – zu sein, zeigte sich das Album nachdenklich und musikalisch abwechslungsreich. Young schätzte Amerika in seiner Musik anscheinend toleranter und aufrichtiger ein als in den Ansichten, die er vor Journalisten ausbreitete.

Das Album beginnt und endet mit Songs über Ruhelosigkeit. Der Country-Klassiker *The Wayward Wind*, das wunschhafte Selbstporträt des amerikanischen Mannes, der sich nirgendwo niederlassen kann und gebrochene Herzen hinter sich verstreut, erhält eine ernsthafte Deutung mit jammernder Mundharmonika und dahinjagenden Streichern. Wie *Four Strong Winds* schmerzt es vor Sehnsucht, obwohl Selbstgefälligkeit durch die Angst schimmert.

Die Selbstzufriedenheit steht in *Get Back To The Country* im Vordergrund. Am Beginn des Songs stehen Geige und Maultrommel im Zwiegespräch, bis dann das Banjo losgeht. Der Song beschreibt Youngs Leben und Karriere im urbanen Rock 'n' Roll als vorübergehende Abweichung vom einzig Wahren, das, wenn wir dem ebenso überschäumenden *California Sunset* glauben dürfen, eine Landschaft ist, auf die es nie schneit.

Ernster wird es dann mit *Are There Any More Real Cowboys?* Die wummernde Einleitung von Baß und Schlagzeug klingt wie eine Auskoppelung aus *Harvest*, aber die Mundharmonika und der Gesang – eine Strophe singt Willie Nelson – sind düsterer als alles auf dem früheren Album. Diese Landschaft ist mit dunklen Wolken verhangen.

Der Text ist nicht so klar, wie es zunächst scheint, da er drei getrennte, aber verwandte Stränge verfolgt: Im ersten wird der traditionellen Lebensweise der Cowboys nachgetrauert, im zweiten die verlogene mythologische Verbrämung dieser Lebensweise verurteilt und im dritten allgemein um Hilfe für Farmen in Familienbesitz gebeten, die vom Untergang durch den Fortschritt bedroht sind. Die Melodie ist auffallend traurig, die Verse stecken voller beziehungsreicher Bilder – der »dusty pick-up«, die »load of feed before the sun gets high« und der moderne Cowboy, »snorting cocaine when the honkytonks all close«. Als allgemeines Lamento um Vergängliches macht sich der Song gut.

Allerdings kann man ihn auch anders betrachten. »Houses creeping up on the land« mögen zwar ein ländliches Refugium zerstören, aber sie werden für die wachsende Anzahl Obdachloser in Amerika auch gebraucht. Anteilnahme für jene könnte einen auch dazu veranlassen, den tatsächlichen Wert des Cowboy-Lebens zu hinterfragen. Ist es wirklich so schutzwürdig? Naturnah, ja; schlicht und ehrenwert. vielleicht; aber im Innersten chauvinistisch. Young mag der Ansicht sein, daß richtige Cowboys weder Kokain schnupfen noch Pailletten tragen sollten, aber es ist kein Zufall, daß bei Live-Auftritten die Anspielungen auf Kokain stets von dem Teil seines Publikums heftig bejubelt werden, der besonders üppig mit Testosteron ausgestattet ist. Es gibt zu denken, daß das Schicksal der Cowboys und das Schicksal der Farmen in Familienbesitz in seinem Denken so untrennbar verbunden sind, als könnte die Ausdehnung des romantischen Männermythos das andere überdecken.

Der akustische Titelsong stimmt trotz ausgelassener Melodie ähnlich nachdenklich. »Old ways can be a ball and chain« singt er und stellt zugleich fest, er sei nun »set in his ways«. Es ist schwer, alte Gewohnheiten abzulegen – manchmal allerdings zum Glück: Young glaubt, daß die »alten Methoden« der Reaganomics die amerikanische Wirtschaft umkrempeln. Der Song sagt, daß die Vergangenheit stets ein mächtiger Faktor ist, manchmal im guten, manchmal im schlechten Sinne und manchmal auch beides. Leider ließ Young diese mühsam errungene Erkenntnis nicht in *Are There Any More Real Cowboys?* einfließen, sonst hätte er wenigstens nebenbei erwähnt, daß der amerikanische Cowboy nicht das Ziel der menschlichen Evolution ist.

Once A Angel ist eine von Herzen kommende Liebeserklärung an Pegi, eine schöne, von Klavier und Hawaiigitarre dominierte Ballade, mit der es Young wieder einmal gelingt, an den Ufern der Sentimentalität entlangzustreifen, ohne jemals hineinzufallen. *My Boy* setzt Banjo und Geige mit annähernd gleicher Wirkung ein, während Young davon erzählt, wie verblüfft alle Eltern darüber sind, daß ihre Kinder so schnell wachsen. Beide Songs sind fast perfekte Abbilder weit verbreiteter Gefühle und in ihrer Schlichtheit fast schon weise.

Und das in solchem Maße, daß der jeweils nächste Song hinter jedem der beiden leicht verwirrt. Das gilt besonders für *Misfits*, das sein seltsames Haupt aus der vollkommenen Ruhe herausstreckt, die von *Once an Angel* ausging. Das Stück berichtet von drei Situationen – einer Crew, in einer Raumstation, die Videos anschaut, einer Hure, die in einer Hotelhalle zusammenbricht, und einem amerikanischen Ureinwohner, der einen leeren Highway in Dakota entlang-fährt –, die wie die drei Szenen in dem Song *Broken Arrow* anscheinend nichts weiter gemeinsam haben als ein intensives Gefühl von Ausgestoßensein und Isoliertheit.

Young sagte, »es gibt eine Menge Science-fiction-Anklänge und Anspielungen auf Zeitreisen in *Misfits*«, widersprach sich dann aber teilweise selbst, indem er behauptete, daß alle drei Ereignisse zur selben Zeit stattfinden könnten. Er wußte es nicht genau: Der Song war ihm spontan eingefallen, und er hatte ihn »auf einem Zettel notiert«.

Was immer man für eine Aussage ableitet – und vielleicht liegt ein Schlüssel darin, daß der amerikanische Ureinwohner außerhalb vergangener Träume von Saloons und Rodeos nicht er selbst sein kann –, *Misfits* ist auf jeden Fall ein kraftvoller Song, dessen ausgefallener Text durch die musikalische Untermalung von Joe Allens beharrlichem Stehbaß und Streichern in zitternden Wellen noch intensiviert wird. *Bound For Glory* (das auf *My Boy* folgt) klingt traditioneller. Er ist eine klavierlastige, rollende Ballade mit allgegenwärtiger Mundharmonika, und Country-Veteran Waylon Jennings singt eine Strophe. Oberflächlich betrachtet ist auch der Text simpler, aber unter der Oberfläche ergeben sich schon bald Zweifel. Paul Puterbaugh vermutete im *Rolling Stone*, der Song sei eine Parodie auf *Me And Bobbie McGee*, während David Jennings im Fanmagazin *Broken Arrow* behauptete, er sei »ein Lamento über die Tendenz, kurze Affären romantisch zu überhöhen«. Mit gleichem Recht läßt sich sagen, daß es denselben Popsong-Stammbaum wie Gene Pitneys *Twenty-Four Hours From Tulsa* hat – es ist ein Art *Forty-Eight Hours From Winnipeg*.

Nicht die Tatsachen sind zweifelhaft – ein gelangweilter Fernfahrer gabelt ein Mädchen auf, dem alles egal ist, und sie verbringen die Nacht in seiner Kabine –, sondern der Wert der gemeinsamen Erfahrung der Hauptfiguren. Ist der Titel des Songs eine Satire auf einen Lebensstil, bei dem Reisen mit Freiheit gleichgesetzt wird, eine sarkastische Beschreibung ihres Quickies in der kanadischen Wildnis oder eine Aussage über die schlichte Größe der Liebe? Oder alles zusammen? Auf seine Art kommt *Bound For Glory* dem Geheimnis des Lebens sogar noch näher als *Misfits*.

Das abschließende *Where Is The Highway Tonight?* birgt Anklänge

224

auf *The Wayward Wind* als nachdenkliche Studie über männliche Ruhelosigkeit, dieses Mal jedoch im Kontext einer echten Beziehung. Der Held ist dort glücklich, wo er lebt, aber er vernimmt immer noch den Ruf der Landstraße und weiß, daß es keine einfache Antwort gibt. Er wird, egal welchen Weg er einschlägt, stets zugleich bereichert und beraubt. Es ist ein Männersong, aber ohne jeden Bekehrungseifer. In einem der besten Songs des Jahrzehnts zeigt sich Young bereit, die männliche Erfahrungswelt zu erforschen, anstatt sie einfach nur zu verherrlichen.

Young sah *Old Ways* als Nachfolger von *Harvest* und *Comes A Time*. Obwohl es nicht die lässige Anmut der beiden früheren Alben besitzt, weist es doch sowohl musikalisch als auch textlich mehr Tiefe auf als seine beiden Vorgänger. Zur Zeit seiner Veröffentlichung wurde es allerdings komplett mißverstanden. Ein Kritiker, Allan Jones, schrieb im *Melody Maker*, Young hätte »die oberflächlich sentimentale Haltung hinterwäldlerischer Hirtenlieddichter angenommen, nur um die bestehenden Platitüden und das potentiell Psychopathische an Reagans gestörtem Amerika gründlich zu untergraben«. Jones zufolge war *Old Ways* »eine bitter ironische, ungemein lustige Platte, die voller schneidendem Sarkasmus steckt«.

Das war vollkommener Unsinn, wie jede genauere Untersuchung von Youngs Leben und Ansichten in dieser Phase zweifelsfrei beweist. Überdies bedeutete es eine Verunglimpfung des Albums und seines Urhebers. Sarkasmus, so sagt man, ist die niedrigste Form von Esprit, während *Old Ways* Youngs geistreichstes Album der achtziger Jahre war. Es ergründet etwas, das man grob gesagt Werte von Hinterwäldlern nennen könnte, weigert sich aber, diese von vornherein zu verurteilen oder stillschweigend hinzunehmen.

Young hat die Grenzen nicht dort gezogen, wo die liberaleren aus seiner Gefolgschaft sie gern gesehen hätten, hat aber deutlich gemacht, daß die Welt nicht so simpel ist, wie sie oder ihre Vettern und Basen vom Lande gern glauben wollten.

7

Diese Rückkoppelung ist für euch

»Ich weigere mich, meine Kunst in den Dienst einer guten Sache zu stellen«, hatte Young 1982 nachdrücklich bekräftigt. Musik war ewig, »wohingegen die Wohltätigkeit sich jede Woche auf etwas anderes bezieht«.

Damals war eine solche Äußerung gar nicht so unpopulär. Die Reagan-Thatcher-Ära sonnte sich immer noch im goldenen Glanz falscher Hoffnungen, und die einzigen Rockmusiker, die überhaupt das Bedürfnis verspürten, dem Rest der Welt zu helfen, waren Youngs alte Kumpane aus den Sechzigern: Dinosaurier, einer wie der andere. Mitte 1985 hatte sich dann alles grundlegend geändert. Plötzlich, im Lauf weniger Monate, war Wohltätigkeit zu einem unerläßlichen Bestandteil der Karriere jedes Mainstream-Rockmusikers geworden. Globale Betroffenheit war angesagt.

Später im selben Jahr beschrieb Young dies als Teil »eines gigantischen Wiederauflebens der Pop-Kultur«. »Die letzten zehn Jahre«, sagte er, »waren auf diesem Gebiet eine Wüste, aber nun scheint es, als wäre das Bewußtsein der Sechziger und frühen Siebziger zurückgekommen.« Es war »eine erwachsenere Version dessen, was wir in den Sechzigern begonnen hatten«. Angesichts seiner Äußerungen von 1982 war es naheliegend zu fragen, ob er zu Beginn des Jahres dasselbe empfunden hatte.

Der Funke, der die Betroffenheitsexplosion in der Rockgemeinde entzündet hatte, war die Reaktion eines Mannes auf die Hungersnot in Äthiopien. Ende 1984 stellte sich Bob Geldof von den Boomtown Rats an die Spitze von Organisation und Aufnahme von *Do They Know It's Christmas* der Formation Band Aid, die in Großbritannien zur bestverkauften Single aller Zeiten wurde und eine enorme Geld-summe für die Linderung der Hungersnot einbrachte. Ein amerikani-scher Abklatsch, gleichfalls unter Mitwirkung Geldofs, folgte im Januar 1985: *We Are The World* von USA For Africa.

Außerdem war ein amerikanisches Album geplant, und der ausfüh-rende Produzent Quincy Jones fand, daß er einen Beitrag aus Kanada brauchte. Young war unter den Musikern, die von Produzent David Foster eingeladen wurden, sich der sogenannten Northern Lights For Africa Society anzuschließen, einer Band, die zusammengestellt wor-den war, um einen Song für das Album aufzunehmen. Foster, Bryan Adams und Jim Vallance hatten für diese Gelegenheit *Tears Are Not Enough* geschrieben, und die versammelte Gruppe kanadischer Künstler – unter ihnen Joni Mitchell, Gordon Lightfoot, Ronnie Hawkins und Anne Murray – gaben pflichtschuldigst ihr Bestes. Als Young sich von Foster sagen lassen mußte, er sänge ein bißchen ausdruckslos, gab er schlagfertig zurück: »Hey, Mann, das ist mein *Stil*!« Der Produzent muß seinem guten Stern dafür gedankt haben, daß Leonard Cohen nicht mit von der Partie war.

Eine gute Tat führte zur nächsten. Am 13. Juli 1985 fanden zwei über Satellit verbundene Konzerte für Live Aid in London und Phila-delphia statt. Crosby, Stills, Nash and Young waren eine der Bands, die gebeten worden waren, am amerikanischen Schauplatz aufzutre-ten, und trotz seiner ausdrücklichen Vorbehalte gegen Wohltätig-keitsveranstaltungen und dagegen, mit CS & N zusammenzuspielen – Crosby war damals gegen Kaution aus dem Gefängnis entlassen wor-den –, erklärte sich Young bereit mitzumachen.

Es besteht keine Veranlassung, seine Motive oder die irgendeines anderen in dieser Angelegenheit anzuzweifeln. Welcher Rockmusiker, dem die Möglichkeit geboten wird, einem Teil der leidenden Mensch-heit zu helfen, indem er vor einem weltweiten Publikum auftritt – die Aufwertung von Ego und Marktwert, die eine solche Publicity mit sich bringt, eingeschlossen –, würde sich weigern? In Youngs Fall bedeu-tete die Teilnahme bei Live Aid jedenfalls keinen Wandel seiner politi-schen Ansichten. Ein paar Monate später erzählte er der *Washington Post*, wie patriotisch er war, daß er praktisch alles, was er erreicht hatte, dem amerikanischen System verdankte, und daß er nach wie vor Reagans Aufrüstung unterstützte. Jeder Zusammenhang zwischen einer von Waffen überschwemmten Welt und der wirtschaftlichen

Zwangslage der Länder, denen Live Aid zu helfen versuchte, scheint ihm entgangen zu sein.

Eines der Stücke, die er auf dem Konzert sang – einer der wenigen *neuen* Songs, die überhaupt jemand brachte –, war gewissermaßen ein Symbol für seine Haltung. Wie Adam Sweeting meinte, war *Nothing Is Perfect* »eine verblüffend freimütige Erklärung für Youngs derzeitiges Aufgehen im Familienleben und seine an Hurra-Patriotismus grenzende Begeisterung für Ronald Reagans Amerika«.

In der ersten Strophe des Songs spricht Young über seine Kinder, seine Frau und sein Zuhause und erkennt an, wieviel Erfreuliches es in seinem Leben gibt. In der zweiten Strophe sagt er in etwa das gleiche über sein Wahlheimatland, lobt dessen natürlichen Überfluß, die mentale Stärke seiner Soldaten und den Kameradschaftsgeist unter seiner arbeitenden Bevölkerung. Im Refrain folgen auf jede Glücksbeteuerung die Worte: »But nothing is perfect in God's perfect plan / Look in the shadows to see / He only gave us the good things so we'd understand / What life without them would be.«

Die Aussage, daß unser Glück uns die Augen für jene öffnen sollte, die weniger begünstigt sind, ist sicherlich sinnvoll, vor allem im Kontext von Live Aid. Aber der Inhalt des Stücks wird – und das nicht zum ersten Mal in Youngs Karriere – durch seinen Tonfall Lügen gestraft, ja nahezu zerstört. Er verpackt diesen Text in eine Durch-dick-und-dünn-zusammenhalten-Country-Ballade, eine Musik, die ihre eigene konservative Geschichte erzählt. Und nachdem er in *Stand By Your Man* Bezug auf jemand Bestimmten genommen und auf die »Geiseln am Flughafen« aufmerksam gemacht hat, beginnt der Song nach der selbstgerechten Engstirnigkeit der konservativen amerikanischen Mittelschicht zu stinken.

Zum Glück für Young und jene, die von seiner Energie und Aufmerksamkeit profitieren sollten, brachte das folgende Jahr zwei Wohltätigkeitsanliegen mit, denen er sich ohne Bedenken zur Verfügung stellen konnte. Er wollte seine Kunst nicht für nichts verkaufen, hatte er 1982 gesagt, aber diese beiden waren etwas.

Farm Aid entstand noch auf der Bühne beim Live-Aid-Konzert in Philadelphia. Zwischen zwei Stücken hatte Dylan – der Meister der bilderstürmerischen Eintagsfliege – gemurmelt: »Vielleicht können sie ja ein oder zwei Millionen abzweigen und damit die Hypotheken auf ein paar Farmen bezahlen.« Diese Bemerkung, in der sich die Fremdenfeindlichkeit widerspiegelt, die in den vergangenen fünf oder sechs Jahren gelegentlich in Dylans Werken aufgeflackert war, verhallte nicht ungehört, und zwar aus mehreren Gründen. Sie mochte zwar dem Geist von Live Aid total zuwiderlaufen, aber sie fand in zwei verschiedenen Gruppen Anklang: bei denjenigen, die Amerika an erste Stelle stellten, die etwas unternehmen wollten, um *Amerikanern* zu helfen, und bei den Liberalen, die etwas unternehmen wollten, um die Zerstückelung des ländlichen Amerika aufzuhalten, das Reagan mit seiner Politik betrieb. Verdammt, der kleine Farmer *war* Amerika! Der gute Zweck seiner Rettung konnte Liberale und Ewiggestrige unter einer Flagge vereinen. Für Young, der immer noch fest mit einem Bein in jedem Lager stand, war die Sache beinahe zu gut, um wahr zu sein.

Er hatte zwar Dylans Bemerkung auf der Bühne nicht mitbekommen, aber Bob war so nett, sie später im Hotel zu wiederholen. Young war beeindruckt. »Noch bevor Live Aid zu Ende war, versuchten alle zu klären, was als nächstes anstand, was man tun konnte. Es stellte sich heraus, daß wir im eigenen Land ein Problem haben, und das heißt wirklich etwas, wenn man proamerikanische Gefühle hegt und sich richtig verhalten und hinter etwas stehen möchte. Ich kann mir nicht vorstellen, daß jemand *nicht* dahintersteht. Wie kann man sich mit der Familie zum Abendessen setzen und sagen: ›Gib mir mal den Mais‹, ohne daran zu denken, was hier abläuft?«

Ein paar Tage später diskutierte er die Angelegenheit mit Willie Nelson, als sie am Video für *Are There Any More Real Cowboys?* arbeiteten, und sie beschlossen, die Sache weiter zu verfolgen. Am 9. August traf sich Nelson mit seinem Golfpartner James Thompson, der gleichzeitig Gouverneur von Illinois war. Er versprach dem im Entstehen begriffenen Farm Aid das Football-Stadion der University of Illinois für ein Konzert. John Mellencamp übernahm die Aufgabe, das Konzertprogramm mit Rockstars zu füllen, während Nelson das Country-Kontingent zusammenrief. Mit einer Gründlichkeit, die ihm alle Ehre machte, ging Young daran, genau herauszufinden, was die Farmer denn nun wirklich brauchten.

»Wir haben auf einer rein emotionalen Ebene angefangen«, erklärte er, aber je weiter er sich in das Problem vertiefte, desto mehr erfuhr er. Young sagte, daß sie zu Anfang »geglaubt hatten, wir könnten die

Farmer unterstützen, ihnen helfen, ihr Land zurückzukaufen, und alles in Ordnung bringen«, doch wurde bald klar, daß es nur eine kurzfristige Lösung wäre, den Farmern Geld in den Schoß zu werfen, selbst wenn genug zusammenkäme. Was die Farmer selbst wollten, so fand Young in Gesprächen mit ihnen heraus, war eine Reform. In der Carter-Ära hatten viele hochverzinste Kredite aufgenommen, und in den Jahren unter Reagan, als die Preise für ihre Erzeugnisse in den Keller gefallen waren, waren die Zinssätze für die Kredite hoch geblieben und hatten eine unüberbrückbare Kluft zwischen Einkommen und Schuldenlast geschaffen. Das Problem konnte nur in Washington gelöst werden. Young entdeckte eine gewisse Ironie darin, daß er nun mit Politik zu tun hatte, betrachtete es aber als »eine natürliche Weiterentwicklung«.

Wie es der Zufall wollte, war eine Gesetzesvorlage, die die Farmer unterstützten, bereits auf dem Weg, im Kongreß angenommen zu werden. Von Tom Harkin, dem Senator aus Iowa, gefördert, versprach das vorgeschlagene Gesetz einen beträchtlichen Anstieg der Gewinnspannen für die Farmer bei nur leichtem Anstieg der Verbraucherpreise mittels in Referenden abgestimmter Höchstgrenzen für die Produktion.

Damit drohte es ein paar Großunternehmen vor den Kopf zu stoßen. Sowie sich herumsprach, daß Farm Aid zumindest zum Teil als Propagandavehikel für die Harkin-Vorlage dienen sollte, bekamen die Organisatoren mehr und mehr Anrufe von Leuten, die ihnen unbedingt erklären wollten, wie wertlos das Gesetz sei. Young beschloß, der Sache selbst auf den Grund zu gehen. Er rief Harkin in Washington an und ging mit ihm die Liste derer durch, die mit Kritik an der Vorlage an Farm Aid herangetreten waren. Niemand war besonders erstaunt darüber, daß es sich ausnahmslos um Vertreter landwirtschaftlicher Großkonzerne handelte. Zufrieden fuhr Young anschließend nach Washington, um sich gründlich zu informieren, nicht nur über die Harkin-Vorlage, sondern über jeden Aspekt des Problems. Während er lauschte, sagte Young, hätte er »versucht, mir die Farmer und ihren Gesichtsausdruck vor Augen zu führen«.

Das Farm-Aid-Konzert – das erste in einer immer noch nicht abgeschlossenen Reihe – fand am 22. September statt. Young und Nelson eröffneten die fünfzehnstündige Show zur nachtschlafenden Zeit von 9 Uhr 45 am Morgen. Unter denen, die mit ihnen auf der Bühne standen und live ins Fernsehen kamen, waren Joni Mitchell, Roy Orbison, Bonnie Raitt, Rickie Lee Jones, B. B. King, John Fogerty, Bob Dylan, Billy Joel, Hall and Oates, X, Johnny Cash, Don Henley, Lou Reed, Foreigner und Tom Petty. Die Veranstaltung brachte eine Summe von zehn Millionen Dollar ein, die für psychiatrische Behandlung – die Selbstmordrate unter den amerikanischen Farmern war um zwanzig Prozent gestiegen – und für Rechtshilfe für diejenigen Farmer, die gegen Darlehenspfändungen kämpften, ausgegeben werden sollte.

Es gab ein paar Zweifel, ob wirklich alles so wundervoll war. Trotz des ganzen Geredes, es ginge um etwas, das alle Amerikaner beträfe, wurde der musikalische Teil fast ausnahmslos von weißen Gesichtern bestritten. Und was den Rest der Welt anging, wurde nur die Leier wiederholt: »Es ist an der Zeit, mal etwas für uns zu tun.« Die meisten Anwesenden schienen in seliger Unkenntnis darüber zu leben, daß Institutionen unter amerikanischer Kontrolle wie die Weltbank und der Währungsfonds auf Kosten der dritten Welt seit Jahrzehnten etwas für sie getan hatten. Live Aid hatte zumindest noch den Anstand besessen, die Menschen an erster Stelle zu setzen und erst danach die Fahne zu schwenken.

Sogar einige der Teilnehmer fanden das abstoßend. John Mellencamp gab zu, daß es ihn ein wenig aus der Fassung brachte, als der Schleim des nationalen Chauvinismus durch die liberale Kruste quoll. »Das war nicht der Grund, aus dem ich mitgemacht habe«, sagte er, aber er war bereit, es um der Sache willen hinzunehmen: »Du kannst nicht alle Hunde abknallen, bloß weil einer Flöhe hat.«

Womöglich hatte er recht. Und daß Farm Aid sozusagen eine Familienangelegenheit blieb, hatte auch seine Vorteile. Live Aid war so allumfassend, so heilig, daß es sich scheinbar aus der Politik heraushalten konnte; Farm Aid hatte diese Möglichkeit nicht. Die Künstler mochten »Amerika zuerst« trompetet haben, aber viele von ihnen gingen weiter, als die amerikanischen Farmer lediglich mit einem warmen und letztlich hohlen Solidaritätsgefühl zu überschütten, indem sie offen für konkrete politische Gesetzgebung eintraten und die Leute aufforderten, an ihre Kongreßabgeordneten zu schreiben und sich für die Harkin-Vorlage auszusprechen. Letzten Endes muß jedes Konzert, das vom Vorsitzenden des Illinois Farm Bureau als »sorgsam inszenierte politische Veranstaltung« angeprangert wird, sein Gutes gehabt haben.

Youngs zweites Wohltätigkeitsanliegen stand ihm näher. Seine und Pegis Erfahrungen mit Ben hatten sie davon überzeugt, daß in der San Francisco Bay Area eine Schule fehlte, die darauf spezialisiert war, schwerbehinderte, nicht sprechfähige Kinder Kommunikation zu lehren – »... Kinder, die es in normalen Schulen nicht schaffen«, erklärte Young, »weil die Leute sie für dumm halten, weil sie nicht kommunizieren können. Wir versuchen, ihnen das Kommunizieren mit allen möglichen Hilfsmitteln und Verbindungsteilen und Computerprogrammen beizubringen. Wir versuchen, Werkzeuge zu entwickeln, ein Universalwerkzeug herzustellen, das alle Behinderten benutzen können, egal was für eine Behinderung sie haben ... Es ist noch ein weiter Weg, aber wir arbeiten daran.«

Der Aufbau der Brigade School, die Pegi ganztägig leiten wollte, nahm den größten Teil der Jahre 1985 und '86 in Anspruch. Gelder für die Schule aufzubringen, sollte danach eine von Youngs Hauptbeschäftigungen werden. Man verkaufte Fotografien in limitierter Auflage, um Mittel für die Schule zu sammeln, und schließlich fand im November 1986 das erste einer Reihe alljährlicher Benefizkonzerte im Shoreline Amphitheater in Mountain View, Kalifornien, statt. Etwa 17 000 Menschen bezahlten, um Don Henley, Tom Petty, Bruce Springsteen, Robin Williams und CSN & Y zu hören.

Die Wiedervereinigung letzterer, die dadurch möglich geworden war, daß Crosby seine Gefängnisstrafe abgesessen hatte, zeitigte Darbietungen von *Only Love Can Break Your Heart*, *Change Partners*, *Find The Coast Of Freedom*, *Ohio*, *Hungry Heart* (mit Bruce Springsteen) und natürlich *Teach Your Children*. Dieses Zusammentreffen diente auch als Sprungbrett für einen weiteren Versuch, das bisher unerreichbare zweite CSN & Y-Studioalbum einzuspielen.

In den vergangenen fünf Jahren hatte Young meist ein ziemlich zurückgezogenes Leben geführt, und einer der Vorteile von Benefizkonzerten wie Live Aid und Farm Aid war, daß er mit unzähligen Musikerkollegen zusammentraf und mit ihnen über Musik sprechen konnte. Dazu zählten nicht nur seine Altersgenossen aus der Dinosaurier-Abteilung, sondern auch jene, die in den späten Siebzigern und frühen Achtzigern bekannt geworden waren und von denen er viele beeinflußt hatte.

Die ganzen Achtziger hindurch schien Youngs Status als musikalisches Vorbild permanent zu wachsen, und eine Gruppe nach der anderen stand auf und berichtete, welch großen musikalischen Einfluß seine früheren Alben gehabt hätten und wieviel Inspiration ihnen seine ganze Karriere als Übung in künstlerischer Aufrichtigkeit gegeben hätte. Während Young den Rock gegen die altersgemäßen Gefilde des Country eintauschte, nahmen neue Bands wie Green On Red, Jason And The Scorchers, Dream Syndicate, die Long Ryders, die Beat Farmers und Dinosaur Jr. den Faden wieder auf, den er lange zuvor mit Crazy Horse gesponnen hatte.

Young hörte sich die neue Musik an wie seit jeher. Im März 1985 sagte er, daß ihm einige der neuen amerikanischen Country-Gruppen gefielen, und er äußerte sich anerkennend über U2. Etwas unerwarteter kam die Bewunderung, die er den Eurythmics und den Thompson Twins zollte.

Vielleicht wurde ihm durch all diese verschiedenen Musikrichtungen nur um so mehr bewußt, wie beschränkt Country als Genre war. Vielleicht gab der Kontakt zu Lou Reed und seinesgleichen den Anstoß zu der Erkenntnis, daß es möglich war, auch als Mitvierziger noch zu rocken, ohne sich lächerlich zu machen oder zu fühlen. Auf jeden Fall hatte er den Rock 'n' Roll nie ganz aufgegeben. Die Fassungen von *Down By The River* auf den Tourneen der International Harvesters mochten mehr Country-Schnörkel beinhaltet haben als die alte Crazy-Horse-Version, aber im Grunde war es unbestreitbar Rockmusik.

Und wie stets bei Young war Wandel an sich schon Rechtfertigung genug. Nach zwei Sommern mit den Harvesters und nachdem er Geffen endlich ein Country-Album – noch dazu ein gutes – reingewürgt hatte, begann ihn Country einfach zu langweilen. Er wollte wieder Rock spielen.

Aber nicht mit Crazy Horse – noch nicht. Der bittere Nachgeschmack der Sessions von 1984 muß ihm noch immer auf der Zunge gelegen haben. Nein, nun war es wieder einmal Zeit für etwas anderes. Im Frühling 1986 kam das Gerücht auf, Young arbeite an einem Album namens *Landing On Water*, das üppigen Gebrauch von Synthesizern mache.

Als das Album herauskam, konnte man dem Cover entnehmen, daß Young Gitarre spielte, Danny Kortchmar Baß, Steve Jordan Schlagzeug und alle Synthesizer. Unbestritten klingt *Landing On Water*, insbesondere nach *Old Ways*, sehr modern, und für die Aufnahmen wurden computergesteuerte Keyboards auf dem neuesten Stand der Technik verwendet. Es ist ein in weiten Teilen eindrucksvolles, aber dennoch unsympathisches Album.

Zwei britische Gruppen – The Who und Police – haben dem Album ihren Stempel aufgedrückt. Das Schlagzeug steht im Vordergrund, der Baß trägt häufig die Melodie, und die Leadgitarre stößt eher Akkorde aus, als Töne zu spielen. Sowohl Youngs Stimme als auch seine Gitarre – wenn sie als Leadgitarre eingesetzt wird – gehen im Mix unter, und das daraus resultierende Abflachen des Klangs komprimiert die Musik. Der Gesamteindruck ist so, als würde man jemandem begegnen, der offenbar voller Leidenschaft, Energie und Begeisterung steckt – bis man in die Augen blickt, die vor kalter Wut strotzen.

Der Klang paßt zu den Texten. Auf *Old Ways* hatte Young sein Leben wieder in seine Musik einfließen lassen, *Landing On Water* ist eine Art Rückfall: Sollten die Songs selbstdarstellerisch sein, dann sind sowohl das Selbst als auch die Darstellung gut versteckt. Young scheint mehr daran interessiert, mit Ideen zu spielen, als sein Gefühlsleben zu analysieren – ein durchaus legitimer Anspruch, der ihm aber noch nie besonders gut gelungen ist.

Mit ihren maschinenartigen Synthesizer-Sounds klingen die ersten beiden Songs – *Weight Of The World* und *Violent Side* – wie Kandidaten für die Filmmusik zu einer Neufassung von *Metropolis*. Das erste erzählt davon, wie stark der Protagonist unter Repressionen litt, bevor er die wahre Liebe entdeckte; das zweite stimmt mit Freud darin überein, daß Repression eine grundlegende Vorbedingung für jede Zivilisation ist.

Hippie Dream mit seiner dräuenden Baßmelodie und dem Synthesizer-Tremolo hat den interessantesten Text auf dem Album. Angeblich ein offener Brief an David Crosby, bietet es einen kurzen Einblick in Youngs eigene Verwirrung hinsichtlich ihres gemeinsamen Erbes. Immer noch auf freudianischer Linie, beschreibt er die Zügellosigkeit der Hippies als verhängnisvollen Pfad zu Gewalt und Sucht: »Tie-dye sails« werden zu »screamin' sheets«. Aber so einfach ist es nicht. Die anfängliche Mahnung des Songs – »Take my advice, don't listen to me« – legt nahe, daß Young selbst noch daran glaubt. »Just because it's over for you don't mean it's over for me«, singt er, bevor er behauptet, es sei immer noch »a victory for the heart every time the music starts«.

Letzten Endes ist gar nicht der Hippie-Traum gescheitert, sondern allzu viele der Hippie-Träumer.

Der Text von *Hippie Dream* liefert den Zuhörern genug Schlüssel für eine eigene Interpretaion. Leider fehlt den meisten anderen Stükken auf *Landing On Water* diese demokratische Zugänglichkeit, und sie lassen lediglich einen wuchtigen Beat, ein oft interessantes Zusammenspiel der Synthesizer und den Eindruck emotionaler Verschlossenheit zurück. *Touch The Night* mit seinem lyrischen Ausdruck, dem beziehungsreichen Text und dem nur halb versunkenen Gesang sticht irgendwie hervor, aber mehr deswegen, weil den anderen Songs solche Qualitäten fehlen, als aufgrund nennenswerter eigener Verdienste.

Was immer auch das Besondere des Albums sein mag, allein daß er es eingespielt hatte, schien Youngs lebenslängliche Affäre mit dem Rock 'n' Roll mit neuer Energie aufgeladen zu haben. Rock 'n' Roll unterwegs hieß für Young meist Crazy Horse. Im Juli 1986 wurde angekündigt, der Nordosten der USA würde in den Genuß ihrer ersten Tournee seit Rust Never Sleeps kommen.

Diese sollte einen ähnlichen Namen tragen – Rusted-Out-Garage-Tour – und zumindest auf ihren amerikanischen Stationen musikalisch ähnlich wild sein. Youngs Neigungen des vergangenen Jahrzehnts entsprechend, bot auch sie Theatereffekte und Requisiten. Young und Crazy Horse stylten sich als die »drittbeste Garagenband der Welt«, die »verrostete Garage« war die Bühne. Auf der einen Seite lehnte ein riesiger Rasenmäher an einem riesigen Verstärker, auf der anderen hing eine riesige Spinne drohend von der Decke. Ab und zu krabbelte eine riesige mechanische Kakerlake breitbeinig über den Fußboden.

Diese fiktive Gruppe hatte auch Probleme mit ihrer eigenen Spezies. Ein Nachbar beschwerte sich über den Lärm, ein Talentsucher bot ihnen so gut wie nichts dafür, wenn sie ihm so gut wie alles überschrieben, und Neils »Mom« ermutigte sie. »Ich habe sie proben hören«, sagte sie vertraulich, als sie die Wäsche von der Leine nahm, »und es is' einfach nich' wahr.«

Die Musik im Mittelpunkt der Show war lautester und bodenständigster Garagenrock. Youngs Musik mit Crazy Horse, stets voller Kraft, Ungenauigkeit und Leidenschaft, kam so ungeschliffen wie selten, mit jeder Menge explosiver Soli, kreischenden Rückkoppeln-

gen und manischen Verzerrungen. Der Country-Sänger mit dem net-
ten Lächeln aus Austin City Limits war zum wilden Rammbock mit
zorniger Grimasse mutiert. Das war nicht mehr Unterhaltung für die
ganze Familie; es war die Musik der Wut, der Frustration, des Zorns
und der Gewalt. Es war Männermusik. Es war Gitarrenmusik. Außerdem war es vermutlich das erste Mal seit vielen schwierigen Jahren,
daß Young sich selbst den Luxus gönnte, seine Musik als Ventil zu
benutzen, durch das er sich austoben konnte.

Was immer er selbst davon hatte – auf jeden Fall schlug dieser Stil
beim harten Kern seiner treu ergebenen Fans voll ein. Für sie steuerte
die Kombination Young/Crazy Horse, die über die Jahre keineswegs
verwelkt war, direkt auf eine zukünftige Apokalypse der Rückkoppe-
lung. Ihr Gitarrenheld war wieder da.

Doch der Rest der Welt mußte noch überzeugt werden. Es war gut
und schön, quer über den amerikanischen Rostgürtel eine Spur tauber
Zuhörer zurückzulassen, aber das würde weder all die älteren Fans
zurückbringen, die sich zu Beginn der Achtziger von ihm abgewandt
hatten, noch all jene Teenager erreichen, die noch nicht auf der Welt
waren, als *Harvest* herauskam. Young brauchte ein gutes *Rock*-
Album, wenn er wieder als bedeutender Künstler des Mainstream-
Rock gelten wollte.

Life war nicht dieses Album, obwohl es durchblicken ließ, daß
Young einen Teil des musikalischen Gespürs wiedergewonnen hatte,
durch das er Ende der sechziger und Anfang der siebziger Jahre
künstlerisch und kommerziell so erfolgreich geworden war. Zum
ersten Mal seit *Rust Never Sleeps* hatte er ein Album mit verschiedenen Musikrichtungen und Texten zu verschiedenen Themen gemacht.

Fangen wir ganz unten an: Die drei Garagenrock-Nummern *Too
Lonely*, *Prisoners of Rock 'n' Roll* und *Cryin' Eyes* sind so bodenständig, daß sie schon fast langweilig wirken. Sie legen sämtliche Schwächen von Young und Crazy Horse bloß – schlampiges Spiel, Mangel
an rhythmischen Einfällen, schwacher Hintergrundgesang –, und sie
klingen, als wären sie in einer riesigen nassen Socke aufgenommen
worden. Die Texte sind ebenso einfallslos wie die Musik.

Mideast Vacation und *Around The World* (die Young beide in das
1993er »Best Of Geffen«-Album *Lucky Thirteen* aufgenommen hat)
klingen wie Stücke aus *Landing On Water*, deren Gesangsparts beschleunigt gemixt wurden. *Around The World* mit seiner Satelliten-

perspektive auf schwitzende Bauern, schwimmende U-Boote und seiner kindischen Fragerei – »Why don't we illuminate?«; oje! – kommt um die völlige Inhaltslosigkeit nur herum, indem es diese Welt der Welt der Mode gegenüberstellt. Dieser musikalische Moloch schleppt sich mit der ganzen dramatischen Kraft und Zurückhaltung einer Kriegsmaschine vorwärts.

Musikalisch bietet *Mideast Vacation* noch einmal das gleiche, aber textlich sagt es einiges über Youngs politische Einstellung aus. Zunächst einmal ist das Stück offensichtlich völlig unentschlossen, ob es sich selbst ernst nehmen soll oder nicht: Obwohl die zur Sprache gebrachten Ansichten mit Youngs Äußerungen in Interviews übereinstimmen, erzeugt die Art, wie sie formuliert werden – der Protagonist des Songs ist ein abtrünniger CIA-Agent, ein »Rambo in the disco, shooting to the beat« –, einen Abstand zwischen den Gedanken und dem Mann. In diesem Song entfernt Young sich wieder einen Schritt vom typisch amerikanischen Schablonendenken, das er Mitte der Achtziger beinahe vollständig übernommen hatte. Das ist nach wie vor ein Teil von mir, scheint er zu sagen, und ich finde immer noch, daß eine Menge Wahrheit in dieser Art der Weltsicht steckt, aber es ist nicht die Gesamtheit dessen, was ich denke und empfinde.

Die erste der Balladen, *A Long Walk Home*, setzt das Thema fort, indem sie die guten Absichten Amerikas anerkennt, aber die Konsequenzen seiner Handlungen in Frage stellt. Als eine Art Rückkehr zu Youngs zwiespältigerer Haltung Anfang der achtziger Jahre fragt der Song: »Why do we feel that doubleedged blade cutting through our hands?« Wenn Händeringen gesanglich ausgedrückt werden kann, dann gelingt es Young in diesem Stück.

Inca Queen, der dritte in einer Reihe von Songs mit präkolumbianischen Themen, besitzt nicht die Tiefe seiner Vorgänger *Cortez The Killer* und *Like An Inca*. Er hat allerdings eine gefällige Melodie, und die Passagen mit der spanisch klingenden akustischen Gitarre sind ebenso schön wie fehl am Platze. In der alten Inka-Hauptstadt Cuzco spuckt man bei der Erwähnung von Spaniern immer noch aus. Young hat selten Legenden für seine Zwecke anmaßender verdreht. Der Song, in dem eine Inkakönigin den Bau einer Stadt in den Wolken anregt, um Außerirdische zu empfangen, bringt es sogar fertig, Elefanten in den peruanischen Urwald zu verpflanzen. Youngs Bild von Lateinamerika war schon immer in erster Linie ein Spiel seines eigenen

Wahlheimatlandes, also eher eine Beschreibung dessen, was das letztere verloren hat, als eine Welt mit eigenständiger Wirklichkeit. Doch während in Stücken wie *Cortez The Killer* der Mißklang noch für tiefere Bedeutung sorgt, riecht *Inca Queen* eher nach kultureller Geiselnahme.

Die anderen zwei Balladen beschließen das Album stimmungsvoll, aber traurig. *When Your Lonely Heart Breaks* klingt ganz, wie es der Titel nahelegt; Youngs schwermütiger Gesang prangt über unheilschwangeren Synthesizer-Akkorden und Trommelklängen. »Don't sit counting your mistakes / Don't be waiting for love to come back«, drängt er, aber die Stimmung ist viel zu mächtig, als daß sie es dem Zuhörer erlauben würde, sich etwas anderes vorzustellen. *We Never Danced* ist rätselhafter; offenbar freut er sich darauf, nach dem Tod wieder mit einem geliebten Menschen vereint zu sein, ist aber besorgt über das irdische Leben: »If you don't really know where you want to go, it makes no difference with road you take.« Jack Nitzche half beim Arrangieren, und mit Youngs hohem Gesang, dem geisterhaft gesungenen Refrain und dem klirrenden Klavier birgt der Song engelhafte Anklänge an *Expecting To Fly* aus *Buffalo Springfield Again*.

Young hatte sich schon lange nicht mehr die Mühe gemacht, so gut zu singen, und das ganze Album erweckt den Eindruck, daß er seine musikalischen Fühler ausstreckt und langsam versucht, anderen ebenso zu gefallen wie sich selbst. *Life* ist mit Sicherheit kein gutes Album, aber es enthält einige gute Elemente sowie Hinweise darauf, daß weitere folgen werden.

Weckte *Life* noch leise Hoffnungen darauf, daß Young sich zumindest gegen den gefürchteten Rost behaupten konnte, so zeigte die Europa-Tournee mit Crazy Horse im Frühling 1987 nicht nur, wieviel Schaden er wiedergutmachen mußte, sondern zerstörte auch beinahe das gute Verhältnis, das ihn und Crazy Horse so lange verbunden hatte.

Seit der Transband-Tournee und *Trans* Ende 1982 war Young in Europa praktisch gestorben. Seine Rückkehr 1987 konnte seinen Ruf auch nicht retten. »Die Eintrittskarten gingen nicht«, erzählte er 1991 der Zeitschrift *Pulse*. »Viele Veranstalter mußten die Konzerte absagen. Es war eine Katastrophe.« In einer Stadt in Frankreich saßen sie vier Tage lang fest, nachdem zwei Auftritte wegen mangelnder Nachfrage abgesagt worden waren. Damals befand sich die Band, wie

Young es ausdrückte, auf dem »Gipfel unserer Gereiztheit«. Was Europa anging, »waren wir einfach verloren, wir waren weg vom Fenster, wir waren nichts damals«.

Dieses Gefühl, »nichts« zu sein, wird kaum geholfen haben, die durch monatelanges Umherreisen angegriffenen Beziehungen wieder einzurenken. Die Musik war manchmal gut, aber Young sollte später Gründe finden, um die anderen Bandmitglieder zu kritisieren, besonders ihre Unfähigkeit, Arrangements im Kopf zu behalten. Die Lockerheit, die Crazy Horse stets Ehre gemacht hatte, nahm sich mehr und mehr wie simple Schlamperei aus. Im Lauf der vergangenen acht Jahre hatte Young sich außerdem daran gewöhnt, mit technisch versierten Musikern zusammenzuarbeiten.

Auch die Mitglieder von Crazy Horse – jeder einzelne wie die Band als Gesamtheit – hatten zweifellos ihre Gründe, Young mit äußerst gemischten Gefühlen gegenüberzustehen.

So sehr sie auch ihren alten Freund mochten und so gut sie mit ihm auskamen, ließ sich doch die Tatsache nicht übersehen, daß ihre Beziehung auf sehr ungleichen Bedingungen ruhte. Das meiste, was sie erreicht und verdient hatten, war Youngs Gewohnheit zu verdanken, sie regelmäßig zu engagieren, und so hatten sie allen Grund, dankbar zu sein. Doch gleichzeitig war es wohl nicht einfach, keinen Groll gegen jemand zu hegen, der einen aus einer Laune heraus engagierte. Es hatte immerhin acht lange Jahre gedauert, bis er mit der Band wieder auf Tournee ging.

Das konnte man ihm nicht vorwerfen – Young war ebensowenig dazu verpflichtet, Crazy Horse auf Lebenszeit zu engagieren wie die Stray Gators oder sonst jemanden. Aber Gefühle sind nicht logisch, werden häufig unterdrückt und kommen meist dann an die Oberfläche, wenn sich die ganze Welt gegen einen verschworen zu haben scheint. Es war eine von Streitigkeiten geprägte, manchmal haßerfüllte Tournee.

Diese Atmosphäre sorgte wenigstens für ein gutes Video. Die letzte Neuerwerbung im Zuge von Youngs Filmfimmel waren zwei Video-8-Kameras, beide Otto getauft, die ständig dort liefen, wo sich die Band gerade aufhielt. Manchmal redete jemand mit einem Otto, aber meistens beobachteten die Kameras nur »eine Menge Dinge, die sich auf einer Tournee abspielen und die nicht toll oder spaßig sind... Da steckt eine Menge Mut drin, eine Menge Gefühl.« Young machte sich

jedoch keine Hoffnungen auf einen Triumph im normalen Kinopro-
gramm. Das Video *Muddy Track*, wie es später genannt wurde,
»konnte nie richtig veröffentlicht werden«. Schließlich war es ja kein
»Heimvideo oder so was, *Gott* sei Dank!«

Aber es gab ja noch Crosby, Stills and Nash. Im März 1985 erzählte
Young in Australien einem Reporter auf die Frage nach einer möglichen Wiedervereinigung, daß »mein Freund Mr. Crosby aus seinem
Verwahrungsort entflohen ist, wo man ihn zurechtgebogen hat, und
da ich vermute, daß er nun auf der Flucht ist, werden wir wohl nicht
zusammenkommen«.
   Crosby saß schließlich einige Zeit im Texas State Penitentiary ab
und wurde 1986 entlassen, befreit von der Kokainsucht, die ihn
beinahe zerstört hatte. CS & N spielten auf dem ersten Benefizkonzert
für die Bridge School zusammen mit Young und ein weiteres Mal im
Februar 1987 auf einem akustischen Benefizkonzert für Greenpeace
in Santa Barbara. Das letztere bot mehr als nur eine Reihe ungeprobter
Songs: Die vier spielten zwei Sets von je neunzig Minuten Länge.
   Young zumindest schien begeistert. »CSN & Y *lebt*«, sagte er.
»Jetzt sind alle da. Es gibt kein CSN & Y ohne Crosby... Er war
schon immer der geistige Führer der Gruppe...« Die Aussicht auf eine
dauerhafte Wiedervereinigung mit einer Tournee, einem Album oder
beidem schien näher gerückt als seit Jahren.
   Doch es gab auch Hindernisse. CS & N hatten bereits für den
Sommer eine Tournee angesetzt, und sämtlichen Plänen für eine Platte
stand David Geffen im Weg. Nachdem er eine Reihe von Young-
Alben mit der kommerziellen Durchschlagskraft von *Die Carpenters
singen Kraftwerk* geschluckt hatte, war er verständlicherweise nicht
bereit, Young mit CS & N zu Atlantic abschwirren zu lassen, damit er
für sie einen Kassenknüller einspielte. Nash war der Meinung, daß
Geffen nachgeben würde – wenn nicht, konnte Young ohne weiteres
ein Album mit verschiedenen Fassungen von *My Way* füllen –, aber
das Jahr 1987 zog ins Land, und keine weiße Flagge wurde gehißt.
   In früheren Zeiten hatten CSN & Y kaum äußerer Hindernisse
bedurft, um ihre gemeinsamen Pläne zu torpedieren, doch dieses Mal
besaßen sie genug Entschlußkraft, fast ein ganzes Jahr Wartezeit
durchzustehen. Ein Grund dafür lag zweifellos in der zunehmenden
Abgeklärtheit der Beteiligten. Sie hatten, wie Young sagte, eine Menge

zusammen durchgemacht, und sie kannten die Stärken und Schwächen der anderen. Stills und Young hatten bei zwanglosen Wiedervereinigungen von Buffalo Springfield ziemlich regelmäßig zusammen gespielt.

Für Young war es immer eine interessante Herausforderung, mit Menschen, die er schon lange und gut kannte, Musik zu machen, und vielleicht waren die vier inzwischen reif genug, um das jeweils Beste aus den anderen hervorzulocken. Er gab zu, daß er »neugierig« war.

Allerdings steht außer Zweifel, daß Crosbys triumphale Rückkehr vom Rande des Abgrunds für die Idee einer Wiedervereinigung ausschlaggebend war. Von Young ist das Versprechen überliefert, mit den anderen drei zusammenzuarbeiten, wenn Crosby sich am Riemen risse, und offensichtlich wollte er dazu stehen, aber es war mehr als das. Crosbys Rückkehr, so fand Young, war eine Inspiration, und der Mann selbst war »ein echt gutes Vorbild für eine Menge Leute, die im selben Boot sitzen«.

Im Grunde konnte die ganze Band als ein solches fungieren, glaubte Young, solange Stills und Crosby sich ebenso ausgeglichen zeigten wie er und Nash. »Wir sollten dazu in der Lage sein, einer gesamten Generation, die schon auf halbem Weg in ihr verfluchtes Grab ist, ein Beispiel am lebenden Objekt zu geben.« Die Zuhörer sollten erleben, wie CSN & Y komplett zurückkamen, »stärker und bissiger« als zuvor, und »egal, was ihnen in ihrem Leben zugestoßen ist, egal, wie viele gute Freunde gestorben sind, wieviel Scheiße sie selbst über sich gehäuft haben, wie viele Verluste sie erlitten haben – egal, was –, wenn wir so stark sein können nach allem, was wir mitgemacht haben, dann ist es, als würde klares Wasser über das ganze Publikum sprudeln«.

Selbstverständlich bräuchten sie auch gute Musik, aber Young zweifelte in keiner Weise daran, daß sie die zustande bringen würden. Anfang 1987 schien er sogar nahezu überwältigt von den Möglichkeiten. Sie konnten »eine Riesentournee« und vielleicht »ein großartiges Album« machen. Keines ihrer vorherigen Alben, *Déjà Vu* eingeschlossen, hatte eingefangen, was die Band wirklich konnte: »In dieser Band steckt bedeutend mehr Tiefe und Unverfälschtheit und wesentlich mehr Funk und Soul, als jemals auf Platten zu hören war.« In seinen Augen bedeutete die Tatsache, daß ihr altes Publikum immer noch existierte, daß CSN & Y über jeder Mode standen. Sie konnten die nächsten zwanzig Jahre alle vier oder fünf Jahre wiederkommen. »Wer konkurriert schon mit uns?« fragte er. »Wenn die Beatles heute noch spielen würden, das würde uns zu denken geben...«

An Selbstvertrauen hatte es CSN & Y nie gefehlt, und bald sollten sie Gelegenheit erhalten, ihre Musik an ihren Äußerungen zu messen. Ende 1987 erreichte Young eine Reihe von Vereinbarungen, die ihn bei Geffen Records auslösten, ihn wieder bei Reprise einsteigen ließen und es ihm ermöglichten, mit Crosby, Stills und Nash für Atlantic Aufnahmen zu machen. Endlich konnten sie gemeinsam mit dem Album beginnen.

Doch würden sie, zumindest fürs erste, nicht zusammen auf Tournee gehen. Young, der ein Jahr zuvor »eine Riesentournee« in Aussicht gestellt hatte, beschloß nun, daß »eine CSN & Y-Tournee überwiegend eine Nostalgietournee wäre« und sie sich noch nicht fit genug fühlten, um die Bürde auf sich zu nehmen, ihre Generation zu repräsentieren. Außerdem hatte er eine neue Leidenschaft entdeckt.

Die Bluenotes entwickelten sich eher, als daß sie auf Youngs Betreiben entstanden wären. Als er und Crazy Horse im Spätfrühling 1987 von ihrer unerfreulichen Europa-Tournee zurückkamen, tourten sie sofort weiter in Amerika. Eine der größeren Veränderungen in den Auftritten war, daß zwischen dem akustischen Solo-Set und dem elektrischen Crazy-Horse-Set ein Teil mit Blues-Songs eingeschoben wurde. In einer nachgemachten Plüschbar spielte Young Bluesgitarre, während Frank Sampedro an der Orgel saß und einer der Roadies am Saxophon einsprang. Als er sich hinterher die Bänder anhörte, entdeckte Young in dem bekannten akustischen Material sowie in den Teilen mit Crazy Horse wenig Interessantes, und so konzentrierte er sich auf die Bluesnummern und begann, deren Möglichkeiten auszuloten. Im Herbst 1987 entstanden die Bluenotes, indem er Crazy Horse zunächst sechs Bläser zur Seite stellte und dann Talbot und Molina gegen einen Bassisten (Rick Rosas) und einen Schlagzeuger (Chad Cromwell) austauschte, die sich besser für die Stücke eigneten, die Young spielen wollte.

Im Geiste von Rolling Zuma und den Ducks beschloß Young, mit den Bluenotes auf Tournee zu gehen, ohne den Vorteil seines eigenen Namens zu nutzen. Diese Anonymität hielt sich natürlich nicht besonders lange, aber vielleicht dachte er, daß die Leute wohl kaum erwarten konnten, Musik vom alten Neil Young zu hören, wenn sein Name nicht einmal auf den Plakaten stand. Taten sie es doch, hatten sie eben Pech gehabt – er hatte genug davon, seine alten Hits zu spielen. Er spielte eine Mischung aus Neukompositionen und ganz alten Stücken. Mindestens drei der Songs, die Ende 1987 das Repertoire der Band bildeten – *Hello Lonely Woman, Find Another Shoulder* und *Ain't It The Truth* – waren 1964 entweder in Winnipeg oder in Fort William entstanden. Begreiflicherweise bauten sie mehr auf Energie und Direktheit als auf musikalische oder textliche Komplexität.

Außerdem gab sich Young einem Stilwandel auf seiner Gitarre hin. Rückkoppelungen und Verzerrungen, die Betonung des interessanten *Geräusches* hatten der flüssigen klanglichen Reinheit des Bluesgitarristen Platz gemacht. Und er hatte selbst eine neue Rolle angenommen. Bernhard Shakey war zu Shaky Deal geworden, einem etwas schäbigen Hipster mit schwarzem Filz, Sonnenbrille und Sportsakko. Shaky war wie der Leader der Shocking Pinks eine Art Relikt, das sich nicht nur nach bester bodenständiger Musik sehnte, sondern auch nach ein wenig altmodischer Redlichkeit. Der Zustand der Musikbranche gefiel ihm nicht besonders, und eines war ihm ein besonderer Dorn im Auge: Sponsoring von Musikern.

Dies war eines der liebsten Haßobjekte Youngs, das er in den letzten Jahren in verschiedenen Formen abgehandelt hatte, doch nun hatte er endlich einen Song gefunden, der seinen Zorn zum Ausdruck brachte. Der Text von *This Note's For You* war nicht gerade tiefschürfend – »Ain't singing for Pepsi / Ain't singing for Coke / I don't sing for nobody / Makes me look like a joke« –, aber er hätte kaum deutlicher sein können.

Es stellte sich heraus, daß er mit seinem Vorurteil nicht allein dastand. Im Gegenteil: »In meinem ganzen Leben habe ich noch keinen Song geschrieben, auf den die Leute so spontan reagiert haben«, behauptete er. »Die Leute fangen an zu jubeln und zu singen, wenn wir ihn spielen.« Der Song war lediglich Ausdruck seiner Beziehung zu den Konzernen. »Ich kann meine Stimme und meine Melodien nicht an irgendeine Firma verkaufen«, sagte er, »und dann eine Kehrtwendung machen, einen Song singen, der mir aus tiefstem Herzen kommt, und erwarten, daß mir das irgend jemand abnimmt.« Er sah ein, daß er vielleicht altmodisch wirkte, und gab zu, daß »die meisten Leute in meiner Branche anders darüber denken, daß es ihre

Chance ist, groß herauszukommen und einen Haufen Geld zu verdienen«. Aber wie, so fragte sich Young, konnte er einen Song wie *Ohio* singen, wenn er von einer Brauerei gesponsert wurde?

Er räumte ein, ihn würde ein spezielles Angebot reizen. Wenn Budweiser sich bereit erklärte, den Mark Twain Zephyr zu restaurieren, einen klassischen Zug, der 1935 gebaut worden war und einst den Geschwindigkeits-Weltrekord gehalten hatte, dann würde er der Firma gnädigerweise gestatten, ihn zu sponsern, während er mit dem Zug quer durchs Land auf Tournee ginge. Danach würde er ihn »dem Smithsonian vermachen oder so«.

Nach der gewichtigen Intensität von *Life* erscheint *This Note's For You* heiter und leichtfüßig. Young und die Bluenotes klingen, als hätten sie Spaß, und das steckt an. Das Cover behauptet, dies sei die »Morgenröte des Power-Swing«, und welche Mängel es auch aufweisen mag, *This Note's For You* bringt einen auf jeden Fall dazu, mit dem Fuß zu wippen.

Die gravierendste Schwäche des Albums sind seine Songs. Es beinhaltet sechs Tanznummern und drei Balladen für die späte Nacht. Von den ersteren heben sich nur drei etwas ab: der gegen das Sponsorentum gerichtete Titelsong, *Hey Hey* und *Life In The City*. *Hey Hey* sticht aufgrund seiner Ausgelassenheit heraus, aber *Life In The City* mit seinem offenkundig städtischen Thema stellt eine Art Wendepunkt für Young dar. Natürlich kommt eine kurze Bemerkung über Farmen »going to seed« vor, aber dieser Song brandet die Straßen des Amerika hinab, das Young vergessen zu haben schien. Da gibt es »families livin' under freeways« und »murder in the home and crime on the streets«. Die Gitarrenmelodie schlägt sich ihren Weg durch jammernde Bläser, angetrieben vom losgehenden Schlagzeug.

Auf allen vier Balladen sind Gitarren und Bläser gedämpft, und Youngs Gesang ist bewegend zurückhaltend, doch lediglich *Twilight* schafft es, die Grundstimmung zu durchbrechen. Die Einfachheit des Heimwehthemas ist ein Grund dafür; die erstaunliche Leistung von Young auf der Bluesgitarre der andere.

Auf den sechs nicht einzeln aufgeführten Songs überdecken die Mängel die Aufbruchstimmung. Die Texte sind meist nichtssagend, die Gitarre bleibt im Zusammenspiel zu dünn, die Bläserarrangements klingen ebenso nachgemacht wie dynamisch. Bei den meisten anderen

Künstlern wäre man versucht gewesen, das Album als gelungenen Erstversuch einer Stilmischung zu sehen und für das nächste auf mehr zu hoffen. Bei Young konnte man allerdings davon ausgehen, daß schwindendes Interesse und die Angst stehenzubleiben dafür sorgten, daß der erste Versuch gleichzeitig der letzte war.

Deshalb ist es schade, daß *This Note's For You* so früh in der Karriere der Bluenotes eingespielt wurde, und man kann nur hoffen, daß das Live-Material in Youngs Besitz aus den Archiven ans Licht geholt wird, bevor seine betagteren Fans aus dem Alter heraus sind, in dem sie mit dem Fuß wippen.

Positiv ist zu vermerken, daß sich die Rollen, die Young sich aussuchte, die Musikrichtungen und Figuren, die er zur einen Hälfte erkundete und in denen er sich zur anderen Hälfte versteckte, mehr und mehr auf heimatliche Gefilde zubewegten. In dieser Hinsicht läßt sich *This Note's For You* auch als die letzte Nacht im Motel auf Youngs langer Reise zurück zu seinem musikalischen Ich betrachten.

Obwohl das Album bei der Kritik gut ankam, konnte es Young nicht zum Mainstream zurückholen. Doch wie es der Zufall wollte, sollte ihm das Video zu *This Note's For You* zu dem verhelfen, was ihm die Platte nicht verschaffen konnte: erneuten Ruhm als musikalischer Einzelgänger.

Julien Temple, der bereits mit Bowie und den Stones gearbeitet hatte, wurde als Regisseur des Videos engagiert, aber das zugrunde liegende Konzept stammte wahrscheinlich von Young. Zum einen waren die Bilder implizit in den Songtexten enthalten, zum anderen roch die ganze Geschichte nach seinem Humor.

Die Bluenotes wurden gefilmt, während sie den Titelsong im Continental Club in Hollywood spielten, und in dieser Passage wurden Parodien auf bekannte Werbungen mit den Rockstars Eric Clapton, Michael Jackson und Whitney Houston hineingeschnitten. Daß zwei schwarze Stars verspottet wurden, war unglücklich, und daß das Haar des Jackson-Doppelgängers in Flammen aufging, mehr als nur etwas unsensibel, aber nicht aus Angst vor Rassismusvorwürfen lehnte MTV das Video ab. Von seiten der Anwälte regten sich leise Bedenken, Markenzeichen zu verletzen, doch das Fazit von MTV lautete, daß sie es nicht wagten, ihre Sponsoren zu beleidigen. Young zufolge hatte man MTV das Skript gezeigt, bevor das Video gedreht wurde, und sie hatten ihr Okay gegeben, aber als es hart auf hart ging, änderte der Sender seine Meinung. Angebote, die Parodien herauszuschneiden und den Fernsehsender von Klagen freizustellen, wurden abgelehnt.

Young behauptete, nicht überrascht zu sein. Es ging um den Song: Er zog »eine Grenze, und wir wußten, jeder würde entweder auf der einen Seite stehen oder auf der anderen«. MTV hatte ein rebellisches Image, aber ihnen fehlte »der Mut, etwas zu zeigen, das etwas ausgefallener war«.

Vielleicht im Gedenken an Lyndon Johnsons alten Spruch, es sei besser, wenn der Feind im Zelt steht und hinauspinkelt als umgekehrt, hob MTV schließlich seine Entscheidung auf und zeigte das Video. Es erwies sich im Fernsehen als ebenso populär wie der Song auf der Bühne, und so mancher Jugendliche, der noch nie von Neil Young gehört hatte, fand Gefallen an der zündenden Rebellion gegen die Konzerne von Shaky Deal und seinen Jungs. Und zwar in solchem Umfang, daß Young und Temple am Ende den Preis für das Video des Jahres 1988 von MTV gewannen – sehr zur Überraschung des Sängers und, so wollen wir hoffen, zum Verdruß der Sponsoren.

In den Augen beiläufiger oder hoffnungsvoller Beobachter mögen Youngs zahlreiche Attacken gegen das Amerika der Konzerne – dessen Verrat am amerikanischen Farmer, dessen Verrat an der Kunst durch Sponsorentum und dessen Verrat an den Armen und Obdachlosen – allesamt einer zusammenhängenden linken Sichtweise entspringen, die auf den Ruinen eines fehlgeleiteten Glaubens an Reagans hohle Allheilmittel aufbaute. Doch jeder, der Young danach fragte, mußte feststellen, daß er keinen geschlossenen Überblick hatte. Eine relativ klare Vorstellung von den Problemen der Welt ging nicht mit einer klaren Vorstellung von Lösungsansätzen einher.

Als er gefragt wurde, ob das soziale Gewissen, das er in *Life in the City* ausgedrückt hatte, sich auch außerhalb seiner Songs äußerte, schwafelte er nur. Ein Teil seiner Konzerteinnahmen »könnten vielleicht an ein Programm gehen, das Lebensmittel verteilt, aber das ist dann wie eine andere Regierungsform. Da bewegt man sich auf unsicherem Boden. Wir haben eine kapitalistische demokratische Gesellschaft, und wenn wir versuchen, diese ganzen Sachen zu machen, um den Obdachlosen zu helfen, dann ist es auf einmal kein freies Land mehr, weil einem vorgeschrieben wird, was man mit seinem Geld tun muß.« Anstatt sich zu fragen, ob diese Freiheit so viele Obdachlose wert war, überdeckte er seine Verwirrung lieber mit einem Witz und schlug vor, Budweiser sollte ein Zentrum für die Obdachlosen einrichten, wo die Leute schlafen konnten, wenn es kalt wurde – und: »Sie wissen schon, Freibier für alle.«

Ein ähnliches Rezept bot er dem Land im Wahljahr an. Reagans auserkorenen Nachfolger Bush wollte er nicht, der demokratische Herausforderer Dukakis gefiel ihm nur »irgendwie«, und so entschied er sich schließlich für Jesse Jackson als einzigen Kandidaten, der einen tatsächlichen Wandel bringen würde. Jackson, so glaubte er, wäre die beste Wahl, um den Obdachlosen zu helfen. Doch gleichzeitig fürchtete er, daß Jackson »eine ganze Menge andere Sachen versauen« würde, wenn er diese Unterstützung durchsetzte, und zwar »wegen der Methoden, die er einsetzen müßte«.

Eine ungnädige Auslegung hiervon wäre, daß Young zwar das Problem erkannte, aber nicht dazu bereit war, auch nur die geringste Einschränkung jener Rechte und Privilegien in Kauf zu nehmen, die Amerikaner, die oberhalb der Armutsgrenze leben, für selbstverständlich halten. Wenn ein freier Markt nicht mit einem brauchbaren Sozialsystem koexistieren konnte, dann war das eben das Pech derer, die Sozialhilfe benötigten.

Young erklärte, er sei grundsätzlich zufrieden mit der freien Welt. Jeder wußte, daß sie nicht einmal die Hälfte der Zeit funktionierte, aber zumindest hatten alle »die Freiheit, unsere Fehler zu korrigieren«. Er erläuterte nicht, warum diese Freiheit zur Wiedergutmachung so selten genutzt wurde, fuhr aber fort, mit wachsender Schärfe musikalische Bilder von den »Fehlern« zu zeichnen.

Durch das ganze Jahr 1988 genoß Young das Zusammenspiel mit den Bluenotes. Die neue Bandbreite, die die Bläser ermöglichten, gab ihm – abgesehen vom Können der Musiker – einen zusätzlichen Anreiz, Songs zu schreiben. Wie er James Henke unter offenkundiger Bezugnahme auf die Beschränkungen von Crazy Horse sagte, wachte er nun nicht mehr mit dem Gedanken auf: »Also, wenn ich das nun schreibe, werden die Jungs es dann auch spielen können?«

Die Songs, die er schrieb – und auf der Sommer-Herbst-Tournee mit den Bluenotes auch spielte –, waren wesentlich eindrucksvoller als alles, was er seit langem komponiert hatte. *Crime In The City (From Sixty To Zero)* spielten Young und die Bluenotes 1988 sowohl in akustischer als auch in elektrischer Fassung, und beide Versionen liegen auf CD-Raubkopien vor. Mit achtzehn beziehungsweise sieben Minuten Dauer übertreffen diese Interpretationen bei weitem jene, die später auf *Freedom* und *Weld* erschienen sind. Die elfstrophige akustische Version ist trauriger und klingt ziemlich entschlossen – nicht aber im Vergleich zur elektrischen. Auf dieser liegen treibende Trommeln und klirrende Gitarren unter den Versen, dazwischen kreischen die Gitarren, und der Gesangspart wird mehr geknurrt als gesungen. Der Text steckt voller Egoismus, Dummheit und sinnloser Gewalt. Die verschiedenen Szenen werden mal von nah und mal von fern beleuchtet; der Völkermord an den Sioux, das zerbrochene Zuhause des Protagonisten und die Drogengeschäfte auf der Straße. In einer Strophe entdecken ein Gefängnisdirektor und ein Wärter auf ihrem leeren Gefängnishof einen Rehbock und ein Kitz. Behalten wir sie doch, durch »intimidation and fear«, schlägt der Wärter vor, aber »the warden pulled the trigger / And those deer hit the ground / He said nobody'll know the difference / And they both looked around«.

Sowohl in diesem Song als auch in dem zwölfminütigen *Ordinary People* ist erfrischend ungeschminkter Populismus am Werk. *Ordinary People* klingt großartiger, Bläser und Bluesgitarre umrahmen weitschweifige Dylaneske Verse, und das Schlagzeug tickt dazu wie eine noch nicht explodierte Bombe, aber der Song geht in derselben Streuschuß-Manier an die amerikanische Wirklichkeit heran. Zum Teil ist es fast wie ein musikalischer Roman aus den dreißiger Jahren: Die Bösewichte sind die bekannte Kombination aus Großkapital und organisiertem Verbrechen, reduziert auf den klassischen »man in the window with a big cigar«. Die Guten sind dagegen eine völlig entpersonalisierte Masse wie in einem Eisenstein-Film. Sie sind »Ordinary people / They're gonna bring the good things back / Hard-working people / Put the business back on track / Nose-to-the-stone people / I got faith in the regular kind...«.

Diese Zeilen stehen am Schluß einer Strophe, die die Geburt einer alten Eisenbahnlokomotive erzählt, und den ganzen Song über herrscht der Eindruck vor, daß Young sich in eine Art mythische Zeit zurückzieht, in der alles noch so lief, wie es sollte. Seine städtische Welt ist der ländlichen auffallend ähnlich. Eine solche Nostalgie kann gefährlich sein – schließlich kam der Faschismus in den zwanziger Jahren auch mit einer solch populistischen Sichtweise auf –, doch im

Kontext dieser beiden Songs reißt Youngs zügellose Wut alles mit. »They're ordinary people, and they're living in a nightmare«, tobt er, und drei Jahre nach *California Sunset* muß man ihm praktisch zujubeln.

Nichts von dieser neuen Energie oder von Youngs Radikalismus war auf der Platte zu finden, die CSN&Y im Frühling 1988 eingespielt hatten und die schließlich im November herauskam. Aber wenn *American Dream* eine Enttäuschung war, konnte Young es kaum auf die anderen schieben. Die Platte war auf seiner Ranch aufgenommen worden, und zwar, wie Nash sagte, weitestgehend unter seiner Aufsicht. Er hatte sogar Stills eine Woche früher anreisen lassen, um sicherzustellen, daß die beiden miteinander auskamen. Die Studio-Sessions waren »wahnsinnig spannungsfrei«, und die entstandene Musik klang Youngs damaligen Worten zufolge »toll«.

Auf dem Album finden sich vier Komponisten von Young und zwei von Stills und Young. Von letzteren bleibt *Drivin' Thunder* hinter dem Anspruch seines Titels zurück, aber *Night Song* mit dem hervorragenden Gesang von Stills und dem guten Gitarrenspiel von ihm und Young ist eines der atmosphärischen Glanzlichter des Albums.

Die vier Songs von Young sind von sehr unterschiedlicher Qualität. Die Geschichte des tiefen Sturzes eines Politikers in *American Dream* könnte man komplett vergessen, ging sie nicht mit einer so bedrängenden Melodie und ebensolchen Holzbläserpassagen einher. Das schlichte akustische *Feel Your Love* ist dagegen eine der besten Balladen, die Young in den Achtzigern eingespielt hat, und allein schon einen Secondhandpreis für das Album wert. »I really want the night to end / I really want the sun to rise«, singt er. Der Schlüssel liegt in dem »wirklich«: Der Protagonist des Songs hat sein ganzes Leben dafür gebraucht, an diesen Punkt zu kommen und *wirklich* mit Liebe und Licht umgehen zu können.

Die beiden anderen Songs sind wie ein Paar zusammenpassender Pistolen. Während *Name of Love* in seiner Melodie eine trotzige Bekräftigung jener Worte der Sechziger birgt, die CSN&Y über die ganzen Jahre zusammengehalten haben, mutet *This Old House* an wie eine makabre Umarbeitung von Nashs *Our House*. Es ist, als gäbe Young der Wiedervereinigung ihre Berechtigung und steckte seine Distanz zu den anderen ab. Ob sie nun zwei Katzen im Garten hat oder nicht – diese Familie muß ihr Haus räumen, weil sie die Hypotheken nicht mehr bezahlen kann.

Nash behauptete, die Songs auf dem Album machten die Selbstgefälligkeit des Titels wieder wett, und es seien ein Dutzend Songs über den American Dream um 1988. Doch die traurige Wahrheit war, daß CSN&Y auf diesem Gebiet wenig zu bieten hatten: ein paar Seitenhiebe gegen bekannte Schreckgespenster sowie ein müdes und ermüdendes Vertrauen auf eine undefinierte »Liebe« als Allheilmittel. *American Dream* fehlt einfach der Biß.

Das konturenlose, halbakustische Dahinschleichen von *American Dream,* aufgenommen mitten in der Phase mit den Bluenotes, hatte wenig mit der Musik gemein, die Young zur Zeit seiner Veröffentlichung spielte. Anfang 1989 ging er mit einer leicht gestutzten Version der Bluenotes auf Tournee in Australien, Neuseeland und Japan, wo sie zuerst als Young and the Restless firmierten – ein Wortspiel auf eine langlebige Fernsehserie in den USA –, und dann unter dem herrlichen Namen Lost Dogs.

Die Musik, die Young ironisch »Volksmusik« nannte und die ein Kritiker als »gewaltigen, pulsierenden Lärm« empfand, enthielt industrielle Klangeffekte, die Bühnenshow zeigte Roadies in Baustellenhelmen und eine psychedelische Diaschau. Die Konzerte waren städtisch in ihrem Klang, städtisch in ihren textlichen Anliegen und städtisch in ihrer Gewalt. Am wichtigsten aber war, daß Shaky Deal, Youngs letztes Alter ego, einem anderen gewichen war, und zwar... Neil Young. Und Neil Young schäumte vor all der Angst und Abscheu, die er die letzten zehn Jahre in sich verschlossen hatte.

Wieder zurück in Amerika, ging er ins Studio und nahm acht oder neun Songs für ein Album auf, zuerst in der Hit Factory in New York, dann auf seiner Ranch. Der erste Arbeitstitel für das Album, *Times Square,* machte einem zweiten Platz: *Eldorado.* Die Songs waren überwiegend elektrischer Hardrock mit angestrengt kontrolliertem Gesang, mähenden Gitarren und scheinbar zufälligen Rückkoppelungsexplosionen.

Young hörte sich das abgemischte Album an und war mit seiner Arbeit zufrieden, aber er bezweifelte, daß sein Publikum davon ebenso angetan sein würde, da er es, wie er meinte, »von vorn bis hinten nur aus Aggression bestand«. Zu jedem anderen Zeitpunkt in den letzten zehn Jahren hätte dies keine Rolle gespielt. Das Album wäre veröffentlicht worden – ohne Rücksicht auf Geffen oder Warner, ohne Rücksicht auf irgend etwas anderes, als daß Young es herausbringen wollte.

Doch dieses Album einzuspielen, scheint etwas anderes gewesen zu sein. Vielleicht war es lediglich die letzte Phase in einem Prozeß, bei dem Young die Zusammenhänge zwischen seinen Gefühlen, seinen Gedanken und seiner Kunst wiederentdeckte. Vielleicht war die Musik, die er in den vergangenen sechs Monaten auf der Bühne und im Studio gespielt hatte, wirklich kathartisch. Wie auch immer – jetzt fühlte er sich stark genug, um Kompromisse einzugehen. Das *Eldorado*-Album, das wußte er, würde nicht im Radio gespielt werden; es war eine zu heftige »Attacke«. Es mochte ja ein gutes Album sein, doch das reichte diesmal nicht: Young wollte etwas herausbringen, das den Leuten auffiele, das eine Wirkung hatte.

Trotzdem lag ihm *Eldorado* viel zu sehr am Herzen, um es einfach verloren zu geben, und so erschien in Australien und Japan eine EP mit seinen wichtigsten fünf Songs. Auch wenn niemand dies zur bedeutenden Veröffentlichung stilisieren konnte, ging Young davon aus, daß diejenigen, denen genug an seiner Musik lag, einen Weg finden würden, ein Exemplar zu ergattern. In der Zwischenzeit ging er wieder ins Studio, um die Songs aufzunehmen, die er für das abwechslungsreiche *Freedom* brauchen würde – ein wenig Licht ins Dunkel, ein wenig Liebe und Sanftmut zum Ausgleich neben der Wut. Zwei dieser Songs – *The Ways Of Love* und *Too Far Gone* – gingen noch auf die Siebziger zurück. Sie wiesen vielen, denen seine Musik damals gefallen hatte, einen Weg zurück, dachte Young.

Andere, wie *Hangin' On A Limb*, waren offenbar neuere Kompositionen. Ein neuer hymnischer Song fungierte wie *My My, Hey Hey* auf *Rust Never Sleeps* zugleich als akustischer Anheizer und elektrischer Schlußpunkt. *Rockin' In The Free World* sollte Young außerdem den Ruf als Prophet einbringen, da es im Laufe des Jahres der Befreiung Osteuropas immer aktueller wurde.

Endlich hatte er die Songs, die er wollte, und er war froh darüber. »Das erste Mal seit Jahren hatte ich Lust darauf, ein Album wie dieses zu machen«, sagte er. Auf seinen anderen Alben in den achtziger Jahren war er »mehr am Stil interessiert. Aber ich verlor aus den Augen, was ich eigentlich tun wollte.« Drei Jahre später sollte er noch

weiter gehen, indem er sagte, er sei bei *Freedom* »einfach herausgekommen, aufgetaucht. Es ist, als versuchte man, zur Wasseroberflä-
che zu kommen, damit man an die Luft stößt. Endlich bin ich durchge-
kommen.«

Doch es blieben Vorbehalte und das Gefühl, daß er sich bei seiner
Suche nach einem Ausgleich der Stilrichtungen zum Teil verkauft
hatte. »Genau da wurde der Kompromiß geschlossen«, sagte er 1989
und fügte hinzu, es sei »enttäuschend – *Freedom* mußte ein bißchen
geglättet werden«.

Nach *Eldorado* mußte alles geglättet klingen. *Cocaine Eyes* auf der
EP beginnt mit ein paar verschwommenen Tönen, während Youngs
Stimme im Hintergrund sagt, »Probieren wir mal so eins«, bevor er
dann in ein klirrendes Riff übergeht, mit dem man Tote aufwecken
könnte. »Ain't a day goes by I don't burn a little bit of my soul«, singt
Young, und man glaubt ihm. Diese Musik birgt keine Spur von
Faulheit, nichts Lockeres oder Zufriedenes: Sie ist so gespannt wie
festgezurrte elektrische Drähte, die gelegentlich abreißen und überall-
hin Funken sprühen. Die letzten dreißig Sekunden des Songs sind eine
Achterbahnfahrt im elektrischen Stuhl.

Don't Cry ist langsam, aber noch angespannter. Die Gitarre zerrt
Ketten über den Fußboden, während ein unheimliches, glockenähnli-
ches Hallen und Youngs gequälte Stimme sich den Himmel darüber
teilen. Hin und wieder schwingt sich die Gitarre auf, und düstere
Wolken von Rückkoppelungen drohen alles zu verhüllen, bevor sie
aufreißen, um dieselben schlingernden Ketten, dasselbe stumpfe Klirren und dieselbe verzweifelte Stimme freizugeben. Am Schluß hängt
die Stimme in der Luft wie ein körperloser Alptraum.

Heavy Love wartet mit axtschwingendem Rock 'n' Roll auf. Es hat
in etwa den gleichen klirrenden Rhythmus wie *Cocaine Eyes*, aber es
gelingt ihm begreiflicherweise nicht, den manischen Drive und das
Gitarrenfeuerwerk des früheren Stücks zu wiederholen.

On Broadway, der Hit der Drifters von 1963, bekommt eine majestätische Einführung, und die ersten zwei Drittel des Songs klingen, als
hätte Young nur einen Gesangspart hinzugefügt, der besser zu der
bitteren Verzweiflung des Textes paßt. Doch das Schlagzeug wird
immer nachdrücklicher, die Gitarre versucht, die jammernde Stimme
in Verzerrungen zu begraben, und Young taucht aus dem abschließenden Gewitter von Rückkoppelungen auf und brüllt: »Gimme some of

that crack!« Dann wird die Musik völlig chaotisch, bevor sie sich mit einem Schuß selbst auslöscht.

Danach die Stille. Dann erheben sich aus diesem Hörbild der amerikanischen Großstadt eine klar singende Gitarre und Kastagnetten. Mit einem einzigen, fast spielerischen Kreischen der Gitarre werden die Zuhörer daran erinnert, woher sie kommen, und es beginnt *Eldorado,* Youngs vierter Ausflug in das Lateinamerika von Mythos und Legende und einer seiner besten Songs.

Die erste Strophe rollt die Szenerie aus: die Missionskirche, das Landhaus, »the riders of the hill ... the shooting starts ...«. Das ist Mexiko oder ein ähnliches Land vor hundert oder mehr Jahren; die Gesetzlosigkeit regiert. Die zweite Strophe holt den Song in die Gegenwart, doch das einzige, was sich gewandelt hat, ist das Wesen der Banditen, die nun damit beschäftigt sind, in einem Hotelzimmer ein Geschäft unter Dach und Fach zu bringen, umringt von Frauen in Diamanten und Pelzen. Das echte Lateinamerika – eine Mariachi-Band – ist draußen, »beside a garbage heap«. In der dritten Strophe ist das Geschäft perfekt, »the briefcase snaps goodbye« – dem Geschäft, den Geschäftspartnern und einem gesamten Kontinent. In der letzten Strophe bietet ein in Goldlamé gekleideter weißer Stierkämpfer in Eldorado seinen eigenen Tod zur Unterhaltung der aufgeregten Menge an.

Eldorado ist ein Song darüber, wie Geld die Menschlichkeit zerstört und wie es das stets in Nordamerikas Verhältnis zu seinen lateinamerikanischen Nachbarn im Süden getan hat. Fünfhundert Jahre später ist Cortez The Killer ein erfolgreicher Drogenhändler – so erfolgreich, daß er die Einheimischen mit menschlichem Opfermaterial versorgen kann.

Freedom hat die Stärken und die Schwächen dessen, was es ist: eine Erweiterung und Verwässerung von *Eldorado.* Das Album enthält drei Songs der EP, von denen nur *Don't Cry* im Hinblick auf die Hörgewohnheiten zur Ader gelassen wurde. Das sechsminütige *Eldorado* ist nach wie vor das brillante Glanzstück, und die Entscheidung, *On Broadway* anstelle von *Cocaine Eyes* in das Album aufzunehmen, ist zwar seltsam, aber nicht abträglich.

Sowohl *Crime In The City* als auch *Too Far Gone* haben im Vergleich mit früheren Fassungen gelitten. Vor allem letzteres ist nur ein schwacher Abklatsch früherer Live-Interpretationen mit den Bluenotes und den Restless. Mehr als die Hälfte der Strophen sind verschwunden, und die Dynamik des Songs ist mit ihnen gegangen. *Too Far Gone* wurde seit seinem Debüt 1976 zu Country umgewandelt und mit der zusätzlichen Bürde eines besonders wenig überzeugenden Gesangs von Young belastet.

Obwohl er *Hangin' On A Limb* und *The Ways Of Love* mit fünfzehn Jahren Abstand geschrieben hat, kann man beim Hören nur schwer sagen, welches das frühere ist. Beide haben eine gefällige Melodie und eine angenehm klingende akustische Gitarre, tremolierenden Gesang von Young und artig zurückgenommenen Hintergrundgesang von Linda Ronstadt. Wie so oft bewegt sich Youngs Text an der Grenze zwischen kindlicher Unschuld und schlichter Rührseligkeit.

Von den neuen Songs sind *Someday, Nor More* und *Wrecking Ball* voll ausgereift, textlich bemerkenswert und musikalisch abweichend, sowohl voneinander als auch vom Rest von *Freedom*. *Someday* ist eine rauschende Ballade mitsamt Pedal Steel und Bläsern, Kettensträflings-Refrain und einem Text, der von Rommel bis zur Trans-Alaska-Pipeline reicht. *No More* ist eine Geschichte über verlorene Dinge, manche zum Vorteil, manche zum Nachteil, die über einer resignierten und passend zurückhaltenden Gitarrenmelodie erzählt wird. *Wrecking Ball* klingt wie der skelettartige Springsteen von *The River* und beschwört ebenso jenen Eindruck von Menschen, die in Muscheln gefangen sind.

Der einzige überragende neue Song, den Young auf *Freedom* bringt, ist *Rockin' In The Free World*. Young erzählte: »Ich schrieb diesen Song unterwegs auf der Straße ... in meinem Bus, und mir fiel die erste Zeile ein, und ich sagte mir: Mein Gott, das drückt wirklich etwas aus, aber es ist ein so offensichtliches Klischee. Und damit wußte ich, daß ich es verwenden mußte.« Der Song selbst ist weniger ambivalent als zweischneidig. Hier gibt es keine Triumphgefühle, keine Behauptungen, daß Amerika oder der Westen es richtig gemacht haben; im Gegenteil, jede Textzeile ist eine Verurteilung der Art und Weise, wie die Welt regiert wird. Dagegen hält er nur den Glauben an den Rock 'n' Roll, sowohl als letztendlichen Ausweg (»try to forget it anyway I can«) wie auch als eigenständige Kraft für das Gute. Für Young ist es immer noch »a victory for the heart each time the music starts«. Und obwohl er das nicht sagt, ist es auch ein Sieg für den Geist, ein Album zu machen, das so scharfsinnig und abwechslungsreich ist wie *Freedom*.

Die wahre Stärke von *Freedom* liegt in seinem umfassenden Weitblick. Ob beabsichtigt oder nicht – das Album nimmt seinen Platz unter Youngs anderen »amerikanischen« Alben ein, von denen jedes ein facettenreiches Porträt der Welt bietet, in der er lebt, angefangen bei seinen eigenen Beziehungen bis hin zu den größeren gesellschaftlichen und politischen Zusammenhängen. Es ist kein schönes Bild, das er 1989 zeichnet, und der einzige echte Trost, der sich auf *Freedom* findet, liegt in der Tatsache, daß die Verzweiflung des Anfangsstücks *Rockin' In The Free World* am Ende des Albums zu Wut in ebendiesem Song wird.

Ende 1988 war Young Ehrengast bei einem Benefizessen der Music Therapy Foundation in New York gewesen. Als Musiker und Vater eines schwerbehinderten Kindes interessierte er sich dafür, wie man mit Musik autistischen und zurückgebliebenen Kindern helfen konnte, aber er engagierte sich nicht direkt in der Arbeit der Stiftung. Seine Teilnahme an dem Abendessen war lediglich eine Anerkennung dafür, wie stark sein hoher Bekanntheitsgrad und seine Bemühungen, Gelder zu sammeln, dazu beigetragen hatten, behinderte Kinder stärker ans Licht der Öffentlichkeit zu rücken.

Youngs Engagement für die Bridge School hatte sich im Lauf des vergangenen Jahres fortgesetzt. Das zweite Benefizkonzert für die Schule war im Oktober 1988 im Oakland Coliseum abgehalten worden: ein akustischer Abend mit Dylan, Tracy Chapman, Tom Petty, Jerry Garcia und Bob Weir von den Grateful Dead, Billy Idol, Nils Lofgren und – selbstverständlich – CSN&Y. Ein drittes sollte im nächsten Jahr folgen und danach jedes Jahr eines.

Weitere erfreuliche Nachrichten für die Schule trafen Anfang 1989 ein. Eine Reihe von Künstlern nahm ein Album mit Songs von Young auf, dessen Erlös zum größten Teil an die Schule gehen sollte. Die treibende Kraft hinter *The Bridge*, wie das Album heißen sollte, war der Produzent Terry Tolkin. Tolkin war ein langjähriger Fan von Young und hatte bereits an einer Zusammenstellung von alternativen Bands gearbeitet, die 1985 unter dem Titel *God's Favorite Dog* erschienen war. Nun nahm er Kontakt zu seinen Freunden Sonic Youth und Henry Kaiser auf, die ihrerseits Dinosaur Jr., Victoria Williams und David Lindley mitbrachten, und rief Nick Cave, Loop, die Pixies und Soul Asylum auf den vagen Verdacht hin an, daß deren Musik eine ausbaufähige Verwandtschaft zu der von Young aufwies.

Tolkin hatte offenbar ein gutes Ohr. Nicht genug damit, daß sie alle begeistert waren, sie alle betrachteten Young als wichtigen Einfluß für ihre Musik. Das Album, das Ende 1989 etwa zur selben Zeit wie *Freedom* erschien, spiegelte Überschwang und Geschmack der Beteiligten wider und enthielt einige phänomenale Interpretationen. Young war besonders angetan von *Lotta Love* von Dinosaur Jr., das so weit vom Original entfernt war wie nur möglich. Nick Caves *Helpless* und *Winterlong* in der Version der Pixies kamen dagegen den Fassungen ihres Urhebers sehr nahe, während Computer World von *Sonic Youth* das Original übertraf.

Young war begeistert von dem Album. »Wir legten es im Bus auf, wenn wir unterwegs waren, und ließen es einfach durch die Boxen dröhnen, liefen herum, hörten zu und wackelten mit den Köpfen.« Außerdem gefiel ihm der »Haufen Geld«, den die Urheber des Albums der Schule überreichen konnten.

Auf der Welt herrschte kein Mangel an guten Zwecken, und überdies war Young nicht mehr abgeneigt, sich zu beteiligen. Im November 1989 war er die Zugnummer eines Konzerts im Cow Palace in San Francisco, einem von drei gleichzeitig stattfindenden Benefizkonzerten für die Opfer des Erdbebens, das im Oktober Nordkalifornien erschüttert hatte. Das Finale bildete eine Jam-Session mit Young, Carlos Santana und Steve Miller.

Auch wurde Young keineswegs müde, seine Musik zum Ausdruck politischer Überzeugungen zu nutzen. Als er in L. A. zu CS&N auf die Bühne stieg, widmete er *Ohio* den »Studenten, die vor kurzem in China niedergemetzelt worden sind«. Im Dezember beendete er ein Konzert im Londoner Hammersmith Odeon mit demselben Song und derselben Widmung. Hier war seine Interpretation quälend, frei von jeglicher Harmonie, und sie bildete den passenden Abschluß zu einem Abend, den viele Young-Fans als seinen eindringlichsten seit Jahren erlebten. Für die Schallverstärkung verdrahtet, stakste er wie ein Besessener auf die Bühne, auf der weder ein Stuhl noch ein Mikrophon, noch irgendwelche Requisiten standen.

Im Laufe des Jahres 1990 schien Young nahezu omnipräsent zu sein – durchaus eine Leistung für einen Fünfundvierzigjährigen, der seit zehn Jahren mit keinem Album mehr in den Top Ten gewesen war. Eine neu eingespielte, gleichklingende Fassung von *Hey Hey, My My* war sogar in einem Fernseh-Werbespot für Lee Jeans zu hören – zumindest bevor Youngs Anwälte die Firma zur Rede stellten. Im Februar stieg er in New York zu der Band The Alarm auf die Bühne, als sie sein Stück *Rockin' In The Free World* spielte. Im März gewann *Freedom* den Critics' Best Album Award vom *Rolling Stone* für 1989.

Die Konzerte für gute Zwecke rissen nicht ab. Am 31. März gab es ein Benefizkonzert für den ehemaligen CSN&Y-Schlagzeuger Dallas Taylor, der an einer schweren Leberkrankheit litt, die er sich durch Alkohol- und Drogenmißbrauch zugezogen hatte. Es wurde bekanntgegeben, daß man Spender suchte, und man sammelte sowohl für Taylor als auch für eine Stiftung für Drogenaufklärung. Am nächsten Tag gaben einige Musiker – CSN&Y, Don Henley und die Desert Rose Band – ein weiteres Konzert, diesmal zugunsten einer lokalen Umweltschutzinitiative, der California Environmental Protection Initiative.

Young, den es sehr ermutigt hatte, wie die Ereignisse in Osteuropa die Macht des einfachen Volkes demonstriert hatten, hoffte, daß die Menschen des Westens es fertigbringen würden, ebensolchen Druck im Sinne des Umweltschutzes auszuüben. »Wir können nicht warten, bis die Bürokraten herausgefunden haben, daß sie etwas tun wollen und es in ein Wirtschaftsprogramm einpassen«, sagte er seinerzeit. »Wir müssen es jetzt tun.«

Das vierte Farm-Aid-Konzert am 7. April im Hoosier Dome in Indianapolis hatte eine starke umweltschützerische Ausrichtung. Während des ganzen Konzerts – auf dem Young, Nelson, Mellencamp und die übliche Starbesetzung auftraten – betonten Redner nachdrücklich, daß Kredite an Farmer immer häufiger an die Verwendung chemischer Produkte von Landwirtschaftskonzernen gebunden wurden. Farm Aid und Umweltschutz schienen Hand in Hand zu gehen.

Nelson Mandela hatte zwar mit beidem nichts zu tun, aber neun Tage später war Young in Wembley, um sich den Mandela-Day-Feiern für den kurz zuvor freigelassenen ANC-Führer anzuschließen. »Es war wichtig, das zu tun«, meinte er. »Es gab einem Gefühl der Hoffnung Ausdruck.«

Als er 1990 über *Ragged Glory* sprach, behauptete Young, er hätte die letzten sieben Songs innerhalb einer Woche geschrieben, und zwar Ende März desselben Jahres. Obwohl diese Aussage genauerer Betrachtung nicht standhielt – *Farmer John* stammt von jemand anderem, *Days That Used To Be* von 1988 –, weckte sie Erinnerungen an die ähnlich wundersame Kompositionsphase im Jahr 1969, die das Herzstück zu *Everybody Knows This Is Nowhere* geliefert hatte. Doch damit nicht genug der Parallelen: In beiden Phasen waren zwei Songs entstanden, die auf einfachen Wechseln aufgebaut waren und als Plattformen für ausgedehnte Improvisationen dienten.

Es gab nur eine Band, die Young dazu bringen konnte, diese Songs zu spielen: Crazy Horse, von denen zwei Drittel in Youngs Augen nach der Tournee von 1987 »etwas zu beweisen« hatten, wurde vermutlich Ende April 1990 auf die Ranch gebeten.

Wie üblich freute sich Young darüber, daß sie nun wieder alle versammelt waren. Egal in welchen musikalischen Gefilden er sich im Laufe der Jahre aufgehalten hatte, er war stets zu Crazy Horse zurückgekehrt, und es sah danach aus, als würde das auch immer so bleiben und er würde jedesmal eine neue Zutat für den gemeinsamen Topf mitbringen. Die Musik, die die vier zusammen spielten, war ein Schlüsselthema der Musikgeschichte, beinahe ein musikalischer Anker. »Crazy Horse«, so sagte er stolz, »ist eine Rockband, und wir produzieren einen tollen Sound. Und wir klingen wie niemand sonst.«

Was das Improvisieren anging, so hatten sie nicht einmal Konkurrenz. Young war der Meinung, daß der Mainstream-Rock seine Spontaneität verloren hatte. Die Musiker »greifen in den instrumentalen Passagen nicht weit genug aus und lassen sie nicht mehr spontan so lang wie möglich anhalten«. Und genau das wollte er tun, und er konnte »es nur mit einer Band gut machen ...«

Das Werbevideo für *Ragged Glory* läßt unweigerlich auf ein eigenwilliges Herangehen an Leben und Musik schließen. Zum einen kann man Young dabei zusehen, wie er neue Klangfärbungen zu erzielen sucht, indem er seine Gitarre in eine Kloschüssel stopft; zum anderen nimmt sich der Anblick spärlich bekleideter Landmädchen, die für die Band mit ihren Hinterteilen wackeln, wie ein bewußter Rückgriff aus: Ein kleiner Junge droht den Feministinnen da draußen mit dem Finger.

Young räumt ein, daß die langen, immer leiser werdenden Rückkoppelungen auf den meisten Stücken durchaus dazu gedacht waren, den Hörern auf die Nerven zu gehen. »Alles dreht sich heute um Strukturen«, sagte er. »Dies soll heißen, scheiß auf deine Struktur.« Was den thematischen Gehalt der Platte anging, so behauptete er, alles ließe sich an dem einen Stück ablesen, das nicht mit aufs Album gekommen, aber mit Bedacht als Single erschienen war: das über sieben Minuten lange *Don't Spook The Horse*. Es »faßt praktisch das ganze Album zusammen«, konstatierte er, und infolgedessen war es ein gefundenes Fressen für Kritiker, die ihn nicht mochten. Daß der Song dazu rät, Hunde, Pferde und hübsche kleine Mädchen genau daraufhin zu untersuchen, daß sie »ain't rolled in shit« sind, muß den Grund dazu gegeben haben, ein völlig ungehobeltes Album zu erwarten – ein wahres Scheißer-Manifest.

Auf jeden Fall nimmt *Ragged Glory* wenig musikalische Rücksichten. Es gibt nur wenig Auflockerung unter dem rohen, vorhersagbaren Stampfen der Rhythmusgruppe Talbot und Molina, und Frank Sampedro darf kaum mehr zeigen als seine bekannte Verläßlichkeit. Aber damit endet das Manifest auch schon. Vor diesem bodenständigen Hintergrund liefert Young ein Fest der Leadgitarre, indem er sich durch Töne, Melodien und Riffs bewegt, von der reinen Musik zum reinen Lärm und wieder zurück, durch Klarheit und Verzerrung, vom Spiel zur Wut, von der Freude zur Trauer. Seit *Everybody Knows This Is Nowhere* hatte er sich nicht mehr so viel Raum und Zeit zur Entfaltung gegönnt.

Das an sich würde schon ausreichen, um Vorwürfe schlichter Ungehobeltheit abzuschmettern, aber darüber hinaus gewinnen die Songs selbst bei jedem Anhören an Tiefe und Differenziertheit. *Fuckin' Up* ist eine heftige Tirade gegen selbstzerstörerisches Verhalten, doch bietet es auch eine ungewöhnliche Mischung aus Romantik und Bedrohung, von der Frau auf dem Hügel, »curves beneath your flowing gown«, bis hin zu der Horde jaulender Hunde mit »broken leashes all over the floor« und »keys left hanging in a swinging door«.

Sowohl *Country Home* als auch *White Line* gehen stilistisch auf die Mitte der siebziger Jahre zurück, sind allerdings reichlich oberflächlich. *Over And Over* hat dagegen ein eingängiges Riff, während Youngs rauhe, gequälte Stimme den Faden der sexuellen Ekstase durch Vergangenheit und Gegenwart verfolgt. Die beiden zehnminütigen Epen *Love To Burn* and *Love And Only Love* enthalten seine besten längeren Gitarrensoli seit *Live Rust* und sind beide eindringliche Beschwörungen »to take a chance on love«. Dieser Rat wird durch das Liebespaar im ersteren Song um so ergreifender. Sie streiten in ihrem »house full of broken windows« und fragen einander verbittert: »Why did you ruin my life, where are you taking the kids?«

Mansion On The Hill wagt es sogar, Youngs unerschütterlichen Glauben an den Hippie-Traum zu bekräftigen. »There ain't no way to ever lose love's dream«, sang er in der Live-Fassung des Stücks, und die schwebende psychedelische Musik ist das musikalische Echo dieser Realität.

Days That Used To Be wurde auf der *W. N. Ragland* verfaßt, nachdem Young die Nachricht erhalten hatte, daß MTV sein Video zu *This Note's For You* abgelehnt hatte. Diese Ablehnung ließ ihn befürchten, er könne den Anschluß verloren haben. Der Song war »eine Art Antwort darauf... es war so ähnlich, wie ich mich fühlte, irgendwie verloren«. Er zeichnet den Gang der Jahre nach und den unvermeidlichen Verlust der Unschuld; er stellt sich den Distanzen: zum einen der allgemeinen Distanz zwischen Menschen mittleren Alters und der Jugend, zum anderen der speziellen Distanz zwischen Young im mittleren Alter und seiner Jugend in den idealistischen Sechzigern. Zusammengenommen reflektieren dieser Song und *Mansion On The Hill* den Ausgleich zwischen Verlust und Erneuerung, der auf *Harvest Moon* dominieren sollte.

8

Audio *Vérité*

Nachdem er soeben im hohen Alter von fünfundvierzig Jahren eines der besten Rock'n'Roll-Alben seiner – oder irgend jemandes – Laufbahn herausgebracht hatte, verspürte Young das Bedürfnis, damit auf Tournee zu gehen. Eine USA-Tournee wurde angesetzt, die am 22. Januar 1991 in Minneapolis beginnen sollte, und während Young und Crazy Horse in den Paisley Park Studios von Prince probten, verschworen sich die Götter und lieferten das ideale Umfeld für Killer-Rock 'n' Roll: Der Golfkrieg brach aus.

Young hätte ihn ignorieren oder umgehen oder den alten Vorwand bringen können, daß Musik nichts mit Politik zu tun hatte. Aber er entschied sich anders. »Wir konnten uns nicht einfach da hinstellen und Unterhaltung liefern«, sagte er. »Das wäre geschmacklos gewesen.«

Statt dessen beschloß er, den Krieg zu zeigen und ihn als Hörerfahrung vorzuführen. Vom ersten Auftritt an ersetzte eine elektrische Solo-Version von Dylans *Blowin' In The Wind* das vorgesehene *Mother Earth*, wobei Young den Song im Stil von Hendrix in einen Erguß aus Wut, Angst und Verwirrung verwandelte. »Ältere Songs, von denen ich wußte, daß die Leute etwas mit ihnen anfangen konnten« – Songs von Vergewaltigung und Mord wie *Cortez The Killer* und *Powderfinger* –, wurden dazugenommen anstatt einiger Nummern aus *Ragged Glory*.

Die Konzerte begannen passenderweise mit Hendrix' *Star-Spangled Banner*, den Geräuschen aus Vietnam und den brennenden, über den Sonnenaufgang in Woodstock ziehenden Ghettos. Auf der Bühne war ein gelbes Band um den riesigen Mikrophonständer geschlungen; im

Hintergrund hing ein gigantisches Friedenszeichen über der Band. Die Gegenüberstellung dieser beiden Symbole konnte man als weiteren verworrenen Versuch Youngs betrachten, Unvereinbares zusammenzubringen – in einem weitgehend amerikanischen Krieg für Amerika und gegen den Krieg Stellung zu beziehen –, aber zu diesem Anlaß schien sein Gedankengang relativ gut nachvollziehbar.

Das gelbe Band war ein deutliches Zeichen dafür, daß Amerikaner kämpften und starben, und Verwandte von ihnen konnten ohne weiteres im Konzertsaal sein. Und nicht nur Amerikaner und deren Verbündete starben, sagte Young in einem Radiointerview: »Alle kämpfen dort drüben, ob sie nun aus dem Irak stammen oder sonstwoher. Diese Menschen sind in etwas gefangen, das größer ist als wir alle, und viele von ihnen werden ihr Leben lassen. Also laßt uns an sie denken, wissen Sie, das ist es, was das gelbe Band besagt. Meiner Meinung nach steht es nicht auf irgendeiner Seite.«

Das Friedenszeichen spiegelte auf der einen Seite lediglich die ewig alte Menschheitshoffnung wider, es möge eine weniger absurde und gefährliche Methode geben, Streitigkeiten zu schlichten. Auf der anderen Seite stellte es mit großer Deutlichkeit fest, daß jeder Krieg wahnsinnig war, einschließlich dessen, der gerade zur Debatte stand. Anteilnahme für die direkt Betroffenen machte es nicht besser.

Von Youngs Seite war das keine mutige Haltung – wie es angesichts der damaligen Stimmung in den USA eine eindeutige, unmißverständliche Stellungnahme gegen den Krieg gewesen wäre –, aber es war ein ehrlicher Standpunkt. Er versuchte nicht, beide Seiten zu vereinbaren; in diesem Fall *wußte* er, daß er durcheinander war. »So empfand ich es«, sagte er, »diese zerstörerische Mischung aus Emotion und völliger Ratlosigkeit, was man tun soll. Dieser Kerl hat uns Blödmänner genannt und vergiftet sein eigenes Volk. Aber idealistisch betrachtet, sollten wir das nicht tun. Wir sollten keinen Krieg anzetteln. Und wenn wir schon einen Krieg haben, muß es dann wirklich dieser sein?«

Er wußte es nicht, und damit stand er nicht allein. Das Publikum vor ihm schwenkte Friedenszeichen neben amerikanischen Flaggen, ohne sich dessen bewußt zu sein, daß sie einander widersprachen. Außerhalb der Konzerthallen fiel es vielen von denen, die sich voller Überzeugung gegen den amerikanischen Einsatz in Vietnam gestemmt hatten, schwer, einen von der UNO sanktionierten Krieg gegen einen Tyrannen wie Saddam Hussein zu verurteilen. Tausende unschuldiger

Irakis wurden durch Luftangriffe getötet, doch bestand die Angst, daß ihr nicht gewählter Führer eine Atomwaffe baute. In einer politischen Landschaft, der die einfachen Antworten allerorten ausgingen, gab es dort besonders wenige.

Unterdessen wurde vor einem weltweiten Fernsehpublikum die neueste Technologie auf eine hilflose Zivilbevölkerung losgelassen. Young und die Band sahen sich die CNN-Beiträge in ihren Garderoben an und gingen dann hinaus, um zu spielen, wobei sie Bilder vom Krieg in ihre Musik verwoben. »Wenn wir dieses Zeug spielten«, erinnerte sich Young in einem Interview, »war es ganz intensiv. Es war *echt*. Ich sah vor meinem geistigen Auge Menschen sterben. Ich sah Bomben fallen und Gebäude über Familien zusammenbrechen.« Und die Musik war *laut*, »so laut wie ein abstürzendes Flugzeug laut ist, voll aufgedreht für den Kriegssound...«

Ursprünglich Ragged-Glory-Tournee genannt, bekam das Unternehmen später den reizenden Spitznamen Smell The Horse. Passender wäre vielleicht The War gewesen.

Später im gleichen Jahr erschien unter dem Namen *Weld* eine Doppel-CD mit Live-Aufnahmen von der Tournee. Young gab zu, daß an dem Album »nichts anders« war, daß »kein Neuland betreten wurde, außer was die vorhandene Energie betraf«. *Blowin' In The Wind* war der einzige Song darauf, den er zuvor noch nicht veröffentlicht hatte, und einige der anderen erschienen zum dritten oder vierten Mal auf einem Album von Young. Trotzdem erwies sich seine Behauptung, viele der Neufassungen seien die besten von allen und er und Crazy Horse hätten »eine Menge hingekriegt«, als gerechtfertigt. *Love And Only Love, Welfare Mothers* und *Tonight's The Night* verdienen besondere Erwähnung, und der Jodelschrei, mit dem *Fucking Up* beginnt, ist an sich schon den Preis des Albums wert.

Oder den Preis des Videos, bei dem Young unter seinem bekannten Pseudonym Bernard Shakey Regie geführt hatte. Es ist eine mehr oder weniger geradlinige Zusammenstellung von Konzertausschnitten – meist dieselben wie auf dem Album – und Publikumsreaktionen. Nur an manchen Stellen benutzte Young das Video, um den Bezug zum Krieg optisch deutlicher zu machen.

Nach *Crime In The City* erscheint auf dem Bildschirm CNN-Material vom Bombardement Bagdads. Es wird neben dem einsam in

Rauch und Licht gehüllt dastehenden Young ausgeblendet, der die ersten Akkorde von *Blowin' In The Wind* spielt. Dann schwenkt die Kamera ins Publikum zu den Friedenszeichen und den amerikanischen Flaggen, dann zurück zu Young, wie er Dylans Worte singt, während das gelbe Band dazu flattert. Es ist ein schönes Sinnbild für amerikanische Gedanken und Empfindungen gegenüber dem Krieg, die ihrerseits miteinander auf Kriegsfuß stehen.

Später erscheinen – passenderweise zwischen *Fucking Up* und *Cortez The Killer* – Aufnahmen von einem Vogel, der durch sein Ölkleid dem Untergang geweiht ist. Am Ende des letzteren Songs, nach dem abschließenden, halb ungläubigen »What a killer!«, leitet eine Reihe von Kriegsbildern – ein abhebender Stealth-Bomber, ein einsamer GI, Flugzeuge der Alliierten über dem Irak – zu *Powderfinger* über, Youngs Geschichte von Invasion und Mord. Es besteht kein Zweifel daran, wer für ihn hier das Opfer ist. Er hätte ebensogut singen können: »Look out Mama, here come the smart laser-guided weapons.« Oder gar: »Tin soldiers and Schwarzkopf's coming.«

Wer Sinn für klangliche Abenteuer hatte, konnte zusammen mit *Weld* noch etwas Besonderes erstehen: Einer limitierten Ausgabe der Doppel-CD lag als Dreingabe *Arc* bei, eine CD mit fünfunddreißig Minuten – nun ja – *Lärm*.

Die Idee ging auf 1985 und das Video zu *Muddy Track* zurück, das zur damaligen Europa-Tournee mit Crazy Horse entstanden war. Oft hatte Young einfach eine Kamera auf seinen Verstärker gestellt, und diese hatte Young zufolge, während sie neben ihm das Publikum filmte, unter heftigen Vibrationen »den Sound der gesamten Band eingefangen, wie er in diesen kleinen Verstärker hineingesaugt, verdichtet und saumäßig verzerrt wird...«

Young hatten es die Anfänge und Enden der Songs am meisten angetan, und er begann, sie vom Rumpf der Songs abzutrennen und sie als etwas Eigenständiges zu sehen. Er zeigte das Video zusammen mit den abgetrennten, verzerrten Anfängen und Enden Thurston Moore von Sonic Youth. Moore war so beeindruckt, daß er vorschlug, Young solle sie auf Platte herausbringen.

Und während Young an *Weld* arbeitete, fiel ihm ein, wie er es machen konnte. »Ich nahm siebenundfünfzig Einzelteile, die wir ›Funken‹ nannten, schnitt sie heraus, numerierte sie und trennte sie von den Konzerten, aus denen sie stammten. Von diesen siebenundfünfzig

Teilen wählte ich siebenunddreißig aus. Ich hatte sie alle in einer Datenbank, und ich hatte mir sämtliche Tonarten und Texte, die in den Stücken vorkamen, notiert, so daß ich wußte, aus welcher Halle jedes stammte, und mich dadurch von einer zur anderen bewegen konnte, ohne daß sich der Klang radikal änderte.« Aneinandergefügt wurden die einzelnen Teile zu *Arc*.

Weld mochte »nichts anderes« sein, aber Young hielt große Stücke auf *Arc*. »Wenn man meine Musik über die letzten dreißig Jahre hinweg betrachtet«, meinte er, »und wissen will, wo ich jetzt stehe, dann hört man es hier.« Aber was *hörte* man? Es waren »einfach Klänge. Das ist der Kern. Es ist wie New-Age-Metall ... Es hat weder *Genre* noch *Haltung;* es kommt weder von da noch von dort. Es ist einfach Metall. Und es explodiert, es ist geschmolzen, es geht ab ...«

Die auffälligste Eigenschaft des Albums ist das Fehlen eines regelmäßigen Rhythmus, eines Beats. Im Gegensatz zu den meisten anderen damaligen Alben, die Young als »eine Stunde Musik mit programmiertem Beat, und das nur, weil jemand ihn eingegeben hat«, bezeichnete, brachte *Arc* »fünfunddreißig Minuten ohne jeden Beat«. Dieser Mangel garantierte Freiheit. »Man ist vom Beat eingeengt. Jeder sagt, Beat ist das Herzstück des Rock 'n' Roll, und das finde ich auch, mit dem Beat geht's ab. Die Massen stehen auf den Beat. Aber *Arc* ist wie etwas ganz Großes. Ich möchte *Arc* mit dem Film *Fantastic Voyage* vergleichen, es ist wie eine Reise durch einen gewaltigen Akkord. Der Akkord mag fünf oder sechs Stunden dauern, aber in dem Maßstab, auf den wir uns reduzieren, dauert er fünfunddreißig Minuten. Für mich ist *Arc* mehr Ausdruck und Kunst als alles, was ich seit langem gemacht habe. Es ist Aufzugsmusik für Wahnsinnige. Es ist weißer Rap. Es hat keinen Beat und kaum Text.«

Es war, sagte er, »wie Jazz oder so«. Es definierte »eine ganz neue Erfahrungswelt für mich und vielleicht auch für andere«. Und es würde »Leuten am verfluchten Abgrund« gefallen.

Arc klingt oft wie ein Autounfall in Zeitlupe. Es könnte jede Menge verschiedene Soundtracks für jede Menge Werbespots für Airbags liefern.

Arc klingt wie ein Weltraumfilm. Und wie ein Kriegsfilm. Wie der Golfkrieg oder jeder moderne Krieg.

Arc klingt, als wenn verrückt gewordene Musiker auf ihre Instrumente eindreschen. Und so ist es auch.

An manchen Tagen klingt *Arc* wie ein Musikstück, das keinen Anfang findet – die ganzen fünfunddreißig Minuten lang. An anderen Tagen klingt es wie ein Musikstück, das kein Ende findet – die ganzen fünfunddreißig Minuten lang.

Man kann aber auch so tun, als hätte man die ersten fünfzehn Stunden verpaßt und nur noch den fünfunddreißigminütigen Abschluß mitbekommen.

Es gibt Anklänge an *Sister Ray* von Velvet Underground, das einzige Musikstück, von dem ich garantiert Kopfschmerzen bekomme, wenn ich nicht aufpasse. (Darin verbirgt sich vermutlich eine Lehre, aber ich weiß nicht, was für eine.)

Nach Beendigung der zermürbenden Smell-The-Horse-Tournee am 27. April verbrachte Young den Rest des Jahres 1991 geruhsam. Er bereitete das *Arc/Weld*-Material für die Veröffentlichung vor und beschränkte sich auf wenige Auftritte zu besonderen Anlässen, wie etwa beim fünften Bridge-Benefizkonzert und dem Konzert zu Ehren Bill Grahams, die beide im November stattfanden. Eine für September geplante Japan-Tournee für Amnesty International wurde abgesagt. Ein Grund war, daß Young sich eine Ohrenentzündung zugezogen hatte. Er ging einmal ins Aufnahmestudio, um im Hintergrund für seinen alten Freund Robbie Robertson auf dem Stück *Soapbox Preacher* zu singen. Robertson zufolge sah Young an diesem Tag wirklich aus wie ein Straßenprediger.

Was seine eigene Musik anging, schien Young sich inzwischen wieder der akustischen Richtung zugewandt zu haben. Zum Teil war das reine Notwendigkeit. Nach *Arc/Weld* »konnte ich so was nicht mehr machen. Ich hatte mich daran verausgabt – es raubte so viel, daß ich davon wegkommen und warten mußte, bis es wiederkam. Ehrlich, ich war einfach komplett ausgebrannt.« Ein besonderes Problem war der Gehörschaden, den er während der Auftritte in Kriegslautstärke erlitten hatte.

Doch es gab auch positive Gründe für die Rückkehr zum Folk-Country-Stil. Einen formulierte er philosophisch: »Man wünscht sich, dorthin zu gelangen, wo es ruhig ist, wo die Dinge ganz klein und ruhig sind, aber wenn man in sie eindringt, sind sie riesig. Es ist wie unter einem Vergrößerungsglas, anstelle von etwas, das so groß ist, daß die Wände davonfliegen ... ist es ganz das Gegenteil. Ich bin jetzt an diesem Extrem angelangt. Es ist ganz natürlich. Es ist eine natürliche Weiterentwicklung.«

Bei akustischer Musik boten sich mehr Gelegenheiten, die Songs »aufzumachen« und zum Kern dessen vorzudringen, worum es in ihnen ging. »Wenn man allein spielt«, sagte er in einem Radiointerview, »achtet man mehr auf die Nuancen dessen, was man wirklich ist und was man macht. Auf diese Weise komme ich mit mir selbst in Kontakt...« Er griff wieder auf das Wesentliche zurück, auf »Worte und Akkorde und Melodien und Menschen«. Jetzt konnte er sich das leisten, weil er nicht mehr das Gefühl hatte, sich irgendwo verstecken zu müssen.

Mit der akustischen Musik auf Tournee zu gehen war auch etwas ganz anderes als die Tourneen mit Crazy Horse oder den Bluenotes. Es kamen andere Leute. Young schätzte, daß etwa die Hälfte seiner gesamten Zuhörerschaft sowohl seine sanfte akustische als auch seine harte elektrische Seite sehen wollte, aber die andere Hälfte zerfiel in zwei völlig gegensätzliche Lager. Während seine elektrische Richtung undefinierbare »Extremisten« anzog – man könnte sie auch als »halbwegs junge, weiße, männliche Säufer« bezeichnen –, führten die akustischen Auftritte eine Menge Leute zusammen, die sich sonst nie begegnen würden: ganz normale, bürgerliche Menschen beiderlei Geschlechts zwischen zehn und sechzig.

Es war Zeit, wieder Kontakt zu ihnen aufzunehmen und ihnen die neuen Songs vorzusingen, die er über sein Leben geschrieben hatte, und zu erproben, ob sie sich selbst darin wiederfanden. Young beschrieb das bevorstehende Album *Harvest Moon* als die Ruhe im Auge des Sturms von *Arc/Weld*, aber es war wesentlich mehr als das. Es war in der Tat eine Rückkehr zum wesentlichen, nicht nur in der Musik, sondern auch im Lebensstil. Zum ersten Mal seit vielen Jahren schrieb Young Songs, die mitten aus seinem eigenen Leben und Lieben stammten, aus seinen eigenen Ängsten und Freuden und nicht aus einer erfundenen Figur, die ebensoviel verbergen wie preisgeben sollte.

1992 ging er immer wieder auf Tournee, ausgerüstet mit einem Stuhl, umgeben von einem Halbkreis aus Banjo, Gitarren, Klavieren und Harmonium, aber ohne festes Programm, da er spielen wollte, wonach ihm gerade war, und so wechselten sich kurze Auftrittsserien mit Phasen auf der Ranch ab. Dazwischen versammelte er die Stray

Gators, um die neuen Songs einzuspielen. Das Album sollte *Harvest Moon* heißen und mit dem größten Teil der Band eingespielt werden, die auf *Harvest* zu hören sind – jedoch war nicht von vornherein beabsichtigt gewesen, eine Fortsetzung zu produzieren. Die Songs, so sagte Young, verlangten einfach nach diesen Musikern. Der Rest war Zufall.

Harvest Moon klingt eigentlich weniger nach *Harvest* als nach *Comes A Time*. Es besitzt die ganze Ruhe des letzteren, dessen Entspanntheit und Nachdenklichkeit, und es hat nichts vom Drang des ersteren, sich selbst zu beweisen. Die Musik ist ein Spiegelbild von Youngs ausgeglichener Verfassung. Über den klimpernden Gitarren und dem schlurfenden Schlagzeug klagt leise die Pedal Steel, und die Mundharmonika jammert sanft. Youngs Gesang ist bedächtig, zurückhaltend und voller innerer Kraft und wird von einem Hintergrundchor, bestehend aus Nicolette Larson, Linda Ronstadt und seiner Halbschwester Astrid Young, wunderbar unterstützt. Sogar die vage Bekanntheit vieler Melodien wirkt tröstlich. Es war, so sagte er, »die weiblichste Platte, die ich je gemacht habe. Ich könnte mir denken, daß Frauen, denen die letzten beiden nicht gefallen haben, diese mögen werden. Es ist eine feminine Platte, und ich wollte dieses Element wieder zurückholen.«

Drei der Songs – *You And Me, Harvest Moon* und *Such a Woman* – sind direkte Freudengesänge auf die Tiefe und Langlebigkeit von Youngs Beziehung zu seiner Frau. Obwohl sie alle offenkundig von Herzen kommen und unbestritten Schlüsselelemente im Gesamtmosaik des Albums sind, sticht keiner von ihnen besonders hervor. *Such A Woman* wurde von Arrangeur Jack Nitzche so schön dekoriert, daß seine eigentliche Schlichtheit um so deutlicher wird.

Old King kommt einer Schwofnummer am nächsten und ist eine postume Hommage an Youngs Hund Elvis. *Dreamin' Man* ist beim ersten Hören das simple Eingeständnis eines verwirrten Geisteszustandes, verdüstert sich aber zur Geschichte eines bewaffneten Außenseiters, der Frauen in Einkaufszentren verfolgt. Er ist nicht der einzige mit »homeless dreams«: Die weibliche Hauptfigur aus *Unknown Legend* streift über die verlassenen Landstraßen ihrer Träume, und wir sehen sie »dressing two kids, looking for that magic kiss«. Das sind die Amerikaner im Jahr 1992, erfüllt von einem massiven Gefühl des Verlusts, aber sie wissen nicht, was sie verloren haben.

Youngs persönliches Gefühl eines Verlusts ist Teil der Geschichte auf den vier restlichen Stücken. In *One Of These Days* hält er Rückschau und findet sich betrübt damit ab, daß Freunde verschwinden, während *From Hank To Hendrix* ein etwas ehrgeizigerer Versuch ist, den Prozeß zu verstehen, wie Menschen ihre Vergangenheit in ihre Gegenwart hinübertragen. Es geht um Musik und Youngs eigene Reise von Hank B. Marvin zu Jimi Hendrix, aber ebenso geht es um Beziehungen und darum, daß man »das gleiche Lächeln« an vielen Orten antrifft. Die Möglichkeit einer Scheidung wird angesprochen und dann vergessen; ebenso wie der Tod Teil des Lebens ist, ist Scheidung ein Teil der Ehe: »You're constantly wondering ... whether it's gonna last or whether it's going to explode.«

Alles geht vorüber, aber vielleicht muß es gar nicht so schnell gehen, wie es die Wegwerfgesellschaft gern hätte. Manches wird mit der Zeit tiefer. Young sah, daß man daran arbeiten mußte, »Langeweile und Wiederholung und letztlich das daraus folgende Absterben der Beziehung zu vermeiden«. In einer Beziehung zu leben hieß, »alles neu zu erhalten und frisch zu bleiben, nicht einfach in eine Form zu verfallen und immer wieder dasselbe zu tun, sondern wirklich zu versuchen, alles wie zum ersten Mal zu entdecken und zu empfinden...«.

Es war nun dreiundzwanzig Jahre her, daß Young gefragt hatte: »When so many love you, is it the same?« Auf *Harvest Moon* bewegt er sich auf ähnlichem Terrain. 1969 hatte er darüber sinniert, ob mehrfache Beziehungen der Seele das gaben, was sie brauchte. Nun formuliert er die Zweifel eines verheirateten Mannes mittleren Alters, der überlegt, wie er in einer monogamen Beziehung wachsen kann, insbesondere in einer, die sich im Kontext einer breiteren Kultur bewegt, die von den Werten Jugend und Veränderung besessen ist.

Das Bedürfnis zu bewahren, auf bereits Vorhandenem aufzubauen, sich der Veränderung als Selbstzweck zu verweigern, läßt sich ebenso auf die Umwelt anwenden wie auf zwei Menschen, die an einem gemeinsamen Leben arbeiten. In *War Of Man* bringt Young einen oberflächlichen, aber charmanten Blick auf den Planeten aus den Augen eines Tieres; in *Natural Beauty* knüpft er alles zusammen und schafft einen wahren Geniestreich. Der Song wurde live aufgezeichnet, nur Young allein an Gitarre und Mundharmonika, hinter ihm etwas, das sich wie Synthesizer und Vibraphon anhört, während Nicolette Larson in den hohen, geträllerten Refrain einfällt. Der Gesamteffekt ist eine Mischung aus Trauer, Resignation und Entschlossenheit. Der Text klingt zunächst simpel – aber nur zunächst.

Der Refrain beginnt: »A natural beauty should be / Preserved like a monument to nature.« Die Gegenüberstellung von »Natur« und »Schutz« ist ironisch, weil etwas »Natürliches« eigentlich keines Eingreifens bedarf. Infolge unserer Fehler als Spezies ist dies leider zur zentralen Ironie unserer Kultur geworden: Wir brauchen weltweiten Umweltschutz, um die Dinge so zu erhalten, wie sie sind. Die nächsten Zeilen sind – »Don't sell yourself too short my love / Or someday you might find your soul endangered« – stellen eine andere Verbindung her. Indem wir den Planeten zu billig verkaufen, haben wir die Natur in Gefahr gebracht, und indem wir uns selbst zu billig verkaufen, indem wir die gleichen falsch verstandenen Werte auf unser eigenes Leben anwenden, bringen wir unsere wahre Natur in Gefahr.

Es gibt keine Antworten in *Natural Beauty*, nur Schlaglichter auf Zusammenhänge zwischen dem menschlichen Leben, der Welt, die die Menschen geerbt haben, und der Welt, die die Menschen bewohnen. Die erste Strophe bewegt sich unheilvoll von einem schreienden neugeborenen Baby zu »an anonymous wall of digital sound«; die zweite enthält die Zeile: »What a lucky man to see the earth before it touched his hand.« Das scheint logisch absurd, aber wie das »homeland we've never seen« in *Pocahontas* tragen wir diese jungfräuliche Erde in uns. In der letzten Strophe ist der Protagonist auf einem Rodeo und bemerkt die nagelneuen Cadillacs, die nagelneuen nahtlosen Hosen – die ganzen Accessoires unserer Konsumkultur – und beobachtet »the moment of defeat / Played back over the video screen / Somewhere deep inside of my soul«.

Dieser Song bringt das zentrale Thema von *Harvest Moon* in sämtlichen Aspekten: die Notwendigkeit, unvermeidliche Verluste zu akzeptieren, egal ob sie Jugend, Unschuld oder Schönheit betreffen, und gegen vermeidbare Verluste zu kämpfen, egal ob es um Liebe, Freunde oder eine bewohnbare Umwelt geht. Die Vergangenheit muß lebendig in die Zukunft getragen werden. Sowohl für den einzelnen wie für den ganzen Planeten gelten Youngs Worte: »Es geht darum, am Leben zu bleiben. Löscht euch nicht selbst aus.«

»Spüren Sie, wie die Jahre weniger werden!« bedrängte Reprise die Konsumenten in der Werbung für *Harvest Moon*. Auch wenn er gern zugab, daß *er* das nicht spürte, schien der Urheber des Albums ziemlich gut in Form zu sein für jemanden, der sich seinem siebenundvierzigsten Geburtstag näherte, und erst recht für jemanden, der ein gerüttelt Maß an medizinischen Problemen durch fünfundzwanzig Jahre Rockgeschichte geschleppt hatte.

Weiterhin schien er allgegenwärtig zu sein. Sein Image als Patenonkel des Grunge im Jahre 1991 wechselte 1992 zu dem des alten akustischen Hippies und schuf den großen alten Mann des Rock, der mit Metall ebenso vertraut war wie mit Holz und mit seiner eigenen Generation ebensosehr wie mit dem neuesten Schwung Teenager. Sogar dem Rap verlieh er sein persönliches Gütesiegel. »Hey, Mann, das ist obergeil«, erklärte er einem verblüfften Ice-T und berichtete ihm, wie oft er den Zwang, Worte zu *singen*, als einengend empfunden hätte. Beim Rap »sagst du, was du verflucht noch mal sagen willst«. Und, wie er schon immer gesagt hatte, Young mochte gute Musik – das Genre war zweitrangig.

Im Januar wurde er eingeladen, die Jimi Hendrix Experience in die Rock 'n' Roll-Ruhmeshalle einzuführen. Selbstverständlich hielt er eine Lobesrede auf seinen Lieblingsgitarristen, zollte aber auch den anderen beiden Mitgliedern der Band Tribut. »Es ist schwer zu sagen, ob er das ohne die anderen beiden Jungs erreicht hätte«, bemerkte er und dachte dabei vielleicht an all jene zurück, die *ihm* auf seinem Weg geholfen hatten, von den Jades bis zu den Restless.

Die Benefizkonzerte gingen weiter: im März das fünfte Farm-Aid-Konzert, im April Auftritt in L. A. zur Unterstützung der Walden Woods in Massachusetts. Im Mai war Young selbst der Begünstigte, als er nach Fort William (das inzwischen nominell zu Thunder Bay gehörte) zurückkehrte, wo er von der Lakehead University einen Ehrendoktor verliehen bekam.

Im Oktober unterbrach er seine Reisen, um in New York auf dem Konzert zu Ehren Bob Dylans aufzutreten – dem »Bob-Fest«, wie Young die Veranstaltung taufte –, und er lieferte mit leidenschaftlichen Versionen von *Just Like Tom Thumbs Blues* und *All Along The Watchtower* eines der Glanzlichter des Abends. Sein Auftritt folgte direkt auf den haßerfüllten Empfang für Sinead O'Connor, die einer feindseligen Menge trotzig Edwin Starrs *War* vorgesungen hatte, bevor sie unter Tränen die Bühne verließ. Young zeigte ebenfalls kein Mitleid mit ihr, weder damals noch hinterher, indem er zwar nachvollziehbar, aber nicht besonders mitfühlend einwandte, daß jemand, der wie O'Connor kein Blatt vor den Mund nahm, lernen sollte, mit der unvermeidlichen Reaktion umzugehen.

Auf politischer Seite war 1992 wieder einmal Wahlfest, und Young, anscheinend ewig auf Tournee, wurde ständig gefragt, was er von den Kandidaten hielt. Er war immer noch nicht angetan von Bush, der keine Hoffnung auf die Veränderung bot, deren eine wackelige Wirtschaft bedurfte, aber von Clinton war er auch nicht überzeugt. Der Mann war zwar ein »Kämpfer«, fand Young, doch »die demokratische Art, Dinge anzugehen« erfüllte ihn keineswegs mit Zuversicht.

Aber der dritte Kandidat gefiel ihm ganz gut. Ross Perot fiel aus dem Rahmen; er versprach radikale Veränderungen. »Ich bin selbst eine Art Radikaler«, gestand Young. »Ich finde, wenn man etwas umkrempelt, muß man es von Grund auf tun. Tu es, pack's an. Zugleich muß ich mich selbst warnen, daß manche Dinge zu groß sind, um sie allzu schnell bewegen zu können, da man sie sonst noch kaputtmacht ... Ross Perot strahlt eine Art Genie aus, das ich sehr interessant finde. Ich habe keine Angst vor ihm. Viele Leute finden ihn düster und bedrohlich. Aber das liegt daran, daß er so offen ist...«

Es konnte aber auch sein, daß viele Leute Perots kaum verhohlenen Rassismus und seinen Schwulenhaß nah am Faschismus orteten. Für jemanden, der sich selbst, zumindest in Umweltfragen, »an erster Stelle als einen Bürger des Planeten Erde und erst an zweiter Stelle als Bürger eines Landes« betrachtete, geriet Young mit seiner intuitiven Achtung vor dem Außenseiter auf gefährliches Gelände.

»Ich denke nicht«, sagte Young 1990, als er gebeten wurde, seine Gitarrentechnik zu beschreiben. »Mein Kopf hat nichts damit zu tun; ich glaube, es ist meine ganze Seele. Mein ganzer Körper und meine ganze Seele. Sie machen einfach den verfluchten Tanz der Pyramiden.« Je gedankenloser er spielte, so fand er, desto besser war er. »Meine besten Auftritte – da weiß ich gar nicht mehr, was ich gemacht habe. Dadurch weiß ich immer, daß ich vermutlich recht gut war ...«

Er hat stets bereitwillig eingeräumt, nicht der technisch begabteste Gitarrist auf der Welt zu sein. Seine rechte Hand ist schnell genug, aber die linke ist – wie diese gesamte linke Körperseite – langsam. Er beherrscht keine Tonleitern und gibt gerne zu, daß »ich eine Menge Noten suche, von denen ich weiß, daß es sie nicht gibt«.

Doch das alles spielt keine Rolle, zumindest nicht für ihn. Obwohl er sich gern von technisch begabten Gitarristen beeindrucken läßt, ist es ihm seit jeher schwergefallen, einen Bezug zu technischer Präzision zu finden. Seine Grundlage ist die Leidenschaft: »Wenn du Gefühle hast, die du durch Musik ausdrücken willst, dann zählt nur das.« Als Gitarrist hat Young kaum etwas anderes getan. Frank Sampedro zufolge »hat er eine Riesenseele – das hat nichts mit Technik zu tun«. Billy Talbot betrachtet es als »musikalische Unschuld«. Young selbst sieht sich als »Krachmacher – allerdings mache ich manchmal auch melodischen Krach«.

Young bekräftigt, daß er Crazy Horse viel verdankt. »Man kann es ein Solo nennen«, sagt er, »aber es ist die ganze Band, die spielt. Billy Talbot ist ein gediegener Bassist, der nur zwei oder drei Töne spielt. Die Leute versuchen immer noch rauszukriegen, ob er nur zwei oder drei Töne *kann* oder ob diese drei die einzigen sind, die er spielen will. Aber wenn er einen Ton anschlägt, spricht der für sich selbst. Es ist ein Riesen-Wahnsinns-Ton. Sogar die leisen sind wuchtig... Frank verwendet die dicksten Saiten, die ich je bei einem Gitarristen gesehen habe. Frank ist vermutlich ein noch ungehobelterer Musiker als ich, weil seine Leadgitarre nicht so entwickelt ist wie meine. Aber seine Saiten sind *so* dick! ... Er schlägt einen Ton an, und es ist ein wuchtiger Ton ... Ohne die wuchtige Begleitung von Crazy Horse klinge ich nur normal. Aber sie sorgen für die Wucht, und so kann ich mich treiben lassen und *riesig* klingen. Das Wuchtige sind sie.«

Wenn er spielt, sucht Young nach dem magischen Moment des Abhebens. »Wenn ich spiele oder improvisiere, fängt es in meinem Kopf an, meine Nase beginnt, den Luftstrom zu spüren, und ich merke, daß ich anfange zu hyperventilieren, und du kommst weiter und weiter rein – die Endorphine in deinem Körper sprechen darauf an ... Es funktioniert nicht immer – manchmal klingt es nur, als spielte man lange Zeit dasselbe und nichts passiert. Ein andermal ist es wie ein euphorischer, kosmischer Orgasmus.«

Was aufsteigt, muß auch wieder landen; hinterher ist es alles etwas seltsam. »Wenn ich von der Bühne komme, fühle ich mich ein bißchen verwirrt. Wenn ich gut gespielt habe, bin ich verflucht durcheinander. Ich muß mich wirklich geographisch orientieren. Ich versuche, nicht gegen irgendwelche Wände zu laufen. Meistens hyperventiliere ich. Wahrscheinlich habe ich auch noch ein bißchen Nachhall im Kopf.«

Um einen seiner Songtexte zu paraphrasieren: Mit jedem Solo, das vorbeigeht, verbrennt er ein Stückchen von seiner Seele.

* * *

Young schreibt Songs mit der gleichen Spontaneität, wie er Gitarre spielt. »Manchmal wird etwas daraus und manchmal nicht. Solange man offen bleibt, läuft es ... Wenn sich ein paar Monate lang nichts tut, heißt das, daß man Ruhe braucht. Man muß es nicht die ganze Zeit tun. Die Musik wäre gekünstelt, wenn man es erzwingen wollte. Es wäre sinnlos. Ich bleibe dran, solange ich kann, wenn ich einen Song schreibe, und dann ist einfach Schluß. Manchmal warte ich anderthalb Jahre, bevor der Rest des Songs zustande kommt.« Da eine Schreibblockade nur die befällt, die sich zum Schreiben setzen, bevor sie eine Inspiration haben, ist Young stets davon verschont geblieben.

Seine Ideen kommen ihm beim Fahren, früh am Morgen nach dem Aufwachen oder beim Spazierengehen; die Muse kann ihn jederzeit überfallen und verlangt sofortige Aufmerksamkeit. »Wenn du die Straße entlanggehst«, berichtete er in einer kanadischen Fernsehsendung, »und du beginnst, einen Song zu hören, dann warte nicht. Weil du ihn wieder vergessen wirst. Er wird nie wieder so, wie er war.«

Dabei sollte man so wenig wie möglich bewußt denken. »Es ist schon komisch mit der Musik«, sagte er 1989. »Das Schlimmste, was man tun kann, ist *denken*. Das ist das übelste.« Der Autor sollte versuchen, nicht seiner eigenen Autorenschaft in die Quere zu kommen, sondern lediglich Geburtshilfe leisten.

Auch die Behandlung nach der Geburt sollte auf ein Minimum beschränkt bleiben. Youngs Auffassung, daß der Song eher *über* ihn entsteht als *aus* ihm, gibt ihm ein Gefühl der Verantwortung für die Reinheit seines Werdens. Das geht so weit, daß er Bearbeitung als »selbstherrliches Eingreifen« betrachtet. »Mein Geist arbeitet hinter den Kulissen und setzt diese Dinge zusammen, ohne daß ich bewußt darüber nachdenke, und zum richtigen Zeitpunkt kommt alles heraus. Das ist eher eine Art, na ja, schöpferischer Akt im wahren Sinne des Wortes als ein Entwerfen. Deshalb muß es gar nicht bearbeitet werden, solange man es richtig herausbringt, sauber, wissen Sie, ohne sich bei jeder Zeile zu fragen: Was werden die Leute von mir denken, wenn ich das schreibe?«

Es gibt offenbar keine strengen, festen Regeln. Viele von Youngs Songs haben sich im Lauf der Jahre gewandelt, sowohl bevor sie aufgenommen wurden als auch danach, und es gibt keinen Grund zu der Annahme, daß Young ein Stück zwischen seiner Entstehung und seiner ersten Aufführung nie verändert. Zu Hause hört Pegi, wie er einiges ausprobiert, »und dann, über einen Zeitraum von Tagen oder Wochen hinweg«, hört sie, wie es »wächst und gedeiht«. Und »wenn er am Text arbeitet, singt er manchmal im Haus, aber ganz leise, fast nur murmelnd«.

Das Endergebnis sollte den Zuhörern mehr sagen als nur »Friß oder stirb«. Youngs Songs mögen widerspiegeln, was in seinem Leben vor sich geht, sei es in seinem Innersten oder draußen in der Welt, aber er möchte den Zuhörern auch einen Weg hinein eröffnen, um sie geistig anzuregen: »Sie müssen die Geschichte ja nicht zu Ende schreiben, aber alle, die es draußen hören, sollen eine Art Leinwand geliefert bekommen, auf der sie ihre eigenen Bilder malen können.«

Wenn Young genug solche Songs beisammenhat, »suche ich die besten aus und versuche, sie um ein Thema herum zu gruppieren«. Braucht er noch mehr oder glaubt er, es fehlte noch etwas, um das übergeordnete Thema stärker zu betonen, macht er sich auf die Suche nach einem passenden Song. Ist ihm erst einmal klar, welche Stücke auf das nächste Album kommen sollen, überlegt er, welche Musiker sich am besten für das eignen, was er im Auge hat. Ist das entschieden, werden Aufnahmetermine festgesetzt – vorzugsweise bei Vollmond.

Die Aufnahmen sind nicht Youngs liebster Teil des kreativen Prozesses. Auf der einen Seite räumt er ein, daß ihm die nötige Geduld fehlt, um kunstvoll gefertigte Platten zu machen; auf der anderen Seite hat er aber überhaupt kein Interesse daran, solche Platten herauszubringen. »Ich hasse Aufnahmestudios und Produktion, das ganze Zeug. Ich mag diese fließbandartige Fabrikatmosphäre nicht ... Ich mag Aufnehmen so, wie ich Filme mag. Ich mag Filme des *Cinéma Vérité* ... Ich mag Audio *Vérité*.«

Das war schon seit Anfang der Siebziger so, als Young, wie er zugibt, »besessen davon wurde, den Moment einzufangen und aufzunehmen. Alle, die ich kannte, arbeiteten mehr und mehr im Studio. Für mich war es eine Form von Selbstmord, geschliffene Platten zu machen. Je sauberer andere Platten waren, desto wütender machte mich das.« Er wollte lieber »den Song vortragen, singen und spielen und das Gefühl des Songs rüberbringen. Es mag dann nicht perfekt sein und hat vielleicht dann nicht den großartigen Sound, den es braucht, um ins Radio zu kommen, und es hat vielleicht auch nicht den perfekten Beat oder den Computer, durch den sich jeder entspannt fühlt ... Das habe ich nicht, und das brauche ich auch nicht.«

Er mischt zwar manchmal Spuren dazu, vor allem den Hintergrundgesang auf Live-Alben, ist aber der Meinung, das sollte entweder auf ein Minimum begrenzt bleiben oder nur dann eingesetzt werden, wenn er ein besonderes Resultat im Auge hat, wie etwa »als ich versucht habe, einen speziellen Hochglanz-Sound zu erzielen, oder wenn ich etwas haben wollte, das völlig steril war – wozu ich mitunter Lust hatte«. Er zieht es jedoch vor, musikalische Fotos zu schießen, anstatt musikalische Porträts zu malen.

Ob allein oder mit einer Band – Young geht ins Studio und spielt ein Stück zwei- oder dreimal. Das reicht, und wenn nicht, läßt er es sein und kommt nach ein paar Tagen wieder auf den Song zurück, anstatt so lange auf ihm herumzudreschen, bis er jegliche Spontaneität verloren hat.

Er hat zugegeben, daß er im Studio eine Menge David Briggs verdankt. »Ohne ihn«, sagte Young, »fragen wir uns alle, ob wir das Richtige tun.« Aber er braucht keine spezielle technische Anleitung. Trotzdem er solchen Nachdruck auf menschliche Spontaneität legt, hat Young die Fortschritte in der Aufnahmetechnik nicht nur begriffen, sondern seine eigenen technischen Hilfsmittel entwickelt. Wie bei Autos und Zügen neigt er zu altem und erprobtem Gerät, und beim Mixen bevorzugt er ein kleines Mischpult mit zwei Reglern aus den frühen sechziger Jahren, anstatt sich auf die Wunder der modernen Technik zu verlassen. Er verleiht der Musik einen wärmeren Klang und liefert ein Gegengewicht zu dem harten Charakter der digitalen Aufnahmetechnik.

Young sagt, daß er von Anfang an alles digital aufzeichnet, da am Ende sowieso alles digitalisiert wird, und es sei besser, in jeder Phase des Aufnahmeprozesses zu wissen, womit man es zu tun hat. Wenn es kommerziell noch rentabel wäre, sich auf Analogplatten und -bänder zu beschränken, täte er es wahrscheinlich, weil er glaubt – er hat den größten Teil des Jahres damit verbracht, es der ganzen Welt klarzumachen –, daß digitale Musik »Folter« und »sensorischer Mangel«

bedeute und die Menschheit mit ihr »das finstere Mittelalter des aufgezeichneten Klangs« betreten habe.

Er nennt beeindruckende Argumente. Die oberflächliche Haltbarkeit und klangliche Klarheit von CDs ist unbestritten, aber darauf wird keine Musik reproduziert: »Man lauscht binären Zahlen, die ein digitaler Konverter ausspuckt ... Also Kodes und Ziffern und Informationen, und wenn der kleine Chip sie liest, spuckt er Klangschattierungen und Frequenzen aus, die den Klang von Musik nachahmen ...«

Das Ausschalten eines Oberflächenrauschens mag als Fortschritt erscheinen, aber »mit dem Rauschen ist auch die klangliche Tiefe verschwunden und die unzähligen Möglichkeiten am hohen Ende, wo alles wie der Kosmos ist, mit explodierenden Sternen und Echo. Seit den Achtzigern enthalten Platten diese Qualitäten nicht mehr, aber genau das sind die Dinge, die den menschlichen Körper dazu anregen zu reagieren, die Musik zu spüren und zu genießen. Das alles ist jetzt verschwunden. CDs liefern keine Musik. Sie liefern nur ein Abbild von Musik. Es ist völlig oberflächlich – einfach nicht das Wahre.«

In Interviews in den letzten Jahren hat Young häufig Parallelen zur Fotografie gezogen. Nehmen Sie eine normale Kamera und eine neue digitale, riet er 1993, machen Sie mit beiden die gleiche Aufnahme und hängen Sie die stark vergrößerten Abzüge an die Wand. Aus einer Entfernung von sechs Metern »sieht die digitale etwas schärfer aus, die andere ist zwar schön, aber nicht so klar. Gehen Sie dann nah ran. Der Film ist wunderbar – je näher Sie kommen, desto mehr Details und Fülle sehen Sie. Aber wenn Sie ganz nah an die digitale Aufnahme herangehen, sehen Sie einen Haufen Punkte. Und jeder Punkt hat nur eine einzige Farbe. Es gibt überhaupt keine Details ...« Genauso war es seiner Meinung nach in der Musik: »Wenn man sich diesen digitalen Sound anhört, anstatt sich von den ganzen Möglichkeiten und der ganzen Klangfülle gefangennehmen zu lassen, dann ist man auf der Stelle zufrieden. Man hat es gehört. Man braucht es nicht noch einmal zu hören.«

Er zitierte Psychiater, die herausgefunden hatten, daß CDs Menschen nicht in gleichem Maße entspannten wie analoge Aufnahmen, und sagte voraus, daß innerhalb von fünfzehn Jahren neue, molekulare Computer es wieder gestatten würden, Musik auf organischer Basis aufzuzeichnen. Dann würde alles, was vor den Achtzigern ursprünglich analog aufgezeichnet worden war, noch einmal auf den Markt gebracht werden, und zwar mit den gesamten Verbesserungen, die die CDs mit sich gebracht hatten, aber ohne den Verlust an Fülle. Doch sämtliche Musik, die zwischen 1980 und 2010 aufgenommen wurde, könnte nicht mehr verbessert werden.

Auf die Frage, ob seine Meinung nicht stark von jener der Mehrheit der Beschäftigten in der Musikindustrie abwiche, entgegnete Young, daß in diesem Fall »die gesamte Musikindustrie auf dem verflucht falschen Dampfer ist, und zwar jeder einzelne von ihnen, und manche wissen das auch«.

Als Schlußnote läßt sich anmerken, daß Dave Moulton vom Music Production And Engineering Department im Bostoner Berklee Music College eine Untersuchung des allgemeinen Widerstreits zwischen analog und digital und Youngs Behauptungen im besonderen durchgeführt hat. Er fand heraus, daß die hörbaren Unterschiede zwischen den beiden Medien »ziemlich geringfügig« sind und entschied zugunsten der digitalen Technik, weil sie billiger und leichter zu bedienen ist. Aber er erwähnte auch eine jüngere japanische Studie, die besagte, daß die Reduktion des Frequenzbereichs in der digitalen Musik sowohl die meßbare Gehirntätigkeit als auch das aktive Bewußtsein der Zuhörer für Anziehungskraft, Erfüllung und Schönheit herabsetzt.

Als die Achtziger in die Neunziger übergingen und Young erneut künstlerischen und kommerziellen Erfolg hatte, schien er auch eher gesonnen, Rückschau auf seine Karriere zu halten. Vielleicht wurden ihm von wieder neugierig gewordenen Reportern Fragen gestellt, die solche Überlegungen förderten; vielleicht war die Vergangenheit in seinen Gedanken deshalb so präsent, weil er an der Veröffentlichung seiner Archivbestände arbeitete. Vielleicht spielte auch einfach das Alter eine Rolle – Achtundvierzigjährige sind schließlich eher geneigt, auf ihr Leben zurückzublicken als Vierundzwanzigjährige.

Sowohl er selbst als auch seine Interviewer dachten viel über seinen sinkenden Stern in den achtziger Jahren nach. Obwohl er durchaus bereit war, zuzugeben, daß familiäre Traumen ihn dazu veranlaßt hätten, seine eigenen Gefühle zu unterdrücken, zeigte er sich zufrieden mit dem, was er im letzten Jahrzehnt gemacht hatte. »Alles, was ich gemacht habe, erschien mir sinnvoll«, sagte er, und je weiter er sich von den Achtzigern entfernte, desto sinnvoller erschien ihm alles. »Ich wußte, was ich tat, als ich diese Platten herausbrachte, und ich wußte auch, wie die Reaktionen darauf aussehen würden. Ich wußte, was die Leute von mir wollten und was sie nicht bekamen. Aber ich wußte ebenso, daß die Zeit vorüberginge und die Menschen sie dann als eine Reihe von Platten betrachten würden – fast wie eine Periode, wenn es Gemälde wären. Und jetzt sind sie eben da. Sie werden immer klarer.« Nach Picassos blauer Periode nun Neils Shocking-Pink-Periode.

Er hatte zu Beginn der achtziger Jahre interessante Platten gemacht – vor allem *Trans* und *Old Ways* –, doch bleibt der Verdacht bestehen, daß er sie ohne Vorsatz gemacht hat. Er gab zu, daß er seiner Musik seine Seele entzogen hatte, weil er sich seiner Situation nicht in Songs stellen wollte; damit hatte er sich selbst seiner größten Stärken beraubt: Leidenschaft und Ehrlichkeit. Statt dessen produzierte er eine Reihe kaltschnäuziger, nach außen orientierter Alben, die dazu angetan waren, seine größten Schwächen zu entblößen: seine Weigerung, die Dinge durchzudenken, mangelndes Wissen und ein Mißtrauen gegen Kunstfertigkeit.

Youngs eigene Meinung von den Geffen-Alben ließ sich 1993 an der Zusammenstellung *Lucky Thirteen* ablesen – es war eine recht eigenwillige Meinung. *Like An Inca, Are There Any More Real Cowboys?, My Boy, Touch The Night, Twilight, Life In The City,* und die Balladen von *Life* glänzen durch Abwesenheit. Je zwei Songs von *Trans* (einer davon in Langfassung), *Old Ways, Landing On Water* und *Life* wurden scheinbar willkürlich ausgekoppelt. Das Album endet mit zwei Live-Mitschnitten von den Bluenotes, die aber *Ordinary People* nicht enthalten. Das einzig wirklich interessante sind die beiden Live-Aufnahmen der Shocking Pinks von *Get Gone* und *Don't Take Your Love Away From Me* und das bisher unveröffentlichte, akustische Stück *Depression Blues*. Falls Young 1993 tatsächlich geglaubt haben sollte, *Lucky Thirteen* versammle seine besten Stücke aus der Geffen-Ära, dann stand er mit dieser Meinung ziemlich allein da.

In einem der seltenen neuen Songs, die er 1992 herausbrachte, dem eindeutig autobiographischen *Hitch-Hiker*, blickt er weiter zurück als in die Achtziger. Der Song ist eine Litanei des Drogenkonsums, angefangen von einem Erstversuch mit Haschisch in Toronto über Amphetamine und Valium in Kalifornien bis hin zu Gras auf dem Land und

Kokain unterwegs. »When I was a hitchhiker on the road«, lauten die erste und die letzte Strophe, »I had to count on you / But you needed me to ease the load / And for conversation too / Or did you just drive on through«. Das könnte jede Art gegenseitiger Abhängigkeit meinen – im Verhältnis zu seinen Bands, seinem Publikum und sogar seinem eigenen widerspenstigen Ego.

In der Aufnahme seines Auftritts im Rahmen von MTVs *Unplugged* liefert er eine musikalische Retrospektive dieser ganzen Phase. Die Auswahl des Materials entsprach ebenso den Erwartungen, wie sie kommerziell sinnvoll waren. Da die schon veröffentlichten dreizehn Songs aus elf verschiedenen Alben stammten, konnte *Unplugged* gut als Sampler für all die neuen Fans fungieren, die er im Lauf der letzten Jahre gewonnen hatte. Aber auch jene, die die ganzen Songs bereits besaßen, sollten das Album wegen der verspätet veröffentlichten Fassung des wunderbaren *Stringman* kaufen.

Auf jeden Fall ist das Album allein durch Youngs enorm starken Gesang ein guter Kauf. Obwohl die Musiker, Young eingeschlossen, damit zufrieden gewesen sein mögen, lediglich die friedliche Atmosphäre von *Harvest Moon* wieder heraufzubeschwören, ist sein Gesang so eindringlich und innig, daß er sogar einen so alten und scheinbar vollendeten Song wie *Helpless* wieder zu neuem Leben erweckt.

Seine Bühnenpräsenz war bei diesem Auftritt – ebenso wie bei einigen anderen in dieser Zeit – so vertraut und tröstlich wie ein alter Handschuh. Mit seinem langen, schütteren Haar, dem karierten Hemd und dem zwischen Grollen und Lächeln schwankenden Gesichtsausdruck wanderte er von Instrument zu Instrument wie ein Penner, der Parkbänke begutachtet.

Was hält die Zukunft für ihn bereit? Es wurde verschiedentlich erwähnt, daß seine beiden Spielfilme auf Video erscheinen sollen, doch bislang ist es noch nicht dazu gekommen. Auch hat man nichts von einem neuen Filmprojekt gehört. Young hat in den letzten paar Jahren seine schauspielerischen Fähigkeiten erweitert und Gastrollen in (überwiegend wenig erfolgreichen) Hollywoodfilmen wie *Made In Heaven* und *Love At Large* gespielt, aber eigentlich scheint er sich auf seine Musik konzentriert zu haben.

Eine große Retrospektive seines Gesamtwerks ist seit 1990 in Arbeit. Ursprünglich war eine Reihe von Boxen mit jeweils vier CDs geplant; die erste Box sollte den Zeitraum 1964–70 abdecken und Aufnahmen mit den Squires, Buffalo Springfield und von Young solo enthalten. Jede CD sollte ebensoviel unveröffentlichtes wie bereits veröffentlichtes Material bieten, und die Boxen sollten in Abständen von etwa achtzehn Monaten erscheinen.

Das Projekt wurde seither noch weiter ausgedehnt; es ist geplant, eine komplette Sammlung von Youngs Alben zusammen mit fünfzig oder sechzig bisher unveröffentlichten Songs zu veröffentlichen. Sie wäre nur auf spezielle Bestellung erhältlich, während lediglich eine Box mit gesammelten Höhepunkten und eine einzelne CD mit der Crème de la crème in die Läden gelangen sollte.

Was neue Projekte angeht, hat Young im Lauf der vergangenen Jahre von einer möglichen Zusammenarbeit mit Frank Sinatra, Eric Clapton und Lou Reed gesprochen. Ersterer wurde gebeten, mit den Bluenotes zu arbeiten, aber, wie Young sagte, »wir bekamen einfach nicht das nötige Feedback, um in dieser Richtung weiterzumachen«. Auf dem »Bob-Fest« teilte er sich mit Clapton eine Garderobe und fand, sie hätten »echt gut zusammengespielt; die Gitarren verschmolzen einwandfrei«. 1992 sagte er, er hätte schon immer mit Lou spielen wollen – nur sie beide an den Gitarren, dazu Baß und Schlagzeug –, und er hätte »nichts dagegen, nach New York zu fahren und etwas auszuprobieren«.

Auf dem »Bob-Fest« bekam Young wie die meisten der eingeladenen Gäste als Hintergrundband die beinahe legendäre Sixties-Formation Booker T And The MGs. Die Zusammenarbeit klappte so gut, daß er sie bat, mit ihm im Sommer 1993 auf Tournee nach Europa und die USA zu gehen. Das erwies sich als kluger Schachzug: Diese Band bot Young eine Mischung aus musikalischer Präzision und ungebändigter Leidenschaft, wie er sie zuvor noch nie erlebt hatte. Young trug allerdings nur wenige neue Songs vor, und so ist es kaum wahrscheinlich, daß ein Album von dieser Tournee erscheinen wird.

Wohin ihn seine Muse in puncto Aufnahmen als nächstes führen wird, ist schwer zu erraten. Er hatte immer Hochachtung für Kollegen, die sich stets von ihrer musikalischen Inspiration leiten ließen, wohin der Weg auch führen mochte. Als ein Beispiel dafür führte er Linda Ronstadt an als ein anderes Bobby Darin. »Ich hab mich früher oft saumäßig über Bobby Darin geärgert«, sagte er 1988, »weil er so oft seinen Stil wechselte. Wenn ich ihn mir jetzt ansehe, muß ich sagen, er war ein verfluchtes Genie.«

Auf der anderen Seite hat Young stets bekräftigt, daß alles, was er je gemacht hat, durch ein gemeinsames Band verbunden ist – durch ihn selbst. Van Morrison ist für ihn ein ebensolches Genie, wie Darin es war, aber seine Musik ist nicht »sehr anders als ganz zu Anfang«. Sie ist »einfach *er*«, sagte Young 1991. »Und was ich mache, bin *ich*.«

Ob er das rasche Tempo der Neuerungen der letzten Jahre weiter aufrechterhalten kann, ist eine ebenso offene Frage. Nicht wegen seines Alters – warum sollte ein Songwriter eine kürzere Schaffensperiode haben als ein Dichter oder Romancier? –, aber vielleicht aufgrund verlagerter Prioritäten. »Die wahre Musik meines Lebens ist meine Familie«, sagte er 1993, und in Interviews schildert er in leuchtenden Farben, wie er mit Pegi tanzen geht und wie sie mit den Kindern und deren Freunden Geburtstag feiern und am Feuer Marshmallows rösten. Er besitzt eine paradiesische Ranch, ein hochseetüchtiges Boot und eine Modelleisenbahn, die im Frühling 1993 in einer überregionalen Zeitschrift Thema der Titelgeschichte war. Er hat eine Firma für elektronische Entwicklung, die an Alternativen zur CD arbeitet und die er halb im Scherz den »Anfang meines Lebenswerks« nennt.

Er entwickelt sogar selbst elektronische Geräte. Als er den Kopfschalter erstand, mit dem Ben die Modellzüge steuert, »begann ich über all die Dinge nachzudenken, die ich tun konnte, um Behinderten das Leben zu erleichtern. Ich arbeite an Methoden, mit denen man Räume vollständig mittels eines Knopfes steuern kann.« Sein gesamtes Wissen hat er sich selbst angeeignet, und er findet solche Arbeiten auf ihre Weise ebenso wohltuend wie Musik: »Es ist wirklich gut für meinen Kopf, wenn ich mich in diese Logik hineindenke. Weit in die Logik hinein. Und dann die Logik komplett fallenlassen. Den anderen Weg einschlagen. Das funktioniert echt gut.«

Seit 1970 versuchten Kritiker, Youngs Einfluß auf die Rockmusik zusammenzufassen, und es gibt keinen Grund, warum sie das jetzt aufgeben sollten. Seine Karriere hat wie eine Stimme die Meinungen stets in zwei Lager geteilt. Das ist nirgends so deutlich geworden wie in *The Rolling Stone Illustrated History Of Rock & Roll*. Als dieses Buch 1976 erstmals veröffentlicht wurde, enthielt es einen vernichtenden Artikel von Dave Marsh über Young, der zwischen all den Lobreden auf die Laufbahnen anderer Musiker deplaziert wirkte. In den neuen Auflagen wurde Marshs Kritik durch eine freundlichere Würdigung von Don McLeese ersetzt.

Im allgemeinen ist Marsh ein kompetenter Autor – sein *The Heart And Soul Of Rock 'n' Roll* ist wahrscheinlich das beste Werk über Singles, das auf dem Markt ist –, aber sein Artikel über Young wurde durch eine Reihe falscher Fakten und allgemeine Gehässigkeit entstellt. Nur wenige seiner Attacken wandten sich gegen Youngs Musik; vielmehr richtete er seine Geschütze gegen andere Kritiker und die »Selbstmythologisierung« des Künstlers, die zusammengewirkt hätten, um Young »wichtiger erscheinen zu lassen, als er eigentlich ist«. Ein konkreter Kritikpunkt Marshs betraf Youngs »Weigerung, sich zu einer Stilrichtung zu bekennen und sie auszubauen«. Seine Liebhabereien waren »symptomatisch für diese Weigerung... Statt eines einheitlichen Werks hat Young nur eine Reihe von Fragmenten zustande gebracht, die zum Teil recht inspiriert, zum anderen Teil aber absolut gräßlich sind«.

McLeese dagegen fand, daß gerade diese Weigerung das Herzstück von Youngs künstlerischem Erfolg war. Weit davon entfernt, das Fehlen eines »einheitlichen Werks« zu beklagen, bemerkte er, daß »Young sich weigert, sich zu billig zu verkaufen und das ganze Chaos aus Fleisch und Blut in ein ordentliches, marktgängigeres Päckchen zu verschnüren«. McLeese konstatiert, daß sich für Young »musikalische Weiterentwicklung über konventionelle Vorstellungen von Fortschritt und Reife hinwegsetzt«.

Beide Kritiker haben zugleich recht und unrecht: Die von ihnen behauptete Spaltung gibt es so nicht. Man könnte Marsh fragen, wie denn das »einheitliche Werk« eines Rockmusikers nach fünfundzwanzig Jahren auszusehen hätte. Wie das endlose Wiederaufbereiten der gleichen Riffs, Klänge und Themen bei den Rolling Stones oder bei Springsteen? Wie Lou Reeds ewige Wanderschaft? Man könnte McLeese entgegenhalten, okay, du hast uns erzählt, welchen Vorstellungen von Fortschritt und Reife Young *nicht* anhängt – und jetzt sag uns bitte, welche er hat.

Youngs Laufbahn folgt auf jeden Fall einem Muster, oder genauer gesagt, mehreren Mustern. Er selbst hat *Harvest*, *Comes A Time* und *Old Ways* in eine Reihe gestellt; *Everybody Knows This Is Nowhere*, *Zuma*, *Rust Never Sleeps* und *Ragged Glory* in eine zweite; *Tonight's The Night*, *Everybody's Rockin'* und *This Note's For You* in eine dritte. Die ersten drei sind eindeutig durch ihren Folk-Country-Sound verbunden, die zweiten vier durch Crazy Horse und die dritten drei durch die verschiedenen »Shaky«-Typen als Bandleader. Es gibt noch andere Zusammenhänge zwischen den Alben: *After The Goldrush, Zuma, Comes A Time* und *Harvest Moon* sind nach innen gerichtet und beziehungszentriert, während *On The Beach, Rust Never Sleeps, Hawks And Doves* und *Freedom* den Blick nach außen richten, auf die Gesellschaft als ganze.

Darüber, ob es innerhalb dieser Gruppen irgendeinen »Fortschritt« gibt, läßt sich streiten. Ist *Ragged Glory* eine Weiterführung von *Everybody Knows This Is Nowhere?* Vermutlich nicht. Wie ließe sich ein solcher Fortschritt messen? Eine Steigerung der Reife ist allerdings nicht zu leugnen. *Neil Young* ist das Werk eines Dreiundzwanzigjährigen, der seine erste Ehe eingeht; *Harvest Moon* das eines Sechsundvierzigjährigen, der mehrere Beziehungen hinter sich hat und dabei einiges über sich selbst erfahren hat. Young mag es abgelehnt haben, eine einzige Musikrichtung weiterzuentwickeln, aber er ist unzweifelhaft erwachsen geworden, und das muß sich in seiner Musik äußern.

Wie jeder Künstler hat er seine Grenzen. Und wie bei den meisten Künstlern sind seine Grenzen auch seine Stärken. Das Vertrauen, seinen Instinkten zu folgen, das die Songs so echt macht, hält ihn auch davon ab, irgendeine spezielle musikalische Richtung auszubauen.

Young ist reich, weiß und männlich, und obwohl diese Eigenschaften nicht per se den gesellschaftlichen Horizont einengen, sind sie doch für jemanden, der so deutlich und so erhellend darüber spricht, wer und was er ist, nicht ohne weiteres abzulegen.

Und genau diese Fähigkeit, frei von der Leber weg zu sprechen, die sein Weißsein und sein Mannsein manchmal so erschreckend offenkundig macht, macht ihn auch so freimütig und ungeschminkt menschlich.

Ein letztes Wort zur Weiterentwicklung des Künstlers. Als ich Young im September 1993 in Great Woods in der Nähe von Boston auf der Bühne erlebte, klang eine Gitarrenpassage mitten im zweiten instrumentalen Teil von *Like A Hurricane* wie ein Widerhall von den Shadows und Hank B. Marvin. Wenn er auch in einem Sinne immer noch das spielte, was er schon 1963 gespielt hatte, dann war es doch in einem anderen Sinne gar nicht so. Eine langlebige Karriere schafft sich ihre eigene Evolution, ob nun vom Künstler beabsichtigt oder nicht. Als ich lauschte, wie Young seine Leidenschaft über die Arena verströmte, hörte ich vielleicht *Wonderful Land*, aber ebenso konnte ich die Wut aus *Ohio* vernehmen, die lyrische Zärtlichkeit aus *I Believe In You*, die Trauer aus *Transformer Man* und die verrückte Freude aus *Cinnamon Girl.*

Dieser Mann hat die Kultur bereichert, in der wir alle leben, und er hat die persönliche Erfahrung all derer bereichert, die seinen unberechenbaren Werdegang über die Jahre hinweg verfolgt haben.

Long may he run.

Diskographie: Die Alben

1967 Buffalo Springfield
Buffalo Springfield Again
1968 Buffalo Springfield: Last
Time Around
1969 Neil Young
Everybody Knows This Is
Nowhere
1970 Crosby, Stills, Nash &
Young: Déjà Vu
After The Goldrush
1971 CSN&Y: Four Way Street
1972 Harvest
Journey Through The Past
(Soundtrack)
1973 Time Fades Away
1974 On The Beach
1975 Tonight's The Night
Zuma
1976 Long May You Run
1977 American Stars'n Bars
Decade

1978 Comes A Time
1979 Rust Never Sleeps
Live Rust
1980 Hawks And Doves
1981 Re·ac·tor
1982 Trans
1983 Everybody's Rockin'
1985 Old Ways
1986 Landing On Water
1987 Life
1988 This Note's For You
CSN&Y: American Dream
1989 Eldorado (EP)
Freedom
1990 Ragged Glory
1991 Weld
Arc
1992 Harvest Moon
1993 Lucky Thirteen
Unplugged

Danksagungen

Während ich für dieses Buch recherchierte, ersuchte ich seinen Gegenstand natürlich um ein Interview. Nicht, daß ich irgendwelche großen Enthüllungen erwartet hätte – ich hatte schon immer den Eindruck, daß Musiker sich am besten durch ihre Musik äußern –, aber ich wollte Young die Möglichkeit geben, einige der umstrittenen Geschichten, die über sein Leben und seine Musik kursierten, zu bestätigen oder zu dementieren. Jedoch bekam ich lediglich zur Antwort, Mr. Young gebe derzeit keine Interviews und wolle mit einer Biographie nichts zu tun haben.

In Ordnung. Er hat in den ganzen Jahren genug Interviews gegeben, und ich habe mich vor allem auf die der folgenden Journalisten gestützt: Elliot Blinder (*Rolling Stone*, 30. April 1970), David Cavanagh (*Select*, November 1990), Ray Coleman (*Melody Maker*, 25. August 1973 und 10. April 1976), Cameron Crowe (*Rolling Stone*, 14. August 1975 und 8. Februar 1979), David Fricke (*Melody Maker*, 30. November 1991), Robert Greenfield (*Fusion* 17. April 1970), Richard Harrington (*Washington Post*, 12. September 1985), James Henke (*Rolling Stone*, 2. Juni 1988 und 4. Oktober 1990), Allan Jones (*Melody Maker*, 7. November 1992), Ira Kaplan (*Spin*, März 1993), Alan Light (*Rolling Stone*, 21. Januar 1993), Jimmy McDonough (*Village Voice*, 18. Dezember 1989), Steve Martin (*Pulse*, Dezember 1991), Jas Obrecht (*Guitar Player*, März 1992), John Rockwell (*New York Times*, 27. November 1977), Karen Schoerner (*New York Times*, 25. November 1992), Bud Scoppa (*New Musical Express*, 28. Juni 1975), Adam Sweeting (*Melody Maker*, 7. und 14. September 1985) und Mary Turner (Warner Brothers Werbeplatte WBMS107, 1979).

Broken Arrow, die Vierteljahresschrift der Neil Young Appreciation Society, die sowohl allgemein nützlich als auch guter Lesestoff ist, lieferte mir überdies noch Abschriften weiterer Interviews: ein Interview aus dem Jahr 1982 mit der französischen Zeitschrift *Rock & Folk*, übersetzt von Kathryn Wheatley (Ausgabe 8/9); ein Interview im amerikanischen Fernsehen aus dem Jahr 1983 (Ausgabe 12); Youngs Pressekonferenz im März 1985 in Sydney (Ausgabe 21); zwei anonyme und undatierte Radiosendungen, die *Déjà Vu* beziehungsweise *Harvest* gewidmet waren (Ausgabe 37); ein Interview von 1990 im amerikanischen Radiosender *World Première* (Ausgabe 41); ein Interview im Radiosender *Rockline US* im November 1991 (Ausgabe 46); eine MTV-Radioaufzeichnung von 1990 (Ausgabe 49); ein Interview von 1992 auf BBC Radio 1 (Ausgabe 50) und ein Interview von 1992 auf Greater London Radio (Ausgabe 51).

Außerdem habe ich die folgenden Artikel und Interviews verwendet: Allan Jenkins' Interview mit Billy Talbot (*Broken Arrow*, Ausgabe 41); Ted Josephs Interview mit Graham Nash (*Sounds*, 18. September 1986); Allan R. McDougalls Interview mit Stephen Stills (*Rolling Stone*, 4. März 1971); Antti Marttinens Interview mit Nils Lofgren (*Broken Arrow*, Ausgabe 51); und Bob Youngs Artikel über seinen Bruder in *Macleans*, Mai 1971.

Andere Bücher, die es sich zu lesen lohnt, sind Scott Youngs schwer erhältliches *Neil and Me* (McClelland & Stewart, Kanada 1984), das Youngs Kindheit aus Elternsicht darstellt; John Einarsons *Don't Be Denied* (Omnibus, UK 1993), eine faszinierende Schilderung der kanadischen Jahre des Sängers; und Dave Zimmers *Crosby, Stills And Nash* (St. Martin's Press, USA 1984), ein unerläßliches Kompendium für alle, die mehr über das fröhliche Kleeblatt wissen wollen.

Es ist mir ein persönliches Anliegen, mich bei Penny, David und Clare vom Verlagshaus Bloomsbury für ihre professionelle Unterstützung zu bedanken, ebenso bei den zahlreichen Freunden, die mir auf unterschiedliche Weise geholfen haben, während ich dieses Buch recherchierte. Manche der letzteren, muß ich zugeben, lernten Youngs Musik dabei besser kennen, als sie wünschten. Ich hoffe, sie werden mir das mit der Zeit vergeben.

David Downing
Oktober 1993

CORNELSEN STUDIEN-BAUSTEIN WIRTSCHAFT

HARALD DANNE / TILO KEIL

Wirtschaftsprivatrecht II

Arbeitsrecht, Gesellschaftsrecht, Wettbewerbsrecht

W0049528

studium
kompakt

Cornelsen

Die Deutsche Bibliothek – CIP-Einheitsaufnahme

Ein Titeldatensatz für diese Publikation ist
bei Der Deutschen Bibliothek erhältlich

Verlagsredaktion: Annette Regel
Technische Umsetzung: Type Art, Grevenbroich
Umschlaggestaltung: Bauer + Möhring grafikdesign, Berlin

 http://www.cornelsen.de

1. Auflage   €   Druck 4 3 2 1   Jahr 04 03 02 01

© 2001 Cornelsen Verlag, Berlin
Druck: Lengericher Handelsdruckerei, Lengerich/Westfalen

ISBN 3-464-49507-8

Bestellnummer 495078

 Gedruckt auf säurefreiem Papier,
umweltschonend hergestellt aus chlorfrei gebleichten Faserstoffen.

Vorwort

Das vorliegende Buch schließt an den Band »Wirtschaftsprivatrecht I – Bürgerliches Recht und Handelsrecht« an und komplettiert einen zweibändigen Grundriss des Wirtschaftsprivatrechts. Es beinhaltet eine in sich abgeschlossene Darstellung der für die Wirtschaftspraxis besonders bedeutsamen Materien des Arbeits-, Gesellschafts- und Wettbewerbsrechts.

Wie schon der erste Band, so wendet sich auch der zweite vornehmlich an Studierende der Wirtschaftswissenschaften und anderer Studiengänge, die Wirtschaftsprivatrecht im Nebenfach belegen. Darüber hinaus eignet er sich als Einstiegslektüre für Studierende rechtswissenschaftlicher und wirtschaftsrechtlicher Studiengänge.

Diese Neuerscheinung will ebenfalls nicht wissenschaftlich beeindrucken. Sie konzentriert sich daher unter Verzicht auf theoretische Verästelungen wiederum auf die für das Studium und die spätere Praxis wesentlichen Grundlagen. Allerdings gilt es zu berücksichtigen, dass die hier behandelten Rechtsgebiete – wie sonst kaum andere – durch die Rechtsprechung und die von ihr ausgeübte richterliche Rechtsfortbildung geprägt werden. Aus diesem Grunde haben die Verfasser zum Beleg wichtiger Aussagen zumeist höchstrichterliche Entscheidungen mit Fundstellen als Rechtsquellen angeführt.

Durch viele Beispiele, Übersichten und Schaubilder werden dem angesprochenen Adressatenkreis die notwendigen Rechtskenntnisse anwendungsbezogen und anschaulich vermittelt. Neben die unverzichtbare materielle Stoffvermittlung treten die zahlreichen Prüfungsschemata und Begriffsdefinitionen am Seitenrand. Diese sollen es Studierenden erleichtern, auf der Grundlage gedanklich strukturierten Wissens einen Rechtsfall in Klausur, mündlicher Prüfung oder beruflicher Praxis selbstständig zu lösen. Zudem kann das praktische Verständnis durch die optisch hervorgehobenen Praxistipps vertieft und überprüft werden. Die textbegleitende Lektüre der jeweils zitierten Rechtsvorschriften wird dringend empfohlen.

Gießen, im August 2001   Prof. Dr. Harald Danne   Prof. Dr. Tilo Kel

INHALTSÜBERSICHT

Abkürzungsverzeichnis

AG	Arbeitgeber oder Aktiengesellschaft	GWB	Gesetz gegen Wettbewerbsbeschränkungen
AGB	Allgemeine Geschäftsbedingungen		
AktG	Aktiengesetz	HAG	Heimarbeitsgesetz
AN	Arbeitnehmer	HGB	Handelsgesetzbuch
AP	Arbeitsrechtliche Praxis, Nachschlagewerk des BAG	HS	Halbsatz
		IAO	Internationale Arbeitsorganisation
ArbGG	Arbeitsgerichtsgesetz	InsO	Insolvenzordnung
ArbPlSchG	Arbeitsplatzschutzgesetz	JArbSchG	Jugendarbeitsschutzgesetz
ArbSiG	Arbeitssicherheitsgesetz	KG	Kommanditgesellschaft
Art.	Artikel	KGaA	Kommanditgesellschaft auf Aktien
AT	Außertariflich(er)	KSchG	Kündigungsschutzgesetz
AÜG	Arbeitnehmerüberlassungsgesetz	LadSchlG	Ladenschlussgesetz
AZG	Arbeitszeitgesetz	LVA	Landesversicherungsanstalt
BAG	Bundesarbeitsgericht	MitbestG	Mitbestimmungsgesetz
BAGE	Entscheidungen des Bundesarbeitsgerichts	Montan	
BAT	Bundesangestelltentarifvertrag	MitbestG	Montan-Mitbestimmungsgesetz
BayObLG	Bayerisches Oberstes Landesgericht	MuSchG	Mutterschutzgesetz
BB	Betriebs-Berater (Zeitschrift)	NachwG	Nachweisgesetz
BBiG	Berufsbildungsgesetz	n.F.	neue Fassung
BeschSchG	Beschäftigtenschutzgesetz	NJW	Neue Juristische Wochenschrift (Zeitschrift)
BetrAVG	Gesetz zur Verbesserung der betrieblichen Altersversorgung	NZA	Neue Zeitschrift für Arbeits- und Sozialrecht
		NZG	Neue Zeitschrift für Gesellschaftsrecht
BErzGG	Bundeserziehungsgeldgesetz	OHG	Offene Handelsgesellschaft
BetrVG	Betriebsverfassungsgesetz	OLG	Oberlandesgericht
BfA	Bundesversicherungsanstalt f. Angestellte	OLGR	Die Rechtsprechung der Oberlandesgerichte auf dem Gebiet des Zivilrechts
BGB	Bürgerliches Gesetzbuch		
BR	Betriebsrat	PartGG	Partnerschaftsgesellschaftsgesetz
BRAO	Bundesrechtsanwaltsordnung	PatG	Patentgesetz
BGH	Bundesgerichtshof	pVV	positive Vertragsverletzung
BGHZ	Entscheidungen des BGH in Zivilsachen	RGZ	Entscheidungen des Reichsgerichts in Zivilsachen
BUrlG	Bundesurlaubsgesetz		
c.i.c.	culpa in contrahendo	RIW	Recht der internationalen Wirtschaft (Zeitschrift)
DB	Der Betrieb (Zeitschrift)		
DepotG	Depotgesetz	RVO	Reichsversicherungsordnung
EG	Europäische Gemeinschaft	SGB	Sozialgesetzbuch
eG	eingetragene Genossenschaft	SGG	Sozialgerichtsgesetz
EGV	Vertrag zur Gründung der Europäischen Gemeinschaft	SprAuG	Gesetz über Sprecherausschüsse der leitenden Angestellten
EntgeltFG	Entgeltfortzahlungsgesetz	StBerG	Steuerberatergesetz
EU	Europäische Union	StGB	Strafgesetzbuch
EuGH	Europäischer Gerichtshof	TVG	Tarifvertragsgesetz
EWIV	Europäische wirtschaftliche Interessenvereinigung	TzBfG	Gesetz über Teilzeitarbeit und befristete Arbeitsverträge
EzA	Entscheidungssammlung zum Arbeitsrecht	UmwG	Umwandlungsgesetz
FGG	Reichsgesetz über die freiwillige Gerichtsbarkeit	UrhG	Gesetz über Urheberrecht und verwandte Schutzrechte
FPersG	Gesetz über das Fahrpersonal von Kraftfahrzeugen und Straßenbahnen	UWG	Gesetz gegen den unlauteren Wettbewerb
		VAG	Versicherungsaufsichtsgesetz
GbR	Gesellschaft bürgerlichen Rechts	VO	Verordnung
GenG	Gesetz betr. die Erwerbs- und Wirtschaftsgenossenschaften	VVaG	Versicherungsverein auf Gegenseitigkeit
		VVG	Versicherungsvertragsgesetz
GewO	Gewerbeordnung	WM	Wertpapier-Mitteilungen (Zeitschrift)
GG	Grundgesetz	WPO	Wirtschaftsprüferordnung
GmbH	Gesellschaft mit beschränkter Haftung	WRP	Wettbewerb in Recht und Praxis (Zeitschrift)
GmbHG	Gesetz betr. die GmbH		
GmbHR	GmbH-Rundschau (Zeitschrift)	ZIP	Zeitschrift für Wirtschaftsrecht und Insolvenzrecht
GRUR	Gewerblicher Rechtsschutz und Urheberrecht (Zeitschrift)		
		ZPO	Zivilprozessordnung

A ARBEITSRECHT

1 GRUNDLAGEN DES ARBEITSRECHTS

Das Recht des Betriebsalltags gehört zum Grundwissen aller Arbeitnehmer und Arbeitgeber. Auch wenn es Spezialisten gibt, ist ein möglichst umfassender Überblick über das gesamte betriebliche Arbeit-
recht – schon zur Beurteilung der eigenen Rechtsstellung – für jeden
geboten. Im Folgenden wird eine anschauliche Darstellung des Arbeitsrechts angestrebt, welche die wesentlichen Grundprobleme auf-
greift und die damit in Zusammenhang stehenden praktischen Fragen,
insbesondere durch eine Vielzahl von Beispielen, deutlich macht.

Rechtliche Regelungen über die Arbeitsleistung reichen bis in die
Zunftordnungen des Mittelalters zurück. Doch erst mit der **Industriali-
sierung** seit Beginn des 19. Jahrhunderts erlangten sie nennenswerte
Bedeutung. Der völligen Umgestaltung des Wirtschaftslebens durch
das Aufkommen der Fabrikarbeit stand der Staat zunächst tatenlos gegenüber. Extremer Liberalismus einerseits sowie das massenhafte Angebot an Arbeitskraft andererseits führten zu wirtschaftlichen und sozialen Missständen.

1.1
**ENTWICKLUNG DES
ARBEITSRECHTS**

Die sachgerechten Maßnahmen zur Überwindung des erheblichen
wirtschaftlichen Ungleichgewichts zwischen Arbeitgeber (AG) und
Arbeitnehmer (AN) waren im Verlauf des 19. bis Anfang des 20. Jahrhunderts Arbeitsschutzgesetze, allgemeine Sozialversicherung und
betriebliche Sozialeinrichtungen, Bildung von **Gewerkschaften**, Gründung von **Arbeitgeberverbänden** und Abschluss erster Tarifverträge.
Die Weiterentwicklung des Arbeitsrechts in der Weimarer Republik und
nach dem Zweiten Weltkrieg verbesserte schließlich die Stellung der AN
im Betrieb entscheidend. Aufgabe der 90er Jahre war es, das Arbeitsrecht auch in den neuen Bundesländern umfassend zu gewährleisten.

Arbeitsrecht
= Summe aller Rechts-
vorschriften, die die
Rechtsbeziehungen der
Arbeitgeber zu Arbeit-
nehmern regeln

Die konkrete Ausgestaltung der arbeitsrechtlichen Bestimmungen
richtet sich nach der Wirtschaftsordnung, aus der sie hervorgehen: In
der Bundesrepublik Deutschland ist dies die (soziale) Marktwirtschaft.
Nach der Grundidee der **freien Marktwirtschaft** wird der Austausch von
Leistung und Gegenleistung dem »freien Spiel der Kräfte« überlassen.
Diese »Freiheit«, die sich insbesondere in der Vertragsfreiheit nieder-
schlägt, beruht auf der idealistischen Vorstellung, dass alle Menschen
ihre Freiheit gleichermaßen nutzen können. Da diese Vorstellung, insbesondere im Bereich des Arbeitslebens, nicht mit der Wirklichkeit
übereinstimmt, wurde dem »Wildwuchs« der Marktwirtschaft auf diesem Gebiet entgegengetreten.

Die **Marktwirtschaft** wurde insbesondere **sozial** ausgestaltet durch:

- Arbeitnehmerschutzrechte (z. B. *Arbeitszeitgesetz, technischer Arbeitsschutz, Entgeltfortzahlung im Krankheitsfall, Urlaubsgewährung, Mutterschutz*),
- Sozialversicherung (Schutz bei Arbeitslosigkeit, Krankheit, Pflegebedürftigkeit, Unfall und im Alter),
- Anerkennung von Koalitionen,
- Gewerkschaften und Arbeitgeberverbände als »Marktpartner«.

1.2
RECHTSQUELLEN
DES
ARBEITSRECHTS

Das Arbeitsverhältnis unterliegt heute nicht mehr allein deutschem Arbeitsrecht. Es besteht eine Gemengelage von internationalen und nationalen Rechtsregeln. Zum **internationalen Recht** zählen völkerrechtliche Vereinbarungen (z. B. *Übereinkommen der IAO, Europäische Sozialcharta*) und das Recht der Europäischen Union (EG-Vertrag, Verordnungen und Richtlinien).

Es gibt kein einheitliches nationales Arbeitsgesetzbuch. Das deutsche Arbeitsrecht ist als Schutzrecht für bestimmte Arbeitnehmergruppen gewachsen und hat die dringlichsten Probleme der jeweiligen Zeit in Einzelgesetzen geregelt. In weiten Bereichen fehlt es überhaupt an **geschriebenen** arbeitsrechtlichen Regelungen.

Eine Reihe von allgemeinen Grundsätzen des Arbeitsrechts ist im **Grundgesetz (GG)** verfassungsrechtlich garantiert:

- Unantastbarkeit der Würde des Menschen (Art. 1 I 1 GG),
- Recht zur freien Entfaltung der Persönlichkeit (Art. 2 I GG),
- Gleichberechtigung von Mann und Frau (Art. 3 II GG),
- Verbot willkürlicher Behandlung, z. B. *wegen der Rasse, des Glaubens oder der Herkunft* (Art. 3 III GG),
- Koalitionsfreiheit und Tarifautonomie (Art. 9 III GG).

Zum Arbeitsrecht gehört eine **Vielzahl von Gesetzen** (vgl. nachfolgende Aufzählung) des bürgerlichen und des öffentlichen Rechts. Das Arbeitsvertragsrecht ist im BGB nur unvollkommen geregelt und wird durch die aufgezählten Einzelgesetze ergänzt. Daneben enthalten die zahlreichen öffentlich-rechtlichen Gesetze Schutzvorschriften zu Gunsten der AN, deren Einhaltung von den staatlichen Behörden überwacht wird.

Arbeitsvertragsrecht
- Bürgerliches Gesetzbuch (BGB)
- Handelsgesetzbuch (HGB)
- Gewerbeordnung (GewO)

- Nachweisgesetz (NachwG)
- Gesetz über Teilzeitarbeit und befristete Arbeitsverträge (TzBfG)
- Beschäftigtenschutzgesetz (BeschSchG)
- Altersteilzeitgesetz (ATzG)
- Entgeltfortzahlungsgesetz (EntgeltFG)
- Bundesurlaubsgesetz (BUrlG)
- Kündigungsschutzgesetz (KSchG)
- Arbeitsplatzschutzgesetz (ArbPlSchG)
- Gesetz zur Verbesserung der betrieblichen Altersversorgung (BetrAVG)
- Insolvenzordnung (InsO)
- Sozialgesetzbuch (SGB)
- Arbeitsförderungsgesetz (AFG)

Arbeitnehmerschutz und Berufsbildungsrecht
- Arbeitssicherheitsgesetz (ArbSiG)
- Arbeitszeitgesetz (AZG)
- Gesetz über den Ladenschluss (LadSchlG)
- Mutterschutzgesetz (MuSchG)
- Bundeserziehungsgeldgesetz (BErzGG)
- Jugendarbeitsschutzgesetz (JArbSchG)
- Arbeitnehmerüberlassungsgesetz (AÜG)
- Gesetz zur Bekämpfung der Schwarzarbeit (SchwArbG)
- Heimarbeitsgesetz (HAG)
- Berufsbildungsgesetz (BBiG)

Koalitionsfreiheit und Tarifautonomie
- Tarifvertragsgesetz (TVG)
- Gesetz über die Festsetzung von Mindestarbeitsbedingungen
- Arbeitnehmer-Entsendegesetz (AEntG)

Mitbestimmung in Betrieb und Unternehmen
- Betriebsverfassungsgesetz (BetrVG)
- Bundespersonalvertretungsgesetz (BPersVG)
- Umwandlungsgesetz (UmwG)
- Gesetz über Sprecherausschüsse der leitenden Angestellten (SprAuG)
- Gesetz über Europäische Betriebsräte (EBRG)
- Mitbestimmungsgesetz (MitbestG)
- Montan-Mitbestimmungsgesetz (MontanMitbestG)

Verfahrensrecht
- Arbeitsgerichtsgesetz (ArbGG)
- Zivilprozessordnung (ZPO)

Tab. 1.1: Übersicht über die Gesetze im Arbeitsrecht

Ferner wird das Arbeitsrecht durch so genanntes kollektives Vertragsrecht (Tarifvertrag und Betriebsvereinbarung) und Einzelvertragsrecht (Arbeitsvertrag und betriebliche Übung) bestimmt:

Kollektives Vertragsrecht:
• Tarifvertrag
• Betriebsvereinbarung

Der **Tarifvertrag** ist eine schriftliche Vereinbarung zwischen einer Gewerkschaft und einem AG (Firmen- oder Haustarifvertrag) oder Arbeitgeberverband (Verbandstarifvertrag) zur Regelung von Inhalt, Abschluss und Beendigung von Arbeitsverhältnissen sowie betriebsverfassungsrechtlicher und betrieblicher Fragen (§§ 1, 2 TVG). Der Tarifvertrag wirkt unmittelbar und zwingend auf das Arbeitsverhältnis der tarifgebundenen AN und AG (§ 4 I TVG).

Die **Betriebsvereinbarung** ist ein schriftlicher Vertrag zwischen AG und Betriebsrat zur Regelung der Angelegenheiten, die zum Aufgabenbereich des Betriebsrats gehören (§ 77 II BetrVG). Die Betriebsvereinbarung gilt unmittelbar und zwingend zwischen dem AG und den AN des jeweiligen Betriebes (§ 77 IV BetrVG).

Einzelvertragsrecht:
• Arbeitsvertrag
• Betriebliche Übung

Der **Arbeitsvertrag** zwischen dem AG und dem AN (§§ 611 ff. BGB) unterliegt der Vertragsfreiheit, die durch Gesetze, Tarifverträge und Betriebsvereinbarungen jedoch erheblich eingeschränkt wird. Auf Grund vieler gesetzlicher und kollektivrechtlicher Bestimmungen ist die rechtliche Bedeutung des Arbeitsvertrages eher gering. Er beschränkt sich auf wenige, wenn auch entscheidende Dinge: z.B. *Vertragsbeginn, Art der Arbeit, Vergütungsgruppe, Dauer der Probezeit.*

Betriebliche Übung
= Tatsächliche, gleichmäßige, jahrelange und vorbehaltlose Übung innerhalb eines Betriebes

Zum Einzelvertragsrecht gehört auch die **betriebliche Übung**. Die tatsächliche, gleichmäßige Übung innerhalb eines Betriebes ist zwar keine selbstständige Rechtsquelle im Rechtssinne. Eine derartige Übung kann jedoch Grundlage einer (stillschweigenden) Vereinbarung sein oder zur Auslegung des Arbeitsvertrages herangezogen werden (BAG NJW 1972, 1248). Es geht stets um »Gewohnheiten«, die einen Vertrauenstatbestand hinsichtlich ihrer kontinuierlichen Fortführung durch den AG schaffen. Gegenstand der Betriebsübung sind z.B. *Gratifikationen, Zusatzvergütungen, Gewährung freier Tage.* Diese materiellen Zuwendungen können nach jahrelanger Gewährung (in der Regel drei aufeinander folgende Jahre, vgl. BAGE 14, 174) vom AG grundsätzlich nicht einseitig zum Nachteil des AN eingestellt werden, es sei denn, der AG hat sich stets ausdrücklich den Widerruf vorbehalten.

Direktionsrecht
= Leitungsbefugnis des AG hinsichtlich der vom AN zu erbringenden Arbeitsleistung

Da der Arbeitsvertrag nur allgemeine Beschreibungen der Arbeitsleistungen enthält, ist es erforderlich, dass der AG die Arbeitspflicht des einzelnen AN konkretisiert. Dieses sog. Weisungs- oder **Direktionsrecht** ist die Leitungsbefugnis des AG in Bezug auf die vom AN ganz konkret zu erbringende Arbeitsleistung. Der Umfang des Direktionsrechts richtet sich nach den arbeitsrechtlichen Quellen unter besonderer Einbeziehung der betrieblichen Übung und des Gleichbehandlungsgrundsatzes.

Zwar gibt es viele arbeitsrechtliche Quellen, dennoch reichen diese Regelungen bei weitem nicht aus, um alle arbeitsrechtlichen Fragen zu beantworten. Zum einen enthält das Arbeitsrecht viele unbestimmte Rechtsbegriffe, die zunächst ausgelegt werden müssen, zum anderen sind manche Rechtsgebiete überhaupt nicht geregelt (z. B. *Arbeitskampfrecht, Haftung des AN*). Daraus erklärt sich die große Bedeutung der **Rechtsprechung**, insbesondere des **Bundesarbeitsgerichts** (früher Kassel, jetzt Erfurt) als letzte Instanz in Arbeitssachen.

Oft greifen mehrere Rechtsquellen ineinander. Wer eine arbeitsrechtliche Frage entscheiden will, muss die einschlägigen Quellen kennen und wissen, welche Vorschrift bei sich widersprechenden Regelungen für das Arbeitsverhältnis gilt.

1.3 RANGFOLGE DER RECHTSQUELLEN

Abb. 1.1: Rangfolge (Stufenordnung) der Rechtsquellen

Grundsätzlich geht die ranghöhere Norm der niedrigeren vor (sog. **Rangprinzip**).

    Eine Ausnahme erfährt das Rangprinzip bei zwingendem Gesetzesrecht und zwingenden Kollektivvereinbarungen, wenn die Norm niedrigeren Ranges eine **für den AN günstigere** Regelung enthält (sog. **Günstigkeitsprinzip**). Für den AN günstigere Regelungen gehen also grundsätzlich vor (vgl. aber auch § 77 III BetrVG). Handelt es sich dagegen um dispositives, d. h. abdingbares Gesetzesrecht oder Kollektivvereinbarungen mit entsprechenden Öffnungsklauseln, können auch Abweichungen zuungunsten des AN vereinbart werden. Auf gleicher Rangstufe gilt bei Widersprüchen, dass die **neuere** Regelung der älteren vorgeht und dass eine **speziellere** eine allgemeine Regelung verdrängt.

Günstigkeitsprinzip:
Für den AN günstigere Regelungen gehen vor

In arbeitsrechtlichen Streitigkeiten ist nach dem Arbeitsgerichtsgesetz der Rechtsweg zu den Arbeitsgerichten gegeben. Arbeitsgerichte gibt es in drei Instanzen:

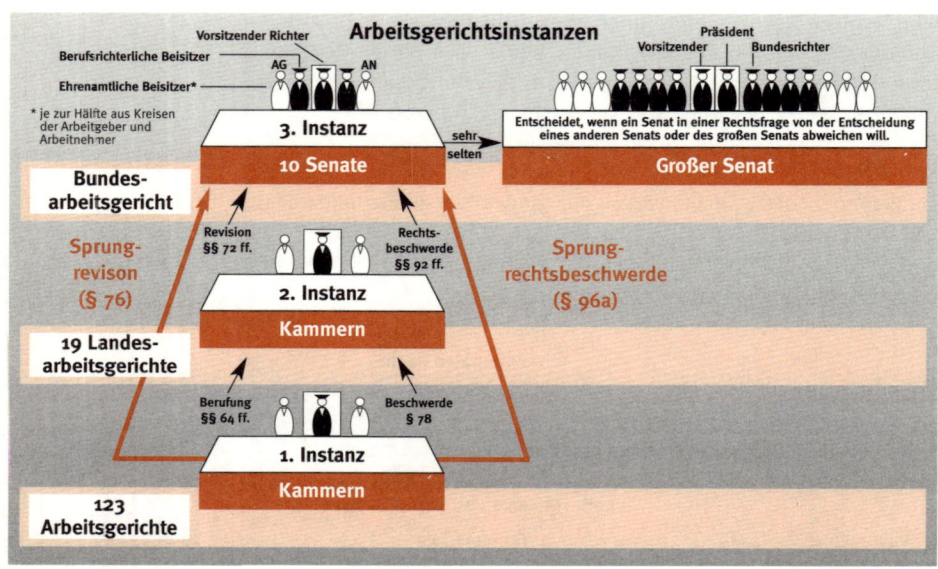

Abb. 1.2: Arbeitsgerichtsbarkeit

Jeder Prozess beginnt grundsätzlich beim Arbeitsgericht

Die Arbeitsgerichte sind Kollegialgerichte, die mit einem (beim BAG drei) Berufsrichter und zwei ehrenamtlichen Richtern besetzt sind (§§ 16 II, 35 II, 41 II ArbGG). Die ehrenamtlichen Richter stammen zur Hälfte aus Kreisen der AN (Gewerkschaften) und der AG (-verbände). Jeder Prozess beginnt grundsätzlich beim **Arbeitsgericht** (§§ 2, 2a ArbGG). Das **Landesarbeitsgericht** entscheidet über Berufungen gegen Urteile und Beschwerden gegen Beschlüsse des Arbeitsgerichts, das **Bundesarbeitsgericht** entscheidet über Revisionen gegen Urteile und Rechtsbeschwerden gegen Beschlüsse des Landesarbeitsgerichts.

Kein Anspruch der obsiegenden Partei auf Kostenersatz

Beim Urteilsverfahren vor dem Arbeitsgericht (1. Instanz) besteht kein Anspruch der obsiegenden Partei (Gewinner) auf Kostenersatz, d.h., auch der Obsiegende muss die Kosten seiner Prozessvertretung (z.B. *Rechtsanwalt*) selbst bezahlen (§ 12 a I ArbGG). Allerdings besteht die Möglichkeit, einen Vertreter der Gewerkschaft oder des Arbeitgeberverbandes mit der Prozessvertretung zu beauftragen oder **Prozesskostenhilfe** zu beantragen. Sinn und Zweck dieser Regelung ist es, den AN, der sich kostenfrei durch die Gewerkschaft vertreten lassen kann, vor dem Kostenrisiko der Übernahme der Kosten des AG für einen Rechtsanwalt zu schützen.

Beim Arbeitsrecht wird zwischen dem **Individualarbeitsrecht** und dem **Kollektivarbeitsrecht** unterschieden; hinzu kommt die **Arbeitsgerichtsbarkeit**. Das Individualarbeitsrecht betrifft das Arbeitsverhältnis zwischen AG und AN sowie Regelungen über Arbeitsschutz und Arbeitssicherheit. Das Kollektivarbeitsrecht erfasst die Vereinbarungen zwischen AG und Betriebsrat (Betriebsvereinbarung) sowie zwischen den Tarifvertragsparteien (Tarifvertrag) und die Grundsätze des Arbeitskampfes.

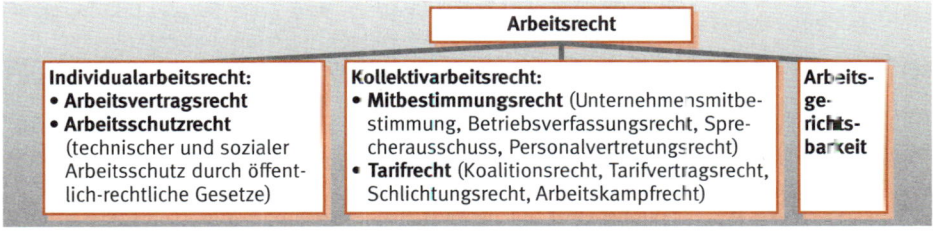

Abb. 1.3: Einteilung des Arbeitsrechts

1.5.1 Arbeitgeber
AG ist, wer mindestens einen AN beschäftigt. AG kann jede natürliche oder juristische Person oder rechtsfähige Personengesellschaft sein. Da letztere nicht in der Lage sind, das Weisungsrecht auszuüben, muss der Leiter des Betriebes stets eine natürliche Person sein; diese übt Arbeitgeberfunktionen aus und ist demnach kein AN (z. B. *Aktiengesellschaft – Vorstand; GmbH – Geschäftsführer; offene Handelsgesellschaft – Gesellschafter*).

Arbeitgeber
= Jeder, der mindestens einen Arbeitnehmer beschäftigt

1.5.2 Arbeitnehmer
Entscheidend für das Arbeitsrecht als Arbeitnehmerschutzrecht ist der Begriff des AN: Arbeitnehmer ist, wer auf Grund
• eines privatrechtlichen Arbeitsvertrages
• für eine gewisse Dauer
• unselbstständige Dienste bzw. Arbeit leistet.

Arbeitnehmer
= Wer auf Grund eines privatrechtlichen Arbeitsvertrages für eine gewisse Dauer unselbstständige Dienste bzw. Arbeit leistet

Die Verpflichtung zur Arbeitsleistung muss auf einem **privatrechtlichen Dienstvertrag** nach § 611 BGB beruhen. Damit werden insbesondere folgende Personengruppen aus dem Arbeitsrecht herausgenommen:

- Beamter, Richter, Soldat (öffentlich-rechtliches Dienst- und Treue-verhältnis),
- Rote-Kreuz-Schwester (vereinsrechtliche Mitgliedschaft),
- Diakonisse, Ordensschwester (karitative oder religiöse Beweg-gründe),
- Familiäre Mitarbeit (beruht auf familienrechtlichen Normen),
- Strafgefangener (öffentlich-rechtliches Gewaltverhältnis).

Eine nur einmalig geschuldete Dienstleistung begründet kein Arbeits-verhältnis, da das **Dauerelement** fehlt (z. B. *einmalige Hilfe, Kofferkuli*).

Dienstvertrag i.w.S.:
• Arbeitsvertrag
• Dienstvertrag i.e.S.

Es muss sich um **unselbstständige Dienste** handeln. Damit wird der Arbeitsvertrag vom selbstständigen Dienstvertrag (im engeren Sinne, i.e.S.) abgegrenzt. Dieser wird von Selbstständigen (z. B. *Arzt, Archi-tekt, Rechtsanwalt, Steuerberater – sog. Freie Berufe*) und freiberuf-lich Tätigen (z. B. *Dozent, Redakteur, Journalist*) abgeschlossen. Bei-de Vertragstypen werden zwar von den §§ 611 ff. BGB erfasst (vgl. die Formulierung in § 627 BGB: »Bei einem Dienstverhältnis, das kein Arbeitsverhältnis ist ...«); nur für den Arbeitsvertrag sind aber insbe-sondere Tarifrecht, Betriebsverfassungsrecht, Kündigungsschutzrecht und Arbeitszeitrecht von Bedeutung.

Selbstständiger
= Wer im Wesentlichen
frei seine Tätigkeit
gestalten und seine
Arbeitszeit bestimmen
kann

Die Abgrenzung des Arbeitsvertrages vom Dienstvertrag i.e.S. ist trotz seiner Wichtigkeit nicht ganz einfach. Eine allgemein anerkann-te oder gar gesetzliche Definition des ANs gibt es nicht. Die Vorschrift des § 84 I 2 HGB, die in ihrem originären Geltungsbereich den freien Handelsvertreter vom Angestellten abgrenzt, stellt daher für das ge-samte Arbeitsrecht eine wichtige Leitlinie dar.

→ *Danach ist selbstständig, wer im Wesentlichen frei seine Tätigkeit gestalten und seine Arbeitszeit bestimmen kann.*

Die Rechtsprechung macht die Unterscheidung zwischen Arbeits- und frei-em Dienstvertrag davon abhängig, ob derjenige, der die Dienste erbringt, von seinem Vertragspartner persönlich abhängig ist oder nicht. Die Ab-hängigkeit ist an Hand bestimmter Indizien zu bewerten. Diese Indizien sind nach der Rechtsprechung des Bundesarbeitsgerichts im Sinne der **typologischen Methode** zu würdigen. Erforderlich ist eine Gesamtwür-digung aller Umstände des jeweiligen Einzelfalles. Für die gebotene Ge-samtbetrachtung müssen nicht alle Kriterien vorliegen und die vorhan-denen Indizien können in unterschiedlicher Intensität gegeben sein.

Der Arbeitnehmerbegriff
ist im Sinne der
typologischen Methode
zu bestimmen

Indizien für die Arbeitnehmereigenschaft sind insbesondere (BAG BB 1992, 1356, 1491):

- Weisungsgebundenheit in Bezug auf die Art der Arbeit,
- Bindung an feste Arbeitszeiten,
- Bindung an festen Arbeitsort,
- Eingliederung in eine fremde betriebliche Arbeitsorganisation.

Angesichts der Unvollkommenheit der dargestellten Abgrenzungs-
indizien sind die Versuche der Wissenschaft zahlreich, weitere typische Kriterien der Arbeitnehmereigenschaft herauszuarbeiten. Oft
werden dabei jedoch Tatbestand und Rechtsfolge vermischt oder lediglich politisch »wünschenswerte« Ergebnisse vorbereitet.

Als **weitere Kriterien** unter vielen kommen insbesondere in Betracht:
- Tätigkeit für nur einen AG,
- Tätigkeit ohne eigenes Kapital und eigene Organisation,
- Bezeichnung als Arbeiter oder Angestellter im Vertrag,
- Abführung von Lohnsteuer und Sozialversicherungsabgaben,
- Lohnfortzahlung im Krankheitsfall,
- Urlaubsgewährung und Zahlung von Urlaubsentgelt.

Mit den Indizien der Unselbstständigkeit und Weisungsgebundenheit
lassen sich die meisten Fälle sach- und interessengerecht lösen. Im
Wirtschaftsleben bilden sich aber zunehmend Betätigungsformen heraus, in denen die klassischen Indizien problematisch sind (z.B.
Propagandisten, Franchising). Schwierig ist die Abgrenzung insbesondere in Fällen der sog. **Scheinselbstständigkeit**.

Durch Scheinselbstständigkeit kann der Arbeitsschutz ausgehebelt we den

Hierbei geht es um Tätigkeiten, die nur scheinbar selbstständig
ausgeübt werden, während tatsächlich Arbeitnehmertätigkeit vorliegt.
Einzelne Bereiche der Produktionskette oder Tätigkeiten der allgemeinen Verwaltung (z.B. *Lagerhaltung, Transport, Reinigung, Bewa-
chung*) werden ausgegliedert (**Outsourcing**) und dann häufig an ehe-
malige Mitarbeiter des Unternehmens, insbesondere wegen ihrer be-
triebsspezifischen Kenntnisse, übertragen. Personen, die früher ihre
Arbeitsleistung im Rahmen eines Arbeitsvertrages erbracht haben,
werden also in die Selbstständigkeit »entlassen«. Dadurch soll in der
Regel insbesondere auch der Arbeitsschutz ausgehebelt werden (z.B.
kein Urlaub, kein Entgelt bei Krankheit, kein Kündigungsschutz).

Outsourcing

= Ausgliederung von einzelnen Bereichen der Produktonskette oder allgemeinen Verwaltungstätigkeiten

Der Betroffene kann im Streitfall vor dem Arbeitsgericht eine Fest-
stellungsklage (**Statusklage**) auf Feststellung der AN-Eigenschaft (und
damit auf Geltung der arbeitsrechtlichen Schutzvorschriften) erheben.

Die zunehmende Verselbstständigung schränkt nicht nur den Arbeits-
rechtsschutz ein, sondern führt auch zu hohen Einnahmeausfällen in
der **Sozialversicherung**. Der Gesetzgeber hat daher die Kriterien der

versicherungspflichtigen Beschäftigungen verschärft. Nach § 7 IV SGB IV (diese Regelungen gelten unmittelbar nur für das Sozialrecht, nicht aber für das Arbeitsrecht) wird das **Bestehen einer Beschäftigung** gesetzlich vermutet, wenn der Betroffene seine Mitwirkungspflichten im Rahmen der Amtsermittlung verletzt und wenn **mindestens drei der** nachstehenden **fünf Merkmale** vorliegen (§ 7 IV SGB IV):

Die Vermutung nach § 7 IV SGB IV kann widerlegt werden

1. Die Person beschäftigt im Zusammenhang mit ihrer Tätigkeit regelmäßig keinen versicherungspflichtigen AN, dessen Arbeitsentgelt aus diesem Beschäftigungsverhältnis regelmäßig 630 DM (ab 1. 1. 2002: 325 €) übersteigt;

Wichtige Unterscheidung: Arbeitnehmer im Arbeitsrecht versus Beschäftigter im Sozialversicherungsrecht

2. sie ist auf Dauer und im Wesentlichen nur für einen Auftraggeber tätig;
3. ihr Auftraggeber oder ein vergleichbarer Auftraggeber lässt entsprechende Tätigkeiten regelmäßig durch von ihm beschäftigte AN verrichten;
4. ihre Tätigkeit lässt typische Merkmale unternehmerischen Handelns nicht erkennen;
5. ihre Tätigkeit entspricht dem äußeren Erscheinungsbild nach der Tätigkeit, die sie für den denselben Auftraggeber zuvor auf Grund eines Beschäftigungsverhältnisses ausgeübt hat.

 Die Begriffe Arbeitnehmer im Sinne des Arbeitsrechts und Beschäftigter im Sinne des Sozialversicherungsrechts sind streng auseinander zu halten.

1.5.3 Angestellter und Arbeiter

Arbeitnehmer:
• Angestellter
• Arbeiter (gewerblicher Mitarbeiter)

Jeder AN ist entweder Arbeiter oder Angestellter. Diese Unterscheidung ist geschichtlich begründet, in der Sache jedoch fragwürdig und, wie die nachstehenden Beispiele zeigen, sachlich nicht (mehr) gerechtfertigt. Nachdem in Gesetzen, Tarifverträgen und Betriebsvereinbarungen die von der Rechtsprechung geforderte arbeitsrechtliche Gleichstellung beider Gruppen so gut wie erreicht ist, spielt die Unterscheidung kaum noch eine Rolle; vgl. aber die Zuständigkeiten der Rentenversicherungsträger BfA (Angestellte) und LVA der Länder (Arbeiter).

Angestellter ist, wer überwiegend kaufmännisch-büromäßige Leistungen (früher: gedanklich-geistige Arbeit) erbringt. Die Angestellten werden nach den von ihnen wahrgenommenen Tätigkeiten eingeteilt in:
- Kaufmännische Angestellte (es gelten insbes. §§ 59 ff. HGB),
- Technische Angestellte (vgl. § 133 c GewO),
- Sonstige Angestellte (es gelten nur §§ 611 ff. BGB).

Arbeiter (besser: **gewerbliche Mitarbeiter**) sind alle AN, die nicht Angestellte sind (früher galt eine Faustregel, wonach Arbeiter überwiegend körperliche Arbeit leisten).

Angestellter	Gewerblicher Mitarbeiter
Verkaufsfahrer	Kraftfahrer
Filialleiter	Lagerist
Hostessen	Tankwart
Telefonist	Facharbeiter (z. B. Lagerist)
Arzthelferin	Straßenbahnfahrer/schaffner
Krankenschwester	Bardame
Schaufensterdekorateur	Eintrittskartenverkäufer
Musiker	Koch

Tab. 1.2: Beispiele für Angestellte und Gewerbliche Mitarbeiter

1.5.4 Leitender Angestellter

Zu den Angestellten gehören auch die leitenden Angestellten, da sie ihre Arbeitsleistung auf Grund eines Arbeitsvertrages erbringen. Sie nehmen jedoch eine Sonderstellung ein, da sie in gewissem Umfang Arbeitgeberfunktionen (z. B. *Einstellungen, Entlassungen, Leitung eines Betriebes*) ausüben. Die Gesetze enthalten keinen einheitlichen Begriff des leitenden Angestellten; eine umfängliche und griffige Definition findet sich aber in § 5 III 2, IV BetrVG. **Leitender Angestellter** ist, wer für das Unternehmen bedeutende Aufgaben wahrnimmt und Entscheidungen im Wesentlichen frei von Weisungen trifft oder sie maßgeblich beeinflusst (§ 5 III 2 Nr. 3 BetrVG).Für die leitenden Angestellten gelten auf Grund ihrer Interessengegensätze zu den übrigen AN u. a. folgende Besonderheiten:

- Sie fallen nicht unter das Arbeitszeitrecht (§ 18 I Nr.1 AZG),
- sie gelten nicht als AN im Sinne des BetrVG (§ 5 III 1 BetrVG),
- sie haben mit dem Sprecherausschuss eine eigene Vertretung (SprAuG),
- die Auflösung des Arbeitsverhältnisses ist erleichtert; bei der außerordentlichen Kündigung werden an den »wichtigen Grund« nur geringere Anforderungen gestellt; vgl. aber auch § 14 II KSchG,
- sie haben die Interessen des AG in besonderem Maß zu wahren und unterliegen einer stark ausgeprägten Treuepflicht,
- Überstunden werden grundsätzlich nicht gesondert vergütet.

Leitender Angestellter
= Wer für das Unternehmen bedeutende Aufgaben wahrnimmt und Entscheidungen im Wesentlichen frei von Weisungen trifft oder sie maßgeblich beeinflusst

Der Begriff des leitenden Angestellten deckt sich nicht mit dem des außertariflichen Angestellten (AT-Angestellter). **AT-Angestellter** ist, wer als Angestellter nicht mehr vom persönlichen Geltungsbereich des einschlägigen Tarifvertrages (bezogen auf die Wertigkeit der Tätigkeit und auf das – übertarifliche – Gehalt, das einzelvertraglich vereinbart sein muss) erfasst wird. Problematisch ist die Vereinbarung von Pau-

AT-Angestellter

= Wer auf Grund der hohen Wertigkeit seiner Aufgaben und der Höhe seines Entgelts nicht in den persönlichen Geltungsbereich des Tarifvertrages einbezogen ist

schalabgeltung hinsichtlich Überstundenvergütung bei AT-Angestellten, wenn durch diese Vertragsgestaltung im Ergebnis der »AT-Angestellte« unter die höchste Tariflohngruppe sinkt (Tarifverträge sehen daher oft sog. Tarifabstandsklauseln, von z. B. 20 %, vor). Nur wenige AT-Angestellte nehmen unternehmerische Aufgaben im oben beschriebenen Sinne wahr; ein leitender Angestellter ist aber stets außertariflicher Mitarbeiter.

PRAXISTIPPS

Die Höhe des AT-Gehaltes ist mitbestimmungsfrei. Der Betriebsrat kann jedoch die Bildung von Gehaltsgruppen verlangen. Es ist jeweils genau zu prüfen, ob Vorschriften des Tarifvertrages (z. B. *kraft Verweisung*) auf AT-Angestelle Anwendung finden.

1.5.5 Auszubildender

Auszubildender

= In einem Berufsausbildungsverhältnis stehende Person

Auszubildende sind Personen, die in einem Berufsausbildungsverhältnis stehen. Zweck ist nicht, Arbeit zu leisten; Hauptzweck ist vielmehr, Fähigkeiten und Kenntnisse vermittelt zu bekommen (§ 1 II BBiG). Auf sie finden in erster Linie die Vorschriften des Berufsbildungsgesetzes und ggf. des Jugendarbeitsschutzgesetzes Anwendung, das allgemeine Arbeitsrecht gilt aber nachrangig und ergänzend.

1.5.6 Arbeitnehmerähnliche Person

Arbeitnehmerähnliche Person:

Nicht persönlich, sondern wirtschaftlich abhängig

Arbeitnehmerähnliche Personen sind Erwerbstätige, die in persönlicher Unabhängigkeit für einen anderen eine Tätigkeit ausüben, die der eines AN ähnlich ist, und die dabei ähnlich schutzbedürftig sind wie AN. Sie sind also nicht persönlich, sondern wirtschaftlich abhängig. Für diesen Personenkreis gibt es nur wenige arbeitsrechtliche Bestimmungen (z. B. *§ 2 S. 2 BUrlG (Anspruch auf bezahlten Urlaub), § 1 II BeschSchG (Schutz vor sexueller Belästigung), § 5 I 2 ArbGG (Zuständigkeit der Arbeitsgerichte), § 12 a TVG (Regelungen durch Tarifvertrag)*). Zu den arbeitnehmerähnlichen Personen zählen die in Heimarbeit Beschäftigten (vgl. Schutzvorschriften im HAG), die freien Mitarbeiter (z. B. *Berater, Übersetzer, Reporter*) und die Einfirmenvertreter (vgl. § 92 a HGB).

1.5.7 Betrieb und Unternehmen

Das Arbeitsrecht baut weitgehend auf dem Begriff des Betriebes auf (z. B. *beim Betriebsverfassungsrecht, beim Betriebsübergang, beim Kündigungsschutz*). Unter **Betrieb** versteht man die organisatorische

Einheit, mit der der Unternehmer allein oder mit seinen AN mit Hilfe von technischen und immateriellen Mitteln bestimmte arbeitstechnische Zwecke fortgesetzt verfolgt, die sich nicht in der Befriedigung von Eigenbedarf erschöpfen (BAG 18.1.1990 AP 9 zu § 23 KSchG). Zu den Begriffen Betriebsteile und Nebenbetriebe vgl. § 4 BetrVG.

Vom Begriff des Betriebes ist der grundsätzlich weiter gefasste Begriff des Unternehmens zu unterscheiden. Das **Unternehmen** ist die organisatorische Einheit, die aus einem oder mehreren Betrieben bestehen kann und die durch einen gemeinsamen wirtschaftlichen oder ideellen Zweck verbunden ist (BAG 23.9.1980 AP 4 zu § 47 BetrVG 1972). Der Schwerpunkt des Unternehmensbegriffs liegt im Handels- und Gesellschaftsrecht.

Wichtige Unterscheidung: Betrieb und Unternehmen

2 BEGRÜNDUNG DES ARBEITSVERHÄLTNISSES

Im Folgenden wird erörtert, wie ein Arbeitsvertrag wirksam zustande kommt und welche Arten von Arbeitsverträgen es gibt.

2.1 ANBAHNUNG DES ARBEITSVERHÄLTNISSES

Ob ein Betrieb neue AN benötigt, richtet sich nach der wirtschaftlichen Lage, insbesondere nach der Produktions- und Absatzlage. Bevor ein Arbeitsvertrag geschlossen werden kann, müssen AG und künftiger AN zueinander finden. Das kann insbesondere geschehen durch Vermittlung des Arbeitsamtes, Zeitungsinserate oder innerbetriebliche Stellenausschreibung (der Betriebsrat kann nach § 93 BetrVG innerbetriebliche Stellenausschreibungen verlangen und bei Nichtbeachtung durch den AG seine Zustimmung zu einer nachfolgenden Einstellung verweigern).

PRAXISTIPPS

Bevor ein unbefristetes Arbeitsverhältnis abgeschlossen wird, sollte geprüft werden, ob die benötigte Arbeitsleistung nicht »günstiger« erlangt werden kann (z. B. *Werkvertrag, freier Mitarbeiter, Subunternehmer, Leiharbeitnehmer*).

2.2 ABSCHLUSS DES ARBEITSVERTRAGES

Der Arbeitsvertrag ist ein schuldrechtlicher, gegenseitiger Vertrag (§§ 611 ff. BGB), der durch zwei übereinstimmende Willenserklärungen von AG und AN zustande kommt (§§ 145 ff. BGB). Für den Arbeitsvertrag gilt grundsätzlich das Prinzip der Vertragsfreiheit (§ 305 BGB), das in drei Bereiche eingeteilt wird, nämlich in die Abschlussfreiheit, die Formfreiheit und die Gestaltungsfreiheit.

Vertragsfreiheit:
* Abschlussfreiheit
* Formfreiheit
* Gestaltungsfreiheit

2.2.1 Abschlussfreiheit

Für den Abschluss von Arbeitsverträgen gilt der Grundsatz der **Vertragsabschlussfreiheit**. Er ist durch Art. 12 I GG geschützt. Der Abschlussfreiheit des AG sind jedoch durch Arbeitnehmerschutzgesetze, Tarifverträge und Betriebsvereinbarungen **Grenzen durch sog. Abschlussverbote oder -gebote** gesetzt.

Beispiele

Beschäftigungsverbote für Kinder und Jugendliche (§§ 2, 5, 7, 22 JArbSchG), für Schwangere und Wöchnerinnen (§§ 3, 4, 6, 8 MuSchG); Beschäftigungsgebote für Schwerbehinderte (§ 71 SGB IX), Jugend- und Auszubildendenvertreter (§ 78 a II BetrVG); Quotenregelungen im öffentlichen Dienst; Einstellungspflichten nach Tarifverträgen oder Betriebsvereinbarungen.

2.2.2 Formfreiheit

Der Grundsatz der Formfreiheit bedeutet, dass **für den Abschluss** des Arbeitsvertrages grundsätzlich **keine Formvorschriften** bestehen, der Vertrag folglich schriftlich, mündlich und sogar schlüssig (= konkludent) abgeschlossen werden kann. Ordnet das Gesetz ausnahmsweise Schriftform an (vgl. § 4 BBiG), so muss der Vertrag von beiden Parteien eigenhändig unterschrieben werden, anderenfalls ist er nichtig (§ 125 BGB). Ergibt sich das Schriftformgebot aus einem Tarifvertrag, wird entgegen der Auslegungsregel des § 125 S.2 BGB im Zweifel keine konstitutive, sondern nur eine deklaratorische Klausel vorliegen. Verstöße hätten sonst die Nichtigkeit des Arbeitsvertrages zur Folge; dies würde dem Schutzgedanken des Arbeitsrechts widersprechen.

Seit Juli 1995 muss jeder AG spätestens einen Monat nach dem vereinbarten Beginn des Arbeitsverhältnisses die **wesentlichen Arbeitsbedingungen schriftlich** festhalten, die **Niederschrift unterzeichnen** und dem **AN aushändigen** (§ 2 I NachwG). Diese Regelung gilt nicht für vorübergehende Aushilfen von höchstens einem Monat (§ 1 NachwG). Das (deklaratorische) Schriftformerfordernis hat keine Auswirkungen auf die Wirksamkeit des Arbeitsverhältnisses.

Die wesentlichen Arbeitsbedingungen müssen schriftlich festgehalten werden

Seit Mai 2000 bedarf nach § 623 BGB die **Beendigung von Arbeitsverhältnissen** durch Kündigung oder Auflösungsvertrag zu ihrer Wirksamkeit der **Schriftform**; dies gilt nach § 14 IV TzBfG auch für die **Befristung eines Arbeitsvertrages**. Ziel ist es, die Rechtssicherheit zu erhöhen und damit die Arbeitsgerichte zu entlasten.

2.2.3 Gestaltungsfreiheit

Der Grundsatz der Gestaltungsfreiheit besagt, dass die Arbeitsvertragsparteien den **Vertragsinhalt frei vereinbaren** können. Zum Schutz der AN vor wirtschaftlichen Nachteilen und gesundheitlichen Gefahren ist die Gestaltungsfreiheit durch Gesetze, Tarifverträge und Betriebsvereinbarungen **jedoch** stark **eingeschränkt** (Arbeitsrecht ist Arbeitnehmerschutzrecht). Auf Grund der Vielzahl der Rechtsquellen im Arbeitsrecht kommt der Gestaltung von Arbeitsverträgen (Ausnahme: leitende Angestellte) in der Praxis nur geringe Bedeutung zu (z.B. *Vertragsbeginn, bei Teilzeitarbeit Stundenzahl*).

Arbeitsrecht ist Arbeitnehmerschutzrecht

Der Arbeitsvertrag kann wie jeder andere privatrechtliche Vertrag an Mängeln leiden. Manche Mängel führen zur Nichtigkeit, Willensmängel berechtigen zur Anfechtung des Arbeitsvertrages. Soweit die Unwirksamkeit des Arbeitsvertrages mit dem Grundsatz des Arbeitnehmerschutzrechtes nicht zu vereinbaren ist, gelten vom allgemeinen Zivilrecht abweichende Regeln.

2.3.1 Nichtigkeit des Arbeitsvertrages

Tatbestände, die zur Nichtigkeit des Arbeitsvertrages führen, sind insbesondere:

* Geschäftsunfähigkeit (§ 105 I BGB),
* Verstoß gegen Formerfordernis (§ 125 BGB),
* Verstoß gegen ein gesetzliches Verbot (§ 134 BGB),
* Verstoß gegen die guten Sitten (§ 138 I BGB),
* Wuchergeschäft (§ 138 II BGB).

Der Arbeitsvertrag ist grundsätzlich von Anfang an (**ex tunc**) nichtig. Ist der Arbeitsvertrag nichtig, so können aus ihm auch keine Rechte und Pflichten hergeleitet werden. Die beiderseitigen Beziehungen können von beiden Parteien jederzeit beendet werden, ohne dass es dazu einer Kündigung bedarf.

Ist das Arbeitsverhältnis nichtig, besteht zum Schutz des »Arbeitnehmers« für die Vergangenheit ein sog. **faktisches Arbeitsverhältnis**. Für die Vergangenheit wird der fehlerhafte Arbeitsvertrag so behandelt, als sei er wirksam zustande gekommen (BAG AP 2 zu § 125 BGB). Der AN erhält also insbesondere seinen Lohnanspruch für geleistete Arbeit, seinen Anspruch auf zurückliegende Entgeltfortzahlung im Krankheitsfall und seinen Urlaubsanspruch; eine Rückabwicklung der in der Vergangenheit erbrachten Leistungen nach §§ 812 ff. BGB scheidet aus. Für die Zukunft kann sich jede Partei durch einseitige Erklärung vom faktischen Arbeitsverhältnis lösen. Ein faktisches Arbeitsverhältnis wird abgelehnt, wenn der dem Vertrag anhaftende Fehler so schwerwiegend ist, dass die Durchführung im Gegensatz zu Grundüberzeugungen der geltenden Rechtsordnung steht (Beispiel: *Beide Parteien verstoßen vorsätzlich gegen ein Strafgesetz*).

Prüfung des faktischen Arbeitsverhältnisses:
1. *Fehlerhafter Vertragsschluss*
2. *Invollzugsetzung des Arbeitsverhältnisses*
3. *Kein besonders schwerer Mangel*
4. *Rechtsfolge: Für die Vergangenheit wirksames Arbeitsverhältnis; für die Zukunft jederzeitige Beendigung möglich*

2.3.2 Anfechtbarkeit des Arbeitsvertrages

Bei der Anfechtung wird das Arbeitsverhältnis durch Erklärung gegenüber dem Vertragspartner beendet. Der wichtigste Unterschied zur (Arbeitgeber-)Kündigung besteht darin, dass bei der Anfechtung die **Kündigungsvorschriften keine Rolle** spielen und der **Betriebsrat nicht** angehört werden muss.

Die Anfechtung bewirkt nach § 142 I BGB grundsätzlich anfängliche Nichtigkeit (ex tunc). Im Arbeitsrecht gilt jedoch eine Besonderheit: Ist der Arbeitsvertrag in Vollzug gesetzt worden, wirkt die Anfechtung wegen der Schwierigkeit der sachgerechten Rückabwicklung grundsätzlich nur ex nunc (also für die Zukunft). Die Anfechtung ist nur dann unverzüglich erklärt (§ 121 I BGB), wenn sie innerhalb von zwei Wochen nach Kenntnis der für die Anfechtung maßgebenden Tatsachen erfolgt (BAG 21.2.1991 AP 35 zu § 123 BGB). Bei einer arglistigen Täuschung gilt § 124 I BGB.

Die Anfechtung des Arbeitsvertrages kommt insbesondere wegen Irrtums oder arglistiger Täuschung in Betracht.

Prüfung der Anfechtung:
1. WE, die angefochten werden soll
2. Anfechtungsgrund (§§ 119, 120, 123 BGB)
3. Anfechtungserklärung (§ 143 I BGB)
4. Anfechtungsgegner (§ 143 II BGB)
5. Anfechtungsfrist (§§ 121, 124 BGB)
6. Rechtsfolge: Nichtigkeit ex nunc und Schadensersatz (§ 122 I BGB)

- **Anfechtung wegen Irrtums gemäß § 119 BGB**

  Ein Inhalts- oder Erklärungsirrtum berechtigt zur Anfechtung (§ 119 I BGB). Zu einer Anfechtung nach § 119 II BGB berechtigt ein Irrtum über eine verkehrswesentliche Eigenschaft des Vertragspartners. Als **Eigenschaften des AN** kommen u. a. in Betracht: *Geschlecht, Alter, Konfession, Vorbildung, Sachkunde, Vertrauenswürdigkeit, Zuverlässigkeit, Vorstrafen, politische Belastungen.* **Keine** verkehrswesentlichen Eigenschaften sind z. B. *Schwangerschaft, Schwerbehinderung, i. d. R. Krankheit.* Rechtlich erheblich ist die Eigenschaft grundsätzlich nur, wenn sie in unmittelbarer Beziehung zum Inhalt des Arbeitsvertrages steht.

- **Anfechtung wegen arglistiger Täuschung gemäß § 123 BGB**

  Eine Anfechtung wegen arglistiger Täuschung setzt entweder ein pflichtwidriges Unterlassen (z. B. *Verschweigen*) oder eine Täuschungshandlung (z. B. *Falschbeantworten einer Frage*) voraus. Der AN unterliegt grundsätzlich **keiner Offenbarungspflicht**. Eine Pflicht zur Aufklärung des AG besteht ausnahmsweise dann, wenn besondere Umstände für die Durchführung des Arbeitsverhältnisses wesentlich sind (Beispiel: *AN fehlt die für die Arbeit erforderliche Fahrerlaubnis*). Die **Falschbeantwortung** einer Frage berechtigt zur Anfechtung, wenn die Frage in sachlichem Zusammenhang mit der Arbeitsleistung steht und daher zulässig war. Bei unzulässigen Fragen darf der Bewerber schweigen oder auch die Unwahrheit sagen.

Beispiele

- Zulässige Fragen: Geburtsname, Geburtsdatum, Familienstand, Kinderzahl, Schul-, Berufsaus-, Hochschulbildung, beruflicher Werdegang, Schwerbehinderung, Wehrdienst, Zivildienst, Wettbewerbsverbote, bisherige Gehaltshöhe.

- Unzulässige Fragen: Gewerkschaftszugehörigkeit, Religionszugehörigkeit und Parteizugehörigkeit (Ausnahme: Tendenzbetrieb), Schwangerschaft, frühere Erkrankungen, Vermögensverhältnisse (Ausnahme: z.b. leitende Angestellte), Krankheiten (Ausnahme: Arbeit kann deswegen dauerhaft nicht erbracht werden), Vorstrafen (Ausnahme: einschlägige Vorstrafen).

2.4 BESONDERE FORMEN DES ARBEITSVERHÄLTNISSES

Im Folgenden werden Arbeitsverhältnisse dargestellt, die auf Grund der konkreten Ausgestaltung eine besondere arbeitsrechtliche Beurteilung erfordern. Soweit sich die Besonderheiten nicht auswirken, gelten die allgemeinen arbeitsrechtlichen Grundsätze.

2.4.1 Befristeter Arbeitsvertrag

Üblicherweise wird der Arbeitsvertrag auf unbestimmte Zeit abgeschlossen. Für Arbeitsverträge, die nur befristet abgeschlossen werden, gilt das TzBfG (§ 620 III BGB).

Ein auf bestimmte Zeit geschlossener Arbeitsvertrag (befristeter Arbeitsvertrag) liegt nach § 3 I TzBfG vor, wenn seine Dauer kalendermäßig bestimmt ist (**kalendermäßig befristeter Arbeitsvertrag**) oder sich aus Art, Zweck oder Beschaffenheit der Arbeitsleistung ergibt (**zweckbefristeter Arbeitsvertrag**).

Die Befristung eines Arbeitsvertrages bedarf zu ihrer Wirksamkeit der **Schriftform** (§ 14 IV TzBFG). Zum Ende des befristeten Arbeitsvertrages vgl. § 15 TzBfG und zu Informationspflichten gegenüber befristet beschäftigten AN vgl. § 18 TzBfG.

Ist die Befristungsabrede unwirksam, so gilt der befristete Arbeitsvertrag als auf unbestimmte Zeit geschlossen (§ 16 S. 1 Halbsatz 1 TzBfG); er kann dann frühestens zum vereinbarten Ende ordentlich gekündigt werden, es sei denn, eine ordentliche Kündigung ist nach § 15 III TzBfG im schriftlichen Arbeitsvertrag oder im Tarifvertrag vereinbart (§ 16 S. 1 Halbsatz 2 TzBfG).

Befristete Arbeitsverträge sind nur mit erheblichen Einschränkungen zulässig. Da befristete Arbeitsverträge ohne Kündigung beendet werden, wird dem AN jeglicher Kündigungsschutz genommen, zudem entfällt die Anhörung des Betriebsrates. Das Bundesarbeitsgericht hatte daher die Zulässigkeit von befristeten Arbeitsverträgen dahingehend eingeschränkt, dass die Befristung von Arbeitsverhältnissen eines **sachlichen Grundes** bedarf. Liegt ein sachlicher Grund für die Befristung nicht vor, so gilt das Arbeitsverhältnis als auf unbestimmte Zeit geschlossen. Dem ist der Gesetzgeber nun mit §§ 14 ff., 16 TzBfG gefolgt. Ein sachlicher Grund liegt nach § 14 I TzBfG insbesondere vor, wenn

- der betriebliche Bedarf an der Arbeitsleistung nur vorübergehend ist,
- die Befristung im Anschluss an eine Ausbildung oder ein Studium erfolgt,
- der AN zur Vertretung eines anderen Arbeitnehmers beschäftigt wird,
- die Eigenart der Arbeitsleistung die Befristung rechtfertigt,
- die Befristung zur Erprobung erfolgt
- oder in der Person des AN liegende Gründe die Befristung rechtfertigen.

Werden mehrere befristete Arbeitsverträge derart aneinandergereiht, dass mit Ablauf der jeweiligen Frist das Arbeitsverhältnis endet, sofern nicht ein neuer wiederum befristeter Arbeitsvertrag abgeschlossen wird, so liegt ein **Kettenarbeitsvertrag** vor. Auch Kettenarbeitsverträge können zulässig sein. Voraussetzung ist aber, dass jeweils ein sachlicher Grund für diese Vertragsgestaltung vorliegt (z. B. *mehrfache Urlaubsvertretungen; aber nicht Daueraushilfen, da hier voraussehbar ist, dass sie weiterbeschäftigt werden sollen*). Die Anforderungen an den sachlichen Grund steigen aber mit der Zahl der hintereinander gereihten befristeten Arbeitsverträge (BAG NZA 1992, 883).

Da das Kündigungsschutzgesetz erst nach 6monatiger Betriebszugehörigkeit des AN (§ 1 I KSchG) und nur in Betrieben mit mehr als 5 AN gilt (§ 23 I 2 KSchG), bedürfen befristete Arbeitsverträge, die für **weniger als 6 Monate** gelten, sowie befristete **Arbeitsverträge mit Kleinbetrieben** mit bis zu 5 AN keines sachlichen Grundes.

Die kalendermäßige Befristung eines Arbeitsvertrages **ohne Vorliegen eines sachlichen Grundes** ist bis zur Dauer von zwei Jahren zulässig; bis zu dieser Gesamtdauer von zwei Jahren ist auch die höchstens dreimalige Verlängerung eines kalendermäßig befristeten Arbeitsvertrages zulässig (§ 14 II 1 TzBfG). Dies gilt allerdings nur für Neueinstellungen.

 Eine Befristung nach dieser Regelung ist nicht zulässig, wenn mit demselben AG bereits zuvor ein befristetes oder unbefristetes Arbeitsverhältnis bestanden hat (§ 14 II 2 TzBfG).

Hat der AN bei Beginn des befristeten Arbeitsverhältnisses das **58. Lebensjahr vollendet**, bedarf die Befristung eines Arbeitsverhältnisses keines sachlichen Grundes (§ 14 III 1 TzBfG, vgl. aber auch Sätze 2 u. 3).

Prüfraster Befristung:

1. Wirksamer Arbeitsvertrag
2. Spezialgesetzliche Regelung (z.B. §§ 57 a ff. HRG; § 21 BErzGG)
3. Es gilt TzBfG (§ 620 III BGB)
4. Zulässig in Kleinbetrieben
5. Zulässig bis zu 6 Monaten
6. Zulässig, wenn 58. Lebensjahr vollendet (§ 14 III TzBfG)
7. Zulässig bei sachlichem Grund (§ 14 I TzBfG)
8. Zulässig – bei bis zu dreimaliger Verlängerung – bis zu zwei Jahren (§ 14 II TzBfG)
9. Unwirksame Befristung führt zu unbefristetem Arbeitsvertrag
10. Klagefrist 3 Wochen (§ 17 TzBfG)

2.4.2 Probearbeitsverhältnis

Das Probearbeitsverhältnis soll dem AG und AN die Gelegenheit zur Feststellung geben, ob eine längerfristige Zusammenarbeit gewünscht wird. Die Dauer der Probezeit ist gesetzlich nicht geregelt. Sie beträgt bei einfachen Arbeiten in der Regel wenige Wochen, bei mittelschweren Arbeiten drei Monate und bei schwierigeren Arbeiten drei bis zu sechs Monate. Häufig finden sich tarifliche Regelungen.

Im Regelfall schließen die Parteien einen **unbefristeten Arbeitsvertrag mit vorgeschalteter Probezeit**. Während dieser Probezeit kann das Arbeitsverhältnis mit der gesetzlichen Mindestkündigungsfrist von zwei Wochen (§ 622 III BGB) bzw. der eventuell noch kürzeren tariflichen Kündigungsfrist von beiden Parteien gekündigt werden. Die Vereinbarung einer Probezeit von mehr als 6 Monaten ist nicht sinnvoll, da ab diesem Zeitpunkt der allgemeine Kündigungsschutz (§ 1 KSchG) und die Grundkündigungsfristen (§ 622 I BGB) gelten.

Die Vertragsparteien können auch eine andere Vertragsgestaltung wählen: Man schließt einen zunächst **befristeten Probearbeitsvertrag** (Erprobung ist sachlicher Grund, § 14 I 2 Nr. 5 TzBfG), der automatisch mit Ende der Probezeit endet. Zur Verlängerung muss sodann ein weiterer (z.B. *unbefristeter*) Arbeitsvertrag abgeschlossen werden.

2.4.3 Teilzeitarbeit

Teilzeitbeschäftigt ist ein AN, dessen regelmäßige Wochenarbeitszeit kürzer ist als die regelmäßige Wochenarbeitszeit vergleichbarer vollzeitbeschäftigter AN des Betriebes (§ 2 I TzBfG). Die Verkürzung der Arbeitszeit ist nicht nur im Sinne der traditionellen **Halbtagsbeschäftigung** möglich, sondern weist eine große Bandbreite tatsächlicher Erscheinungsformen auf. Der AN arbeitet entweder jeden Tag verkürzt oder füllt die Tätigkeit nur an einigen Tagen der Woche oder des Monats voll oder teilweise aus.

Probearbeitsverhältnis:
- Unbefristeter Arbeitsvertrag mit erleichterter Kündigungsmöglichkeit
- Befristeter Arbeitsvertrag

Teilzeitbeschäftigte
= AN, deren regelmäßige Wochenarbeitszeit kürzer ist als die vergleichbarer vollzeitbeschäftigter AN des Betriebes

Auf die Teilzeitarbeit sind grundsätzlich dieselben arbeitsrechtlichen Vorschriften anzuwenden wie auf das Vollzeitarbeitsverhältnis.

Ein teilzeitbeschäftigter AN darf wegen der Teilzeitarbeit nicht schlechter behandelt werden als ein vergleichbarer vollzeitbeschäftigter AN, es sei denn, dass sachliche Gründe eine unterschiedliche Behandlung rechtfertigen (§ 4 I 1 TzBfG). Einem teilzeitbeschäftigten AN ist Arbeitsentgelt oder eine andere teilbare geldwerte Leistung mindestens in dem Umfang zu gewähren, der dem Anteil seiner Arbeitszeit an der Arbeitszeit eines vergleichbaren vollzeitbeschäftigten AN entspricht (pro rata temporis, § 4 I 2 TzBfG). Eine undifferenzierte Gleichstellung wird damit aber nicht festgeschrieben. Die Gewährung einer Sozialleistung kann z. B. mit der Arbeitszeitdauer in unmittelbarem Zusammenhang stehen.

Prüfung Teilzeitarbeit:
1. Wirksamer Arbeitsvertrag
2. Begriff (§ 2 TzBfG)
3. Verbot der Diskriminierung (§ 4 I TzBfG)
4. Benachteiligungsverbot (§ 5 TzBfG)
5. Verringerung der Arbeitszeit (§ 8 TzBfG)
6. Verlängerung der Arbeitszeit (§ 9 TzBfG)
7. Kündigungsverbot (§ 11 TzBfG)
8. Informationsrechte (§ 7 TzBfG)

Beispiel

So ist die Ausnahme des nur halbtägig beschäftigten AN vom verbilligten Bezug des Mittagessens sachlich gerechtfertigt, da er im Gegensatz zum ganztägig beschäftigten AN nicht gezwungen ist, außer Haus zu essen.

Leistet ein Teilzeitarbeitnehmer über seine individuelle Arbeitszeit hinaus Arbeitszeit (wozu er grundsätzlich nicht verpflichtet ist, da er durch den Abschluss des Teilzeitvertrages in der Regel zu erkennen gibt, dass er **zusätzliche Arbeitsstunden** nicht erbringen möchte), so erhält er hierfür die vereinbarte Vergütung. Einen Zuschlag erhält er demgegenüber aber nicht; dieser wird erst dann fällig, wenn zugleich auch die (z. B. *tarifliche*) Wochenarbeitszeit eines Vollzeitbeschäftigten (von z. B. *37 Stunden*) überschritten wird (BAG NZA 1996, 597; EuGH DB 1995, 49).

Das Arbeitsrecht gilt auch für **geringfügig beschäftigte Teilzeitarbeitnehmer**, selbst wenn sie nicht der Sozialversicherung unterliegen und ihr Arbeitslohn pauschal versteuert werden kann.

Ein AN, dessen Arbeitsverhältnis länger als sechs Monate bestanden hat und dessen AG in der Regel mehr als 15 AN beschäftigt, kann verlangen, dass seine vertraglich vereinbarte Arbeitszeit verringert wird (§ 8 I, VII TzBfG). Der AG hat der **Verringerung der Arbeitszeit** zuzustimmen und ihre Verteilung entsprechend den Wünschen des AN festzulegen, soweit betriebliche Gründe (z. B. *betriebliche Organisati-*

on, Arbeitsablauf, Sicherheit, unverhältnismäßige Kosten) nicht entgegenstehen (§ 8 IV 1 TzBfG).

2.4.4 Arbeit auf Abruf

AG und AN können vereinbaren, dass der AN seine **Arbeitsleistung entsprechend dem Arbeitsanfall** zu erbringen hat (§ 12 TzBfG).

Prüfung Arbeit auf Abruf:

1. Wirksamer Arbeitsvertrag

2. Begriff (§ 12 TzBfG)

3. Festlegung wöchentlicher und täglicher Arbeitszeit (§ 12 I 2 TzBfG)

4. Ankündigungspflicht (§ 12 II TzBfG)

5. Abweichung durch Tarifvertrag (§ 12 III TzBfG)

6. Alle Schutzrechte von Teilzeitarbeit

Der Arbeit auf Abruf (oder auch **kapazitätsorientierte variable Arbeitszeit** oder in Kurzform **KAPOVAZ**) liegt ein unbefristetes Arbeitsverhältnis zu Grunde. Der AN verpflichtet sich, dem AG auf Abruf zur Arbeitsleistung zur Verfügung zu stehen, der AG verpflichtet sich, den AN nach Maßgabe des Arbeitsvertrages tatsächlich abzurufen und zu beschäftigen. Dauer und Lage der Arbeitszeit richten sich nach dem Arbeitsanfall und werden **vom AG einseitig bestimmt**.

In § 12 TzBfG werden zum Schutz des AN folgende Mindestvoraussetzungen vorgeschrieben: Es muss eine beliebige, aber bestimmte **Dauer** der Arbeitszeit vereinbart werden. Unterbleibt diese Vereinbarung, so gilt per Gesetz eine wöchentliche Arbeitszeit von 10 Stunden als vereinbart. Haben die Parteien die Dauer der **täglichen Arbeitszeit** nicht festgelegt, so hat der AG den AN jeweils für mindestens 3 aufeinanderfolgende Stunden zu beschäftigen. Kürzere als dreistündige Arbeitseinsätze sind bei entsprechender Vereinbarung aber zulässig.

 Der AN ist zur Arbeitsleistung nur verpflichtet, wenn zwischen dem mündlichen oder schriftlichen Abruf zur Arbeitsleistung durch den AG und dem Arbeitsantritt mindestens 4 Tage liegen.

Der unwirksame Abruf löst für den AN weder Rechte noch Pflichten aus. Er kann von seinem Leistungsverweigerungsrecht Gebrauch machen und fernbleiben oder aber auf die Einhaltung der Frist verzichten, die Arbeit leisten und die Vergütung verlangen.

Unter Berücksichtigung der Fristenberechnung nach dem BGB ergeben sich folgende Ankündigungszeiträume:

Geplanter Arbeitstag	Spätester Ankündigungstag
Montag	Mittwoch
Dienstag	Donnerstag
Mittwoch	Freitag
Donnerstag	Freitag
Freitag	Freitag
Samstag	Montag
Sonntag	Dienstag

Tab. 2.1: Ankündigungszeiträume

2.4.5 Arbeitsplatzteilung

Der Gesetzgeber bezeichnet mit Arbeitsplatzteilung (**Jobsharing**) eine zwischen AG und zwei oder mehreren AN getroffene Vereinbarung des Inhalts, dass sich die AN die Arbeitszeit an einem Arbeitsplatz teilen (§ 13 TzBfG). Der Jobsharer verpflichtet sich also auf Grund seines Arbeitsvertrages, den ihm zugewiesenen Arbeitsplatz in Abstimmung mit dem anderen am selben Arbeitsplatz Beschäftigten im Rahmen eines vorher aufgestellten Arbeitszeitplanes während der betriebsüblichen Arbeitszeit – aber alternierend – zu besetzen. Schutzvorschriften zu Gunsten der AN bestehen hinsichtlich Kündigung (§ 13 II TzBfG) und Vertretungsverpflichtung (§ 13 I 2 und 3 TzBfG).

Prüfung Arbeitsplatzteilung:

1. Wirksamer Arbeitsvertrag
2. Begriff (§ 13 I 1 TzBfG)
3. Grundsätzlich keine Vertretungspflicht (§ 13 I 2,3 TzBfG)
4. Besondere Kündigungsschutz (§ 13 II TzBfG)
5. Abweichung durch Tarifvertrag (§ 13 IV TzBfG)
6. Alle Schutzrechte von Teilzeitarbeit

2.4.6 Gruppenarbeitsverhältnis

Durch das Zusammenspiel mehrerer AN können rechtliche Besonderheiten erzeugt werden, z. B. *bei der Entlohnung und bei der Arbeitszeitgestaltung.*

Es gibt **zwei Formen des Gruppenarbeitsverhältnisses**:

1. Von **Eigengruppe** spricht man, wenn sich **AN aus eigener Initiative** zur gemeinsamen Arbeitsleistung für einen AG zusammenschließen (z. B. *Unternehmensberatungen, Theaterensemble, Maurerkolonnen, Musikkapellen*). Bei Leistungsstörungen haftet die Gruppe als solche aus dem (in der Regel mit ihr) abgeschlossenen Arbeitsvertrag. Auf die Zusammensetzung der Eigengruppe hat der AG keinen Einfluss. Kündigungen können grundsätzlich nur von und gegenüber der gesamten Gruppe erfolgen.

2. Eine **Betriebsgruppe** entsteht, **wenn der AG die AN**, die bereits mit ihm einen Arbeitsvertrag abgeschlossen haben, zum Zwecke einer gemeinsamen Arbeitsleistung **zu einer Gruppe zusammenfasst** (z. B. *Akkordkolonne*). Jedes einzelne Gruppenmitglied hat gegenüber dem AG einen eigenen Lohnzahlungsanspruch. Besteht eine leistungsbezogene Gruppenentlohnung, vermindert sich bei geringerer Arbeitsleistung der Betriebsgruppe der Lohnanspruch der einzelnen Gruppenmitglieder. Die Zusammenstellung einer Betriebsgruppe unterliegt dem Direktionsrecht des AG.

Gruppenarbeitsverhältnis:
• Eigengruppe
• Betriebsgruppe

2.4.7 Arbeitnehmerüberlassung

Von einem **Leiharbeitsverhältnis** oder einer Arbeitnehmerüberlassung spricht man, wenn der AG den AN mit dessen Einverständnis für eine bestimmte Zeit einem anderen zur Arbeitsleistung zur Verfügung stellt. Der andere (Entleiher) erhält Arbeitgeberfunktionen, da er während der »Leihzeit« den Anspruch auf die Arbeitsleistung hat und ihm das Direktionsrecht im Einzelfall zusteht. Das Arbeitsverhältnis des AN mit

Leiharbeitsverhältnis

echtes   unechtes

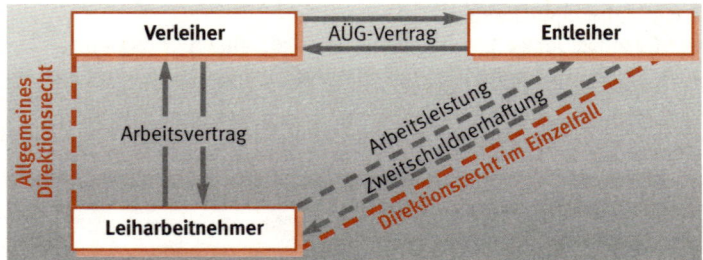

Abb. 2.1: Arbeitnehmerüberlassung

dem »Verleiher« bleibt aber weiterhin bestehen, die Verleihfirma hat das allgemeine Direktionsrecht gegenüber dem Leiharbeitnehmer und ist insbesondere zur Entgeltzahlung verpflichtet. Es werden **zwei Arten der Leiharbeit** unterschieden:

1. Bei einem **echten Leiharbeitsverhältnis** wird der AN nur vorübergehend, gelegentlich ausgeliehen (z. B. *Bedienungspersonal mit der für bestimmte Zeit vermieteten Maschine*).

2. Beim **unechten Leiharbeitsverhältnis (= Arbeitnehmerüberlassung)** wird der AN schon mit dem Ziel eingestellt, ihn gewerbsmäßig an andere zu überlassen. Die gewerbsmäßige Arbeitnehmerüberlassung bedarf einer Erlaubnis der Bundesanstalt für Arbeit (§ 1 AÜG) und unterliegt vielfältiger Reglementierungen: Vgl. insbesondere Anzeigen und Auskünfte (§ 7 AÜG), die Pflicht zur unbefristeten Einstellung (§ 9 Nr.2, 3 AÜG) und den nur zeitlich befristeten Einsatz in einem Unternehmen (§ 3 I Nr.6 AÜG), da sonst der Verdacht besteht, dass Arbeitsvermittlung betrieben wird.

3 DURCHFÜHRUNG DES ARBEITSVERHÄLTNISSES

Der zwischen AG und AN abgeschlossene Arbeitsvertrag begründet für beide Parteien Rechte und Pflichten.

 Gemäß § 611 BGB besteht die **Hauptpflicht** *des AN in der Erbringung der Arbeitsleistung, die des AG in der Zahlung der vereinbarten Vergütung.*

Ferner besteht eine Vielzahl von **Nebenpflichten**, die sich insbesondere aus dem Dauerschuldcharakter des Arbeitsverhältnisses ergeben. Beim AG ist dies in erster Linie die **Fürsorgepflicht**, beim AN die **Treuepflicht**.

Der Arbeitsvertrag ist ein **gegenseitiger Vertrag**, d.h., die Hauptpflichten stehen in einem unmittelbaren Abhängigkeitsverhältnis zueinander (sog. Synallagma). Hieraus wird der Grundsatz abgeleitet: »Ohne Arbeit kein Lohn«. Allerdings muss sich dieser Grundsatz eine Vielzahl von Ausnahmen gefallen lassen (z.B. *Krankheit, Urlaub*).

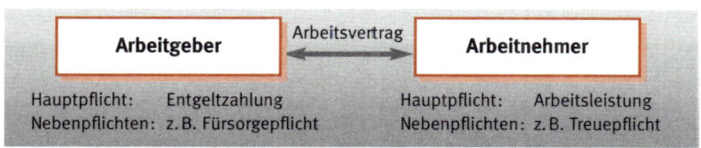

Abb. 3.1: Pflichten von Arbeitgebern und Arbeitnehmern

3.1.1 Arbeitspflicht

Die **Hauptpflicht** des AN ist gemäß § 611 BGB die Arbeitspflicht. Die Arbeit muss nach § 613 S.1 BGB grundsätzlich höchstpersönlich erbracht werden, d.h., der AN ist nicht berechtigt, eine Ersatzkraft zu stellen.

Welche **Art der Arbeit** der AN im Einzelnen konkret zu erbringen hat, richtet sich in erster Linie nach dem Arbeitsvertrag. Ist die Tätigkeit des AN im Arbeitsvertrag **fachlich umschrieben** (z.B. *Schreibkraft, Schlosser*), so kann der AG dem AN alle Arbeiten zuweisen, die innerhalb des vereinbarten Berufsbildes nach der Verkehrssitte des betreffenden Wirtschaftszweiges geleistet zu werden pflegen. Ist die Tätigkeit nur **allgemein umschrieben** (z.B. *Hilfsarbeiter, Bürohilfskraft*), so muss der AN jede Arbeit übernehmen, die ihm zumutbar ist. In Notfällen (z.B. *Überschwemmung, Brand*) müssen alle AN auf Weisung des AG kurzfristig auch andere als nach dem Arbeitsvertrag zulässige Arbeiten leisten.

Direktionsrecht:
AN hat den rechtmäßig angeordneten Weisungen des AG zu folgen

Letztlich werden die konkreten Arbeitsaufgaben des AN durch die Weisungen des AG festgelegt. Dieses **Weisungs- oder Direktionsrecht** findet in Gesetzen, Tarifverträgen, Betriebsvereinbarungen und im Arbeitsvertrag seine Grenzen. Insbesondere muss der AG auch den Gleichbehandlungsgrundsatz beachten.

Das **Arbeitstempo** richtet sich nach den jeweiligen persönlichen Fähigkeiten. Der AN ist verpflichtet, unter angemessener Anspannung seiner Kräfte und Fähigkeiten zu arbeiten, er darf seine Arbeitskraft nicht bewusst zurückhalten; andererseits braucht er sich bei der Arbeit nicht zu verausgaben und Raubbau mit seinen Kräften zu treiben. Derartige Grenzen sind insbesondere auch bei der Festlegung der Fließbandgeschwindigkeit und des Akkordes zu beachten.

Normalerweise ist **Ort** der Arbeitsleistung der Betrieb. Aus dem Arbeitsvertrag kann sich aber ein anderer Arbeitsort ergeben (z.B. *wechselnde Baustellen, Montagearbeiten*).

Die **Dauer der Arbeitszeit** ergibt sich zum einen aus den Höchstarbeitsbedingungen des AZG, zum anderen aus Tarifvertrag, Betriebsvereinbarung und Arbeitsvertrag. Ist im Arbeitsvertrag über Dauer und Lage der Arbeitszeit nichts Besonderes vereinbart worden, so gilt im Zweifel die betriebsübliche Arbeitszeit.

Die Nichteinhaltung der Arbeitszeit führt zu einer automatischen Entgeltreduzierung, wenn der AN unentschuldigt fehlt oder (auch nur wenige Minuten) zu spät kommt. Die Nichteinhaltung der Arbeitszeit stellt einen groben Verstoß gegen den Arbeitsvertrag dar und berechtigt den AG zur Abmahnung und in Wiederholungsfällen sogar zur verhaltensbedingten Kündigung.

Nichteinhaltung der Arbeitszeit stellt einen groben Verstoß gegen den Arbeitsvertrag dar

Grundsätzlich ist der AN zwar nicht verpflichtet, einseitig durch den AG angeordnete **Überstunden** zu leisten. Etwas anderes gilt aber bei entsprechenden kollektivvertraglichen Vereinbarungen (zumeist tariflich geregelt) oder einzelvertraglichen Regelungen (auch betriebliche Übung), in Notfällen, besonderen Ausnahmesituationen (z.B. *unaufschiebbare Aufträge*) und bei leitenden Angestellten.

Die Anordnung von Überstunden hat billigem Ermessen zu entsprechen (§ 315 I BGB), d.h., die AN müssen gleichmäßig zur Leistung von Überstunden herangezogen werden. Die Vergütung von Überstunden und die Bezahlung von Überstundenzuschlägen richten sich nach der jeweiligen Vereinbarung. Statt in Geld können Überstunden auch durch die Gewährung von Freizeit bei Fortzahlung der Vergütung ausgeglichen werden.

Statt in Geld können Überstunden auch durch Gewährung von Freizeit ausgeglichen werden

PRAXISTIPPS

Der AN kann nicht von sich aus Überstunden machen und Bezahlung verlangen. Überstunden sind grundsätzlich nur dann vergütungspflichtig, wenn sie (auch schlüssig) vom AG angeordnet worden sind. Tarifverträge sehen häufig eine ausdrückliche Anordnung durch den Vorgesetzten vor, die bloße Duldung reicht dann im Allgemeinen nicht aus.

Bei **Dienstreisen** gilt grundsätzlich:
- Wegezeiten sind keine Arbeitszeit im Sinne des AZG (Ausnahme: z.B. *Aktenstudium während der Bahnfahrt, Selbstfahrer*).
- Aufenthaltszeiten sind keine Arbeitszeit.
- Zeiten der Tätigkeit sind Arbeitszeit; keine Arbeitszeit sind aber z.B. *ein gemeinsames Essen, eine gesellige Veranstaltung*. Für Seminare gilt das AZG wegen der besonderen pädagogischen Ausrichtung nicht.

Die Vergütung für Dienst(reise)zeiten richtet sich nach der Kollektivvereinbarung oder dem Arbeitsvertrag. Bei Seminaren wird – wenn sie auch im Interesse des AN liegen – grundsätzlich keine zusätzliche Vergütung fällig. Ebenso entfällt eine Überstundenvergütung für Lenkzeiten, wenn der AN mit der Bahn hätte reisen können.

3.1.2 Nebenpflichten, Treuepflicht
Neben der Hauptpflicht hat der AN eine Reihe von gesetzlichen und z.T. von der Rechtsprechung entwickelten **Nebenpflichten**. Der Umfang richtet sich nach dem jeweiligen Arbeitsvertrag und insbesondere auch nach der sozialen Stellung des AN im Betrieb. Ein Meister oder Abteilungsleiter hat umfangreichere Nebenpflichten als etwa ein ungelernter Arbeiter.

Einen Teilbereich der Nebenpflichten bildet die so genannte **Treuepflicht**. Sie besteht darin, dass sich der AN nach besten Kräften für die Interessen seines AG und das Gedeihen des Betriebes einsetzt und alles unterlässt, was dem AG oder dem Betrieb abträglich sein könnte.

Treuepflicht:
AN setzt sich nach besten Kräften für die Interessen seines AG und das Gedeihen des Betriebes ein und unterlässt alles, was dem AG oder dem Betrieb abträglich sein könnte

Wichtige Nebenpflichten sind:
- Befolgung der Weisungen des AG
- Voraussehbare Arbeitsverhinderungen rechtzeitig anzeigen
- Bei Geschäftsbesorgungen Bericht erstatten
- Auskünfte erteilen, Rechenschaft ablegen
- Verschwiegenheitspflicht
- Drohende, eingetretene oder voraussehbare Schäden anzeigen
- Betriebliche Ordnung einhalten (z. B. *Alkoholverbot*)
- Wahrung des Betriebsfriedens
- Arbeitsgeräte sorgfältig behandeln
- Erwerbstätigkeit während des Urlaubs unterlassen
- Schmiergeldannahme unterlassen
- Nicht zu rechtswidrigen Arbeitskämpfen aufrufen
- Wettbewerbsverbot
- Kontaktaufnahme mit Presse nur als letztes Mittel
- Unterlassung von ruf- und kreditschädigenden Äußerungen
- Andere AN nicht abwerben für andere AG

PRAXISTIPPS

Bei Alkoholisierung ist der AN unbezahlt von der Arbeit freizustellen. Der AG muss für einen gefahrlosen Heimweg (z. B. *Taxi*) im Beisein eines Werksangehörigen sorgen; die Kosten trägt der AN. Zur Vermeidung von späteren Streitigkeiten empfiehlt sich eine Beweissicherung. Angetrunkene AN können grundsätzlich abgemahnt werden. Stellt sich (später) heraus, dass der AN Alkoholiker ist, gelten die Grundsätze der krankheitsbedingten Kündigung.

3.1.3 Verletzung der Arbeitnehmerpflichten

Erfüllt der AN seine Arbeitspflicht überhaupt nicht oder nicht ordnungsgemäß oder verletzt er Nebenpflichten aus dem Arbeitsverhältnis, so ist der AG befugt – bei Vorliegen der jeweiligen weiteren Voraussetzungen – folgende Maßnahmen und Rechtsfolgen herbeizuführen:
- Ermahnung (Hinweis, Rüge)
- Abmahnung
- Betriebsbuße (Verwarnung, Verweis, Geldbuße)
- Entzug von Leistungen (Lohnminderung)
- Vertragsstrafe
- Schadensersatz
- Personelle Maßnahmen (Versetzung, Kündigung – ggf. nach Abmahnung)

3.2.1 Entgeltzahlungspflicht

Die **Hauptpflicht** des AG ist es, dem AN das vereinbarte Entgelt zu zahlen (§ 611 I BGB). Fehlt im Arbeitsvertrag eine Vergütungsregelung, gilt sie als stillschweigend vereinbart, wenn die Dienstleistung den Umständen nach nur gegen eine Vergütung zu erwarten ist (§ 612 I BGB).

Der Lohn ist in Euro zu berechnen und i.d.R. bargeldlos auszuzahlen (vgl. § 115 I GewO). Die Entlohnung kann in geringem Maße auch in Naturalien (z.B. *Deputate, Kost und Logis*) erfolgen. Bei gewerblichen AN ist die Verrechnung von Arbeitsentgelt gegen die Lieferung von Waren eingeschränkt (**Truckverbot**, vgl. §§ 115 I 1, 117 I GewO). Dadurch soll verhindert werden, dass AG die eigenen Produkte an ihre AN zu überhöhten Preisen gegen Lohn verrechnen.

Die Vertragsparteien können **Höhe, Art, Zeit und Ort der Lohnzahlung grundsätzlich frei** verabreden; durch gesetzliche, tarifliche oder betriebliche Vereinbarungen ist dieses Recht **jedoch erheblich beschränkt**. Dem Betriebsrat steht ein echtes Mitbestimmungsrecht zu (§ 87 I Nr.4 BetrVG).

 Während eine höhere Vergütung jederzeit erlaubt ist, ist eine Vergütung unter dem (z.B. tariflich) festgelegten Mindestsatz unzulässig.

Die Arbeitsvergütung wird bei gewerblichen Mitarbeitern als **Lohn** (tägliche, wöchentliche oder monatliche Auszahlung) und bei Angestellten als **Gehalt** (monatliche Auszahlung) bezeichnet. **Formen der Vergütung** können sein: Zeitvergütung, Akkord, Prämien, Gratifikationen, Provisionen, Tantieme, Gewinn- oder Erfolgsbeteiligung, Zulagen.

Der Anspruch auf Arbeitsentgelt **verjährt** in zwei Jahren (§ 196 I Nr. 8 und 9 BGB), gerechnet vom Ende des Jahres an, in dem der Anspruch entstanden ist (§ 201 BGB). Das Arbeitseinkommen dient der Existenzgrundlage des AN und ist nur **in begrenztem Umfang pfändbar**. Neben einem pfändungsfreien Grundbetrag steht dem AN ein Betrag zur Erfüllung von Unterhaltsverpflichtungen zu (§§ 850a – 850k ZPO). Nur innerhalb dieser Pfändungsgrenzen kann ein AG mit **Gegenforderungen** aufrechnen (§ 394 BGB), eine **Abtretung** berücksichtigen (im Sinne von § 400 BGB) oder ein **Zurückbehaltungsrecht** (§ 273 BGB) ausüben.

3.2.2 Entgeltfortzahlung im Krankheitsfall

Das Gesetz über Zahlung des Arbeitgeberentgelts an Feiertagen und im Krankheitsfall (EntgeltFG) gilt für alle AN.

3.2
PFLICHTEN DES ARBEITGEBERS

Prüfung Entgeltanspruch:
1. Anspruchsgrundlage: § 611 BGB i.V.m. TV/BV
2. Arbeitsvertrag
3. Anspruchsvoraussetzungen, Höhe
4. Fälligkeit (§ 614 BGB, § 64 HGB)
5. Kein Verzicht, keine Verwirkung
6. Kein Ablauf einer (z.B. tariflichen) Ausschlussfrist
7. Keine Verjährung

Arbeitsvergütung

Lohn (gewerblicher Mitarbeiter) — Gehalt (Angestellter)

Ein AN hat bei unverschuldeter Krankheit Anspruch auf **Entgeltfort-zahlung** für die Dauer von sechs Wochen; vorausgesetzt, dass er mindestens vier Wochen in dem Betrieb ununterbrochen beschäftigt war (§ 3 I 1, IV EntgeltFG). Wird der AN infolge derselben Krankheit (**Fortsetzungskrankheit**) innerhalb von sechs Monaten erneut arbeitsunfähig, verliert er seinen Anspruch auf Entgeltfortzahlung für die Zeit, die diese sechs Wochen übersteigt (§ 3 I 2 EntgeltFG).

Das Entgeltfortzahlungs-gesetz gilt für alle AN

Der Begriff der **Krankheit** ist gesetzlich nicht definiert. Im Rechtssinne ist Krankheit jeder regelwidrige körperliche oder geistige Zustand, der einer Heilbehandlung bedarf (BAG AP 94 zu § 1 LohnFG). Ohne Bedeutung für die Entstehung des Anspruchs auf Entgeltfortzahlung sind Ursache, Behandlungs- und Heilungsfähigkeit der Krankheit; auch Trunk- und Drogensucht ist regelmäßig krankhaft.

Krankheit
= Jeder regelwidrige körperliche oder geistige Zustand, der einer Heilbehandlung bedarf

Ein **Verschulden** liegt **bei grobem Verstoß** (Beweislast: AG) gegen das von einem verständigen Menschen im eigenen Interesse zu erwartende Verhalten vor (BAG EzA § 1 LohnFG Nr. 123). Dies ist nicht schon dann der Fall, wenn der AN in Folge von Unachtsamkeit krank wird oder einen Unfall mitverursacht; alles andere würde eine zu starke Einschränkung der Persönlichkeitsentfaltung darstellen. Folgende von der Rechtsprechung entschiedene Fälle sollen dies verdeutlichen:

Prüfung des Entgeltfort-zahlungsanspruchs:
1. Anspruchsberechtigter Personenkreis (§ 1 EntgeltFG)
2. Krankheit (§ 3 I 1 EntgeltFG)
3. Arbeitsunfähigkeit
4. Kausalität
5. Kein Verschulden
6. Wiederholte Arbeitsunfähigkeit (§ 3 I 2 EntgeltFG)
7. Erfüllen der Wartezeit (§ 3 III EntgeltFG)
8. Kein Leistungs-verweigerungsrecht (§ 7 EntgeltFG)
9. Höhe (§ 4 EntgeltFG)

Als »**verschuldet**« gelten:
* **Verkehrsunfälle infolge grober Verstöße** gegen die Verkehrsregeln (Wenden auf der Autobahn, Überholen an unübersichtlicher Stelle)
* Verkehrsunfälle infolge **Trunkenheit**
* Fahrt mit erkennbar Betrunkenem
* **Sportunfälle** nur dann, wenn AN seine Leistungsfähigkeit überschreitet oder die Regeln der Sportart nicht beachtet
* **Betriebsunfälle** nur dann, wenn Unfallverhütungsvorschriften grob fahrlässig verletzt wurden (z. B. *Nichttragen des Schutzhelmes, der Sicherheitsschuhe bzw. alkoholbedingter Unfall, ohne dass Drogensucht vorliegt*)
* **Rauferei**, die AN provoziert hat

Als »**unverschuldet**« gelten:
* Rechtmäßiger **Schwangerschaftsabbruch**
* **Erkältungs- und Infektionskrankheiten**
* Verletzung bei **risikoreicher Sportart** (z. B. *Drachenfliegen, Karate, Boxen, Ski, Skispringen, Fallschirmspringen*). Ausnahme: Der AN verstößt gegen die Regeln der Sportart.
* **Trunk- und Drogensucht** (i. d. R. umweltbedingt)

- **Selbstmordversuch**
- **Rauferei**, in die man hineingezogen wird

Die Arbeitsunfähigkeit und derer voraussichtliche Dauer sind dem AG **unverzüglich mitzuteilen** (§ 5 I 1 EntgeltFG). Bei einer Dauer von mehr als drei Tagen ist dem AG eine ärztliche Bescheinigung (**Arbeitsunfähigkeitsbescheinigung**) vorzulegen (§ 5 I 2 EntgeltFG).

PRAXISTIPPS

Mit Vorlage der Arbeitsunfähigkeitsbescheinigung hat der AN das seinerseits Erforderliche getan, um die krankheitsbedingte Arbeitsunfähigkeit nachzuweisen. Das Attest kann aber widerlegt werden; zu entsprechenden Indizien und zur Einschaltung des medizinischen Dienstes der Krankenkassen vgl. §§ 275 I, 277 SGB V. »Krankfeiern« berechtigt – evtl. nach erfolgloser Abmahnung – zur ordentlichen oder gar außerordentlichen Kündigung, da der AN einen Betrug zu Lasten des AG begeht.

Der AN soll durch die Krankheit nicht schlechter gestellt werden, als wenn er nicht arbeitsunfähig geworden wäre (**Entgeltausfallprinzip**). Er erhält bis zu einer Dauer von sechs Wochen 100 % des Arbeitsentgelts, das ihm in der **regelmäßigen** Arbeitszeit (Grundvergütung incl. Provisionen und Zulagen, aber ohne Überstunden) zugestanden hätte.

Der AG kann die Fortzahlung des Arbeitsentgelts **verweigern** (§ 7 EntgeltFG), wenn der AN insbesondere seiner **Nachweispflicht** nach § 5 I EntgeltFG **schuldhaft nicht nachkommt.**

»Krankfeiern« berechtigt zur ordentlichen oder außerordentlichen Kündigung

Zur wirtschaftlichen **Existenzsicherung kleinerer Unternehmen** erhalten AG, die nicht mehr als 20 AN beschäftigen, 80 % des fortgezahlten Arbeitsentgelts von der gesetzlichen Krankenversicherung erstattet (§ 10 I LohnFG). Die Mittel dafür werden durch eine Umlage von den am Ausgleich beteiligten AG aufgebracht (§ 14 I LohnFG).

3.2.3 Entgeltzahlung an Feiertagen

Für Arbeitszeit, die infolge eines gesetzlichen Feiertages (vgl. Feiertagsgesetze der Bundesländer) ausfällt, hat der AG dem AN das Arbeitsentgelt zu zahlen (§ 2 I EntgeltFG). AN, die am letzten Arbeitstag vor oder am ersten Arbeitstag nach Feiertagen unentschuldigt fehlen, haben keinen Anspruch auf Bezahlung für diese Feiertage (§ 2 III EntgeltFG).

Prüfung Entgeltzahlung an Feiertagen (§ 2 EntgeltFG):
1. Bestehen eines Arbeitsverhältnisses
2. Gesetzlicher Feiertag
3. Kausalität zwischen Ausfall und Feiertag
4. Kein Ausschluss
5. Höhe nach Ausfallprinzip

3.2.4 Urlaubsgewährung

Die Urlaubswünsche der AN sind bei der Bestimmung der Lage des Urlaubs zu berücksichtigen

Der AG ist verpflichtet, dem AN den **Erholungsurlaub** nach dem Bundesurlaubsgesetz (BUrlG) zu gewähren. Der Urlaub soll der **Wiederherstellung und Erhaltung der Arbeitskraft** des AN dienen. Während des Urlaubs darf der AN keiner Erwerbstätigkeit nachgehen (§ 8 BUrlG).

Die **Höhe des Urlaubsentgelts** richtet sich nach dem durchschnittlichen Verdienst, das der AN in den letzten 13 Wochen vor Beginn des Urlaubs erhalten hat, mit Ausnahme der Überstundenvergütung (§ 11 BUrlG).

Die **Urlaubsdauer** beträgt jährlich mindestens 24 Werktage (20 Werktage bei einer 5-Tage-Woche). Als Werktage gelten alle Kalendertage, die nicht Sonntage oder gesetzliche Feiertage sind (§ 3 BUrlG).

Den **vollen Urlaubsanspruch** erwirbt der AN erst nach sechsmonatigem Bestehen des Arbeitsverhältnisses (§ 4 BUrlG).

Prüfraster Urlaubsanspruch (§ 1 BUrlG):
1. Persönlicher Anwendungsbereich (§ 2 BUrlG)
2. Bestehendes Vertragsverhältnis
3. Ablauf der Wartezeit (§ 4 BUrlG)
4. Kausalität: Urlaub alleiniger Grund für Arbeitsausfall
5. Dauer des Urlaubs (§ 3 BUrlG)
6. Zusatzurlaub
7. Gewährung durch AG (§ 7 I BUrlG)
8. Mitbestimmung des Betriebsrats (§ 87 I Nr. 5 BetrVG)
9. Erlöschen (§ 7 III BUrlG)
10. Verzicht, Ausschlussfrist (§ 13 I 3 BUrlG)
11. Urlaubsvergütung nach Referenzperiodenprinzip (§ 11 BUrlG)

Der AG bestimmt kraft seines Direktionsrechts die **Lage des Urlaubs** (§ 7 BUrlG). Die Urlaubswünsche der AN sind hierbei zu berücksichtigen, es sei denn, dass dem dringende betriebliche Belange oder Urlaubswünsche anderer AN, die unter sozialen Gesichtspunkten (z.B. *Urlaub von Eltern schulpflichtiger Kinder*) den Vorrang verdienen, entgegenstehen (§ 7 I BUrlG).

Der Urlaub ist **zusammenhängend** zu gewähren, wenn nicht betriebliche oder persönliche Gründe eine Teilung des Urlaubs erfordern (z.B. *Sommer- und Winterurlaub*; vgl. § 7 II BUrlG).

➡ *Der Urlaub muss im laufenden Kalenderjahr gewährt und genommen werden. Er darf nicht abgegolten werden.*

PRAXISTIPPS

Nur in Ausnahmefällen (dringenden betrieblichen oder in der Person des AN liegenden Gründen) kann der Urlaub auf das nächste Kalenderjahr übertragen werden. Er muss dann innerhalb der ersten drei Monate des folgenden Kalenderjahrs geltend gemacht und gewährt werden (§ 7 III BUrlG). Ist dies nicht der Fall, verfällt der Urlaub; dies selbst dann, wenn der AN den Urlaub z.B. *wegen Krankheit* nicht antreten konnte.

Gewährt der AG den Urlaub trotz rechtzeitiger Geltendmachung nicht oder nicht rechtzeitig, so schuldet er »Ersatzurlaub« auch nach dem 31.03. Kann der Urlaub wegen Beendigung des Arbeitsverhältnisses – und nur dann – nicht mehr gewährt werden, so ist er abzugelten (§ 7 IV BUrlG).

Erkrankt ein AN während des Urlaubs, werden die durch ärztliches Zeugnis nachgewiesenen Tage der Arbeitsunfähigkeit nicht auf den Jahresurlaub angerechnet (§ 9 BUrlG).

Der **Betriebsrat** besitzt nach § 87 I Nr. 5 BetrVG ein Mitbestimmungsrecht bei der **Aufstellung der allgemeinen Urlaubsgrundsätze** im Betrieb (z. B. *allgemeine Richtlinien, Betriebsferien*), des Urlaubsplans und, falls keine Einigung zwischen dem AG und dem beteiligten AN erzielt wird, auch bei der Festlegung des Urlaubs im Einzelfall.

Sonderregelungen bestehen für **Jugendliche** unter 18 Jahre (§ 19 JArbSchG), für **Schwerbehinderte** (§ 125 SGB IX), betreffend **Elternzeit** (§ 17 BErzGG) und **Bildungsurlaub** (Landesgesetze).

Gesetzliche **Freistellungsansprüche** bestehen u. a. nach:
- §§ 37, 38, 65 BetrVG: Betriebsrat- und Jugendvertreter
- § 9 JArbSchG: Berufsschulpflicht
- § 16 MuSchG, 43 JArbSchG: Ärztliche Untersuchungen
- § 629 BGB: Stellensuche
- § 26 ArbGG, § 20 SGG: Ehrenamtliche Richtertätigkeit

Gesetzliche Freistellungsansprüche

Der AG ist nicht verpflichtet, dem AN **unbezahlten Urlaub** zu gewähren. Gewährt er ihm unbezahlten Urlaub (z. B. *wegen einer längeren Urlaubsreise, Fortbildung oder zur Rehabilitation*), ruht das Arbeitsverhältnis während dieser Zeit. Der AN hat keinen Anspruch auf Entgeltfortzahlung und muss sich für diese Zeit selbst versichern.

3.2.5 Gleichbehandlungspflicht

Die Pflicht des AG, die AN gleichzubehandeln, verbietet eine unsachliche Benachteiligung einzelner oder mehrerer AN. Die Gleichbehandlungspflicht wird aus Art. 3 GG, aus dem Grundsatz von **Treu und Glauben** (§ 242 BGB), aus dem Grundsatz des **billigen Ermessens** (§ 315 BGB) sowie aus der **Fürsorgepflicht** hergeleitet. Besondere Bedeutung haben Art. 141 (ex 119) EG-Vertrag und die auf dieser Grundlage erlassenen Gleichbehandlungsrichtlinien.

Der Gleichheitsgrundsatz verpflichtet den AG, alles, was sachlich gleich ist, auch gleich zu behandeln; Unterschiedliches kann seiner Wesensart nach unterschiedlich behandelt werden. Eine sachwidrige oder willkürliche **Differenzierung in** bevorzugte und benachteiligte **Gruppen ist verboten**. So stehen zusätzliche freiwillige Leistungen (z. B. *Gratifikationen, Sozialleistungen und Ruhegelder*) allen AN ei-

Gleichbehandlungspflicht

= Verbot der unsachlichen Benachteiligung einzelner oder mehrerer AN sowie Verbot unmittelbarer und mittelbarer Diskriminierung wegen des Geschlechts

nes Betriebes zu. AG und Betriebsrat haben gemeinsam darüber zu wachen, dass alle im Betrieb tätigen Personen, unabhängig von ihrer Abstammung, Religion, Nationalität, Herkunft, politischer oder gewerkschaftlicher Aktivität oder wegen des Geschlechts, gleich behandelt werden (§ 75 BetrVG).

Die §§ 611 a, 611 b, 612 III BGB **verbieten** bei arbeitsrechtlichen Maßnahmen (Einstellung, Ausschreibung, beruflicher Aufstieg, Kündigung und Lohngleichheit) jegliche **Benachteiligung wegen des Geschlechts**. Eine Benachteiligung liegt nicht vor, wenn ein bestimmtes Geschlecht unverzichtbare Voraussetzung für die auszuübende Tätigkeit ist (§ 611 a I 2 BGB).

Auch die mittelbare
Diskriminierung ist
verboten

Verboten ist auch die **mittelbare Diskriminierung**: Wenn also z.B. eine Regelung zwar nicht an das Geschlecht anknüpft, sondern an geschlechtsneutrale Kriterien, die benachteiligende Regelung im Ergebnis aber dazu führt, dass ganz überwiegend entweder Arbeitnehmerinnen oder Arbeitnehmer von ihr betroffen sind (BAG DB 1993, 586).

Zum Verbot der Diskriminierung von Teilzeitbeschäftigten und befristet beschäftigten AN vgl. § 4 TzBfG.

Verstößt ein AG bei Einstellung eines AN gegen seine Gleichbehandlungspflicht, so kann der Benachteiligte eine angemessene **Entschädigung** in Geld verlangen; ein Anspruch auf Abschluss eines Arbeitsverhältnisses besteht nicht (§ 611 a II, IV BGB).

3.2.6 Fürsorgepflicht

Fürsorgepflicht:
Sämtliche vertragliche
Nebenpflichten des AG

Die Fürsorgepflicht umfasst sämtliche vertragliche **Nebenpflichten** des AG, die sich aus den §§ 617 – 619 BGB und dem Grundsatz von Treu und Glauben (§ 242 BGB) in Bezug auf das Arbeitsverhältnis ergeben.

 Der AG ist grundsätzlich zur Wahrung sämtlicher schutzwürdigen Interessen des AN rechtlich verpflichtet.

Pflichten des Arbeitgebers im Einzelnen:

- Betrieb, Betriebsmittel und Arbeitsablauf sind so zu gestalten, dass der **AN vor Gefahren** für Leben und Gesundheit bestmöglich **geschützt** ist (vgl. Arbeitsschutz).
- Der AN ist in seinen **persönlichen Rechten** zu schützen:
  - Keine ungerechte Behandlung durch den Vorgesetzten.
  - Keine rechtswidrigen Handlungen oder Ehrverletzungen durch Arbeitskollegen (»Mobbing«).
  - Personenbezogene Daten sind vor dem missbräuchlichen Zugriff Dritter zu schützen.

- Dem AN ist Einsicht in die Personalakte zu gewähren.
- Die Intimsphäre des AN ist zu respektieren.
- Innerbetriebliches Abhören von privaten Telefonaten ist zu unterbinden.
- Die Schutzpflichten der verschiedenen **Schutzgesetze** sind zu beachten, wie etwa ArbZG, JArbSchG, MuSchG, BUrlG.
- Die **Sicherheit** der notwendigerweise in den Betrieb mitgebrachten Sachen des AN vor Verlust oder Beschädigung ist zu **gewährleisten** (z.B. *abschließbare Schränke, verkehrssicherer Parkplatz*). Im Schadensfall ist der AG u.U. schadensersatzpflichtig (vgl. § 670 BGB).
- Für die **ordnungsgemäße Abrechnung, Anmeldung und Abführung** der Lohnsteuer und der Sozialversicherungsbeiträge ist zu sorgen.
- **Allgemeine Fürsorgepflicht** (d.h., die Interessen des AN sind zu wahren).

3.2.7 Beschäftigungspflicht

Der AG ist grundsätzlich verpflichtet, den AN tatsächlich und vertragsgemäß zu beschäftigen. Der **allgemeine Beschäftigungsanspruch** des AN ergibt sich aus Art. 1 GG (Menschenwürde) und Art. 2 GG (Allgemeines Persönlichkeitsrecht) sowie dem Arbeitsvertrag.

Beschäftigt der AG den AN trotz des bestehenden Arbeitsvertrages nicht, kann dies zu einer ungerechtfertigten Diskriminierung des AN führen. Die tatsächliche Beschäftigung soll es ermöglichen, **Fähigkeiten und Fertigkeiten zu erhalten und zu erweitern** und die in der Arbeit liegenden Chancen zur **Entfaltung der Persönlichkeit** zu nutzen. Der AN kann die vertragsgemäße Beschäftigung durch den AG beim Arbeitsgericht einklagen.

Nur in besonderen Ausnahmefällen, die durch die Person des AN begründet sind (z.B. *bei Verdacht auf strafbare Handlung durch den AN, Streitigkeiten mit Kollegen oder Vorgesetzten*), kann der Anspruch auf Beschäftigung entfallen. Zum Weiterbeschäftigungsanspruch nach Ablauf der Kündigungsfrist bis zur rechtskräftigen Entscheidung des Arbeitsgerichts vgl. § 102 V BetrVG.

Der AN kann die vertragsgemäße Beschäftigung durch den AG beim Arbeitsgericht einklagen

3.2.8 Informations- und Anhörungspflicht

Der AG ist durch das BetrVG den AN gegenüber zur Information, Unterrichtung, Anhörung und Erörterung verpflichtet, vgl. insbesondere

- die **Informationspflicht bei allen betrieblichen Angelegenheiten**, die den AN betreffen (§ 82 BetrVG),
- die **Erörterungspflicht bei der Leistungsbeurteilung** des AN (§ 82 BetrVG),

- die Pflicht, dem AN die **Einsicht in seine Personalakte** zu gestatten (§ 83 BetrVG), und
- die **Belehrungspflicht**, den AN auf Unfall- und Gesundheitsgefahren hinzuweisen (§ 81 I 2 BetrVG).

3.2.9 Zeugniserteilungspflicht

Grundsätze des Arbeitszeugnisses sind:

Grundsätze des Arbeitszeugnisses

- Zeitpunkt: Schluss- oder ausnahmsweise Zwischenzeugnis
- Arten: Einfaches oder qualifiziertes Zeugnis
- Zeugnisinhalt: Wahr und wohlwollend
- Strenge Formvorschriften
- Kein Mitbestimmungsrecht des Betriebsrats
- Kein Zurückbehaltungsrecht des AG
- Erlöschen der Zeugniserstellungspflicht
- Klage auf Berichtigung
- Haftung des AG bei vorsätzlich unrichtiger Zeugniserteilung

Bei Beendigung des Arbeitsverhältnisses hat der AN einen Anspruch auf Erteilung eines Arbeitszeugnisses, den er notfalls gerichtlich (»**Erfüllungsklage**«) beim Arbeitsgericht durchsetzen kann (§§ 630 BGB, 73 HGB, 113 GewO). Der **Anspruch entsteht bereits eine angemessene Zeit vor Ablauf des Arbeitsverhältnisses**, damit sich der AN andernorts bewerben kann. Der AG hat **kein Recht, das Zeugnis** auf Grund eigener Gegenforderungen **zurückzuhalten**.

Der AN kann zwischen einem einfachen (§ 630 S. 1 BGB) oder qualifizierten Zeugnis (§ 630 S. 2 BGB) wählen:
- Beim **einfachen Arbeitszeugnis** sind die Art und die Dauer der Tätigkeit, ggf. die Kompetenzen des AN zu vermerken. Der Beendigungsgrund ist nicht anzugeben.
- Das **qualifizierte Arbeitszeugnis** enthält zusätzliche Aussagen über die Leistungen und die Führung des AN.

Der Zielkonflikt zwischen »wahrem« und gleichzeitig »wohlwollendem« Zeugnis hat zu einer besonderen Zeugnissprache geführt

Für den **Inhalt des Zeugnisses** gilt: Der AG ist verpflichtet, das qualifizierte Zeugnis einerseits **wahr** und andererseits **wohlwollend** auszustellen; d.h., es darf das berufliche »Fortkommen« des AN nicht unnötig erschweren. Die Beachtung dieser sich gegenseitig begrenzenden Grundsätze kann beim Verfasser des Zeugnisses zu einem Dilemma führen. Dem kann nur mit einer besonderen **Zeugnissprache** begegnet werden. In der Praxis haben sich verschiedene Techniken herausgebildet, z.B. *Reihenfolge von Aussagen, Betonung von Selbstverständlichkeiten, schroffe Kürze, beredtes Schweigen (d.h.*

Weglassen besonderer Prädikate, die zu einem bestimmten Berufs-
bild unbedingt dazugehören).

Für die **Gesamtbewertung** eines AN haben sich eigenständige Um-
schreibungen entwickelt.

Zeugnistext	Note
stets zur vollsten Zufriedenheit	sehr gut
stets zur vollen Zufriedenheit	gut
zur vollen Zufriedenheit	befriedigend
stets zur Zufriedenheit	befriedigend – ausreichend
zur Zufriedenheit	ausreichend
im Großen und Ganzen zufrieden	mangelhaft
hat sich bemüht	ungenügend

Tab. 3.1: Zeugnisnoten

Unzulässig sind z.B. folgende **Angaben**: *Einmalige Vorfälle und Um-*
stände; Betriebsrats- oder Gewerkschaftstätigkeit; außerdienstliches
Verhalten; Beendigungsgrund, falls AN dies nicht wünscht.

Das Zeugnis muss **klar und unmissverständlich formuliert** sein und
darf nicht zu Irrtümern führen oder Mehrdeutigkeiten enthalten. Es ist
vom AG zu **unterschreiben**, muss **sauber** abgefasst sein und darf
keine unzulässigen Hinweise enthalten.

Zeugnis darf keine un-
zulässigen Hinweise ent-
halten

Weist das Zeugnis nicht die **formellen Voraussetzungen** auf oder enthält es unrichtige Tatsachenangaben oder fehlerhafte Beurteilungen,
hat der AG ein neues zu erteilen. Gibt der AG dem Berichtigungs-
wunsch des AN nicht nach, kann dieser auf Berichtigung des Zeugnisses klagen.

 Vor Gericht hat der AG die Richtigkeit seiner Angaben und
Beurteilungen zu beweisen.

Das Gericht ist befugt, das gesamte Zeugnis neu zu formulieren; der
AG hat es dann mit diesem Inhalt (und ohne Hinweis auf das Gerichtsverfahren) auszustellen.

PRAXISTIPPS

Der AG ist schadensersatzpflichtig gegenüber dem AN, wenn er
schuldhaft die Aushändigung bzw. Berichtigung des Arbeitszeugnisses verzögert bzw. verweigert.

> Gegenüber einem neuen AG ist er zum Ersatz eines kausal eingetretenen Schadens verpflichtet, wenn er vorsätzlich ein falsches Zeugnis ausstellt und dadurch bewusst ein falsches Bild von der Persönlichkeit des Bewerbers erzeugt (§ 826 BGB).

3.2.10 Verletzung der Arbeitgeberpflichten

Verletzt der AG seine ihm nach dem Arbeitsvertrag obliegenden Pflichten, so kann der AN wie folgt reagieren:

- Erfüllung des Anspruchs verlangen,
- seine Arbeitsleistung zurückhalten,
- Schadensersatzansprüche geltend machen,
- die Kündigung erklären (ggf. erst nach vorheriger Abmahnung).

3.3
LEISTUNGS-STÖRUNGEN IM ARBEITSVERHÄLTNIS

Prüfung der pVV:
1. Arbeitsverhältnis
2. Subsidiarität
3. Pflichtverletzung
4. Rechtswidrigkeit
5. Verschulden
6. Kausaler Schaden
7. Rechtsfolge: Schadensersatz

Prüfung des § 823 I BGB
1. Rechtsgutverletzung
2. Verletzungshandlung
3. Haftungsbegründende Kausalität
4. Rechtswidrigkeit
5. Verschulden
6. Schaden
7. Haftungsausfüllende Kausalität
8. Rechtsfolge: Schadensersatz

Der Arbeitsvertrag ist ein gegenseitiger Vertrag (»Leistung gegen Gegenleistung«) im Sinne der §§ 320 ff. BGB; grundsätzlich gelten **für Leistungsstörungen im Arbeitsverhältnis** daher **die allgemeinen schuldrechtlichen Vorschriften**. Daneben bestehen eine Reihe von speziellen Regelungen, insbesondere bei der Haftung des AN, der Nichterbringung der Arbeitsleistung und bei Arbeitsverhinderungen. Die in der Praxis wichtigsten Spezialregelungen werden im Folgenden dargestellt.

3.3.1 Pflichtverletzungen des Arbeitgebers

Die **Lohnzahlungspflicht** ist Hauptpflicht des AG aus dem Arbeitsvertrag und kann vom AN bei Nichterfüllung mit der Lohnzahlungsklage durchgesetzt werden. Verletzt der AG Nebenpflichten aus dem Arbeitsvertrag, so ist er dem AN schadensersatzpflichtig.

Ansprüche können sich insbesondere aus

- **positiver Vertragsverletzung** (pVV) oder
- aus **§ 823 I BGB**

ergeben.

Die Verletzung der Hauptpflicht oder einer anderen Verpflichtung durch den AG kann den AN (ggf. nach vorheriger Abmahnung) zur außerordentlichen Kündigung des Arbeitsverhältnisses berechtigen.

3.3.2 Lohnzahlung ohne Arbeit

Da der Arbeitsvertrag ein gegenseitiger Vertrag ist, muss der AG den Lohn grundsätzlich nur zahlen, wenn der AN seine Arbeitsleistung auch tatsächlich erbringt.

Die strikte Anwendung dieses schuldrechtlichen Grundsatzes auf das Arbeitsverhältnis wird den Arbeitnehmerinteressen jedoch nicht gerecht. **Viele Sonderbestimmungen** verdrängen daher diese allgemeinen schuldrechtlichen Vorschriften und schränken den Grundsatz »Ohne Arbeit kein Lohn« stark ein.

Insbesondere folgende wesentliche Einschränkungen gelten für die Lohnzahlung ohne Arbeit:

3.3.2.1 Vorübergehende Arbeitsverhinderung

Bei allen AN bleibt der Entgeltanspruch bestehen, wenn der AN für eine verhältnismäßig **nicht erhebliche Zeit** durch einen in seiner Person liegenden Grund ohne sein Verschulden **an der Arbeitsleistung verhindert** ist (§ 616 BGB).

In der Praxis werden die Fälle des – dispositiven – § 616 BGB zur Streitvermeidung oft in Tarifverträgen abschließend festgelegt.

> **Beispiele**
>
> Persönliche Verhinderungsgründe: Heirat, Umzug, Arztbesuch, Ladung zu Gerichten und Behörden, Todesfall eines nahen Angehörigen, Erkrankung der Ehefrau oder eines Kindes, eigene Silberhochzeit, goldene Hochzeit der Eltern, Musterung.

Da die Gründe der vorübergehenden Verhinderung in der Person des AN liegen müssen, besteht kein Anspruch auf Lohnfortzahlung bei objektiven Leistungshindernissen.

Erreicht der AN die Arbeitsstätte z. B. *wegen Schnee oder Eisglätte oder Demonstrationen* nicht rechtzeitig oder überhaupt nicht, so erhält er keine Lohnfortzahlung.

3.3.2.2 Annahmeverzug des Arbeitgebers

Der **AG gerät in Annahmeverzug**, wenn er die vom AN ordnungsgemäß angebotene Arbeitsleistung nicht annimmt.

> **Beispiele**
>
> - AG verweigert dem AN den Zutritt zum Betrieb
> - AG weist AN keine Arbeit zu oder stellt ihm kein Material zur Verfügung).

Prüfung des § 616 BGB:
1. Anwendbarkeit (speziellere Regelungen)
2. Bestehen eines Arbeitsverhältnisses
3. Arbeitsverhinderung
4. »nicht erhebliche Zeit«
5. Leistungshindernis in der Person des AN
6. Kausalität
7. Kein Verschulden AN
8. Vergütungshöhe nach Ausfallprinzip

Prüfung des § 615 BGB:
1. Erfüllbarer Anspruch auf Arbeitsleistung
2. Leistungsvermögen und -bereitschaft des AN (§ 297 BGB)
3. Vertragsgemäßes Angebot (§§ 294 ff. BGB)
4. Nichtannahme durch AG (§§ 293,298 BGB)
5. Rechtsfolge: Zahlung der vereinbarten Vergütung, keine Nachleistungspflicht

In diesen Fällen behält der AN seinen Anspruch auf Vergütung; er wird von der Verpflichtung zur Arbeitsleistung frei und braucht die ausgefallene Arbeitszeit auch nicht nachzuholen (§ 615 S. 1 BGB).

Im Kündigungsrecht spielt diese Vorschrift eine große Rolle: Bejaht das Gericht (etwa nach langer Verfahrensdauer) die Unwirksamkeit der Kündigung, so spricht es aus, dass das Arbeitsverhältnis durch die Kündigung nicht aufgelöst worden ist. Falls der AG den AN nicht beschäftigt hat, muss er dem AN nach § 615 S. 1 BGB das Entgelt zahlen; der AN ist nicht zur Nachleistung verpflichtet.

3.3.2.3 Betriebsstörung – Betriebsrisikolehre

Prüfung Betriebsrisiko:
1. Betriebsstörung
2. AN können nicht beschäftigt werden
3. Kausalität
4. Weder von AG noch AN zu vertreten
5. Keine Sonderregelung (z.B. im Tarifvertrag)
6. Rechtsfolge: Entgeltanspruch des AN (Ausnahmen beachten)

Die Lehre vom **Betriebsrisiko** ist anzuwenden, wenn die Erbringung der Arbeitsleistung aus betriebstechnischen Gründen nicht möglich ist, ohne dass den AG oder den AN hieran ein Verschulden trifft.

Beispiele

Unterbrechung der Strom- oder der Gasversorgung, Mangel an Rohmaterial, Brand, Produktionsverbot bei Smogalarm, Überschwemmung.

Das Risiko von **Betriebsstörungen**, d.h. das Betriebsrisiko, trägt grundsätzlich der AG. Er muss also dem AN den Lohn weiterzahlen (§ 615 BGB analog). Der Grund hierfür liegt darin, dass der AG den Betrieb leitet und die Betriebsabläufe organisiert; er trägt die unternehmerische Verantwortung und bezieht die erwirtschafteten Erträge (BAG AP 3 zu § 615 BGB Betriebsrisiko).

Von diesen Grundsätzen werden **zwei Ausnahmen** gemacht:
- Zum einen entfällt die Entgeltzahlung, wenn hierdurch die **Existenz** des Unternehmens **gefährdet** würde,
- zum anderen braucht der AG auch dann das Entgelt nicht zu zahlen, wenn der Arbeitsausfall eines AN durch einen **Streik anderer AN** verursacht wird. Dies gilt grundsätzlich sowohl bei einem Teilstreik im eigenen Betrieb als auch bei einem Streik in einem anderen (z.B. *Zuliefer-*) Betrieb.

3.3.3 Pflichtverletzungen des Arbeitnehmers

3.3.3.1 Nichterbringung der Arbeitsleistung

Tritt ein AN die Arbeit vertragswidrig nicht an oder legt er sie grundlos auf Dauer nieder, so kann der AG vor dem Arbeitsgericht **auf Erfüllung der Arbeitspflicht klagen**. Im Ergebnis hilft ihm dies aber nicht; denn auch aus einem obsiegenden Urteil kann nach § 888 III ZPO eine Zwangsvollstreckung nicht erfolgen (Verbot der Zwangsarbeit).

Da der AN bei einer schuldhaften unberechtigten Arbeitsverweigerung die dadurch eintretende Unmöglichkeit der Arbeitsleistung (Fixschuldcharakter) zu vertreten hat, verliert er selbstverständlich seinen Entgeltanspruch (§§ 325 I 3, 323 I 1 BGB).

Der AN hat dem AG auch die Mehrkosten zu ersetzen, die der AG für eine einzustellende Ersatzkraft oder für den Einsatz anderer AN (z.B. *Überstundenzuschläge*) aufwenden muss.

Ferner muss der AN dem AG d e **Kosten für eine Stellenanzeige ersetzen,** jedenfalls dann, wenn diese Kosten bei ordnungsgemäßer Einhaltung der Kündigungsfrist nicht entstanden wären (z.B. *durch Umfragen in Fachkreisen*).

3.3.3.2 Schlechterfüllung der Arbeitsverpflichtung

Eine mängelbehaftete Arbeitsleistung (z.B. *AN bringt wegen Übermüdung nur 2/3 seiner normaler Leistung*) hat **keine Minderung** des Arbeitsentgeltes zur Folge.

Eine Gewährleistung für Mängel kennt das Arbeitsvertragsrecht, anders als etwa das Kauf- oder Mietrecht, nämlich nicht. Der AG hat deswegen auch keinen Anspruch auf Nachbesserung schlechter Arbeitsergebnisse.

Bei Leistungsvergütung (z.B. *Akkord*) kann allerdings vereinbart werden, dass Ausschussstücke nicht berechnet werden.

Wiederholte schuldhafte Schlechtleistung berechtigt den AG gegebenenfalls zu Disziplinarstrafen (z.B. *Betriebsbuße*) oder nach einer Abmahnung zur Kündigung des Arbeitsverhältnisses.

3.3.3.3 Haftung des Arbeitnehmers

Fügt der AN dem AG bei der Erfüllung des Arbeitsvertrages schuldhaft einen Sachschaden zu, so haftet er wegen positiver Vertragsverletzung und nach § 823 BGB auf Schadensersatz (zur Prüfung vgl. 3.3.1). Die allgemeine Regelung, wonach der AN schon bei leichter Fahrlässigkeit vollen Schadensersatz zu leisten hat, würde den AN im Regelfall aber **unbillig** belasten:

- Zum einen zeigt das Arbeitsleben, dass auch dem sorgfältigen AN gelegentlich Fehler unterlaufen.
- Zum anderen könnte der AG dadurch entstehende Schäden versichern und bei seiner Preiskalkulation berücksichtigen.
- Ferner würde der AG, der den durch die Arbeitsleistung erzielten Gewinn realisiert, unzulässigerweise das Risiko der Arbeitsleistung auf den AN abwälzen.

Prüfung der Haftungs-
erleichterung:
1. Anspruch des AG
gegen AN
2. Schadenverursachen-
de Tätigkeit wurde auf
Grund des Arbeits-
verhältnisses geleistet
3. Tätigkeit war betrieb-
lich veranlasst
4. Haftung nach dem
Grad des Verschuldens
5. Besonderheiten
bei Betriebsunfall und
Verletzung Dritter

Die Rechtsprechung stellt heute auf § 254 BGB ab: Danach ist die **Ersatzpflicht beschränkt,** weil über den Wortlaut dieser Vorschrift hinaus diese Regelung auch dann angewandt wird, wenn den Geschädigten zwar kein Verschulden trifft, er aber für den entstehenden Schaden auf Grund einer von ihm zu vertretenden Sach- oder Betriebsgefahr mitverantwortlich ist (BAG GS NZA 1994, 1083).

Voraussetzung für die **Haftungserleichterung** ist, dass die Tätigkeit, die zu dem Schaden geführt hat, auf Grund des Arbeitsverhältnisses geleistet wurde und betrieblich veranlasst ist. Damit soll verhindert werden, dass der AG mit dem allgemeinen Lebensrisiko des AN belastet wird. Für die Abgrenzung zwischen betrieblich und privat veranlasster Tätigkeit kann auf die Rechtsprechung zu §§ 636 f. RVO (jetzt §§ 104 f. SGB VII) zurückgegriffen werden.

Der Umfang der Haftungserleichterung bestimmt sich nach dem Grad des Verschuldens, mit dem der AN den Schaden verursacht hat:

Verschulden des AN	Haftung des AN
Kein Verschulden	Keine Haftung
Leichteste Fahrlässigkeit	Keine Haftung
Mittlere (normale) Fahrlässigkeit	Quotelung des Schadens
Grobe Fahrlässigkeit	I.d.R. volle Haftung
»Gröbste« Fahrlässigkeit	Volle Haftung
Vorsatz	Volle Haftung

Tab. 3.2: Einschränkung der Arbeitnehmerhaftung

Unter **leichtester Fahrlässigkeit** versteht man ein »typisches Abirren«, d.h., der AN vergreift, verspricht, vertut sich.

Bei **mittlerer (normaler) Fahrlässigkeit** wird der Schaden zwischen AN und AG aufgeteilt (Quotelung des Schadens). Der AN hat einen vom Gericht nach den Umständen des Einzelfalles zu ermittelnden Teil des Schadens zu ersetzen.

Folgende Umstände können insbesondere Berücksichtigung finden: Höhe des Schadens, Dauer der Betriebszugehörigkeit, Lebensalter des AN, Höhe des Arbeitsentgeltes. Bei der erforderlichen Abwägung kann zu Lasten des AG ins Gewicht fallen, dass dieser z. B. für ein Unfall-Kfz keine Kaskoversicherung abgeschlossen hat. Der AN haftet dann grundsätzlich nur in Höhe einer Selbstbeteiligung, die bei Abschluss der Versicherung zu vereinbaren wäre.

Bei **grober Fahrlässigkeit** ist ausnahmsweise eine Erleichterung möglich bei ungewöhnlich hohem Schaden und wenn kein ausreichendes Äquivalent zugunsten des AN gegenübersteht.

Grob fahrlässig handelt, wer die verkehrsübliche Sorgfalt in besonders schwerem Maße verletzt, weil er das missachtet, was im konkreten Fall jedem einleuchten muss.

Beispiele

Alkoholgenuss über der Promillegrenze, Fahren ohne Fahrerlaubnis, grobe Geschwindigkeitsübertretung, grobe Missachtung von Verkehrszeichen, Übermüdung, unvorsichtiges Überholen (gilt nicht, wenn AG oben genannte Gründe kennt oder den AN zu diesen Verhaltensweisen drängt).

Hat der AN einen Dritten (z. B. *Kunden, Verkehrsteilnehmer*) geschädigt, so haftet er diesem gegenüber ohne jede Besonderheit. Ihm steht jedoch ein **Freistellungsanspruch** gegen den AG zu, soweit er, wären die Grundsätze der Haftungserleichterung bei betrieblich veranlasster Tätigkeit anwendbar, nicht für seinen Schaden einzustehen hat; d. h., die Haftungserleichterung wirkt auch hier zugunsten des AN.

Wird ein AN durch einen **Arbeitsunfall** verletzt, so tritt die gesetzliche Unfallversicherung mit ihren Leistungen ein (z. B. *Übergangsgeld*). Zur Haftung für Personenschäden vgl. § 105 SGB VII.

3.3.3.4 Verletzung von Nebenpflichten

Verletzt der AN **Nebenpflichten** aus dem Arbeitsvertrag schuldhaft, kann der AG bei dadurch eintretenden Schäden aus positiver Vertragsverletzung Schadensersatz beanspruchen (Beispiele: *AN meldet Maschinendefekt nicht, AN gibt ausgeliehene Arbeitsgeräte zu spät zurück*) und ggf. das Arbeitsverhältnis nach vorheriger Abmahnung kündigen.

3.3.3.5 Eigenschäden des Arbeitnehmers

Wird bei der Arbeit Eigentum (z. B. *Uhr, Kleidung*) des AN ohne Verschulden von AG oder AN beschädigt, so hat der AN keinerlei Ansprüche gegen den AG, denn:

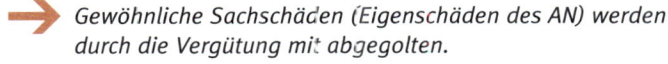

Gewöhnliche Sachschäden (Eigenschäden des AN) werden durch die Vergütung mit abgegolten.

Etwas anderes gilt ausnahmsweise nur dann, wenn es sich um außergewöhnliche Schäden handelt, mit denen der AN nach der Art des Betriebes oder nach der Art seiner Arbeit nicht zu rechnen braucht (§ 670 BGB analog). Beispiel: *Ein AN transportiert Flaschen mit Ameisensäure und beschädigt ohne Verschulden seine Kleidung durch eine schadhafte Flasche (sog. Ameisensäurefall).*

In den folgenden Fällen bestehen Arbeitsverhältnisse grundsätzlich fort:
* Tod des AG (**Betriebsnachfolge**)
* **Umwandlung von Gesellschaften** nach den Vorschriften des Umwandlungsgesetzes (Verschmelzung, Spaltung (Aufspaltung, Abspaltung, Ausgliederung), Vermögensübertragung, Formwechsel; § 324 UmwG)
* **Gesellschafterwechsel** in Personenhandelsgesellschaften
* **Veräußerung sämtlicher Aktien einer AG oder sämtlicher Geschäftsanteile einer GmbH.** Veränderungen bei Kapitalgesellschaften sind arbeitsrechtlich unbedeutend, weil der AG die juristische Person ist und sie bei einem Wechsel ihrer Inhaber unverändert fortbesteht (Betriebsinhaberwechsel).

Bei einem **Betriebsübergang** werden ein Betrieb oder Betriebsteile durch Rechtsgeschäft auf einen neuen Inhaber übertragen und die zum Betriebsvermögen gehörenden materiellen oder immateriellen Rechte nicht automatisch, sondern durch besonderen Übertragungsakt abgetreten.

Der neue Inhaber tritt kraft Gesetzes im Wege der sog. Einzelrechtsnachfolge nach § 613 a BGB in die Rechte und Pflichten aus dem – im Zeitpunkt des Übergangs – bestehenden Arbeitsverhältnis ein.

§ 613 a BGB ist eine Schutzvorschrift zugunsten der AN,
* die den Fortbestand der Arbeitsverhältnisse schützt,
* die Mitwirkung des Betriebsrats sichert und
* die Haftung des alten und neuen AG regelt.

Die **Voraussetzungen** für den Übergang eines Betriebes bzw. Betriebsteils gemäß § 613 a BGB sind:
1. Übergang eines Betriebes oder Betriebsteils:
   Unter Betrieb oder Betriebsteil (§ 613 a I 1 BGB) versteht das BAG eine organisatorische Einheit, mit der bestimmte arbeitstechnische (Teil-)Zwecke selbstständig verfolgt werden können (BAG NJW 1986, 450). Die bloße Übernahme von AN reicht demgegenüber nicht aus (BAG NJW 1986. 451). Der EuGH entschied dann zunächst,

dass die bloße Weiterführung einer gleichartigen Geschäftstätigkeit durch den neuen Inhaber (eine Sparkasse übertrug die Reinigung auf ein Reinigungsunternehmen) ein Betriebsübergang sein kann (EuGH NZA 1994, 545 »Christel Schmidt«). Heute stellt die bloße Funktionsnachfolge (Übernahme der bisherigen betrieblichen Tätigkeit) keinen Betriebsübergang mehr dar (EuGH DB 1997, 628 »Ayse Süzen«; BAG DB 1998, 316).

2. Übergang auf einen anderen Inhaber:
Der neue Inhaber übernimmt die Organisations- und Leitungsmacht so, dass er diesen Betrieb(steil) unverändert fortführen kann, unabhängig von der tatsächlichen Fortführung.

3. Übergang durch Rechtsgeschäft:
Der Übergang muss sich kraft Rechtsgeschäfts vollziehen. Das BAG nimmt an, dass ein Rechtsgeschäft bereits dann vorliegt, wenn der Betriebserwerber mit Willen des Betriebsveräußerers die Leitungsmacht des Betriebes übernimmt. Rechtsgrundlage des Übergangs können die Betriebsveräußerung auf Grund von Kauf, Schenkung, Einbringung in eine Gesellschaft, Vermächtnis oder die Verpachtung sowie eine Kombination mehrerer Rechtsgeschäfte sein. Problematisch ist die Übernahme des Betriebes in der Insolvenz. Grundsätzlich ist auch hier § 613 a BGB anzuwenden, allerdings mit der Einschränkung, dass der Erwerber nicht für rückständige Ansprüche der AN aus den Arbeitsverhältnissen haftet (vgl. BAG DB 1992, 2559; BAGE 53,380).

Rechtsfolgen des Betriebsübergangs nach § 613 a BGB:
1. Wechselt der Inhaber eines Betriebes oder Betriebsteiles, so gehen die **Arbeitsverhältnisse vom alten auf den neuen Inhaber über** (§ 613 a I 1 BGB). Dies gilt sowohl für die gegenseitigen Hauptpflichten als auch für betriebliche Nebenabreden (knüpfen Rechte an die Dauer der Betriebszugehörigkeit, so zählt die Betriebszugehörigkeit bei dem früheren Inhaber mit).
Der Erwerber tritt aber **nicht** in die **nachvertraglichen Rechtsverhältnisse** ausgeschiedener AN (z. B. *Ruhestands- oder Wettbewerbsvereinbarungen*) ein.
Ein Übergang des Arbeitsverhältnisses erfolgt nicht, wenn der AN dem Übergang widerspricht.

Widerspruch ist nur sinnvoll, wenn der AN weiß, dass der jetzige AG passende freie Arbeitsplätze hat

2. Die Rechte und Pflichten aus dem geltenden **Tarifvertrag** oder der **Betriebsvereinbarung** gelten individualrechtlich als Bestandteil

des Arbeitsverhältnisses **für ein Jahr weiter**, falls kein anderer Tarifvertrag oder eine für den AN günstigere Betriebsvereinbarung Anwendung findet (§ 613 a I 2–4 BGB).

3. Der bisherige AG haftet für die Verpflichtungen im Sinne des § 613 a I BGB, die vor der Betriebsübergabe entstanden sind und vor Ablauf von einem Jahr danach fällig werden, neben dem neuen Inhaber als **Gesamtschuldner** (§ 613 a II BGB).
Einerseits wird dadurch verhindert, dass der bisherige Betriebsinhaber sofort aus jeglicher Haftung (Bürgschaft) entlassen wird, andererseits ist es ihm nicht zuzumuten, unbegrenzt weiterzuhaften.

4. Jede Kündigung des Arbeitsverhältnisses eines AN durch den bisherigen AG oder durch den neuen Inhaber aus Anlass der Übergabe eines Betriebs (oder eines Betriebsteils) ist unwirksam (§ 613 a IV 1 BGB).
Das Recht zur Kündigung des Arbeitsverhältnisses aus anderen Gründen, die nur zufällig mit dem Betriebsübergang zusammenfallen, bleibt unberührt (§ 613 a IV 2 BGB).

4 Beendigung des Arbeitsverhältnisses

Die Beendigung von Arbeitsverhältnissen durch Kündigung oder Auflösungsvertrag bedarf zu ihrer Wirksamkeit der **Schriftform** (§ 623 BGB). Die Befristung eines Arbeitsvertrages bedarf zu ihrer Wirksamkeit ebenfalls der Schriftform (§ 14 IV TzBfG), Entsprechendes gilt für auflösende Bedingungen (§ 21 TzBfG). Die Vorschriften stellen konstitutives, d.h. zwingendes Gesetzesrecht dar.

Arbeitsverhältnisse können auf verschiedene Arten enden:

- **Auflösungsvertrag oder Aufhebungsvertrag**: AN und AG können jederzeit einvernehmlich die Beendigung des Arbeitsverhältnisses vereinbaren (§ 305 BGB). In der Praxis spielt der Aufhebungsvertrag eine große Rolle, da keine Kündigungsfristen einzuhalten sind, der Betriebsrat nicht mitwirken kann und die Interessen beider Parteien berücksichtigt werden können. Der AG hat eine besondere Aufklärungspflicht hinsichtlich der rechtlichen Wirkungen des Aufhebungsvertrages; insbesondere hinsichtlich Abfindung, Arbeitslosenversicherung und arbeitsrechtlicher Folgen (bei Verletzung droht Anfechtung nach § 123 BGB).
- **Befristung**: Vgl. hierzu Kap. 2.4.1.
- **Bedingung**: Ein Arbeitsverhältnis kann bei Vorliegen eines sachlichen Grundes auch bedingt abgeschlossen werden, sodass es mit dem Eintritt der Bedingung endet (§ 158 II BGB). Beispiele: *Rückkehr eines erkrankten AN, Fertigstellung einer Baustelle*. Zur Anwendung des TzBfG vgl. § 21 TzBfG.
- **Anfechtung**: Vgl. hierzu Kap. 2.3.2.
- **Lossagung vom faktischen Arbeitsverhältnis**: Vgl. Kap. 2.3.1.
- **Antrag auf Auflösung** des Arbeitsvertrages durch Urteil: Vgl. dazu § 9 KSchG.
- **Vollendung des 65. Lebensjahres**: Das Arbeitsverhältnis wird nur beendet, wenn dies ein (i.d.R. Tarif-) Vertrag ausdrücklich vorsieht. Ist das nicht der Fall, muss der AG dem AN kündigen und die Kündigung für jeden Einzelfall (z.B. *mit Leistungsabfall*) begründen.
- **Tod des Arbeitnehmers**: Da die Arbeitsleistung eine höchstpersönliche Leistungspflicht ist, endet das Arbeitsverhältnis mit dem Tod des AN. Der Tod des AG hat demgegenüber (ebensowenig wie der Konkurs oder die Betriebsveräußerung) keine Auswirkungen auf den Bestand des Arbeitsverhältnisses, es wird vielmehr mit den Erben fortgesetzt.
- **Kündigung**: Vgl. dazu die nachstehenden Ausführungen.

4.2

**4.2
ORDENTLICHE
KÜNDIGUNG**

Kündigung
= Erklärung, durch die
das Arbeitsverhältnis
für die Zukunft aufgelöst
werden soll

In vielen Fällen wird das Arbeitsverhältnis durch eine Kündigung des AG oder des AN beendet. Die Kündigung ist eine Erklärung, durch die das Arbeitsverhältnis für die Zukunft aufgelöst werden soll. Das **Kündigungsrecht** ist zum **Schutz der AN** für AG an eine **Vielzahl strenger Voraussetzungen** geknüpft.

Da das Kündigungsrecht eine sehr komplizierte Materie darstellt und es sich in jedem Fall empfiehlt, einen Fachmann einzubeziehen, sollen und können nachstehend die wichtigsten Rechtsfragen nur angerissen werden.

Die **Wirksamkeit der ordentlichen Kündigung** gegenüber dem AN ist an folgende **Voraussetzungen** geknüpft:

- **Kündigungserklärung**: Voraussetzungen der Willenserklärung
- **Schriftform**: § 623 BGB
- **Keine allgemeinen Nichtigkeitsgründe**
- **Kein Ausschluss** der ordentlichen Kündigung: Schwangere und Mütter bis 4 Monate nach Entbindung (§ 9 I, III MuSchG), AN in Elternzeit (§§ 15, 18 BErzGG), Auszubildende (§ 15 BBiG), Wehr- und Ersatzdienstleistende (§ 2 ArbPlSchG, § 78 I Nr.1 ZDG), Ausschluss durch Tarifvertrag (z. B. sog. *»Unkündbarkeit« nach § 53 III BAT nach 15 Dienstjahren und Vollendung des 40. Lebensjahres*).
- **Zustimmungs- und Anzeigebedürftigkeit**: Massenentlassungen (§§ 17, 18 I KSchG), Schwangere (§ 9 III MuSchG), Erziehungsurlaub (§ 18 I 1–4 BErzGG), Schwerbehinderte (§§ 85 ff. SGB IX).
- Einhaltung der **Kündigungsfrist**: Die Dauer der Kündigungsfrist ist für Angestellte und gewerbliche AN gleich und richtet sich nach § 622 BGB.
- **Allgemeiner Kündigungsschutz**: Vgl. 4.2.1
- **Beteiligung des Betriebsrates**: Vgl. 4.2.2
- **Kündigungsschutzklage**: Vgl. 4.2.3

4.2.1 Allgemeiner Kündigungsschutz (KSchG)

Eine ordentliche Kündigung ist nach dem Kündigungsschutzgesetz **unwirksam, wenn sie nicht sozial gerechtfertigt** ist. Die Anwendbarkeit des KSchG setzt Folgendes voraus:

- Es muss sich um eine ordentliche Kündigung handeln; bei außerordentlicher Kündigung gilt § 626 BGB, der einen »wichtigen Grund« für die Kündigung erfordert.
- Das Arbeitsverhältnis muss ohne Unterbrechung länger als 6 Monate bestanden haben (§ 1 I KSchG).
- Der Betrieb muss regelmäßig mehr als 5 AN beschäftigen (§ 23 I 2 KSchG).

- Der AN muss binnen 3 Wochen Kündigungsschutzklage erheben, andernfalls wird die Kündigung selbst dann wirksam, wenn sie offensichtlich sozial ungerechtfertigt ist (§§ 4, 7 KSchG).

Liegen diese Voraussetzungen vor, so prüft das Arbeitsgericht, ob die Kündigung **sozial gerechtfertigt** ist (§ 1 II KSchG). Dies ist nur dann der Fall, **wenn** die Kündigung durch folgende Gründe bedingt ist:
1. Gründe, die in der Person des AN liegen, oder
2. Gründe, die in dem Verhalten des AN liegen, oder
3. dringende betriebliche Erfordernisse, die einer Weiterbeschäftigung des AN in diesem Betrieb entgegenstehen.

Zu 1. **Personenbedingte Gründe**: Sie liegen objektiv vor, ohne dass der AN dafür verantwortlich gemacht werden kann (sonst liegen die Gründe im Verhalten).

Beispiele

- Fehlende Arbeitserlaubnis ausländischer AN, fehlende Eignung für die Arbeitsleistung, Nichtbestehen von Prüfungen, fehlende politische Zuverlässigkeit in Tendenzbetrieben.
- Krankheit nur unter besonderen Umständen, z.B. lange andauernde Krankheit, häufige Kurzerkrankungen oder krankheitsbedingte Leistungsminderung (erforderlich ist weiter, dass die krankheitsbedingten Fehlzeiten zu einer erheblichen Beeinträchtigung der betrieblichen Interessen führen).

Zu 2. **Verhaltensbedingte Gründe**: Im Verhalten des AN liegende Gründe sind insbesondere Vertragsverletzungen, die jedoch nicht so schwerwiegend sind, dass sie eine außerordentliche Kündigung rechtfertigen.

Verhaltensbedingte Kündigung erfordert grundsätzlich vorherige Abmahnung

Beispiele

Arbeitsverweigerung, Nichtvorlage einer Arbeitsunfähigkeitsbescheinigung, Verletzung des Alkoholverbotes im Betrieb, private Ferngespräche, Urlaubsüberschreitung, Missachtung der Stechuhr, Beleidigung von AG oder Kollegen.

Da die verhaltensbedingte Kündigung nur die letzte Konsequenz eines Fehlverhaltens sein darf, ist grundsätzlich eine **vorherige Abmah-**

nung erforderlich**, um dem AN die Möglichkeit einer Verhaltens-
änderung zu geben. Zur Abmahnung vgl. Abschnitt 4.3.3.

Zu 3. **Dringende betriebliche Gründe**: Eine Kündigung aus betriebsbedingten Gründen setzt voraus, dass dringende betriebliche Erfordernisse einer Weiterbeschäftigung des AN im Betrieb entgegenstehen. Die Gründe sind dringend, wenn der AG die Entlassung nicht
durch andere organisatorische, technische oder wirtschaftliche Maßnahmen abwenden kann (zur Weiterbeschäftigung unter veränderten
Umständen vgl. § 1 II 3 KSchG); die Kündigung muss also wegen der
wirtschaftlichen Lage unvermeidbar sein.

Beispiele

Rationalisierungsmaßnahmen (Automation, Einführung von Compu-
tern), Einschränkung oder Stilllegung des Betriebes, Auftragsmangel,
Absatzschwierigkeiten.

In den Fällen der betriebsbedingten Kündigung hat der AG zudem unter den für eine Kündigung in Frage kommenden AN eine **Sozialauswahl** zu treffen (§ 1 III KSchG). Für die Sozialauswahl kommt es darauf
an, welcher AN auf die Erhaltung des Arbeitsplatzes am wenigsten an-
gewiesen ist.
    Folgende Gesichtspunkte können bei der Auswahl z. B. berücksich-
tigt werden: *Lebensalter, Dauer der Betriebszugehörigkeit, Unterhaltsverpflichtungen (sog. Kerndaten); ferner Kinderzahl, Vermögenslage, arbeitsmarktpolitische Aspekte, Familienstand.* Die Gründe
für die getroffene soziale Auswahl sind dem AN auf Verlangen anzugeben.

PRAXISTIPPS

Diese Grundsätze gelten nicht, wenn betriebstechnische, wirtschaftliche oder sonstige berechtigte betriebliche Bedürfnisse die Weiterbeschäftigung eines oder mehrerer bestimmter AN bedingen und
damit der Auswahl nach sozialen Gesichtspunkten entgegenstehen
(§ 1 III 2 KSchG).
    Wurden in Tarifverträgen oder zwischen AG und Betriebsrat nach
§ 95 BetrVG sog. Auswahlrichtlinien (z. B. *Punktetabellen*) vereinbart, so kann die soziale Auswahl der AN nur auf grobe Fehlerhaftig-
keit überprüft werden (§ 1 IV KSchG).

4.2.2 Beteiligung des Betriebsrates

Besteht im Betrieb ein **Betriebsrat**, so hat der AG den Betriebsrat **vor jeder Kündigung anzuhören** (§ 102 I BetrVG). Der AG muss Angaben machen über:

- die Person des zu kündigenden AN,
- die Art der Kündigung (z. B. *ordentliche Kündigung*),
- den Kündigungstermin,
- alle Gründe für die Kündigung und
- bei betriebsbedingter Kündigung die Gründe der Sozialauswahl.

 *Eine ohne vorherige Beteiligung des Betriebsrats ausgesprochene Kündigung ist unwirksam (§ 102 I 3 BetrVG).*

Ist die Anhörung erfolgt, kann der AG wirksam kündigen, gleichgültig ob und wie der Betriebsrat zur Kündigung Stellung (z. B. *Schweigen, Zustimmung, Widerspruch*) bezogen hat. Die Anhörung stellt ein bloßes Mitwirkungsrecht dar, es kommt nur auf die Anhörung als solche an, die **Zustimmung des Betriebsrats ist nicht erforderlich**.

Der Widerspruch des Betriebsrates hat aber für einen etwaigen folgenden Kündigungsschutzprozess Bedeutung: Der AG hat den AN grundsätzlich auch nach Ablauf der Kündigungsfrist bis zum Abschluss des Prozesses weiterzubeschäftigen (§ 102 V BetrVG).

Nach Anhörung kann AG wirksam kündigen, gleichgültig ob und wie der Betriebsrat zur Kündigung Stellung bezogen hat

4.2.3 Kündigungsschutzklage

Der AN kann die Wirksamkeit der Kündigung **vom Arbeitsgericht überprüfen** lassen. Hält er die Kündigung wegen fehlender sozialer Rechtfertigung für unwirksam, so muss die Klage innerhalb von 3 Wochen nach Zugang der Kündigungserklärung eingereicht sein, anderenfalls wird die ggf. sozialwidrige Kündigung rechtswirksam (§§ 4, 7 KSchG). Andere Unwirksamkeitsgründe (z. B. *fehlende Anhörung des Betriebsrates, Verstoß gegen das Kündigungsverbot*) können allerdings auch nach Ablauf dieser Frist noch geltend gemacht werden.

Die **Wirksamkeit der außerordentlichen Kündigung** gegenüber dem AN ist an folgende **Voraussetzungen** geknüpft:

- **Kündigungserklärung**
- **Schriftform:** § 623 BGB
- Keine allgemeinen **Nichtigkeitsgründe**: §§ 134, 138 BGB
- Kein **Ausschluss** der außerordentlichen Kündigung: Kündigungsverbote für Schwangere und AN in Elternzeit (§ 9 MuSchG, § 18 BErzGG)

**4.3
AUSSERORDENT-
LICHE KÜNDIGUNG**

- **Zustimmungs- und Anzeigebedürftigkeit**: Schwerbehinderte (§ 91 SGB IX); Betriebsratsmitglieder und Mitglieder anderer betrieblicher Mitbestimmungsorgane (§ 15 KSchG i.V.m. § 103 BetrVG; Massenentlassungen (§ 17 KSchG)
- Vorliegen eines **wichtigen Grundes**: Vgl. 4.3.1
- Einhaltung der **Kündigungserklärungsfrist**: Vgl. 4.3.2
- **Abmahnung** bei verhaltensbedingten Gründen: Vgl. 4.3.3
- Beteiligung des **Betriebsrates**: § 102 BetrVG
- **Kündigungsschutzklage**: Vgl. 4.3.5

Außerordentliche Kündigung

Fristlos   Sozialfrist

Die außerordentliche Kündigung beendet das Arbeitsverhältnis mit sofortiger Wirkung im Zeitpunkt des Zugangs der Kündigungserklärung (sog. **fristlose Kündigung**) oder nach Ablauf einer eingeräumten sog. **Sozialfrist**. Dies gilt für unbefristete wie befristete Arbeitsverhältnisse.

4.3.1 Wichtiger Grund

Für jede außerordentliche Kündigung muss ein »wichtiger Grund« vorliegen. Wichtig ist jeder Grund, wenn Tatsachen vorliegen, auf Grund derer dem Kündigenden unter Berücksichtigung aller Umstände des Einzelfalles und unter Abwägung der Interessen beider Vertragsteile die Fortsetzung des Arbeitsverhältnisses bis zum Ablauf der Kündigungsfrist nicht zugemutet werden kann (§ 626 I BGB).

 Absolute Gründe für eine außerordentliche Kündigung gibt es nicht, es kommt immer auf eine umfassende Interessenabwägung unter Berücksichtigung aller Umstände des Einzelfalles an.

Beispiele

- Außerordentliche Kündigung des AG: Alkoholmissbrauch bei z.B. Vorgesetzten oder Kraftfahrern, beharrliche Arbeitsverweigerung, Beleidigungen in schweren Fällen, Bestechlichkeit, Diebstahl im Betrieb, Tätlichkeiten wie schwere Körperverletzungen, Verrat von Betriebsgeheimnissen, vorgetäuschte Krankheit.
- Außerordentliche Kündigung des AN: Nichtzahlung von Lohn oder Gehalt, Tätlichkeiten des AG oder des Vorgesetzten, Ehrverletzungen.

4.3.2 Kündigungserklärungsfrist

Die außerordentliche Kündigung ist an die Einhaltung einer zweiwöchigen so genannten **Kündigungserklärungsfrist** geknüpft (§ 626 II 1 BGB).

Die Frist beginnt mit dem Zeitpunkt, in dem der Kündigungsberechtigte von den für die Kündigung maßgebenden Tatsachen Kenntnis erlangt (§ 626 II 2 BGB). Nach Ablauf von 2 Wochen wird unwiderleglich vermutet, dass ein wichtiger Grund zur außerordentlichen Kündigung nicht besteht.

4.3.3 Abmahnung

Aus dem im Arbeitsrecht geltenden Grundsatz der Verhältnismäßigkeit folgt, dass grundsätzlich vor einer verhaltensbedingten Kündigung eine Abmahnung erfolgen muss.

Dem AN muss zunächst der Hinweis gegeben werden, dass im Wiederholungsfall bzw. bei weiteren Pflichtverletzungen arbeitsrechtliche Konsequenzen gezogen werden, die den Bestand des Arbeitsverhältnisses betreffen. Die Abmahnung ist nur dann entbehrlich, wenn wegen der Schwere der Verfehlung nicht damit gerechnet werden kann, dass das Vertrauen wiederhergestellt werden kann oder der AN eine Änderung seines gerügten Verhaltens ausdrücklich verweigert.

Die Abmahnung ist die mitbestimmungsfreie Ausübung eines Rügerechts und hat folgende Aufgaben:

- Mit ihr bringt der AG eine vom AN begangene konkrete Verletzung einer bestimmten arbeitsvertraglichen Haupt- oder Nebenpflicht zum Ausdruck (**Hinweisfunktion**). Die Abmahnung bedarf der deutlichen Ermahnung des AN, das zur Pflichtverletzung führende Fehlverhalten künftig aufzugeben bzw. zu ändern.
- Der AG fordert damit für die Zukunft vertragsgemäßes Verhalten ein (**Warn- oder Ermahnungsfunktion**).
- Sie soll weitergehende arbeitsrechtliche Konsequenzen, insbesondere eine spätere Kündigung, androhen und vorbereiten (**Androhungsfunktion**).
- Durch die Abmahnung, die der Personalakte beigefügt wird, soll das Geschehen festgehalten werden (**Dokumentationsfunktion**).

Prüfung der Abmahnung:
1. Abmahnungsberechtigung
2. Schriftform aus Beweisgründen
3. Abgabe und Zugang
4. Erforderlichkeit der Abmahnung
5. Notwendiger Inhalt
6. Wirkungsdauer begrenzt (ca. 2,5 Jahre)
7. Keine Mitbestimmung des Betriebsrats
8. Gegendarstellung oder Entfernungsklage durch AN
9. AG trägt Beweislast

4.3.4 Umdeutung in ordentliche Kündigung

Eine unwirksame außerordentliche Kündigung kann gemäß § 140 BGB in eine wirksame ordentliche Kündigung zum nächstzulässigen Termin umgedeutet werden, wenn die Voraussetzungen für eine ordentliche Kündigung vorliegen und dies dem mutmaßlichen Willen des AG entspricht. Dies kommt insbesondere bei AN in Betracht, die nicht unter das Kündigungsschutzgesetz fallen, da sie jederzeit fristgemäß entlassen werden können.

Der AG kann aber auch gleichzeitig neben der außerordentlichen Kündigung vorsorglich (hilfsweise) eine ordentliche Kündigung erklären (und damit den Betriebsrat auch insoweit ordnungsgemäß anhören).

4.3.5 Kündigungsschutzklage

Der AN muss auch bei der außerordentlichen Kündigung **binnen 3 Wochen nach Zugang** der Kündigungserklärung die Kündigungsschutzklage vor dem Arbeitsgericht erheben (§§ 13 I 2, 4 S. 1 KSchG). Nach Ablauf dieser Frist kann er das Fehlen eines wichtigen Grundes oder die Versäumung der Kündigungserklärungsfrist nicht mehr geltend machen und die Unwirksamkeit der Kündigung nur noch auf sonstige Gründe stützen (vgl. schon oben 4.2.3). Etwas anderes gilt nur dann, wenn der AN nicht unter das KSchG fällt (zur Anwendbarkeit vgl. oben 4.2.1).

4.4 ÄNDERUNGSKÜNDIGUNG

Kündigt der AG das Arbeitsverhältnis und bietet er dem AN im Zusammenhang mit der Kündigung die Fortsetzung des Arbeitsverhältnisses zu geänderten Arbeitsbedingungen an, so kann der AN dieses Angebot unter dem Vorbehalt annehmen, dass die Änderung der Arbeitsbedingungen nicht sozial ungerechtfertigt ist (§ 2 KSchG). Die Änderungskündigung zielt nicht auf die Beendigung des Arbeitsverhältnisses, sondern auf die Änderung der bisherigen Arbeitsbedingungen.

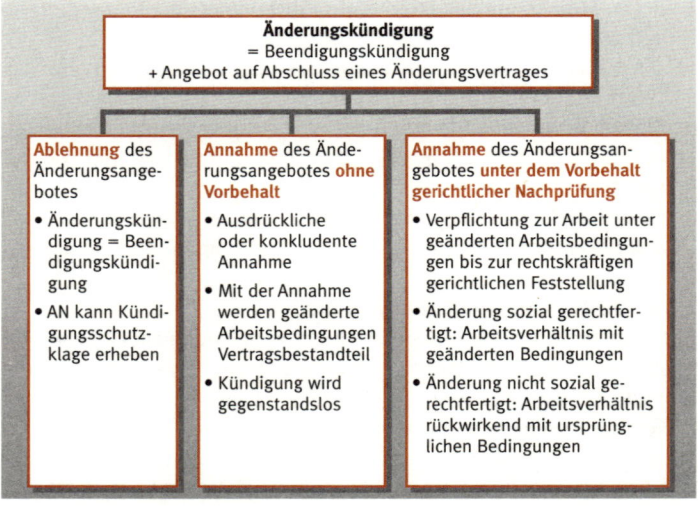

Abb. 4.1: Änderungskündigung

Die ordentliche Änderungskündigung des AG unterliegt bei Vorliegen der weiteren Voraussetzungen dem KSchG, die außerordentliche Änderungskündigung erfordert einen wichtigen Grund (§ 626 BGB). Der Ultima-Ratio-Grundsatz gebietet es, vor Ausspruch einer Beendigungskündigung die Möglichkeiten einer Änderungskündigung zu prüfen; ebenso muss vor Ausspruch einer außerordentlichen Kündigung die Möglichkeit einer ordentlichen Kündigung erwogen werden.

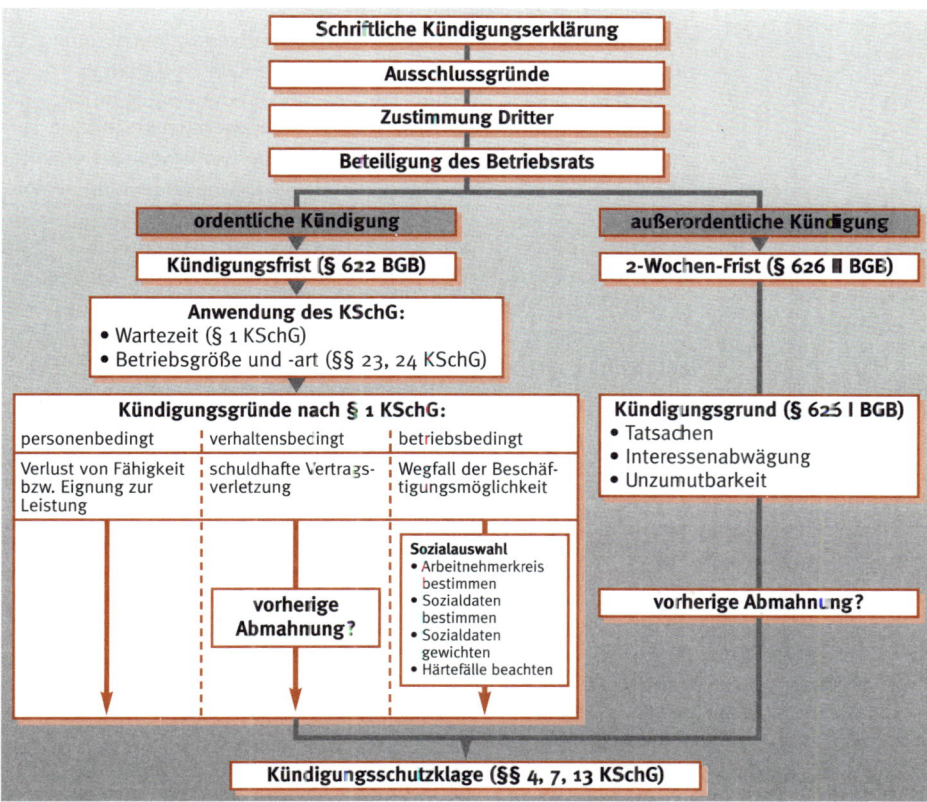

Abb. 4.2: Prüfraster Kündigung durch AG

5 ARBEITSSCHUTZRECHT

Arbeitsschutz:
Alle Bestimmungen und
Vorschriften, die dem
Schutz des AN dienen

Das Arbeitsschutzrecht umfasst alle rechtlichen, organisatorischen, technischen und medizinischen Maßnahmen, die ein AG treffen muss, um seinen AN vor gesundheitlichen Gefährdungen (Unfall, Krankheit, Vergiftung, Tod) bei Verrichtung seiner Tätigkeit zu schützen. Der Gesetzgeber ist verfassungsrechtlich verpflichtet, das Leben und die körperliche Unversehrtheit der AN vor Ausbeutung, Arbeitsunfähigkeit, Krankheit und Tod zu bewahren. Deshalb wird dem AG eine Vielzahl von privat- und öffentlich-rechtlichen Pflichten auferlegt.

Bei den **öffentlich-rechtlichen Pflichten** ist der AG gegenüber dem Staat zur Einhaltung der gesetzlichen **Arbeitsschutzvorschriften** verpflichtet. Amtliche Stellen, insbesondere die Gewerbeaufsichtsämter oder die Berufsgenossenschaften, überwachen die Einhaltung der Vorschriften.

Privatrechtlich ist der AG auf Grund seiner **Fürsorgepflicht** zum Schutz des AN verpflichtet; er muss insbesondere sichere Arbeitsplätze schaffen (§§ 618 I, 619 BGB, § 62 I, IV HGB, § 3 I ArbSchG) sowie zur Aufrechterhaltung der guten Sitten und des Anstandes im Betrieb beitragen (§ 120 b GewO).

5.1 GENERELLER GESUNDHEITS- UND UNFALLSCHUTZ

Das Arbeitsschutzgesetz (ArbSchG) soll die Sicherheit der AN bestmöglich gewährleisten und den Gesundheitsschutz verbessern. Der AG hat dabei folgende Grundsätze zu beachten:

- Die Arbeit ist so zu gestalten, dass möglichst jede Gefährdung für Leben und Gesundheit vermieden wird.
- Die allgemein anerkannten arbeitswissenschaftlichen Erkenntnisse der Arbeitsmedizin und der Hygiene sind zu berücksichtigen.
- Generelle Rechtsnormen, wie Technische Regeln, DIN-Normen oder VDE-Bestimmungen, sind zu befolgen.
- Für besonders schutzbedürftige Personen (z. B. *Jugendliche, Schwerbehinderte, Schwangere*) sind spezielle Regelungen einzuhalten.

5.2 GESCHÜTZTER PERSONENKREIS

Der Arbeitschutz lässt sich nach dem geschützten Personenkreis wie folgt gliedern:

- **Allgemeiner Arbeitsschutz** (gilt für alle AN)
- **Besonderer Arbeitsschutz**:
  - **Heimarbeiter** (vgl. HAG); **Bergleute** (BundesbergG); **Seeleute** (SeemannG)

- **Schwangere und Mütter**: Gestaltung des Arbeitsplatzes (§ 2 MuSchG), Beschäftigungsverbote vor (§ 3 MuSchG) und nach der Entbindung (§ 6 MuSchG), Mutterschaftsgeld (§§ 13, 14 MuSchG), Kündigungsschutz (§ 9 I MuSchG)
- **Eltern**: Elternzeit (§§ 15 ff. BErzGG), Erziehungsgeld (§§ 4 ff. BErzGG)
- **Kinder und Jugendliche**: Beschäftigungsverbote und -beschränkungen (§§ 5, 22 ff. JArbSchG), Arbeitszeithöchstgrenzen (§§ 8 ff. JArbSchG), Urlaub (§ 19 JArbSchG)
- **Schwerbehinderte**: Beschäftigungspflicht der AG (§ 71 SGB IX), Zusatzurlaub (§ 125 SGB IX), Schwerbehindertenvertretung (§§ 93 ff. SGB IX), Kündigungsschutz (§§ 85 ff. SGB IX)

Der **Arbeitszeitschutz** gewährt dem AN einen **vierfachen Schutz**:
- Er setzt eine Höchstdauer für die tägliche Arbeitszeit fest,
- er regelt die zeitliche Lage der Arbeitszeit,
- er schreibt Arbeitspausen und Ruhezeiten vor und
- er beschränkt die Arbeit an Sonn- und Feiertagen.

5.3
ARBEITSZEITSCHUTZ

Der Arbeitszeitschutz gliedert sich in **öffentlich-rechtliche, kollektivrechtliche und individualrechtliche Regelungen**. Zur Sicherung der Einhaltung der Arbeitszeit hat der AG insbesondere an geeigneter Stelle im Betrieb einen Abdruck des AZG auszulegen (§ 16 AZG) sowie Nachweise über Abweichungen von der regelmäßigen täglichen Arbeitszeit zu führen und dem Gewerbeaufsichtsamt und dem Betriebsrat zugänglich zu machen (§§ 16, 17 AZG).

Zuwiderhandlungen gegen die Vorschriften des Arbeitszeitschutzes, die durchweg zwingend sind, sind unter **Strafandrohung** und **Ordnungsgeld-Androhung** gestellt (§§ 22 f. AZG, §§ 5 ff. FPersG, § 147 GewO, §§ 24 f. LSchlG).

Die wichtigsten Rechtsgrundlagen finden sich im AZG von 1994: Höchstarbeitszeit von 8 Stunden mit Verlängerungsmöglichkeit auf 10 Stunden (§ 3 AZG), Ruhepausen (§ 4 AZG), Ruhezeit (§ 5 AZG), Nacht- und Schichtarbeit (§ 6 AZG), Sonn- und Feiertagsruhe (§§ 9 ff. AZG).

Für die Beschäftigung von AN als Besatzungsmitglieder von **Luftfahrzeugen** (§ 20 AZG), für die Beschäftigung von Fahrpersonal in der **Binnenschifffahrt** (§ 21 ArbZG), für die **Beschäftigten auf See** (Seearbeitsrecht nach dem SeemG) und für die Beschäftigung des Fahrpersonals im **Straßenverkehr** (komplexes Vorschriftensystem mit nationalen und internationalen Regelungen) gelten jeweils **Sonderregelungen**.

6 BETRIEBSVERFASSUNG

6.1
GRUNDLAGEN

Das Betriebsverfassungsrecht regelt die Zusammenarbeit zwischen dem AG und der Belegschaft des Betriebes. Die Belegschaft wird dabei durch den von ihr zu wählenden Betriebsrat vertreten.

 Anliegen der Betriebsverfassung ist es, den Betriebsrat bei betrieblichen Entscheidungen des AG zu beteiligen.

Die wirtschaftlichen und unternehmerischen Befugnisse werden von der Betriebsverfassung nicht berührt, dies ist Inhalt der Unternehmensmitbestimmung.

Betriebsverfassung:
Die arbeitsrechtliche Grundordnung des Betriebes; sie regelt die Zusammenarbeit zwischen AG und AN auf Betriebsebene

Das Betriebsverfassungsrecht beruht auf dem Betriebsverfassungsgesetz (BetrVG, in der Fassung der Novellierung vom 22.06.2001), das auf dem Betriebsrätegesetz von 1920 aufbaut. Es enthält insbesondere umfassende Mitwirkungsrechte des Betriebsrats (BR) bei sozialen, personellen und wirtschaftlichen Fragen. Tragende Säulen des Gesetzes sind die Pflicht von AG und BR zur **vertrauensvollen Zusammenarbeit** (§ 2 I BetrVG), die **betriebliche Friedenspflicht** bei Arbeitskämpfen und das **Verbot parteipolitischer Betätigung** im Betrieb.

Die Interessen der Jugendlichen und leitenden Angestellten wurden vom BetrVG nicht ausreichend berücksichtigt. Durch »Gesetz zur Bildung von Jugend- und Auszubildendenvertretungen in den Betrieben« wurden die bisherigen Jugendvertretungen ausgebaut, durch das »Gesetz über Sprecherausschüsse der leitenden Angestellten« wurden erstmals gesetzliche Sprecherausschüsse eingeführt.

Zum Geltungsbereich des Betriebsverfassungsgesetzes vgl. §§ 1 ff. BetrVG, zur Wahl und Stellung der Betriebsräte §§ 7 ff. BetrVG.

6.2
BETEILIGUNGS-
ARTEN

Die Beteiligungsrechte sind nach der Intensität der möglichen Einflussnahme gestuft

Das Betriebsverfassungsgesetz unterscheidet zwischen mehreren Beteiligungsrechten:

Die **Mitbestimmungsrechte** sind durch Zustimmungserfordernisse oder Zustimmungsverweigerungsrechte gekennzeichnet, d.h., der **AG darf eine Maßnahme ohne Einverständnis des BR nicht durchführen**.

Bei den bloßen **Mitwirkungsrechten** bleibt die **Entscheidungsbefugnis allein beim AG**.

 Die höhere Stufe der Beteiligung umschließt jeweils die tiefere(n).

Mitbestimmung:	Bei Nichteinigung entscheidet:
Mitbestimmung i.e.S. (z.B. §§ 87, 91, 98, 112 BetrVG)	Einigungsstelle
Zustimmungsverweigerung (z.B. § 99 BetrVG)	Arbeitsgericht
Mitwirkung:	
Beratung (z.B. §§ 90, 96, 111 BetrVG)	Arbeitgeber
Anhörung (z.B. § 102 BetrVG)	Arbeitgeber
Information (z.B. §§ 80 II, 89, 105 BetrVG)	Arbeitgeber

Tab. 6.1: Abgestufte Beteiligungsrechte des Betriebsrats

Die Beteiligungsstufen im Einzelnen:
- **Mitbestimmung (im engeren Sinne)**
  Der AG kann nicht ohne die Zustimmung des BR handeln. Der BR trifft seine Entscheidung nach billigem Ermessen, hat aber immer die Belange des Betriebes und der betroffenen AN angemessen zu berücksichtigen.
  Die Verweigerung des BR kann nicht gerichtlich ersetzt werden, im Streitfall entscheidet ggf. die Einigungsstelle.

Beispiele

Mitbestimmung bei sozialen Angelegenheiten, § 87 I BetrVG (z.B. Lage der Arbeitszeit, Fragen der Ordnung des Betriebes, Aufstellung des Urlaubsplanes), bei Ausgestaltung der Personalfragebögen (§ 94 I BetrVG), bei Beurteilungsgrundsätzen (§ 94 II BetrVG), bei Auswahlrichtlinien (§ 95 BetrVG).

- **Zustimmungsverweigerungs- oder Widerspruchsrechte**
  Der AG kann nicht ohne Zustimmung des BR handeln. Der BR kann seine Zustimmung aber nur aus den im Gesetz genannten Gründen verweigern.
  Greift der BR bei einer Verweigerung auf andere Gründe zurück, so ist sie unbeachtlich. Im Streitfall entscheidet das Arbeitsgericht.

Beispiele

Der BR kann aus bestimmten im Gesetz genannten Gründen der Einstellung, Eingruppierung oder Versetzung eines AN widersprechen (§ 99 BetrVG); Bestellung von Ausbildern (§ 98 BetrVG).

- **Beratung**
Die Beratungsrechte des BR verpflichten den AG, von sich aus die Meinung des BR einzuholen und die Sache mit ihm zu erörtern.
Gründe und Gegengründe müssen dargelegt und gegeneinander abgewogen werden, die Entscheidung trifft der AG nach der Beratung aber allein.

Beispiele

Beratungsrechte in Bezug auf Arbeitsplatzgestaltung, Personalplanung, Fragen der Berufsbildung und vor geplanten Betriebsänderungen.

- **Anhörung**
Der AG muss dem BR die Möglichkeit geben, sich zu äußern, d.h. insbesondere Einwände vorzubringen. Die Entscheidung darf der AG nicht vor erfolgter Anhörung (oder vor Ablauf einer bestimmten Frist) vornehmen.

Beispiel

Wichtigster Fall ist die Anhörung des BR vor jeder Kündigung (§ 102 BetrVG).

- **Unterrichtung**
Die Unterrichtung kann selbstständiges Informationsrecht sein, meistens ist sie aber Vorstufe einer weitergehenden Beteiligung.
Generell ist der AG verpflichtet, den BR zur Durchführung seiner gesetzlichen Aufgaben umfassend und rechtzeitig zu unterrichten und ihm auf Verlangen die erforderlichen Unterlagen zur Verfügung zu stellen.

Beispiel

Spezielle Unterrichtungsrechte für Betriebsrat und Sprecherausschuss sind die Informationen über wirtschaftliche Angelegenheiten und über die Einstellung und personelle Veränderung von leitenden Angestellten.

Als **Grundnorm** der betrieblichen Zusammenarbeit ist § 74 BetrVG den Mitwirkungs- und Mitbestimmungsrechten vorangestellt. Er verpflichtet den AG und den Betriebsrat zur **vertrauensvollen Zusammenarbeit**.

Die Parteien sollen sich mindestens einmal im Monat zu Besprechungen treffen, ehrlich miteinander umgehen; Missverständnisse sollen vermieden werden. Bei strittigen Fragen ist jeweils die beste Lösung für den Betrieb zu finden. Sie dürfen keine gegenseitigen Kampfmaßnahmen, wie Streik oder Aussperrung, bei Streitigkeiten ergreifen. Laufende Tarifverträge sind einzuhalten (Friedenspflicht). Jede parteipolitische Betätigung im Betrieb ist zu unterlassen.

Der Betriebsrat ist verpflichtet, darauf zu achten, dass **gültige Rechtsnormen** (Gesetze, Verordnungen, Unfallverhütungsvorschriften, Tarifverträge und Betriebsvereinbarungen) und **arbeitsrechtliche Grundsätze** (z. B. *Gleichbehandlungsgrundsatz*) eingehalten werden.

Die **allgemeinen Aufgaben** des Betriebsrates sind in § 80 BetrVG beispielhaft aufgezählt. Damit der Betriebsrat diese Funktionen erfüllen kann, hat er gegenüber dem AG umfassende Informationsrechte. Er kann ohne besondere Gründe jederzeit Einsicht in die Urlaubs- oder Lohnlisten verlangen. Er hat das Recht, jederzeit alle Betriebsteile (auch sensible) zu begehen.

Die **sozialen Angelegenheiten** sind (neben den personellen Angelegenheiten) in der Praxis der wichtigste Bereich der Mitwirkung und Mitbestimmung des BR.

Die einzelnen Angelegenheiten, die der erzwingbaren Mitbestimmung des BR in sozialen Belangen unterliegen, sind in § 87 I Nr. 1–12 BetrVG abschließend aufgezählt (und dort bitte nachzulesen).

Der BR hat bei einer Vielzahl von personellen Maßnahmen mitzuwirken. Das Gesetz unterscheidet **drei große Bereiche**: die allgemeinen personellen Angelegenheiten (§§ 92 ff. BetrVG), die Berufsbildung (vgl. §§ 96 ff. BetrVG) und personelle Einzelmaßnahmen (§§ 99 ff. BetrVG).

Allgemeine personelle Angelegenheiten sind:
- Personalplanung (§ 92 BetrVG),
- Ausschreibung von Arbeitsplätzen (§ 93 BetrVG),
- Personalfragebogen (§ 94 I BetrVG),

6.3
AUFGABEN UND RECHTE DES BETRIEBSRATES

AG und BR sind zur vertrauensvollen Zusammenarbeit verpflichtet

Verpflichtung des Betriebsrates

6.4
BETEILIGUNG IN SOZIALEN ANGELEGENHEITEN

6.5
BETEILIGUNG IN PERSONELLEN ANGELEGENHEITEN

- Formulararbeitsverträge (§ 94 II BetrVG),
- Beurteilungsgrundsätze (§ 94 II BetrVG) und
- Auswahlrichtlinien (§ 95 BetrVG).

Bei den personellen
Einzelmaßnahmen ist
jeweils die Intensität der
Mitbestimmung genau
zu prüfen

Die Beteiligungsrechte des BR bei **personellen Einzelmaßnahmen** dienen sowohl dem Interesse des einzelnen AN als auch dem Interesse der Gesamtbelegschaft. Der BR soll Einfluss auf die personelle und soziale Struktur der Belegschaft haben. Die Beteiligungsrechte erstrecken sich auf folgende Maßnahmen:

- Einstellungen,
- Ein- und Umgruppierungen,
- Versetzungen sowie
- Kündigungen.

Die Beteiligungsrechte bei Einstellungen, Ein- und Umgruppierungen und Versetzungen bestehen nur in Betrieben mit in der Regel mehr als 20 wahlberechtigten AN (§ 99 I 1 BetrVG), bei Kündigungen gelten keinerlei Einschränkungen.

6.6 BETEILIGUNG IN WIRTSCHAFTLICHEN ANGELEGENHEITEN

Die unternehmerische
Entscheidungsfreiheit ist
durch Art. 12, 14 GG geschützt und bleibt durch
das BetrVG grundsätzlich unangetastet

Die Mitwirkung und Mitbestimmung des BR in **wirtschaftlichen Angelegenheiten** ist **sehr begrenzt**. Die unternehmerische Entscheidungsfreiheit über wirtschaftliche Fragen bleibt im Wesentlichen unangetastet, der BR hat lediglich Informationsrechte. Eine Ausnahme besteht bei Betriebsänderungen (§§ 111 ff. BetrVG): Hier kann der BR einen Sozialplan (§§ 112, 112 a BetrVG) durchsetzen, der die wirtschaftlichen Nachteile, die den AN durch die Betriebsänderung entstehen, ausgleicht oder mildert. Eine Mitbestimmung in wirtschaftlichen Angelegenheiten erfolgt im Übrigen in großen Unternehmen durch die sog. Unternehmensmitbestimmung.

6.6.1 Wirtschaftsausschuss

In allen Unternehmen mit in der Regel **mehr als 100 ständig beschäftigten AN** ist ein Wirtschaftsausschuss zu bilden (§ 106 I 1 BetrVG). Dieser Ausschuss hat die Aufgabe, mit dem Unternehmer wirtschaftliche Angelegenheiten zu beraten und den BR zu unterrichten (§ 106 1 2 BetrVG). Zur Unterrichtung der Arbeitnehmer vgl. § 110 BetrVG.

6.6.2 Betriebsänderungen

In Betrieben mit in der Regel **mehr als 20 wahlberechtigten AN** hat der Unternehmer den Betriebsrat über geplante Betriebsänderungen, die wesentliche Nachteile für die Belegschaft oder erhebliche Teile der Belegschaft zur Folge haben können, rechtzeitig und umfassend zu unterrichten und die geplanten Änderungen mit dem BR zu beraten (§ 111 BetrVG).

Betriebsänderungen:
- Einschränkung und Stilllegung des ganzen Betriebes oder wesentlicher Betriebsteile;
- Verlegung des ganzen Betriebes oder wesentlicher Betriebsteile;
- Zusammenschluss von Betrieben oder Betriebsteilen;
- Änderungen der Betriebsorganisation, des Betriebszweckes oder der Betriebsanlagen und
- Einführung grundlegend neuer Arbeitsmethoden und Fertigungsverfahren.

Keine Betriebsänderung ist z.B. der Wechsel des Inhabers (Schutz über § 613 a BGB) oder die Aufspaltung des Unternehmens.

6.6.3 Interessenausgleich, Sozialplan

Der AG kann entscheiden, wann, wie und ob er eine Betriebsänderung durchführen will.

 Seine unternehmerische, wirtschaftliche Entscheidung ist grundsätzlich mitbestimmungsfrei und nicht erzwingbar.

Der Betriebsrat sollte allerdings bereits im Vorfeld, bei der Planung, einen **Interessenausgleich** mit dem AG vereinbaren (§ 112 I 1 BetrVG, z.B. *Fahrtkostenzuschuss bei Betriebsverlegung*). Einen Anspruch auf einen **Nachteilsausgleich** (§ 113 BetrVG) haben AN nur, wenn der AG ohne zwingenden Grund vom vereinbarten Interessenausgleich abweicht oder eine Betriebsänderung ohne Versuch des Interessenausgleichs mit dem Betriebsrat durchführt.

Im **Sozialplan** (§ 112 I 2 BetrVG) einigen sich Betriebsrat und AG über den Ausgleich oder die Milderung der wirtschaftlichen Nachteile, die AN infolge geplanter Betriebsänderungen entstehen (z.B. *Abfindung bei Entlassung*). Der Sozialplan hat die Wirkung einer Betriebsvereinbarung (§ 112 I 3 BetrVG) und ist bei Betriebsänderungen i.S.d. §§ 111, 112 a BetrVG über die Einigungsstelle erzwingbar (§ 112 IV BetrVG).

Er kann u.a. folgende **Leistungen** vorsehen: *Abfindungen bei Entlassungen, Lohnausgleichszahlungen, Fahrgeldzuschuss, Übergangshilfen bei Arbeitslosigkeit oder Umschulung, vorzeitige Pen-*

Sozialpläne sollen wirtschaftliche Nachteile der AN mildern

Der Sozialplan hat die Wirkung einer Betriebsvereinbarung

sionsleistungen, Belassung von Werkswohnungen, Aussetzung der Rückzahlung von Firmendarlehen.

Die **Höhe der Leistung** richtet sich nach sozialen Gesichtspunkten, wie *Alter, Familienstand, Betriebszugehörigkeit* im Sinne des § 1 III 1 KSchG.

Die Erzwingbarkeit des Sozialplanes entfällt nur in 2 Fällen: bei Neugründungen von Unternehmen in den ersten 4 Jahren (§ 112 a II 1 BetrVG) und bei Betriebsänderungen, die allein in der Entlassung von AN bestehen, sofern nicht eine größere Anzahl von AN (i. d. R. mindestens 10 %) betroffen ist (§ 112 a I BetrVG).

**6.7
MITWIRKUNGS-
UND BESCHWERDE-
RECHTE DER
ARBEITNEHMER**

Das Betriebsverfassungsrecht räumt nicht nur dem BR Beteiligungsrechte ein, sondern regelt auch die folgenden Rechte einzelner AN:

- **Unterrichtungsrecht** des AN über seine Tätigkeiten und ihre Einordnung in den Arbeitsablauf des Betriebes (z. B. *Arbeitsplatz- oder Stellenbeschreibung*) und über Unfall- und Gesundheitsgefahren während der Arbeitsleistung (§ 81 BetrVG),
- **Anhörungs- und Erörterungsrecht** des AN in betrieblichen Angelegenheiten, die seine Person betreffen (§ 82 I BetrVG),
- **Recht auf Leistungsbeurteilung** und damit verbunden die Möglichkeit der beruflichen Entwicklung (z. B. *Aufstiegsmöglichkeiten* (§ 82 II BetrVG)),
- **Einsichtsrecht** in die Personalakte, wobei ein Betriebsratsmitglied hinzugezogen werden darf (§ 83 BetrVG). (Aber: kein Anspruch auf Herausgabe von Unterlagen.)
- **Beschwerderecht** des AN, wenn er sich vom AG, von seinem Vorgesetzten oder von Kollegen benachteiligt, ungerecht behandelt oder in sonstiger Weise beeinträchtigt fühlt (§ 84 BetrVG).

7 TARIFRECHT

Die wichtigste Aufgabe der Koalitionen ergibt sich aus der in Art. 9 III GG garantierten Befugnis, Tarifverträge abzuschließen und damit eine sinnvolle Ordnung der Arbeits- und Wirtschaftsbedingungen zu schaffen.

Grundlage für Tarifverträge ist das **Tarifvertragsgesetz**, ein Gesetz mit nur 14 Paragraphen. Die Bedeutung des Tarifvertrages für die betriebliche Praxis zeigt sich darin, dass zurzeit von den Tarifverträgen ca. 90 % der Arbeitsverhältnisse unmittelbar oder durch arbeitsvertragliche Verweisung ausgestaltet werden.

7.1 KOALITIONEN

Koalitionen sind Zusammenschlüsse von AG (**Arbeitgeberverband**) einerseits und Arbeitnehmern (**Gewerkschaft**) andererseits. Als Partner von Tarifverträgen regeln die Koalitionen die Arbeitsbedingungen fast aller AN, als Arbeitskampfparteien können die Koalitionen den vorübergehenden Stillstand ganzer Wirtschaftszweige herbeiführen.

Auf Grund dieser überragenden Bedeutung im Arbeitsleben bedarf das Recht der Koalitionen **besonderer Garantien und Regelungen**. Geschützt ist die individuelle und kollektive Koalitionsfreiheit:

Das **Grundrecht der Koalition** wird durch Art. 9 III GG garantiert. Ebenso enthalten die Allgemeine Erklärung der Menschenrechte der Vereinten Nationen, die Europäische Menschenrechtskonvention, das Übereinkommen der Internationalen Arbeitsorganisation Nr. 87 und die Europäische Sozialcharta entsprechende Garantien.

Koalitionen
= Freie, privatrechtliche Vereinigungen von AN oder AG zur Wahrnehmung kollektiver AN- oder AG-Interessen

7.2 TARIFVERTRAG

Der Tarifvertrag ist ein Vertrag zwischen tariffähigen Parteien, nämlich Gewerkschaften auf der einen Seite und einzelner AG (sog. **Haus- oder Firmentarifvertrag**) oder Arbeitgeberverband (sog. **Verbandstarifvertrag**) auf der anderen Seite. Von den zurzeit geltenden 50.000 Tarifverträgen sind über 25 % Haustarifverträge; jährlich werden ca. 8.000 Tarifverträge neu abgeschlossen oder abgeändert, andere laufen aus.

Der Tarifvertrag regelt die Rechte und Pflichten der Tarifvertragsparteien (sog. **schuldrechtlicher Teil**) und legt Rechtsnormen fest, insbesondere über den Inhalt, den Abschluss und die Beendigung der erfassten Arbeitsverhältnisse (sog. **normativer Teil**). Der Tarifvertrag verfolgt im Wesentlichen drei Funktionen:

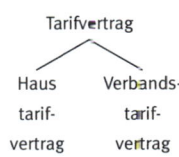

Tarifvertrag

Haustarifvertrag   Verbandstarifvertrag

- **Schutzfunktion**: Der Tarifvertrag soll den einzelnen AN davor schützen, dass der wirtschaftlich stärkere AG Arbeitsbedingungen einseitig aufzwingt.
- **Ordnungsfunktion**: Der Tarifvertrag führt durch seinen normativen Teil zu einer Typisierung der Arbeitsverträge. Dadurch werden die Personalkosten für die Laufzeit des Tarifvertrages überschaubar, es entsteht eine autonome Ordnung des Arbeitslebens.
- **Friedensfunktion**: Der Tarifvertrag schließt während seiner Laufzeit neue Forderungen hinsichtlich der in ihm geregelten Arbeitsbedingungen aus und lässt insbesondere Arbeitskämpfe insoweit nicht zu.

7.2.1 Normative Bestimmungen

Der Tarifvertrag enthält Mindestarbeitsbedingungen zugunsten der AN und wirkt zwingend und unmittelbar (wie ein Gesetz) auf die Arbeitsverhältnisse der Tarifgebundenen ein. Ferner kann er Regelungen enthalten, die betriebliche oder betriebsverfassungsrechtliche Fragen betreffen.

Für den AN ungünstigere Vereinbarungen sind nichtig, es sei denn, der Tarifvertrag selbst gestattet dies ausdrücklich (sog. **Öffnungsklausel**). Für den AN günstigere Regelungen sind demgegenüber immer zulässig (sog. **Günstigkeitsprinzip**). AG und AN sind somit frei, übertarifliche Arbeitsbedingungen zu vereinbaren (sog. **Leistungsprinzip**). Tarifvertragsnormen sind unverbrüchlich, d.h., Verzicht und Verwirkung von tariflichen Rechten sind ausgeschlossen. Die normativen Regelungen lassen sich wie folgt gliedern:

- **Inhaltsnormen**: Sie bilden den in der betrieblichen Praxis wichtigsten Teil des Tarifvertrages. Es geht hier z. B. *um Vergütungssätze (»Tarife«), um Eingruppierungen in Lohn- und Gehaltsgruppen, um Zulagen für Schmutz, Gefahr, Erschwernis, Mehrarbeit, Nachtarbeit, Sonn- und Feiertagsarbeit, Schichtarbeit, um Lohnfortzahlung bei Krankheit, Unfall und sonstigen Arbeitsverhinderungen (Heirat, Tod naher Angehöriger, Jubiläum usw.), um Erfolgsbeteiligungen, um 13. Monatsentgelt, um vermögenswirksame Leistungen, um Urlaub und Urlaubsgeld, um Alterslohnsicherung, um Arbeitszeit.*
- **Beendigungsnormen**: Sie regeln Fragen der Befristung oder der Kündigung von Arbeitsverträgen, insbesondere auch Fragen des Kündigungsschutzes.
- **Abschlussnormen**: Sie regeln das Zustandekommen neuer Arbeitsverhältnisse. Es geht hier z. B. *um Formvorschriften, um Abschlussverbote (etwa die Beschäftigung von einer bestimmten Zahl von*

Auszubildenden oder von Ausländern oder von unqualifizierten AN), um Abschlussgebote (etwa die Wiedereinstellung von AN, die infolge von Arbeitskämpfen ausgeschieden sind).

- **Betriebsnormen**: Sie regeln Fragen der Betriebsgestaltung, wie z. B. *die Einrichtung von Waschanlagen, Klimaanlagen, betrieblichen Kindergärten, oder Fragen der betrieblichen Ordnung, wie etwa Torkontrollen oder Rauchverbote.*
- **Betriebsverfassungsrechtliche Normen**: Sie enthalten Regelungen über die Rechtsstellung des Betriebsrates, insbesondere in Bezug auf Organisation, Aufgabenbereich und Geschäftsführung.

7.2.2 Schuldrechtliche Bestimmungen

Der Tarifvertrag regelt ferner die Rechte und Pflichten der Tarifvertragsparteien. Zu diesen sog. schuldrechtlichen Bestimmungen gehören insbesondere die Durchführungspflicht, die Friedenspflicht und die Einwirkungspflicht.

7.3 ARBEITSKAMPF

AG(-verbände) und Gewerkschaften bestimmen die Arbeitsbedingungen durch Tarifverträge. Neue Arbeitsbedingungen, die nach Ablauf eines Tarifvertrages neu verhandelt werden müssen, sollen einerseits sozialen Fortschritt bringen, andererseits aber auch wirtschaftlich tragbar sein. Im Allgemeinen werden die Bedingungen eines Vertrages zwischen den Parteien ausgehandelt, kommt eine Einigung nicht zustande, wird kein Tarifvertrag geschlossen. Im Arbeitsrecht wäre dies aber nicht hinnehmbar.

Um die Forderungen der Gewerkschaften (zumindest teilweise) durchsetzen zu können, ist ihnen der **Streik als Druckmittel** in die Hand gegeben. Um ein Gleichgewicht der Kräfte wiederherzustellen, wird der Arbeitgeberseite die Möglichkeit der **Aussperrung** zugebilligt.

Streik ist eine gemeinsame und planmäßig durchgeführte Arbeitsniederlegung durch mehrere AN. Der **rechtmäßige Streik** bringt lediglich die arbeitsvertraglichen Hauptpflichten vorläufig zum Ruhen, er führt nicht zu einer Beendigung des Arbeitsverhältnisses. Nach dem Abschluss des Arbeitskampfes leben die ruhenden vertraglichen Hauptpflichten wieder auf.

Das Bundesarbeitsgericht hat allgemeine Voraussetzungen für die Rechtmäßigkeit eines Streiks entwickelt. Anhand des nachstehenden Aufbauschemas lässt sich darstellen, welche Punkte bei der Prüfung der Rechtmäßigkeit eines Streiks zu bedenken sind:

Streik
= Gemeinsame und planmäßig durchgeführte Arbeitsniederlegung durch mehrere AN

- Träger des Streiks können nur **Gewerkschaften** sein. Der nicht von der Gewerkschaft getragene Streik ist ein »wilder Streik« und damit rechtswidrig.
- Der Streik umfasst nur **Regelungsstreitigkeiten**, d.h. dass etwas Neues geregelt werden soll. Streitigkeiten über bestehende Rechte und Pflichten werden vor den Arbeitsgerichten ausgetragen (z.B. *»streiken« AN, weil der Arbeitsschutz nicht eingehalten wird*).
- Der Streik muss den **Abschluss eines Tarifvertrages** zum Ziel haben. Wird er nicht um tariflich regelbare Ziele geführt, ist er rechtswidrig (so z.B. *der politische Streik, der Demonstrationsstreik und der Sympathiestreik*).
- Die Forderung, die erstreikt werden soll, muss in einem Tarifvertrag **zulässigerweise** geregelt werden können (z.B. *kein unterschiedlicher Lohn für Frauen und Männer wegen Verstoßes gegen die Gleichbehandlung nach Art.3 GG; kein Streik für Effektivklauseln*).
- Der Streik darf nicht gegen die **Friedenspflicht** verstoßen, sich also nicht gegen noch geltende Tarifverträge richten. Während der Laufzeit des Tarifvertrages und während des Schlichtungsverfahrens ist der Streik rechtswidrig. Eine Ausnahme gilt für den **Warnstreik** (von i.d.R. bis zu max. 3 Stunden): Er signalisiert die Kampfbereitschaft der AN und soll so die Kompromissbereitschaft des AG fördern.
- Die von den Gewerkschaften beschlossenen **Richtlinien** zur Führung von Arbeitskämpfen sind einzuhalten (z.B. *Urabstimmung, Streikbeschluss, Streikbefehl*).

Neben diesen formellen Voraussetzungen ist in jedem Einzelfall zu prüfen, ob auch die einzelne Kampfhandlung als solche dem **Gebot der Verhältnismäßigkeit** entspricht (z.B. *Ultima-Ratio-Prinzip, Gebot fairer Kampfführung, Verbot der Existenzvernichtung, Verbot des gemeinschädlichen Streiks*).

Die Rechtsfolgen des **rechtswidrigen Streiks** sind insbesondere: Verletzung der Arbeitspflicht, kein Anspruch auf Vergütung, Schadensersatzanspruch, nach Abmahnung ordentliche oder außerordentliche Kündigung wegen Vertragsverletzung.

Aussperrung
= Die Nichtzulassung von AN zur Arbeit bei gleichzeitiger Verweigerung der Entgeltzahlung

Die **Aussperrung** ist das Arbeitskampfmittel der Arbeitgeberseite, die darin besteht, dass sich der AG weigert, die Arbeitsleistung der AN anzunehmen. Während der Aussperrung ruhen die Hauptleistungspflichten, d.h., der AG ist nicht verpflichtet, den Lohn zu zahlen, der AN erbringt keine Arbeitsleistung. Ebenso wie beim Streik wird durch die Aussperrung der Bestand des Arbeitsverhältnisses nicht berührt.

B GESELLSCHAFTSRECHT

8 EINFÜHRUNG IN DAS GESELLSCHAFTSRECHT

Will man sich im modernen Wirtschaftsverkehr unternehmerisch betätigen, spielt neben einer Reihe anderer zu berücksichtigender Faktoren die Wahl der geeigneten Rechtsform des Unternehmens eine entscheidende Rolle. In Betracht kommt zunächst eine berufliche Betätigung als **Einzelunternehmer**. Besteht der Unternehmensgegenstand im Betrieb eines Gewerbes (z. B. *Warenhandel*), ist der Einzelunternehmer – je nachdem, ob ein in kaufmännischer Weise eingerichteter Geschäftsbetrieb erforderlich ist oder nicht – Einzelkaufmann (§ 1 I HGB) oder nichtkaufmännischer Kleingewerbetreibender (§ 1 II a. E. HGB; mit der Option, sich als Kannkaufmann nach § 2 HGB ins Handelsregister eintragen zu lassen).

§ 14 I BGB definiert den Begriff des Unternehmers als Gegenbegriff zum Verbraucher (§ 13 BGB)

Als Alternative bietet sich die Gründung einer **Gesellschaft** insbesondere dann an, wenn man sich mit anderen zusammentun und/oder seine Haftung beschränken will. Bereits diese Erwägungen lassen erahnen, warum dem Gesellschaftsrecht in der Wirtschaftspraxis eine solch große Bedeutung zukommt.

Zwischen dem wirtschaftsrechtlichen Begriff der Gesellschaft und dem soziologischen Sprachgebrauch besteht keine Identität. Wirtschaftsrechtlich versteht man unter **Gesellschaft** traditionell jede privatrechtsgeschäftlich begründete Vereinigung von Personen zur Verfolgung eines gemeinsamen Zwecks. Freilich entspricht diese überkommene Definition heute nicht mehr ganz der Rechtsrealität. So können mittlerweile eine GmbH (§ 1 GmbHG) oder eine AG (§ 2 AktG) nicht nur von einer Personenvereinigung, sondern auch von einer einzelnen Person gegründet werden.

8.1 GRUNDLAGEN DES GESELLSCHAFTSRECHTS

Gesellschaft
= Privatrechtsgeschäftlich begründete Vereinigung von Personen zur Verfolgung eines gemeinsamen Zwecks

Weil hoheitlich und nicht durch privates Rechtsgeschäft begründet, zählen die öffentlich-rechtlichen Körperschaften (z. B. *Bund, Länder, Gemeinden; staatliche Hochschulen*), Anstalten (z. B. *Hessischer Rundfunk*) und Stiftungen (z. B. *Stiftung Preußischer Kulturbesitz*) nicht zu den Gesellschaften. Auch bei den privatrechtlichen Stiftungen nach §§ 80 ff. BGB (z. B. *Stiftung Volkswagenwerk*) handelt es sich mangels eines Personenverbands nicht um Gesellschaften.

Die Gesellschaften lassen sich in **Personengesellschaften** (vgl. 9) und **Körperschaften** (vgl. 10) einteilen. Dabei ist zu beachten, dass im deutschen Gesellschaftsrecht ein **Numerus clausus** der Gesellschaftsformen herrscht. Danach sind nur die vom Gesetzgeber in seinem Be-

streben, der Vielfalt der Lebens- und Wirtschaftsbedürfnisse gerecht zu werden, zur Verfügung gestellten Rechtsformen zulässig. Es kann also nur zwischen den gesetzlich vorgesehenen Gesellschaftsformen gewählt werden. Allerdings lassen die enumerativ zur Wahl gestellten Formen – je nach konkreter Gesellschaftsform in unterschiedlich starkem Maße – im Rahmen des dispositiven Rechts durchaus Raum zu individueller rechtsgeschäftlicher Ausgestaltung der Gesellschaft.

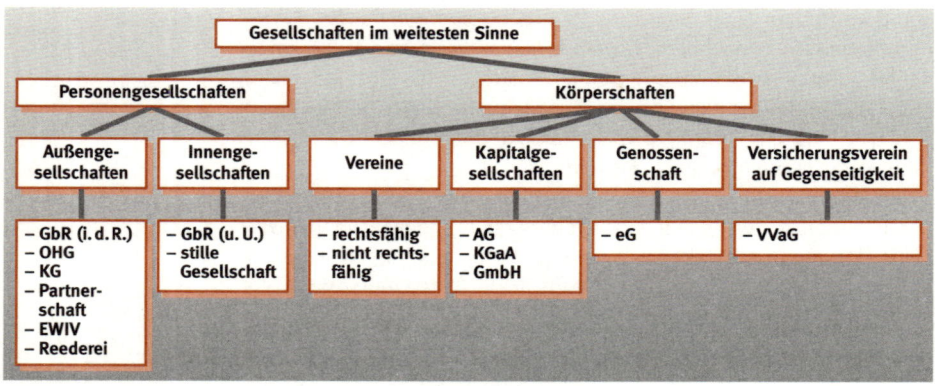

Abb. 8.1: Überblick über die Gesellschaftsformen

Das Gesellschaftsrecht selbst befasst sich vornehmlich damit, wie diese privatrechtlichen Organisationen verfasst sind oder sein dürfen, ob und gegebenenfalls wie sie Rechtsfähigkeit erlangen, wer für sie im Rechtsverkehr handelt und für Gesellschaftsverbindlichkeiten haftet.

8.2
RECHTSQUELLEN
DES GESELL-
SCHAFTSRECHTS

Gesellschaftsrechtliche
Rechtsquellen
```
        /\
       /  \
Gesetz   Richterrecht
```

Historisch bedingt ist das Gesellschaftsrecht nicht in einem einheitlichen Gesetzbuch, sondern in mehreren verschiedenen Gesetzen geregelt.

Die wichtigsten **Rechtsquellen** sind

- das **BGB** für die Gesellschaft bürgerlichen Rechts (GbR; §§ 705–740 BGB), den rechtsfähigen (§§ 21–53, 55–79 BGB) und nichtrechtsfähigen Verein (§ 54 BGB),
- das **HGB** für die offene Handelsgesellschaft (OHG; §§ 105–160 HGB), Kommanditgesellschaft (KG; §§ 161–177 a HGB), stille Gesellschaft (§§ 230–236 HGB) und die Reederei (§§ 489–509 HGB),
- das **PartGG** für die Partnerschaftsgesellschaft (§§ 1 ff. PartGG),
- die **EWIV-VO** für die Europäische wirtschaftliche Interessenvereinigung (EWIV; Art. 1 ff. EWIV-VO),

- das **AktG** für die Aktiengesellschaft (AG; §§ 1 ff. AktG) und Kommanditgesellschaft auf Aktien (KGaA; §§ 278–290 AktG),
- das **GmbHG** für die Gesellschaft mit beschränkter Haftung (GmbH; §§ 1 ff. GmbHG),
- das **GenG** für die eingetragene Genossenschaft (eG; §§ 1 ff. GenG),
- das **VAG** für den Versicherungsverein auf Gegenseitigkeit (VVaG; §§ 15–53 b VAG) und
- das **UmwG** für die Umwandlung von Rechtsträgern.

Darüber hinaus gehört gerade das Gesellschaftsrecht zu den Rechtsmaterien, die besonders durch die Rechtsprechung und die von ihr ausgeübte **richterliche Rechtsfortbildung** geprägt werden.

Von den genannten Gesellschaftsformen sollen nachfolgend – entsprechend ihrer Bedeutung für die Wirtschaftspraxis – die Personengesellschaften GbR, OHG, KG, Stille Gesellschaft, Partnerschaftsgesellschaft und EWIV sowie die Körperschaften AG, KGaA, GmbH, eG und VVaG dargestellt werden.

9 RECHT DER PERSONENGESELLSCHAFTEN

Im Gegensatz zu den als juristische Person rechtlich verselbstständigten Körperschaften steht bei den Personengesellschaften nach der Idee des Gesetzes die Person der Gesellschafter im Vordergrund. Nach dem gesetzlichen Leitbild sind sie daher regelmäßig auf eine kleine Gesellschafterzahl angelegt, bei denen der Zusammenschluss auf dem persönlichen Vertrauen und der persönlichen Mitarbeit der Gesellschafter beruht.

9.1 GESELLSCHAFT BÜRGERLICHEN RECHTS (GbR)

GbR:
Grundform der Personengesellschaften

Die in den **weitgehend dispositiven** §§ 705–740 BGB nur lückenhaft geregelte GbR (auch BGB-Gesellschaft genannt) bildet die Grundform der Personengesellschaften. Bei ihr verpflichten sich die Gesellschafter durch einen Gesellschaftsvertrag gegenseitig, die Erreichung eines gemeinsamen Zwecks in der durch den Vertrag bestimmten Weise zu fördern, insbesondere die vereinbarten Beiträge zu leisten (§ 705 BGB), ohne eine andere, spezielle Rechtsform für die Kooperation zu vereinbaren.

Abb. 9.1: Konstitutive Merkmale der GbR

Das Recht der GbR erlangt zusätzliche Bedeutung dadurch, dass es auch auf die OHG und KG Anwendung findet, solange dort nicht speziellere handelsrechtliche Normen eingreifen (vgl. §§ 105 III, 161 II HGB).

9.1.1 Gründung der GbR

Gesellschaftsvertrag grundsätzlich formfrei

Die GbR entsteht durch Abschluss eines **Gesellschaftsvertrags** zwischen **mindestens zwei Personen**.

Der Vertrag bedarf grundsätzlich keiner Form; er kann also auch konkludent abgeschlossen werden (zum Beispiel ist aber gemäß § 313 BGB notarielle Beurkundung des Gesellschaftsvertrags erforderlich, wenn ein Grundstück in die Gesellschaft eingebracht werden soll).

Auch wenn der Gesellschaftsvertrag der GbR grundsätzlich formfrei geschlossen werden kann, empfiehlt sich praktisch schon aus Beweisgründen regelmäßig die Beachtung der **Schriftform**.

Gesellschafter können sowohl natürliche und juristische Personen als auch Personengesellschaften wie GbR, OHG und KG sein.

Mit der GbR kann jeder beliebige gesetzlich zulässige **Zweck** verfolgt werden. Ausgenommen ist allerdings der Betrieb eines Handelsgewerbes, da dann – bei unbeschränkter Haftung – kraft Gesetzes stets eine OHG vorliegt (§ 105 I HGB).

Wegen der weitgehenden Freiheit der Zweckverfolgung ist das Spektrum der Verwendungsmöglichkeiten und **Erscheinungsformen** der GbR außerordentlich breit. So können langfristige oder kurzfristige, materielle oder immaterielle Zwecke verfolgt werden. Von großer Bedeutung ist zunächst die Unterscheidung zwischen Außen- und Innengesellschaften bürgerlichen Rechts:

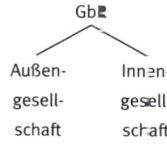

- **Außengesellschaften** sind nach dem Willen ihrer Gesellschafter auf Innen- und Außenrechtsbeziehungen angelegt und sollen eine gemeinsame Zuständigkeit für die durch das Handeln der Vertreter entstandenen Verpflichtungen begründen (z. B. *Bauherrengemeinschaften*).
- **Innengesellschaften** beschränken sich demgegenüber auf bloße Innenrechtsbeziehungen, da die Gesellschaft nicht am Außenrechtsverkehr teilnehmen soll (z. B. *Fahrgemeinschaft*). Bei der Innengesellschaft werden alle möglicherweise gegenüber Dritten bestehenden Rechtsbeziehungen auf einen nach außen allein in Erscheinung tretenden Partner konzentriert, der Geschäfte im eigenen Namen, aber für Rechnung der GbR tätigt (z. B. *Lotto-Tippgemeinschaft*).

Großer Beliebtheit erfreut sich die Außen-GbR als Zusammenschluss von – kein Gewerbe ausübenden – Freiberuflern (z. B. *Sozietät von Rechtsanwälten und/oder Steuerberatern; ärztliche Gemeinschaftspraxis*). Wirtschaftlich bedeutungsvoll ist sie auch als Zusammenschluss von Kleingewerbetreibenden, deren Unternehmen also keinen in kaufmännischer Weise eingerichteten Geschäftsbetrieb erfordert (§ 1 II a.E. HGB; z. B. *gemeinsame Inhaber eines kleinen Ladengeschäfts*). Allerdings können Nichtkaufleute ihre kleingewerblich betriebene GbR auf Wunsch als OHG oder KG ins Handelsregister eintragen lassen (§§ 105 II, 161 II HGB). Auch als Gelegenheitsgesell-

Gewerbe
= Jede selbstständige, nach außen erkennbare, auf gewisse Dauer angelegte und mit Gewinnerzielungsabsicht betriebene Tätigkeit mit Ausnahme der Freien Berufe sowie der Land- und Forstwirtschaft

schaft ist die GbR häufig anzutreffen (z.B. *Darlehens- oder Emissionskonsortien von Banken; Arbeitsgemeinschaft (ARGE) im Baugewerbe*).

9.1.2 Rechtsfähigkeit der GbR

In einer weitreichenden Grundsatzentscheidung vom 29.01.2001 hat der Bundesgerichtshof erstmalig ausdrücklich festgestellt, die – in der Praxis dominierende – (Außen-)Gesellschaft bürgerlichen Rechts besitze **Rechtsfähigkeit**, soweit sie durch Teilnahme am Rechtsverkehr eigene Rechte und Pflichten begründe (BGH ZIP 2001, 330, 331 f.). Gleichzeitig hat der BGH in diesem Rahmen die aktive und passive **Parteifähigkeit** (§ 50 ZPO) der GbR im Zivilprozess bejaht (BGH ZIP 2001, 330, 332 ff.). Für die praktische Rechtsanwendung bedeutet diese Anerkennung einer lange Zeit sehr umstrittenen materiellen und formellen **Rechtssubjektivität**:

> → *Nach höchstrichterlicher Rechtsprechung ist die nach außen in Erscheinung tretende und im Wirtschaftsverkehr agierende GbR selbst Trägerin von Rechten und Pflichten und kann Klägerin oder Beklagte in einem Rechtsstreit sein.*

Zuordnungssubjekt und damit auch Träger des Gesellschaftsvermögens sind demnach bei einer Außen-GbR nicht etwa die Gesellschafter, sondern ist die von ihnen als Gruppe errichtete Gesellschaft, zu der sie sich zusammengeschlossen haben. Die Außen-GbR als selbstständige Wirkungseinheit und rechtsfähige Organisation ist jedoch **keine juristische Person**, wie § 14 BGB erhellt.

9.1.3 Rechte und Pflichten der Gesellschafter untereinander

Die Gesellschafter sind **verpflichtet**, den **gemeinsamen Zweck zu fördern**, wozu insbesondere die Leistung der vereinbarten Beiträge gehört (§ 705 a.E. BGB). Sofern nicht anders vereinbart, haben die Gesellschafter gleiche Beiträge zu leisten (§ 706 I BGB). Indes muss der Beitrag nicht notwendigerweise in einer Geldzahlung bestehen.

Beispiele

- Einbringung von Gerätschaften (§ 929 BGB), Immobilien (§§ 873, 925 BGB) oder Forderungen (§ 398 BGB)
- Leihweise Nutzungsüberlassung von Sachen (§ 598 BGB)
- Leistung von Diensten (§ 706 III BGB)

Außen-GbR ist:
- *rechtsfähig*
- *parteifähig*
- *keine juristische Person*

GbR selbst ist Gläubigerin und Schuldnerin der im Zuge gesellschaftlicher Aktivitäten begründeten Rechte und Verbindlichkeiten

Nachschusspflichten bestehen grundsätzlich nicht (§ 707 BGB; vgl. aber §§ 735, 739 BGB).

Mangels entgegenstehenden Gesellschaftsvertrags sind die Gesellschafter nicht nur **berechtigt**, sondern auch **verpflichtet**, die **Geschäfte** gemeinschaftlich **zu führen** (§ 709 I BGB).

Im Rahmen ihrer **Treuepflicht** schulden die Gesellschafter einander und der Gesellschaft besondere Rücksichtnahme. Sie müssen daher alles unterlassen, was den Gesellschaftsinteressen zuwiderlaufen würde (z. B. *Wettbewerbsverbot eines geschäftsführenden Gesellschafters; Wahrung von Geschäftsgeheimnissen*). Aus der Treuepflicht können aber auch Handlungspflichten resultieren (z. B. *unter engen Voraussetzungen die Pflicht zur Stimmabgabe in der Gesellschafterversammlung in einem bestimmten Sinne*).

Nach dem dispositiven **Gleichbehandlungsgebot**, das eine besondere Ausprägung des Grundsatzes von Treu und Glauben (§ 242 BGB) darstellt, dürfen Gesellschafter im Verhältnis zur Gesellschaft ohne ihr Einverständnis nicht willkürlich ungleich behandelt werden.

Treuepflicht
= Gebot, die Interessen der Gesellschaft zu wahren und alles zu unterlassen, was die Verfolgung des gemeinsamen Zwecks gefährden kann

Abb. 9.2: *Gesellschafterpflichten im Innenverhältnis*

Soweit nicht anders vereinbart, nehmen die Gesellschafter in gleichem Umfang – also nach Kopfteilen (nicht Kapitalanteilen) – am Gewinn und Verlust teil (§ 722 I BGB; zur Gewinn- und Verlustverteilung vgl. § 721 BGB). Ein weiteres **Vermögensrecht** stellt der Anspruch auf das Auseinandersetzungsguthaben dar (§ 738 BGB).

Zudem gebühren den Gesellschaftern unterschiedliche, mit dem Gesellschaftsanteil verbundene **Mitverwaltungsrechte**.

Gesellschafterrechte
Vermögensrechte   Mitverwaltungsrechte

Beispiele

- Stimmrecht bei Beschlüssen (§ 709 BGB)
- Informations- und Kontrollrecht (§ 716 BGB)
- Actio pro socio, die u. U. einem Gesellschafter das Recht gibt, Ansprüche aus dem Gesellschaftsvertrag gegen Mitgesellschafter auch klageweise geltend zu machen

9.1.4 Gesellschaftsvermögen

Von dem **Privatvermögen** der einzelnen Gesellschafter ist das davon abgegrenzte **Gesellschaftsvermögen** zu unterscheiden. Auf der Linie der höchstrichterlichen Rechtsprechung (BGH ZIP 2001, 330) liegt es, bei der Außen-GbR entgegen dem Wortlaut der §§ 718 I, 719 I BGB nicht etwa die Gesellschafter in ihrer gesamthänderischen Verbundenheit, sondern die **Gesamthandsgesellschaft** selbst als Träger des Gesellschaftsvermögens anzusehen. Erkennt man nämlich mit dem BGH die Rechtsfähigkeit der Außen-GbR insoweit an, als diese durch Teilnahme am Rechtsverkehr eigene Rechte und Pflichten begründet, lässt sich das Gesellschaftsvermögen nicht als gesamthänderisch gebundenes Sondervermögen der Gesellschafter, sondern konsequenterweise nur als Vermögen der Gesamthand – also der GbR – qualifizieren.

Zum Gesellschaftsvermögen gehören neben den Beiträgen der Gesellschafter alle von ihnen in Verfolgung des gemeinsamen Zwecks durch ihre gesellschaftsbezogene Tätigkeit für die GbR erworbenen und erwirtschafteten Gegenstände, die Vermögenswert haben (§ 718 I BGB; zur Surrogation vgl. § 718 II BGB). Es umfasst das gesamte **Aktivvermögen** (z. B. *Sachen, Rechte, Kundenforderungen, Knowhow*). Da eine im Rechtsverkehr als eigenständige Einheit auftretende (Außen-)GbR selbst Zuordnungssubjekt dieses Vermögens, d. h. Inhaber der Vermögensrechte ist, stehen die einzelnen Gegenstände des Gesellschaftsvermögens (z. B. *PKW, Büromaschinen*) im Eigentum der GbR selbst.

9.1.5 Geschäftsführung und Vertretung

9.1.5.1 *Geschäftsführung*

Die das Innenverhältnis der Gesellschafter zueinander betreffende **Geschäftsführung** umfasst alle auf die Verfolgung des Gesellschaftszwecks gerichteten Tätigkeiten, gleich ob sie tatsächlicher oder rechtsgeschäftlicher Natur sind (z. B. *Buchführung*). Sieht der Gesellschaftsvertrag keine andere Regelung vor, steht die Geschäftsführung allen Gesellschaftern gemeinschaftlich zu (§ 709 I BGB; **Gesamtgeschäftsführung** mit abdingbarem Einstimmigkeitsprinzip). Hat nach dem Gesellschaftsvertrag – wie praktisch häufig – die **Mehrheit der Stimmen** zu entscheiden, so berechnet sich diese nach der Zahl der Gesellschafter, wenn nichts anderes (z. B. *Berechnung nach Kapitalanteilen*) bestimmt ist (§ 709 II BGB). Gesellschaftsvertraglich kann die Geschäftsführung auch einem oder mehreren Gesellschaftern – unter Ausschluss der übrigen – übertragen werden (§ 710 BGB).

Außen-GbR:
Gesellschaft ist Inhaberin des Gesellschaftsvermögens

Gesellschaftsvermögen
= Aktivvermögen der GbR

Geschäftsführung:
• Tatsächliche Maßnahmen
• Vornahme von Rechtsgeschäften

Geschäftsführung

Gesamt-
geschäfts-
führung

Einzel-
geschäfts-
führung

Ist nach dem Gesellschaftsvertrag **Einzelgeschäftsführung** vereinbart, so kann jeder der Vornahme eines Geschäfts durch den anderen **widersprechen**; im Falle eines solchen Widerspruchs muss das Geschäft unterbleiben (§ 711 BGB).

Keinesfalls darf die Geschäftsführung insgesamt auf Außenstehende übertragen werden (**Prinzip der Selbstorganschaft**). Die **Geschäftsführungsbefugnis** eines Gesellschafters kann durch einstimmigen Beschluss oder – falls der Gesellschaftsvertrag dies zulässt – durch Mehrheitsbeschluss der übrigen Gesellschafter **entzogen** werden, wenn ein wichtiger Grund vorliegt (§ 712 I BGB; z.B. *grobe Pflichtverletzung; Unfähigkeit zur ordnungsgemäßen Geschäftsführung*). Bei Vorliegen eines wichtigen Grundes kann ein Gesellschafter auch seinerseits die Geschäftsführung aufgeben (§ 712 II BGB).

Die Rechtsstellung geschäftsführungsbefugter Gesellschafter richtet sich in erster Linie nach dem Gesellschaftsvertrag, in zweiter Linie nach Auftragsrecht (§ 713 BGB).

Selbstorganschaft:
Für Personengesellschaften geltendes Prinzip, demzufolge diese jederzeit durch die Gesellschafter, d.h. ohne die Mitwirkung Dritter handlungsfähig sein müssen

---

Beispiel

Ein Geschäftsführer kann nach § 670 BGB Ersatz von ihm getätigter Aufwendungen verlangen. Gemäß § 667 BGB ist er zur Herausgabe des durch die Geschäftsführung Erlangten an die Gesellschaft verpflichtet.

9.1.5.2 Vertretung

Die das Außenverhältnis betreffende **Vertretung** umfasst hingegen Abgabe und Empfang von Willenserklärungen mit Wirkung für und gegen die Gesellschaft (z.B. *Abschluss eines Kaufvertrags, was gleichzeitig eine Geschäftsführungsmaßnahme darstellt*). Die Vertretungsmacht bestimmt sich im Zweifel nach der Geschäftsführungsbefugnis; ein Gesellschafter ist daher in dem Maße vertretungsbefugt, in dem ihm auch Geschäftsführungsbefugnis zusteht (§ 714 BGB). Die **Vertretungsmacht** kann nach Maßgabe des § 715 BGB **entzogen** werden.

Vertretungsmacht richtet sich nach Geschäftsführungsbefugnis

9.1.6 Haftung für Gesellschaftsschulden

Für Gesellschaftsschulden haftet den Gesellschaftsgläubigern zum einen das **Gesellschaftsvermögen**. Obwohl § 736 ZPO zur Vollstreckung in das Gesellschaftsvermögen einer GbR einen Vollstreckungstitel (z.B. *Urteil*) gegen alle Gesellschafter verlangt, lässt der BGH bei einer rechtsfähigen GbR – infolge der ihr zuerkannten prozessualen Parteifähigkeit – einen gegen die Gesellschaft selbst gerichteten Vollstreckungstitel genügen (BGH ZIP 2001, 330, 334).

Anspruchsgrundlage für eine Kaufpreiszahlungspflicht der GbR: §§ 433 II, 705, 714 BGB

**Prüfung der Gesellschaf-
terhaftung bei einer
Kaufpreiszahlungspflicht
der GbR (§§ 433 II, 705,
714 BGB i. V. m. § 128
S.1 HGB analog):**
1. Bestehen einer GbR
(§705 BGB)
2. Wirksame Vertretung
der GbR bei Kauf-
vertragsabschluss
(§§ 433,714 BGB)
3. Akzessorische Haftung
des Gesellschafters
(§ 128 S.1 HGB analog)

Daneben haften die Gesellschafter für die im Namen der GbR begründeten Verpflichtungen kraft Gesetzes auch persönlich unbeschränkt
mit ihrem jeweiligen **Privatvermögen** (BGH ZIP 1999, 1755, 1756).

 *Da der BGH von der Rechtsfähigkeit der Außen-GbR ausgeht,
nimmt er konsequenterweise eine akzessorische Haftung der
Gesellschafter für die Gesellschaftsverbindlichkeiten an.*

Danach ist der jeweilige Bestand der Gesellschaftsschuld auch für die
persönliche Haftung maßgebend. Insoweit entspricht höchstrichterlicher Rechtsprechung zufolge das Verhältnis zwischen Gesellschafts-
und Gesellschafterhaftung der Rechtslage in den Fällen der **akzesso-
rischen Gesellschafterhaftung** gemäß §§ 128 f. HGB bei der OHG (BGH
ZIP 2001, 330, 336; vgl. im Einzelnen 9.2.4).

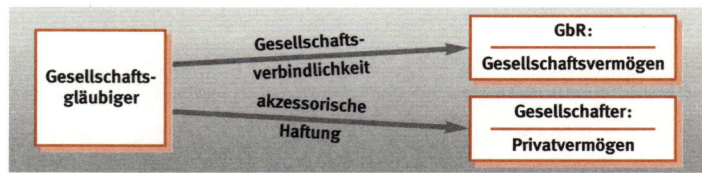

Abb. 9.3: Haftung für Verbindlichkeiten der GbR

Haftungsbeschränkung
auf das Vermögen der
GbR erfordert individuel-
le Vereinbarung mit Ge-
sellschaftsgläubiger

Eine etwaige **Haftungsbeschränkung auf das Gesellschaftsvermögen**
lässt sich nicht durch Verwendung firmenähnlicher Namenszusätze
(z. B. *»GbRmbH«, »GbR mit auf das Gesellschaftsvermögen beschränkter Haftung«*) auf Briefbögen erreichen. Vielmehr bedarf es
hierzu stets einer entsprechenden **Individualvereinbarung** mit dem
Gesellschaftsgläubiger (BGH ZIP 1999, 1755, 1756 f.; z. B. *genügen
hierfür nicht AGB*). Um in das Privatvermögen eines Gesellschafters
vollstrecken zu können, ist in jedem Fall ein Vollstreckungstitel gegen
ihn persönlich zu erwirken.

Einem Gesellschaftsgläubiger steht es grundsätzlich frei, ob er
Befriedigung aus dem Gesellschafts- oder Privatvermögen sucht.

PRAXISTIPPS

Bei einer Klage gegen die GbR empfiehlt es sich regelmäßig, auch
die einzelnen Gesellschafter zu verklagen. Dies hat zunächst **voll-
streckungsrechtliche** Gründe. Ein gegen die GbR erwirkter Titel ermöglicht nur die Zwangsvollstreckung in deren Vermögen. Häufig
verfügen BGB-Gesellschaften aber über keine nennenswerten Ver-

mögensgegenstände (z. B. *ist das regelmäßig bei der ARGE der Fall*). Eine vorausschauende Klageerhebung auch gegen die Gesellschafter lässt später im Obsiegensfalle eine Vollstreckung in deren Privatvermögen zu. Hinzu kommen **prozesstaktische** Erwägungen. Werden die Gesellschafter mitverklagt, scheiden sie – da nunmehr selbst Partei – als mögliche Zeugen auf Beklagtenseite aus.

Für einen aus seinem Privatvermögen in Anspruch genommenen Gesellschafter richtet sich der **Ausgleich im Innenverhältnis** zu den Mitgesellschaftern nach § 426 BGB. Die gesellschaftsrechtliche Treuepflicht gebietet es ihm indes, Mitgesellschafter erst dann persönlich anteilig in Regress zu nehmen, wenn eine (vollständige) Befriedigung aus dem Gesellschaftsvermögen ausscheidet.

§ 426 BGB:
Gesamtschuldnerausgleich der Gesellschafter im Innenverhältnis

9.1.7 Beendigung der GbR

9.1.7.1 Auflösung
Die GbR wird aufgelöst bei Vorliegen eines Auflösungsgrundes. Die wichtigsten Gründe, die zur **Auflösung** führen, sind:

- Auflösungsbeschluss der Gesellschafter (gesetzlich nicht geregelt, aber selbstverständlich),
- Zeitablauf bei befristeter Gesellschaft (gesetzlich nicht geregelt, aber erwähnt in §§ 723 I, 724 S. 2 BGB),
- Bedingungseintritt b. auflösend bedingter Gesellschaft (§ 158 II BGB),
- Vereinigung aller Gesellschaftsanteile in einer Person (mangels Existenz einer Einmann-Personengesellschaft),
- Kündigung durch Gesellschafter (§§ 723, 724 BGB) oder Pfändungsgläubiger (§ 725 BGB),
- Erreichung oder Unmöglichwerden des Gesellschaftszwecks (§ 726 BGB),
- Tod eines Gesellschafters (§ 727 BGB) und
- Gesellschafts- oder Gesellschafterinsolvenz (§ 728 BGB).

Beendigung des Gesellschaftsverhältnisses grundsätzlich in zwei Stufen:
- Auflösung der GbR ändert deren Gesellschaftszweck
- Gesellschaft nunmehr auf Auseinandersetzung des Gesellschaftsvermögens ausgerichtet (Liquidation)

Doch kann der Gesellschaftsvertrag grundsätzlich Abweichendes regeln, insbesondere vorsehen, dass die GbR mit den verbleibenden Gesellschaftern fortgeführt wird, wenn in der Person eines Gesellschafters ein Auflösungsgrund eintritt (§ 736 BGB).

9.1.7.2 Liquidation
Die sich an die Auflösung anschließende **Liquidation** bestimmt sich nach den – gesellschaftsvertraglich abdingbaren – §§ 730–735 BGB.

- Rückgabe nur nutzungshalber überlassener Gegenstände
- Begleichung von Gesellschaftsschulden
- Einlagenrückerstattung
- Überschussverteilung bzw. Verlustausgleichung

9.1.8 Gesellschafterwechsel

Nach dem gesetzlichen Leitbild hängt die Existenz der GbR grundsätzlich von ihrem Gesellschafterbestand ab. Wie gesehen, führt das **Ausscheiden** eines Gesellschafters danach zur Auflösung der GbR. Wurde hingegen im Gesellschaftsvertrag eine **Fortsetzungsklausel** vereinbart (§ 736 BGB), so **wächst** der Gesellschaftsanteil eines Ausscheidenden – ohne Übertragung von Einzelrechten – den übrigen Gesellschaftern **zu** (§ 738 I 1 BGB).

> *Fortsetzungsklausel im Gesellschaftsvertrag dient der Unternehmenskontinuität*

Der Ausscheidende (oder ggf. dessen Erbe) erhält einen Abfindungsanspruch (§ 738 I 2 BGB), wobei der Wert des Gesellschaftsvermögens gegebenenfalls durch Schätzung zu ermitteln ist (§ 738 II BGB).

> *Nachhaftung: Ausscheidender Gesellschafter haftet für bis dahin begründete Verbindlichkeiten zeitlich begrenzt weiter*

Für bereits bestehende Gesellschaftsverbindlichkeiten haftet der ausscheidende Gesellschafter nach Maßgabe des § 736 II BGB i. V. m. § 160 HGB auf fünf Jahre begrenzt weiter (**Nachhaftung**). Mangels Handelsregisterfähigkeit der GbR beginnt die Haftungsausschlussfrist – abweichend vom Wortlaut des § 160 I 2 HGB – mit Kenntnis des jeweiligen Gläubigers vom Ausscheiden zu laufen.

PRAXISTIPPS

Um die fünfjährige Haftungsausschlussfrist beim Ausscheiden aus der GbR in Gang zu setzen, empfiehlt es sich, Gesellschaftsgläubiger vom Ausscheiden in Kenntnis zu setzen.

Wird durch Vertrag mit allen bisherigen Gesellschaftern ein **neuer Gesellschafter** in die GbR **aufgenommen**, tritt hinsichtlich seines Gesellschaftsanteils eine Abwachsung bei den Altgesellschaftern und eine Anwachsung bei ihm ein.

Auf weitere Besonderheiten (z. B. *Nachfolgeklausel, Eintrittsklausel, Buchwertabfindung*) wird im Zusammenhang mit der OHG – wegen der dort größeren praktischen Relevanz – eingegangen (vgl. 9.2.6).

9.1.9 Fehlerhafte Gesellschaft

Bei Abschluss des Gesellschaftsvertrags können den Gesellschaftern rechtliche Fehler unterlaufen, die nach allgemeinem bürgerlichen Recht anfängliche Nichtigkeit (z.B. *fehlende Geschäftsfähigkeit, Formmangel*) oder rückwirkende Vernichtbarkeit durch Anfechtung (vgl. § 142 I BGB; z.B. *Irrtum, Täuschung*) zur Folge haben.

Ist aber eine Gesellschaft auf **nichtiger oder anfechtbarer Vertragsgrundlage** im Rechtsverkehr aufgetreten, wird es selten den Interessen aller Gesellschafter – die womöglich viel Zeit und Kapital für die GbR aufgewendet haben – entsprechen, die Gesellschaft als niemals existent zu betrachten. Überdies sind Geschäftspartner der GbR in ihrem Vertrauen auf den Bestand der Gesellschaft schutzwürdig, haben sie doch regelmäßig keinen Einblick in die gesellschaftsinternen Rechtsbeziehungen. Zudem würde es häufig praktisch kaum überwindbare Probleme bereiten, eine – an rechtlichen Mängeln leidende – werbende Gesellschaft rückwirkend abzuwickeln. Denn das Bereicherungsrecht (§§ 812 ff. BGB; vgl. insbesondere § 818 III BGB) ist nicht darauf zugeschnitten, gemeinsam erarbeitete Vermögenswerte gerecht zu verteilen.

> **§ 818 III BGB:**
> Bei ungerechtfertigter Bereicherung keine Verpflichtung zur Herausgabe des Erlangten oder zum Wertersatz, soweit Empfänger nicht mehr bereichert

Daher ist rechtsfortbildend die – für alle Personengesellschaften geltende – **Lehre von der fehlerhaften Gesellschaft** entwickelt worden. Diese gewährt unter bestimmten Voraussetzungen der fehlerhaften Gesellschaft Bestandsschutz dahingehend, dass der Rechtsmangel nur ein Auflösungs- bzw. Kündigungsrecht für die Zukunft bietet. Für die Vergangenheit wird die fehlerhafte Gesellschaft hingegen wie eine fehlerfreie behandelt. Folgende **Voraussetzungen** sind hierfür maßgebend:

- Vorliegen eines Gesellschaftsvertrags, der nach allgemeinen zivilrechtlichen Regeln nichtig oder anfechtbar ist,
- Invollzugsetzung der Gesellschaft durch Aufnahme von Rechtsbeziehungen zu Dritten und/oder Bildung eines Gesellschaftsvermögens und
- keine Kollision mit gewichtigen Interessen der Allgemeinheit oder einzelner schutzwürdiger Personen. Die Lehre von der fehlerhaften Gesellschaft ist danach unanwendbar, wenn der Gesellschaftsvertrag nur zum Schein abgeschlossen wurde (§ 117 BGB), der verfolgte Gesellschaftszweck selbst gegen ein gesetzliches Verbot (§ 134 BGB) oder gegen die guten Sitten verstößt (§ 138 BGB) oder der Schutz nicht voll Geschäftsfähiger dies gebietet.

Die Grundsätze der fehlerhaften Gesellschaft gelten neben dem Fall der fehlerhaften **Gründung** auch bei fehlerhaftem **Beitritt** eines Gesellschafters in eine schon bestehende Personengesellschaft, bei fehlerhaftem **Ausscheiden**, bei fehlerhafter einvernehmlicher **Übertragung der Gesellschafterstellung** sowie bei sonstigen fehlerhaften **Änderungen des Gesellschaftsvertrags**, wenn die Folgen der vollzogenen Änderung rückwirkend schwer zu beseitigen wären.

9.2 OFFENE HANDELS- GESELLSCHAFT (OHG)

OHG:
Arbeits- und Haftungsgemeinschaft von Kaufleuten

Bei der OHG handelt es sich um eine in den – ebenfalls **weitgehend dispositiven** – §§ 105–160 HGB geregelte **Sonderform der GbR**. Die OHG ist nach ihrem gesetzlichen Leitbild eine Gesellschaft, deren von den Gesellschaftern zu fördernder Zweck auf den Betrieb eines Handelsgewerbes unter gemeinschaftlicher Firma gerichtet ist und bei der die Gesellschafter den Gesellschaftsgläubigern gegenüber unbeschränkt haften (§ 105 I HGB; vgl. aber auch § 105 II HGB). Namentlich in der mittelständischen Wirtschaft ist die OHG als **Arbeits- und Haftungsgemeinschaft** der in ihr zusammengeschlossenen Kaufleute von großer praktischer Bedeutung. Neben den vorrangigen handelsrechtlichen Vorschriften (§§ 105 ff. HGB) findet auf die OHG ergänzend das Recht der GbR (§§ 705 ff. BGB) Anwendung (§ 105 III HGB).

OHG ist:
• rechtsfähig
• parteifähig
• keine juristische Person

Auch die OHG besitzt **Rechtsfähigkeit**, ohne selbst juristische Person zu sein (vgl. § 14 I, II BGB). Allerdings wird die OHG vom Gesetz wie eine juristische Person behandelt (vgl. auch § 1059 a II BGB). So kann sie unter ihrer Firma Rechte erwerben und Verbindlichkeiten eingehen, Eigentum und andere dingliche Rechte an Grundstücken erwerben, vor Gericht klagen und verklagt werden (§ 124 I HGB).

Handelsrechtlich ist die OHG sog. **Formkaufmann** (§ 6 HGB). Auf sie finden danach die für Kaufleute geltenden Vorschriften Anwendung (z.B. *kann einem Angestellten der OHG gemäß § 48 HGB Prokura erteilt werden; Buchführungspflicht der OHG nach §§ 238 ff. HGB*).

9.2.1 Gründung der OHG

Gesellschaftsvertrag grundsätzlich formfrei

Die Errichtung der OHG setzt einen – grundsätzlich formfreien – **Gesellschaftsvertrag** voraus (§ 105 III HGB, § 705 BGB). Da es – anders als bei den Kapitalgesellschaften (AG, GmbH) – keine Einmann-Personengesellschaften gibt, bedarf es **mindestens zweier Gesellschafter**. Vertragspartner und damit Gesellschafter können natürliche und juristische Personen sowie OHG, KG und EWIV sein. Der GbR ist bisher insbesondere wegen ihrer fehlenden Handelsregisterpublizität die Fähigkeit abgesprochen worden, Gesellschafterin einer OHG zu sein.

Ein Unternehmen kann in der Rechtsform der OHG betrieben werden, wenn

- es als **Handelsgewerbe** nach Art und Umfang einen in kaufmännischer Weise eingerichteten Geschäftsbetrieb erfordert (§§ 105 I, 1 II HGB),
- bei einem **Kleingewerbe** auf Wunsch der Gesellschafter die Firma des Unternehmens in das Handelsregister eingetragen wird (§§ 105 II 1 Fall 1, 2 HGB) oder
- eine Gesellschaft, die nur **eigenes Vermögen verwaltet**, ebenfalls auf deren Wunsch in das Handelsregister eingetragen wird (§ 105 II 1 Fall 2 HGB).

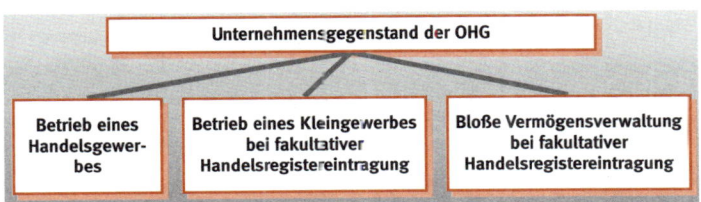

Abb. 9.4: Unternehmensgegenstand der OHG

Auch kann ein ursprünglich nichtkaufmännisches Kleingewerbe in der Rechtsform der GbR durch geschäftliches Wachstum und die nunmehrige Erforderlichkeit kaufmännischer Einrichtungen die Schwelle des § 1 II HGB überschreiten und damit automatisch zur OHG werden. Schließlich entsteht eine OHG, wenn jemand als persönlich haftender Gesellschafter in das Geschäft eines Einzelkaufmanns eintritt (vgl. § 28 HGB).

Die nach § 105 I HGB zu bestimmende gemeinschaftliche **Firma** ist der Name, unter dem die OHG ihre Geschäfte betreibt (§ 17 I HGB). In Betracht kommen eine Personen-, Sach-, Phantasie- oder Mischfirma. Um die Rechtsform der Unternehmung klarzustellen, muss die Firma die Bezeichnung »offene Handelsgesellschaft« oder »OHG« enthalten (§ 19 I Nr. 2 HGB).

Die OHG muss von allen Gesellschaftern beim Amtsgericht ihres Sitzes zur Eintragung in das **Handelsregister** angemeldet werden (§§ 106, 108 I HGB). Grundsätzlich entsteht die OHG im **Innenverhältnis** aber bereits mit dem Abschluss des Gesellschaftsvertrags, d. h., dass bereits ab diesem Zeitpunkt für das Rechtsverhältnis der Gesellschafter untereinander OHG-Recht gilt (§ 109 HGB).

Betreibt die OHG ein kaufmännisches Handelsgewerbe, so entsteht sie im **Außenverhältnis** im Zeitpunkt ihres Geschäftsbeginns (§ 123 II HGB). In diesem Fall hat die Handelsregistereintragung nur deklarato rische Bedeutung. Wird hingegen lediglich ein Kleingewerbe betrieben oder handelt es sich um eine Vermögensverwaltungsgesellschaft, entsteht die OHG im Außenverhältnis erst mit ihrer Eintragung im Handelsregister (§ 123 I HGB). In diesem Fall wirkt die Registereintragung konstitutiv.

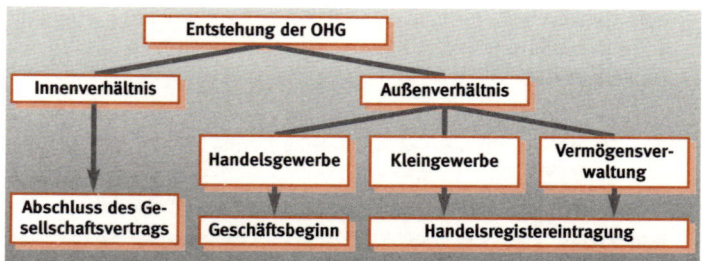

Abb. 9.5: Entstehung der OHG

9.2.2 Geschäftsführung und Vertretung

9.2.2.1 Geschäftsführung

Geschäftsführung

Einzelgeschäftsführung

Gesamtgeschäftsführung

Zur **Geschäftsführung** sind alle Gesellschafter berechtigt und verpflichtet (§ 114 I HGB). Anders als bei der GbR (Gesamtgeschäftsführung) gilt das Prinzip der **Einzelgeschäftsführung** mit Widerspruchsrecht der anderen geschäftsführungsbefugten Gesellschafter (§ 115 I HGB).

Beispiel

Der Abschluss eines Mietvertrags namens der OHG durch einen geschäftsführenden Gesellschafter muss unterbleiben, wenn ein anderer geschäftsführender Gesellschafter dies verlangt.

Jedoch kann der Gesellschaftsvertrag einzelne Gesellschafter von der Geschäftsführung ausschließen (§ 114 II HGB) oder **Gesamtgeschäftsführung** anordnen (§ 115 II HGB).

Geschäfte:
• gewöhnliche
• außergewöhnliche
• Grundlagengeschäfte

Im Rahmen der Geschäftsführung ist – anders als bei der GbR – zwischen gewöhnlichen und außergewöhnlichen Handlungen zu unterscheiden:

• Die Geschäftsführungsbefugnis erstreckt sich auf alle Handlungen, die der **gewöhnliche** Betrieb des Handelsgewerbes der OHG mit sich bringt (§ 116 I HGB). Zu den gewöhnlichen Geschäften gehören regelmäßig alle Geschäfte in dem Handelszweig, der den Gegenstand des Unternehmens bildet.

- Darüber hinausgehende **außergewöhnliche** Geschäfte erfordern einen **Beschluss sämtlicher,** also nicht nur der geschäftsführenden **Gesellschafter** (§ 116 II HGB). Zu den außergewöhnlichen Geschäften zählen die nach Gegenstand, Umfang, Bedingungen oder Dauer aus dem Rahmen fallenden, potenziell riskanten Geschäfte.

Beispiele

- Gewöhnliche Geschäfte: Normale Umsatzgeschäfte wie Abschluss eines Kaufvertrags für Handels-OHG
- Außergewöhnliche Geschäfte: Einschneidende Änderung von Organisation oder Vertrieb; Aufnahme eines Großkredits; Errichtung einer Zweigniederlassung; Vornahme von Bauausführungen auf dem Geschäftsgrundstück; Aufnahme eines stillen Gesellschafters.

Zur Bestellung eines Prokuristen bedarf es grundsätzlich der Zustimmung aller geschäftsführenden Gesellschafter (§ 116 III 1 HGB). Widerrufen darf die Prokura hingegen jeder geschäftsführende Gesellschafter (§ 116 III 2 HGB).

Nach der dispositiven Regelung des § 117 HGB kann einem Gesellschafter auf Antrag der übrigen Gesellschafter die **Befugnis zur Geschäftsführung** durch gerichtliche Entscheidung **entzogen** werden, wenn ein wichtiger Grund vorliegt (z.B. *grobe Pflichtverletzung; Unfähigkeit zur ordnungsgemäßen Geschäftsführung*). Gesellschaftsvertraglich kann die Entziehung der Geschäftsführung weiter erschwert (z.B. *einengende Umschreibung der Entziehungsgründe*) oder erleichtert werden (z.B. *Entziehung durch Gesellschafterbeschluss; Normierung absoluter, im Streitfall nicht auf »Wichtigkeit« nachprüfbarer Entziehungsgründe*).

Entziehung der Geschäftsführungsbefugnis durch Gesellschaftsvertrag modifizierbar

9.2.2.2 Vertretung
Zur **Vertretung** der OHG im Rechtsverkehr ist grundsätzlich jeder Gesellschafter ermächtigt (§ 125 I HGB; **Einzelvertretung**). Wegen des Grundsatzes der **Selbstorganschaft** dürfen durch den Gesellschaftsvertrag zwar einzelne, nicht aber alle Gesellschafter von der Vertretung ausgeschlossen werden (§ 125 I HGB). Abweichungen vom Grundsatz

Vertretung
- Einzelvertretung
- Gesamtvertretung

der Einzelvertretung sind aus Publizitätsgründen im Handelsregister einzutragen (§ 125 IV HGB).

Es kann auch **Gesamtvertretung** aller oder mehrerer Gesellschafter vereinbart werden (§ 125 II 1 HGB). Die zur Gesamtvertretung berechtigten Gesellschafter können dann Einzelne von ihnen zur Vornahme bestimmter Geschäfte ermächtigen (§ 125 II 2 HGB). Ist der OHG gegenüber eine Willenserklärung abzugeben, so genügt die Abgabe gegenüber einem gesamtvertretungsberechtigten Gesellschafter (§ 125 III 3 HGB). Überdies kann der Gesellschaftsvertrag vorsehen, dass vertretungsberechtigte Gesellschafter entweder zusammen oder einzeln mit einem Prokuristen die OHG vertreten (§ 125 III HGB; gemischte Gesamtvertretung).

Bei Vertretungsmacht keine Differenzierung zwischen gewöhnlichen und außergewöhnlichen Geschäften

Die **Vertretungsmacht** ist aus Gründen des Verkehrsschutzes standardisiert und sehr weit reichend; sie erstreckt sich auf alle gerichtlichen und außergerichtlichen Geschäfte und Rechtshandlungen einschließlich der Veräußerung und Belastung von Grundstücken sowie der Erteilung und des Widerrufs einer Prokura (§ 126 I HGB). Im Gegensatz zur Geschäftsführungsbefugnis differenziert das Gesetz bei der Vertretungsmacht nicht zwischen gewöhnlichen und außergewöhnlichen Geschäften. Dritten gegenüber ist eine Beschränkung des Umfangs der Vertretungsmacht grundsätzlich unwirksam (§ 126 II, III HGB).

Beispiel

Eine Beschränkung der Vertretungsmacht eines einzelvertretungsbefugten Gesellschafters dahingehend, bei Einkäufen ab einem Vertragsvolumen von 75.000 € einen vorherigen Gesellschafterbeschluss herbeizuführen, entfaltet keine Wirkung im Außenverhältnis. Ein unter Verstoß gegen diese interne Beschränkung geschlossener Kaufvertrag bindet daher die OHG. Der Gesellschafter macht sich aber ggf. gegenüber der OHG schadensersatzpflichtig (pVV).

Vertretungsmacht umfasst keine Grundlagengeschäfte

Allerdings umfasst die Vertretungsmacht keine **Grundlagengeschäfte** (BGHZ 26, 330, 333; BGH ZIP 1995, 278, 279; BGH WM 1979, 71, 72). Bei diesen handelt es sich um solche Geschäfte, die das innere Verhältnis der Gesellschafter zueinander betreffen und somit in die Ebene des Gesellschaftsvertrags fallen.

Beispiele

- Aufnahme eines neuen Gesellschafters

- Änderung der Firma
- Veräußerung des von der OHG betriebenen, ihr gesamtes Vermögen darstellenden Unternehmens

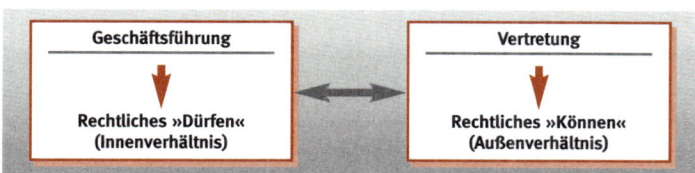

Abb. 9.6: Geschäftsführung und Vertretung

Nach der – in gleicher Weise wie § 117 HGB dispositiven (s. o.) – Regelung des § 127 HGB kann auf Antrag der übrigen Gesellschafter einem Gesellschafter dessen **Vertretungsmacht** bei Vorliegen eines wichtigen Grundes durch gerichtliches Gestaltungsurteil **entzogen** werden.

Entziehung der Vertretungsmacht durch Gesellschaftsvertrag modifizierbar

9.2.3 Rechte und Pflichten der Gesellschafter untereinander
Im Innenverhältnis richten sich die Rechtsbeziehungen in erster Linie nach dem Gesellschaftsvertrag (§ 109 HS. 1 HGB; Vertragsfreiheit). In zweiter Linie kommen §§ 110–122 HGB (§ 109 HS. 2 HGB) und in dritter Linie GbR-Vorschriften (§§ 705 ff. BGB, § 105 III HGB) zur Anwendung.

Nach der gesetzlichen Regelung treffen die Gesellschafter namentlich folgende Pflichten:
- **Beitragspflichten** (§§ 705, 706 BGB, § 105 III HGB; vgl. § 111 HGB zur Verzinsungspflicht),
- ausdrückliche **Wettbewerbsverbote** als besondere Ausprägung der Treuepflicht (§§ 112, 113 HGB) sowie
- **Geschäftsführungspflichten** (§§ 114 ff. HGB; letztere sind auch Rechte).

An Rechten sind zu erwähnen:
- **Stimmrecht** (wobei § 119 I HGB für Beschlussfassungen vom Einstimmigkeitsprinzip ausgeht, der Gesellschaftsvertrag nach § 119 II HGB aber Mehrheitsbeschlüsse zulassen kann),
- **Aufwendungsersatz** oder Ersatz für Verluste in Gesellschaftsangelegenheiten (§ 110 HGB; z. B. *Geldauslagen; Begleichung von Gesellschaftsschulden; Ersatz von Personen- oder Sachschäden auf Geschäftsreise*),

In Gesellschaftsverträgen häufig Mehrheitsprinzip verankert

- **Informations- und Kontrollrecht** (§ 118 HGB; z.B. *Einsicht in Handelsbücher*),
- **Gewinn- und Verlustbeteiligung** (§§ 120, 121 HGB; z.B. *Zuschreibung des anteiligen Jahresgewinns auf den Kapitalanteil*) sowie
- **Entnahmerecht** (§ 122 HGB)

9.2.4 Haftung für Gesellschaftsschulden

Auch bei der OHG muss hinsichtlich der Gesellschaftsschulden zwischen der

- Haftung der Gesellschaft und der
- Haftung ihrer Gesellschafter

unterschieden werden.

9.2.4.1 Haftung der OHG

Prüfung eines Anspruchs gegen OHG:

1. Bestehen einer OHG (§ 105 HGB, § 705 BGB)
2. Wirksamkeit der OHG im Außenverhältnis (§§ 105, 123 I, II, 124 I HGB)
3. Entstehung des Anspruchs gegen OHG
a) bei Vertrag: wirksame Vertretung (§§ 125–127 HGB) oder § 278 BGB
b) bei Delikt: wirksame Zurechnung (§ 31 BGB analog) oder § 831 BGB

§ 124 I HGB begründet zunächst ausdrücklich eine eigenständige **Haftung der OHG** für deren Verbindlichkeiten. Konsequenterweise bedarf es daher zur Zwangsvollstreckung in das Gesellschaftsvermögen stets eines gegen die OHG selbst gerichteten vollstreckbaren Schuldtitels (§ 124 II HGB; z.B. *Zahlungsurteil*).

Die Verpflichtung der Gesellschaft kann etwa aus einem Vertrag resultieren, den ein Vertreter der OHG (z.B. *vertretungsbefugter Gesellschafter; Prokurist*) in deren Namen mit einem Geschäftspartner geschlossen hat. Auch haftet die OHG, wenn sich ein Gesellschafter in Ausführung ihm zustehender Aufgaben einem Dritten gegenüber schadensersatzpflichtig macht (§ 31 BGB analog).

Schließlich haftet die OHG für unerlaubte Handlungen sonstiger Personen (z.B. *Prokurist*) nur nach § 831 BGB, während eine Zurechnung rechtsgeschäftlicher Pflichtverletzungen dieser Personen nach § 278 BGB erfolgt.

9.2.4.2 Gesellschafterhaftung

Die wichtige Vorschrift des § 128 S. 1 HGB begründet zudem eine – neben die Haftung der OHG tretende – persönliche **Haftung der Gesellschafter** für Gesellschaftsverbindlichkeiten. Wie bereits dargelegt (vgl.

§ 128 S. 1 HGB: Zentrale Anspruchsgrundlage zur Begründung der Gesellschafterhaftung

9.1.6), findet nach der Rechtsprechung diese Norm analoge Anwendung auch auf die Außen-GbR (BGH ZIP 2001, 330, 336). Nach § 128 S. 1 HGB haftet jeder Gesellschafter

- **unmittelbar**, d.h., Gläubiger können den Gesellschafter direkt in Anspruch nehmen (sie müssen nicht etwa erst einen Anspruch der OHG auf Leistung von Nachschüssen pfänden);
- **primär**, d.h., Gläubiger können sich sofort an den Gesellschafter halten (auch wenn die OHG durchaus leistungsfähig ist);

- **gesamtschuldnerisch**, d.h., der Gesellschafter haftet aufs Ganze und nicht nur in Höhe seiner gesellschaftlichen Beteiligungsquote (§§ 421, 426 BGB);
- **unbeschränkt**, d.h., der Gesellschafter haftet mit seinem gesamten Vermögen (Privatvermögen und durch Gesellschaftsbeteiligung vermittelter Anteil am Gesellschaftsvermögen);
- **unbeschränkbar**, d.h., Ansprüche von Gesellschaftsgläubigern können nicht durch interne Vereinbarungen der Gesellschafter untereinander beschränkt oder ausgeschlossen werden (§ 128 S. 2 HGB; freilich steht diese Norm nicht einer anderweitigen haftungsbeschränkenden Vereinbarung mit dem Gläubiger selbst entgegen);
- **akzessorisch**, d.h., Entstehung und Fortbestand der Gesellschafterhaftung richten sich nach dem jeweiligen rechtlichen Bestand der Gesellschaftsverbindlichkeit; Veränderungen (z.B. *Kündigungen, Leistungsstörungen*) der Gesellschaftsschuld verändern daher auch den Inhalt der Gesellschafterhaftung.

Prüfung der Gesellschafterhaftung:

1. Bestehen einer OHG (s.o.)
2. Wirksamkeit der OHG im Außenverhältnis (s.o.)
3. Entstehung des Anspruchs gegen OHG (s.o.)
4. Persönliche Haftung (§§ 128, 130 HGB)
5. Ggf. Einwendungen (§ 129 HGB)

Abb. 9.7: Haftung des OHG-Gesellschafters

Grundsätzlich kann ein jeder Gesellschafter persönlich auf **Erfüllung** der Gesellschaftsschuld **in natura** in Anspruch genommen werden (z.B. *Begleichung einer Darlehensschuld der OHG*). Nur soweit ihm eine Erfüllung tatsächlich oder rechtlich nicht möglich ist (z.B. *Übereignung eines von der OHG verkauften, im Gesellschaftsvermögen befindlichen Grundstücks*), schuldet der Gesellschafter Leistung von **Geldersatz**.

Aus einem gegen die OHG gerichteten vollstreckbaren Schuldtitel kann nicht in das Privatvermögen eines Gesellschafters vollstreckt werden (§ 129 IV HGB). Vielmehr bedarf es hierzu eines Titels gegen den Gesellschafter selbst.

Wird ein Gesellschafter wegen einer Gesellschaftsverbindlichkeit in Anspruch genommen, kann er dem Gläubiger sowohl persönliche **Einwendungen** (z.B. *individuelle Stundungsvereinbarung; Vergleich des Gesellschafters mit dem Gläubiger*, § 779 BGB) als auch der OHG zustehende Einwendungen (z.B. *Erfüllung, Erlass oder Verjährung der Gesellschaftsschuld*) entgegenhalten (§ 129 I–III HGB).

§ 129 HGB:
Rechtsverteidigung des Gesellschafters

Erfüllt ein Gesellschafter eine Gesellschaftsverbindlichkeit, kann er in erster Linie von der OHG **Aufwendungsersatz** (§ 110 HGB) und – wegen seiner Treuepflicht – erst in zweiter Linie von den Mitgesellschaftern **Gesamtschuldnerausgleich** verlangen (§ 426 BGB).

Tritt ein Gesellschafter der OHG wie ein außenstehender Gläubiger gegenüber (z. B. *Verkauf eines dem Gesellschafter gehörenden PKW an OHG*), muss er – wiederum auf Grund der gesellschafterlichen Treuepflicht – seine Befriedigung zunächst aus dem Gesellschaftsvermögen suchen. Nur im Falle unzureichenden Gesellschaftsvermögens kann er sich gemäß § 128 HGB an seine Mitgesellschafter halten, wobei er einen seiner Beteiligungsquote entsprechenden Verlustanteil selbst zu tragen hat.

§ 130 HGB:
Haftung für Altschulden

Der in eine bereits bestehende OHG **eintretende Gesellschafter** haftet auch für die vor seinem Eintritt begründeten Gesellschaftsverbindlichkeiten, also für **Altschulden** (§ 130 I HGB). Eine entgegenstehende Vereinbarung ist Dritten gegenüber unwirksam (§ 130 II HGB).

§ 160 HGB:
Zeitliche Begrenzung der Nachhaftung

Im Falle seines **Ausscheidens** aus der OHG haftet ein Gesellschafter für bis dahin begründete Gesellschaftsverbindlichkeiten nach Maßgabe des § 160 I HGB noch fünf Jahre weiter (**Nachhaftung**). Für nach seinem Ausscheiden begründete Neuverbindlichkeiten der OHG haftet er natürlich nicht.

9.2.5 Beendigung der OHG

9.2.5.1 Auflösung
§ 131 I HGB benennt die gesetzlichen **Auflösungsgründe**:
- Zeitablauf bei befristeter Gesellschaft,
- Auflösungsbeschluss der Gesellschafter,
- Insolvenz der OHG oder
- gerichtliche Entscheidung bei Vorliegen eines wichtigen Grundes (§ 133 HGB).

Grundsätzlich ist die Auflösung der OHG von sämtlichen Gesellschaftern zur Eintragung in das Handelsregister anzumelden (§ 143 I HGB).

→ *Hingegen räumt das Gesetz bei der OHG – anders als bei der GbR – dem Prinzip der Unternehmenskontinuität den Vorrang ein vor dem Prinzip der Personenkontinuität.*

Hierdurch soll den wirtschaftlichen Interessen der Gesellschafter und der Gesellschaftsgläubiger an der Fortsetzung der OHG Rechnung getragen werden. Daher führen mangels abweichender vertraglicher Bestimmung die folgenden in § 131 III HGB aufgezählten Gründe nur zum **Ausscheiden eines Gesellschafters unter Fortsetzung der Gesellschaft** mit den verbliebenen Gesellschaftern:

- Tod eines Gesellschafters,
- Gesellschafterinsolvenz,
- Kündigung eines Gesellschafters (vgl. § 132 HGB),
- Kündigung durch den Privatgläubiger eines Gesellschafters (§ 135 HGB),
- Eintritt bestimmter, im Gesellschaftsvertrag vorgesehener Fälle (z. B. *Alter, Arbeitsunfähigkeit, Scheidung eines eingeheirateten Gesellschafters*) oder
- Gesellschafterbeschluss bei entsprechender »Hinauskündigungsklausel« im Gesellschaftsvertrag (zur gerichtlichen Ausschließungsklage vgl. § 140 HGB).

9.2.5.2 *Liquidation*

Der Auflösung folgt die **Liquidation** der Gesellschaft, sofern nicht eine andere Art der Auseinandersetzung von den Gesellschaftern vereinbart (z. B. *Übernahme des Handelsgeschäfts durch einen Gesellschafter auf Grund kaufähnlicher Vereinbarung*) oder über das Vermögen der OHG das Insolvenzverfahren eröffnet ist (§ 145 I HGB). Die Liquidation obliegt grundsätzlich sämtlichen Gesellschaftern als Liquidatoren (§ 146 I 1 HGB).

Die Liquidatoren haben zu Beginn sowie bei Beendigung der Liquidation eine Bilanz aufzustellen (§ 154 HGB), laufende Geschäfte zu beenden, Forderungen einzuziehen, übriges Vermögen in Geld umzusetzen, Gläubiger zu befriedigen (§ 149 HGB), einen etwaigen Überschuss nach dem Verhältnis der Kapitalanteile unter den Gesellschaftern zu verteilen (§ 155 HGB) und nach Beendigung der Liquidation das Erlöschen der Firma zum Handelsregister anzumelden (§ 157 I HGB).

9.2.6 Gesellschafterwechsel

9.2.6.1 *Ausscheiden und Anwachsung*

Scheidet ein Gesellschafter aus der OHG aus (z. B. *durch Tod (§ 131 III Nr. 1 HGB)* oder *Eröffnung des Insolvenzverfahrens über sein Vermögen (§ 131 III Nr. 2 HGB)*), wird die Gesellschaft mangels anderweitiger vertraglicher Bestimmung von den übrigen Gesellschaftern fortgeführt. Mit dem Ausscheiden erlöschen die gesellschaftsrechtlichen Mitgliedschaftsrechte und -pflichten des betreffenden Gesellschafters

(z. B. *das Recht und die Pflicht zur Geschäftsführung*). Auch endet seine durch die Mitgliedschaft vermittelte Beteiligung am Gesellschaftsvermögen, indem sein Gesellschaftsanteil ohne besondere Übertragungsakte den übrigen Gesellschaftern zuwächst (§ 105 III HGB, § 738 I BGB).

9.2.6.2 Abfindung

Wie bei der GbR erhält der Ausscheidende – bzw. seine Erben – als Ausgleich für den Verlust der Beteiligung einen schuldrechtlichen **Abfindungsanspruch** (§ 105 III HGB, § 738 I 2 BGB). Danach sind die übrigen Gesellschafter verpflichtet, dem Ausscheidenden dasjenige zu zahlen, was er bei der Auseinandersetzung erhalten würde, wenn die OHG zur Zeit seines Ausscheidens aufgelöst worden wäre.

Entgegen dem insoweit missverständlichen Wortlaut des § 738 I 2 BGB ist bei der Ermittlung des **wahren Werts** des Gesellschaftsvermögens aber nicht auf den Liquidationswert, sondern den **Fortführungswert** des Unternehmens abzustellen, also auf den **Verkehrswert**. Dies ist der volle wirtschaftliche Wert der lebenden Unternehmung einschließlich aller stillen Reserven und des Firmenwerts (good will).

> → *Im Allgemeinen ergibt sich der Fortführungswert aus dem Preis, der bei der Veräußerung des Unternehmens als Einheit erzielt werden könnte, wobei der Liquidationswert eine Untergrenze bildet.*

Zur Bestimmung des Fortführungswertes ist regelmäßig nicht der Substanzwert, sondern der **Ertragswert** des Unternehmens zu ermitteln (BGHZ 17, 130, 136; BGH ZIP 1998, 2151, 2152; BGH ZIP 1992, 237, 240). Maßgeblich hierfür ist, welche Erträge von dem Unternehmen in der Zukunft voraussichtlich erwirtschaftet werden können. Die prognostizierten nachhaltig erzielbaren Einnahmeüberschüsse werden sodann auf den Stichtag des Ausscheidens aus der Gesellschaft abgezinst und dadurch zum Ertragswert kapitalisiert. Diese Bewertung des Gesellschaftsvermögens ist zum Bewertungsstichtag (Ausscheiden des Gesellschafters) grundsätzlich in einer besonderen Bilanz (sog. Abfindungs- oder Abschichtungsbilanz) auszuweisen.

PRAXISTIPPS

Den sich in der zukünftigen Ertragskraft des Unternehmens widerspiegelnden wahren Vermögenswert zu ermitteln, erfordert im Regelfall ein – zumeist kosten- und konfliktträchtiges – Sachverständi-

---

Fortführungswert
= Voller wirtschaftlicher Wert des Unternehmens einschließlich stiller Reserven und Firmenwert

Ertragswertverfahren in der Regel maßgebend

gengutachten. Überdies kann der mit der Abfindung zum wahren Wert einhergehende Liquiditätsabfluss den Fortbestand des Unternehmens gefährden. Aus diesen Gründen kann es sich empfehlen, im Gesellschaftsvertrag eine Abfindung zum Buchwert zu vereinbaren.

Der **Buchwert** stellt auf den Bilanzwert unter Ausschluss stiller Reserven und des Firmenwerts ab. Allerdings verstößt es nach der Rechtsprechung des BGH grundsätzlich gegen § 138 I BGB, bei wirtschaftlicher Zielsetzung der Gesellschaft den Abfindungsanspruch auf die Hälfte des Buchwerts zu beschränken (BGH NJW 1989, 2685, 2686; vgl. auch BGH NJW 1997, 2592, 2593).

Zudem hält der BGH eine Buchwertklausel nach § 134 BGB wegen Verstoßes gegen das Verbot der Kündigungsbeschränkung (§ 723 III BGB) für nichtig, wenn wegen eines erheblichen Missverhältnisses zwischen Buchwert und wahrem Wert die Freiheit eines Gesellschafters, das Gesellschaftsverhältnis zu kündigen, von Anfang an unvertretbar eingeengt wird (BGH WM 1984, 1506).

Ergibt sich erst im Zeitablauf ein grobes Missverhältnis zwischen Buchwert und wahrem Wert, ist nach dem BGH die vertragliche Abfindungsregelung durch ergänzende Vertragsauslegung »*nach den Grundsätzen von Treu und Glauben unter angemessener Abwägung der Interessen der Gesellschaft und des ausscheidenden Gesellschafters und unter angemessener Berücksichtigung aller Umstände des konkreten Falls entsprechend den veränderten Verhältnissen neu zu ermitteln*« (BGH NJW 1993, 3193). Es bedarf keiner weiteren Erwähnung, dass diese Rechtsprechung die praktische Handhabung von Buchwertabfindungsklauseln nicht gerade erleichtert.

Ein abfindungsbedingter Liquiditätsabfluss lässt sich auch vermeiden, wenn der Gesellschaftsvertrag vorsieht, im Falle des Todes eines Gesellschafters die OHG mit dessen Erben fortzusetzen (Nachfolgeklausel). Eine **einfache Nachfolgeklausel** liegt vor, wenn alle Erben automatisch nachfolgen sollen. Sollen nicht alle, sondern nur einer oder einzelne Erben nachfolgen, spricht man von einer **qualifizierten Nachfolgeklausel**.

Solche Nachfolgeklauseln stellen jedoch nur den – an sich unvererblichen – Gesellschaftsanteil vererblich. Ob und wie sie sich im Todesfall eines Gesellschafters tatsächlich auswirken, hängt vom konkreten Erbgang ab. Ist ein Erbe auf Grund einer gesellschaftsvertraglichen Nachfolgeklausel in die OHG eingerückt, so kann er sein Verbleiben in der Gesellschaft davon abhängig machen, dass ihm unter Belassung des bisherigen Gewinnanteils die Stellung eines Kommanditisten eingeräumt und der auf ihn fallende Teil der Einlage des Erblassers als seine Kommanditeinlage anerkannt wird (§ 139 I HGB). Nehmen die übrigen Gesellschafter einen dahingehenden Antrag des Erben nicht an, so ist dieser befugt, ohne Einhaltung einer Kündigungsfrist sein Ausscheiden aus der OHG zu erklären (§ 139 II HGB).

Schließlich kann der Gesellschaftsvertrag bestimmen, dass im Todesfall eines Gesellschafters eine bestimmte Person (z. B. *Erbe, aber auch Dritter*) das Recht erhalten soll, in die OHG eintreten zu dürfen (Eintrittsklausel). Aufgrund einer solchen **Eintrittsklausel** kann (muss aber nicht) der Berechtigte von den übrigen Gesellschaftern verlangen, in die OHG aufgenommen zu werden.

Eintrittsklausel im Gesellschaftsvertrag gewährt Berechtigtem eine Eintrittsoption

9.3 KOMMANDIT-GESELLSCHAFT (KG)

Bei der KG handelt es sich um eine Sonderform der OHG. Wie bei dieser, so kann auch bei der KG der Unternehmensgegenstand bestehen in

KG: Sonderform der OHG

- dem Betrieb eines kaufmännischen **Handelsgewerbes** (§ 161 I HGB; deklaratorische Wirkung der Handelsregistereintragung gemäß §§ 161 II, 123 II HGB),
- dem Betrieb eines nichtkaufmännischen **Kleingewerbes**, wenn optional die konstitutive Handelsregistereintragung herbeigeführt wird (§§ 161 II, 105 II 1 Fall 1, 2, 123 I HGB), oder
- der **Verwaltung eigenen Vermögens**, wenn optional die ebenfalls konstitutive Eintragung ins Handelsregister erfolgt (§§ 161 II, 105 II 1 Fall 2, 123 I HGB; z. B. *Immobilienverwaltungsgesellschaft; bloße Besitzgesellschaft nach erfolgter Betriebsaufspaltung in Betriebs- und Besitzgesellschaft*).

KG-Gesellschafter

Komple-mentär   Komman-ditist

Im Unterschied zur OHG gibt es bei der KG gemäß § 161 I HGB notwendigerweise zwei Arten von Gesellschaftern, nämlich

- mindestens einen unbeschränkt persönlich haftenden Gesellschafter (**Komplementär**), der wie ein OHG-Gesellschafter haftet (§§ 161 II, 128, 130 HGB), und
- mindestens einen nach §§ 171–176 HGB auf den Betrag einer bestimmten Vermögenseinlage beschränkt haftenden Gesellschafter (**Kommanditist**).

Für Gesellschaftsverbindlichkeiten haftet überdies die **rechtsfähige** KG selbst mit dem Gesellschaftsvermögen (§§ 161 II, 124 HGB). Während der Komplementär – wie der OHG-Gesellschafter – Kaufmannseigenschaft besitzt, ist der Kommanditist als solcher kein Kaufmann. Die KG selbst ist wiederum **Formkaufmann** (§ 6 I HGB). Die gemeinschaftliche Firma der Gesellschaft (§ 161 I HGB) muss die Bezeichnung »Kommanditgesellschaft« oder »KG« enthalten (§ 19 I Nr. 3 HGB).

Soweit die §§ 161 ff. HGB keine vorgreiflichen Regelungen normieren, finden auf die KG die für die OHG geltenden Vorschriften Anwendung (§ 161 II HGB); über § 105 III HGB ist subsidiär auch das Recht der GbR (§§ 705 ff. BGB) anzuwenden.

KG ist:
- rechtsfähig
- parteifähig
- keine juristische Person

9.3.1 Rechte und Pflichten der Gesellschafter

Das Rechtsverhältnis der Gesellschafter untereinander richtet sich maßgeblich nach den Bestimmungen des Gesellschaftsvertrags (§ 163 HGB). Nur in Ermangelung spezieller gesellschaftsvertraglicher Regelungen greifen die §§ 164–169 HGB.

Danach liegt die **Geschäftsführung** bei den Komplementären, während die Kommanditisten nicht geschäftsführungsbefugt sind (§ 164 S. 1 HS. 1 HGB). Den Kommanditisten steht bei Handlungen der geschäftsführenden Gesellschafter, die nicht über den gewöhnlichen Betrieb des Handelsgewerbes der KG hinausgehen, kein Widerspruchsrecht zu (§ 164 S. 1 HS. 2 HGB). Entgegen dem insoweit missverständlichen Wortlaut dieser Norm haben die Kommanditisten hingegen bei ungewöhnlichen Geschäften nicht nur ein bloßes Widerspruchsrecht; vielmehr bleibt es auch für die KG bei § 116 II HGB, wonach hierfür ein Beschluss sämtlicher, also auch der nicht geschäftsführungsbefugten Gesellschafter – einschließlich der Kommanditisten – notwendig ist (RGZ 158, 305).

Geschäftsführung obliegt Komplementären

Ungewöhnliches Geschäft: Zustimmung der Kommanditisten erforderlich

Anders als der Komplementär unterliegt der Kommanditist keinem **Wettbewerbsverbot** (§ 165 HGB). Jedoch trifft auch ihn die allgemeine gesellschafterliche Treuepflicht, die gesellschaftsschädliches Verhalten untersagt. Ihm stehen zur Kontrolle der Geschäftsführung regelmäßig die in § 166 I HGB genannten Rechte (z.B. *Mitteilung des Jahresabschlusses*) sowie bei Vorliegen wichtiger Gründe (z.B. *drohende Schädigung von KG oder Kommanditist; begründeter Verdacht nicht ordnungsgemäßer Geschäfts- oder Buchführung*) auch außerordentliche Informationsrechte zu (§ 166 III HGB). Die Gewinn- und Verlustbeteiligung des Kommanditisten richtet sich grundsätzlich nach §§ 167–169 HGB.

Wettbewerbsverbot nur für Komplementär

Treuepflicht auch für Kommanditist

Die **Vertretung** der KG erfolgt nicht durch die Kommanditisten (§ 170 HGB), sondern durch die Komplementäre (§§ 161 II, 125–127 HGB). Trotz des Ausschlusses der Kommanditisten von der gesetzlichen Vertretung der KG bleibt es den Gesellschaftern unbenommen,

Vertretung obliegt Komplementären

Kommanditist kann bevollmächtigt werden

eine rechtsgeschäftliche Bevollmächtigung von Kommanditisten vorzunehmen (z. B. *durch Prokura*).

9.3.2 Haftung des Kommandisten

Kommanditist: Beschränkte Haftung

Während für Gesellschaftsverbindlichkeiten die KG mit ihrem Gesellschaftsvermögen (§§ 161 II, 124 I HGB) und daneben die **Komplementäre persönlich unbeschränkt als Gesamtschuldner haften** (§§ 161 II, 128, 130 HGB), stellt die summenmäßig **eingeschränkte Haftung der Kommanditisten** das zentrale Unterscheidungskriterium zur OHG dar.

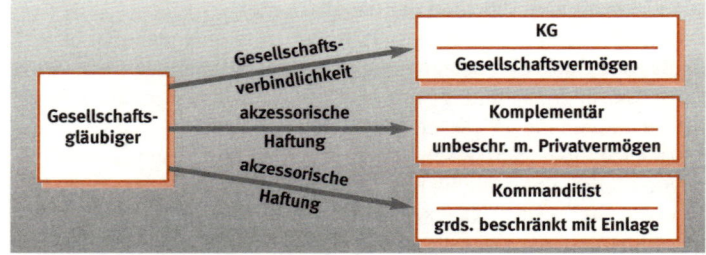

Abb. 9.8: Haftung für Verbindlichkeiten der KG

Kommanditeinlage

Haft-einlage (Haftsumme)

Pflicht-einlage

In diesem Zusammenhang gilt es zu beachten, dass dem im HGB einheitlich verwendeten Begriff der **Einlage** des Kommanditisten der Sache nach zweierlei Bedeutung zukommt:

- So haftet der Kommanditist den Gesellschaftsgläubigern – von der noch darzustellenden Konstellation des § 176 HGB abgesehen – nur bis zur Höhe seiner Einlage unmittelbar (§ 171 I HS. 1 HGB). Seine Haftung ist ausgeschlossen, soweit die Einlage geleistet ist (§ 171 I HS. 2 HGB). Mit dem Begriff Einlage in § 171 I HGB ist die **Hafteinlage** (Haftsumme) gemeint, die auf einen bestimmten Geldbetrag lauten muss und ins Handelsregister einzutragen ist.

Hafteinlage: Maßstab für den Haftungsumfang des Kommanditisten im Außenverhältnis

Die Eintragung der Haftsumme im Handelsregister ist maßgebend für den Umfang der Haftungsbeschränkung (§ 172 I HGB). Allerdings geht aus dem Handelsregister nicht hervor, ob die Hafteinlage tatsächlich geleistet wurde. Will ein Gesellschaftsgläubiger einen Kommanditisten in Anspruch nehmen, muss er also damit rechnen, dass dessen Haftung infolge erbrachter Hafteinlage gemäß § 171 I HS. 2 HGB ausgeschlossen ist. Der Beweis für die Leistung der Hafteinlage obliegt dabei dem Kommanditisten.

Ist die Hafteinlage zwar im Handelsregister eingetragen, aber tatsächlich noch nicht geleistet worden, haftet der Kommanditist im Außenverhältnis beschränkt auf deren Höhe.

Auf seine im Handelsregister eingetragene Haftsumme von 50.000 €
hat Kommanditist K1 bislang tatsächlich 30.000 € geleistet. Gesellschaftsgläubiger G steht gegen die KG eine Zahlungsforderung in Höhe
von 40.000 € zu. G kann K1 persönlich nur in Höhe der noch nicht
geleisteten Hafteinlage, also auf Zahlung von 20.000 € in Anspruch
nehmen.

Soweit ein Kommanditist seine bereits erbrachte Einlage aus dem
Gesellschaftsvermögen zurückerhalten hat, gilt sie den Gesellschaftsgläubigern gegenüber als nicht geleistet (§ 172 IV 1 HGB);
d.h., seine beschränkte Haftung lebt insoweit wieder auf.

- Von der im Außenverhältnis zu den Gesellschaftsgläubigern maßgeblichen Hafteinlage ist die im Innenverhältnis geschuldete
Pflichteinlage zu unterscheiden, die etwa § 167 HGB und § 169 HGB
meinen. Gegenstand dieser Pflichteinlage ist die gesellschaftsvertraglich geschuldete Leistungspflicht des Kommanditisten (z.B.
*Geldzahlung; Übertragung von Sachen, Rechten oder Know-how;
Erbringung von Dienstleistungen*). Besteht die der Gesellschaft geschuldete Pflichteinlage in der Einzahlung eines Geldbetrags, kann
diese mit der im Handelsregister eingetragenen Hafteinlage identisch, aber auch höher oder niedriger sein. In jedem Fall wird der
als Pflichteinlage tatsächlich eingezahlte Geldbetrag auf die
Haftsumme angerechnet.

Pflichteinlage:
Kennzeichnung der im
Innenverhältnis verspro-
chenen Beitragsleistung

Als interne Pflichteinlage des Kommanditisten K2 sind 100.000 € vereinbart. Seine im Handelsregister zutreffend eingetragene Haftsumme
beträgt lediglich 75.000 €. Auf seine Pflichteinlageschuld gegenüber
der KG hat K2 tatsächlich einen Betrag in Höhe seiner Hafteinlage
(75.000 €) geleistet. Eine unmittelbare persönliche Haftung von K2 gegenüber dem Gesellschaftsgläubiger G, der gegen die KG eine Zahlungsforderung in Höhe von 40.000 € hat, scheidet daher nach § 171 I
HS. 2 HGB aus. G könnte von K2 nur dann Zahlung von 25.000 € verlangen, wenn er zuvor den entsprechenden Anspruch der KG gegenüber K2 auf Erbringung der restlichen Pflichteinlage in dieser Höhe
pfänden und sich zur Einziehung überweisen ließe (§§ 829, 835 ZPO).

Besteht die Pflichteinlage hingegen nicht in Geld, muss die erbrachte Leistung nach ihrem wirklichen objektiven Wert bewertet und auf die Hafteinlage angerechnet werden

---

Beispiel

Hat ein Kommanditist als versprochene Pflichteinlage einen gebrauchten Computer in das Gesellschaftsvermögen eingebracht und ist im Handelsregister eine Hafteinlage von 10.000 € eingetragen, so muss für die Prüfung, ob seine Haftung gegenüber KG-Gläubigern ausgeschlossen ist, der Verkehrswert des Computers zugrunde gelegt und auf die Hafteinlage angerechnet werden.

---

§ 173 HGB:
Haftung des eintretenden Kommanditisten für Altschulden

Ebenfalls nach Maßgabe der §§ 171, 172 HGB haftet ein Kommanditist, der in eine bestehende Handelsgesellschaft eintritt, für die vor seinem Eintritt begründeten Gesellschaftsverbindlichkeiten (§ 173 HGB; **Altschuldenhaftung**).

Hat die Gesellschaft im Falle eines Handelsgewerbes (vgl. § 176 I 2 HGB) ihre Geschäfte **vor handelsregisterlicher Eintragung als KG** – und damit auch vor Eintragung der Hafteinlagen – begonnen, so haftet jeder Kommanditist, der dem Geschäftsbeginn zugestimmt hat, für die bis zur Eintragung begründeten Gesellschaftsverbindlichkeiten **gleich**

§ 176 HGB:
Unbeschränkte Haftung des Kommanditisten vor Handelsregistereintragung

einem Komplementär, sofern nicht seine Beteiligung als Kommanditist dem Gläubiger bekannt war (§ 176 I 1 HGB). Gleiches gilt für den in eine bereits bestehende Handelsgesellschaft eintretenden Kommanditisten bezüglich Verbindlichkeiten der Gesellschaft, die in der Zeit zwischen seinem Eintritt und dessen Eintragung in das Handelsregister begründet werden (§ 176 II HGB). In beiden Fällen gelten also nicht die Beschränkungen der §§ 171, 172 HGB. Die vielfach als sehr streng empfundene Regelung des § 176 HGB schützt das Vertrauen des Rechtsverkehrs darauf, dass die Mitglieder einer geschäftstätigen Personengesellschaft persönlich und unbeschränkt für Gesellschaftsverbindlichkeiten einstehen, solange nicht eine Haftungsbeschränkung als Kommanditist handelsregisterlich verlautbart ist (BGHZ 66, 98, 101; 82, 209, 212 f.).

PRAXISTIPPS

Um der unbeschränkten persönlichen Haftung für Gesellschaftsschulden, die zwischen Geschäftsbeginn und Handelsregistereintragung begründet werden, zu entgehen, kann der Kommanditist seinen Beitritt gemäß § 158 I BGB unter die **aufschiebende Bedingung** der Handelsregistereintragung stellen (vgl. BGHZ 82, 209, 212; BGH NJW 1983, 2259).

Will ein Kommanditist, der seine Kommanditeinlage bereits erbracht hat, einvernehmlich aus der KG ausscheiden und seinen Gesellschaftsanteil auf den Eintretenden übertragen, darf Gesellschaftsgläubigern gegenüber nicht der Eindruck erweckt werden, die Haftsumme würde sich um diejenige des Eintretenden erweitern. Dies hätte nämlich ein Wiederaufleben der persönlichen Haftung des Altkommanditisten nach § 172 IV HGB zur Folge (BGHZ 81, 82). Vermeiden lässt sich diese unerwünschte Haftungsfolge durch Eintragung eines entsprechenden **Rechtsnachfolgevermerks** im Handelsregister.

Bei einvernehmlichem Kommanditistenwechsel auf Rechtsnachfolgevermerk im Handelsregister achten

9.3.3 Beendigung der KG

Die Beendigung der KG richtet sich grundsätzlich nach den gleichen Bestimmungen wie bei der OHG (§§ 161 II, 131 HGB; vgl. 9.2.5). Die einzige Besonderheit besteht darin, dass der Tod eines Kommanditisten – anders als der Tod eines Komplementärs (§§ 161 II, 131 III Nr. 1 HGB) – kein gesetzlicher Ausscheidensgrund ist. Vielmehr wird die Gesellschaft mangels abweichender gesellschaftsvertraglicher Regelung mit den Erben fortgesetzt (§ 177 HGB). Scheidet der einzige Komplementär aus der KG aus, ohne dass ein neuer Gesellschafter oder einer der Kommanditisten in dessen Gesellschafterstellung einrückt, führt dies zur Auflösung der KG; denn ohne einen Komplementär kann eine KG ebenso wenig wie ohne einen Kommanditisten existieren.

Ohne einen Komplementär kann eine KG ebenso wenig wie ohne einen Kommanditisten existieren

9.3.4 GmbH & Co. KG

9.3.4.1 Grundlagen
Die GmbH & Co. KG stellt – insbesondere für mittelständische Unternehmen – eine bedeutsame Fortentwicklung der KG dar. Zwar entspricht die **Grundtypenvermischung** von GmbH-Form und KG-Form nicht dem ursprünglichen Leitbild der KG, das an sich von mindestens einer natürlichen Person als Komplementär ausgeht. Doch ist die GmbH & Co. KG als Rechtsform heute unbedenklich zulässig und auch vom Gesetzgeber längst anerkannt (vgl. nur §§ 172 VI, 172 a S. 1, 177 a HGB). Gerade nach der höchstrichterlichen **Untersagung der GbRmbH** (BGH ZIP 1999, 1755; vgl. 9.1.6) hat die GmbH & Co. KG in der Praxis noch weiter an Bedeutung gewonnen, zumal inzwischen auch Vermögensverwaltungsgesellschaften (z.B. *Immobilienverwal-*

GmbH & Co. KG = Grundtypenvermischung von GmbH und KG

tungsgesellschaft; Besitzgesellschaft im Rahmen einer Betriebsaufspaltung) in dieser Rechtsform betrieben werden dürfen (§§ 161 II, 105 II HGB).

Regelmäßig ist die GmbH einzige Komplementärin der KG. Übernimmt die GmbH nämlich die Position des einzigen Vollhafters, kann eine unbeschränkte Haftung natürlicher Personen mit deren Privatvermögen praktisch vermieden werden. Denn die **GmbH als Komplementärin haftet** im Rahmen der §§ 161 II, 128 HGB nur mit ihrem Gesellschaftsvermögen für Verbindlichkeiten der KG (§ 13 II GmbHG). In diesem Fall muss die Firma eine Bezeichnung enthalten, welche die Haftungsbeschränkung kennzeichnet (§ 19 II HGB; z.B. *Autohaus Schmidt GmbH & Co. KG*).

GmbH & Co. KG vermeidet unbeschränkte Haftung einer natürlicher Person

Vertreten wird die GmbH & Co. KG im Rechtsverkehr durch die Komplementär-GmbH (§§ 161 II, 125 HGB). Die GmbH ihrerseits wird organschaftlich vertreten durch ihren Geschäftsführer (§ 35 I GmbHG).

GmbH vertritt KG

PRAXISTIPPS

Da der GmbH-Geschäftsführer weder Gesellschafter der GmbH noch der KG zu sein braucht, bietet die Rechtsform der GmbH & Co. KG eine elegante Möglichkeit, das auch für die KG – wie für alle Personengesellschaften – geltende Prinzip der Selbstorganschaft (vgl. 9.1.5.1) praktisch zu umgehen.

9.3.4.2 Gestaltungsmöglichkeiten

Die **Gestaltungsmöglichkeiten** bei der GmbH & Co. KG sind bereits im Gründungsstadium **vielfältig**:

Personenverschiedene GmbH & Co. KG

- Komplementärin einer KG kann eine GmbH werden, deren Gesellschafter mit den Kommanditisten nicht identisch sind. Eine solche Gesellschafterstruktur wird in der Praxis zumeist dann gewählt, wenn die Kommanditisten ohne Einfluss auf die Geschäftspolitik bleiben wollen oder sollen.

Publikums-KG

= Massen-KG

  Eine regelmäßig personenverschiedene GmbH & Co. KG ist die **Publikumsgesellschaft**. Sie dient häufig als »Abschreibungsgesellschaft« der Erzielung von Steuerersparnissen der an ihr beteiligten Kommanditisten. Initiiert von den Gesellschaftern der Komplementär-GmbH wird zur Finanzierung meist steuerbegünstigter Projekte (z.B. *Baumaßnahmen*) eine Vielzahl von Anlageinteressenten geworben (z.B. *durch Prospekte*). Diese sollen durch ihre kapitalistische Beteiligung als Kommanditisten das erforderliche Kapital aufbringen. Insofern übernimmt die Publikums-KG die Funktion eines Kapitalsammelbeckens. Zum Zwecke des Anlegerschutzes hat sich in der Rechtsprechung ein Sonderrecht der Publikums-KG herausgebildet (z. B. *Inhaltskontrolle des Gesellschaftsvertrags nach § 242 BGB; außerordentliches Kündigungsrecht für arglistig getäuschte Kommanditisten; Haftung der Initiatoren für falsche Angaben in Werbeunterlagen nach den Grundsätzen der durch Rechtsfortbildung entwickelten Prospekthaftung*).

Richterliches Sonderrecht für Publikums-KG

- Häufig besteht jedoch eine **Identität zwischen den Kommanditisten und den Gesellschaftern der Komplementär-GmbH**. Die späteren Kommanditisten gründen zunächst eine GmbH und anschließend mit dieser als Komplementärin eine KG. Diese Personengleichheit korrespondiert häufig mit einer Gleichheit der jeweiligen Beteiligungshöhe an der GmbH und der KG.

Personengleiche GmbH & Co. KG

- Eine besondere Variante der personen- und beteiligungsgleichen GmbH & Co. KG stellt die sog. **Einmann-GmbH & Co. KG** dar. Es wird zunächst eine Einmann-GmbH gegründet (§ 1 GmbHG), deren Geschäftsführung der einzige Gesellschafter übernimmt. Sodann gründet dieser persönlich als Kommanditist mit der Einmann-GmbH als Komplementärin eine KG.

Einmann-GmbH & Co. KG zulässig

PRAXISTIPPS

Die Rechtsform der GmbH & Co. KG eröffnet die Möglichkeit, dass eine einzelne natürliche Person eine Personengesellschaft betreibt, ohne persönlich eine unbeschränkte Haftung übernehmen zu müssen.

Wir haben bereits die GbR, die uns im Rechtsverkehr sowohl als Innengesellschaft (z. B. *Tippgemeinschaft*) als auch als Außengesellschaft (z. B. *kleingewerblich betriebenes Unternehmen*) begegnet, sowie die ausschließlich als Außengesellschaften vorkommenden Personenhandelsgesellschaften OHG und KG kennengelernt. Demgegenüber handelt es sich bei der in §§ 230–236 HGB geregelten stillen Gesellschaft – einer Sonderform der GbR – stets um eine **Innengesellschaft**, die als solche nach außen nicht in Erscheinung tritt.

Eine stille Gesellschaft liegt vor, wenn sich jemand (stiller Gesellschafter) am Handelsgewerbe eines anderen (Geschäftsinhaber = tätiger Gesellschafter) mit einer Vermögenseinlage, die in dessen Vermögen übergeht, gegen einen Anteil am Gewinn und ggf. auch Verlust beteiligt (§§ 230, 231 HGB).

9.4 STILLE GESELLSCHAFT

Stille Gesellschaft:
- Geschäftsinhaber
- Stiller Gesellschafter

9.4.1 Gründung der stillen Gesellschaft

Die Entstehung der stillen Gesellschaft setzt einen grundsätzlich form-losen Gesellschaftsvertrag zwischen mindestens zwei Personen vo-raus (vgl. §§ 230 I, 231 II HGB):

Geschäftsinhaber
= tätiger Gesellschafter

- Der **Geschäftsinhaber** als tätiger Gesellschafter muss Kaufmann i.S.d. §§ 1–6 HGB sein. Er kann entweder Einzelkaufmann (natür-liche Person) oder Formkaufmann (§ 6 I HGB; z.B. *OHG, KG, AG, GmbH*) sein.

- Als **stiller Gesellschafter** kommen natürliche und juristische Person sowie OHG, KG, GbR und sogar die Erbengemeinschaft (RGZ 126, 386, 390) in Betracht.

Der gemeinsame Zweck des Gesellschaftsvertrags liegt in dem Be-streben, den Erfolg des vom Geschäftsinhaber betriebenen Handels-gewerbes durch eine Vermögenseinlage zu fördern und hierdurch eine Gewinnbeteiligung des Stillen zu erwirtschaften.

9.4.2 Rechte und Pflichten der Gesellschafter untereinander

Die Rechtsbeziehungen der Gesellschafter richten sich in erster Linie nach dem Gesellschaftsvertrag, soweit §§ 230 ff. HGB nicht aus-nahmsweise zwingendes Recht normieren (vgl. § 231 II HS. 2 HGB), in zweiter Linie nach §§ 231 ff. HGB und ergänzend nach dem Recht der GbR (§§ 705 ff. BGB). Im Grundsatz gilt Folgendes:

Der **Geschäftsinhaber ist verpflichtet**, sein Handelsgewerbe zum gemeinsamen Nutzen zu betreiben, wobei ihm die Geschäftsführung obliegt. Aus den im Betrieb geschlossenen Geschäften wird er Dritten gegenüber allein berechtigt und verpflichtet (§ 230 II HGB).

Den **stillen Gesellschafter trifft die Pflicht**, die versprochene **Einla-ge**, die in jedem geldwerten Vorteil bestehen kann (z.B. *Übereignung von Geld; Abtretung von Rechten; Gebrauchsüberlassung eines PKW*), in das Vermögen des Geschäftsinhabers zu leisten (§ 230 I HGB). Der stille Gesellschafter hat einen unabdingbaren Anspruch auf **Gewinnbeteiligung** (§§ 231 II HS. 2, 232 HGB). Mangels vertraglicher Bestimmung kann er einen angemessenen Gewinnanteil fordern (§ 231 I HGB). Hingegen wird in der Praxis häufig eine **Verlustbeteili-gung** des Stillen ausgeschlossen (§ 231 II HS. 1 HGB). Ist dies nicht der Fall, nimmt der stille Gesellschafter an Verlusten nur bis zum Betrag seiner eingezahlten oder rückständigen Einlage teil (§ 232 II 1 HGB). Er ist auch nicht verpflichtet, den bezogenen Gewinn wegen späterer Verluste zurückzuzahlen (§ 232 II 2 HS. 1 HGB); ihn trifft also keine Nachschusspflicht. Verluste werden vom Kapitalkonto des Stillen mit der Folge abgeschrieben, dass diese zunächst aufzufüllen sind, bevor

Gewinnbeteiligung des
Stillen zwingend,
Verlustbeteiligung
abdingbar

erneute Gewinnansprüche entstehen (§ 232 II 2 HS. 2 HGB). **Kontrollrechte** stehen dem stillen Gesellschafter in eingeschränktem Umfang zu (vgl. § 233 HGB).

Schließlich unterliegen sowohl der Geschäftsinhaber als auch der stille Gesellschafter der allgemeinen gesellschaftsrechtlichen **Treuepflicht**.

9.4.3 Beendigung der stillen Gesellschaft

9.4.3.1 Auflösung

Die Gründe für die Auflösung der stillen Gesellschaft entsprechen denen der GbR (§§ 723–728 BGB; vgl. 9.1.7.1) mit den sich aus § 234 HGB ergebenden Besonderheiten. Während der Tod des Geschäftsinhabers die stille Gesellschaft im Zweifel auflöst (§ 727 I BGB), hat der Tod des stillen Gesellschafters keine Auflösung der Gesellschaft zur Folge (§ 234 II HGB). Auf die Kündigung der stillen Gesellschaft durch einen der Gesellschafter oder durch einen Gläubiger des stillen Gesellschafters finden die OHG-Vorschriften der §§ 132, 134 und 135 HGB entsprechende Anwendung (§ 234 I 1 HGB).

Ungeachtet dessen kann die stille Gesellschaft auch fristlos aus wichtigem Grund gekündigt werden (§ 234 I 2 HGB i. V. m. § 723 BGB).

9.4.3.2 Auseinandersetzung

Nach der Gesellschaftsauflösung hat sich der Geschäftsinhaber mit dem Stillen auseinander zu setzen und dessen Guthaben in Geld zu berichtigen (§ 235 I HGB; zur Abwicklung schwebender Geschäfte vgl. § 235 II, III HGB). Zu einer Liquidation kommt es indes nicht, da ja **kein Gesellschaftsvermögen** gebildet worden ist. Vielmehr endet die stille Gesellschaft bereits mit deren Auflösung, die einen Anspruch des Stillen auf Auszahlung seines Auseinandersetzungsguthabens begründet.

9.4.4 Atypische stille Gesellschaft

Die Unterscheidung zwischen typischer und atypischer stiller Gesellschaft ist vor allem in **steuerlicher Hinsicht** von Bedeutung. Während bei der soeben dargestellten typischen stillen Gesellschaft der Stille Einkünfte aus Kapitalvermögen erzielt, erwachsen ihm bei der atypischen stillen Gesellschaft Einkünfte aus Gewerbebetrieb. Im Rahmen der gesellschaftsvertraglichen Gestaltungsfreiheit kann nämlich – abweichend vom gesetzlichen Leitbild und daher »atypisch« – vereinbart werden, dass der stille Gesellschafter

- weitreichende **Mitwirkungsbefugnisse** erhält (z. B. *vom bloßen Widerspruchsrecht über Zustimmungsrechte bis hin zur Einräumung von Geschäftsführungsbefugnissen*),

- schuldrechtlich im Innenverhältnis am **Vermögen** des Geschäftsinhabers dergestalt **beteiligt** wird, dass sich bei Gesellschaftsauflösung sein Auszahlungsanspruch nicht lediglich nach dem Stand seines Kapitalkontos (Vermögenseinlage zuzüglich Gewinn abzüglich Verlust), sondern nach dem tatsächlichen Geschäftswert bestimmt; in diesem Fall wird ein Zuwachs des inneren Geschäftswerts (z. B. *Know-how, stille Reserven*) miterfasst.

Stille Gesellschaft

Typische stille Gesellschaft:	**Atypische stille Gesellschaft:**
– Einlageleistung des Stillen ins Vermögen des Geschäftsinhabers	– Vom gesetzlichen Leitbild abweichende gesellschaftsvertragliche Vereinbarungen
– Geschäftsvermögen steht nur dem Geschäftsinhaber zu	– Einräumung weitergehender Mitwirkungsbefugnisse zu Gunsten des Stillen
– Teilnahme des Stillen am Gewinn und grundsätzlich auch am Verlust	– Schuldrechtliche Beteiligung des Stillen am Vermögen des Geschäftsinhabers
– Keinerlei Mitwirkungsbefugnisse des Stillen	

Abb. 9.9: Arten der stillen Gesellschaft

9.4.5 Weitere Abgrenzungsfragen

In der Praxis bereitet bisweilen die Abgrenzung zu ähnlichen Rechtsformen Schwierigkeiten:

Partiarisches Darlehen
= Darlehen mit Gewinnbeteiligung

- So liegt regelmäßig keine stille Gesellschaft, sondern ein **partiarisches Darlehen** (Darlehen mit Gewinnbeteiligung) vor, wenn es dem Kapitalgeber unter Verfolgung eigener Interessen vornehmlich darauf ankommt, als Gegenleistung für die Darlehensgewährung eine bloße Quote am Gewinn des fremden Handelsgewerbes zu erhalten. Unter Berücksichtigung des Vertragszwecks und der wirtschaftlichen Ziele der Parteien kommt es entscheidend darauf an, ob ein **gemeinsamer Zweck** verfolgt wird (dann stille Gesellschaft) **oder lediglich eigene Interessen** wahrgenommen werden (vgl. BGH NJW 1990, 573, 574).
- Ähnlichkeit besteht auch zwischen einer stillen Gesellschaft mit Einlage von Diensten und dem **partiarischen Dienstvertrag**. Hier bildet die **Gleichordnung der Gesellschafter** das maßgebliche Unterscheidungskriterium.

- Eine **Unterbeteiligung** liegt vor, wenn sich jemand nicht am Betrieb eines fremden Handelsgewerbes, sondern **an der Gesellschafterstellung eines Personen- oder Kapitalgesellschafters beteiligt**. Eine solche Unterbeteiligung an einem Gesellschaftsanteil entfaltet lediglich interne Wirkung (Gewinn- und ggf. Verlustteilung zwischen dem Gesellschafter und dem Unterbeteiligten), weil der Unterbeteiligte nicht in unmittelbare Rechtsbeziehungen zur Hauptgesellschaft tritt. Daher bedarf es zur Begründung einer Unterbeteiligungsgesellschaft keiner Zustimmung der übrigen Gesellschafter der Hauptgesellschaft.

Unterbeteiligung

= Beteiligung an einer Gesellschafterstellung

Bei der Partnerschaft handelt es sich um eine Personengesellschaft, in der sich **Angehörige Freier Berufe** zur gemeinsamen Berufsausübung zusammenschließen können (§ 1 I 1 PartGG). Gemäß § 1 II PartGG haben die Freien Berufe im Allgemeinen auf der Grundlage besonderer beruflicher Qualifikation oder schöpferischer Begabung die persönliche, eigenverantwortliche und fachlich unabhängige Erbringung von Dienstleistungen höherer Art im Interesse der Auftraggeber und der Allgemeinheit zum Inhalt (z.B. *selbstständige Berufstätigkeit der Ärzte, Zahnärzte, Rechtsanwälte, Wirtschaftsprüfer, Steuerberater, Architekten, Wissenschaftler, Künstler, Schriftsteller*). Entsprechend der rechtlichen Einordnung der Freien Berufe übt die Partnerschaft kein Handelsgewerbe aus und stellt somit **keine Handelsgesellschaft** dar (§ 1 I 2 PartGG).

Die Partnerschaft ist **rechts- und parteifähig, ohne juristische Person zu sein** (§ 7 II PartGG i.V.m. § 124 HGB). Auf sie finden, soweit im PartGG nichts anderes bestimmt ist, die Vorschriften über die GbR Anwendung (§ 1 IV PartGG). Allerdings verweist das PartGG in entscheidenden Punkten ausdrücklich auf Rechtsvorschriften der OHG (vgl. §§ 4 I, 6 III, 7 II–V, 8 I, 9 I, 10 PartGG).

Partnerschaft:
Gesellschaftsform für Zusammenschluss von Angehörigen Freier Berufe

Partnerschaft ist:
- rechtsfähig
- parteifähig
- keine juristische Person

9.5.1 Gründung der Partnerschaft

Eine Partnerschaft kann nur von **natürlichen Personen** als Freiberuflern gegründet werden (§ 1 I 3 PartGG; z.B. *scheidet die Mitgliedschaft einer Steuerberater-GmbH aus*). Soweit das jeweilige Standesrecht es zulässt (§ 1 III PartGG), können sich auch Angehörige unterschiedlicher Freier Berufe **interprofessionell** zusammenschließen (z.B. *Sozietät von Rechtsanwälten, Wirtschaftsprüfern und Steuerberatern*).

Der Partnerschaftsvertrag bedarf stets der **Schriftform** (§ 3 I PartGG). Er muss nach § 3 II PartGG zumindest enthalten:
- Namen und Sitz der Partnerschaft;

Partner:
Nur natürliche Personen

- Namen und Vornamen sowie den in der Partnerschaft ausgeübten Beruf und Wohnort jedes Partners;
- Gegenstand der Partnerschaft.

Der **Name** der Partnerschaft muss den Namen mindestens eines Partners, den Zusatz »und Partner« oder »Partnerschaft« sowie die Berufsbezeichnungen aller in der Partnerschaft vertretenen Berufe enthalten (§ 2 I 1 PartGG; z. B. *»Schultze & Partner – Rechtsanwälte, vereidigte Buchprüfer, Steuerberater«*; vgl. zur Namensbildung i. Ü. § 2 II PartGG).

Eintragung in das Partnerschaftsregister wirkt konstitutiv

Die Partnerschaft ist nach Maßgabe des § 4 PartGG zum – bei den Amtsgerichten geführten (§ 160 b FGG) – **Partnerschaftsregister** anzumelden. Während die Partnerschaft im Innenverhältnis bereits mit dem Abschluss des Partnerschaftsvertrags entsteht, wird sie im Außenverhältnis erst mit ihrer Eintragung im Partnerschaftsregister wirksam (§ 7 I PartGG).

9.5.2 Rechtliche Innenbeziehungen

Im Rahmen der Vertragsfreiheit können die Partner ihre **Rechtsbeziehungen untereinander weitgehend autonom** regeln. Diese richten sich
- vorrangig nach dem Partnerschaftsvertrag (§ 6 III 1 PartGG),
- in zweiter Linie nach den für die OHG geltenden Vorschriften der §§ 110–116 II, 117–119 HGB (§ 6 III 2 PartGG) und
- subsidiär nach dem Recht der GbR (§ 1 IV PartGG).

§ 6 I PartGG: Beachtung des maßgeblichen Berufsrechts

Die Partner müssen allerdings bei Erbringung ihrer beruflichen Leistungen das jeweils für sie geltende Berufsrecht beachten (§ 6 I PartGG; z. B. *BRAO für Rechtsanwälte; StBerG für Steuerberater; WPO für Wirtschaftsprüfer*). Von der **Geschäftsführung** kann ein Partner nur insoweit ausgeschlossen werden, als es nicht um die Erbringung seiner beruflichen Leistungen in seinem Berufsfeld geht (§ 6 II PartGG).

9.5.3 Rechtliche Außenbeziehungen

9.5.3.1 Vertretung

Die rechtsfähige Partnerschaft wird im Rechtsverkehr organschaftlich durch ihre Partner vertreten (§ 7 III PartGG). Soweit im Partnerschaftsvertrag nicht anders geregelt, ist jeder Partner **einzeln zur Vertretung befugt** (§ 7 III PartGG i. V. m. § 125 I HGB).

Grundsätzlich Einzelvertretungsbefugnis

9.5.3.2 Haftung

Für Verbindlichkeiten der Partnerschaft haftet den Gesellschaftsgläubigern zunächst das **Vermögen der Partnerschaft** (§ 7 II PartGG i. V. m.

§ 124 I HGB). Daneben haften die einzelnen **Partner persönlich als Ge-samtschuldner** (§ 8 I 1 PartGG). Diese können ihrer persönlichen In-anspruchnahme etwaige Einwendungen der Partnerschaft entgegen-halten (§ 8 I 2 PartGG i. V.m. § 129 HGB).

Von praktisch großer Bedeutung ist die Haftungskonzentra-tion bei fehlerhafter Berufsausübung.

Waren nämlich nur einzelne Partner mit der Bearbeitung eines Auf-trags befasst, so haften grundsätzlich nur sie gemäß § 8 I PartGG für berufliche Fehler neben der Partnerschaft (§ 8 II PartGG). Kraft Geset-zes tritt somit eine **Haftungsbeschränkung bei beruflichen Fehlern** einzelner Partner ein. Solch ein Fehler in der Auftragsbearbeitung ei-nes Partners kann aus der eigenen freiberuflichen Leistungserbrin-gung wie auch aus der verantwortlichen Leitung oder Überwachung fremder Bearbeitungsbeiträge resultieren. Beispiele:
- Ansprüche von Gesellschaftsgläubigern aus Leistungsstörungen (z. B. *Verzug oder Schlechterfüllung eines Partners*), die der Part-nerschaft nach § 278 BGB haftungsbegründend zuzurechnen sind
- Anspruch wegen einer unerlaubten Handlung eines Partners, die ei-ne Haftung der Partnerschaft gemäß § 31 BGB analog begründet

Diese **Haftungskonzentration** durch gesetzliche Anordnung einer Han-delndenhaftung, die neben die Haftung der Partnerschaft tritt, privile-giert jeden nicht mit der fehlerhaften Auftragsbearbeitung befassten Partner. Gerade hierin liegt ein wesentlicher Unterschied zur gemein-samen Ausübung einer freiberuflichen Tätigkeit in der Rechtsform der GbR, die ein unkalkulierbares – nur zum Teil versicherbares – Haf-tungsrisiko in sich birgt!

9.5.4 Gesellschaftsrechtliche Veränderungen

Tritt durch Abschluss eines Aufnahmevertrags ein neuer Partner in die Partnerschaft ein, so haftet er für deren **Altverbindlichkeiten** (§ 8 I 2 PartGG i. V.m. § 130 HGB).

Der **Verlust einer erforderlichen Zulassung** zu dem in der Partner-schaft ausgeübten Freien Beruf hat für den Betroffenen zwangsläufig dessen **Ausscheiden** aus der Gesellschaft zur Folge (§ 9 III PartGG). Im Übrigen bestimmt sich das Ausscheiden eines Partners grundsätzlich nach OHG-Recht (§ 9 I PartGG). Die **Nachhaftung** für bis dahin be-gründete Gesellschaftsverbindlichkeiten ist **auf fünf Jahre begrenzt** (§ 10 II PartGG i. V.m. §§ 159, 160 HGB). Die Beteiligung an einer Part-nerschaft ist nur nach Maßgabe des § 9 IV PartGG vererblich.

Haftung:
- Partnerschaft mit ihrem Vermögen
- Partner gesamtschuld-nerisch mit jeweil gem Privatvermögen

Haftung für berufliche Fehler:
- Partnerschaft
- Handelnder Partner

Haftung für Altschulden

Zeitliche Begrenzung der Nachhaftung

Auflösung und Liquidation der Partnerschaft richten sich nach OHG-Recht (§§ 9 I, 10 PartGG).

9.6 EUROPÄISCHE WIRTSCHAFTLICHE INTERESSENVEREINIGUNG (EWIV)

EWIV dient der supranationalen Kooperation von Unternehmen innerhalb der EU

Bei der EWIV handelt es sich um eine **supranationale Gesellschaftsform**, die innerhalb der **EU** die grenzüberschreitende Zusammenarbeit insbesondere von kleineren und mittleren Unternehmen einschließlich Freiberuflern erleichtern soll. Charakteristisch für die EWIV ist die Verzahnung von europäischem Recht und nationalem Recht des jeweiligen Mitgliedstaats. Rechtsgrundlagen für eine EWIV mit Sitz in der Bundesrepublik sind

- vorrangig die europäische EWIV-VO,
- in zweiter Linie das deutsche EWIV-Ausführungsgesetz und
- subsidiär das Recht der OHG, der sie ihrer Struktur nach nahe steht.

EWIV mit Sitz in Deutschland ist:
- rechtsfähig
- parteifähig
- keine juristische Person

Die EWIV entsteht durch Abschluss eines **schriftlichen Gründungsvertrags** (Art. 5, 7 S. 1 EWIV-VO) und entsprechende **Registereintragung** (Art. 6 EWIV-VO) in dem Mitgliedstaat, in dem sie ihren Sitz hat. Mit konstitutiv wirkender Registereintragung erlangt die EWIV **Rechtsfähigkeit** (Art. 1 II EWIV-VO), ohne hierzulande juristische Person zu sein.

Mitglieder einer EWIV können nur die in Art. 4 I EWIV-VO näher bezeichneten Gesellschaften, juristischen Einheiten und natürlichen Personen sein. Als supranationale Vereinigung muss die EWIV aus mindestens zwei Gesellschaftern bestehen, die in **verschiedenen** EU-Mitgliedstaaten ihre Hauptverwaltung haben oder ihre Haupttätigkeit ausüben (Art. 4 II EWIV-VO).

EWIV bezweckt Hilfstätigkeit für ihre Mitglieder

Der **gemeinsame Zweck** (Unternehmensgegenstand) der EWIV besteht darin, die wirtschaftliche Tätigkeit ihrer Mitglieder zu erleichtern oder zu entwickeln sowie die Ergebnisse dieser Tätigkeit zu verbessern oder zu steigern; sie hat nicht den Zweck, Gewinn für sich selbst zu erzielen (Art. 3 I 1 EWIV-VO). Ihre Tätigkeit muss also im Zusammenhang mit der wirtschaftlichen Tätigkeit ihrer Mitglieder stehen und darf nur eine **Hilfstätigkeit** hierzu bilden (Art. 3 I 2 EWIV-VO; z. B. *Einrichtung einer gemeinsamen Vertriebsorganisation; Durchführung eines gemeinsamen Forschungsvorhabens*).

Organe

Mit-   Geschäfts-
glieder   führer

Mangels anderweitiger Bestimmung im Gründungsvertrag sind **Organe der EWIV** die gemeinschaftlich handelnden Mitglieder und der oder die Geschäftsführer (Art. 16 I EWIV-VO; z. B. *kann aber auch ein Beirat mit Kontrollbefugnissen eingerichtet werden*).

Im **Innenverhältnis** herrscht bei der EWIV – wie auch im deutschen Personengesellschaftsrecht – weitgehende (vertragliche) Gestaltungsfreiheit. So können die als Organ handelnden Mitglieder grundsätzlich jeden Beschluss zur Verwirklichung des Unternehmensgegenstands der EWIV fassen (Art. 16 II EWIV-VO), während die Führung der Geschäfte den Geschäftsführern obliegt, die nicht notwendigerweise Gesellschafter sein müssen (Art. 19 EWIV-VO).

EWIV erlaubt Fremdorganschaft

Im **Außenverhältnis** wird die EWIV durch ihre Geschäftsführer vertreten, wobei grundsätzlich Einzelvertretungsbefugnis besteht (Art. 20 EWIV-VO). Die **Haftung** für Gesellschaftsverbindlichkeiten stellt sich wie folgt dar:

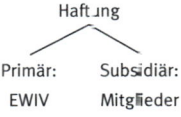

Haftung

Primär: Subsidiär:
EWIV   Mitglieder

- **Primär** haftet die rechtsfähige **EWIV** selbst unbeschränkt mit ihrem gesamten Vermögen (Art. 1 II EWIV-VO).
- Daneben haften die **Mitglieder** der EWIV persönlich ebenfalls unbeschränkt und gesamtschuldnerisch (Art. 24 I EWIV-VO). Im Gegensatz zur OHG (vgl. § 123 S. 1 HGB) haben die Mitglieder der EWIV für deren Verbindlichkeiten aber nur **subsidiär** einzustehen. Denn: Ein Gesellschaftsgläubiger kann seine Forderung gegenüber einem Mitglied erst dann geltend machen, wenn er die EWIV zuvor zur Zahlung aufgefordert und fruchtlos eine angemessene Zahlungsfrist abgewartet hat (Art. 24 II EWIV-VO).
- Neu eintretende EWIV-Mitglieder haften grundsätzlich für bestehende **Altverbindlichkeiten** (Art. 26 II EWIV-VO).
- Ausscheidende Mitglieder trifft eine fünfjährige **Nachhaftung** für vor ihrem Ausscheiden begründete Gesellschaftsverbindlichkeiten (Art. 34, 37 EWIV-VO).

10 RECHT DER KÖRPERSCHAFTEN

Nach dem gesetzlichen Leitbild steht bei den Körperschaften weniger die persönliche Mitarbeit der Gesellschafter, als vielmehr – namentlich bei den **Kapitalgesellschaften** (AG, KGaA, GmbH) – deren kapitalmäßige Beteiligung im Vordergrund. Dies findet seinen Ausdruck etwa darin, dass bei den Körperschaften – anders als bei den Personengesellschaften – das Prinzip der Selbstorganschaft nicht gilt. Die hier statthafte **Fremdorganschaft** lässt es daher zu, (sogar ausschließlich) Nichtgesellschafter mit der Geschäftsführung und Vertretung zu betrauen.

Körperschaften erlauben Fremdorganschaft

Während die Außen-Personengesellschaften regelmäßig mit Erfüllung des jeweiligen gesetzlichen Tatbestands **Rechtsfähigkeit** erlangen, bedarf es hierfür bei den Körperschaften der Eintragung in ein entsprechendes Register. Mit dieser – eine staatliche Prüfung voraussetzenden – **Registereintragung** werden die rechtlich stärker verselbstständigten Körperschaften **juristische Personen**. Zu deren Charakteristika gehört die im Regelfall fehlende persönliche Haftung der Mitglieder für Verbindlichkeiten der juristischen Person.

Juristische Person: Grundsätzlich keine persönliche Haftung der Gesellschafter

10.1 AKTIENGESELLSCHAFT (AG)

Die AG ist eine Gesellschaft mit eigener Rechtspersönlichkeit, also **juristische Person** (§ 1 I 1 AktG). Für ihre Verbindlichkeiten haftet den Gläubigern nur das Gesellschaftsvermögen (§ 1 I 2 AktG). Die AG ist namentlich für Großunternehmen mit erheblichem Kapitalbedarf die typische Gesellschaftsform. Dabei kommt insbesondere der börsennotierten AG **Kapitalsammlungsfunktion** zu.

AG ist juristische Person

Börsennotiert ist eine AG, deren Aktien zu einem Markt zugelassen sind, der von staatlich anerkannten Stellen geregelt und überwacht wird, regelmäßig stattfindet und für das Publikum zugänglich ist (§ 3 II AktG). Hier wird das Kapital regelmäßig von einer Vielzahl häufig anonym bleibender Anleger aufgebracht, die – zumeist fungible – Aktien gegen Einlagen übernehmen, ohne sich selbst in der AG unternehmerisch zu engagieren.

§ 3 II AktG: Börsennotierte AG

Überdies ist durch das »Gesetz für kleine Aktiengesellschaften und zur Deregulierung des Aktienrechts« aus dem Jahre 1994 die AG auch für mittelständische Unternehmen, die diese Rechtsform früher häufig als zu schwerfällig und kostenintensiv empfunden haben, interessant geworden. Die starke Zunahme von Aktiengesellschaften durch formwechselnde Umwandlung und Neugründung (»start-up«) gerade in jüngerer Zeit belegt dies eindrucksvoll. Die AG gilt als Handelsgesellschaft, auch wenn ihr Unternehmensgegenstand nicht im Betrieb eines Handelsgewerbes besteht (§ 3 I AktG). Die AG ist daher stets **Formkaufmann** mit der Folge, dass auf sie Handelsrecht Anwendung findet (§ 6 I HGB).

10.1.1 Vermögensordnung der AG

10.1.1.1 Grundkapital
Die AG hat ein in Aktien zerlegtes **Grundkapital** (§ 1 II AktG). Dessen Mindesthöhe beträgt 50.000 € (§ 7 AktG). Beim Grundkapital handelt es sich um einen satzungsmäßig festgelegten Kapitalbetrag, zu dessen Aufbringung sich die Gründer durch Übernahme von Aktien verpflichten. Dieser feste, nur durch formale Kapitalerhöhung oder -herabsetzung veränderbare Kapitalbetrag ist keineswegs mit dem schwankenden Gesellschaftsvermögen identisch (z. B. *übersteigt bei einem wirtschaftlich erfolgreichen Unternehmen das tatsächliche Gesellschaftsvermögen das Grundkapital bei weitem*).

 Da den Gesellschaftsgläubigern nicht die Aktionäre persönlich, sondern nur das Gesellschaftsvermögen haftet (§ 1 I 2 AktG), soll als Äquivalent das Grundkapital als Mindesthaftungsstock zur Befriedigung von Gläubigeransprüchen dienen.

Zu diesem Zwecke versucht das Gesetz mit einer Reihe von Vorschriften, sowohl die **Kapitalaufbringung** als auch die **Kapitalerhaltung** zu sichern.

> **Beispiele**

- Verbot der Unterpari-Emission von Aktien (§ 9 I AktG)
- Errichtung der AG nur durch vollständige Aktienübernahme (§ 29 AktG)
- Beachtung von Mindesteinlagenanforderungen (§§ 36, 36 a, 54 AktG)
- Kein Erlass von Einlagepflichen (§ 66 AktG)
- Verbot der Einlagenrückgewähr (§ 57 I AktG)
- Eingeschränkter Erwerb eigener Aktien (§§ 71–71 e AktG)
- Pflicht zur Bildung einer gesetzlichen Rücklage (§ 150 AktG)

Auch hat die Einstellung des Grundkapitals auf der **Passivseite** der Bilanz zur Folge, dass eine Dividendenausschüttung aus dem Grund-

Grundkapital ist in Aktien zerlegt

Grundkapital = Mindesthaftungsstock zur Befriedigung von Gläubigeransprüchen

Bilanzielle Passivierung des Grundkapitals

kapital ausscheidet und bereits bilanztechnisch ein verteilbarer Gewinn (vgl. § 58 AktG) nur vorliegen kann, wenn das Aktivvermögen das Grundkapital und die sonstigen Passivposten übersteigt (vgl. § 152 I 1 AktG, §§ 266 III, 272 I HGB).

Vor Auflösung der AG darf an die Aktionäre nur der Bilanzgewinn verteilt werden (§ 57 III AktG). Daher begründet eine sog. **verdeckte Gewinnausschüttung** einen Verstoß gegen das bereits erwähnte Verbot der Einlagenrückgewähr (§ 57 I AktG). Zwar darf die AG mit ihren Aktionären wie mit jedem Dritten Verträge schließen und entsprechende Leistungen erbringen, solange die Leistung der AG durch eine Gegenleistung kompensiert wird. Besteht aber zwischen Leistung und Gegenleistung ein objektives Missverhältnis, weil sich die AG auf Konditionen einlässt, die ein gewissenhaft nach kaufmännischen Grundsätzen handelnder Geschäftsleiter unter sonst gleichen Umständen einem Dritten nicht gewährt hätte, liegt hierin eine verdeckte Einlagenrückgewähr (vgl. BGH NJW 1996, 589 f.; BGH NJW 1987, 1194 f.; OLG Frankfurt AG 1992, 194, 196). Diese hat eine Erstattungspflicht des Aktionärs nach § 62 AktG zur Folge.

§ 57 I AktG:
Verbot der Einlagen-
rückgewähr

Verdeckte Gewinn-
ausschüttung:
Verstoß gegen das
Verbot der Einlagen-
rückgewähr

Beispiele

- Verkauf an den Aktionär unter Marktpreis, Einkauf von ihm über Marktpreis
- Zinsloses oder verbilligtes Darlehen an den Aktionär
- Überhöhte Vergütung für Zurverfügungstellung von Know-how
- Honorierung dubioser Service-Leistungen des Aktionärs

10.1.1.2 Aktie

Der **Aktie** kommt eine dreifache Bedeutung zu. Sie ist
- Bruchteil des Grundkapitals (§§ 1 II, 8 IV AktG),
- Mitgliedschaftsrecht des Aktionärs (§ 12 AktG) und
- Wertpapier (§§ 10, 24 AktG).

Die Aktien können auf den – anonym bleibenden – Inhaber oder auf einen bestimmten Namen lauten (§§ 10 I, 24 AktG). In der Unternehmenswirklichkeit überwiegt noch die **Inhaberaktie**, die – bei Einzelverbriefung – als Inhaberpapier nach den Vorschriften über die Übereignung beweglicher Sachen (§§ 929 ff. BGB) übereignet wird. Wer das Eigentum an ihr erwirbt, erwirbt zugleich das in dem Wertpapier verkörperte Mitgliedschaftsrecht an der AG.

Demgegenüber sind **Namensaktien** unter Angabe des Namens, Geburtsdatums und der Adresse des Inhabers in das **Aktienregister** der Gesellschaft, das auch elektronisch geführt werden kann (vgl. § 239 IV HGB), einzutragen (§ 67 I AktG n.F.). Im Verhältnis zur AG gilt als Aktionär hier nur, wer als solcher im Aktienregister eingetragen ist (§ 67 II AktG n.F.).

Elektronisches Aktienregister anstelle des herkömmlichen Aktienbuchs

Die Namensaktie erfreut sich seit einigen Jahren wachsender Beliebtheit (z.B. *DaimlerChrysler AG, Deutsche Bank AG, Deutsche Telekom AG*). Dies liegt im Wesentlichen daran, dass Unternehmen den sog. **Investor Relations** größere Bedeutung beimessen und gründlicher über den Kreis ihrer Aktionäre informiert sein wollen. So können sie zum einen mit diesen direkt in Kontakt treten und zum anderen potenzielle Übernahmeinteressenten unter ihren Anteilseignern eher ausmachen. Auch erfordert ein direktes Listing namentlich an der New York Stock Exchange eine Umstellung auf die Namensaktie. Ganz maßgeblich ist der Erfolg der Namensaktie gerade bei Publikumsgesellschaften zudem auf die neuen elektronischen Abwicklungssysteme zurückzuführen, die selbst bei großen Aktionärszahlen deren fortlaufende namentliche Registrierung in praktikabler und finanziell tragbarer Form erst ermöglicht haben.

Namensaktien erleichtern Investor Relations

Namensaktien können – bei Einzelverbriefung – durch Indossament und Übergabe übertragen werden (§ 68 I 1 AktG). Die Satzung kann die Übertragung an die Zustimmung der Gesellschaft binden (§ 68 II AktG; sog. **Vinkulierung**). In der Praxis wird oft von der Möglichkeit Gebrauch gemacht, satzungsmäßig den Anspruch des Aktionärs auf Verbriefung seines Anteils auszuschließen (§ 10 V AktG). In diesem Fall werden die Mitgliedschaftsrechte aller Aktionäre in einer regelmäßig bei einer Wertpapiersammelbank hinterlegten Global- oder Sammelurkunde (vgl. § 9 a DepotG) verbrieft.

Vinkulierung
= Bindung der Übertragung von Namensaktien an die Zustimmung der Gesellschaft

Hinsichtlich der Rechtsstellung des Aktionärs unterscheidet man Stamm- und Vorzugsaktien. Den Regelfall bildet die **Stammaktie**, die ihrem Anteil am Grundkapital entsprechend gleiche Rechte gewährt (vgl. § 53 a AktG). Namentlich bei der Dividende und der Liquidation kann die Satzung aber einzelnen Aktionären oder einer Gruppe von ihnen Sonderrechte einräumen (§ 11 AktG; **Vorzugsaktie**). Bei ihnen wird zumeist das Stimmrecht ausgeschlossen (§§ 12 I 2 , 139 ff. AktG).

Stamm- oder Vorzugsaktie

Des Weiteren können die Aktien entweder als Nennbetrags- oder Stückaktien begründet werden (§ 8 I AktG). **Nennbetragsaktien** müssen auf mindestens 1 € lauten (§ 8 II 1 AktG). Die Summe der Nennbeträge aller Aktien entspricht dem Grundkapital. Hingegen lauten

Nennbetrags- oder Stückaktie

Stückaktien auf keinen Nennbetrag, sind aber am Grundkapital in gleichem Umfang beteiligt (§ 8 III 1, 2 AktG). Auch bei ihnen darf der auf die einzelne Aktie entfallende anteilige Betrag des Grundkapitals 1 € nicht unterschreiten (§ 8 III 3 AktG). Der Anteil am Grundkapital ergibt sich, indem man das Grundkapital durch die Zahl der Aktien dividiert. Mit anderen Worten: Der Anteil am Grundkapital bestimmt sich bei Nennbetragsaktien nach dem Verhältnis ihres Nennbetrags zum Grundkapital, bei Stückaktien nach der Zahl der Aktien (§ 8 IV AktG).

Abb. 10.1: Arten von Aktien

Einmann-AG zulässig

10.1.2 Gründung der AG

Der oder die Gründer (§§ 2, 28 AktG) haben zunächst die Satzung der AG in notariell beurkundeter Form festzustellen (§ 23 I AktG). Die notwendigen Angaben in der notariellen Urkunde ergeben sich aus § 23 II AktG. Den **Mindestinhalt der Satzung** bestimmt § 23 III, IV AktG:

Satzung bedarf
notarieller Beurkundung

Im Aktienrecht ist
Vertragsfreiheit stark
eingeschränkt

- Firma (vgl. § 4 AktG) und Sitz (vgl. § 5 AktG) der Gesellschaft,
- Unternehmensgegenstand (vgl. § 3 I AktG),
- Höhe des Grundkapitals (vgl. §§ 6, 7 AktG),
- Zerlegung des Grundkapitals in Nennbetrags- oder Stückaktien (vgl. § 8 I AktG),
- Nennbeträge, Zahl und ggf. Gattung der Aktien (vgl. §§ 8 II–IV, 11 AktG),
- Schaffung von Inhaber- oder Namensaktien (vgl. §§ 10 I, 24 AktG),
- Zahl der Vorstandsmitglieder (vgl. § 76 II AktG) und
- Form der Bekanntmachungen (vgl. § 25 AktG).

PRAXISTIPPS

Nach § 23 V 1 AktG darf die Satzung von den Vorschriften des Gesetzes nur abweichen, wenn das Gesetz dies zulässt (**Satzungsstrenge**). Auch ergänzende Bestimmungen der Satzung sind nur insoweit zulässig, als das Gesetz keine abschließende Regelung enthält (§ 23 V 2 AktG). Hier besteht aus Gründen des Verkehrs- und Anlegerschutzes ein wesentlicher Unterschied zu den Personengesellschaften, die ihren Gesellschaftern viel größere vertragliche Gestaltungsfreiheit einräumen.

Anschließend müssen die Gründer alle **Aktien übernehmen**, d.h. sich verpflichten, das Grundkapital vollständig aufzubringen (§ 29 AktG). Mit erfolgter Aktienübernahme ist die Gesellschaft – zunächst als sog. Vor-AG – errichtet (§§ 29, 41 I 1 AktG).

Die Handlungsfähigkeit der Vor-AG setzt die Bestellung von **Organen** voraus. Daher haben die Gründer den ersten Aufsichtsrat nebst Abschlussprüfer zu bestellen (§ 30 I AktG). Dieser erste Aufsichtsrat bestellt den ersten Vorstand (30 IV AktG).

Sodann müssen die Einlagen geleistet werden. Sind Geldzahlungen als Einlage geschuldet, braucht aber nicht bereits der volle Betrag aufgebracht zu werden. Denn: **Bareinlagen** sind nach Maßgabe des § 54 III AktG mindestens in Höhe eines Viertels des geringsten Ausgabebetrags (z.B. *Nennbetrag*) zuzüglich eines etwaigen Agio bei Überpari-Emission (§ 9 II AktG) endgültig zur freien Verfügung des Vorstands einzuzahlen (§§ 36 II, 36 a I, 54 II AktG). **Sacheinlagen** (§ 27 AktG; z.B. *Einbringung eines Computers*) hingegen müssen vollständig geleistet werden (§§ 36 II 1, 36 a II AktG).

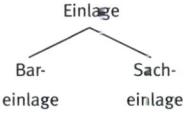

Bareinlagen bei Gründung nicht notwendigerweise vollständig zu erbringen

Des Weiteren ist von den Gründern ein **Gründungsbericht** zu erstatten (§ 32 AktG). Die **Gründungsprüfung** nach §§ 34, 35 AktG liegt in den Händen von Vorstand und Aufsichtsrat (§ 33 I AktG). In den Fällen des § 33 II AktG (z.B. *Gründung mit Sacheinlagen*) erfolgt eine zusätzliche Prüfung durch gerichtlich bestellte Gründungsprüfer (§ 33 III–V AktG).

Nunmehr ist die Gesellschaft beim **Handelsregister anzumelden** (§§ 36 I, 37 AktG), wo sich eine gerichtliche Überprüfung der ordnungsgemäßen Errichtung und Anmeldung anschließt (§ 38 I 1 AktG). Ergibt die Überprüfung kein positives Ergebnis, trifft das Registergericht (Amtsgericht) eine Zwischenverfügung zwecks weiterer Aufklärung oder es lehnt die Eintragung ab (vgl. § 38 II, III AktG). Erst mit vollzogener Eintragung im Handelsregister (§ 39 AktG; zur Bekanntmachung vgl. § 40 AktG) entsteht die AG als **juristische Person** (§ 41 I 1 AktG). Wer vor deren Eintragung in ihrem Namen handelt, haftet persönlich (§ 41 I 2 AktG; **Handelndenhaftung**; vgl. im Übrigen zur Haftung im Gründungsstadium sowie zur Mantelgründung die Darstellung bei der GmbH, 10.3.3). Die Verantwortlichkeit der an der Gründung Beteiligten gegenüber der AG richtet sich nach §§ 46 ff. AktG.

Der Handelsregisteranmeldung folgt gerichtliche Überprüfung

Handelsregistereintragung wirkt konstitutiv

beteiligten Aktionären, nach denen die Gesellschaft vorhandene oder herzustellende Anlagen oder andere Vermögensgegenstände für eine 10 % des Grundkapitals übersteigende Vergütung erwerben soll, bedürfen grundsätzlich der Zustimmung der Hauptversammlung und der Eintragung ins Handelsregister (§ 52 I 1 AktG n.F.). Dies gilt nicht, wenn der Erwerb der Vermögensgegenstände im Rahmen der laufenden Geschäfte der AG, in der Zwangsvollstreckung oder an der Börse erfolgt (§ 52 IX AktG n.F.).

10.1.3 Organe der AG

Jede AG benötigt als Organe Vorstand, Aufsichtsrat und Hauptversammlung.

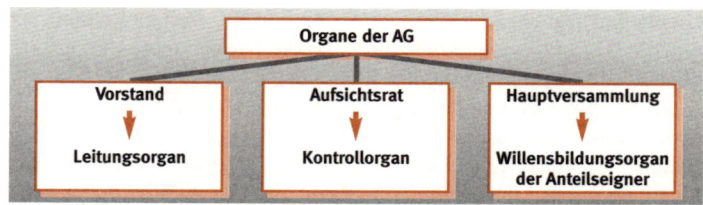

Abb. 10.2: Organe der AG

10.1.3.1 Vorstand

Eigenverantwortliches **Leitungsorgan** der AG ist der **Vorstand** (§ 76 I AktG). Dieser kann aus einer oder mehreren Personen bestehen; bei Gesellschaften mit einem Grundkapital von mehr als 3.000.000 € bedarf es grundsätzlich mindestens zweier Personen (§ 76 II AktG).

Vorstandsmitglieder werden vom Aufsichtsrat für höchstens fünf Jahre bestellt, wobei eine wiederholte **Bestellung** zulässig ist (§ 84 I AktG; zu den persönlichen Voraussetzungen vgl. § 76 III AktG). Die Bestellung zum Vorstandsmitglied – wie auch die etwaige Ernennung zum Vorstandsvorsitzenden (vgl. § 84 II AktG) – kann aus wichtigem Grund widerrufen werden (§ 84 III AktG; z.B. *bei grober Pflichtverletzung, Unfähigkeit zur ordnungsmäßigen Geschäftsführung oder Vertrauensentzug durch die Hauptversammlung aus nicht offenbar unsachlichen Gründen*).

Von der Bestellung zum Vorstandsmitglied als körperschaftlichem Akt stets zu trennen ist der im Innenverhältnis mit der AG abzuschließende **Anstellungsvertrag** (§ 84 III 5 AktG), der die gegenseitigen Rechte und Pflichten konkretisiert (z.B. *Vergütung, Dienstwagen, Urlaub, Altersversorgung*). Bei diesem Anstellungsvertrag handelt es

Vorstand:
Leitungsorgan

Unterscheide Bestellung und Anstellung

Bestellung:
Körperschaftlicher Akt

Anstellungsvertrag:
Freier Dienstvertrag eines selbstständig Tätigen mit Geschäftsbesorgungscharakter

sich um einen freien Dienstvertrag eines selbstständig Tätigen mit Geschäftsbesorgungscharakter (§§ 611, 675 BGB).

Zur eigenverantwortlichen Leitung gehört zunächst die **Geschäftsführung**.

Eigenverantwortliche Leitung

Geschäfts-   Ver-
führung   tretung

Beispiele

- Vorbereitung und Ausführung von Hauptversammlungsbeschlüssen (§ 83 AktG)
- Berichterstattung an den Aufsichtsrat (§ 90 AktG)
- Buchführung (§ 91 I AktG)
- Einrichtung eines Überwachungssystems, um den Fortbestand der AG gefährdende Entwicklungen früh zu erkennen (§ 91 II AktG)
- Einberufung der Hauptversammlung (§§ 92 I, 121 II, 175 I AktG)
- Erstellung und Vorlage des Jahresabschlusses (§ 170 I AktG)

Sofern die Satzung oder die Geschäftsordnung des Vorstands (§ 77 II AktG) nichts anderes bestimmt, gilt Gesamtgeschäftsführung (§ 77 I AktG).

Insoweit dispositives AktG sieht grundsätzlich Gesamtgeschäftsführung und -vertretung vor

Die **Vertretung** der AG obliegt ebenfalls dem Vorstand (§ 78 I AktG). Auch hier sind grundsätzlich sämtliche Vorstandsmitglieder nur gemeinschaftlich zur Vertretung befugt (§ 78 II, III AktG).

PRAXISTIPPS

Insbesondere in größeren Unternehmen mit mehreren Vorstandsmitgliedern erweist sich eine Gesamtvertretung zumeist als wenig praktikabel. Will man aber andererseits keine Einzelvertretung statuieren, bietet sich das **Vier-Augen-Prinzip** an.

Beispiel für eine entsprechende Satzungsklausel: »Die Gesellschaft wird gesetzlich durch zwei Vorstandsmitglieder oder durch ein Vorstandsmitglied gemeinschaftlich mit einem Prokuristen vertreten«.

Ist eine Willenserklärung gegenüber der AG abzugeben, so genügt in jedem Fall die Abgabe gegenüber einem Vorstandsmitglied (§ 78 II 2 AktG; Passivvertretung). Die Vertretungsbefugnis kann im Außenverhältnis nicht beschränkt werden (§ 82 I, II AktG).

Die Vorstandsmitglieder haben bei ihrer Geschäftsführung die **Sorgfalt** eines ordentlichen und gewissenhaften Geschäftsleiters anzuwenden (§ 93 I 1 AktG). Über vertrauliche Angaben und Geheimnisse der AG (z. B. *Betriebs- oder Geschäftsgeheimnisse*), die ihnen durch ihre Tätigkeit im Vorstand bekannt geworden sind, haben sie **Stillschweigen** zu bewahren (§ 93 I 2 AktG).

Sorgfalts- und Verschwiegenheitspflicht

Bei Zahlungsunfähigkeit oder Überschuldung der AG muss der Vorstand unverzüglich, spätestens aber drei Wochen nach Eintritt des Insolvenzgrundes die **Eröffnung des Insolvenzverfahrens** beantragen, wenn es nicht gelungen ist, bis zum Fristablauf den Insolvenzgrund zu beseitigen (§ 92 II AktG). **Zahlungsunfähigkeit** der AG liegt vor, wenn diese nicht in der Lage ist, fällige Zahlungspflichten zu erfüllen; das ist regelmäßig anzunehmen, wenn die AG ihre Zahlungen eingestellt hat (§ 17 II InsO). **Überschuldung** der AG liegt hingegen vor, wenn das Vermögen der AG ihre bestehenden Verbindlichkeiten nicht mehr deckt (§ 19 II 1 InsO). Bei der Bewertung des Vermögens der AG ist allerdings die Fortführung des Unternehmens zugrunde zu legen, wenn diese nach den Umständen überwiegend wahrscheinlich ist (§ 19 II 2 InsO). Daher sind bei einem positiven Ergebnis der Fortführungsprognose **Fortführungswerte**, im negativen Fall nur **Liquidationswerte** anzusetzen. Eine positive Prognose verbietet sich, wenn die Finanzkraft der Gesellschaft nach überwiegender Wahrscheinlichkeit mittelfristig nicht zur Fortführung des Unternehmens ausreicht (BGH NJW 1992, 2891, 2894). Eine Insolvenzverschleppung führt zivilrechtlich zu einer persönlichen Haftung der Vorstandsmitglieder gegenüber Gesellschaftsgläubigern (§ 823 II BGB i.V.m. § 92 II AktG) und begründet ein strafbares Verhalten (§ 401 I Nr. 2 AktG). Zahlungen dürfen bei Insolvenzreife seitens des Vorstands grundsätzlich nicht mehr geleistet werden (§ 92 III AktG).

Insolvenzreife der AG bei Zahlungsunfähigkeit und/oder Überschuldung

Insolvenzverschleppung begründet ein strafbares Verhalten

Der AG gegenüber sind Vorstandsmitglieder, die ihre **Pflichten verletzen** (z. B. *Einlagenrückgewähr an Aktionäre; Zahlungen nach Eintritt der Insolvenzreife*), als Gesamtschuldner zum **Schadensersatz** verpflichtet (§ 93 II AktG; wegen der Einzelheiten vgl. § 93 III–VI AktG; siehe auch § 117 II AktG). Schädigt ein Vorstandsmitglied in Ausübung seiner Tätigkeit einen Dritten, trifft die AG selbst eine Einstandspflicht (§ 31 BGB); eine unmittelbare Schadensersatzpflicht des Vorstandsmitglieds gegenüber Dritten kann sich etwa aus §§ 823, 826 BGB ergeben.

Prüfung der Schadensersatzpflicht von Vorstandsmitgliedern (§ 93 II AktG):
1. Bestehen einer AG
2. Bestellung zum Vorstandsmitglied
3. Pflichtverletzung
4. Verschulden
5. Schaden der AG

10.1.3.2 Aufsichtsrat

Dem **Aufsichtsrat** als **Kontrollorgan** obliegen in erster Linie **Überwachung** des Vorstands und strategische Begleitung der Unternehmensführung (**Beratung**). Aufsichtsratsmitglieder werden regelmäßig für rund fünf Jahre (§ 102 I AktG) von der Hauptversammlung (Aktionärsvertreter) und ggf. nach mitbestimmungsrechtlichen Vorschriften von den Arbeitnehmern (Arbeitnehmervertreter) gewählt (§ 101 I AktG). Die persönlichen Voraussetzungen für Mitglieder des aus mindestens drei Personen (§ 95 AktG) bestehenden Aufsichtsrats normieren §§ 100, 105 AktG, dessen Zusammensetzung § 96 AktG. Die unternehmerische **Mitbestimmung** der Arbeitnehmer im Aufsichtsrat stellt sich wie folgt dar:

- Bei Familiengesellschaften (z. B. *einziger Aktionär ist eine natürliche Person; Aktionäre sind untereinander verwandt*) sowie ab dem 10.08.1994 eingetragenen Aktiengesellschaften, die weniger als 500 Arbeitnehmer beschäftigen, setzt sich der Aufsichtsrat ausschließlich aus Vertretern der Anteilseigner zusammen (§ 96 I AktG, § 76 VI BetrVG 1952, § 129 I BetrVG). Damit bleibt namentlich die »kleine AG« mitbestimmungsfrei, was sie für den Mittelstand attraktiver machen soll.

- Ab 500 bis 2.000 Arbeitnehmern ist ein Aufsichtsrat zu bilden, der zu 1/3 mit Arbeitnehmervertretern und zu 2/3 mit Aktionärsvertretern zu besetzen ist (§ 96 I AktG, § 76 I BetrVG 1952, § 129 I BetrVG).

- Beschäftigt eine AG in der Regel mehr als 2.000 Arbeitnehmer, wird der Aufsichtsrat durch eine gleiche Zahl von Aktionärs- und Arbeitnehmervertretern gebildet (§ 96 I AktG, §§ 1 I, 7 MitbestG; **paritätische Mitbestimmung**). Der Aufsichtsratsvorsitzende und sein Stellvertreter werden mit einer 2/3-Mehrheit vom Aufsichtsrat gewählt (§ 27 I MitbestG). Wird im ersten Wahlgang die erforderliche Mehrheit nicht erreicht, so wählen in einem zweiten Wahlgang die Aktionärsvertreter den Aufsichtsratsvorsitzenden und die Arbeitnehmervertreter dessen Stellvertreter mit einfacher Mehrheit (§ 27 II MitbestG). Hierdurch ist gewährleistet, dass niemand gegen den geschlossenen Willen der Anteilseignerseite Aufsichtsratsvorsitzender werden kann. Dies wiederum führt letztlich zu einem gewissen Übergewicht der Anteilseigner. Denn: Bei Abstimmungen im Aufsichtsrat hat im Falle einer Stimmengleichheit bei einer erneuten Abstimmung über denselben Gegenstand und erneuter Stimmengleichheit der Aufsichtsratsvorsitzende zwei Stimmen (§ 29 II MitbestG).

- Betrifft der Unternehmensgegenstand der AG den Montanbereich, wird der Aufsichtsrat paritätisch von Aktionärs- und Arbeitnehmervertretern besetzt (§ 4 MontanMitbestG). Hinzu tritt ein weiteres, von beiden Gruppen gemeinsam gewähltes Aufsichtsratsmitglied (§§ 4 I 2 c, 8 MontanMitbestG).

Aufsichtsrat:
Kontrollorgan

Unternehmerische Mitbestimmung der Arbeitnehmer differenziert geregelt

Paritätische Mitbestimmung:
Bei Patt-Situation gibt Stimme des Aufsichtsratsvorsitzenden den Ausschlag

Die Binnenorganisation des Aufsichtsrats richtet sich nach §§ 107–110 AktG (z. B. *Aufsichtsratsvorsitz, Beschlussfassung, Sitzungen, Einberufung*). Den Aufsichtsratsmitgliedern kann durch Satzung oder Hauptversammlung eine angemessene Vergütung gewährt werden (§ 113 I AktG).

Prüfung der Schadens-ersatzpflicht von Auf-sichtsratsmitgliedern (§§ 116, 93 II AktG):
1. Bestehen einer AG
2. Bestellung zum Auf-sichtsratsmitglied
3. Pflichtverletzung
4. Verschulden
5. Schaden der AG

Die wesentlichen **Aufgaben** des Aufsichtsrats liegen in der
- Bestellung und ggf. Abberufung des Vorstands (§ 84 AktG),
- Überwachung der Geschäftsführung des Vorstands (§ 111 I AktG),
- Vertretung der AG gegenüber dem Vorstand (§ 112 AktG),
- Prüfung und Feststellung des Jahresabschlusses (§§ 171, 172 AktG)
- sowie der ggf. erforderlichen Zustimmung zu bestimmten Geschäften (§ 111 IV 2 AktG).

Sorgfaltspflicht und **Verantwortlichkeit** der Aufsichtsratsmitglieder entsprechen denen der Vorstandsmitglieder (§§ 116, 93, 117 II AktG).

10.1.3.3 Hauptversammlung

Die **Hauptversammlung** ist das Organ, in dem die Aktionäre als Anteilseigner ihre Rechte ausüben und grundlegende Entscheidungen treffen (§ 118 I AktG). Mindestens einmal im Jahr ist eine ordentliche Hauptversammlung einzuberufen (§§ 120, 175 AktG). Daneben kann es zur Einberufung außerordentlicher Hauptversammlungen bei Bedarf kommen (§§ 92 I, 121 I, 122 I AktG). Die Einberufung erfolgt durch den Vorstand (§ 121 II AktG), ausnahmsweise durch den Aufsichtsrat (§ 111 III AktG). Die Einberufungsformalitäten regeln §§ 123 ff. AktG.

Hauptversammlung:
Willensbildungsorgan der Anteilseigner

Die Hauptversammlung **beschließt** grundsätzlich nur in den gesetzlich und satzungsmäßig ausdrücklich bestimmten Fällen, die zum großen Teil in § 119 I AktG aufgeführt sind.

Beispiele

- Bestellung und Abberufung der Aktionärsvertreter im Aufsichtsrat (§§ 101, 103 AktG)
- Verwendung des Bilanzgewinns (§ 174 AktG)
- Entlastung von Vorstand und Aufsichtsrat (§ 120 AktG)
- Bestellung des Abschlussprüfers
- Satzungsänderungen (§ 179 AktG)

Über Fragen der Geschäftsführung kann die Hauptversammlung nur entscheiden, wenn der Vorstand es verlangt (§ 119 II AktG). Beruht eine Handlung des Vorstands auf einem gesetzmäßigen Beschluss der Hauptversammlung, so scheidet eine Ersatzpflicht der Vorstandsmitglieder gegenüber der AG aus (§ 93 IV 1 AktG).

 Ausnahmsweise können der Hauptversammlung für grundlegende Änderungen im Gefüge einer AG auch ungeschriebene Beschlusskompetenzen zustehen.

So ist nach Ansicht der Rechtsprechung der Vorstand verpflichtet, bei schwerwiegenden Maßnahmen, die erheblich in die Mitgliedschaftsrechte der Aktionäre und deren im Anteilseigentum verkörpertes Vermögensinteresse eingreifen, zuvor die Hauptversammlung zu befragen (BGHZ 83, 122, 130 ff.; OLG Celle BB 2001, 745, 746 f.; OLG München ZIP 2001, 700, 703; z.B. *Verlagerung eines wesentlichen Unternehmensteils auf eine Tochtergesellschaft*).

Hauptversammlungsbeschlüsse bedürfen regelmäßig der einfachen **Stimmenmehrheit** (§ 133 I AktG). Dabei wird das Stimmrecht nach Aktiennennbeträgen, bei Stückaktien nach deren Zahl ausgeübt (§ 134 I AktG). Gesetzlich normierte Grundlagenbeschlüsse sind mit 3/4-Mehrheit zu fassen (z.B. *Satzungsänderung*, § 179 II AktG). Grundsätzlich bedürfen Hauptversammlungsbeschlüsse **notarieller Beurkundung** (§ 130 I 1 AktG). Ausnahmen gelten indes für nichtbörsennotierte Gesellschaften. Hier genügt eine vom Aufsichtsratsvorsitzenden zu unterzeichnende Niederschrift, soweit keine Beschlüsse gefasst werden, die gesetzlich eine qualifizierte Mehrheit erfordern (§ 130 I 3 AktG). Gegen **fehlerhafte Beschlüsse** kann nach Maßgabe der §§ 241 ff. AktG Anfechtungsklage (§ 246 AktG) oder Nichtigkeitsklage (§ 249 AktG) erhoben werden.

Hauptversammlungsbeschlüsse einer börsennotierten AG bedürfen stets notarieller Beurkundung

Beschlusskontrolle

Anfechtungsklage — Nichtigkeitsklage

10.1.4 Rechte und Pflichten der Aktionäre
Auf Grund seiner Mitgliedschaft, die originär (z.B. *Aktienübernahme bei Gründung*) oder abgeleitet (z.B. *Aktienkauf an Börse*) erworben sein kann, stehen dem Aktionär verschiedene **Rechte** zu:
- Mitverwaltungsrechte (z.B. *Stimmrecht (§§ 12, 134 AktG); Auskunftsrecht (§§ 131, 132 AktG); Anfechtungsrecht (§§ 243 ff. AktG)*),
- Vermögensrechte (z.B. *Dividendenanspruch (§§ 58 IV, 60, 174 AktG); Bezugsrecht bei Kapitalerhöhung (§ 186 I AktG)*) und
- ggf. Minderheitenrechte bei qualifiziertem Aktienbesitz (z.B. *Einberufung der Hauptversammlung (§ 122 I AktG); Geltendmachung von Ersatzansprüchen (§ 147 AktG); Bestellung von Sonderprüfern (§§ 142 II, 258 II AktG)*).

- Der Grundsatz der gleichmäßigen Behandlung aller Aktionäre (§ 53 a AktG) lässt die Einräumung gesetzlich vorgesehener Sonderrechte an einzelne Aktionäre oder Aktionärsgruppen unberührt (z. B. *§§ 11, 12, 26, 101 II, 139 AktG*).

Abb. 10.3: Aktionärsrechte

Hauptpflicht des Aktionärs ist die Leistung seiner übernommenen Einlage (§ 54 AktG). Zu Nachschüssen ist er nicht verpflichtet. Auch trifft ihn keine Haftung für Gesellschaftsschulden. Allerdings hat der Aktionär sowohl gegenüber der AG als auch den Mitaktionären grundsätzlich eine **Treuepflicht**; deren Umfang hängt jedoch regelmäßig von der konkreten Möglichkeit ab, auf Gesellschaftsinteressen Einfluss nehmen zu können (BGHZ 103, 184, 194 f.; BGH ZIP 1995, 819 ff.; BGH ZIP 1992, 1464, 1470 f.).

Auch Aktionäre trifft grundsätzlich Treuepflicht

10.1.5 Finanzverfassung der AG

Der Vorstand muss in den ersten drei Monaten nach Abschluss des Geschäftsjahres den **Jahresabschluss** (Bilanz, Gewinn- und Verlustrechnung nebst Anhang) und Lagebericht aufstellen (§§ 264 I, 242 HGB). Daran schließt sich eine Prüfung durch Abschlussprüfer (§ 316 HGB; mit Ausnahme kleiner Kapitalgesellschaften i.S.d. § 267 I HGB) und Aufsichtsrat (§ 171 AktG) an. Billigt der Aufsichtsrat den Jahresabschluss, so ist dieser regelmäßig festgestellt (§ 172 AktG) und der Hauptversammlung zur Beschlussfassung über die Gewinnverwendung vorzulegen (§ 174 AktG).

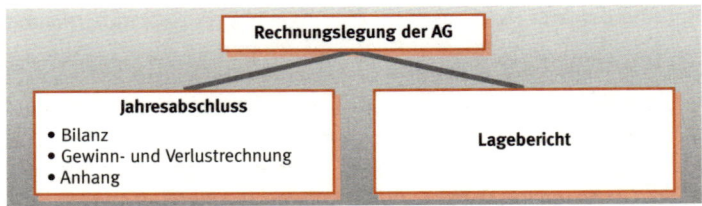

Abb. 10.4: Rechnungslegung der AG

Die AG kann – wie jede Unternehmung – ihre Geschäftstätigkeit durch **Eigen- oder Fremdkapital** finanzieren. Der Mitwirkung der Hauptversammlung bedarf es jedoch, wenn Wandel-, Gewinnschuldverschreibungen oder Genussrechte ausgegeben werden (§ 221 AktG).

Auch die Veränderung des in der Satzung festgelegten Grundkapitals erfordert einen Hauptversammlungsbeschluss (§§ 179 I 1, 23 III Nr. 3 AktG). Bei einer **effektiven Kapitalerhöhung** wird der AG zusätzliches Kapital von außen zugeführt. Hier sind drei Formen zu unterscheiden:

Veränderung des Grundkapitals erfordert satzungsändernden Hauptversammlungsbeschluss

- Ordentliche Kapitalerhöhung (Kapitalerhöhung gegen Einlagen mit grundsätzlichem Bezugsrecht bisheriger Aktionäre, §§ 182 ff. AktG; zum Bezugsrechtsausschluss vgl. § 186 III, IV AktG),
- bedingte Kapitalerhöhung (z.B. *zur Gewährung von Umtausch- oder Bezugsrechten an Gläubiger von Wandelschuldverschreibungen; zur Vorbereitung einer Verschmelzung*; vgl. §§ 192 ff. AktG),
- genehmigtes Kapital (Ermächtigung des Vorstands zur Kapitalerhöhung gegen Einlagen, §§ 202 ff. AktG; z.B. *kann der Vorstand hierdurch flexibel eine günstige Kapitalmarktsituation ausnutzen*).

Effektive Kapitalerhöhung: Zuführung neuen Kapitals

Um eine lediglich **nominelle Kapitalerhöhung** handelt es sich hingegen bei der Kapitalerhöhung aus Gesellschaftsmitteln (§§ 207 ff. AktG). Hier werden Rücklagen in Grundkapital umgewandelt und den Aktionären neue Aktien (»Gratisaktien«) im Verhältnis ihrer bisherigen Beteiligung zugeteilt.

Nominelle Kapitalerhöhung: Bilanzieller Passivtausch

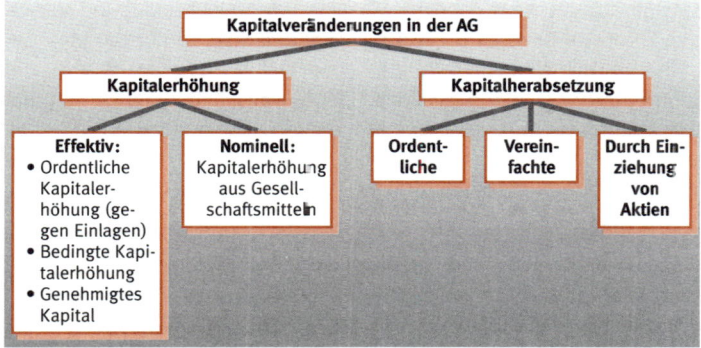

Abb. 10.5: Kapitalveränderungen in der AG

Bei der **Kapitalherabsetzung** sind ebenfalls drei Formen zu unterscheiden:
- Ordentliche Kapitalherabsetzung (Herabsetzung des Grundkapitals durch Herabsetzung des Nennbetrags der Aktien oder Zusammenlegung der Aktien; §§ 222 ff. AktG),

- vereinfachte Kapitalherabsetzung (sie dient zu Sanierungszwecken der bilanziellen Deckung von Verlusten, um das Grundkapital dem verminderten Gesellschaftsvermögen anzupassen; §§ 229 ff. AktG),
- Kapitalherabsetzung durch Einziehung von Aktien (praktisch kaum vorkommend; §§ 237 ff. AktG).

10.1.6 Beendigung der AG

Gründe für die **Auflösung** der AG sind in § 262 AktG genannt.

Beispiele

- Hauptversammlungsbeschluss
- Eröffnung des Insolvenzverfahrens
- Löschung der AG wegen Vermögenslosigkeit

Beendigung der AG:
Auflösung und grds.
Liquidation

Nachdem der Vorstand die Auflösung der AG zum Handelsregister angemeldet hat (§ 263 AktG), ist er grundsätzlich verpflichtet, die Abwicklung (**Liquidation**) nach Maßgabe der §§ 264 ff. AktG vorzunehmen.

10.2
KOMMANDIT-
GESELLSCHAFT AUF
AKTIEN (KGaA)

Die in §§ 278 ff. AktG geregelte KGaA ist eine praktisch wenig verbreitete Mischform aus KG und AG. Sie ist Handelsgesellschaft und als solche **Formkaufmann** (§ 6 I HGB). Es handelt sich bei ihr um eine Gesellschaft mit eigener Rechtspersönlichkeit (**juristische Person**), bei der mindestens ein Gesellschafter den Gesellschaftsgläubigern unbeschränkt haftet und die übrigen an dem in Aktien zerlegten Grundkapital beteiligt sind, ohne persönlich für die Gesellschaftsverbindlichkeiten zu haften (Kommanditaktionäre; § 278 I AktG).

KGaA:
Mischform aus KG
und AG

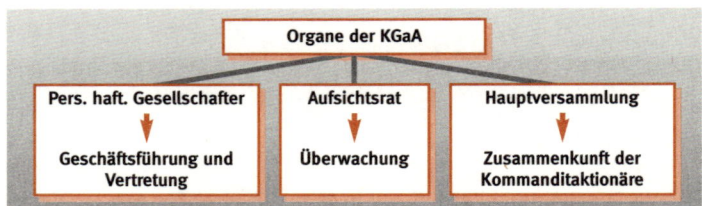

Abb. 10.6: Organe der KGaA

KGaA ist juristische
Person

Die Funktion des bei der KGaA nicht bestehenden Vorstands übernimmt der persönlich haftende Gesellschafter. Seine Rechtsstellung bestimmt sich zum Teil nach den für den AG-Vorstand geltenden Vorschriften (vgl. § 283 AktG) sowie nach den Vorschriften über die KG (§ 278 II AktG). Persönlich haftender Gesellschafter muss nicht notwendigerweise eine natürliche Person sein (§ 279 II AktG; z. B. *GmbH & Co. KGaA*). Im Übrigen findet für die KGaA selbst sowie für die Kommanditaktionäre Aktienrecht Anwendung (§ 278 III AktG).

GmbH & Co. KGaA zulässig

10.3 GESELLSCHAFT MIT BESCHRÄNKTER HAFTUNG (GMBH)

Die praktisch – insbesondere für kleine und mittlere Unternehmen – eine überragende Rolle spielende GmbH ist ebenfalls **juristische Person** (§ 13 I GmbHG) und **Formkaufmann** (§ 13 III GmbHG, § 6 I HGB). Für deren Verbindlichkeiten haftet den Gesellschaftsgläubigern nur das Gesellschaftsvermögen (§ 13 II GmbHG). Gegenüber der AG ist die GmbH jedoch meist stärker personalistisch strukturiert. Auch erweist sich das GmbH-Recht im Vergleich zum Aktienrecht als weniger zwingend, lässt also beispielsweise mehr Raum für eine individuelle Gestaltung des Gesellschaftsvertrags.

GmbH ist juristische Person

10.3.1 Vermögensordnung der GmbH
Dem Grundkapital der AG entsprechend hat die GmbH ein **Stammkapital**, das mindestens 25.000 € betragen muss und sich aus **Stammeinlagen** der Gesellschafter zusammensetzt (§ 5 I GmbHG). Die Stammeinlage jedes Gesellschafters muss mindestens 100 € betragen (§ 5 I GmbHG). Der Betrag der Stammeinlage kann für die einzelnen Gesellschafter verschieden hoch sein (§ 5 III 1 GmbHG). Er muss jedoch in € durch fünfzig teilbar sein (§ 5 III 2 GmbHG). Die vom Gesellschafter übernommene Stammeinlage bestimmt dessen **Geschäftsanteil** (§ 14 GmbHG). Die Summe der Stammeinlagen muss mit dem Stammkapital übereinstimmen (§ 5 III 3 GmbHG).

Stammkapital setzt sich aus Stammeinlagen zusammen

Stammkapital

= Mindesthaftungsgrundlage zur Befriedigung von Gläubigeransprüchen

Das Stammkapital bietet den GmbH-Gläubigern eine Mindesthaftungsgrundlage als Ausgleich für die fehlende persönliche Haftung der Gesellschafter.

Zum Schutz der Gesellschaftsgläubiger unterliegen auch die GmbH-Gesellschafter einer Reihe von Vorschriften, die der **Sicherung der Kapitalaufbringung und Kapitalerhaltung** dienen:

Beispiele

- Beachtung von Mindesteinlagenanforderungen (§ 7 II GmbHG)
- Ggf. Differenzhaftung bei überbewerteter Sacheinlage (§ 9 I GmbHG)

- Kein Erlass von Einlagepflichten (§ 19 II GmbHG)
- Ausfallhaftung der Mitgesellschafter (§ 24 GmbHG)
- Verbot der Rückzahlung des zur Erhaltung des Stammkapitals erforderlichen Gesellschaftsvermögens (§ 30 GmbHG)
- Eingeschränkter Erwerb eigener Geschäftsanteile durch GmbH (§ 33 GmbHG)
- Bilanzielle Passivierung des Stammkapitals, die einer Gewinnausschüttung zu dessen Lasten entgegensteht (§ 42 I GmbHG, §§ 266 III, 272 I HGB)

Verdecte Gewinnausschüttung unter bestimmten Voraussetzungen gesellschaftsrechtlich zulässig

Während § 57 AktG generell eine Einlagenrückgewähr an den Aktionär verbietet (vgl. 10.1.1.1), untersagt § 30 I GmbHG lediglich eine solche Rückzahlung an den Gesellschafter, die aus dem zur Erhaltung des Stammkapitals erforderlichen Vermögen der GmbH ohne äquivalente Gegenleistung vorgenommen wird (**verdeckte Gewinnausschüttung** außerhalb förmlicher Gewinnverteilung nach § 29 GmbHG):

- Wie bei § 57 AktG erfordert auch ein Verstoß gegen § 30 I GmbHG zunächst, dass die Zuwendung an den Gesellschafter nicht durch eine vollwertige Gegenleistung des Empfängers an die GmbH ausgeglichen wird. Abzustellen ist zunächst darauf, ob ein gewissenhaft nach kaufmännischen Grundsätzen handelnder Geschäftsleiter unter den gleichen Umständen zu den gleichen Konditionen das Geschäft auch mit einem Dritten (Nichtgesellschafter) abgeschlossen hätte (BGHZ 111, 224, 227 f.; BGH GmbHR 1996, 112; z.B. *Warenlieferungen oder sonstige Leistungen an Gesellschafter unter Marktpreis; überhöhte Vergütung oder außergewöhnlicher Dienstwagen für Gesellschafter-Geschäftsführer*).

§ 30 I GmbHG: Strenger Kapitalbindung unterliegt nur das zur Erhaltung des Stammkapitals erforderliche Gesellschaftsvermögen

- Allerdings unterliegt bei der GmbH – anders als bei der AG – nur das zur Erhaltung des Stammkapitals erforderliche Gesellschaftsvermögen der strengen Kapitalbindung. Im Gegensatz zu § 57 I AktG verbietet § 30 I GmbHG Zahlungen an Gesellschafter nur insoweit, als der Betrag des Stammkapitals nicht durch das Gesellschaftsvermögen gedeckt ist bzw. dieses durch die Zahlung darunter absinken würde. Anders gewendet: § 30 GmbHG bleibt solange unberührt, als die Leistung aus dem Teil des Gesellschaftsvermögens erbracht werden kann, der den festgelegten Betrag des Stammkapitals übersteigt. Dabei ist das Gesellschaftsvermögen nach allgemeinen Bilanzierungsgrundsätzen für die Jahresbilanz (vgl. § 42 GmbHG) unter Fortführung der Buchwerte (ohne stille Reserven; BGHZ 109, 337 ff.) zu berechnen und mit dem Stammkapital zu vergleichen. Anzusetzen ist hierfür nur das **Reinvermögen**,

Reinvermögen = Aktiva (Buchwerte) abzüglich Verbindlichkeiten und Rückstellungen

nämlich: Aktiva (§ 266 II HGB) vermindert um die Verbindlichkeiten (§ 266 III C. HGB) einschließlich der Rückstellungen für ungewisse Verbindlichkeiten (§ 266 III B. HGB).

§ 30 I GmbHG greift zunächst ein, wenn durch relevante Leistungen an Gesellschafter – unter Berücksichtigung von deren Gegenleistungen – eine Unterbilanz herbeigeführt oder vertieft würde. Eine solche **Unterbilanz** liegt vor, wenn das Reinvermögen die Stammkapitalziffer nicht erreicht oder, mit anderen Worten, wenn die Aktiva hinter der Summe von Stammkapital und Verbindlichkeiten einschließlich Rückstellungen zurückbleiben. § 30 I GmbHG gilt auch bei **Überschuldung**, wenn also die Verbindlichkeiten einschließlich Rückstellungen die Aktiva (unter Zugrundelegung aktueller Fortführungs- bzw. Liquidationswerte, § 19 II InsO) übersteigen, das Eigenkapital mithin wirtschaftlich verbraucht ist (BGHZ 81, 252, 259).

Unterbilanz:
Reinvermögen < Stammkapital

Überschuldung:
Aktiva < Verbindlichkeiten und Rückstellungen

§ 19 II InsO:
Im Überschuldungsstatus, je nach Ergebnis der notwendigen Fortbestehensprognose, aktuelle Fortführungs- oder Liquidationswerte ansetzen (ggf. Auflösung stiller Reserven, Wertberichtigungen)

Beispiel

Aktiva	Passiva	
X €	Stammkapital	25.000 €
	Verbindlichkeiten	80.000 €

Beträgt X (Buchwerte) = 105.000 €, so deckt das Reinvermögen das Stammkapital. Ist der Wert von X kleiner als 105.000 €, so liegt eine Unterbilanz vor. Unterschreitet X (Fortführungs- bzw. Liquidationswerte) den Wert von 80.000 €, so tritt Überschuldung ein.

- Bei einem Verstoß gegen § 30 GmbHG normiert § 31 I GmbHG eine Rückzahlungspflicht des begünstigten Gesellschafters. War der Empfänger in gutem Glauben, so kann die Erstattung nur insoweit verlangt werden, als sie zur Befriedigung der Gesellschaftsgläubiger erforderlich ist (§ 31 II GmbHG). Ist die Erstattung von dem Empfänger nicht zu erlangen, so haften für den zu erstattenden Betrag, soweit er zur Befriedigung der Gesellschaftsgläubiger erforderlich ist, die übrigen Gesellschafter nach dem Verhältnis ihrer Geschäftsanteile (§ 31 III 1 GmbHG).

§ 31 GmbHG:
Rückzahlungspflicht bei Verstoß gegen § 30 GmbHG

Wenn hingegen die Garantiefunktion des Stammkapitals nicht tangiert wird, müssen verdeckte Gewinnausschüttungen grundsätzlich dem **Gleichbehandlungsgrundsatz** entsprechen, d.h., sie müssen grundsätzlich allen Gesellschaftern gleichmäßig zugute kommen.

10.3.2 Gründung der GmbH

Einmann-GmbH zulässig

Eine GmbH kann durch eine oder mehrere Personen zu jedem gesetzlich zulässigen Zweck gegründet werden (§ 1 GmbHG). Als Gesellschafter kommen natürliche oder juristische Personen sowie Gesamthandsgemeinschaften (z.B. *OHG, GbR*) in Betracht. Der von sämtlichen Gesellschaftern zu unterzeichnende **Gesellschaftsvertrag** (Satzung) bedarf notarieller Form (§ 2 I GmbHG). Dessen **Mindestinhalt** ergibt sich aus § 3 I GmbHG:

Gesellschaftsvertrag bedarf notarieller Beurkundung

Gesellschaftsvertrag = Satzung

- Firma (§ 4 GmbHG) und Sitz (§ 4 a GmbHG) der Gesellschaft,
- Gegenstand des Unternehmens,
- Betrag des Stammkapitals und der von jedem Gesellschafter zu leistenden Stammeinlage (vgl. § 5 GmbHG).

In der Praxis werden zumeist darüber hinausgehende Regelungen in die Satzung aufgenommen (vgl. z.B. *§ 3 II GmbHG*).

Um handlungsfähig zu sein, braucht die Gesellschaft einen oder mehrere **Geschäftsführer** (§ 6 I GmbHG). Deren Bestellung erfolgt entweder im Gesellschaftsvertrag oder durch Gesellschafterbeschluss (§ 46 Nr. 5 GmbHG), im Falle einer paritätisch oder montanmitbestimmten GmbH indes durch deren Aufsichtsrat (§ 6 III 2 GmbHG).

PRAXISTIPPS

Die Bestellung der Geschäftsführer sollte – soweit nicht der Aufsichtsrat hierfür zuständig ist – im Gründungsprotokoll oder in einem gesonderten Beschluss der Gesellschafter erfolgen. Gegen eine Bestellung im Gesellschaftsvertrag spricht bereits, dass bei einer personellen Veränderung (z.B. *Abberufung*) eine notariell zu beurkundende und damit vermeidbare Kosten verursachende Satzungsänderung erforderlich würde.

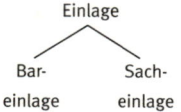

Sodann sind vor der Handelsregisteranmeldung die Mindesteinlagen auf das Stammkapital wie folgt zu erbringen:

- **Sacheinlagen** (z.B. *Übereignung einer Maschine*) müssen vollständig zur endgültig freien Verfügung der Geschäftsführer geleistet werden (§ 7 III GmbHG).
- Bei **Bareinlagen** reicht es aus, wenn auf jede Stammeinlage 1/4 eingezahlt wird (§ 7 II 1 GmbHG). Allerdings muss auf das Stammkapital mindestens so viel eingezahlt sein, dass der Gesamtbetrag der eingezahlten Geldeinlagen zuzüglich des Gesamtbetrags der

Stammeinlagen, für die Sacheinlagen zu leisten sind, die Hälfte des **gesetzlichen** Mindeststammkapitals – also 12.500 € – erreicht (§ 7 II 2 GmbHG). Im Falle einer Einmann-Gründung muss der Gesellschafter über die vorgenannten Mindestzahlungen hinaus für den übrigen Teil der Geldeinlage eine Sicherheit bestellen (§ 7 II 3 GmbHG; z. B. *Bankbürgschaft*).

Die Einbringung von Sacheinlagen erfordert des Weiteren die Erstattung eines **Sachgründungsberichts**, in dem die wesentlichen Umstände darzulegen sind, aus denen sich die angemessene Bewertung der Sacheinlagen ergibt (§ 5 IV 2 GmbHG). Erreicht der Wert einer Sacheinlage im Zeitpunkt der Handelsregisteranmeldung nicht den Betrag der dafür übernommenen Stammeinlage, hat der Gesellschafter in Höhe des Fehlbetrags eine Einlage in Geld zu leisten (§ 9 I GmbHG; **Differenzhaftung**).

§ 9 I GmbHG normiert Differenzhaftung des Sacheinlegers

Die Geschäftsführer haben die GmbH zur Eintragung ins Handelsregister beim Amtsgericht ihres Sitzes **anzumelden** (§§ 7 I, 78 GmbHG). Der Anmeldung sind die in § 8 GmbHG genannten Unterlagen beizufügen.

Beispiele

- Gesellschaftsvertrag
- Gesellschafterliste
- Unterlagen darüber, dass der Wert der Sacheinlagen den Betrag der dafür übernommenen Stammeinlagen erreicht

Werden falsche Angaben gemacht, so sind die Gesellschafter und Geschäftsführer nach Maßgabe des § 9 a GmbHG als Gesamtschuldner ersatzpflichtig. Ergibt die registergerichtliche Prüfung keine Beanstandungen (vgl. § 9 c GmbHG), erfolgen Eintragung und Bekanntmachung nach § 10 GmbHG. Mit Handelsregistereintragung entsteht die GmbH als **juristische Person** (§ 11 I GmbHG). Die Eintragung wirkt also konstitutiv.

Handelsregistereintragung wirkt konstitutiv

10.3.3 Haftung im Gründungsstadium
Die Haftung im Gründungsstadium der GmbH ist gesetzlich nur unzureichend geregelt. Es sind hier in zeitlicher Hinsicht verschiedene Stufen zu unterscheiden:
- Ggf. Vorgründungsgesellschaft,
- Vorgesellschaft (Vor-GmbH) und
- GmbH als juristische Person.

10.3.3.1 Vorgründungsgesellschaft

Sofern schon vor Abschluss des eigentlichen Gesellschaftsvertrags die Gründer rechtsverbindlich vereinbaren, das Entstehen einer GmbH gemeinsam zu bewirken, wird bereits durch diese Abrede ein Gesellschaftsverhältnis begründet. Dieses bezeichnet man als Vorgründungsgesellschaft (fehlt bei der Einmann-Gründung). Die **Vorgründungsgesellschaft** ist regelmäßig eine GbR, auf die die §§ 705 ff. BGB anzuwenden sind. Erfüllen die schon in diesem Zeitpunkt aufgenommenen Geschäfte die Voraussetzungen eines Handelsgewerbes i. S. d. § 1 HGB, liegt eine OHG vor, was zur Anwendung der §§ 105 ff. HGB führt. In keinem Fall ist die Vorgründungsgesellschaft identisch mit der später entstehenden Vorgesellschaft oder der juristischen Person. Die Haftung für Gesellschaftsverbindlichkeiten richtet sich nach dem Recht der GbR bzw. OHG. Weder gehen die Rechte und Pflichten der Vorgründungsgesellschaft automatisch auf die spätere GmbH über, noch erlöschen die Pflichten mit Eintragung der GmbH.

Vorgründungsgesellschaft:
GbR oder OHG

10.3.3.2 Vorgesellschaft

Mit Abschluss des notariell beurkundeten Gesellschaftsvertrags bzw. notarieller Beurkundung der Errichtungserklärung bei Einmann-Gründung (Satzung) entsteht die **Vorgesellschaft**.

Vorgesellschaft:
Personenvereinigung
eigener Art als Vorstufe
der GmbH

→ *Die Vor-GmbH als Organisationsform sui generis ist ein notwendiges Durchgangsstadium auf dem Weg zur GmbH.*

Zwar fehlt ihr noch die volle Rechtsfähigkeit, doch ist auf sie GmbH-Recht bereits insoweit anzuwenden, als dieses nicht gerade die Eintragung der Gesellschaft voraussetzt.

Da die Vor-GmbH bereits verpflichtungsfähig ist, haftet für deren Verbindlichkeiten zunächst das Gesellschaftsvermögen. Daneben besteht eine persönliche gesamtschuldnerische Haftung der Personen, die in diesem Stadium namens der künftigen GmbH als oder wie Geschäftsführer gehandelt haben (§ 11 II GmbHG; **Handelndenhaftung**).

§ 11 II GmbHG normiert
Handelndenhaftung

Für nicht handelnde Gründer besteht nach höchstrichterlicher Rechtsprechung eine persönliche **anteilige** – summenmäßig aber **unbeschränkte** – Innenhaftung gegenüber der Vor-GmbH für Gesellschaftsverbindlichkeiten (gesellschaftsinterne **Verlustdeckungshaftung**; BGHZ 134, 333, 334 f.).

Hiernach haften die Gesellschafter bis zur Eintragung nicht im Außenverhältnis, sondern intern der Vor-GmbH gegenüber im Verhältnis ihrer Geschäftsanteile für nicht durch das Stammkapital gedeckte Verluste.

Verlustdeckungshaftung
der Gesellschafter
im Innenverhältnis

Bei Undurchsetzbarkeit des Anspruchs gegenüber einem Gesellschafter tritt eine anteilige Ausfallhaftung der übrigen Gesellschafter ein (§ 24 GmbHG analog). Da die Ansprüche aus der Innenhaftung nur der Vor-GmbH und nicht deren Gläubigern zustehen, müssen sie die Pfändung dieser Forderungen oder die Eröffnung des Insolvenzverfahrens betreiben, wenn sie die Gründer in Anspruch nehmen wollen. Namentlich bei der Einmann-Vor-GmbH und der vermögenslosen Vor-GmbH bleibt es indes bei einem unmittelbaren Haftungszugriff der Gläubiger auf den oder die Gründer.

10.3.3.3 Eintragung der GmbH

Mit Handelsregistereintragung entsteht die GmbH als **juristische Person** (§ 11 I GmbHG). Das Gesellschaftsvermögen der Vorgesellschaft geht mit allen Rechten und Pflichten automatisch – also ohne besondere Übertragungsakte – durch **Gesamtrechtsnachfolge** auf die GmbH über. Die Handelndenhaftung nach § 11 II GmbHG erlischt in diesem Zeitpunkt (BGHZ 69, 95, 103 f.; 70, 132, 139 ff.; 76, 320, 323; 80, 182). Ihr Zweck erledigt sich nämlich, da dem Gläubiger nunmehr die GmbH entsprechend dem bei Vertragsschluss für die künftige GmbH vorgesehenen Endzustand haftet.

Übergang des Gesellschaftsvermögens der Vor-GmbH auf GmbH

Allerdings entbindet der Übergang aller Verbindlichkeiten der Vor-GmbH auf die GmbH keineswegs vom Grundsatz der Aufbringung und Erhaltung des Stammkapitals. Um die volle Eigenkapitalausstattung der GmbH bei ihrer Entstehung zu gewährleisten, wandelt sich die interne Verlustdeckungshaftung der Gründer in eine ebenfalls interne **Vorbelastungshaftung** (BGHZ 80, 129, 140 ff.; 105, 300, 302 ff.; 134, 333, 338).

Vorbelastungshaftung der Gesellschafter im Innenverhältnis

Hiernach haften die Gesellschafter gegenüber der GmbH anteilig auf Ausgleich, soweit sich durch die Geschäftstätigkeit der Vor-GmbH eine Deckungslücke zwischen der Stammkapitalziffer und dem Wert des Gesellschaftsvermögens im Zeitpunkt der Handelsregistereintragung ergibt. Nicht zu erstatten sind notwendige Gründungskosten (z. B. *Eintragungs- und Bekanntmachungsgebühren*), die bei förmlicher Übernahme in der Satzung zu Lasten der GmbH gehen (BGH NJW 1998, 233 f.).

Auch die Vorbelastungshaftung verpflichtet die Gesellschafter im Innenverhältnis nicht als Gesamtschuldner, sondern **anteilig** gemäß der jeweiligen Beteiligungsquote. Die Haftung ist aber wiederum **nicht** auf die Höhe der übernommenen Stammeinlage **beschränkt**, sondern umfasst auch weitergehende Anlaufverluste der Vor-GmbH. Schließlich kann sie ebenfalls eine weitere Ausfallhaftung entsprechend § 24 GmbHG nach sich ziehen.

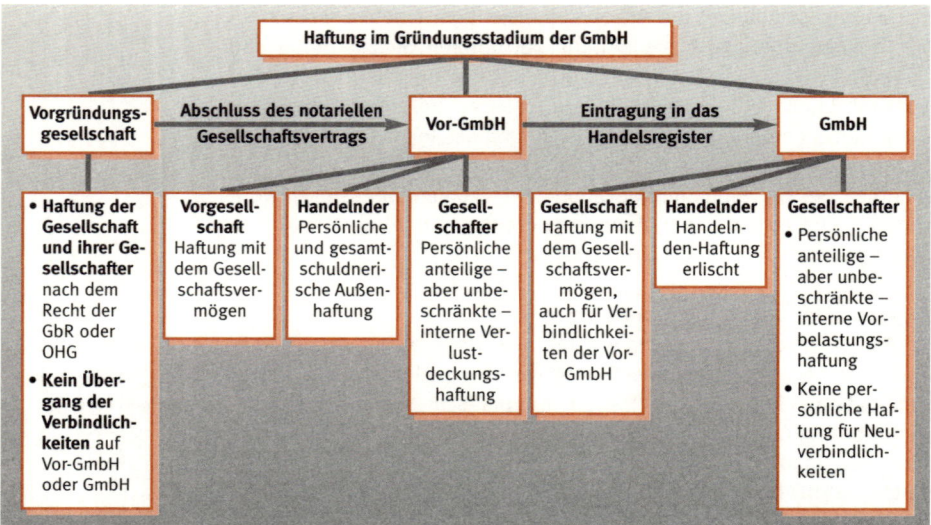

Abb. 10.7: Haftung im Gründungsstadium der GmbH

10.3.3.4 Mantelverwendung

GmbH-Mantel
= Nur durch Geschäftsanteile verkörperte, unternehmenslose und ohne wirtschaftende Tätigkeit bestehende Gesellschaft im rechtlichen Gewand einer GmbH

Um zeitraubende Gründungs- und Eintragungsverfahren zu vermeiden und den im Gründungsstadium der GmbH drohenden Haftungsgefahren zu begegnen, werden in der Praxis Gesellschaften mbH bei Bedarf häufig nicht originär gegründet. Stattdessen besteht die Möglichkeit, den Mantel einer entweder auf Vorrat gegründeten oder nicht mehr werbenden GmbH zu verwenden (z.B. *durch Mantelkauf*).

Unter einem **GmbH-Mantel** versteht man die nur durch Geschäftsanteile verkörperte, im Übrigen aber – noch oder wieder – unternehmenslose und damit ohne eigentlich wirtschaftende Tätigkeit bestehende Gesellschaft im rechtlichen Gewand einer GmbH.

Während heute weitgehend Einvernehmen über die grundsätzliche Zulässigkeit einer Mantelverwendung besteht, herrscht aber Streit darüber, ob auf derartige **»wirtschaftliche Neugründungen«** zwecks Kapitalsicherung die Gründungsvorschriften des GmbHG entsprechende Anwendung finden. Keine Probleme bereitet insoweit der Erwerb des Mantels einer ordnungsgemäß auf Vorrat gegründeten GmbH mit unversehrtem Stammkapital.

Werden aber im Wege des Mantelkaufs die Geschäftsanteile einer vermögenslosen GmbH erworben, sind nach überwiegender Auffassung die GmbH-Gründungsvorschriften – insbesondere über die Min-

GmbH-Mantel

Vorrats-GmbH   Nicht mehr werbende GmbH

destkapitalausstattung – entsprechend anzuwenden (vgl. BGH ZIP 1992, 689, 692 – obiter dictum; OLG Frankfurt GmbHR 1999, 32, 33; KG NZG 1998, 731; OLG Stuttgart OLGR 1998, 104 f.; a.A. BayObLG BB 1999, 971 f.).

10.3.4 Organe der GmbH

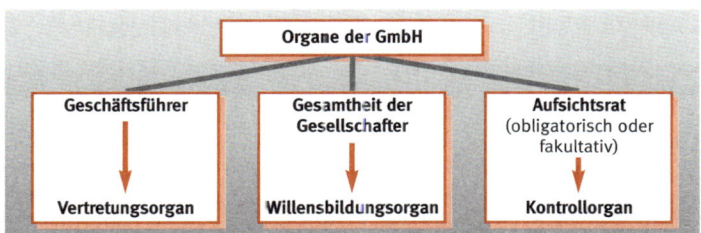

Abb. 10.8: Organe der GmbH

10.3.4.1 Geschäftsführer

Die GmbH muss einen oder mehrere **Geschäftsführer** haben (§ 6 I GmbHG). Zu Geschäftsführern können Gesellschafter oder andere Personen bestellt werden (§ 6 III 1 GmbHG; **Fremdorganschaft**; zu den persönlichen Voraussetzungen vgl. § 6 II GmbHG). Die Bestellung erfolgt grundsätzlich im Gesellschaftsvertrag oder durch Beschluss der Gesellschafterversammlung (§ 6 III 2 GmbHG), sofern nicht der Aufsichtsrat einer mitbestimmten GmbH hierfür zuständig ist. Von der **organschaftlichen Bestellung** ist – wie beim Vorstand der AG – das **Anstellungsverhältnis** zu unterscheiden (vgl. 10.1.3.1).

Geschäftsführer

Gesell- / Fremd-
schafter- / geschäfts-
Geschäfts- / führer
führer

Nach ihrer Stellung und Funktion entsprechen die Geschäftsführer dem Vorstand der AG. Sie führen die Geschäfte (gesetzlich nicht ausdrücklich erwähnt) und sind die **gesetzlichen Vertreter** der GmbH (§ 35 I GmbHG). Mangels anderer gesellschaftsvertraglicher Regelung gilt Gesamtgeschäftsführung und -vertretung (§ 35 II 2 GmbHG). Zur Passivvertretung ist aber jeder Geschäftsführer alleine befugt (§ 35 II 3 GmbHG; z.B. *Abgabe eines Kaufangebots gegenüber GmbH*). Die GmbH wird durch die in ihrem Namen von den Geschäftsführern vorgenommenen Rechtsgeschäfte berechtigt und verpflichtet; dabei ist es gleichgültig, ob das Geschäft ausdrücklich namens der GmbH vorgenommen worden ist, oder ob die Umstände ergeben, dass es nach dem Willen der Beteiligten für die GmbH vorgenommen werden sollte (§ 36 GmbHG).

Geschäftsführer obliegen Geschäftsführung und Vertretung

Die Geschäftsführer sind im Innenverhältnis der GmbH gegenüber verpflichtet, etwaige Beschränkungen einzuhalten, die für den **Umfang**

GmbH-Geschäftsführer ist Weisungen der Gesellschafter-Gesamtheit unterworfen

ihrer Vertretungsbefugnis durch Gesellschaftsvertrag oder Gesellschafterbeschluss bestimmt wurden (§ 37 I GmbHG).

Beispiel

Der Gesellschaftsvertrag kann den Geschäftsführer rechtlich wirksam binden, vor dem Abschluss von Umsatzgeschäften mit einem Vertragsvolumen von mehr als 20.000 € einen Gesellschafterbeschluss herbeizuführen.

Hierin liegt ein wichtiger Unterschied zum Vorstand der AG, der selbige unter eigener Verantwortung zu leiten hat (§ 76 I AktG). Im Außenverhältnis gegenüber Dritten entfaltet eine solche Beschränkung der Vertretungsmacht allerdings keine Wirksamkeit (§ 37 II GmbHG).

PRAXISTIPPS

GmbH-Gesellschaftsverträge sehen häufig die allgemeine Befreiung eines bestimmten oder aller Geschäftsführer von den Beschränkungen des § 181 BGB (grundsätzliches Verbot des Insichgeschäfts) vor. Da der Alleingesellschafter einer Einmann-GmbH ebenfalls den Beschränkungen des § 181 BGB unterworfen ist (§ 35 IV GmbHG), bedarf es auch hier einer entsprechenden satzungsmäßigen Befreiung zur Vornahme von Insichgeschäften.

GmbH-Geschäftsführer kann grundsätzlich ohne Grund abberufen werden

Anders als Vorstandsmitglieder einer AG (§ 84 III AktG) können Geschäftsführer jederzeit frei – also ohne Vorliegen von Gründen – **abberufen** werden; Entschädigungsansprüche aus dem bestehenden Anstellungsvertrag bleiben hiervon unberührt (§ 38 I GmbHG). Indes kann im Gesellschaftsvertrag die Zulässigkeit der Abberufung auf den Fall beschränkt werden, dass wichtige Gründe (z. B. *grobe Pflichtverletzung; Unfähigkeit zur ordnungsgemäßen Geschäftsführung*) denselben notwendig machen (§ 38 II GmbHG).

Prüfung der Schadensersatzpflicht von Geschäftsführern (§43 II GmbHG):
1. Bestehen einer GmbH
2. Bestellung zum Geschäftsführer
3. Pflichtverletzung
4. Verschulden
5. Schaden der GmbH

Die Geschäftsführer sind verpflichtet, in Angelegenheiten der GmbH die **Sorgfalt** eines ordentlichen Geschäftsmanns walten zu lassen (§ 43 I GmbHG). Verletzen sie diese Pflicht (z. B. *verdeckte Gewinnausschüttung bei Unterbilanz*), haften sie der Gesellschaft auf Schadensersatz (§ 43 II, III GmbHG).

Für Fremdschädigungen durch den Geschäftsführer muss die GmbH gemäß § 31 BGB einstehen.

Bei Überschuldung oder Zahlungsunfähigkeit der GmbH müssen die Geschäftsführer unverzüglich, spätestens aber drei Wochen nach Eintritt der Insolvenzreife (vgl. §§ 17, 19 InsO) die **Eröffnung des Insolvenzverfahrens** beantragen (§ 64 I GmbHG; vgl. 10.1.3.1). Eine Insolvenzverschleppung begründet zivilrechtlich eine persönliche **Haftung der Geschäftsführer** (§ 823 II BGB i. V.m. § 64 I GmbHG).

Insolvenzreife der GmbH bei Zahlungsunfähigkeit und/oder Überschuldung

Hinsichtlich der Höhe des Schadensersatzanspruchs ist danach zu unterscheiden, ob Gläubiger vertraglich begründeter Ansprüche gegen die GmbH ihre Gläubigerstellung zeitlich vor Eintritt der Insolvenzreife (Altgläubiger) oder erst danach bis zur Eröffnung des Insolvenzverfahrens (Neugläubiger) erlangt haben:

- **Altgläubigern** steht lediglich der Ersatz ihres **Quotenschadens** zu (BGHZ 100, 19, 23 ff.; BGH ZIP 1997, 1542, 1543 f.). Dieser Quotenschaden besteht in dem Betrag, um den sich die Insolvenzmasse und damit die Insolvenzquote des Gläubigers infolge der Insolvenzverschleppung verringert hat.

Quotenschaden

= Betrag, um den sich Insolvenzquote des Gläubigers infolge Insolvenzverschleppung gemindert hat

- Hingegen können **Neugläubiger** Ersatz ihres vollen **negativen Interesses** (Vertrauensschaden) verlangen, da bei rechtzeitiger Insolvenzanmeldung ein Vertragsschluss unterblieben und ihnen folglich kein Schaden entstanden wäre (BGHZ 126, 181, 193 ff.; BGH NJW 1995, 398 f.). Der Geschäftsführer hat geschädigte Neugläubiger mithin so zu stellen, als hätten diese mit der insolvenzreifen GmbH nie kontrahiert.

Negatives Interesse: Ersatz des Vertrauensschadens

Zudem stellt eine Insolvenzverschleppung ein **strafbares Verhalten** dar (§ 84 I Nr. 2, II GmbHG). Auch sind die Geschäftsführer der GmbH gegenüber grundsätzlich zum Ersatz von Zahlungen verpflichtet, die nach Eintritt des Insolvenzgrundes geleistet werden (§ 64 II GmbHG).

10.3.4.2 Gesamtheit der Gesellschafter

Die **Gesamtheit der Gesellschafter** ist oberstes Willensbildungsorgan der GmbH. Entscheidungen der Gesellschafter-Gesamtheit erfolgen durch Beschlussfassung (§ 47 GmbHG). Beschlüsse werden regelmäßig im Rahmen einer **Gesellschafterversammlung** gefasst (§ 48 I GmbHG). Die Willensbildung kann grundsätzlich aber auch schriftlich im Umlaufverfahren erfolgen (§ 48 II GmbHG).

Beschlussfassung der Gesellschafter

Gesellschafterversammlung   Schriftliches Verfahren

Die Gesellschafterversammlung hat vornehmlich die ihr in der Satzung übertragenen Befugnisse. Fehlt es insoweit an besonderen Bestimmungen, richten sich die Kompetenzen der Gesellschafterversammlung nach der – im Vergleich zum Aktienrecht (§ 119 AktG) viel weiter reichenden – Vorschrift des § 46 GmbHG:

- Feststellung des Jahresabschlusses und Gewinnverwendung
- Einforderung von Einzahlungen auf die Stammeinlagen
- Bestellung und Abberufung von Geschäftsführern
- Maßregeln zur Prüfung und Überwachung der Geschäftsführung
- Bestellung von Prokuristen

 Im Unterschied zum Aktienrecht gewährt der zum großen Teil dispositive Charakter des GmbH-Rechts den Gesellschaftern weitgehende Freiheiten in der Ausgestaltung der Binnenstruktur der Gesellschaft.

So kann die Gesellschafterversammlung Zuständigkeiten an sich ziehen, andere Organe mit eigener Beschlusskompetenz einrichten (z. B. *Beirat*) und durch **Weisungen** unmittelbar in die Geschäftsführung der GmbH eingreifen (vgl. § 37 I GmbHG).

Weisungsbefugnis der Gesellschafter-Gesamtheit gegenüber Geschäftsführer

Die Gesellschafterversammlung wird grundsätzlich durch die Geschäftsführer nach Maßgabe der §§ 49–51 GmbHG einberufen. Gesellschafterbeschlüsse bedürfen der Mehrheit der abgegebenen Stimmen (§ 47 I GmbHG), wobei jede 50 € eines Geschäftsanteils eine Stimme gewähren (§ 47 II GmbHG).

Satzungsänderungen:
- *3/4-Mehrheit*
- *notarielle Beurkundung*

Hingegen bedürfen **Satzungsänderungen** (z. B. *Änderung der Firma oder des Unternehmensgegenstands*) einer 3/4-Mehrheit und überdies notarieller Beurkundung (§ 53 II GmbHG). Wirksam werden Satzungsänderungen erst mit der konstitutiven Eintragung im Handelsregister (§ 54 III GmbHG).

Die aktienrechtlichen Regelungen über die Nichtigkeit und Anfechtbarkeit von Hauptversammlungsbeschlüssen (§§ 241 ff. AktG) finden auf GmbH-Gesellschafterbeschlüsse entsprechende Anwendung.

10.3.4.3 Aufsichtsrat

Erst bei einer Arbeitnehmerzahl von mehr als 500 muss die GmbH **obligatorisch** einen Aufsichtsrat bilden (§ 77 I BetrVG 1952, § 129 I BetrVG; davon 1/3 Arbeitnehmervertreter). Bei mehr als 2.000 Arbeitnehmern ist der Aufsichtsrat paritätisch zu besetzen (§§ 1 I, 7 MitBestG; vgl. hierzu und zur Montanmitbestimmung 10.1.3.2).

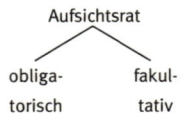

Sieht die Satzung **fakultativ** die Bestellung eines Aufsichtsrats vor, gelten vorrangig die gesellschaftsvertraglichen und ergänzend weitgehend die aktienrechtlichen Bestimmungen (§ 52 GmbHG).

10.3.5 Rechte und Pflichten der Gesellschafter

Die seine Rechte und Pflichten umfassende Mitgliedschaft des Gesellschafters ist in seinem **Geschäftsanteil** (§ 14 GmbHG) verkörpert.

Dem einzelnen GmbH-Gesellschafter stehen ähnliche **Rechte** wie dem Aktionär zu:

- Mitverwaltungsrechte (z.B. *Stimmrecht (§ 47 GmbHG); Auskunfts- und Einsichtsrecht (§ 51 a GmbHG); Recht zur Anfechtung von Gesellschafterbeschlüssen (§§ 241 ff. AktG analog); Gesellschafterklage (actio pro socio = Recht eines jeden Gesellschafters, von seinen Mitgesellschaftern grundsätzlich die Erfüllung der ihnen gegenüber der GmbH obliegenden Leistungs- und Verhaltenspflichten zu verlangen)*),

  actio pro socio:
  Gesellschafterklage

- Vermögensrechte (z.B. *Anspruch auf Reingewinn (§ 29 GmbHG); Anteil am Liquidationserlös (§ 72 GmbHG)*) und
- ggf. Minderheitenrechte bei qualifizierter Beteiligung (z.B. *Einberufung der Gesellschafterversammlung (§ 50 I GmbHG); Auflösungsklage (§ 61 II GmbHG)*).
- Im Übrigen gilt auch im GmbH-Recht der Grundsatz der gleichmäßigen Behandlung der einzelnen Gesellschafter.

Die im Vordergrund stehende **Pflicht** des GmbH-Gesellschafters ist die Erbringung seiner Stammeinlage (§ 5 GmbHG). Damit im Zusammenhang stehende Pflichten sind z.B. *Verzinsung bei Verzug (§ 20 GmbHG), Differenzhaftung des Sacheinlegers (§ 9 GmbHG), Haftung von Rechtsvorgängern eines durch Kaduzierung gemäß § 21 GmbHG ausgeschlossenen Gesellschafters (§ 22 GmbHG) und kollektive Ausfallhaftung (§ 24 GmbHG)*. Während bei der AG Nachschusspflichten ausgeschlossen sind, kann die Satzung der GmbH solche vorsehen (§ 26 GmbHG). Die Nachschusspflicht kann auf einen bestimmten Betrag beschränkt sein (vgl. § 28 GmbHG). Eine unbeschränkte Nachschusspflicht hingegen gestattet es dem Gesellschafter, bei Einforderung des Nachschusses seinen Geschäftsanteil der GmbH zur Verfügung zu stellen (§ 27 GmbHG; sog. Abandon). Die Satzung kann weitere Pflichten der Gesellschafter bestimmen (vgl. § 3 II GmbHG). Schließlich obliegen auch den GmbH-Gesellschaftern gegenüber ihrer Gesellschaft und den Mitgesellschaftern grundsätzlich **Treuepflichten** (BGHZ 65, 15, 18 f.; 98, 276, 279 f.; BGH NJW 1989, 166, 167; BGH NJW 1987, 3192 f.).

Fakultative Nachschusspflicht

- beschränkt
- unbeschränkt

Auch GmbH-Gesellschafter trifft grds. Treuepflicht

Nach dem Gesetz haftet für Gesellschaftsverbindlichkeiten den Gläubigern nur das Gesellschaftsvermögen (§ 13 II GmbHG). Ganz ausnahmsweise kommt allerdings nach der Rechtsprechung eine persönliche unbeschränkte Haftung von Gesellschaftern im Rahmen einer **Durchgriffshaftung** in Betracht (BGHZ 95, 330, 334; 125, 366, 368; BGH NJW 1974, 1371, 1372).

Beispiele

- Vermögensvermischung: Verschleierung der Vermögensabgrenzung zwischen Gesellschafts- und Privatvermögen durch mangelnde oder undurchsichtige Buchführung
- Sphärenvermischung: Verschleierung der Trennung von GmbH und Gesellschafter(n) im organisatorischen Bereich, etwa durch Führung ähnlicher Firmen, Nutzung derselben Geschäftsräume und desselben Personals

---

10.3.6 Finanzverfassung der GmbH

10.3.6.1 Rechnungslegung
Die Geschäftsführer sind zur ordnungsgemäßen Buchführung verpflichtet (§ 41 GmbHG). Wie der Vorstand der AG (vgl. 10.1.5) haben sie den **Jahresabschluss** nebst Anhang und Lagebericht aufzustellen (§ 264 I HGB, § 42 GmbHG). Für mittelgroße und große Gesellschaften i.S.d. § 267 II, III HGB schreibt § 316 HGB eine Abschlussprüfung vor. Jahresabschluss und Bericht der Abschlussprüfer sind zunächst dem ggf. vorhandenen Aufsichtsrat und sodann den Gesellschaftern vorzulegen (§ 42 a I GmbHG). Diese haben über die Feststellung des Jahresabschlusses sowie die Gewinnverwendung zu beschließen (§ 42 a II GmbHG).

10.3.6.2 Kapitalveränderungen

Bei der GmbH unterscheidet man ebenfalls die effektive und die nominelle **Kapitalerhöhung bzw. -herabsetzung**. Mit Ausnahme der nicht vorgesehenen bedingten Kapitalerhöhung und des genehmigten Kapitals entsprechen die Regelungen des GmbH-Rechts (§§ 55–59 GmbHG) weitgehend denen des Aktienrechts (vgl. 10.1.5).

10.3.6.3 Eigenkapitalersetzende Gesellschafterdarlehen

Den Gesellschaftern steht es frei, ob sie einen zusätzlichen Kapitalbedarf der GmbH durch Zuführung von Eigenkapital (effektive Kapitalerhöhung) oder Fremdkapital (z.B. *Bankkredit*) decken. Auch bleibt es ihnen unbenommen, der GmbH statt Eigenkapital selbst Darlehen zu gewähren. Besonderheiten ergeben sich jedoch bei Darlehen, die ein

Gesellschafter in der Krise der GmbH zur Abwendung finanzieller Schwierigkeiten – insbesondere der Insolvenz – gewährt. Solche Darlehen werden nach den Grundsätzen der **eigenkapitalersetzenden Gesellschafterdarlehen** als Eigenkapital behandelt.

Hat nämlich ein Gesellschafter der GmbH in einem Zeitpunkt, in dem ihr die Gesellschafter als ordentliche Kaufleute Eigenkapital zugeführt hätten (Krise der Gesellschaft), stattdessen ein Darlehen gewährt, so kann er den Anspruch auf Rückgewähr des Darlehens im Insolvenzverfahren über das Vermögen der GmbH nicht wie ein Fremdkapitalgeber als gewöhnlicher, sondern nur als **nachrangiger Insolvenzgläubiger** (§ 39 I Nr. 5 InsO) geltend machen (§ 32 a I GmbHG).

Krisenfall:
Finanzierungsfolgenverantwortung, wenn statt gebotener Eigenkapitalzuführung Gesellschafterdarlehen gewährt wird

Eine »**Krise der Gesellschaft**« i.S.d. § 32 a I GmbHG liegt namentlich bei deren **Kreditunwürdigkeit** vor. Kreditunwürdig ist eine GmbH, wenn sie von Dritten – in Kenntnis der kreditrelevanten Umstände – einen zur Fortführung ihres Unternehmens erforderlichen Kredit zu marktüblichen Bedingungen nicht mehr erhält und sie deshalb ohne die Gesellschafterleistung liquidiert werden müsste (BGH NJW 1999, 3120, 3121; BGH NJW 1997, 3171, 3172). Der Darlehensgewährung in der Krise wird es grundsätzlich gleichgestellt, wenn das einer liquiden und kreditwürdigen GmbH gewährte Darlehen in der Krise belassen und nicht abgezogen wird (Stehenlassen eines Darlehens; BGHZ 75, 334, 337; 76, 326, 331; 81, 311, 318; BGH NJW 1996, 722 f.).

Krise der GmbH:
Kreditunwürdigkeit

Eine Rechtshandlung, die für die Forderung eines Gesellschafters auf Rückgewähr eines kapitalersetzenden Darlehens Befriedigung gewährt hat (z.B. *Darlehenstilgung*), ist anfechtbar, wenn die Handlung im letzten Jahr vor dem Antrag auf Eröffnung des Insolvenzverfahrens oder nach diesem Antrag vorgenommen wurde (§ 135 Nr. 2 InsO).

Hat ein Dritter der GmbH in ihrer Krise ein Darlehen gewährt und ihm ein Gesellschafter hierfür eine **Sicherheit** (z.B. *Bürgschaft*) bestellt, so kann der Dritte im Insolvenzverfahren der GmbH nur für den Betrag Befriedigung verlangen, mit dem er bei Zugriff auf die vom Gesellschafter gestellte Sicherheit ausgefallen ist (§ 32 a II GmbHG). In diesem Fall muss also vorrangig der die Sicherheit stellende Gesellschafter in Anspruch genommen werden. Dadurch reduziert sich die Forderung des Darlehensgebers gegenüber der GmbH zugunsten der übrigen Gesellschaftsgläubiger. Hat die GmbH das Darlehen im letzten Jahr vor dem Antrag auf Eröffnung des Insolvenzverfahrens oder nach diesem Antrag zurückgezahlt, so muss der sicherheitsleistende Gesellschafter der GmbH den zurückgezahlten Betrag nach Maßgabe des § 32 b GmbHG erstatten.

§ 32 a III GmbHG erfasst auch eigenkapitalersetzende Gebrauchsüberlassung

Die vorgenannten Grundsätze über eigenkapitalersetzende Gesellschafterdarlehen gelten sinngemäß für andere Rechtshandlungen eines Gesellschafters oder eines Dritten, die der Darlehensgewährung nach § 32 a I oder II GmbHG wirtschaftlich entsprechen (§ 32 a III 1 GmbHG).

Beispiele

- Stundung einer Forderung, die dem Gesellschafter gegenüber der GmbH zusteht
- Schuldrechtliche Nutzungsüberlassung von Betriebsgrundstücken oder Maschinen (etwa im Rahmen einer Betriebsaufspaltung)

---

§ 32 a III 2 GmbHG:
Kleinbeteiligtenprivileg

Die geschilderten Regeln über den Eigenkapitalersatz gelten allerdings für Gesellschafter, die mit höchstens 10 % am Stammkapital beteiligt sind, nur dann, wenn sie zugleich Geschäftsführer sind (§ 32 a III 2 GmbHG). Hierdurch sollen Gesellschafter ohne mitunternehmerische Verantwortung von der aus § 32 a GmbHG resultierenden strengen Finanzierungsfolgenverantwortung ausgenommen werden.

§ 32 a III 3 GmbHG:
Sanierungsprivileg

Ebenfalls keine Anwendung finden die Regeln über den Eigenkapitalersatz für bestehende oder neugewährte Kredite eines Darlehensgebers, der in der Krise der GmbH Geschäftsanteile zum Zweck der Überwindung der Krise erwirbt (§ 32 a III 3 GmbHG). Dieses **Sanierungsprivileg** soll verhindern, dass ein außenstehender Darlehensgeber die Übernahme von Geschäftsanteilen und unternehmerischer Kontrolle nur deshalb unterlässt, weil eine Umqualifizierung seiner stehengelassenen oder neugewährten Kredite in Eigenkapitalersatz droht.

Nach höchstrichterlicher Rechtsprechung dürfen eigenkapitalersetzende Leistungen auch außerhalb der Insolvenz nicht zurückgezahlt werden, wenn dadurch eine Unterbilanz entsteht oder verschärft wird, d. h. der Wert des Reinvermögens (vgl. 10.3.1) der GmbH unter den Betrag des Stammkapitals sinken würde (§ 30 I GmbHG analog; BGHZ 90, 370, 376). Dem zuwider erfolgte Rückzahlungen sind der GmbH vom Gesellschafter analog § 31 I GmbHG zu erstatten.

10.3.7 Gesellschafterwechsel

Abtretung von GmbH-
Anteilen bedarf notariel-
ler Beurkundung

Im Gegensatz zur AG ist bei der GmbH die Veräußerung der gesellschafterlichen Beteiligung stärker formalisiert. Zwar sind auch GmbH-Geschäftsanteile grundsätzlich ohne Genehmigung der GmbH veräußerlich und vererblich (§ 15 I GmbHG; zur Möglichkeit einer Vinkulierung vgl. § 15 V GmbHG). Um den leichten und spekulativen Handel mit Geschäftsanteilen auszuschließen sowie aus Gründen der Beweiserleichterung bedarf jedoch die Abtretung von Geschäftsanteilen (dingliches Rechtsgeschäft) durch Gesellschafter stets eines in **notarieller Form** geschlossenen Vertrags (§ 15 III GmbHG). Dieser notariellen Form bedarf grundsätzlich auch eine schuldrechtliche Vereinbarung, durch welche die Verpflichtung eines Gesellschafters zur Abtretung eines Geschäftsanteils begründet wird (§ 15 IV GmbHG).

Daneben kann ein Verlust der Mitgliedschaft durch Ausschluss eines säumigen Gesellschafters (§ 21 GmbHG; **Kaduzierung**), Einziehung des Geschäftsanteils bei entsprechender gesellschaftsvertraglicher Regelung (§ 34 GmbHG; **Amortisation**) oder Aufgabe des Geschäftsanteils bei unbeschränkter Nachschusspflicht (§ 27 GmbHG; **Abandon**) eintreten.

Aus wichtigem Grund kann ein Gesellschafter gegen seinen Willen aus der GmbH **ausgeschlossen** werden, wenn weniger einschneidende Sanktionen ausscheiden und der Gesellschaft die Fortsetzung des Gesellschaftsverhältnisses mit ihm nicht zumutbar ist (analog § 737 BGB, § 140 HGB; BGHZ 16, 317, 322; 80, 346, 349). Umgekehrt ist aus wichtigem Grund auch ein Gesellschafter äußerstenfalls zum **Austritt** aus der GmbH berechtigt (BGHZ 116, 359, 364). In beiden Fällen steht dem ausscheidenden Gesellschafter grundsätzlich ein Abfindungsanspruch in Höhe des vollen Wertes seines Anteils zu.

Beendigung der Mitgliedschaft:
- Anteilsabtretung
- Kaduzierung
- Amortisation
- Abandon
- Ausschluss
- Austritt

10.3.8 Beendigung der GmbH

Die GmbH wird insbesondere in den Fällen des § 60 I GmbHG **aufgelöst** (z. B. *Eröffnung des Insolvenzverfahrens*; vgl. auch §§ 61, 62 GmbHG). Weitere Auflösungsgründe kann die Satzung vorsehen (§ 60 II GmbHG).

Die Auflösung ist grundsätzlich zur Eintragung in das Handelsregister anzumelden und bekannt zu machen (§ 65 GmbHG). Sodann erfolgt die **Liquidation**, die grundsätzlich in den Händen der Geschäftsführer liegt (§ 66 GmbHG).

Beendigung der GmbH:
Auflösung und grds. Liquidation

Die Liquidatoren haben gemäß §§ 70, 71 GmbHG
- zu Beginn der Liquidation eine Eröffnungsbilanz aufzustellen,
- die laufenden Geschäfte zu beendigen,
- die Verpflichtungen der aufgelösten Gesellschaft zu erfüllen,
- die Forderungen derselben einzuziehen und
- das Vermögen der Gesellschaft in Geld umzusetzen.

Anschließend wird ein Liquidationsüberschuss – bei Fehlen einer anderen gesellschaftsvertraglichen Bestimmung – unter die Gesellschafter nach dem Verhältnis ihrer Geschäftsanteile verteilt (§ 72 GmbHG;

beachte § 73 GmbHG). Nach Beendigung der Liquidation und entsprechender Handelsregisteranmeldung wird die Gesellschaft gelöscht (§ 74 I GmbHG).

10.4
EINGETRAGENE
GENOSSENSCHAFT
(EG)

eG bezweckt Förderung
des Erwerbs oder
der Wirtschaft ihrer
Mitglieder

eG ist juristische Person

Bei der – praktisch ebenfalls sehr bedeutsamen – eG handelt es sich um eine Gesellschaft von nicht geschlossener Mitgliederzahl, welche die **Förderung des Erwerbs oder der Wirtschaft** ihrer Mitglieder mittels gemeinschaftlichen Geschäftsbetriebs bezweckt (§ 1 I GenG).

Die eG besitzt eigene Rechtspersönlichkeit, ist also **juristische Person** (§ 17 I GenG). Für deren Verbindlichkeiten haften den Gläubigern daher nicht die Mitglieder (Genossen), sondern nur das Vermögen der Genossenschaft (§ 2 GenG). Die eG ist nicht auf eine bestimmte Mitgliederzahl fixiert (§ 1 I GenG), sondern auf freien Eintritt (§§ 15 ff. GenG) und Austritt (§ 65 I GenG) von Genossen angelegt. Bei ihr existiert – anders als bei AG und GmbH – keine ziffernmäßig festgelegte Kapitalbasis. Deshalb verändert sich bereits mit jedem Gesellschafterwechsel und den damit einhergehenden Änderungen der Einlagen die Höhe des Genossenschaftsvermögens. Die eG gilt – ungeachtet ihrer konkreten Tätigkeit – als **Kaufmann** (§ 17 II GenG).

Beispiele

- Kreditgenossenschaften (Volks- und Raiffeisenbanken)
- Einkaufsgenossenschaften für Landwirte oder Handwerker
- Absatzgenossenschaften zum gemeinschaftlichen Verkauf landwirtschaftlicher oder gewerblicher Erzeugnisse
- Produktivgenossenschaften (Winzergenossenschaften)
- Wohnungsbaugenossenschaften

10.4.1 Gründung der eG

Sieben Gründungsmitglieder erforderlich

Zur Gründung der eG sind mindestens **sieben Genossen** erforderlich (§ 4 GenG), die ein **schriftliches Statut** festlegen (§ 5 GenG). Obligatorische und fakultative Inhalte dieses Statuts regeln §§ 6–8 GenG.

Beispiele

- Firma (vgl. § 3 GenG) und Sitz der Genossenschaft
- Gegenstand des Unternehmens
- Bestimmungen über etwaige Nachschusspflichten der Genossen im Insolvenzfall

- Höchstbetrag, bis zu dem sich ein Genosse mit Einlagen beteiligen kann (**Geschäftsanteil**)
- Bestimmungen über eine etwaige Ausdehnung des Geschäftsbetriebs auf Nichtmitglieder

---

Zweck der eG ist nicht die eigene Gewinnerzielung, sondern die Unterstützung ihrer Mitglieder bei deren wirtschaftlicher Betätigung.

Die Gründungsgenossen bestellen Vorstand und Aufsichtsrat (§ 9 I GenG). Sodann muss die zu gründende Genossenschaft von einem Prüfungsverband zum Beitritt zugelassen werden (§ 11 II Nr. 3 GenG). Anschließend hat der Vorstand die Genossenschaft zur Eintragung in das beim Amtsgericht geführte Genossenschaftsregister anzumelden (vgl. §§ 10, 11 GenG). Ergibt die registergerichtliche Prüfung keine Beanstandungen (vgl. § 11 a GenG), erfolgt die konstitutiv wirkende Eintragung der eG als juristische Person (§§ 13, 17 I GenG).

Der eG geht es primär nicht um eigene Gewinnerzielung

Eintragung im Genossenschaftsregister wirkt konstitutiv

10.4.2 Organe der eG

Wie die AG hat auch die eG drei notwendige Organe, nämlich Vorstand, Aufsichtsrat und Generalversammlung (ggf. Vertreterversammlung). Im Gegensatz zur AG müssen diese jedoch aus Genossen bestehen (§ 9 II GenG), sofern nicht mitbestimmungsrechtliche Regelungen für Arbeitnehmervertreter im Aufsichtsrat (§§ 77 III, 76 BetrVG 1952, §§ 1 I, 6 I, 7 MitbestG) und für den Arbeitsdirektor (§ 33 MitbestG) Platz greifen.

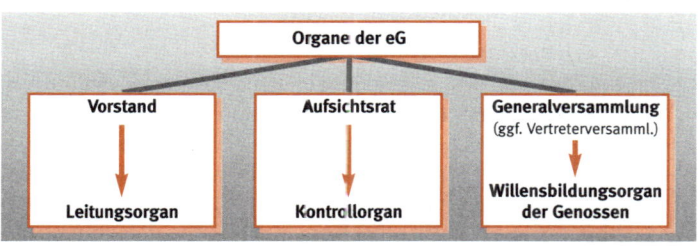

Abb. 10.9: Organe der eG

10.4.2.1 Vorstand

Dem mindestens aus zwei Mitgliedern bestehenden Vorstand obliegen **Geschäftsführung** und **Vertretung** der eG (§§ 24 I, II, 26 I GenG; z.B. *Entscheidung über die Zulassung weiterer beitrittswilliger Genossen*, § 15 GenG). Gewählt wird der Vorstand – jederzeit widerruflich (§ 24 III 2 GenG) – mangels anderer Regelung im Statut nicht vom Aufsichtsrat, sondern von der Generalversammlung (§ 24 II GenG).

Vorstand: Leitungsorgan

Soweit das Statut nichts anderes bestimmt, gilt **Gesamtvertretung** (§ 25 GenG). Zur Passivvertretung ist stets jedes Vorstandsmitglied allein befugt (§ 25 I 3 GenG).

Der Vorstand hat die eG unter eigener Verantwortung zu **leiten** (§ 27 I 1 GenG). Er hat dabei die durch das Statut festgesetzten **Beschränkungen** zu beachten (§ 27 I 2 GenG). Im Außenverhältnis gegenüber Dritten entfaltet eine etwaige Beschränkung der Vertretungsbefugnis (z.B. *auf gewisse Geschäfte oder Arten von Geschäften*) indes keine rechtliche Wirkung (§ 27 II 1 GenG).

Leitungskompetenz des Vorstands ist intern beschränkbar

Vorstandsmitglieder treffen **Sorgfalts- und Verschwiegenheitspflichten** (§ 34 I GenG). Verletzen sie diese (z.B. *Auszahlung von Geschäftsguthaben oder Verteilung von Genossenschaftsvermögen entgegen Gesetz oder Statut*), sind sie der Genossenschaft zum **Ersatz des** daraus entstehenden **Schadens** als Gesamtschuldner verpflichtet (§ 34 II, III GenG). Eine Ersatzpflicht gegenüber der eG scheidet jedoch aus, wenn die Handlung auf einem gesetzmäßigen Beschluss der Generalversammlung beruht (§ 34 IV GenG).

Bei **Insolvenzreife** (Zahlungsunfähigkeit oder Überschuldung nach Maßgabe von § 98 GenG) hat der Vorstand ohne schuldhaftes Zögern, spätestens aber drei Wochen nach Eintritt des Insolvenzgrundes die Eröffnung des Insolvenzverfahrens zu beantragen (§ 99 I GenG; vgl. auch § 148 I Nr. 2 GenG). Zur Vermeidung einer Masseschmälerung darf er in diesem Stadium grundsätzlich keine Zahlungen mehr leisten (§ 99 II GenG).

10.4.2.2 Aufsichtsrat

Die zentrale Aufgabe des von der Generalversammlung gewählten Aufsichtsrats besteht darin, den Vorstand bei seiner Geschäftsführung zu **überwachen** und sich über die Angelegenheiten der Genossenschaft zu unterrichten (§ 38 I 1 GenG). Er kann zu diesem Zweck jederzeit Berichterstattung vom Vorstand verlangen und in die Geschäftsunterlagen Einblick nehmen (§ 38 I 2 GenG).

Aufsichtsrat: Kontrollorgan

Überdies hat der Aufsichtsrat den Jahresabschluss, den Lagebericht und den Vorschlag für die Gewinnverwendung (oder die Deckung des Jahresfehlbetrags) zu **prüfen** und über das Ergebnis der Prüfung der Generalversammlung vor der Feststellung des Jahresabschlusses zu berichten (§ 38 I 3 GenG). Auch vertritt er die eG gegenüber dem Vorstand (§ 39 I GenG; z.B. *beim Abschluss des Anstellungsvertrags mit einem Vorstandsmitglied*).

Hat eine eG mehr als 500 Arbeitnehmer, so ist der Aufsichtsrat zu einem Drittel (§§ 77 III, 76 I BetrVG 1952, § 129 BetrVG), bei mehr als

2.000 Arbeitnehmern paritätisch mit Arbeitnehmervertretern zu besetzen (§§ 1 I, 6 I, 7 MitbestG).

Anders als bei der AG dürfen die Aufsichtsratsmitglieder der eG keine nach dem Geschäftsergebnis bemessene Vergütung (Tantieme) beziehen (§ 36 II GenG). **Sorgfaltspflicht** und **Verantwortlichkeit** der Aufsichtsratsmitglieder entsprechen denen der Vorstandsmitglieder (§§ 41, 34 GenG).

Tantieme
= Nach dem Geschäfts-ergebnis bemessene Vergütung

10.4.2.3 Generalversammlung

Die Generalversammlung ist oberstes **Willensbildungs- und Entscheidungsorgan** der eG. In ihr üben die Genossen ihre Rechte in den Angelegenheiten der eG grundsätzlich aus (§ 43 I GenG).

Die Beschlussfassung erfolgt regelmäßig mit einfacher Stimmenmehrheit (§ 43 II GenG). Abgestimmt wird nach Köpfen, jeder Genosse hat also eine Stimme; doch kann das Statut die Gewährung von **Mehrstimmrechten** (höchstens drei Stimmen) für verdiente Mitglieder vorsehen (§ 43 III GenG).

Generalversammlung:
Willensbildungsorgan

Grundsätzlich Abstimmung nach Köpfen

Zu den wesentlichen **Aufgaben** der – grundsätzlich vom Vorstand einzuberufenden (§ 44 GenG) – Generalversammlung gehören insbesondere

- Wahl und Abberufung von Vorstands- und Aufsichtsratsmitgliedern (§§ 24 II, III, 36 I, III GenG),
- deren Entlastung (§ 48 I 2 GenG),
- Feststellung des Jahresabschlusses (§ 48 I 1 GenG),
- Beschlussfassung über die Verwendung des Jahresüberschusses oder die Deckung eines Jahresfehlbetrags (§ 48 I 2 GenG) und
- Beschlussfassung über Änderungen des Statuts (§§ 16, 22 GenG).

Bei Genossenschaften mit mehr als 1.500 Mitgliedern kann das Statut bestimmen, dass die Generalversammlung aus Vertretern der Genossen (**Vertreterversammlung**) besteht (§ 43 a I GenG). Die Vertreterversammlung besteht aus mindestens 50 von den Genossen zu wählenden Vertretern (§ 43 a I GenG; zu deren persönlichen Voraussetzungen vgl. § 43 a II GenG). Sie übt die Rechte der Generalversammlung aus.

Bei mitgliederstarken Genossenschaften Einrichtung einer Vertreterversammlung möglich

10.4.3 Rechte und Pflichten der Genossen

Auf Grund seiner etwa ursprünglich oder durch späteren Beitritt (vgl. §§ 15, 15 a, 15 b GenG) erworbenen Mitgliedschaft stehen dem Genossen folgende **Rechte** zu:

- Mitverwaltungsrechte (z.B. *Teilnahme an und Stimmrecht in der Generalversammlung (§ 43 GenG); Einsichtnahme in die Niederschrift über Beschlüsse der Generalversammlung (§ 47 IV GenG); Anfechtungsrecht (§ 51 GenG)*),
- Vermögensrechte (z.B. *Teilnahme an den genossenschaftlichen Einrichtungen wie etwa Warenbezug oder Benutzung von Gerätschaften (§ 1 I GenG); grundsätzlich Anspruch auf Gewinnverteilung (§§ 19, 20 GenG)*) und
- grundsätzlicher Anspruch auf Gleichbehandlung aller Genossen.

Hauptpflichten des Genossen bestehen in
- der Mindesteinzahlung auf den Geschäftsanteil (§§ 7 Nr. 1, 50 GenG; Einlagepflicht),
- dem ggf. zu leistenden – beschränkten oder unbeschränkten – Nachschuss, sofern das Statut eine entsprechende Nachschusspflicht für den Insolvenzfall vorsieht (§§ 6 Nr. 3, 105, 119 ff. GenG),
- und der Pflicht, beim eigenen Ausscheiden einen etwaigen Fehlbetrag zur Schuldendeckung der eG anteilig auszugleichen (§ 73 II 3 GenG).

Auch Genossen obliegt Treuepflicht

Abgesehen von weiteren Pflichten, die das Statut regeln kann (z.B. *Ablieferung eigener Produkte an die Genossenschaft*), treffen alle Genossen **Treuepflichten** sowohl der eG als auch den übrigen Genossen gegenüber.

Die **Mitgliedschaft endet** durch
- Tod oder Eigenkündigung des Genossen (§§ 65, 67, 67 a, 67 b GenG),
- Kündigung durch einen Privatgläubiger des Genossen (§ 66 GenG),
- Übertragung des Geschäftsguthabens (§ 76 GenG) oder
- Ausschließung (§ 68 GenG); die Auseinandersetzung richtet sich nach § 73 GenG.

Demgegenüber richten sich **Auflösung** und **Liquidation** der eG nach §§ 78 ff. GenG.

10.4.4 Pflichtprüfung

Prüfung der wirtschaftlichen Verhältnisse und der Geschäftsführung obliegt Prüfungsverband

Jede Genossenschaft muss einem **Prüfungsverband** angehören, der sie prüft (§§ 54, 55 I 1 GenG). Der Prüfungsverband bedient sich zum Prüfen regelmäßig der von ihm angestellten Prüfer (§ 55 I 2 GenG). Zur Feststellung der wirtschaftlichen Verhältnisse und der Ordnungsmäßigkeit der Geschäftsführung sind die Einrichtungen, die Vermögenslage sowie die Geschäftsführung der eG mindestens in jedem zweiten Geschäftsjahr zu prüfen (§ 53 I 1 GenG). Bei Genossenschaften, deren Bilanzsumme 2.000.000 € übersteigt, muss die Prüfung in jedem Geschäftsjahr stattfinden (§ 53 I 2 GenG). Durchführung der Prüfung und Berichterstattung über die Prüfung bestimmen sich nach §§ 57 ff. GenG. Die Prüfung durch den Prüfungsverband ersetzt die Abschlussprüfung nach § 316 HGB.

Prüfung durch Prüfungsverband ersetzt handelsrechtliche Abschlussprüfung

10.5 VERSICHERUNGS-VEREIN AUF GEGEN-SEITIGKEIT (VVaG)

Mit dem VVaG besteht eine spezielle privatrechtliche Gesellschaftsform für Unternehmen, die die **Versicherung ihrer Mitglieder nach dem Grundsatz der Gegenseitigkeit** betreiben (§ 15 VAG). Geprägt ist der VVaG von dem Gedanken **genossenschaftlicher Selbsthilfe**: Vorsorge für Einzelrisiken soll kollektiv betrieben werden, indem eine Vielzahl von Risikoträgern durch Zusammenschluss in einem Verein die einzelnen Risiken auf alle Mitglieder verteilt und damit in der Gemeinschaft selbst deckt. Insofern ist jedes Mitglied eines VVaG zugleich Versicherer und Versicherungsnehmer. Allerdings wird die durch die mitgliedschaftliche Konstruktion des Versicherungsgeschäfts hergestellte Identität von Versicherungsverhältnis und Mitgliedschaft nicht streng durchgehalten. Denn die Satzung des VVaG kann ausdrücklich auch Versicherungsgeschäfte mit **Nichtmitgliedern** gestatten (§ 21 II VAG).

Der VVaG wird durch notariell zu beurkundende Satzung errichtet (§§ 17, 18 VAG). Mitglied kann nur werden, wer ein Versicherungsverhältnis mit dem Verein begründet (§ 20 S. 2 VAG). **Rechtsfähigkeit** erlangt der VVaG aber erst durch aufsichtsbehördliche Erlaubnis (§ 15 VAG). Für dessen Verbindlichkeiten **haftet** den Gläubigern nur das Vereinsvermögen; die Mitglieder haften den Vereinsgläubigern nicht (§ 19 VAG).

Organe des VVaG sind gemäß § 29 VAG
- der Vorstand,
- der Aufsichtsrat und
- die gesetzlich als »oberste Vertretung« bezeichnete Versammlung von Mitgliedern oder Mitgliedervertretern.

Die Rechtsstellung dieser Organe orientiert sich weitgehend am Aktienrecht (vgl. §§ 34, 35, 36 VAG).

Prinzip genossenschaftlicher Selbsthilfe

Aufsichtsbehörde:
Bundesaufsichtsamt für das Versicherungswesen (§ 90 VAG)

11 Verbundene Unternehmen

Die Vorstellung von der rechtlich und wirtschaftlich unabhängigen Gesellschaft prägt das kodifizierte Gesellschaftsrecht. Die Realität in der Unternehmenspraxis sieht indes weitgehend anders aus. So ist ein Großteil aller deutschen Gesellschaften vertraglich oder faktisch eingebunden in eine übergeordnete Unternehmensorganisation. Man spricht insoweit von verbundenen Unternehmen.

11.1
Begriff der verbundenen Unternehmen

§ 15 AktG:
Aufzählung verbundener Unternehmen

Verbundene Unternehmen sind gemäß § 15 AktG **rechtlich selbstständige** Unternehmen, die

- im Verhältnis zueinander in Mehrheitsbesitz stehende Unternehmen und mit Mehrheit beteiligte Unternehmen (§ 16 AktG),
- abhängige und herrschende Unternehmen (§ 17 AktG),
- Konzernunternehmen (§ 18 AktG),
- wechselseitig beteiligte Unternehmen (§ 19 AktG) oder
- Vertragsteile eines Unternehmensvertrags (§§ 291, 292 AktG) sind.

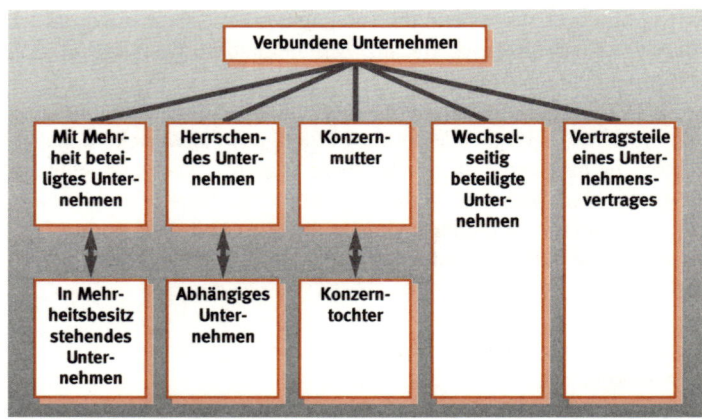

Abb. 11.1: Verbundene Unternehmen

11.2
Voraussetzungen

Gehört die Mehrheit der Anteile eines rechtlich selbstständigen Unternehmens einem anderen Unternehmen (z. B. *bei einer AG mindestens 50 % plus 1 Aktie*) oder steht einem anderen Unternehmen die Mehrheit der Stimmrechte zu (z. B. *Divergenz bei Ausgabe von Vorzugsaktien ohne Stimmrecht neben Stammaktien*), so ist das Unternehmen ein **in Mehrheitsbesitz** stehendes Unternehmen, das andere Unternehmen ein an ihm **mit Mehrheit beteiligtes** Unternehmen (§ 16 I AktG). Praktisch ergibt sich die Mehrheit oft erst aus der Zurechnungsvorschrift des § 16 IV AktG. Danach gelten Anteile eines abhängigen als Anteile eines herrschenden Unternehmens.

Abhängige Unternehmen sind rechtlich selbstständige Unternehmen, auf die ein anderes Unternehmen (**herrschendes** Unternehmen) unmittelbar (z.B. *durch Beherrschungs- und Gewinnabführungsvertrag*) oder mittelbar (z.B. *durch Stimmbindungsverträge oder Treuhandabreden mit Gesellschaftern*) einen beherrschenden Einfluss ausüben kann (§ 17 I AktG). Entscheidend kommt es hierbei auf die beständige und umfassende Möglichkeit der Einflussnahme an; ob ein beherrschender Einfluss auch tatsächlich ausgeübt wird, ist hingegen unbeachtlich. Allerdings muss der beherrschende Einfluss gesellschaftsrechtlich vermittelt sein (BGHZ 90, 381, 395 f.); eine bloß wirtschaftliche Abhängigkeit (z.B. *als Folge von Kredit- oder Lieferbeziehungen*) reicht nicht aus. Von einem in Mehrheitsbesitz stehenden Unternehmen wird – widerlegbar – vermutet, dass es von dem an ihm mit Mehrheit beteiligten Unternehmen abhängig ist (§ 17 II AktG).

Entscheidend kommt es auf die beständige und umfassende Möglichkeit der Einflussnahme an

Sind ein herrschendes (Konzernmutter) und ein oder mehrere abhängige Unternehmen (Konzerntochter) unter der **einheitlichen Leitung** des herrschenden Unternehmens zusammengefasst (z.B. *durch Identität der Organmitglieder auf Geschäftsleitungsebene*), so bilden sie einen Konzern (**Unterordnungskonzern**); die einzelnen Unternehmen sind Konzernunternehmen (§ 18 I 1 AktG). Unternehmen, zwischen denen ein Beherrschungsvertrag (§ 291 AktG) besteht oder von denen das eine in das andere eingegliedert ist (§ 319 AktG), sind als unter einheitlicher Leitung zusammengefasst anzusehen (§ 18 I 2 AktG). Von einem abhängigen Unternehmen wird – widerlegbar – vermutet, dass es mit dem herrschenden Unternehmen einen Konzern bildet (§ 18 I 3 AktG). Praktisch viel seltener kommt der in § 18 II AktG geregelte **Gleichordnungskonzern** vor.

Konzernmutter
Konzernunternehmen
Konzerntochter

§§ 17 II, 18 I 3 AktG: Konzernvermutung

Basiert die einheitliche Leitung etwa auf Mitgliedschaftsrechten (z.B. *Mehrheitsbeteiligung*), spricht man vom **faktischen Konzern**. Beruht die dauerhafte Unterwerfung unter die übergreifende Zielkonzeption eines anderen Unternehmens auf vertraglicher Grundlage (z.B. *Beherrschungsvertrag*), liegt ein **Vertragskonzern** vor. In jedem Fall bleiben die einzelnen Konzernunternehmen rechtlich selbstständige Unternehmen, auch wenn sie ökonomisch einer externen Planungs- und Entscheidungsinstanz untergeordnet sind.

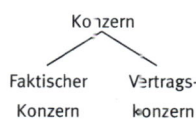

Konzern
Faktischer Konzern — Vertragskonzern

Unter **wechselseitig beteiligten** Unternehmen versteht man Unternehmen in der Rechtsform einer Kapitalgesellschaft mit Sitz im Inland, die dadurch verbunden sind, dass jedem Unternehmen mehr als 25 % der Anteile des anderen Unternehmens gehören (§ 19 I 1 AktG).

Unternehmensverträge:
• Beherrschungsvertrag
• Gewinnabführungs-
vertrag
• Gewinngemeinschaft
• Teilgewinnabführungs-
vertrag
• Betriebspacht- oder
-überlassungsvertrag

Von den **Unternehmensverträgen** sind in der Wirtschaftspraxis die in § 291 I 1 AktG genannten am bedeutsamsten, durch die eine AG oder KGaA die Leitung ihrer Gesellschaft einem anderen Unternehmen unterstellt (**Beherrschungsvertrag**) oder sich verpflichtet, ihren ganzen Gewinn an ein anderes Unternehmen abzuführen (**Gewinnabführungsvertrag**). Weitere Unternehmensverträge stellen Gewinngemeinschaft, Teilgewinnabführungsvertrag sowie Betriebspacht- und Betriebsüberlassungsvertrag dar (§ 292 I AktG).

Definitionsnormen der
§§ 15–18 AktG sind
rechtsformneutral

Die Definitionsnormen der §§ 15–18 AktG mit ihren sich häufig überschneidenden Verflechtungen sind allseits – also sowohl für Mutter- wie Tochterunternehmen – **rechtsformneutral**. Sie gelten mithin nicht nur für den Aktienkonzern, sondern finden etwa auch Anwendung, wenn das abhängige Unternehmen von einer GmbH (BGHZ 80, 69, 72; 95, 330, 337 f.; 107, 7, 15) oder einer Personengesellschaft (BGHZ 89, 162, 167; BGH NJW 1980, 231) getragen wird. Hingegen beschränkt sich der Anwendungsbereich von § 19 AktG auf inländische Kapitalgesellschaften, während die materiell-rechtlichen Konzernvorschriften (§§ 291 ff. AktG) ausdrücklich eine AG oder KGaA als **abhängige** Gesellschaft voraussetzen; auf die Rechtsform des **herrschenden** Unternehmens kommt es in diesem Fall nicht an.

Beispiel

Unter § 291 AktG fällt auch der Abschluss eines Beherrschungs- und Gewinnabführungsvertrags zwischen einer herrschenden GmbH und einer abhängigen AG.

11.3 MATERIELLE REGELUNGEN BEI KONZERNIERUNG

§§ 293–337 AktG normieren materielle Bestimmungen, die vornehmlich schutzwürdige Interessen von Anteilseignern und Gesellschaftsgläubigern bei der Schaffung von Unternehmensverbindungen sichern sollen.

11.3.1 AG-Vertragskonzern

Hervorzuheben sind für den aktienrechtlichen **Vertragskonzern** zunächst die dem **Aktionärsschutz** dienenden Vorschriften über

- die **Zustimmung** der Hauptversammlung mit qualifizierter Mehrheit (§ 293 AktG),
- die grundsätzliche Notwendigkeit einer ausführlichen schriftlichen **Berichterstattung** des Vorstands über den Unternehmensvertrag (§ 293 a AktG),
- die grundsätzlich notwendige Prüfung des Unternehmensvertrags durch Vertragsprüfer (§§ 293 b, 293 c, 293 d AktG) und den von ihnen vorzulegenden **Prüfungsbericht** (§ 293 e AktG),
- Besonderheiten bei der Vorbereitung (§ 293 f AktG) und Durchführung der Hauptversammlung (§ 293 g AktG),
- das Wirksamwerden des Unternehmensvertrags durch Handelsregistereintragung (§ 294 AktG),
- die Änderung des Unternehmensvertrags (§ 295 AktG) sowie
- die Sicherung der außenstehenden Aktionäre bei Beherrschungs- und Gewinnabführungsverträgen durch angemessenen **Ausgleich** (§ 304 AktG) bzw. angemessene **Abfindung** (§ 305 AktG; gerichtlich überprüfbar im Spruchstellenverfahren nach § 306 AktG).

Materielles Konzernrecht dient primär dem Schutz der Anteilseigner und Gläubiger der abhängigen Gesellschaft

Namentlich dem **Gläubigerschutz** dienen hingegen die Vorschriften über
- die Modifizierung der gesetzlichen Rücklage (§ 300 AktG),
- den Höchstbetrag der Gewinnabführung (§ 301 AktG) sowie
- eine **Verlustübernahme** (§ 302 AktG) und ggf. **Sicherheitsleistung** bei Vertragsbeendigung (§ 303 AktG) durch das herrschende Unternehmen.

Im Falle eines Beherrschungsvertrags ist das herrschende Unternehmen durchaus berechtigt, nach Maßgabe des § 308 AktG der abhängigen Gesellschaft auch für sie **nachteilige Weisungen** zu erteilen. Kompensiert wird diese Leitungsmacht des herrschenden Unternehmens durch eine gesteigerte **Verantwortlichkeit**, die die gesetzlichen Vertreter (beim Einzelkaufmann der Inhaber) des herrschenden Unternehmens (§ 309 AktG) und nach allgemeiner Meinung auch dieses selbst trifft. Die gesamtschuldnerische Verantwortlichkeit der Verwaltungsmitglieder der abhängigen Gesellschaft regelt hingegen § 310 AktG.

Im Rahmen einer **Eingliederung** sorgen die §§ 319–327 AktG für Aktionärs- und Gläubigerschutz.

Beherrschungsvertrag: Leitungsmacht des herrschenden Unternehmens geht einher mit besonderer Verantwortlichkeit gegenüber beherrschter AG

11.3.2 Faktischer Aktienkonzern

§ 311 I AktG statuiert beim Fehlen eines Beherrschungsvertrags das grundsätzliche Verbot für das herrschende Unternehmen, seinen Einfluss dazu zu benutzen, eine abhängige AG oder KGaA zu veranlassen, ein für sie nachteiliges Rechtsgeschäft vorzunehmen oder Maßnahmen zu ihrem Nachteil zu treffen, sofern nicht die Nachteile ausgeglichen werden. Es braucht allerdings nicht umgehend ein **Nachteilsausgleich** vorgenommen zu werden. Vielmehr genügt es, wenn der abhängigen Gesellschaft bis zum Ende des Geschäftsjahres ein Rechtsanspruch auf die zum Ausgleich bestimmten Vorteile eingeräumt wird (§ 311 II AktG). Zur Sicherung dieses Ausgleichsverfahrens muss die abhängige Gesellschaft jährlich einen vom Abschlussprüfer (§ 313 AktG) und vom Aufsichtsrat (§ 314 AktG) zu prüfenden **Abhängigkeitsbericht** erstatten (§ 312 AktG), sofern kein Gewinnabführungsvertrag besteht (§ 316 AktG). Die schadensersatzbewehrte **Verantwortlichkeit** des herrschenden Unternehmens und seiner gesetzlichen Vertreter regelt § 317 AktG, die der Verwaltungsmitglieder der abhängigen Gesellschaft § 318 AktG.

11.3.3 Qualifizierter faktischer Aktienkonzern

Die Vorschriften über den faktischen Aktienkonzern gehen ersichtlich davon aus, dass sich einzelne – als solche ausgleichspflichtige – Nachteilszufügungen isolieren lassen. Hingegen liegt ein **qualifizierter faktischer Konzern** vor, wenn sich die schädlichen Wirkungen einer Einflussnahme des herrschenden Unternehmens infolge ihrer Breite, Stärke und Dauer nicht mehr isolieren lassen und die unternehmerische Struktur der abhängigen Gesellschaft entscheidend betroffen ist.

Beispiel

Eine abhängige Zuliefer-AG wird einer derart verdichteten Leitungsmacht unterworfen, dass sie praktisch wie eine unselbstständige Betriebsabteilung des herrschenden Produktionsunternehmens geführt wird.

Überwiegender Auffassung zufolge finden auf den qualifizierten faktischen Konzern nicht die §§ 311 ff. AktG, sondern die §§ 302, 303 AktG entsprechende Anwendung (vgl. zur GmbH BGH NJW 1997, 943 f.; BGH NJW 1994, 446 f.).

11.3.4 GmbH-Konzern

Wie bereits erwähnt, gelten die §§ 291 ff. AktG nur für die abhängige AG und KGaA. Das Recht der abhängigen GmbH ist demgegenüber – obwohl diese ein wichtiges Element der Konzernpraxis bildet – gesetzlich nicht geregelt. Zudem mangelt es namentlich den §§ 311–313 AktG (faktischer Konzern) sowie den §§ 319–327 AktG (Eingliederung) an Analogiefähigkeit. Daher nimmt es nicht wunder, dass wir hier eine noch heute nicht allseits befriedigend gelöste Problematik vorfinder :

- Auf den **GmbH-Vertragskonzern** können einzelne Vorschriften des AktG über Unternehmensverträge analog angewendet werden (BGHZ 103, 1, 5 f.; 105, 324 fL; BGH NJW 1992, 1452 ff.; z.B. *§§ 293 II, III, 294, 296, 297 I, 302, 303 AktG*).
- Im **faktischen GmbH-Konzern** besitzt das herrschende Unternehmen die Möglichkeit, ohne vertragliche Grundlage der abhängigen GmbH Weisungen zu erteilen. Mit dieser Weisungsbefugnis geht das aus einer gesteigerten **Treuepflicht** resultierende Gebot einher, auf die Interessen der beherrschten GmbH und ihrer Minderheitsgesellschafter **Rücksicht** zu nehmen. Verstößt das herrschende Unternehmen gegen das aus der Treuepflicht abgeleitete Schädigungsverbot, macht es sich schadensersatzpflichtig (BGHZ 65, 15, 18 ff.).
- Hingegen trifft das herrschende Unternehmen im **qualifizierten faktischen GmbH-Konzern** eine Haftung analog §§ 302, 303 AktG, wenn es die Konzernleitungsmacht in einer Weise ausübt, die keine angemessene Rücksicht auf die Belange der abhängigen GmbH nimmt, ohne dass sich der ihr insgesamt zugefügte Nachteil durch Einzelausgleichsmaßnahmen kompensieren ließe (BGHZ 122, 123, 130; BGH NJW 1997, 943; BGH NJW 1994, 446).

11.3.5 Abhängige Personengesellschaft

Weit weniger konturiert, da vie seltener Gegenstand gerichtlicher Entscheidungen, stellt sich demgegenüber die rechtliche Situation **abhängiger Personengesellschaften** dar. Neben allgemeinen Regelungen kommen auch hier für das herrschende Unternehmen insbesondere eine Verlustausgleichspflicht analog § 302 AktG (BGH NJW 1980, 231) sowie eine gesteigerte Treuepflicht (BGHZ 89, 162, 165) in Betracht.

12 UMWANDLUNG VON UNTERNEHMEN

Wirtschaftliche Abläufe zeichnen sich regelmäßig durch Dynamik aus. Innerhalb dieses dynamischen Prozesses müssen sich Unternehmensleitungen immer wieder die Frage stellen, ob der rechtliche Organisationsrahmen ihrer Unternehmung den konkreten Bedürfnissen (noch) entspricht oder womöglich optimiert werden kann.

Dem Ziel, gesellschaftsrechtliche Unternehmensstrukturen veränderten wirtschaftlichen Gegebenheiten anpassen und Rechtsträger reorganisieren zu können, dient das seit 1995 in Kraft befindliche UmwG. Dieses regelt vier Grundtypen der Umwandlung von Rechtsträgern, nämlich die Verschmelzung, die Spaltung, die Vermögensübertragung und den Formwechsel (§ 1 I UmwG).

Anknüpfungspunkt für das UmwG sind Rechtsträger

→ *Während Verschmelzung (§§ 2–122 UmwG), Spaltung (§§ 123–173 UmwG) und Vermögensübertragung (§§ 174–189 UmwG) einen Vermögensübergang zur Folge haben, unterbleibt beim Formwechsel (§§ 190–304 UmwG) jede Vermögensbewegung.*

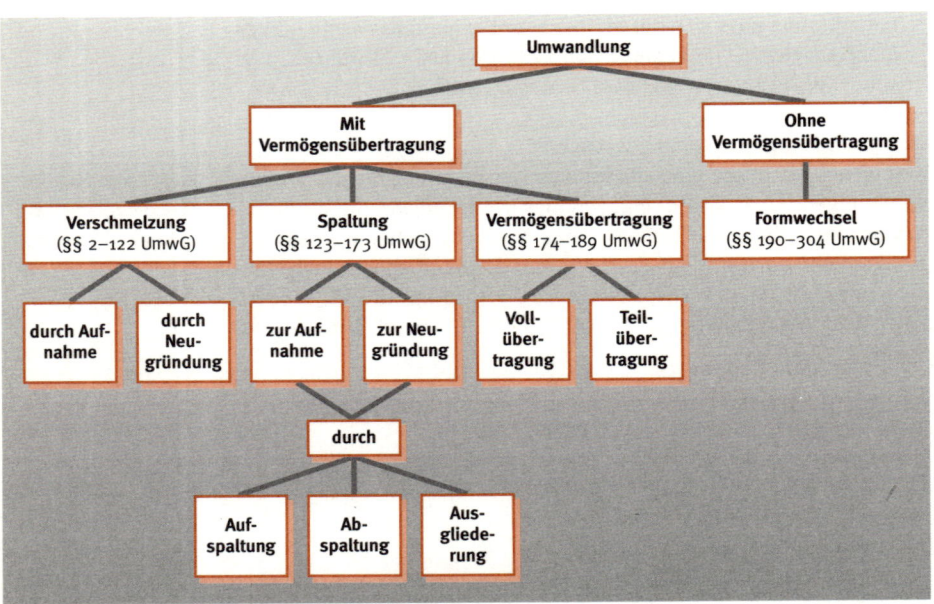

Abb. 12.1: Umwandlung

Den Regelungsgegenstand des UmwG bilden **Rechtsträger** mit Sitz im Inland. Welche Rechtsträger im Einzelnen an einer Umwandlung beteiligt sein können, bestimmt das Gesetz für jede Umwandlungsart gesondert (vgl. §§ 3, 124, 175, 191 UmwG).

Das Gesetz unterscheidet zwei Formen der Verschmelzung:

12.1
VERSCHMELZUNG

- Bei der **Verschmelzung durch Aufnahme** übertragen ein oder mehrere Rechtsträger ihr Vermögen als Ganzes (mit allen Aktiva und Passiva) auf einen bereits bestehenden Rechtsträger als übernehmenden Rechtsträger (§ 2 Nr. 1 UmwG).
- Bei der **Verschmelzung durch Neugründung** übertragen mindestens zwei Rechtsträger ihr Vermögen als Ganzes auf einen neuen, von ihnen dadurch gegründeten Rechtsträger (§ 2 Nr. 2 UmwG).

PRAXISTIPPS

Die Verschmelzung durch Neugründung stellt zwar die in der Regel aufwendigere Variante dar. Doch bietet sie gegenüber einer Verschmelzung durch Aufnahme den bedeutsamen Vorteil, dass eine etwaige Anfechtungsklage gegen den Verschmelzungsbeschluss nicht auf die Rüge eines unangemessenen Umtauschverhältnisses der Anteile gestützt werden kann, was bezüglich des Beschlusses der Anteilseigner einer aufnehmenden Gesellschaft ansonsten möglich ist (vgl. § 14 II UmwG).

Das Umtauschverhältnis kann stattdessen im Rahmen eines – die Registereintragung der Verschmelzung nicht weiter verzögernden – Spruchverfahrens gemäß §§ 305 ff. UmwG überprüft werden.

Durch die Verschmelzung werden die übertragenden Rechtsträger ohne Liquidation aufgelöst. Dafür erhalten die Anteilsinhaber der übertragenden Rechtsträger Beteiligungen an dem übernehmenden oder neuen Rechtsträger. Wer als übertragender, übernehmender oder neuer Rechtsträger in Betracht kommt, bestimmt § 3 UmwG.

Da bei der Verschmelzung das Vermögen eines übertragenden Rechtsträgers als Ganzes übergeht, handelt es sich um eine **Gesamtrechtsnachfolge**. Dies hat den großen Vorteil, dass eine ansonsten nach den allgemeinen Regeln des Privatrechts (Spezialitätsprinzip) vorzunehmende Einzelübertragung jedes einzelnen Vermögensgegenstandes und jeder einzelnen Verbindlichkeit unterbleiben kann.

Verschmelzung führt zu Gesamtrechtsnachfolge des übernehmenden oder neuen Rechtsträgers

Ohne die gesetzlich angeordnete Gesamtrechtsnachfolge müssten jeweils separat

- der übertragenden Gesellschaft gehörende Maschinen nach § 929 BGB und Grundstücke nach §§ 873, 925 BGB übereignet,
- ihr zustehende Kundenforderungen nach § 398 BGB abgetreten und
- eine ihr obliegende Darlehensschuld von der aufnehmenden Gesellschaft gemäß § 414 BGB übernommen werden.

Keine Auflösung stiller Reserven

Durch die Gesamtrechtsnachfolge tritt nicht nur eine erhebliche Kostenersparnis ein (z.B. *Wegfall von Notargebühren für Grundstücksübertragung*), sondern es wird vor allem eine Auflösung und Versteuerung stiller Reserven vermieden.

12.2 SPALTUNG

Kennzeichnend für die Spaltung ist, dass der übertragende Rechtsträger im Wege **partieller Gesamtrechtsnachfolge** Teile seines Vermögens jeweils als Gesamtheit auf einen bzw. mehrere bestehende Rechtsträger als übernehmende Rechtsträger (**Spaltung zur Aufnahme**) und/oder auf andere, von ihm dadurch gegründete neue Rechtsträger (**Spaltung zur Neugründung**) überträgt (vgl. § 123 IV UmwG). Auch hier kommt es also ohne Einzelübertragungsakte zu einer (teilweisen) Vermögensübertragung. Hierbei sind drei unterschiedliche Arten von Spaltungen zu trennen:

- **Aufspaltung: Spiegelbildliches Gegenteil der Verschmelzung**

  Bei der **Aufspaltung** eines Rechtsträgers wird dessen ganzes Vermögen unter Auflösung ohne Abwicklung auf mindestens zwei – bestehende oder gegründete – Rechtsträger übertragen (§ 123 I UmwG). Der übertragende Rechtsträger erlischt dadurch ohne Liquidation. Dafür erhalten die Anteilsinhaber des übertragenden Rechtsträgers Beteiligungen an den übernehmenden bzw. neuen Rechtsträgern. Die Aufspaltung stellt somit eine Umkehrung der Verschmelzung dar.

- Bei der **Abspaltung** überträgt ein Rechtsträger Teile seines Vermögens auf mindestens einen – bestehenden oder gegründeten – Rechtsträger (§ 123 II UmwG). Der übertragende Rechtsträger bleibt also bei dieser Konstellation bestehen. Dessen Anteilsinhaber erhalten wiederum Beteiligungen an dem übernehmenden bzw. neuen Rechtsträger.

- Bei der **Ausgliederung** überträgt ebenfalls ein fortbestehender Rechtsträger Teile seines Vermögens auf mindestens einen – bestehenden oder gegründeten – Rechtsträger (§ 123 III UmwG). Im Unterschied zur Abspaltung werden jedoch die neuen Beteiligungen dem übertragenden Rechtsträger selbst und nicht dessen Anteilsinhabern gewährt (z.B. *Ausgliederung der Lizenzspielerabteilung eines Fußball-Bundesligavereins auf AG*).

Die spaltungsfähigen Rechtsträger bestimmt § 124 UmwG.

Die Vermögensübertragung erfasst in ihrem (engen) Anwendungsbereich lediglich Träger der öffentlichen Hand und Versicherungsunternehmen (§ 175 UmwG).

In der Sache geht es bei der **Vollübertragung** (§ 174 I UmwG) um eine Verschmelzung, bei der **Teilübertragung** (§ 174 II UmwG) um eine Spaltung. Der wesentliche Unterschied besteht jedoch darin, dass es nicht zu einem Umtausch von Anteilen kommt, sondern die Gegenleistung an die Anteilseigner des übertragenden Rechtsträgers – oder bei Ausgliederung an den übertragenden Rechtsträger selbst – in Geld oder anderen Vermögensvorteilen (z.B. *Anteile an anderen Unternehmen; Wertpapiere*) besteht.

Der Formwechsel stellt die einzige Art der Umwandlung dar, bei dem ein Vermögensübergang unterbleibt. Durch den Formwechsel erhält der sich umwandelnde Rechtsträger lediglich eine andere Rechtsform (§ 190 I UmwG). Er schlüpft somit unter **Wahrung seiner Identität** in ein neues Rechtskleid.

Die für einen Formwechsel in Betracht kommenden Rechtsträger führt § 191 UmwG auf. Hiernach kann sich etwa auch eine Personenhandelsgesellschaft (z.B. *OHG*) in eine Kapitalgesellschaft (z.B. *GmbH*) umwandeln (und umgekehrt).

Formwechsel
= Identitätswahrende Änderung der Rechtsform

Auch wenn das UmwG die gesellschaftsrechtliche Umstrukturierung von Unternehmen sehr erleichtert hat, verlangen Sondierung, Planung und Durchführung einer Umwandlung in aller Regel einen großen Zeit- und Kostenaufwand.

Der **Umwandlungsvorgang** selbst folgt dabei in seinem zeitlichen Ablauf – stark vereinfacht dargestellt – typischerweise einem bestimmten **Schema**:

1. Abschluss des Verschmelzungs- oder Spaltungsvertrags bzw. Entwurf des Umwandlungsbeschlusses mit gesetzlichem Mindestinhalt (z.B. *§§ 4, 5, 6 UmwG*)

2. Zuleitung des Vertrags bzw. des Beschlussentwurfs an die zuständigen Betriebsräte (z. B. *§ 5 III UmwG*)
3. Ausführlicher schriftlicher Bericht der Vertretungsorgane der beteiligten Rechtsträger (z. B. *§ 8 UmwG*)
4. Prüfung des Umwandlungsvorhabens durch sachverständige Prüfer (z. B. *§ 9 UmwG*) mit schriftlichem Prüfungsbericht (z. B. *§ 12 UmwG*)
5. Förmliche Einberufung einer Versammlung der Anteilseigner mit Vorlage der Umwandlungsdokumentation (u. a. Vertrag bzw. Beschlussvorlage, Bericht der Vertretungsorgane, Prüfungsbericht; z. B. *§ 63 UmwG*)
6. Beschlussfassung der Anteilseigner der beteiligten Rechtsträger mit satzungsändernder Mehrheit (z. B. *§§ 13, 65 UmwG*)
7. Konstitutive Eintragungen in die (Handels-)Register der beteiligten Rechtsträger (z. B. *§§ 19, 20 UmwG*)

C   WETTBEWERBSRECHT

13 EINFÜHRUNG IN DAS WETTBEWERBSRECHT

Unter **Wettbewerb** im Allgemeinen lässt sich ein mehrseitiges Bemühen verschiedener Personen um dasselbe Ziel unter Einsatz bestimmter Tätigkeiten und Fähigkeiten verstehen.

 Innerhalb einer marktwirtschaftlichen Ordnung sorgt ein funktionsfähiger Wettbewerb unter den Anbietern von Waren oder Dienstleistungen dafür, dass der Markt mit besseren Produkten zu niedrigeren Preisen versorgt wird.

Wettbewerbsrecht

im weiteren Sinne — im engeren Sinne

Ökonomischen Prinzipien folgend, wandert schließlich die Nachfrage regelmäßig zum leistungsfähigsten Angebot. Aufgabe des Wettbewerbsrechts ist es nun, durch entsprechende rechtliche Rahmenbedingungen einen funktionsfähigen, d. h. freien und fairen Wettbewerb zu sichern. Dabei ist zwischen dem Wettbewerbsrecht im weiteren und im engeren Sinne zu unterscheiden.

13.1 WETTBEWERBS-RECHT IM WEITEREN SINNE

Wettbewerbsrecht im weiteren Sinne bezeichnet das **Recht gegen Wettbewerbsbeschränkungen**. Normative Grundlagen stellen das Gesetz gegen Wettbewerbsbeschränkungen (GWB) sowie die Wettbewerbsregeln der EU (insbesondere Art. 81, 82 EGV) dar. Durch diese rechtlichen Instrumentarien sollen vor allem wirtschaftlich unerwünschte Kartelle und Marktbeherrschungen unterbunden werden.

 Die Zielsetzung des GWB besteht also vornehmlich darin, die Existenz des freien Wettbewerbs durch die Offenhaltung von Märkten zu sichern.

Recht gegen Wettbewerbsbeschränkungen will die Existenz des freien Wettbewerbs sichern

Mit anderen Worten: Das Kartellrecht will Gewähr dafür bieten, dass überhaupt Wettbewerb besteht. Dabei ist man sich darüber im Klaren, dass einem Modell vollständiger Konkurrenzwirtschaft in der Realität schon die Unvollkommenheit der Märkte entgegensteht.

Über die Beachtung der Vorgaben des GWB wacht hierzulande die **Kartellbehörde** (§§ 48 ff. GWB), die Verstöße sanktionieren kann (§§ 32 ff. GWB; zum Verfahren vgl. §§ 54 ff. GWB).

13.1.1 Verbot horizontaler Wettbewerbsbeschränkungen

Gemäß § 1 GWB sind Vereinbarungen zwischen miteinander im Wettbewerb stehenden Unternehmen, Beschlüsse von Unternehmensvereinigungen und aufeinander abgestimmte Verhaltensweisen verboten, die eine Verhinderung, Einschränkung oder Verfälschung des Wettbewerbs bezwecken oder bewirken (z.B. *Preiskartell; Gebietsschutzkartell; Kontingentierungskartell;* Sonderregeln für bestimmte Wirtschaftsbereiche normieren §§ 28–31 GWB).

§ 1 GWB:
Kartellverbot

Von diesem grundsätzlichen Verbot horizontaler Wettbewerbsbeschränkungen (**Kartellverbot**) können freigestellt werden:
- Normen- und Typenkartelle (§ 2 I GWB),
- Konditionenkartelle (§ 2 II GWB),
- Spezialisierungskartelle (§ 3 GWB),
- Mittelstandskartelle (§ 4 GWB),
- Rationalisierungskartelle (§ 5 GWB),
- Strukturkrisenkartelle (§ 6 GWB) und
- sonstige unter § 7 GWB fallende Kartelle.

§§ 2–7 GWB:
Mögliche Ausnahmen
vom Kartellverbot

Überdies kann der Bundesminister für Wirtschaft Vereinbarungen und Beschlüsse vom Kartellverbot freistellen, wenn ausnahmsweise die Beschränkung des Wettbewerbs aus überwiegenden Gründen der Gesamtwirtschaft und des Gemeinwohls notwendig ist (§ 8 GWB; **Ministererlaubnis**). Daneben ist auf dem gemeinsamen Markt der EU das Kartellverbot des Art. 81 EGV zu berücksichtigen.

§ 8 GWB:
Ministererlaubnis

13.1.2 Verbot vertikaler Wettbewerbsbeschränkungen
§ 14 GWB untersagt vertikale Vereinbarungen zwischen Unternehmen über Waren oder gewerbliche Leistungen, die einen Beteiligten in seiner Freiheit der Gestaltung von Preisen oder Geschäftsbedingungen gegenüber seinen Kunden beschränken. Von diesem **Verbot der Preisbindung** ausgenommen sind Verlagserzeugnisse (§ 15 GWB; Besonderheiten gelten auch für Arzneimittel und Tabakwaren). Allerdings bleibt es einem Hersteller von Markenwaren unbenommen, **unverbindliche Preisempfehlungen** auszusprechen (§ 23 GWB).

Preisbindung »der zweiten Hand« grundsätzlich
unzulässig

13.1.3 Missbrauch einer marktbeherrschenden Stellung
§ 19 GWB verbietet Unternehmen die **missbräuchliche Ausnutzung** einer marktbeherrschenden Stellung.

Beispiele

- Erhebliche Beeinträchtigung der Wettbewerbsmöglichkeiten anderer Unternehmen auf dem relevanten Markt ohne sachlich gerechtfertigten Grund

- Forderung von Entgelten, die von denjenigen abweichen, die sich bei wirksamem Wettbewerb mit hoher Wahrscheinlichkeit ergeben würden

Verkauf zu »Unter-Einstandspreisen« kann u. U. gegen § 20 IV GWB verstoßen

Hierzu gehören auch die Sondertatbestände der **Diskriminierung** und **unbilligen Behinderung** (§ 20 GWB).

Beispiel

Eine unbillige Behinderung liegt vor, wenn ein Unternehmen, welches gegenüber kleinen und mittleren Wettbewerbern überlegene Marktmacht besitzt, nicht nur gelegentlich Waren **unter Einstandspreis** ohne sachliche Rechtfertigung anbietet (§ 20 IV GWB).

Boykott:
Unternehmen fordert ein anderes Unternehmen in der Absicht, ein drittes Unternehmen unbillig zu beeinträchtigen, zu Liefer- oder Bezugssperren auf

Hinzu kommen noch **Boykott** und sonstiges wettbewerbsbeschränkendes Verhalten (§ 21 GWB) sowie das Empfehlungsverbot (§ 22 GWB). Die missbräuchliche Ausnutzung einer beherrschenden Stellung von Unternehmen auf dem gemeinsamen Markt der EU untersagt Art. 82 EGV.

13.1.4 Zusammenschlusskontrolle

§§ 35 ff. GWB normieren ein besonderes Kontrollverfahren für den Zusammenschluss (§ 37 GWB) von Unternehmen, bei denen bestimmte Umsatz-Schwellenwerte (§ 35 I, II GWB) überschritten werden. Ziel ist es regelmäßig, die Begründung oder Verstärkung einer marktbeherrschenden Stellung zu verhindern (§ 36 GWB).

**13.2
WETTBEWERBS-
RECHT IM ENGEREN
SINNE**

Wettbewerbsrecht im engeren Sinne bezeichnet das **Recht des lauteren Wettbewerbs**. Die gesetzliche Grundlage stellt in erster Linie das Gesetz gegen den unlauteren Wettbewerb (UWG) dar. Hierdurch besteht ein rechtlicher Rahmen, der für Fairness im Wettbewerb sorgen soll.

 Die Zielsetzung des UWG besteht somit vornehmlich darin, die Qualität des Wettbewerbs durch Normierung von Lauterkeitsstandards zu sichern.

Anders gewendet: Das Recht gegen unlauteren Wettbewerb will Gewähr dafür bieten, dass anständiger Wettbewerb besteht. Leitbild des

UWG ist das **Prinzip des Leistungswettbewerbs**. Danach soll ein Wettbewerber seine eigene Leistung – angeboten und beworben etwa nach Beschaffenheit, Güte, Preis, Service – in den Vordergrund seines Marktauftritts stellen.

Recht gegen unlauteren Wettbewerb will die Qualität des Wettbewerbs sichern

Zum Wettbewerbsrecht im engeren Sinne gehörten auch das Rabattgesetz und die Zugabeverordnung, die beide im Juli 2001 ersatzlos aufgehoben wurden. Damit sind das **Rabatt- und Zugabewesen** (z.B. *individuell ausgehandelter Preisnachlass von 10 % bei Barzahlung, Erhalt einer Seidenkrawatte beim Kauf eines Anzugs*) nicht mehr spezialgesetzlich reglementiert, sondern nur noch an §§ 1, 3 UWG zu messen (vgl. insbesondere 14.1.2.1: u.U. Kundenfang durch übertriebenes Anlocken).

Das Wettbewerbsrecht im engeren Sinne lässt sich als wichtige Teilmaterie des **gewerblichen Rechtsschutzes** verstehen. Weitere Regelungsbereiche des gewerblichen Rechtsschutzes stellen das
- Patentrecht (PatG),
- Marken- und Kennzeichenrecht (MarkenG),
- Gebrauchsmusterrecht (GebrMG) und das
- Geschmacksmusterrecht (GeschmMG) dar.

Hingegen handelt es sich beim Urheberrecht (UrhG) weniger um ein gewerbliches als vielmehr um ein die Persönlichkeit des Urhebers schützendes Recht.

14 RECHT GEGEN UNLAUTEREN WETTBEWERB

Das im Mittelpunkt des Rechts gegen unlauteren Wettbewerb stehende UWG zeichnet sich durch eine dreifache Schutzfunktion aus.

UWG schützt
• Mitbewerber
• Allgemeinheit
• Verbraucher

- Zum einen bezweckt es den **Schutz der Mitbewerber**. Es soll verhindert werden, dass sich Wettbewerber durch unsachgerechte Maßnahmen einen Wettbewerbsvorsprung gegenüber Konkurrenten verschaffen.

- Zum zweiten zielt das UWG auf den **Schutz der Verbraucher**, die es vor einer übermäßigen unsachlichen Beeinflussung zu bewahren gilt.

- Schließlich dient das UWG auch dem **Schutz der Allgemeinheit**, die ein grundsätzliches Interesse an einem anständigen und fairen Wettbewerb hat, der der Gefahr einer gegenseitigen Übersteigerung (»Verwilderung der Wettbewerbssitten«) begegnen soll.

14.1 GENERALKLAUSEL DES § 1 UWG

Wer im geschäftlichen Verkehr zu Zwecken des Wettbewerbs Handlungen vornimmt, die gegen die guten Sitten verstoßen, kann auf Unterlassung und Schadensersatz in Anspruch genommen werden (§ 1 UWG).

Wegen des unbestimmten und somit in hohem Maße ausfüllungsbedürftigen Rechtsbegriffs der »guten Sitten« handelt es sich bei dieser Norm um eine der wenigen großen Generalklauseln des deutschen Rechts.

Prüfung des § 1 UWG:
1. Handlung im geschäftlichen Verkehr
2. Zu Zwecken des Wettbewerbs
   a) Konkretes Wettbewerbsverhältnis
   b) Wettbewerbsabsicht
3. Verstoß gegen die guten Sitten
4. Rechtsfolge (Unterlassung/Schadensersatz)

Wie schon ihre Stellung zu Beginn des Gesetzes zeigt, handelt es sich um die maßgebliche Ordnungsvorschrift des Wettbewerbsrechts.

14.1.1 Tatbestand

14.1.1.1 »Im geschäftlichen Verkehr«

Unter einer Handlung im geschäftlichen Verkehr versteht man jede **selbstständige wirtschaftliche Tätigkeit**, die irgendwie der **Förderung eines** beliebigen – auch fremden – **Geschäftszwecks** dient (BGHZ 19, 299, 303). Ausgenommen sind hiervon rein private, amtlich-hoheitliche und betriebsintern bleibende Handlungen, die für einen aktuellen oder potenziellen Wettbewerb keinerlei Außenwirkung entfalten sollen (z.B. *private Äußerungen zu Hause; innerbetriebliche Strategiebesprechung*). Durch das Tatbestandsmerkmal des Handelns im geschäftlichen Verkehr wird zum Ausdruck gebracht, dass das UWG nur den wirtschaftlichen Wettbewerb reglementieren will.

14.1.1.2 »Zu Zwecken des Wettbewerbs«

Ein Handeln zu Zwecken des Wettbewerbs setzt zunächst in **objektiver** Hinsicht ein **Verhalten** voraus, das geeignet ist, den **Absatz einer Person zum Nachteil einer anderen zu begünstigen** (BGH GRUR 1997, 473, 474; BGH WRP 1996, 1099, 1100). Die Förderung fremden Wettbewerbs genügt (BGHZ 67, 81, 84). Es muss aber stets ein konkretes **Wettbewerbsverhältnis** zwischen dem geförderten und dem benachteiligten Unternehmen bestehen. Ein solches Wettbewerbsverhältnis ist regelmäßig zu bejahen bei einer Gleichheit des Kundenkreises, einem Anbieter vergleichbarer Waren oder Leistungen oder einer Zugehörigkeit zur selben oder einer verwandten Branche.

> Konkretes Wettbewerbs-
> verhältnis zwischen ge-
> fördertem und benach-
> teiligtem Unternehmen
> erforderlich

Beispiel

Zwischen dem Herausgeber eines kostenlos verteilten Anzeigenblattes mit redaktionellem Teil und den Herausgebern von Tageszeitungen besteht durchaus ein konkretes Wettbewerbsverhältnis, und zwar zum einen in Bezug auf Anzeigenkunden und zum anderen hinsichtlich der Leserschaft.

In **subjektiver** Hinsicht setzt ein Handeln zu Zwecken des Wettbewerbs die **Absicht** voraus, **den eigenen oder fremden Wettbewerb zum Nachteil eines anderen zu fördern**.

Diese **Wettbewerbsabsicht** braucht nicht der eigentliche Beweggrund des Handelns zu sein, darf aber auch nicht völlig hinter diesen zurücktreten (BGHZ 3, 270, 277; BGH GRUR 1993, 125, 126). Bei Handlungen eines Gewerbetreibenden, die objektiv zur Förderung seines Wettbewerbs geeignet sind, spricht eine tatsächliche – im Einzelfall aber widerlegbare – Vermutung für das Vorliegen der entsprechenden Wettbewerbsabsicht.

> Wettbewerbsabsicht
> erforderlich

Hingegen ist bei unabhängig-neutral, objektiv und sachkundig durchgeführten Warentests das Vorliegen einer Wettbewerbsabsicht regelmäßig zu verneinen (z.B. *Testberichte der Stiftung Warentest*). Zwar können sich solche Testergebnisse erheblich auf den Wettbewerb auswirken, doch wird mit ihnen unter den vorgenannten Voraussetzungen nicht die Förderung gewerblicher Interessen, sondern ein Aufklärungsinteresse verfolgt.

14.1.1.3 Verstoß gegen »die guten Sitten«

Zentrales Tatbestandsmerkmal in § 1 UWG ist der Verstoß gegen die guten Sitten. Abgestellt wird hierbei auf die **Sozialmoral des geschäftlichen Wettbewerbs**. Daher wird die für §§ 138, 826 BGB Geltung beanspruchende allgemein-zivilrechtliche Formel vom »Anstandsgefühl aller billig und gerecht Denkenden« wettbewerbsrechtlich modifiziert.

Wertungsmaßstab ist nach der Rechtsprechung, ob das zu beurteilende Verhalten dem Anstandsgefühl der verständigen Durchschnittsgewerbetreibenden entspricht oder ob es von der Allgemeinheit missbilligt und als untragbar angesehen wird (BGHZ 54, 188, 190; 56, 18, 19; 81, 291, 295). Da § 1 UWG dem Schutz des insbesondere auf der Qualität und der Preiswürdigkeit der eigenen Leistung aufbauenden Leistungswettbewerbs dient, kommt für die sittlich-rechtliche Wertung der Auffassung der beteiligten Verkehrskreise maßgebliche Bedeutung zu.

→ *Auf eine unlautere Absicht kommt es grundsätzlich nicht an. Vielmehr genügt es regelmäßig, wenn der Handelnde rein tatsächlich die Kenntnis aller Tatumstände hat, die bei rechtlicher Würdigung die Sittenwidrigkeit begründen.*

Während insoweit eine grobfahrlässige Unkenntnis nicht ausreicht, genügt es aber, wenn der Handelnde mit der Möglichkeit des Vorliegens der Tatumstände gerechnet hat oder sich der Kenntnis bewusst entzieht (BGHZ 8, 387, 393; 23, 184, 193 f.).

14.1.2 Fallgruppensystematik

Zur Ausfüllung des unbestimmten Rechtsbegriffs der guten Sitten hat die Rechtsprechung fünf Fallgruppen herausgebildet, die nachfolgend – mitsamt einer Reihe der Judikatur entnommenen Beispiele – aufgezeigt werden sollen.

14.1.2.1 Kundenfang

Die Fallgruppe des Kundenfangs erfasst vornehmlich solche Wettbewerbshandlungen, welche die **Entscheidungsfreiheit des umworbenen (potenziellen) Kunden** in einer Weise **beeinträchtigen**, dass ein sachgerechter Vergleich der auf einem bestimmten Markt angebotenen Leistungen (weitgehend) ausgeschlossen wird. Leistungswettbewerb wird durch Nichtleistungswettbewerb ersetzt. Zwar zielt jede Werbemaßnahme naturgemäß darauf ab, den Kunden zum Vertragsabschluss zu bewegen. Insofern gehört Beeinflussung zum Wesen des

Wettbewerbs. Doch darf die freie Entscheidung des Kunden nicht durch den **Einsatz unfairer Wettbewerbsmethoden** beeinflusst werden. Hierunter fallen etwa

- Irreführung (z. B. *Lockvogelangebote; Vortäuschen von Einkaufs-vorteilen; Überlistung durch Tarnung von Verkaufsmaßnahmen; redaktionelle Werbung; Werbefahrten, wenn über den Charakter der Veranstaltung getäuscht wird*),
- Nötigung (z. B. *autoritärer, moralischer oder psychischer Druck; unaufgefordertes Herantreten an Unfallbeteiligte noch am Unfall-ort zwecks Abschlusses von Abschlepp- oder Reparaturverträgen*),
- Belästigung (z. B. *unerbetene Telefon-, Telefax- oder E-Mail-Werbung gegenüber Privatpersonen und grundsätzlich auch – sofern nicht Einverständnis zu vermuten ist – gegenüber Gewerbetreibenden außerhalb einer bestehenden Geschäftsverbindung; Briefkasten-werbung unter Missachtung eines entgegenstehenden Hinweises am Briefkasten*),
- Wertreklame (z. B. *übertriebenes Anlocken durch Geschenke; ge-koppelte Vorspannangebote; psychologischer Kaufzwang*),
- aleatorische Anreize (z. B. *Koppelung einer Gewinnspielteilnahme mit Warenerwerb*) und
- Gefühls- und Vertrauensausnutzung (z. B. *Werbung mit der Angst; Werbung mit Umweltfreundlichkeit nur unter bestimmten Voraus-setzungen*).

Kundenfang wirkt vornehmlich auf (potenziel-le) Geschäftspartner ein

Gekoppeltes Vorspannangebot
= Warenkopplung, bei der neben einer markt-üblich angebotenen Hauptware eine andere betriebs- oder branchen-fremde Nebenware zu besonders günstigem Preis angeboten wird, die jedoch nicht ohne die andere Ware erworben werden kann

14.1.2.2 Behinderung

Eine wettbewerbsrechtliche Behinderung liegt vor, wenn ein Wettbewerber seine Mitbewerber in der Ausübung ihrer freien wirtschaftlichen Betätigung mit nicht leistungsgerechten Mitteln beeinträchtigt. Zwar ist eine Einflussnahme auf den Mitbewerber in der Weise, dass man seine eigene Leistung gegenüber der Konkurrenzleistung zur Geltung bringt und die des Mitbewerbers in den Hintergrund zu drängen sucht, dem Wettbewerb immanent und rechtlich nicht zu beanstanden (BGH NJW 1991, 287, 291; NJW 1986, 2053, 2054). Doch handelt unlauter, wer seine **Mitbewerber in der Entfaltung ihrer Leistungskraft und ihres Leistungsangebots auf dem Markt behindert** und dadurch einen echten Leistungsvergleich durch den Kunden erschwert, wenn nicht unmöglich macht.

Behinderung richtet sich primär gegen Konkurrenten

Der echte Leistungs-vergleich durch Kunden wird erschwert

Hierzu gehören etwa

- Absatzbehinderung (z. B. *Abfangen von potenziellen Kunden des Mitbewerbers unmittelbar vor dessen Geschäftslokal*),
- Werbebehinderung (z. B. *Überkleben oder Wegnahme fremder Werbeplakate*),

- Preisunterbietung in Verdrängungs- oder Vernichtungsabsicht (z. B. *gezielte und systematische Leistungserbringung unterhalb des Selbstkostenpreises zwecks Marktverdrängung des Konkurrenten*),

Verkauf zu »Unter-Einstandspreisen« kann u. U. gegen § 1 UWG verstoßen

- Betriebsstörung (z. B. *Eindringen in Computerprogramm des Mitbewerbers*),
- Boykott (z. B. *Aufforderung an Dritte zu einer gegen den Mitbewerber gerichteten Liefer- oder Bezugssperre*) und
- Diskriminierung (z. B. *Nichtbeachtung eines ausnahmsweise bestehenden Kontrahierungszwangs*).

14.1.2.3 Ausbeutung

Die Fallgruppe der Ausbeutung erfasst **Wettbewerbsmaßnahmen, durch die der Werbende die Ergebnisse fremder Arbeit in unlauterer Weise ausnutzt.** Zwar ist nachahmender Wettbewerb – solange nicht Ausschlussrechte (z. B. *Patent*) entgegenstehen – grundsätzlich statthaft und sogar erwünscht, weil dies der Verbreitung wirtschaftlichen Fortschritts dient. Sittenwidrig handelt jedoch, wer sich einen Vorsprung vor seinen Konkurrenten zu verschaffen versucht, indem er das Ergebnis ihrer Tätigkeit und ihrer Aufwendungen mit verwerflichen Mitteln ausnutzt.

Nachahmung: Grundsätzlich zulässig

Hier kommen etwa in Betracht

- die zur Herkunftsverwechslung führende sklavische Nachahmung (z. B. *Übernahme der konkreten Ausgestaltung oder einzelner Merkmale eines Produkts, die im Verkehr auf seine betriebliche Herkunft hinweisen*),

Sklavische Nachahmung: Grundsätzlich unzulässig

- Ausbeuten fremden Rufs oder fremder Werbung (z. B. *verwechslungsfähige Bezeichnung eines Produkts; enge Anlehnung an originellen Werbeslogan eines Konkurrenten*) und
- Ausspannen (z. B. *Abwerben von Mitarbeitern des Konkurrenten durch Verleitung zu deren Vertragsbruch*).

14.1.2.4 Rechtsbruch

Weiterhin fällt unter § 1 UWG Rechtsbruch, d. h. ein **gegen wertbezogene Normen oder Regelungen außerhalb des UWG verstoßendes Verhalten** (z. B. *Verstoß gegen Apotheken-, Arzneimittel- oder Heilmittelwerbegesetz*).

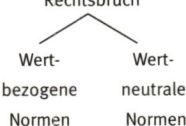

Rechtsbruch
Wertbezogene Normen — Wertneutrale Normen

Auch ein Verstoß gegen **wertneutrale Normen**, denen keine dem Schutzzweck des UWG entsprechende sittlich-rechtliche Wertung zugrunde liegt, genügt bei einem bewussten und planmäßigen Vorgehen, wenn der Wettbewerber infolge der Verletzung seiner Pflichten einen ungehörigen Vorsprung vor der pflichtgemäß handelnden Konkurrenz anstrebt (z. B. *Verstoß gegen Preisangabenverordnung oder Ladenschlussgesetz*).

14.1.2.5 Marktstörung

Schließlich ist eine Marktstörung wettbewerbswidrig. Sie liegt vor, wenn durch **nicht leistungsgerechte Maßnahmen die Freiheit von Angebot und Nachfrage beeinträchtigt** und dadurch der Wettbewerb auf einem bestimmten Markt verfälscht werden.

Beispiele

- Massenweise, zu einer gewissen Sättigung des Verbraucherbedarfs führende Gratisverteilung von Originalware
- Fordern eines »Eintrittsgeldes« vom Hersteller für Neuaufnahme eines Produkts in das Handelsprogramm eines Einzelhändlers

---

14.1.3 Rechtsfolgen

Wer gegen § 1 UWG verstößt, kann von einem unmittelbar verletzten Mitbewerber – nicht hingegen von einem einzelnen Verbraucher – auf **Unterlassung** (Beseitigung einer vorhandenen Beeinträchtigung, Unterlassung künftiger Pflichtverletzungen) und – bei Verschulden – auf **Schadensersatz** (z.B. *entgangener Gewinn*) in Anspruch genommen werden. Daneben ist auch der in § 13 II UWG genannte Personenkreis zur Geltendmachung des Unterlassungsanspruchs legitimiert.

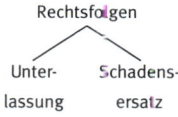

Rechtsfolgen

Unter-   Schadens-
lassung   ersatz

Die außerhalb des § 1 UWG geregelten wettbewerbsrechtlichen Sondertatbestände können sowohl neben als auch anstelle dieser Norm eingreifen.

**14.2
SONDERTAT-
BESTÄNDE**

14.2.1 Vergleichende Werbung (§ 2 UWG)

Werbung ist jede Äußerung bei der Ausübung eines Handels, Gewerbes, Handwerks oder Freien Berufs mit dem Ziel, den Absatz von Waren oder die Erbringung von Dienstleistungen zu fördern. Die – früher grundsätzlich unzulässige – vergleichende Werbung ist nunmehr gesetzlich geregelt.

Werbung

= Jede Äußerung bei der Ausübung eines Handels, Gewerbes, Handwerks oder Freien Berufs mit dem Ziel, den Absatz von Waren oder die Erbringung von Dienstleistungen zu fördern

 Unter vergleichender Werbung versteht man jede Werbung, die unmittelbar oder mittelbar einen Mitbewerber oder die von einem Mitbewerber angebotenen Waren oder Dienstleistungen erkennbar macht (§ 2 I UWG).

Nach § 2 II UWG ist **vergleichende Werbung zulässig**, wenn der Vergleich (**kumulativ**)

- sich auf Waren oder Dienstleistungen für den gleichen Bedarf oder dieselbe Zweckbestimmung bezieht (z. B. *Gegenüberstellung von Waren derselben Produktkategorie (PKW); Vergleich von Gas und Öl als Energiequellen*),
- objektiv auf eine oder mehrere wesentliche, relevante, nachprüfbare und typische Eigenschaften oder den Preis (!) dieser Waren oder Dienstleistungen bezogen ist (z. B. *Kontoführungs- oder Depotgebühren verschiedener Kreditinstitute*),
- im geschäftlichen Verkehr nicht zu Verwechslungen zwischen dem Werbenden und einem Mitbewerber oder zwischen den von diesen angebotenen Waren oder Dienstleistungen oder den von ihnen verwendeten Kennzeichen führt,
- nicht die Wertschätzung des von einem Mitbewerber verwendeten Kennzeichens in unlauterer Weise ausnutzt oder beeinträchtigt,
- nicht die Waren, Dienstleistungen, Tätigkeiten oder persönlichen Verhältnisse eines Mitbewerbers herabsetzt oder verunglimpft und
- nicht eine Ware oder Dienstleistung als Imitation oder Nachahmung einer unter einem geschützten Kennzeichen vertriebenen Ware oder Dienstleistung darstellt.

§ 2 UWG **konkretisiert** lediglich das Tatbestandsmerkmal der **Sittenwidrigkeit**. Mithin gelten für die unzulässige vergleichende Werbung, sofern die übrigen Voraussetzungen des § 1 UWG vorliegen, dessen Rechtsfolgen (vgl. 14.1.3).

14.2.2 Irreführende Werbung (§ 3 UWG)

Auch ohne Vorliegen eines Sittenverstoßes kann auf Unterlassung in Anspruch genommen werden, wer im geschäftlichen Verkehr zu Zwecken des Wettbewerbs über geschäftliche Verhältnisse irreführende Angaben macht (§ 3 UWG).

Angaben i.S.d. § 3 UWG sind **inhaltlich nachprüfbare Aussagen über geschäftliche Verhältnisse**.

Beispiele

Unterscheide Tatsachenbehauptung und Werturteil

- Tatsachenbehauptungen über Beschaffenheit, Ursprung, Herstellungsart oder Preisbemessung einer Ware oder Dienstleistung,
- nicht aber bloße Werturteile, weil diese dem Beweis nicht zugänglich sind.

Irreführend ist eine Angabe, wenn sie zur Täuschung der angesprochenen Verkehrskreise geeignet ist. Abzustellen ist hierbei zunächst auf die konkrete Zielgruppe, die Adressat der Werbebotschaft sein soll (z. B. *breites Publikum bei Lebensmittelwerbung; Fachkreise bei Werbung mit spezieller Dienstleistung*). Deren Verkehrsauffassung gilt es zu ermitteln. Es ist dabei keineswegs erforderlich, dass die Gesamtheit der von der Werbeaussage angesprochenen Verkehrsteilnehmer die Angabe in einem bestimmten – mit der Wirklichkeit nicht übereinstimmenden – Sinn auffasst. Die Rechtsprechung lässt es genügen, wenn dies bei einem nicht völlig unbeachtlichen Teil der Zielgruppe der Fall ist (BGHZ 13, 244, 253; BGH GRUR 1993, 920, 921; BGH GRUR 1990, 604, 605). Auch wenn es von den jeweiligen Umständen des Einzelfalls abhängt, wann von einem nicht unerheblichen Teil der Verkehrskreise gesprochen werden kann, sehen die Gerichte im Allgemeinen eine **Irreführungsquote** ab etwa 10–15 % (bei Pharmazeutika bereits ab etwa 5 %) als erheblich an.

 Namentlich bei den sich an ein breites Publikum wendenden Werbebotschaften kommt dabei dem zugrunde gelegten **Verbraucherleitbild** *große Bedeutung zu.*

Nach der in Deutschland über Jahrzehnte hinweg vertretenen Rechtsprechung hat der **Bundesgerichtshof** stets abgestellt auf den Eindruck eines **flüchtigen und unkritischen Verbrauchers**, der eine Werbebehauptung ungezwungen und unkritisch wahrnimmt (BGH GRUR 1982, 564, 566; BGH GRUR 1959, 365, 366). Diese Betrachtungsweise fußt auf der Annahme, dass an das breite Publikum gerichtete Werbeaussagen oft nur oberflächlich, ungenau sowie unvollständig zur Kenntnis genommen werden.

Der vom BGH zugrunde gelegte Verbrauchertypus steht in klarem Widerspruch zu dem vom Europäischen Gerichtshof in seiner ständigen Rechtsprechung angenommenen Verbraucherleitbild. So geht der **EuGH** von der mutmaßlichen Erwartung eines **durchschnittlich informierten, aufmerksamen und verständigen Durchschnittsverbrauchers** aus, der Produktinformationen des Herstellers nachgeht und sich deshalb über verkehrswesentliche Eigenschaften der Waren ausreichend informiert (EuGH WRP 2000, 489, 491; EuGH WRP 2000, 289, 292; EuGH WRP 1999, 307, 311; EuGH WRP 1998, 848, 850 f.; EuGH NJW 1995, 3243, 3244).

Indes lässt sich gerade in jüngster Zeit auch in Deutschland eine zumindest ganz merkliche Annäherung an das europäische Verbraucherleitbild feststellen (vgl. BGH WRP 2000, 517, 519 f.; BGH BB 2000,

Irreführend ist eine Angabe, wenn sie zur Täuschung der angesprochenen Verkehrskreise geeignet ist

Eignung zur Irreführung genügt

Traditionelles Verbraucherleitbild des BGH: Flüchtiger und unkritischer Verbraucher

Verbraucherleitbild des EuGH: Durchschnittlich informierter, aufmerksamer und verständiger Durchschnittsverbraucher

1491, 1492; OLG Nürnberg RIW 2000, 227, 228; OLG Düsseldorf ZIP 2000, 1002, 1004).

Neben **Unterlassung** kann gemäß § 13 VI Nr. 1 S. 1 UWG auch **Schadensersatz** verlangt werden, wenn der Handelnde wusste oder wissen musste, dass die von ihm gemachten Angaben irreführend sind. Unter den strengeren Voraussetzungen des § 4 UWG ist irreführende Werbung sogar **strafbar**.

14.2.3 Insolvenzwarenverkauf (§ 6 UWG)
Das Angebot von Insolvenzware wird vom Publikum nicht zu Unrecht als besonders günstig eingeschätzt. Daher dürfen nur solche Waren derart öffentlich beworben werden, die noch zur **Insolvenzmasse** gehören (§ 6 I UWG). Zuwiderhandlungen sind im Fall des § 6 II UWG bußgeldbewehrt, im Übrigen lösen sie Unterlassungs- und Schadensersatzansprüche aus (§§ 13 I, VI Nr. 2 UWG).

14.2.4 Letztverbrauchergeschäfte (§§ 6 a, b UWG)
Auch der werbliche Hinweis auf einen Direktbezug vom Hersteller oder Großhändler erweckt beim Endverbraucher regelmäßig den Eindruck eines besonders günstigen Angebots. Im geschäftlichen Verkehr mit dem **letzten Verbraucher** ist die **Werbung mit der Hersteller- oder Großhändlereigenschaft** daher nur unter den Voraussetzungen des § 6 a UWG statthaft. Andernfalls drohen Unterlassungs- und Schadensersatzansprüche (§§ 6 a I, II, 13 VI Nr.2 UWG).

Aus ähnlichen Gründen kann auf Unterlassung und Schadensersatz (§ 13 VI Nr. 2 UWG) in Anspruch genommen werden, wer im geschäftlichen Verkehr zu Zwecken des Wettbewerbs an letzte Verbraucher **Kaufscheine oder sonstige Berechtigungspapiere** zum Bezug von Waren ausgibt oder gegen Vorlage solcher Bescheinigungen Waren verkauft, sofern nicht die Ausnahmen des § 6 b UWG erfüllt sind.

14.2.5 Progressive Kundenwerbung (§ 6 c UWG)

Schneeballsystem:
Typischer Anwendungs-
fall progressiver Kunden-
werbung

Das Vertriebssystem der progressiven Kundenwerbung, zu dem namentlich das klassische **Schneeballsystem** gehört, ist **strafbar** (§ 6 c UWG). Hierbei werden typischerweise Laien als Letztverbraucher zur Abnahme von Waren durch das Versprechen veranlasst, ihre Kaufpreisschuld durch Provisionen abgelten zu können, die sie durch das Anwerben neuer Abnehmer erzielen, denen ebenfalls derartige Vorteile für eine entsprechende Werbung weiterer Kunden gewährt werden. Mögen die ersten Laienwerber noch durchaus gute Gewinnaussichten haben, sinken diese Chancen zwangsläufig mit steigender Abnehmerzahl und damit einhergehender Progression. Überdies können Unterlassung (§ 6 c UWG) sowie Schadensersatz (§ 13 VI Nr. 2 UWG) begehrt werden.

14.2.6 Sonderveranstaltungen (§§ 7, 8 UWG)

Die Ankündigung oder Durchführung von Sonderveranstaltungen im Einzelhandel, die **aktionsartigen Charakter** haben, ist grundsätzlich wettbewerbswidrig (§ 7 I UWG). Zu verstehen sind hierunter Verkaufsveranstaltungen, die außerhalb des regelmäßigen Geschäftsverkehrs stattfinden, der Beschleunigung des Warenabsatzes dienen und den Eindruck der Gewährung besonderer Kaufvorteile hervorrufen.

Sonderveranstaltung:
- Verkaufsveranstaltung außerhalb des regelmäßigen Geschäftsverkehrs
- Beschleunigung des Warenabsatzes
- Vermittlung des Eindrucks besonderer Kaufvorteile

Beispiele

- »Zur Filialeröffnung jedes Pfund Kaffee 1/2 € billiger«
- Werbung mit Inventurpreisen zu Jahresbeginn
- Werbung mit ermäßigten Preisen aus Anlass des 10-jährigen Firmenjubiläums

---

Hingegen fallen bloße **Sonderangebote** nicht unter den Begriff der Sonderveranstaltungen (§ 7 II UWG).

Sonderangebote:
- Angebot einzelner nach Güte oder Preis gekennzeichneter Waren
- Einfügung in den regelmäßigen Geschäftsbetrieb des Unternehmens

 Wettbewerbsrechtlich zulässige Sonderangebote liegen vor, wenn einzelne nach Güte oder Preis gekennzeichnete Waren angeboten werden und diese Angebote sich in den regelmäßigen Geschäftsbetrieb des Unternehmens einfügen.

Vom grundsätzlichen Verbot der Sonderveranstaltungen nimmt das Gesetz drei praktisch bedeutsame Arten von Sonderveranstaltungen aus:
- **Saisonschlussverkäufe** für die Dauer von 12 Werktagen – beginnend am letzten Montag im Januar (Winterschlussverkauf) und am letzten Montag im Juli (Sommerschlussverkauf) –, betreffend den Verkauf von Textilien, Bekleidungsgegenständen, Schuhwaren, Lederwaren oder Sportartikeln (§ 7 III Nr. 1 UWG),
- **Jubiläumsverkäufe** zur Feier des Bestehens eines Unternehmens im selben Geschäftszweig nach Ablauf von jeweils 25 Jahren (§ 7 III Nr. 2 UWG) und
- **Räumungsverkäufe** nur nach näherer Maßgabe des § 8 UWG.

Unterlassungsansprüche folgen aus §§ 7 I, 8 V, VI UWG, **Schadensersatzansprüche** aus § 13 VI Nr. 2 UWG.

14.2.7 Anschwärzung (§ 14 UWG) und geschäftliche Verleumdung (§ 15 UWG)

§§ 14, 15 UWG schützen die **Geschäftsehre** gegen die Behauptung oder Verbreitung **geschäftsschädigender Tatsachen**. Während es für eine Anschwärzung nach § 14 UWG genügt, dass die zu Wettbewerbszwecken behauptete Tatsache nicht erweislich wahr ist, erfordert die geschäftliche Verleumdung (§ 15 UWG) als Straftatbestand ein Handeln wider besseres Wissen, setzt aber keinen Wettbewerbszweck voraus.

14.2.8 Geheimnisverrat (§§ 17 ff. UWG)

Der Verrat von Geschäfts- oder Betriebsgeheimnissen begründet nach Maßgabe der §§ 17–20 a UWG einen **Strafvorwurf** sowie eine **Schadensersatzpflicht**.

14.2.9 Korruption im geschäftlichen Verkehr (§§ 299 ff. StGB)

Das sog. »Schmieren« in der Wirtschaft verschafft nicht nur den Begünstigten ungerechtfertigte Vorteile, sondern **beeinträchtigt den fairen Wettbewerb nachhaltig**.

Daher macht sich nach § 299 I StGB wegen **Bestechlichkeit** strafbar, wer als Angestellter oder Beauftragter eines geschäftlichen Betriebs im geschäftlichen Verkehr einen Vorteil für sich oder einen Dritten als Gegenleistung dafür fordert, sich versprechen lässt oder annimmt, dass er einen andern bei dem Bezug von Waren oder gewerblichen Leistungen im Wettbewerb in unlauterer Weise bevorzuge. Ebenso wird der aktiv **Bestechende** bestraft (§ 299 II StGB). Strafschärfungen in besonders schweren Fällen (z. B. *Vorteil großen Ausmaßes*) sieht § 300 StGB vor.

14.3 RECHTSDURCHSETZUNG

Unterlassungsanspruch:
- Beseitigungsanspruch
- einfacher Unterlassungsanspruch
- vorbeugender Unterlassungsanspruch

14.3.1 Anspruchsberechtigte

Wettbewerbsrechtliche Ansprüche auf **Unterlassung** (Beseitigung eines vorhandenen Wettbewerbsverstoßes; Unterlassung weiterer künftiger oder vorerst nur drohender Wettbewerbsverletzungen) und **Ersatz schuldhaft verursachter Schäden** können zunächst von einem unmittelbar verletzten Mitbewerber geltend gemacht werden. Verbrauchern stehen diese Rechte nicht zu.

Daneben sind in den Fällen der §§ 1, 3, 4, 6–6 c, 7 und 8 UWG zur Geltendmachung von Unterlassungsansprüchen nach näherer Maßgabe des § 13 II UWG auch befugt:
- Gewerbetreibende gleicher oder verwandter Branchen,

- rechtsfähige Verbände zur Förderung gewerblicher Interessen (Wirtschaftsverbände; z.B. *Zentrale zur Bekämpfung unlauteren Wettbewerbs e.V., Bad Homburg*),
- qualifizierte Einrichtungen zum Schutz der Verbraucherinteressen (Verbraucherverbände),
- Industrie- und Handelskammern sowie Handwerkskammern.

Wettbewerbsrechtliche **Ansprüche verjähren** grundsätzlich nach sechs Monaten (§ 21 UWG).

14.3.2 Verfahren
Die Durchsetzung wettbewerbsrechtlicher Ansprüche kann erfolgen durch
- Abmahnung,
- Antrag auf einstweilige Verfügung,
- Klage zur Hauptsache oder
- Anrufung der Einigungsstelle.

14.3.2.1 Abmahnung
Die formfreie **Abmahnung**, die nach Möglichkeit aber schriftlich erfolgen sollte, besitzt als **außergerichtliches Instrument der Streitbeilegung** enorme praktische Bedeutung. Das Abmahnungsschreiben muss

Abmahnung im Wettbewerbsrecht von großer praktischer Bedeutung

- den beanstandeten Wettbewerbsverstoß konkret darlegen (z.B. *Datum, Ort, Umstände*),
- zur Unterlassungserklärung mit einem (vorformulierten) Vertragsstrafeversprechen auffordern,
- eine Frist zur Unterlassungserklärung setzen und
- gerichtliche Maßnahmen bei Fristablauf androhen.

Mit Abgabe der strafbewehrter Unterlassungserklärung entfällt die Wiederholungsgefahr und damit das Rechtsschutzinteresse an einem weiteren prozessualen Vorgehen. Die Abmahnungskosten (z.B. *Anwaltsgebühren*) sind dem Anspruchsteller zu erstatten (§§ 683 S. 1, 677, 670 BGB; BGH GRUR 1992, 176, 177; BGH GRUR 1991, 550, 552), sofern nicht eine missbräuchliche Rechtsausübung vorliegt (§ 13 V UWG; z.B. *Abmahnverein, dem es primär um Erstattung von Rechtsverfolgungskosten geht*).

PRAXISTIPPS

Zwar ist bei einem Wettbewerbsverstoß der Anspruchsteller grundsätzlich rechtlich nicht verpflichtet, den Anspruchsgegner abzumahnen. Doch sollte vor Einleitung etwaiger gerichtlicher Schritte schon deshalb eine Abmahnung erfolgen, um Kostenrisiken zu vermeiden.

Erkennt nämlich in einem Gerichtsverfahren der Anspruchsgegner den Anspruch sofort an, so hat der – in der Sache obsiegende – Anspruchsteller gleichwohl die Verfahrenskosten zu tragen, wenn er von einer vorherigen Abmahnung abgesehen hat (§ 93 ZPO).

14.3.2.2 Einstweilige Verfügung

Gibt der Anspruchsgegner keine Unterlassungserklärung ab und/oder ist **Eile** geboten, so kann der Anspruchsteller den Erlass einer **einstweiligen Verfügung** beantragen (§§ 935, 940 ZPO). Die für diesen vorläufigen Rechtsschutz erforderliche **Dringlichkeit** wird in Wettbewerbssachen vermutet (§ 25 UWG).

Bei schwerwiegenden, keinen Aufschub duldenden Wettbewerbsverletzungen (**besondere Dringlichkeit**) kann die gerichtliche Entscheidung sogar ohne mündliche Verhandlung ergehen.

Vorsorglich – also zur Vermeidung des Erlasses einer drohenden einstweiligen Verfügung ohne mündliche Verhandlung – kann der Betroffene, gegen den sich ein erwarteter Antrag auf einstweilige Verfügung richtet, beim zuständigen Gericht eine **Schutzschrift** einreichen.

Schutzschrift dient prophylaktischer Verteidigung

PRAXISTIPPS

Die Schutzschrift enthält den vorbeugenden Antrag, im Falle eines Antrags auf Erlass einer einstweiligen Verfügung diese zurückzuweisen, hilfsweise nicht ohne mündliche Verhandlung darüber zu entscheiden.

Sie enthält zweckmäßigerweise auch rechtsverteidigende Ausführungen.

Findet sich der Anspruchsgegner mit einer ergangenen einstweiligen Verfügung ab, liegt es am Anspruchsteller, ein **Abschlussschreiben** anzufordern, in dem der Anspruchsgegner die einstweilige Verfügung als **endgültige Regelung** anerkennt. Andernfalls muss der Anspruchsteller Hauptsacheklage erheben, will er diese Rechtswirkung herbeiführen (§§ 936, 926 ZPO).

Im Übrigen kann jede Partei gegen eine für sie ungünstige Entscheidung Rechtsmittel einlegen.

14.3.2.3 Klage

Eine unabhängig vom vorläufigen Rechtsschutzverfahren erhobene **Klage zur Hauptsache** kommt weniger für Unterlassungs- als vielmehr für Schadensersatzansprüche in Betracht.

14.3.2.4 Einigungsstelle

Eine weitere Möglichkeit der außergerichtlichen Erledigung wettbewerbsrechtlicher Streitigkeiten besteht darin, die bei den Industrie- und Handelskammern errichtete **Einigungsstelle** anzurufen (§ 27 a UWG).

Sofern sie die Einleitung von Einigungsverhandlungen nicht aus den Gründen des § 27 a VIII UWG ablehnt, hat die Einigungsstelle einen **gütlichen Ausgleich** anzustreben (§ 27 a VI 1 UWG). Dieser zielt auf den Abschluss eines vollstreckbaren Vergleichs (§ 27 a VII UWG).

Cornelsen Studien-Bausteine Wirtschaft

Bücher dieser Serie unterstützen Ihren guten Studienerfolg.
Knapp und prägnant, gut gegliedert, optisch übersichtlich und mit einer zweiten Druckfarbe aufbereitet, finden Sie das Wichtigste zum jeweiligen Thema.

Klaus Birker
Einführung in die Betriebswirtschaftslehre
Grundbegriffe, Denkweisen,
Fachgebiete
224 Seiten. Zweifarbig. Kartoniert
24,90 DM/182,– öS/22,50 sFr/12,73
ISBN 3-464-49501-9

Harald Danne/Tilo Keil
Wirtschaftsprivatrecht I
Bürgerliches Recht, Handelsrecht
240 Seiten. Zweifarbig. Kartoniert
24,90 DM/182,– öS/22,50 sFr/12,73
ISBN 3-464-49505-1

Harald Danne/Tilo Keil
Wirtschaftsprivatrecht II
Arbeitsrecht, Gesellschaftsrecht,
Wettbewerbsrecht
192 Seiten. Zweifarbig. Kartoniert
24,90 DM/182,– öS/22,50 sFr/12,73 e
ISBN 3-464-49507-8

Burkhard Erke
Grundlagen der modernen Makroökonomik
Bestimmungsgründe gesamt-
wirtschaftlicher Größen
ca. 184 Seiten. Zweifarbig. Kartoniert
24,90 DM/182,– öS/22,50 sFr/12,73 e
ISBN 3-464-49521-3

Ralf Berning
Grundlagen der Produktion
Produktionsplanung und Beschaffungs-
management
192 Seiten. Zweifarbig. Kartoniert
24,90 DM/182,– öS/22,50 sFr/12,73
ISBN 3-464-49513-2

Günter Lohse
Allgemeine Steuerlehre, Steuern auf Umsatz und Gewerbeertrag
184 Seiten. Zweifarbig. Kartoniert
24,90 DM/182,– öS/22,50 sFr/12,73 e
ISBN 3-464-49517-5

Günter Lohse
Steuern auf Einkommen und Erbschaft
184 Seiten. Zweifarbig. Kartoniert
24,90 DM/182,– öS/22,50 sFr/12,73 e
ISBN 3-464-49519-1

Erhältlich im Buchhandel.
Infos zur Reihe »studium kompakt«:
Cornelsen Verlag • 14328 Berlin
www.cornelsen.de